인간과 상징

칼 구스타브 융 엮음
이부영 외 옮김

집문당

인간과 상징
Man and His Symbols

편 집

칼 구스타브 융Carl G. Jung

마리 루이제 폰 프란츠M. L. von Franz(융의 서거 후)

집필진

칼 구스타브 융Carl G. Jung

마리 루이제 폰 프란츠M. L. von Franz

조셉 헨더슨Joseph L. Henderson

욜란드 야코비Jolande Jacobi

아니엘라 야페Aniela Jaffé

편집 조정

존 프리먼John Freeman

Aldus Books, London, 1964

역자 대표

이부영

서 문

존 프리먼John Freeman

이 책은 독자의 흥미를 끌만큼 이상한 동기로 세상에 나오게 되었다. 그 동기가 이 책의 내용과 기획에 직접 관계하기 때문에 나는 먼저 이 책이 어떻게 하여 쓰이게 되었는지를 밝히고 싶다.

1959년 봄에 영국방송공사BBC의 주선으로 나는 시청자를 위해 융 박사와 대담하게 되었다. 그 대담은 심층적으로 다루도록 되어 있었다. 그 당시 나는 융과 그의 학문에 대해 거의 아무것도 몰랐다. 그와 친교를 맺기 위해 나는 곧 취리히Zürich 근교의 아름다운 호숫가에 있는 그의 집으로 향했다. 그것이 친교의 시작이었고 나에게 엄청난 의미를 주었으며, 이 만남이 만년의 융에게도 약간의 기쁨을 주지 않았을까 기대해 본다. 텔레비전 대담에 관해서는 그것이 성공적이었다는 것, 그리고 여러 우여곡절 끝에 이 책이 그 성공의 최종 산물로서 나오게 되었다는 것 이외는 더 언급할 것이 없다.

융을 텔레비전에서 본 사람 중에 알더스Aldus 출판사의 전무인 울프강 포지스Wolfgang Forges가 있었다. 그는 빈Vienna에서 프로이트S. Freud의 집 근처에 살았던 소년 시절부터 현대 심리학의 발달에 심취되어 왔었다. 융이 그의 생애와 학문과 사상에 대해 이야기하는 것을 보았을 때 포지스는 문득 다음과 같은 생각에 사로잡혔다. 프로이트 학설의 개요는 서구의 모든 교양인들 사이에 잘 알려져 있는 반면 융은 일반 대중에게 자신을 직접 알리려고 하지도 않았고, 항상 일반 독자들이 읽기에는 너무 어렵다고 간주되어 왔는데 이건 참 안타까운 일이라는 생각이었다.

사실 포지스야말로 『인간과 상징』을 탄생시킨 장본인이다. 텔레비전 화면에서 융과 나 사이의 따뜻한 인간적인 관계를 느낀 포지스는 자기와 함께 융을 설득하여 비교적 중요하고 기본적인 그의 사상을 책으로 써서 비전문가인 일반 독자들이 쉽게 이해하고 흥미를 갖도록 해보지 않겠느냐고 제안하였다. 나는 즉시 그 제안에 응했고, 이런 일의 가치와 중요성에 관하여 융을 설득할 수 있다고 확신하며 다시 취리히로 갔다. 그의 정원에서 융이 두 시간 동안 잠자코 나의 이야기를 자세히 듣고 난 후 한 대답은 no였다. 그는 그것을 극히 완곡하게 말했으나 태도는 확고했다. 그는 과거에 그의 학문을 대중화하려고 한 적이 한 번도 없었고, 지금 그 일을 성공적으로 할 수 있다는 확신도 없었다. 어쨌든, 그는 고령이고 다소 피로한 상태이며, 그러한 시도에 많은 회의를 가져 왔었고 또한 그렇게 오래 걸릴 일을 이제 시작한다는 것에 선뜻 마음이 내키지 않는다는 것이었다.

융을 잘 아는 모든 사람들은 그가 결단성 있는 사람이라는 데 의견을 같이한다. 그는 어떤 문제가 있을 때 서두르지 않고 신중하게 깊이 생각하지만 일단 그가 대답을 하고 나면 그것은 대개 최종적인 것이었다. 나는 매우 실망하여 런던으로 돌아왔고 융의 거절이 마지막인 것으로 확신했다. 내가 미처 생각하지 못했던 두 가지 요인이 개입되지 않았더라면 아마도 그렇게 되었을 것이다.

그중 하나는 패배를 시인하기 전에 다시 한 번 융을 설득해 보자는 포지스의 끈기였고, 다른 하나는 다시 생각해 보아도 여전히 나를 놀라게 하는 한 사건이었다.

이미 말했지만 텔레비전 대담은 성공적이었다. 그로 인해서 융에게 각계각층의 사람들로부터 수많은 편지가 답지했는데 대다수가 의학이나 심리학을 공부하지 않은 일반 대중이었고 그들은 융이라는 위대한 인간의 위엄 있는 풍모, 유머 그리고 겸손한 매력에 매료되었으며, 그의 인생관과 인간미 있는 성품에서 무엇인가 도움을 받을 만한 것이 있다는 것을 발견하였다. 융은 이것을 매우 기뻐했다. 단지 많은 편지를 받아서가 아니라(그에게는 항상 많은 편지가 왔었다) 평상시에는 접촉할 수 없었던 사람들로부터 편지를 받았기 때문이었다.

그가 스스로 굉장히 중요하다고 여긴 꿈을 꾸게 된 것이 바로 이때였다(이 책을 읽다 보면 독자들은 꿈이 얼마나 중요한지를 이해할 것이다). 그것은 세계 여러 곳에서 찾아온 저명한 의사나 정신과 의사와 그의 서재에 앉아서 이야기하는 대신에 공공의 장소에 서서 그의 말에 열중하여 그가 말하는 것을 이해하는 많은 사람들에게 강연하는 꿈이었다. 1, 2주가 지나서 포지스가 융에게 임상가나 철학자의 연구를 위해서가 아니라 일반인이 읽을 새로운 책을 써달라고 다시 간청했을 때, 융은 설득될 수밖에 없었다. 그는 두 가지 조건을 내세웠다.

첫째는 그 책이 단독 집필이 아니라 그가 자신의 여러 방법과 가르침을 계승시키려고 했던 가장 가까운 제자들과 함께 공동으로 집필되어야 하고, 둘째는 그 일을 조정하고 저자들과 발행인 사이에 발생할지도 모르는 문제들의 해결을 내가 맡아달라는 조건이었다.

이 서문이 지나치게 주제넘은 글처럼 보이지 않기 위하여, 나는 이 두 번째 조건에 만족했으나 그 기쁨에는 어느 한계가 있었음을 바로 덧붙여 말하고자 한다. 왜냐하면 융이 나를 택한 근본적인 이유는 내가 특출하지는 않지만, 그런대로 지식인이며, 또 심리학에 대해서 해박한 지식이라고는 조금도 없는 사람으로 생각했다는 것을 곧 알게 되었기 때문이었다. 나는 융에게 이 책의 '평균적 독자'였다. 내가 이해할 수 있는 것은 흥미를 가진 모든 사람이 이해할 수 있고, 내가 잘 이해하지 못하는 것은 어떤 사람에게 너무 어렵거나 모호할 가능성이 있었다. 나의 역할에 대한 이와 같은 평가에 필요 이상으로 우쭐해짐이 없이 나는 문장 하나하나를, 필요하다면 다시 쓰는 한이 있더라도 분명하고 정확하게 써서(때로는 저자들의 분노를 살까 두려워하면서) 이 책이 전적으로 일반 독자를 위해 기획, 집필되었고 그리고 이 책이 다루고 있는 복잡한 문제들이 극도로 간결하게 처리되었다고 내가 확신을 갖고 말할 수 있게끔 해야 한다고 주저 없이 주장하였다. 많은 논의 끝에 이 책의 제목은『인간과 상징』으로 결정되었고, 융 자신이 이 책의 공동저자로 그의 가장 가까운 학문적인 동지요 친구인 취리히의 폰 프란츠Marie-Louise von Franz 박사, 미국 내 융 학파에서 가장 우수하고 신뢰받는 학자 중의 하나인 샌프란시스코San Francisco의 헨더슨Josef L. Henderson 박사, 유능한 분석가인 동시에 융의 비서이며 그의 전기를 쓴 취리히의 야페Aniela Jaffé 여사, 융의 취리히 서클에서 융 자신 이후에 가장 경험이 풍부한 저술가인 야코비Jalande Jacobi 박사를 선택했다. 이들 네 사람이 선택된 것도 그들에게 맡겨진 각각의 주제에 대한 그들의 기술과 경험뿐 아니라, 모두가 한 팀의 일원으로서 그의 지도에 따라 헌신적으로 일할 것이라고 융이 전적으로 믿었기 때문이다. 융 자신의 임무는 책의 전체적인 구성을 계획하고 공동 저자들을 지도 감독하고, 그가 직접 "무의식으로 가는 길"이라는 중요한 장을 집필하는 것이었다.

그는 일생의 마지막 해를 거의 전부 이 책에 바쳤다. 1961년 6월 그가 서거했을 때 그 자신이 맡은 부분을 이미 탈고했고(사실, 그가 마지막으로 병들어 눕기 10일 전에야 비로소 탈고하였다), 공동저자들이 집필한 각 장에 대한 초고가 그의 승인을 받게 되었다. 그의 서거 후에 폰 프란츠 박사가 융이 밝힌 지침에 따라 책을 완성시키는 책임을 맡았다. 따라서『인간과 상징』의 주된 내용과 개요는—세부적인 것까지도—융 자신에 의해 결정된 것이다. 그의 이름으로 쓰인 장은 그의 저술로서(일반 독자들의 이해를 돕기 위해 매우 광범위한 편집을 한 것을 별도로 한다면) 다른 누구의 것도 아니다. 그것은 우연히도 영어로 쓰였다. 각 저자들이 집필한 다른 장들은 융의 지시와 지도로써 집필되었다. 융의 서거 후에 최종 편집 및 완성은 폰 프란츠 박사가 하였는데 여사의 인내와 이해, 그리고 풍부한 유머는 나와 출판사 사람들에게 무한한 감사를 느끼게 하였다.

마지막으로 이 책의 내용 자체에 대해서 말하고자 한다. 융의 사상은 별로 믿을 만하지 못한 지식을 가진 많은 사람들이 알고 있는 것보다 현대 심리학의 영역에 더 많은 영향을 주었다. 예를 들면 '외향적'extravert, '내향적'introvert, '원형'archetype 등은 모두 융 학파의 개념으로서 다른 사람들에 의해서 차용되거나 때로는 오용되기도 했다. 그러나 심리학적 이해에 대한 그의 압도적인 공헌은 무의식의 개념에 있다. 그것은 (프로이트의 무의식처럼) 억압된 욕구들이 복잡하게 얽히고설킨 것에 불과한 것이 아니라, 한 개인의 생활에서 자아의 의식적인 '사려 깊은' 세계만큼이나 절대적으로 필요하며 실제로 작용하는 부분이고, 또 끝없이 넓고 풍부한 세계인 것이다. 무의식의 언어와 내용은 상징이고, 의사소통의 수단은 꿈이다.

따라서 『인간과 상징』의 탐구는 사실상 인간 자신의 무의식과 인간과의 관계를 탐구하는 것이다. 융의 관점에 의하면, 무의식은 의식의 훌륭한 안내자요 친구요 충고자이기 때문에 이 책은 가장 직접적으로 인간과 그들의 영적인 문제와 관련되는 것이다. 우리는 주로 꿈에 의해서 무의식을 알고 그것과 소통을 한다. 그리고 이 책 전체를 통해서 (특히 융 자신이 쓴 장에서) 독자들은 개인의 인생에서 꿈꾸는 것의 중요성이 얼마나 강조되고 있는지를 알게 될 것이다.

독자 중에 많은 사람들이 분명 나보다 융의 학문을 더 잘 이해할 수 있는 자질을 갖고 있을 것이므로, 내가 독자들에게 해설한다는 것은 주제넘은 일일 것이다. 돌이켜 생각할 때 나의 역할은 단지 '이해 가능성을 시험하는 여과기'로서 이바지하는 데 있는 것이지 결코 해설가로서의 역할이 아니었다. 그럼에도 불구하고 문외한인 나에게 중요하고 아마 다른 비전문가에게도 유익할 것이라 생각되는 두 가지 일반적인 점을 감히 밝히고자 한다. 그 첫째는 꿈에 관한 것이다. 융 학파의 심리학자들에게, 꿈은 상징의 의미를 해설한 용어사전에 의해 해독될 수 있는 표준화된 암호문의 일종이 아니라는 것이다. 그것은 각 개인의 무의식의 통합적이며 의의 있는, 그리고 개인적인 표현인 것이다. 그것은 개인에게 일어나는 어떤 다른 현상과 똑같이 현실적인 것이다. 꿈을 꾸는 개인의 무의식은 그 사람 혼자하고만 교신을 하며, 다른 누구도 아닌 바로 꿈꾸는 그 사람에게만 의미를 갖는 그런 상징을 선택한다.

따라서 분석가에 의해서든, 또는 꿈꾼 사람 자신에 의해서든, 꿈의 해석은 융 학파의 심리학자들에게는 전적으로 사적이고 개성적인 일(그리고 때로는 실험적이고 시간이 매우 오래 걸리는 일이기도 하다)이기 때문에 결코 어림짐작으로 해석될 수 없는 것이다. 거꾸로 말한다면 무의식과의 교신은 꿈꾸는 사람에게 최고로 중요하다는 것이고—적어도 무의식은 그 개인 전 존재의 절반이기 때문에 당연히 그렇다—또 꿈은 자주 그에게 다른 무엇으로도 얻을 수 없는 충고와 지도를 해준다. 내가 앞서 여러 사람들에게 강연하는 내용의 융의 꿈을 언급했을 때 나는 마술 한 토막을 이야기한 것도 아니고 융이 취미 삼아 점을 친다는 것을 암시하고자 그것을 소개한 것도 아니다. 나는 융이 그의 마음의 의식적인 부분이 내린 부적당한 판단을 재고하도록 어떻게 그가 무의식에 의한 '충고'를 받아들였는지를 일상의 단순한 말로 이야기한 것이다.

이렇게 볼 때 잘 적응된 융 학파의 학자에게 꿈을 꾼다는 것은 단순한 우연일 수 없다는 것이 자명해진다. 오히려 무의식과 의사소통을 할 수 있는 능력은 전 인격의 일부이다. 융 학파의 분석가들은 꿈을 받아들이도록 그들 자신을 '가르친다'(나는 이 이상의 더 좋은 용어를 찾을 수 없다). 그래서 융 자신이 이 책을 써야 할지 말아야 할지 어려운 결정을 해야 할 때, 그는 그의 의식과 무의식 양쪽의 내용에 근거하여 결정할 수 있었다. 또 이 책 전체를 통해 볼 때 독자들은 꿈이 꿈꾸는 사람에게 직접적이고 개인적이고 의미 있는 소통방법—전 인류에게 공통적인 상징들을 사용하지만 어느 경우든지 전적으로 개인적인 '열쇠'에 의해서만 해석될 수 있는 개인적인 양식에 의한 상징들이 사용되는 의사소통—으로서 다루어진 것을 알게 될 것이다.

두 번째로 지적하고 싶은 것은 이 책의 공동저자들 모두—아마도 모든 융 학파의 분석가들—가 공통적으로 취하고 있는 매우 독특한 논의 방법에 관한 것이다. 자신을 전적으로 의식의 세계에서 사는 것으로 한정하고 무의식과의 대화를 거부한 사람들은 의식적이고 형식적인 생활의 법칙에 의해서 그들 자신을 속박하게 된다. 그들은 대수방정식의 절대적으로 확실한 (그러나 대개 무의미한) 논리를 가지고 가정한 전제로부터 논쟁의 여지가 없이 연역된 결론에 도달할 때까지 토론한다. 내가 보기에 융과 공동저자들은 (그들이 알고 있든 모르고 있든) 이런 토론방법의 제약을 거부하는 것 같았다. 그들이 논리를 무시한다는 말이 아니라 항상 의식뿐만 아니라 무의식에 따라서도 토론하는 것처럼 보인다. 그들의 변증법적 방법 자체가 상징적이고 자주 우회한다. 그들은 좁게 집중된 삼단논법의 스포트라이트에 의하여 확신을 주는 것이 아니라 우회하고, 반복하고, 매번 동일한 주제로 되풀이되는 견해를 그때마다 조금씩 다른 각도에서 제시함으로써 단 한 번의 결정적인 증명의 순간을 한 번도 인식해 본 적이 없던 독자가 자기도 모르는 시이에 자신이 이떤 보다 큰 진리의 품속에 들어가 있음을 갑사기 깨닫게 되기까지 납늑시키는 것이다.

융의 논법(그리고 공동 저자들도)은 새가 나무 주위를 맴돌듯이 주제 위를 돌면서 올라가는 특징이 있다. 처음에는 지면 가까이에서 잎사귀와 가지가 뒤엉킨 것만 볼 수 있을 뿐이다. 점점 높이 맴돌아 올라가면 반복되어 나타나는 나무의 여러 결 면이 전체를 형성하고 주위 환경과도 관련성을 갖게 된다. 어떤 독자들은 이런 '나선형' 논법이 여러 페이지를 읽을 때까지도 모호하고 심지어는 혼란스럽다고 생각할지 모르나, 내 생각으로는 그런 느낌은 결코 오래 지속되지 않을 것이라고 본다. 그것은 융의 방법이 가진 특징으로서, 독자는 그런 방법이 자신을 설득력 있고 흥미진진한 여행길로 데려가고 있음을 곧 알게 될 것이다.

이 책의 다른 장은 그 장이 스스로 말해 줄 것이므로 굳이 나의 설명을 필요로 하지 않는다. 융이 집필한 장에서는 독자에게 무의식과 무의식의 언어인 원형과 상징 그리고 무의식의 내용을 전하는 꿈에 대해 소개하고 있다. 다음 장에서는 헨더슨 박사가 고대의 신화, 전기, 원시적 의식에 나타나는 여러 원형적 유형의 모습을 묘사하고 있다. 폰 프란츠 박사는 "개성화 과정"이라는 제목으로, 한 개인 안에 있는 의식과 무의식이 서로 알고 존중하며 적응하고 배워가는 과정을 서술한다. 어떤 의미에서 이 장이 이 책에서 가장 중요할 뿐 아니라, 아마도 융의 인생철학의 정수일 것이다. 개성화 과정이 완성될 때, 즉 의식과 무의식이 평화롭게 공존하고 서로 보충하여 완전하게 되는 것을 배울 때 (오직 그렇게 했을 때만이) 인간은 비로소 전체가 되고, 통합되며, 평온해지고, 풍부하며 행복해질 수 있는 것이다. 헨더슨 박사와 같이 야페 여사도 잘 알려진 의식의 구성물, 즉 회화에서 무의식의 상징에 대하여 인간이 반복하여 느껴온 흥미를—강박에 가까운 정도로—묘사해 주고자 한다. 그러한 무의식의 상징들은 인간에게 엄청나게 중요한 뜻을 지니고 있으며, 우리에게 영양이 되고 생명을 유지하는 내적 매력—그런 상징들이 헨더슨 박사가 분석한 신화나 민담에서 나타나든, 또는 야페 여사가 보여준 것처럼 무의식에 대한 끊임없는 호소로써 우리를 만족하게 하고 즐겁게 하는 미술에서 나타나든—을 지니고 있다.

끝으로 야코비 박사의 장에 관해서 잠깐 한마디 해야겠다. 그 장은 이 책의 다른 부분과는 다소 별개의 내용이다. 그것은 사실 재미있고 성공적인 분석사례의 역사를 요약한 것이다. 이 책에서 그런 장이 지니고 있는 가치는 말할 것도 없이 명백하다. 그렇지만 두 가지 점에 대해 주의할 필요가 있다. 첫째는 폰 프란츠 박사가 지적했듯이 융 학파의 전형적인 분석은 없다는 것이다. 모든 꿈은 사적이고 개인적인 의사소통이고, 어떤 꿈도 무의식의 상징을 동일한 방법으로 사용하지 않기 때문에 전형적인 분석이라는 것이 있을 수 없다. 그렇기 때문에 모든 융 학파의 분석은 개별적인 특유성을 지니고 있다. 그러므로 야코비 박사의 임상기록철에서 선택한 사례를(또는 지금까지의 모든 다른 사례도) 융 학파의 '대표적'인 또는 '전형적'인 것이라고 생각하는 것은 잘못이다. 헨리Henry의 사례와 그가 종종 꾼 무시무시한 꿈의 사례에 대해서 우리가 말할 수 있는 전부는 융 학파의 방법이 어떤 특수한 경우에는 이런 식으로 적용될 수가 있다는 것을 보여주는 실제 사례일 뿐이라는 것이다.

둘째로 아무리 복잡하지 않은 사례라 하더라도 전체를 다 이야기하려면 한 권의 책이 될 것이다. 어쩔 수 없이 헨리에 관한 분석 기록도 다소 줄이지 않을 수 없었다. 예를 들면 『역경』의 인용에서도 전체 내용에서 일부를 따로 떼어 인용하였기 때문에 어딘가 모호하고 비학秘學의 부자연스러운(나에게는 불만족스러운) 취향을 띠게 되었다. 그럼에도 불구하고 우리는—독자도 그 점을 시인하리라고 나는 확신한다—당연히 받아야 할 경고는 그렇다 치고 헨리에 대한 인간적인 관심을 논외로 하더라도, 그에 대한 분석의 명증성은 이 책의 내용을 더욱 풍부하게 했다고 결론지었다.

나는 서문을 융이 『인간과 상징』을 어떻게 해서 집필하게 되었는가를 밝히는 것으로 시작했다. 그리고 이제 이 책이 독자에게 얼마나 주목할 만한—아마도 일회적인—책인가를 상기시키면서 끝을 맺고자 한다.

칼 구스타브 융은 전 시대를 통틀어 위대한 의사들 중의 하나이며 또 금세기 최고의 사상가들 중의 한 사람이다. 그의 목적은 항상 사람들이 그들 자신을 알도록 도와주는 것이었다. 그리하여 그들이 자기성찰과 자기계발을 통해 충만하고 풍부하며 행복한 삶을 이끌어갈 수 있도록 하는 데 있다. 일찍이 내가 만난 어떤 사람보다도 가장 충만하고 풍부하며 행복했던 그 자신의 생애의 마지막을 바로 앞두고, 그는 일찍이 시도된 바 없는, 보다 많은 사람들에게 자신의 사상을 전하는 일에 남아 있는 모든 힘을 바치기로 결심했던 것이다. 그는 그의 과제와 그의 인생을 같은 달에 끝마쳤다. 이 책은 여러 일반 독자들에게 주는 그의 유산이다.

차 례

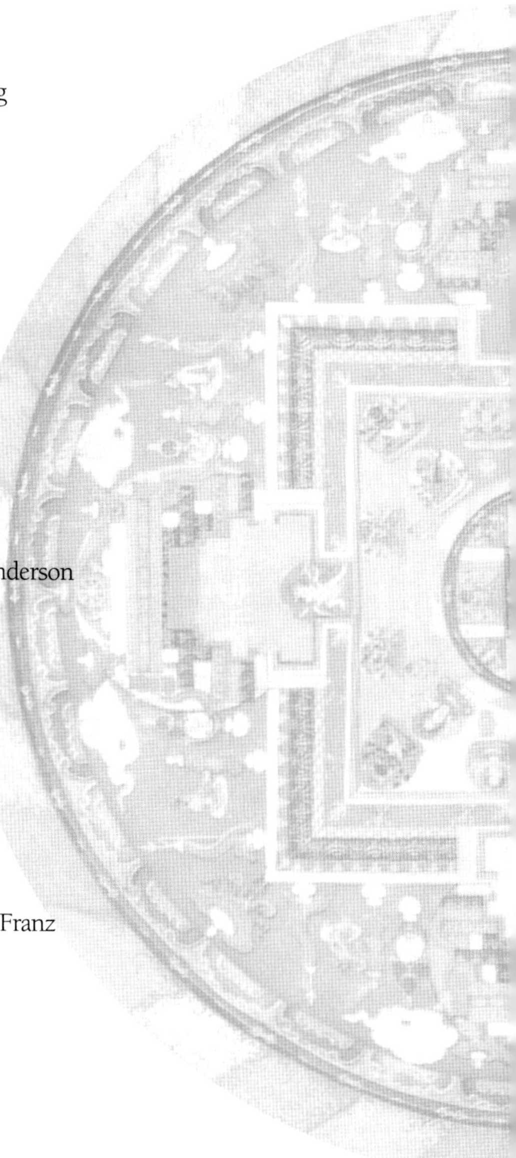

제1장 무의식으로 가는 길

칼 구스타브 융C. G. Jung

이집트 파라오 람세스Ramses Ⅲ세의 무덤 입구 ➔

꿈의 중요성

사람은 자신이 전하고자 하는 것의 뜻을 표현하기 위해서 말이나 글을 사용한다. 그 언어는 상징들로 가득 차 있다. 그러나 사람은 흔히 엄밀한 의미에서 볼 때 서술적이 아닌 기호나 상들을 이용하기도 한다. 어떤 것들은 유엔UN, 유니세프UNICEF, 또는 유네스코UNESCO와 같이 약어나 머리글자의 나열에 불과한 것들이고, 다른 것들은 잘 아는 상표이거나, 특허 약의 이름, 배지, 또는 표식 등이다. 이런 것들은 그 자체로는 아무 의미가 없지만 널리 사용됨으로써, 또는 계획된 의도에서 그 나름대로의 의미를 갖게 된 것이다. 그것은 기호sign로서 그것과 결부된 대상을 표시하는 것 그 이상이 될 수 없다.

우리가 상징이라고 부르는 것은 일상생활에서 늘 귀에 익은 용어나 이름, 또는 심지어 그림이지만 잘 알려진 관습적인 의미뿐 아니라 아직 표현되지 않은 어떤 특수한 의미를 내포하고 있다. 상징들은 어떤 막연한 것, 미지의 것, 우리가 볼 수 없는 것들을 포함하고 있다. 예를 들면 많은 크레타 섬의 묘비에는 쌍날을 지닌 손도끼의 그림이 새겨져 있다. 이것은 우리가 아는 그림이지만 그것에 내포된 상징적인 의미는 모른다. 다른 예를 보면, 영국을 방문하고 돌아온 인도인의 경우, 그는 고향의 친구들에게 영국 사람들은 동물을 숭배한다고 말했다. 왜냐하면 그는 오래된 교회에서 독수리, 사자, 소의 조각을 보았기 때문이다. 그는(많은 기독교인들이 모르는 것처럼) 이 동물들이 네 명의 복음자의 상징이고 또 『에제키엘』

의 환영에서 유래했으며, 또한 이집트의 태양의 신 호루스Horus와 그의 네 아들과 대비된다는 것을 알지 못했다.

또 바퀴나 십자가 같은 것들도 세계적으로 잘 알려져 있지만 그것들은 어떤 상황에서는 상징적 의의를 갖고 있다. 그것이 정확하게 무엇을 상징하는가 하는 것은 아직도 논란의 여지를 안고 많은 추측에 싸여 있다.

이처럼 어떤 말이나 이미지像가 그것의 명백하고도 직접적인 의미 이상의 어떤 것을 내포하고 있을 경우, 그 말이나 상은 상징적일 수 있다. 그것은 결코 정확하게 정의되거나 또는 남김없이 설명될 수 없는, 보다 넓은 '무의식적'인 측면을 갖는다. 아무도 그것을 정의하거나 설명하는 것을 기대조차 할 수 없다. 상징을 탐구하다 보면 우리의 마음은 이성의 파악을 넘어서는 관념에 다다르게 된다. 수레바퀴에서 우리는 '성스러운' 태양의 개념을 생각하게 되나 여기서 이성은 그의 무능함을 인정하지 않을 수 없게 된다. 인간의 이성은 '성스러운' 존재가 무엇인지를 정의할 수가 없는 것이다. 우리의 지적 한계에도 불구하고 우리가 어떤 것을 '성스럽다'고 말할 때, 이것은 결코 사실을 근거로 하여 붙인 이름이 아니라 그것에 대한 우리의 신조를 표시하는 말이다.

인간이 이해할 수 있는 한계 너머의 것이 무수히 많으므로 우리가 정의할 수 없거나 충분히 이해할 수 없는 개념을 표시하기 위해 우리는 항상 상징적 언어를 사용한다. 모든 종교가 상징적인 언어나 상을 쓰고 있는 이유가 여기에 있다. 그러나 이렇게 상징을 의식적으로 사용한다는 것은 단지 심리학적으로 중요한 여러 사실의 한 측면에 지나지 않는다. 인간은 꿈이라는 형태로 무의식적이며 자연발생적으로 상징을 산출하고 있기 때문이다.

이런 점을 파악한다는 것은 쉬운 일이 아니다. 그러나 우리가 인간의 마음이 작용하는 양태를 좀 더 알게 된다면 이 점을 파악하기가 쉬워질 것이다. 조금만 돌이켜 생각해 보면 알 수 있듯이, 인간은 어느 것 하나 남김없이 지각할 수 있다거나 완전히 이해할 수는 없다. 인간은 보고, 듣고, 만지고, 맛보고 할

← 네 복음자 가운데 셋(샤르트르 대성당Chartres cathedral의 부조에서)이 동물로 표현되고 있다. 사자는 마가, 소는 누가, 독수리는 요한.

↑ 이집트 호루스신의 아들 가운데 셋이 동물이다(기원전 1250년경). 동물과 넷으로 구성된 집단은 보편적인 종교적 상징들이다.

수 있지만 그가 얼마나 멀리 보며, 얼마나 잘 듣는지, 그의 감촉이 그에게 무엇을 말해 주며, 그가 무엇을 맛보았는지는 그의 감각의 질과 수에 따라 가름된다. 이러한 것들은 그 주위의 세계를 지각하는 일에 제동을 건다. 과학적인 기구를 사용하여 인간이 감각의 결함을 부분적으로 보상할 수가 있긴 하다. 예를 들면 쌍안경으로 멀리까지 내다볼 수 있고, 전기 진폭기를 사용해서 보다 잘 들을 수 있다. 그러나 아무리 정교한 기구라 해도 멀리 있는 것이나 작은 물체를 눈으로 볼 수 있게 하거나, 아주 작은 소리를 들을 수 있도록 하는 것 이상은 할 수 없다. 인간이 어떤 기계를 사용하든지, 결국에는 확실성의 한계에 도달하고 그 너머는 의식된 지식이 통과할 수 없는 것이다.

더욱이 우리들의 현실 지각에는 무의식적인 측면이 관여하고 있다. 우리의 감각이 신체적 현상, 광경, 음향에 반응할 때 그것들은 어떤 방법에 의해서 외부 현실의 영역에서 내부의 마음의 영역으로 옮아간다는 사실이다. 마음속에서 그것들은 심적인 사건으로 변하게 되는데, 그것의 궁극적인 본질이 무엇인지는 알 수 없는 일이다. 왜냐하면 정신은 그 자체의 정신적 실체를 알 수 없기 때문이다. 그리하여 우리가 물질 그 자체의 궁극적인 본질을 알 수 없기 때문에, 모든 구체적 대상이 어떤 점에서는 항상 미지의 것이라는 사실은 말할 것도 없거니와, 이렇듯 모든 경험이 무수히 많은 미지의 요소를 내포하게 되는 것이다.

그 밖에도 우리가 의식적으로 주목하지 못한 사건들이 존재한다. 그것들은 말하자면 의식의 문턱 아래에 남아 있던 것들이다. 그것들은 이미 생겨났으나, 잠재의식적으로 흡수되어 버려서 우리가 의식하지 못한 채로 있던 것이다. 우리는 오직 직관의 순간 또는 깊이 사고하는 과정을 통해서 그러한 일이 일어났어야 했다는 인식을 하게 되는데 그제서야 비로소 이러한 심리적 사건을 의식할 수 있을 뿐이다. 그리고 처음에는 우리가 이러한 내용이 지닌 강한 정동emotion과 생동성을 무시했더라도, 그것은 후에 추상의 일종처럼 무의식으로부터 뿜어나오는 것이다.

예를 들면 그것은 꿈의 형태로 나타날 수도 있다. 일반적으로 어떤 사실의 무의식적인 면은 꿈에서 그 모습을 드러내는데, 그때 그 무의식적인 면은 합리적인 사고로서가 아니고 상징적인 상Image으로 나타난다. 역사적으로 보면 심리학자가 의식의 정신적 사상의 무의식적인 측면을 처음으로 연구할 수 있게 된 것은 꿈에 관한 연구였다.

심리학자들이 무의식적 정신의 존재를 가정한 것은 이러한 증거에 따른 것이다. 많은 과학자와 철학자들이 그런 무의식적 정신의 존재를 부정하지만, 그들은 고지식하게 이러한 가정이 동일한 개인 안에 두 개의 '주체', 또는(일상용어로 말해서) 같은 사람 속에 두 개의 인격이 존재한다는 뜻이라고 반박하고 있다. 그러나 이것이야말로 우리의 가설이 매우 정확하게 암시하고 있는 바로 그것이다. 그리고 많은 사람들이 이 양분된 인격 때문에 고통을 받고 있다는 것은 현대인이 치르고 있는 큰 곤욕 중의 하나다. 그것은 결코 병적인 증상이 아니고, 어느 시대나 어느 곳에서나 볼 수 있는 정상적인 사실이다. 단지 신경증 환자만이 왼손이 하는 일을 오른손이 모르는 것은 아니다. 이런 곤란한 상황은 보편적인 무의식의 증상으로서 누구든 부인할 수 없는 인간의 공통적인 유산이다. 인간은 문명화된 상태(임의로, 문자가 발명된 기원전 4000년경이라고 하지만)에 도달하기까지 헤아릴 수 없는 많은 세월을 거쳐 서서히 그리고 힘들여 의식을 발전시켜 왔다. 그러나 이러한 진

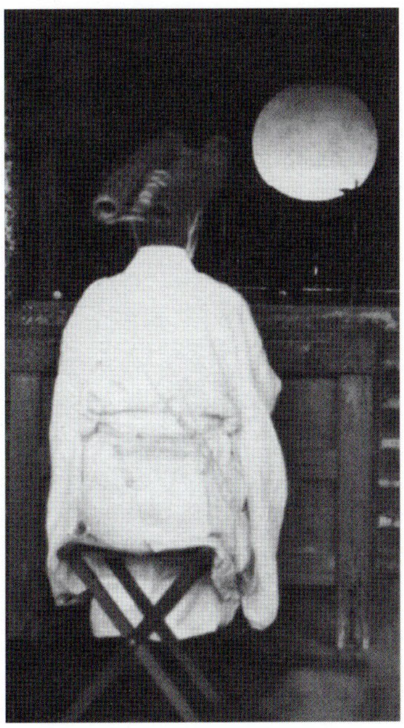

대부분의 사회에서 태양의 표상은 인간이 정의할 수 없는 종교적 체험을 표현한다.

↑ 기원전 14세기 이집트의 왕 투탕카멘Tutankhamen의 왕좌 뒷면 장식은 태양의 원반이 주로 강조되고 있다. 햇살 끝에 있는 손 모양은 생명을 부여하는 태양의 힘을 상징한다.

← 20세기 일본의 신주神主(역주 : 신도神道의 사제)가 신도의 거룩한 태양을 의미하는 거울 앞에서 기도하고 있다.

↑ 200만 배로 확대한 텅스텐 원자의 현미경 사진.

화는 아직 완성되기에는 거리가 멀다. 인간 심성의 허다한 부분이 아직 어둠에 싸여 있다. 우리가 '정신'이라고 부르는 것은 우리의 의식 및 그 내용과 결코 동일한 것이 아니다. 무의식의 존재를 부정하는 사람은, 사실 누구나 우리가 현재 정신에 관해 알고 있는 것이 그 전체인 것처럼 생각하고 있다. 이러한 믿음은 마치 우리가 자연계의 우주에 관해서 알아야 될 것은 전부 알고 있다고 가정하는 것만큼이나 잘못된 것이다. 우리의 정신은 자연의 한 부분이고 그것은 끝없는 수수께끼다. 따라서 우리는 정신이나 자연 어느 쪽도 그것이 무엇이라고 정의할 수 없다. 단지 그것들은 이러이러할 것이라고 우리가 믿는 것을 이야기하고, 그것들이 어떤 작용을 하는지를 우리가 할 수 있는 최선을 다해서 기술할 수 있을 뿐이다. 그러므로 의학적인 연구에 의해서 축적된 증거를 떠나서라도 "무의식은 없다"라는 말을 거부할 만한 강력한 논리적 근거가 없는 것이다. "무의식은 없다"는 말을 하는 사람들은 단지 케케묵은 '보수주의'—새로운

↑ 사진에 있는 흰 점들은 가장 멀리 볼 수 있는 은하수이다. 인간이 그의 감각을 아무리 연장한다 해도 그의 의식적 지각의 한계는 존재한다.

것과 미지의 것에 대한 공포—를 드러낼 뿐이다.

인간 정신의 미지의 부분이라는 개념에 대한 이러한 저항에는 역사적인 이유가 있다. 의식은 자연이 획득한 매우 새로운 것이어서 아직도 '실험적' 상태에 있다. 그것은 아직 연약하고 특수한 위험에 노출되어 있고, 쉽게 상처입는다. 인류학자들이 관찰했듯이 원시인들에서 발생하는 가장 흔한 정신착란 중의 하나는 그들이 '영혼의 상실'the loss of soul이라고 부르는 것이다. 이것은 그 이름이 가리키듯이 의식의 현저한 붕괴(또는 보다 전문적으로는 해리)를 뜻한다.

의식의 발달이 우리들과는 다른 단계에 있는 사람들은 영혼soul 또는 정신psyche을 하나의 통일체로 느끼지 않는다. 많은 원시인들은 사람이 자신들의 영혼뿐만 아니라 '숲의 영혼'bush soul도 갖고 있고 이 숲의 영혼은 사람 개개인이 어떤 정신적 동일성을 가진 야생동물이나 나무로 구체화된다고 가정한다. 유명한 프랑스의 민속학자 루시앙 레비-브륄 Lucien Lévy-Bruhl이 '신비적 관여'mystical participation라고 부른 것이 바로 이것이다. 후에 그는 비판의 압력에 굴복하여 이 용어를 취소하였는데 나는 그에 대한 비판은 틀린 것으로 믿는다. 개인이 다른 사람이나 사물과 이렇게 무의식적으로 동체시할 수 있다는 것은 널리 알려진 심리학적 사실이다.

이러한 동체성identity은 원시인들 사이에 다양한 형태를 취하고 있다. 만일 숲의 영혼이 어떤 동물의 것이라면 그 동물 자체가 사람과 어떤 형제 관계를 가지고 있는 것으로 간주된다. 악어와 형제 관계에 있는 사람은 악어가 들끓는 강에서 수영할 때 안전하다고 생각한다. 만일 숲의 영혼이 어떤 나무라면 그 나무는 이와 관계된 사람에 대해서 부모의 권위와 같은 어떤 것을 갖고 있다고 간주된다. 이 두 경우에는

숲의 영혼에 대한 손상은 사람에 대한 손상으로 간주된다.

어떤 종족들은 사람이 여러 개의 영혼을 가지고 있다고 믿는다. 어떤 원시 종족의 사람들은 그들이 몇 개의 연결된 그러나 상이한 부분들로 구성되어 있다고 느끼고 있는데 여기에 이런 믿음이 잘 나타나고 있다. 개인의 정신이 안전하게 합성된 것과는 거리가 멀고 오히려 그의 정신은 억제되지 않은 정동이 엄습할 때는 너무도 쉽게 분해될 위험성을 안고 있다는 사실을 말해 주고 있다.

이런 상황은 인류학자의 연구를 통해서 우리에게 잘 알려져 있다. 그것은 겉보기에 발달된 우리의 문명사회와 관계가 없는 듯하지만 사실은 그런 것이 아니다. 우리들 역시 해리되어 우리 자신의 동체성을 잃을 수 있다. 또한 기분에 사로잡히거나 기분에 따라 변할 수 있으며, 이성을 잃고 우리들 자신이나 다른 사람들에 관한 중요한 사실을 회상해 내지 못하여 남들이 "정신 나갔느냐?"고 묻게 되는 경우가 있다. 우리는 곧잘 "우리들 자신을 조절할 수 있다"고 이야기하나, 자가 조절이란 훌륭한 덕성이지만 매우 드문 현상이다. 또한 우리는 우리들 자신을 잘 조절하고 있다고 생각할지 모르나, 친구가 우리도 모르고 있던 우리 자신의 일부를 쉽게 지적해줄 수 있을 것이다.

우리가 높은 단계의 문명이라고 부르는 경우에도, 인간의 의식은 아직 적절한 연속성을 갖추지 못하고 있음은 의심할 여지가 없다. 그 의식은 여전히 약하고 조각나기 쉽다. 물론 자기 마음의 일부분을 고립화시키는 능력은 사실 가치 있는 특성이다. 그것은 우리들로 하여금 한 시점에서 한 가지 것에만 집중할 수 있도록 하고 우리의 주의를 끌게 할 그 밖의 다른 것들을 제외시킨다. 그러나 한 사람의 정신의 일부분을 분리시키고 또 일시적으로 억제하고자 하는 의식적인 결정과, 자신은 알거나 동의하지도 않고, 심지어는 자신의 의도와는 반대로 저절로 일어나는 상태 사이에는 뚜렷한 차이가 있다. 전자는

'해리'는 신경증을 일으키는 정신의 분리를 의미한다. 이러한 상태에 관해 쓰인 소설의 유명한 예로, 스코틀랜드의 스티븐슨R. L. Stevenson이 쓴 『지킬 박사와 하이드 씨』*Dr. Jekyll and Mr. Hyde*가 있다. 이 소설에서 지킬 박사의 '해리'는 임상에서 보는 것과 같은 내적인 정신적 상태보다는 신체적 변화의 형태를 취했다.

하이드 씨(이 소설의 1932년 영화에서), ➜ 지킬 박사의 '다른 한쪽'.

원시인은 해리를 '영혼의 상실'이라고 불렀다. 그들은 사람이 자신의 영혼뿐 아니라 숲의 영혼bush soul도 가지고 있다고 믿는다.

문명의 소산이고 후자는 원시적인 '영혼의 상실'이거나 또는 신경증의 병적 원인이기도 하다.

따라서 오늘날에도 의식의 단일성은 여전히 의심스러운 문제이다. 그것은 너무도 쉽게 와해된다. 어떤 관점에서는 감정의 조절 능력을 갖는 것이 매우 바람직할 수도 있으나 다른 관점에서는 그것이 과연 좋은 성과를 올릴지 의심스러울 수도 있는 것이다. 왜냐하면 그것은 다양하고 여러 빛깔의 인정 어린 사회적 교제를 박탈하기 때문이다.

바로 이러한 배경에서 우리는 하찮은 것 같고, 분명치 않고, 믿을 수 없으며, 막연하고 불확실한 환상인 꿈의 중요성에 대해 재고해야 하는 것이다. 나의 관점을 설명하기 위해서 나는 꿈이 오랫동안 어떻게 발전해 왔는지, 또 어떻게 하여 내가 꿈이야말로 인간의 상징 능력의 연구를 위해서 가장 번번이, 그리고 보편적으로 접근할 수 있는 원천이라고 결론짓게 되었는가를 서술하고자 한다.

의식의 무의식적 배경을 경험적으로 탐구하려고 한 최초의 선구자는 지그문트 프로이트S. Freud였다. 그는 꿈이 우연히 일어나는 것이 아니고 의식적인 사고와 문제에 관련되고 있다는 일반적인 가정하에 연구를 하였다. 이러한 가정은 그가 임의로 만들어 낸 것은 결코 아니었다. 그것은 신경증적 증상이 의식적인 경험과 관련되어 있다는 저명한 신경학자들, 예를 들면 피에르 자네Pierre Janet의 결론에 근거를 둔 것이었다. 심지어 그것은 의식적인 마음에서 떨어져 나간 부분으로서, 다른 시기와 다른 상황 아래서는 의식화될 수도 있는 것 같아 보였다. 금세기가 시작되기 전에 프로이트와 브로이어Josef Breuer는 신경증의 증상들—히스테리아hysteria, 어떤 종류의 통증과 이상 행동—은 실제로는 상징적으로 의미가 있다는 것을 인정했다.

↑ 콩고의 니앙가Nyanga 종족이 코뿔새의 가면을 쓰고 있는 모습. 그들은 이 새를 숲의 영혼과 동일시한다.

↑ 전화교환수들이 복잡한 교환대 위에 있는 여러 개의 신호를 한꺼번에 처리한다. 이런 직종의 사람들은 정신을 집중하기 위해서 그들의 의식적 마음의 여러 부분들을 '분리'한다. 그러나 이러한 분리는 조절될 수가 있고 일시적인 현상이므로 자신도 모르게 일어나는 비정상적인 해리는 아니다.

이런 증상들은 무의식적인 마음이 꿈에서 하는 것과 똑같이 스스로를 표현하는 한 방법이고, 또 그것들은 꿈과 똑같이 상징적이다. 예를 들면 견딜 수 없는 상황에 처한 환자가 무엇을 삼키려고만 하면 언제나 경련을 일으키는 경우가 있다. 다시 말해서 그는 '그 상황을 받아들일 수가 없다.' 비슷한 심리적인 스트레스의 상황 아래서 다른 환자는 천식 발작을 일으킨다. 즉, 그는 '집 안 분위기에서는 숨을 쉴 수가 없다.' 또 제3의 환자는 특이한 다리의 마비 증상을 보인다. 그는 걸을 수 없다. 즉 '그는 더 이상 그 일을 계속할 수가 없다.' 제4의 환자는 먹기만 하면 토하는 환자로 어떤 불쾌한 사실을 소화할 수 없다. 이런 종류의 예는 얼마든지 들 수 있겠다. 그러나 이런 신체 증상들은 다만 우리들을 괴롭히는 문제들이 무의식적으로 모습을 드러내는 한 가지 양식일 뿐이다. 그런 문제들은 우리의 꿈을 통해서 더 자주 표현된다.

많은 사람들로부터 그들의 꿈에 관한 이야기를 들어 온 심리학자는 누구든지 꿈의 상징이 신경증의 신체적 증상보다도 훨씬 다양하다는 것을 알고 있다. 그것들은 흔히 정교하며 그림 같은 환상들로 구성된다. 그러나 이러한 꿈의 자료를 접한 분석가가 프로이트 본래의 '자유연상'기법을 사용한다면, 그는 꿈이 결국에는 어떤 기본적인 유형으로 환원될 수 있다는 것을 발견하게 된다. 이 방법은 정신분석의 발전에 중요한 역할을 하였다. 왜냐하면 프로이트는 이 방법으로 꿈을 환자의 무의식적인 문제를 탐구하는 출발점으로 사용할 수 있었기 때문이다.

프로이트는 다음과 같은 단순하면서도 예리한 관찰을 하였다. 즉, 만일 꿈을 꾼 사람에게 그의 꿈에 나타난 '상'들과 이 상들이 자극하여 그의 마음속에서 떠오른 생각들을 계속 이야기하도록 용기를 북돋아 주면 그는 그가 말한 것뿐 아니라 그가 의도적으로 말하지 않은 것 속에서도 모두 그의 본심을 토로하여 병의 무의식적인 배경을 드러낸다는 것이다. 비록 그의 생각이 비합리적이고 현실과 무관한 것처럼 보일지 모르나 얼마 후에는 그가 생각을 피하려고 한 것이 무엇이고 그가 억제하고 있는 불쾌한 생각이나 경험이 무엇인지를 비교적 쉽게 알게 된다. 비록 그가 그것을 얼버무리려고 하더라도 그가 말하는 것은 무엇이나 그 상태의 핵심을 가리키게 된다. 의사는 생활의 이면으로부터 너무나 많은 것을 알게 되므로 그의 환자가 꺼림칙한 양심의 신호로서 내보이는 힌트를 해석하면 거의 틀리는 일이 없다. 그러나 의사가 궁극적으로 발견하는 사실은 유감스럽게도 그가 이미 예상했던 것을 확인하는 것뿐이다. 어쨌든 이 한계 안에서는 아무도 꿈이 상징하는 명백한 원인이 억압과 욕구 충족이라는 프로이트의 이론에 대해서 반박할 것이 없다.

프로이트는 '자유연상'의 출발점으로서 꿈의 중요성을 특히 강조했다. 그러나 얼마 후에 나는 잠자는 동안 무의식이 만들어 내는 그 풍부한 환상들을 이용하는 데 자유연상법이 부적합하고 오도하기 쉬운 것이 아닌가 하고 느끼기 시작했다. 내가 이런 의혹을 정말 심각하게 느끼기 시작한 것은 한 동료로부터 그가 러시아에서 긴 기차 여행을 하는 동안 겪었던 경험을 들었을 때이다. 그는 러시아말도 몰랐을 뿐 아니라 씨릴 문자Cyrillic script(역주 : 현재 러시아어 자모의 모체인 그리스교를 믿는 슬라브족이 쓰는 자모)를 판독조차 할 줄 몰랐는데, 철도 표지판에 쓰인 이상한 글자들을 즐겨 바라보면서 그것들에 오만 가지 의미를 붙이며 몽상에 빠지곤 하는 자신을 발견한 것이다.

생각이 꼬리를 물고 일어났는데 느긋한 기분에서

그는 이 '자유연상'이 옛날의 많은 기억을 들추어내는 것을 알게 되었다. 그는 그것들 가운데 오랫동안 묻혀 있던 불쾌한 사실들—잊기를 원했고 또 의식적으로 잊어 왔던—이 떠올라서 괴로웠다. 실제로 그는 심리학자들이 말하는 그의 '콤플렉스'에 생각이 미친 것이다. 그것은 지속적인 심리적 장애나, 많은 경우에는 심지어 신경증의 증상까지도 일으키는 억압된 감정적 주제였다.

이 이야기는 환자의 콤플렉스를 찾아내려면 '자유연상' 과정의 출발점으로써 반드시 꿈을 사용할 필요는 없다는 사실에 눈을 뜨게 하였다. 이 사실은 나에게 주위의 어떤 점으로부터도 사람은 직접 중심에 도달할 수 있음을 보여주었다. 어떤 사람은 씨릴 문자를 가지고 시작하기도 하며, 수정구를 앞에 놓고 하는 명상이나 빙빙 돌리는 기도기구로, 또는 현대 회화나 심지어는 어떤 매우 사소한 일에 대해 무심결에 하는 대화로부터도 시작할 수 있기 때문이다. 이러한 관점에서 볼 때 꿈은 가능한 어떤 출발점보다 유용하지도 덜 유용하지도 않다. 그럼에도 불구하고 꿈은 흔히 일상적인 콤플렉스들이 관여된 감정적인 충격으로부터 발생하기는 하지만 특별한 의미를 지니고 있다(일상적인 콤플렉스들은 정신의 약점

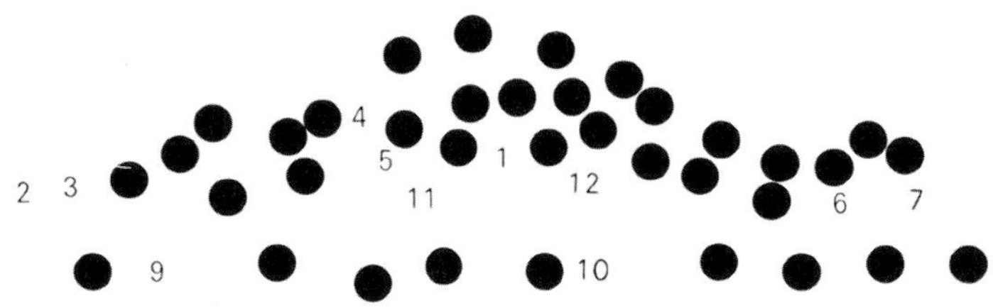

1. 프로이트(비엔나)Sigmund Freud
2. 랑크(비엔나)Otto Rank
3. 빈스방거(클로이츠링겐)Ludwig Binswanger
4. 브릴A. A. Brill
5. 아이팅겐(베를린)Max Eitingen
6. 퍼트남(보스턴)James J. Putnam
7. 존스(토론토)Ernest Jones
8. 슈테켈(비엔나)Wilhelm Stekel
9. 오이겐 블로일러(취리히)Eugen Bleuler
10. 엠마 융(퀴스다흐트)Emma Jung
11. 페렌찌(부다페스트)Sandor Ferenczi
12. 칼 구스타브 융(퀴스나흐트)C. G. Jung

으로서 외부의 자극이나 장애에 대해 가장 빨리 반응한다). 어느 꿈을 가지고 시작하든 우리가 자유연상을 통해서 매우 중요하고 은밀한 생각에 도달할 수 있는 까닭이 여기에 있다.

그러나 여기에서 나는 (나의 지금까지의 생각이 옳다면) 꿈이 그 자체의 어떤 특수한, 보다 의의 있는 기능을 갖고 있다고 보는 것이 타당하지 않을까 하는 생각이 들었다. 꿈은 흔히 마음속 깊이 깔려 있는 생각이나 의도를 결정적이고 명백한 의도를 가진 구조를 통하여 제시하고 있다(물론 대개 꿈이 의도하는 것이 무엇인지를 즉시 파악하기는 어렵다). 그리하여 나는 '자유연상'을 허용해서 연쇄적으로 떠오르는 일련의 개념을 통해서 콤플렉스에 도달하게 하는 대신 꿈이 현재 보여주는 형태와 내용에 보다 더 주의를 기울일 필요가 있지 않을까 하고 생각하기 시작하였다. 콤플렉스란 반드시 자유연상뿐 아니라 다른 방법으로도 그와 마찬가지로 쉽게 도달될 수 있는 것이기 때문이다.

이 새로운 생각은 나의 심리학 발전 과정에서 하나의 전환점이 되었다. 다시 말해서 나는 꿈의 원문에서 멀리 벗어나게 하는 '연상'에 따르는 일을 서서히 포기하게 된 것이다. 나는 꿈 그 자체에 대한 '연상'에 보다 주의를 집중하기로 했다. 꿈 그 자체는 무의식이 말하고자 하는 어떤 특수한 것을 나타낸 것이라고 확신하였기 때문이다.

꿈에 대한 나의 태도가 달라짐에 따라 나의 방법도 달라졌다. 새로운 기법은 꿈이 지니고 있는 여러 가지의 보다 넓은 측면을 모두 고려할 수 있는 것이었다. 의식적인 마음이 들려주는 이야기는 시작과 전개와 종결이 있으나 꿈에서는 그렇지 않다. 꿈에서 시간과 공간의 차원은 매우 다르다. 그것을 이해하기 위해서는 모든 면으로부터 그것을 조사하여야 한다. 마치 미지의 어떤 물건을 손에 들고 있을 때 우리가 그것을 이리저리 돌리고 또 돌려서 관찰하여 그 물건의 모든 세부의 형태에 익숙해지도록 하는 것과 같은 것이다.

이상에서 내가 프로이트가 처음 사용한 '자유연상'을 점차 반대하게 된 이유가 충분히 설명되었을

← 1911년 독일 바이마르에서 열린 정신분석학회에서 기념 촬영한 현대 정신분석학의 위대한 개척자들. 중요 인물은 사진에 표시된 바와 같음.

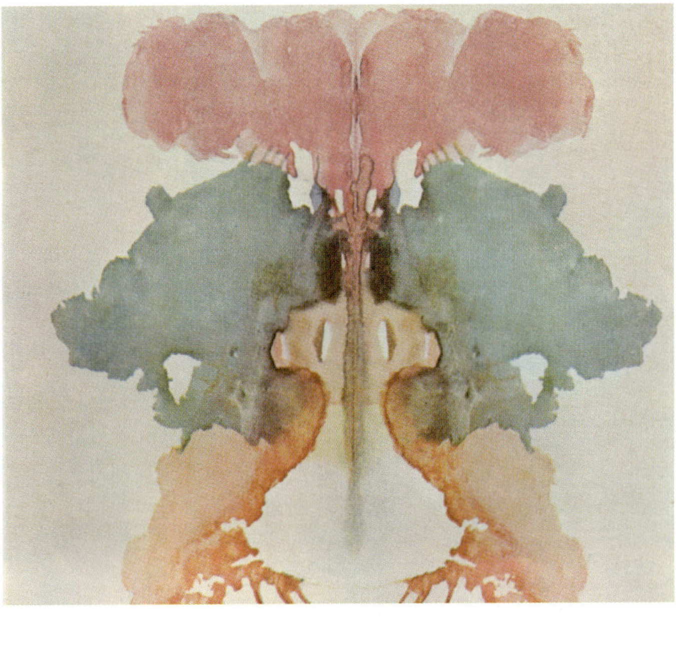

스위스의 정신과 의사인 로르샤흐Hermann Rorschach가 고안해 낸 '잉크자국 검사'(로르샤흐 검사), 잉크자국의 모양이 자유연상을 자극할 수 있다. 사실 거의 모든 불규칙한 모양이 연상과정을 일으킬 수 있다. 레오나르도 다빈치Leonardo da Vinci는 그의 노트에 다음과 같이 썼다. "종종 하던 일을 멈추고 벽의 얼룩이나 타고 남은 재, 구름, 진흙이나 그런 비슷한 것들을 바라보라. 그러면 그 속에서 참으로 멋있는 생각을 발견하게 될 것이다." →

줄 안다. 나는 꿈 그 자체에 가능한 한 가까이 접근하여, 꿈이 우리에게 일으킬지도 모르는 관계없는 관념이나 연상들을 배제하고자 했다. 이런 관념이나 연상이 환자의 콤플렉스로 유도될 수 있는 것은 사실이다. 그러나 나는 신경증적 장애를 일으키는 콤플렉스의 발견 그 이상의 보다 원대한 목적을 마음에 두고 있었다. 콤플렉스를 알 수 있는 많은 다른 방법들이 있다. 예를 들어 심리학자는 단어연상 검사(word association test : 일정한 단어에 대해 환자가 연상한 것을 질문하고, 그의 반응을 연구하는 검사)를 사용하여 환자의 콤플렉스에 대하여 그가 필요로 하는 모든 힌트를 알 수 있다. 그러나 한 개인의 전 인격과 같은 정신적 삶의 과정을 알고 이해하기 위해서는 그의 꿈과 그것들의 상징적 '이미지'가 보다 중요한 역할을 한다는 사실을 아는 것이 중요하다.

예를 들면, 거의 모든 사람들이 성적 행위를 상징할 수 있는 (또는 비유의 형태로 표현되었다고 말할 수도 있을 것이다) 많은 다양한 상들이 있다는 것을 알고 있다. 그 하나하나의 상은 결국 연상 과정을 통해서 성교의 관념과, 어떤 개인이 그 자신의 성적 태도에 관해 가졌을지도 모르는 특정한 콤플렉스로 유도된다. 그러나 그런 콤플렉스는 알 수 없는 일련의 러시아 문자에 대해 공상을 시키더라도 똑같이 찾아낼 수 있는 것이다. 그래서 나는 꿈이 성적인 비유 이외의 다른 어떤 정보를 내포할 수 있다고 추측하게 되었고 그런 데에는 뚜렷한 이유가 있다고 생각하게 되었다. 다음에 이 점을 설명하기로 한다.

한 남자가 자물쇠에 열쇠를 꽂거나, 무거운 몽둥이를 휘두르거나 또는 철퇴로 문을 부수는 꿈을 꿀 경우, 이들 각각은 성적인 비유로 간주될 수 있다. 그러나 그의 무의식이 자신의 목적을 위해서 이들 특정한 상들 중의 하나—그것은 열쇠일 수도, 몽둥이거나 철퇴일 수도 있다—를 선택했다는 사실 또한 매우 중요한 의미를 갖는다. 진정한 과제는 왜 몽둥이 대신 열쇠를, 또는 철퇴 대신에 몽둥이를 선택했는가를 이해하는 것이다. 이렇게 보면 꿈에 표현된

자유연상을 일으킬 수 있는 두 가지 다른 자극
점쟁이의 수정구(영국 박람회에서 수정을 바라보고 있는 현대인) ➔

⬇ 티베트인 거지의 빙글빙글 돌리는 바퀴 달린 기도 기구

것이 성행위가 아니라 이와는 전혀 다른 심리적인 문제라는 것을 종종 발견하게 될 가능성이 있다.

이러한 논리에서 나는 꿈을 해석하는 데 꿈의 분명하게 보이는 부분의 소재만을 이용해야 된다는 결론에 도달했다. 꿈은 스스로 그 자체의 한계를 긋고 있다. 그것의 특유한 형태 그 자체가 우리에게 무엇이 그것에 속한 것이고 무엇이 그것에서 먼 것인가를 알려준다. '자유연상'이 우리들로 하여금 지그재그의 형태로 그 소재로부터 멀어지도록 유혹하는 데 반해서 내가 발전시킨 방법은 꿈의 상을 중심으로 하여 주위를 빙빙 도는 것과 같다. 나는 꿈의 상을 중심에 두고 일하면서 꿈을 꾼 사람이 꿈의 상으로부터 도망가려는 모든 시도를 무시한다. 나의 전문적인 분석 작업에 임하여 나는 다음과 같은 말을 빈번히 되풀이해야 했다. "그 꿈이 무엇을 말하고 있는지 당신의 꿈으로 되돌아가 봅시다."

예를 들면, 나의 환자가 술에 취해 머리를 풀어헤친 천한 여자의 꿈을 꾸었다. 꿈에서 그 여자는 그의 부인인 듯했다. 그러나 실제 그의 부인은 전혀 달랐다. 그래서 표면적으로는 그 꿈은 전혀 사실이 아니었고, 환자는 즉각 그 꿈을 허황된 꿈으로 돌려버렸다. 만일 내가 그의 의사로서 그에게 일상의 자유연상을 시작하게 했더라면, 그는 필경 그 꿈의 불쾌한 암시로부터 가능한 한 멀어지려고 했을 것이다. 그 경우에 그는 그의 주된 콤플렉스들 중의 하나—아마도 그의 부인과는 아무 상관도 없는 콤플렉스—로 끝을 맺고 우리는 이 특이한 꿈의 특별한 의미에 관해서 아무것도 배울 수 없었을 것이다.

그러면 그의 무의식은 이와 같이 사실과 전혀 다른 이야기를 통해 우리에게 무엇을 전달하고자 하는가? 분명히 그것은 어떻게든 꿈을 꾼 사람의 생활과 밀접한 관계가 있는 타락한 여자의 생각을 표현하고 있는 것이다. 그러나 그의 부인에 대한 이 상의 투사는 부당하고 실제로도 사실이 아니었기 때문에 불쾌한 '이미지'가 무엇을 표현하는가를 알기 전에 나는 그 상의 출처를 다른 곳에서 찾아야 했다.

생리학자들은 내분비선의 구조 때문에 우리 모두에게 남성적 요소와 여성적 요소 양쪽이 다 있다는 것을 밝혀냈다. 그런데 그보다 훨씬 이전인 중세 시대에 이미 "모든 남자는 그 자신 안에 여자를 갖고 다닌다"는 말이 있었다. 내가 '아니마'Anima라 부르

수없이 많은 성행위의 상징적 또는 비유적 이미지들 중의 하나는 사슴 사냥이다.

16세기 독일의 화가 크라나흐Cranach의 그림 중 일부. 사슴 사냥의 성적인 의미는 중세기의 영국 민요 〈사냥터를 지키는 사람〉*The Keeper*에 강조되어 있다.

"겨냥한 첫 번째 암사슴을 그는 놓쳤네,
그가 잡은 두 번째 암사슴에 그는 키스했네,
그리고 세 번째 암사슴은 젊은이의 마음으로 숨어 버렸네,
그녀는 초록 잎의 바다 속에 숨어 있네."

← 15세기 플랑드르Flanders의 화가 캉팽Campin이 그린 제단화의 한 부분으로서, 문은 희망을, 자물쇠는 자비를, 열쇠는 하느님에 대한 희구를 상징한다는 의도적인 그림이다.

자물쇠에 꽂혀 있는 열쇠는 성적 상징일 수 있다. 그러나 꼭 그런 것은 아니다.

↑ 영국의 주교가 교회 헌당식에서 교회의 문을 지팡이—그것은 분명 권위와 목자의 지팡이를 상징하는 것이지 결코 남근의 상징이 아니다—로 두드리는 전통적인 의식을 행한다. 개별적인 상징적 이미지는 어느 것도 도그마적으로 고정되거나 일반화된 의미를 가지고 있는 것이 아니다.

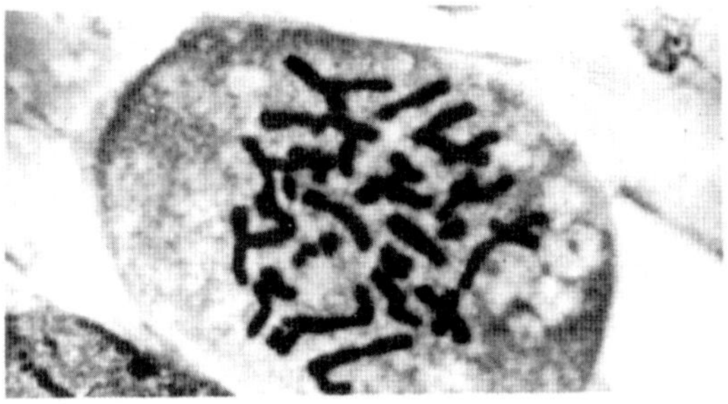

↑ '아니마'Anima는 남성의 무의식 속에 있는 여성적 요소다(아니마나 여성의 무의식 속에 있는 '아니무스' Animus에 관해서는 제3장에서 논하기로 한다). 이와 같은 내적 이중성은 흔히 그림에서 보는 바와 같이 17세기 연금술의 기록에 나타난 왕관을 쓴 양성 소유자와 같이, 양성상으로 상징화된다.(위쪽)

인간 정신의 '양성적 성질'을 나타내는 신체적 이미지. 인간의 세포와 그 염색체. 모든 유기물은 그들 부모에게서 각각 하나씩 받은 두 개 조의 염색체를 갖는다.(아래쪽)

는 것이 바로 이 모든 남성 안에 있는 여성적 요소이다. 이 '여성적'인 면은 본질적으로 주위 사람, 특히 여성들에 대한 어떤 열등한 종류의 관계성으로 다른 사람 눈에 안 띄게 혹은 그 자신에게조차 조심스럽게 잘 감추어져 있다. 바꾸어 말한다면, 어떤 사람의 겉에 나타난 인격이 극히 정상인 것처럼 보인다 하더라도, 그는 '그의 마음속에 있는 여자'의 애처로운 상태를 다른 사람들에게—또는 그 자신에게조차— 잘 숨기고 있는지도 모른다.

이 특별한 환자가 바로 그런 경우였다. 그의 여성적인 면이 훌륭하지 못했다. 그의 꿈이 실제로 그에게 "너는 어떤 점에서는 타락한 여자처럼 행동한다"고 말했고, 그래서 그에게 적절한 충격을 주었다(물론 이런 종류의 예를 무의식이 '도덕적' 훈계와 관련이 있다는 증거로 받아들여서는 안 된다. 꿈이 환자에게 "보다 점잖게 행동하라"고 말하는 것이 아니라, 단지 그것은 항상 완벽한 신사라는 허구를 유지하려는 그의 의식적 마음의 편향된 성질을 균형 잡기 위한 시도일 뿐이다).

왜 꿈을 꾼 사람이 꿈의 메시지를 무시하거나 심지어는 거부하려 하는지는 쉽게 이해할 수 있다. 사람들의 의식은 무의식적이며 사람들은 모르는 것에 대해서는 그것이 무엇이든지 으레 저항한다. 나는 인류학자들이 '쇄신혐기증'misoneism—새로운 것에 대한 뿌리 깊은 미신적인 공포—이라 부르는 것이 원시인들 사이에 존재한다는 것을 이미 지적한 바 있다. 원시인들은 난처한 일에 직면할 때, 야생동물처럼 반응한다. 그러나 '문명화'된 사람은 새로운 개념에 대해 원시인들과 다른 식으로 반응한다. 즉, 새로운 어떤 것을 직면해야 되는 충격으로부터 그 자신을 보호하기 위해서 정신적인 방벽을 세우는 것이다. 어떤 사람이 꿈에 나타난 충격적인 생각을 자기의 것으로 인정하지 않으면 안 될 때 보이는 꿈에 대한 반응에서도 이 점은 쉽게 관찰될 수 있다. 철학, 과학, 심지어는 문학 분야의 많은 선구자들은 동시대 사람들의 타고난 쇄신혐기증misoneism의 희생물이 되어 왔다. 심리학은 과학의 여러 분야 중에 가장 역사가 짧은 것 중의 하나이다. 심리학이 무의식적 작용을 취급하려고 시도하기 때문에 그것이 극도의 보수주의와 직면하게 되는 것은 피할 수 없는 일이다.

무의식에서의 과거와 미래

지금까지 나는 내가 꿈의 문제에 접근할 때 근거로 삼는 몇 가지 원칙들을 객관적으로 이야기하였다. 우리가 상징을 만드는 인간의 능력을 탐구하려면 이런 목적을 달성하는 데 가장 기초가 되고 가까이 접할 수 있는 소재가 꿈이라는 것이 입증된 셈이다. 꿈을 다루는 데 기본이 되는 다음 두 가지 원칙이 있다. 첫째, 꿈은 사실로 취급되어야 하고, 꿈이 어떻든 의미를 지니고 있다는 것 이외에 그것에 대해서 어떠한 억측도 미리 가져서는 안 된다는 것, 둘째, 꿈은 무의식의 고유한 표현이라는 것이다.

이 이상 더 겸허하게 설명되는 원칙이 있을 것 같지 않다. 무의식을 아무리 낮게 평가하는 사람일지라도, 무의식이 연구할 가치가 있다는 것만은 인정해야 할 것이다. 즉 무의식은 최소한 이(蝨)와 같은 평면에 있다. 그것은 곤충학자의 성실한 흥미를 돋우게 한다. 만일 꿈에 대해 경험이나 지식이 거의 없는 혼란스러운 사건에 불과하다고 생각한다고 해도, 그것은 그의 자유이다. 그러나 어떤 사람이 꿈이 정상적으로 일어나는 일이라고 가정한다면(실제로도 그렇다), 그는 그것들이 인과적인가—즉 꿈에는 합리적인 원인이 있는가 하는—또는 어떤 목적성을 지닌 것인가, 또는 양쪽 다 해당되는가 생각해야 한다.

그러면 의식과 무의식의 심리 내용들이 서로 결합하는 양식에 대해서 좀 더 자세히 관찰해 보자. 누구나 잘 알 만한 예를 들어보겠다. 조금 전까지만 해도 생각이 또렷했는데 갑자기 다음에 말하고자 하는 것이 생각나지 않는 경우가 있다. 또는 친구를 소개하려고 할 때, 그의 이름을 말하려는 순간 그의 이름이 떠오르지 않는 경우도 있다. 그런 경우 당신은 생각이 안 난다고 한다. 그러나 실제로는 생각이 무의식이 되었거나, 또는 적어도 일시적으로 의식에서 분리된 것이다. 우리는 같은 현상을 우리의 감각 기능에서도 발견한다. 만일 우리가 가청可聽 경계선 부근에서 지속적인 소리를 듣는다면 그 소리는 규칙적인 간격을 두고 멈추었다가는 다시 시작하는 것처럼 들린다. 이와 같은 동요는 소리 자체의 변화 때문이 아니고 사람의 주의력이 주기적으로 증가하고 감소하기 때문이다.

그러나 어떤 것이 우리의 의식에서 사라졌을 때, 그것은 모퉁이를 돌아서 사라진 자동차가 흔적도 없이 자취를 감춘 것처럼 그 존재가 없어진 것은 아니다. 그것은 단지 시야에서 사라졌을 뿐이다. 우리가 후에 그 차를 다시 볼 수 있는 것과 똑같이 일시적으로 잃어버렸던 생각들은 다시 떠오르게 된다.

그래서 무의식의 부분은 일시적으로 불명확해진 생각들, 인상들, 이미지 등 많은 것으로 이루어지며, 이것들은 계속 의식에 영향을 주고 있는 것들이다. 주의가 산만하거나 '얼빠진' 사람이 무엇을 가져오기 위해 방을 가로질러 걸어간다. 그는 어리둥절해서 멈춘다. 그는 그가 찾으려고 한 것을 잊어버렸다. 그의 손은 마치 몽유병 환자처럼 책상 위에 있는 물건들을 이것저것 더듬거린다. 그는 그의 원래 목적을 잊었지만 무의식적으로 그것에 이끌려 왔다. 그러자 그는 그가 원했던 것이 무엇인지를 깨닫게 된다. 그의 무의식이 그에게 생각나게 하였던 것이다.

만일 당신이 신경증적인 사람의 행동을 관찰한다면, 당신은 그가 의식적이고 합목적적으로 많은 일들을 하고 있는 것처럼 보일 것이다. 그러나 그가 하는 일에 대해서 물어보면, 그는 그것에 관해 무의식적이거나 전혀 다른 생각을 품고 있는 것을 발견하게 된다. 그는 듣고는 있으면서 듣지 않는다. 그는 보고는 있지만 장님이다. 그는 알고는 있지만 무지하다. 이런 예는 너무 흔하기 때문에 전문가들은 곧 무의식적인 마음의 내용이 마치 의식인 것처럼 행동한다는 사실을 알게 된다. 이런 경우에는 그 사람의 생각, 말 또는 행동이 의식적인 것인지 무의식적인 것인지를 결코 확실히 알 수가 없는 것이다.

이런 종류의 행동 때문에 많은 의사들은 히스테리 환자의 호소를 거짓말이라고 무시하려 든다. 이런 사람들은 확실히 우리들 대다수보다 더 많은 허구를 만들지만 그러나 이 경우에 사용된 "거짓말"이라는 말은 결코 적절한 단어가 아니다. 사실 그들의 의식이 무의식으로부터의 간섭에 의해서 예측할 수 없는 장애를 쉽게 일으키기 때문에, 그들의 정신 상태가 행동을 불확실하게 만드는 원인이 된다. 그들의 피부 감각조차도 위와 비슷한 감각의 변동을 나타낼 수 있다. 히스테리성인 사람은 어떠한 순간에 바늘로 팔을 찌르는 통증을 느낄 수 있으나 다음 순간에는 모르고 지나칠 수도 있다. 만일 그의 주의를 어떤 한 곳에 집중할 수 있다면, 그의 몸 전체는 이와 같은 감각의 상실을 일으켜 긴장이 풀릴 때까지 완전히 마취될 수 있다. 긴장이 풀리면 감각의 지각은 곧 회복된다. 그러나 그동안 무엇이 일어나고 있었는

새로운 이념에 대한 근거 없는 공포와 증오를 불러일으키는 '보수주의'(쇄신혐오증)는 현대 심리학을 일반 대중이 받아들이는 데 있어 가장 큰 장벽이 되었다. 보수주의는 다윈Darwin의 진화론에 대해서도 역시 반대했었다. 즉 1925년 진화론을 가르쳤다는 이유로 스코프스Scopes라는 미국의 교사는 재판을 받아야 했다.

↑ 재판에서 변호사 대로C. Darrow가 스코프스 선생을 변호하고 있는 장면.

↑ 스코프스

지를 무의식적으로 알고 있다.

의사가 이런 환자에게 최면을 건다면, 의사는 이 과정을 생생하게 볼 수 있다. 환자가 모든 것을 자세히 알고 있다는 사실을 보여주는 것은 쉬운 일이다. 환자는 의식의 상실이 있는 동안에 누가 자기 팔에 바늘을 찔렀다든가, 그가 한 말을 마치 마취나 '망각'이 없었던 것처럼 정확하게 다시 기억해 낼 수 있다. 완전한 의식불명 상태에서 병원에 입원했던 한 여성이 있었다. 다음날 그 여성이 의식을 회복했을 때 그는 자신이 누구인지는 알았으나, 그가 어디에 있는지, 어떻게 해서, 왜 그곳에 오게 되었는지, 며칠인지 날짜도 몰랐다. 그러나 내가 최면을 걸자 그 여성은 나에게 왜 병에 걸렸고, 어떻게 해서 병원에 오게 되었으며, 누가 그녀를 입원시켰는지를 이야기하였다. 그녀가 말한 모든 자세한 내용은 사실대로였다. 심지어는 그녀가 입원할 당시의 시간까지도 말할 수 있었는데, 그것은 병원 입구에 걸린 시계를 보았기 때문이었다. 최면 아래서 그녀의 기억은 마치 줄곧 의식이 있었던 것처럼 명료하였다.

우리가 이런 문제들을 토론할 때 보통 우리는 임상 관찰에 의해 얻은 증거를 인용하지 않을 수 없다. 이런 이유 때문에 많은 비판자들은 무의식과 무의식의 이상한 표현들이 전적으로 정신 병리학의 영역에 속하는 것으로 생각한다. 그들은 무의식적의 표현은 무엇이나 정상적인 정신 상태와는 전혀 관계가 없는 신경증적이거나 정신병적인 것으로 간주한다. 그러나 신경증적 현상은 언제나 병에 의해 생긴 것은 결코 아니다. 그것들은 사실 정상적으로 일어날 수 있는 것들이 병적으로 과장된 것에 지나지 않는다. 신경증적 현상이 이에 대응하는 정상적이라 하는 상태보다 더 눈에 드러나는 것은 단지 그것들이 과장된 것이기 때문이다. 히스테리성 증상들은 모든 정상인에게서 관찰될 수 있지만, 보통 그 정도가 너무 미미하기 때문에 모르고 지나칠 뿐이다.

예를 들어 잊어버림은 의식의 어떤 관념에서 그것이 지닌 특정한 에너지가 상실되는 정상적인 과정이다. 그렇게 되는 이유는 그 사람의 주의가 다른 곳으로 쏠렸기 때문이다. 관심이 다른 곳으로 향할 때 조명등이 다른 부분을 어둠 속에 남기면서 새로운 부분을 밝히는 것과 마찬가지로, 먼저 관심을 가졌던 것들은 그늘 속에 남는다. 이것은 피할 수 없는 일이다. 왜냐하면 의식은 한 번에 단지 몇 개의 이미지만을 명료하게—그 명료함도 기복이 있지만—파악할 수 있기 때문이다.

← 1861년 영국의 『펀치』*Punch*지에 실린 만화. 역시 반 다윈 성향이다.

미국 만화가 서버J. Thurber가 풍자한 (그의) 아주머니. 그녀는 전기가 "사방으로 온통 새어 나간다"고 무서워했다고 한다. →

그러나 잊어버린 생각들이 존재하지 않는 것은 아니다. 비록 그것들이 의지로써 재생해 낼 수는 없지만 잠재적 상태—기억해 낼 수 있는 한계선을 바로 벗어난—에 존재하며, 잊어버린 생각들은 언제든지 다시 저절로 떠오를 수 있는 것이고, 완전히 잊어버린 채로 몇 년이 지나서야 생각나는 경우도 흔히 있다.

내가 지금 여기서 말하고 있는 것은, 우리가 의식적으로 보거나 듣고, 그 후에 잊어버린 것들에 관한 것이다. 그러나 우리 모두는 많은 것들을 그 당시에는 특별히 주목하지 않은 채로 보거나, 듣거나, 냄새를 맡거나, 맛을 본다. 그것은 우리의 주의가 다른 곳에 쏠려 있거나 또는 우리의 감각기관에 대한 자극이 너무나 미약해서 의식적 인상을 남길 수 없기 때문이다. 그러나 무의식은 그런 것들에 주목하며, 이와 같은 잠재적 지각은 우리의 일상생활에서 중요한 역할을 한다. 우리가 그것을 인식하지 못하고 있는 가운데 여러 가지 잠재적 지각은 어떤 사건이나 사람에 대한 우리의 반응 양식에 영향을 미치고 있다.

이 점을 특히 잘 밝혀 준다고 생각되는 다음 예는 제자와 시골길을 걸으면서 대화에 열중했던 한 교수에게서 들은 이야기다. 갑자기 그는 예기치 못한 일련의 어릴 적 기억들에 의해서 그의 생각이 중단되는 것을 알았다. 그는 왜 이렇게 마음이 산란해지는지 설명할 수 없었다. 그들이 나눈 대화 중에 어느 것도 이들 기억과 어떤 연관이 없는 것 같았다. 그가 다시 곰곰이 생각해 보자. 이 어릴 적 기억들이 그의 마음속에 처음으로 떠오른 것은 그가 한 농장을 지났을 때였다는 것을 알게 되었다. 그는 그의 제자에게 어릴 적의 환상이 시작했던 곳으로 되돌아가자고 했다. 그는 그곳에서 거위의 냄새가 나는 것을 알게 되었고 곧 어릴 적 일련의 기억을 불러일으킨 것이 바로 이 냄새였다는 것을 알았다.

어린 시절에 그는 거위를 기르는 농장에 살았는데 거위 특유의 인상이 남아 있었다. 그가 걸어가다가 농장을 지나쳤을 때, 냄새를 잠재적으로 인지했고, 이 무의식적인 지각이 오랫동안 잊었던 어린 시절의 경험들을 불러일으켰다. 그 지각은 잠재적인 지각이었다. 왜냐하면 그의 주의는 다른 곳에 쏠려 있었으며, 그 자극은 그의 주의를 돌려 직접 의식에 도달되기에 충분할 만큼 강하지는 못했기 때문이다. 그러나 그 잠재적 지각은 '잊혀진' 기억들을 되살려 놓았던 것이다.

이런 유의 '실마리' 혹은 '방아쇠 효과'는 신경증 증상의 발단과 동시에 시각과 후각 혹은 음향이 과거의 상황을 불러일으키는 이보다 양성良性의 기억

극단적인 집단 히스테리(과거에는 "신들림"이라 불렀다)의 경우에 의식과 일상적인 지각은 소실되는 것 같다.

발리Bali인의 검무에서 보는 광란 상태는 춤추는 사람들을 황홀경 ➔ 에 빠뜨리고, 때로는 칼을 자기 자신의 가슴에 대기도 한다.

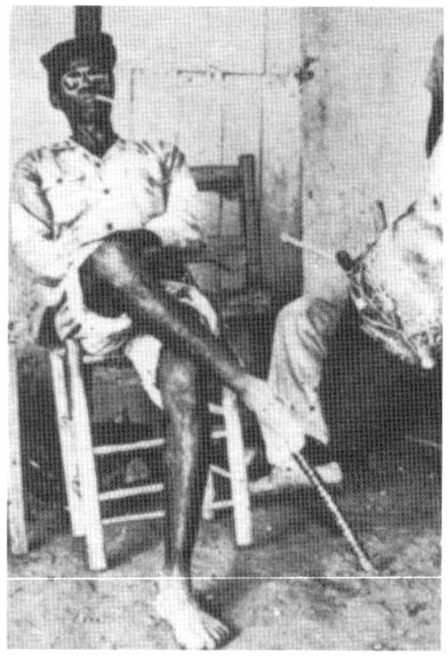

원시인들 사이에서 '신들림'은 신이나 귀신이 사람의 몸을 사로잡았다는 것을 의미한다.

한 아이티Haiti의 여성이 종교적인 무아경 ↑ ecstasy에 사로잡힌 모습.

게데Ghede신에게 빙의된 아이티 사람들. ↗ 그들은 예외 없이 다리를 꼬고, 담배를 입에 문 이런 자세이다.(위의 중앙, 오른쪽)

오늘날 미국 테네시Tennessee주에서 → 볼 수 있는 종교 의식. 그 의식에는 독사를 다루는 과정이 있다. 음악과 노래와 손뼉을 침으로써 히스테리를 유발한다. 그리고 사람들이 독사를 손에서 손으로 돌린다(때로는 신자들이 치명적으로 물릴 때도 있다).

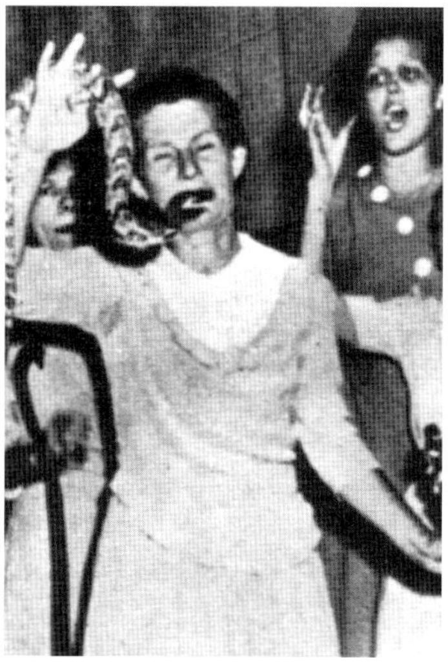

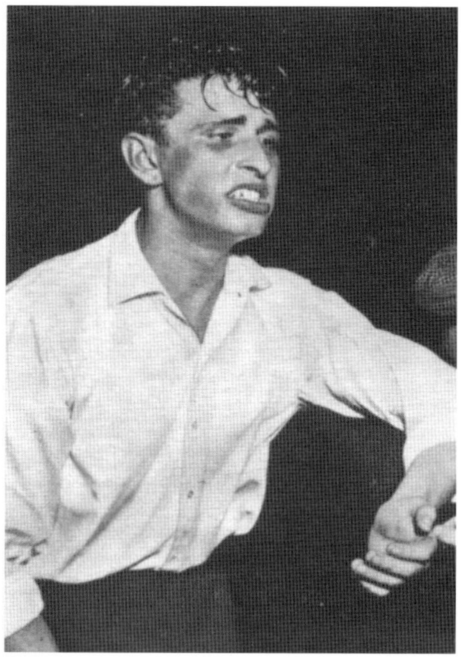

을 설명해준다. 예를 들어 겉으로 보기에 건강하고 유쾌한 한 젊은 여성이 사무실에서 바쁘게 일하고 있다. 조금 후에 그 여성은 눈도 못 뜰 정도의 두통과 다른 고통의 징후를 보인다. 의식적으로 인식하지 못한 채 그녀는 멀리서 들려오는 배의 기적소리를 들었고, 이것이 무의식적으로 그녀로 하여금 그녀가 잊으려고 무진 애를 썼던 연인과의 불행한 이별을 생각나게 하였던 것이다.

정상적인 망각 외에 프로이트는 불쾌한 기억들—그저 잊어버릴 수만 있다면 언제든지 잊고자 하는 기억들—의 '망각'을 다룬 여러 사례를 기술하였다. 니체Nietzsche가 언급했듯이 자부심이 매우 강한 곳에서 기억은 오히려 그것을 위해 길을 양보한다. 그래서 우리는 잃어버린 기억들 가운데 잠재적 상태(그리고 의식적으로 기억해 내기가 불가능한 상태)에 있는 적지 않은 것들을 보게 된다. 그것이 잠재적 상태에 있는 것은 그 불쾌하고 상용될 수 없는 성질 때문이다. 심리학자들은 이것을 억압된 내용이라고 부른다.

이 점을 잘 보여주는 예로 자기 고용주의 동업자를 질투하는 비서의 사례가 있다. 그녀는 그녀가 사용하는 명단에 그 동업자의 이름이 분명히 기록되어 있는 데도 빈번히 이 사람을 회의에 초청하는 것을 잊는다. 그러나 이 점에 대해서 추궁하면 그녀는 간단히 "잊었다"거나 "전달이 잘 안 됐다"고 대답할 뿐 그녀는 자기 자신에게조차도—결코 그녀가 누락한 것에 대한—진정한 이유를 인정하지 않는다.

많은 사람들은 의지력을 과대평가하는 오류를 범하고, 또 그들이 결정하거나 의도하지 않은 것은 그들 마음속에 일어날 수 없다고 생각한다. 그러나 우리는 심적 내용 중에 의도적인 것과 의도적이 아닌 것을 조심스럽게 구별하는 법을 배워야 한다. 전자는 자아인격ego-personality으로부터 유래되는 것이나 후자는 마음의 원천으로부터 유래된다. 그것은 자아와 동일한 것이 아니라 자아의 다른 쪽인 것이다. 그 비서로 하여금 초청하는 것을 잊게 하는 것은 바로 이 '다른 쪽'인 것이다.

우리가 인지했거나 경험한 것을 잊어버리는 데는 많은 이유가 있다. 또한 그것을 기억 속으로 다시 회상해 낼 수 있는 방법 또한 그만큼 많다. 흥미 있는 예는 잠재기억cryptomnesia 또는 '숨겨진 기억'의 경

광고에 나오는 폭스바겐Volkswagen 상표 ➔ 를 구성하고 있는 장난감 자동차는, 독자들 마음속에 어린 시절의 무의식적 기억을 자극하는 '방아쇠 효과'를 가지고 있다고 할 수 있다. 만일 이들 기억들이 기쁜 것이라면 그 기쁨은 아마도(무의식적으로) 제품과 상표와 결부될지 모른다.

⬅ 현대의 로큰롤Rock'n'roll도 춤추는 사람들에게 황홀경에 비길 만한 흥분 상태를 일으키는 것처럼 보인다.

우이다. 어떤 저자가 미리 생각한 계획에 따라서 계속 이야기를 써내려가거나 새로운 토론을 진행하거나 이야기의 줄거리를 전개시키다가 갑자기 옆길로 빗나간다. 아마 새로운 생각이나 다른 이미지 또는 새로운 부차적 줄거리가 그에게 떠올랐을 것이다. 만일 당신이 그에게 무엇이 그로 하여금 탈선을 하게 했는가 물으면, 그는 대답하지 못할 것이다. 비록 그가 전에는 알지 못했던 내용을 지금 전혀 새롭게 창작했더라도, 그는 그 변화조차 알지 못할 수도 있다. 그럼에도 불구하고 그가 쓴 내용이 다른 저자의 작품—그가 전에 결코 본적이 없다고 믿는 작품—과 놀랄 만큼 비슷하다는 것을 확실히 밝힐 수 있는 경우가 종종 있다.

나는 그 놀라운 예를 니체Nietzsche가 쓴 『차라투스트라는 이렇게 말했다』*Thus Spake Zarathustra*에서 발견한 일이 있다. 그 책에서 니체는 한 선박의 1686년 항해일지에 기록된 사건을 한자 한자 거의 그대로 재생하고 있다.[1] 우연한 기회에 나는 1835년(니체가 쓰기 반세기 전)에 발행된 책에서 이 선원의 이야기를 읽었었다. 그리고 내가 『차라투스트라는 이렇게 말했다』에서 비슷한 구절을 발견하였을 때, 나는 거기서 니체가 보통 흔히 쓰던 말과는 다른 특이한 문체를 쓴 것에 놀랐다. 니체가 그것에 대해 언급하지는 않았지만 나는 그가 오래된 책을 반드시 읽었을 것이라고 확신하였다. 나는 아직 살아 있던 그의 여동생에게 편지를 썼고, 그녀는 그가 11살 때 실제로 그녀와 그녀의 오빠가 그 책을 함께 읽었었다는 것을 확인했다. 상황을 미루어 생각할 때 니체가 이야기를 표절할 생각을 가졌으리라고는 추호도 상상할 수 없다. 나는 그것이 50년이 지난 후에 뜻밖에도 그의 의식의 초점으로 떠오르게 된 것이라고 믿는다.

만약 그 사람이 이 사실을 알아차리지 못했다면 이런 유형의 사례에 바로 순수한 기억의 회상이 있다. 똑같은 경우가 음악가에게도 일어날 수 있다. 어린 시절에 들은 농부들의 가락이나 유행가가 어른이 되어 작곡하는 교향곡 악장의 주제로 나타나는 것을 발견할 수 있다. 생각이나 이미지가 무의식으로부터 의식의 마음으로 되돌아온 것이다.

지금까지 내가 무의식에 관해서 이야기한 것은 인간정신의 이 복합된 부분의 성질과 기능에 대해서 대강 윤곽을 잡아본 것에 불과하다. 그러나 나는 자연스럽게 산출되는 우리 꿈의 상징들을 통해서 잠재적 내용을 지적하고자 하였다. 이 잠재적 내용은 모든 동인, 충동, 의도, 모든 지각과 직관, 그리고 모든 합리적 또는 비합리적인 생각, 결론, 귀납, 연역, 전제 등, 또 모든 다양한 종류의 감정들로서 구성될 수 있다. 이들의 전부 또는 일부가 부분적이거나 일시적이거나 항구적인 무의식의 형태를 취한다.

이와 같은 내용은 대부분 무의식이 되는데, 그것은 의식에 그것이 있을 만한 자리가 없기 때문이다. 우리의 생각들 중 어떤 것은 그것이 지닌 정동적인 에너지를 잃고 잠재적인 내용이 된다(즉 그것은 의식의 주의를 더 이상 그렇게 많이 받을 수는 없다). 왜냐하면 그것은 재미가 없거나 우리와는 관계없는 것처럼 보이기 때문이거나 또는 우리가 그것을 시야 밖으로 밀어내려는 어떤 다른 이유가 있기 때문이다.

새로운 여러 인상과 개념을 우리의 의식에 수용할 자리를 만들기 위하여 우리가 이런 식으로 '망각'하는 것은 사실 정상적인 것이며 또 필요한 것이기도 하다. 만일 이렇게 되지 않는다면 우리가 경험한 모든 것은 의식의 한계선 위에 그대로 있고, 우리의 마음은 상상할 수 없을 정도로 혼란해질 것이다. 이 현상은 오늘날 널리 인정되어 심리학에 대해서 조금이라도 안다고 하는 대부분의 사람들은 그것을 당연한 것으로 생각하고 있다.

그러나 의식내용이 무의식 속으로 사라질 수 있는 것처럼, 지금까지 결코 의식화된 적이 없는 새로운 내용도 무의식으로부터 **생길 수 있다**. 예를 들어 우리는 어떤 것이 막 의식화되려고 한다는 것—'무언가 있는 것 같다'든가, 또는 '낌새를 챘다'라는 것—을 어렴풋이 느낄 수 있다. 무의식이 단지 과거의 창고에 불과한 것만이 아니고, 미래의 정신적 상황과 생각들의 가능성으로 꽉 차 있다는 발견은 나 자신에게 새로운 심리학적 접근의 길을 열어주었다. 이 점에 대해서 많은 논쟁이 일어났다. 그러나 의식적인 먼 과거로부터의 기억뿐만 아니라 전적으로 새로운 생각과 창조적인 관념들 또한—결코 전에 의식화된 적이 없는 생각과 관념들—무의식으로부터 그 모습을 드러내 보일 수 있다. 그것들은 마치 연꽃처럼 마음의 어두운 깊은 곳에서 자라고 잠재적 정신의 가장 중요한 부분을 형성한다.

우리는 이 사실을 일상생활의 곤란한 상황이 종종 획기적인 새로운 발상에 의해서 해결되는 데서 발견한다. 많은 예술가, 철학자, 과학자들조차도 그의 최고 업적 중 어떤 것들은 무의식으로부터 갑자기 떠오른 영감 덕분이라고 한다. 이런 소재의 풍부한 광맥에 도달하고 또 그것을 효과적으로 철학, 문학, 음악 또는 과학적 발견으로 번역하는 능력이 일반적으로 천재라고 불리는 사람을 증명하는 조건의 하나가 된다.

우리는 과학사 그 자체에서 이와 같은 사실에 대한 명백한 증거를 발견할 수 있다. 예를 들어 프랑스의 수학자 푸앵카레Henri Poincaré와 화학자 케쿨레Kekulé는 여러 중요한 과학적 발견이 (그들 자신들이 인정하듯이) 무의식으로부터 갑자기 그림으로 나타난 '계시' 덕분이라고 했다. 프랑스의 철학자 데카르트Descartes의 소위 '신비적 경험'은 그가 일순간에 '모든 과학의 질서'를 보게 된 위와 비슷한 갑작스러운 계시와 관계되어 있다. 영국의 작가 스티븐슨R. L. Stevenson은 '인간의 이중성에 관한 그의 강한 느낌'에 잘 맞는 이야기를 찾기 위해 여러 해를 소비하다가 마침내[2] 『지킬 박사와 하이드 씨』*Dr. Jekyll and Mr. Hyde*의 줄거리가 그의 꿈에 갑자기 나타났던 것이다.

뒤에 나는 어떻게 이러한 소재가 무의식으로부터 생기는지 보다 자세히 설명하겠고 또 그것이 표현되

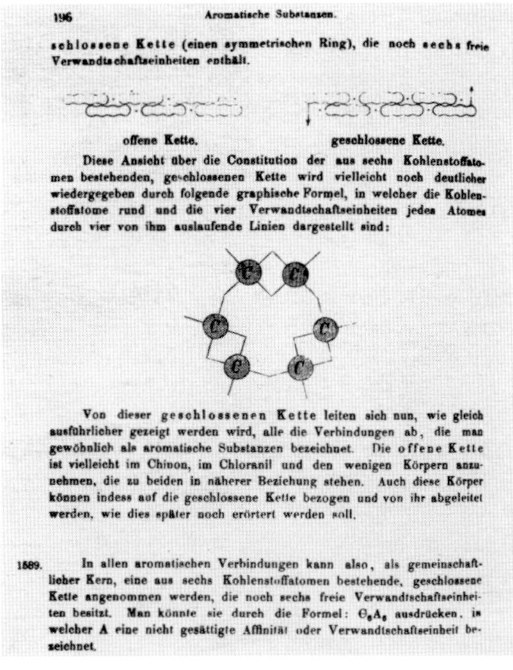

196 Aromatische Substanzen.

schlossene Kette (einen symmetrischen Ring), die noch sechs freie Verwandtschaftseinheiten enthält.

offene Kette. geschlossene Kette.

Diese Ansicht über die Constitution der aus sechs Kohlenstoffatomen bestehenden, geschlossenen Kette wird vielleicht noch deutlicher wiedergegeben durch folgende graphische Formel, in welcher die Kohlenstoffatome rund und die vier Verwandtschaftseinheiten jedes Atomes durch vier von ihm auslaufende Linien dargestellt sind:

Von dieser geschlossenen Kette leiten sich nun, wie gleich ausführlicher gezeigt werden wird, alle die Verbindungen ab, die man gewöhnlich als aromatische Substanzen bezeichnet. Die offene Kette ist vielleicht im Chinon, im Chloranil und den wenigen Körpern anzunehmen, die zu beiden in näherer Beziehung stehen. Auch diese Körper können indess auf die geschlossene Kette bezogen und von ihr abgeleitet werden, wie dies später noch erörtert werden soll.

1589. In allen aromatischen Verbindungen kann also, als gemeinschaftlicher Kern, eine aus sechs Kohlenstoffatomen bestehende, geschlossene Kette angenommen werden, die noch sechs freie Verwandtschaftseinheiten besitzt. Man könnte sie durch die Formel: C_6A_6 ausdrücken, in welcher A eine nicht gesättigte Affinität oder Verwandtschaftseinheit bezeichnet.

← 벤젠의 분자구조를 연구하던 19세기의 독일 화학자 케쿨레Kekulé는 뱀이 자기 꼬리를 입에 물고 있는 꿈을 꾸었다(이것은 매우 오래된 상징이다). 그것을 표현한 기원전 3세기의 그리스 문헌. 그는 그 꿈이 분자구조가 탄소의 막힌 고리를 뜻하는 것으로 해석했다. 좌단에서 보듯이 1861년 그의 저서 『유기화학 교과서』에 실린 내용.

는 형태에 관해서도 검토할 것이다. 현재로서는 우리가 꿈의 상징성을 취급하고자 할 때 이와 같이 새로운 소재를 산출하는 인간정신의 능력이 특히 중요하다는 것을 지적하고 싶다. 왜냐하면 나는 나의 전문적인 연구에서 꿈이 내포한 이미지와 관념들은 단지 기억이라는 말만으로는 도저히 설명될 수 없다는 것을 재삼재사 발견했기 때문이다. 그것들은 아직 의식의 경계선에 도달해 본 적이 결코 없는 새로운 생각을 표현하고 있는 것이다.

꿈의 기능

앞에서 나는 꿈의 세계의 근원에 관해서 상당히 세밀하게 설명하였다. 그 이유는 꿈이 대부분의 상징들이 처음 싹트고 자라는 토양이기 때문이다. 불행하게도 꿈은 이해하기가 쉽지 않다. 이미 지적했듯이 꿈은 의식에서 말하는 이야기와는 매우 다르다. 일상생활에서 사람들은 자기들이 말하고 싶은 것을 생각해 낸다. 그것을 가장 효과적으로 말할 수 있는 방법을 선택하고, 자신의 말이 논리적으로 앞뒤가 맞도록 노력한다. 예를 들면 교육을 받은 사람은 그가 말하고자 하는 요점이 뒤죽박죽이라는 인상을 줄까봐 뒤섞인 비유를 피하려고 한다. 그러나 꿈은 이와 다른 구조를 가지고 있다. 모순되고 우스꽝스러운 이미지들이 꿈꾸는 사람에게 쇄도하고 정상적인 시간감각은 상실되고, 평범한 것들이 매력적이거나 위협적인 측면인 듯이 나타난다.

깨어 있을 때 우리가 우리의 사고에 부과하는 겉보기에 통제된 양식과는 달리 무의식이 그의 자료를 전혀 다른 방법으로 정리하는 것이 이상하게 보일지 모른다. 그러나 잠시 하던 일을 멈추고 꿈을 회상하는 사람은 누구나 이러한 차이를 알아차리고, 일반 사람들이 꿈을 이해하기 어렵다고 느끼게 되는 주된 이유가 여기에 있다는 사실을 알게 될 것이다. 꿈은 일반 사람들의 정상적인 각성 시의 경험으로는 뜻이 통하지 않는다. 그래서 사람들은 꿈을 무시해 버리거나, 또는 꿈이 그들을 어리둥절하게 만든다고 푸념한다.

우선 각성 시에 우리가 다루는 개념들이 겉으로 보기에는 잘 통제된 것 같지만 우리가 믿는 만큼 그렇게 정확한 것은 결코 아니라는 사실을 인식한다면 이 점을 이해하기가 보다 쉬워질 것이다. 오히려 그 관념들을 더욱 세밀히 검토하면 할수록, 그 의미가 (그리고 그것들이 우리에게 주는 감정적인 의의) 더욱 부정확한 것이 된다. 그 까닭은 우리가 들었거나 경험한 것은 어느 것이나 잠재화—즉 무의식으로 들어갈 수 있다는 것—될 수 있기 때문이다. 그리고 우리가 의식 속에 간직하고, 또 의지로써 기억해 낼 수 있는 것들조차도 매번 회상될 때마다 무의식의 빛깔을 띠어, 그 관념이 변색되어 나타날 것이다. 우리의 의식적인 인상은 곧 우리에게 심리적으로 중요한 무의식적인 의미를 지닌 어떤 요소를 받아들이는 것이 사실이지만, 우리는 그와 같은 잠재적 의미가 존재한다는 사실이나 그것들이 어떻게 일상적인 의미를 확대하거나 혼란시키는지를 전혀 의식하지 못하는 것이다.

물론 이와 같은 심리적인 잠재적 색조는 사람마

'동물 횡단 조심'을 뜻하는 흔한 표지판이 있는 유럽 ➔ 의 고속도로. 그러나 차를 타고 가는 사람들(그들의 그림자가 그림의 앞부분에 보인다)은 거기서 코끼리, 코뿔소, 심지어는 공룡도 목격한다. 현대 스위스의 화가 야코비Erhard Jacoby가 그린 어떤 꿈의 그림은 비논리적이고 모순된 꿈의 이미지 성질을 정확하게 묘사하고 있다.

다 다르다. 각 개인은 어떤 추상적인 또는 일반적인 개념을 개인의 특수한 심리적 상황에서 받아들여 그것을 개인적 방법으로 이해하고 적용한다. 대화 중에 내가 '지위', '돈', '건강' 또는 '사회' 등의 용어를 사용했을 때, 나는 내 이야기를 듣는 사람들이 내가 이해하는 것과 대략 같은 것을 이해한다고 가정한다. 그러나 '대략'이라는 말이 문제다. 각 단어는 같은 문화적 배경을 가진 사람들 사이에서조차도 사람마다 어딘가 약간씩 다른 의미를 가지고 있다. 이렇게 여러 가지 차이가 생기는 이유는 일반적인 개념이 개인적인 양식으로 이해되고 응용되는 데 있다. 그래서 사람들이 매우 다른 사회적 · 정치적 · 종교적 · 심리적 체험을 가지고 있을 때 의미의 차이는 매우 커진다.

개념이 단순히 단어와 동일한 이상 차이는 거의 없고 실제적으로 문제가 되지 않는다. 그러나 정확한 정의나 조심스러운 설명이 필요할 때, 그 용어를 순수하게 지적으로 이해할 경우뿐만 아니라 특히 그것의 감정적 색조나 그것을 적용하는 데 있어서도 우리는 놀랄 만한 차이들을 종종 발견하게 된다. 대개 이들 여러 가지 차이는 잠재적이므로 결코 알아차리지 못하게 된다.

우리는 이런 차이들을, 일상적인 필요와는 거의 관계가 없는 군더더기나 또는 버려도 좋은 의미의 뉘앙스 문제로 무시해 버리려고 한다. 그러나 그런 차이들이 존재한다는 사실은 의식이 지닌 가장 현실적인 내용조차도 그 둘레에 어렴풋한 그림자를 가지고 있음을 시사한다. 가장 주의 깊게 정의된 철학적 또는 수학적 개념도 우리가 그 속에 주입한 것 이외에는 아무것도 포함된 것이 없다고 확신하는 것이지만, 그것조차도 우리가 생각하는 것 이상으로 모호한 그늘을 지니고 있다. 그것은 심리적 사상이고 그것만으로도 얼마간은 알 수 없는 그런 것이다. 우리가 셈을 셀 때 사용하는 바로 그 숫자도 우리가 그럴 것이라고 생각하는 것 이상이다. 숫자는 동시에 신화적인 요소들이다(피타고라스Pythagoras파 학자들에게

그것은 심지어 신성한 것이었다). 그러나 우리가 실제적인 목적으로 숫자를 사용할 때 우리는 이 점을 전혀 모르고 있다.

간단히 말해서 우리들의 의식 속의 모든 개념에는 그것 자체의 심리적 연상들이 있다. 이런 연상들은 강도에 있어서는 서로 다를 수 있지만(우리의 전 인격에 대하여 그 개념이 지닌 상대적 중요성에 따라서, 또는 그것에 대해 우리의 무의식에서 연상된 다른 관념들이나 심지어 여러 콤플렉스에 따라서 연상의 강도가 다를 수 있다), 그것들은 그 개념의 '정상적'인 성격을 바꿀 수 있다. 그것이 의식의 수준 밑으로 표류하게 될 때 그것은 전혀 다른 것이 될 수도 있다.

우리에게 일어나는 모든 것의 이러한 잠재적 측면은 우리의 일상생활에서는 매우 작은 역할을 하는 것 같이 보인다. 그러나 심리학자가 무의식의 표현들을 다루는 꿈의 분석에서는, 그것이 큰 관계를 가지게 된다. 왜냐하면 그러한 잠재적 측면은 우리의 의식적 사고의 거의 보이지 않는 뿌리이기 때문이다. 자물쇠가 잠긴 방이라든가 놓쳐버린 기차보다 더 나쁠 것이 없는 꿈을 꾸었는데도 불구하고 왜 평범한 대상이나 관념이 꿈에서 그렇게도 강력한 심리적 중요성을 띠어 우리를 몹시 놀라게 하여 깨울 정도가 되는가 하는 이유가 여기에 있다.

꿈에서 만들어진 이미지들은 그것의 각성 시의 상대자라 할 수 있는 의식의 개념이나 체험보다 훨씬 더 그림같이 생생하다. 그렇게 되는 이유 가운데 하나는, 꿈에서는 이런 개념이 그 개념의 무의식적 의미를 나타낼 수 있다는 데 있다. 의식적 사고에서 우리는 우리 자신을 합리적 표현의 한계 안에 제약하고 있다. 그런 의식의 언어적 표현은 심리적 연상

↑ 이하 세 개의 그림은 비합리적이고 환상적인 성질을 가진 꿈의 몇 가지 예들이다. 18세기 스페인의 화가 고야Goya의 그림으로 올빼미와 박쥐들이 꿈꾸는 사람 위로 우글거린다.

← 용이나 그와 비슷한 괴물들은 보편적인 꿈의 상이다. 15세기 이탈리아의 수도승 프란체스코 콜로나Francesco Colonna가 쓴 환상적인 작품 『폴리필로의 꿈』*The Dream of Poliphilo*을 소재로 한 목판화로 용이 꿈꾼 사람을 쫓고 있다.

↑ 현대화가 마르크 샤갈Marc Chagall이 그린 〈시간은 둑이 없는 강〉*Time is a River without Banks*이라는 제목의 그림. 여기에 나타난 상들—물고기, 바이올린, 시계, 연인들—의 생각지 못한 연상은 꿈의 모든 생소함을 갖고 있다.

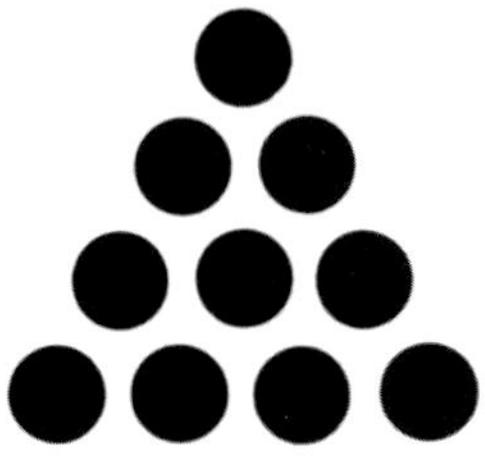

↑ 일반적인 숫자의 신화적 측면이 마야Maya의 부조에 나타나고 있다(서기 730년경). 그것은 시간의 수량적 구분을 여러 신으로 인격화하고 있다.

← 점으로 이은 피라미드는 그리스의 피타고라스Pythagoras철학의 테트라크리스 tetraktys(거룩한 사분四分)를 표현한다(기원전 6세기). 그것은 합해서 10이 되는 네 숫자(1, 2, 3, 4)를 내포하고 있다. 4와 10이라는 숫자는 피타고라스학파에 의해 신성한 것으로 숭배되었다.

이 제거된 것이므로 그 생동감이 부족한 것이다.

해석하기 어려웠던 내 자신의 꿈이 생각난다. 꿈속에서, 어떤 남자가 내 뒤로 와서 등 위로 달려들려고 하였다. 이 남자에 관해서 나는 그가 내가 한 말의 꼬투리를 잡아 그 뜻을 일부러 왜곡하여 괴이한 웃음거리로 만들었다는 것을 알 뿐이었다. 그러나 나는 이 사실과 꿈속에서 나의 등으로 달려들려는 그의 시도와의 관련성을 알 수 없었다. 그런데 나의 전문적인 학문 세계에서는 내가 말한 것을 사람들이 잘못 표현하는 경우가 자주 있다. 너무 잦기 때문에 나는 이런 종류의 와전이 나를 화나게 하는지 어떤지를 개의하는 일조차 거의 없었다. 그런데 자신의 감정적 반응들을 계속하여 의식적으로 조절하는 것은 어쨌든 가치 있는 일이다. 이것이 바로 꿈이 지적하는 점이라는 것을 나는 곧 알게 되었다. 그 꿈은 오스트리아 구어체를 택했고 그것을 회화적 이미지로 번역하였다. 일상회화에서 흔히 나오는 이 말은 "Du kannst mir auf den Buckel steigen(너는 내 등에 올라탈 수 있다)"으로 이것은 "나는 네가 나에게 하는 말에 개의치 않는다"라는 것을 뜻한다. 미국식 표현을 빌린다면 "Go jump in the lake"가 될 것인데 아마 비슷한 꿈으로 나타날 수 있을 것이다.

이 꿈의 화상畵像은 상징적인 것이라고 말할 수 있다. 왜냐하면 그 꿈은 그 상황을 직접 표현한 것이 아니고, 처음에는 내가 이해할 수 없었던 은유의 방법으로 간접적으로 요점을 표현했던 것이다. 이런 현상이 일어나는 것은(자주 그런 것처럼) 꿈에 의한 의도적인 '변장' 때문이 아니라, 단지 우리가 감정이 담긴 회화적 언어를 잘 이해하지 못한다는 사실을 보여주는 것이다. 왜냐하면 우리의 일상경험에서 우리는 사물을 가능한 한 정확하게 표현할 필요가 있으며, 우리의 말과 생각 양쪽 모두에서 공상의 장식을 버리는 것을 배워오는 동안에 그 원시적 심성의 특징을 이루고 있는 어떤 특질을 잃어가고 있기 때문이다. 우리들 대부분은 모든 사물이나 관념이 갖고 있는 모든 공상적 · 심리적 연상을 무의식에 떠맡겨 왔다. 이에 반해서 원시인은 여전히 이와 같은 심리적 특성들을 잘 알고 있다. 그들은 동물, 식물 또는 돌에 우리가 이상하게 생각하고 받아들일 수 없는 힘들을 부여하고 있다.

예를 들면 한 아프리카 정글 주민이 야행성 동물을 대낮에 본다. 그는 그것이 일시적으로 그런 모양을 한 주술사medicine man임을 알아차린다. 혹은 그는 그것을 숲의 영혼이나 그의 종족의 한 선조의 혼

숫자뿐만 아니라 돌이나 나무 같이 흔한 대상 ➔ 들도 많은 사람들에게 상징적 중요성을 갖게 한다. 인도의 여행자들이 길가에 놓아둔 거친 돌들은 창조성을 나타내는 힌두Hindu의 남근 상징인 링감lingam을 표현한다.

백이라고 간주할 것이다. 어떤 나무는 원시인의 생활에서 절대적인 역할을 할 수 있을 것이며, 그를 위해 그 나무는 자체의 영혼과 목소리를 갖고 있고, 당사자는 그 나무와 운명을 같이한다고 느낄 것이다. 비록 남아메리카에는 자신이 깃털도, 날개도, 부리도 없다는 것을 잘 알면서도 그들 자신이 붉은 아라라 앵무새라고 남에게 보증하는 인디언들이 있다. 원시인의 세계에서는 사물들이 우리의 '합리적' 사회에서처럼 분명한 경계를 갖고 있지 않기 때문이다.

심리학자들이 심적 동체성 또는 '신비적 관여'라고 부른 것들은 우리 사물의 세계에서 사라져 가고 있다. 그러나 원시인의 세계에서 다양한 색채와 환상적인 속성을 부여하는 것은 바로 이 여러 무의식적 연상의 후광인 것이다. 우리는 그것을 너무도 잃어버리고 말았기 때문에 그것들을 다시 만나도 알아볼 수 없을 정도가 되었다. 그런 것들은 우리 의식의 경계 밑에 보존되어 있다. 그것이 종종 의식에 다시 나타났을 때 우리는 심지어 뭐가 잘못됐다고 우기기조차 한다.

고등교육을 받은 지식인들이 특이한 꿈, 공상, 심지어 환영을 보고 깊은 충격을 받은 나머지 나에게 상담해 온 일이 한두 번이 아니다. 그들은 맑은 정신을 가진 사람은 아무도 이러한 것 때문에 괴로움을 겪지 않을 뿐 아니라 실제로 환영을 본 사람은 병적으로 장애를 일으킨 사람이라고 믿었다. 언젠가 어떤 신학자가 에제키엘Ezekiel의 환영들은 병적인 증상에 불과하고, 또 모세와 다른 예언자들이 '하느님의 음성'을 들었을 때, 그들은 환청에 시달리고 있었던 것이라고 내게 말한 적이 있다. 여러분은 이런 종류의 것이 그에게 '느닷없이' 일어났을 때 그가 얼마나 큰 충격을 느끼게 될지 상상할 수 있을 것이다. 우리는 우리들 세계의 겉보기에 합리적인 성질에 너무나 익숙해져 있기 때문에 상식으로 설명될 수 없는 일이 있다는 것을 거의 상상도 하지 못한다. 그러나 원시인이 이런 종류의 충격을 받았을 경우 대부분 정신 건강을 의심하지는 않는다. 그는 이때 주물이나 정령 또는 여러 신을 생각할 것이다.

그런데 우리들에게 영향을 주는 여러 정동은 이와 꼭 같은 것이다. 사실 우리들의 고도 문명에서 생겨난 공포는 모든 것을 귀신 탓이라고 보는 원시인들의 공포보다 훨씬 더 위협적일지 모른다. 현대 문명인의 태도라고 하면 나는 때때로 나의 클리닉을

← 서부 아프리카에 있는 나무로 주민들이 "주주" Ju-Ju 또는 "정령의 나무"라고 부르며, 그들은 이 나무에 마술적 힘이 있다고 한다.

사자의 가면을 쓰고 있는 카메룬Cameroon → 의 주술사. 그는 사자인 것처럼 가장하는 것이 아니다. 그는 스스로 사자라고 확신한다. 니앙가 종족의 코뿔새 가면처럼(p.22) 그는 동물과 '정신적 동일성'—신화와 상징성의 영역에 존재하는 동일성—을 공유한다.

찾아온 한 정신병 환자를 회상하는데 그는 의사였다. 어느 날 아침 나는 그에게 어떻게 지냈느냐고 물었다. 그는 머큐릭 클로라이드(빨간약)로 천당 전체를 소독한 멋진 밤을 보냈었는데, 그렇게 철저하게 소독하는 중에도 하느님의 흔적을 발견할 수 없었다고 대답했다. 여기서 우리는 신경증, 또는 그보다 더 나쁜 것을 발견하게 된다. 하느님이나 '하느님에 대한 두려움'이 불안 신경증이나 또는 어떤 종류의 공포증으로 대치되고 있다. 정동은 원래대로 남아 있으나, 대상이 보다 나쁜 이름과 성질 쪽으로 변해 버린 것이다.

나에게 암 공포증에 관해 상담을 했던 한 철학교수가 생각난다. 그는 수십 장의 X선 사진에서 아무것도 발견할 수 없는데 자신에게 악성 종양이 있다는 강박적인 확신에 괴로워했다. "그래요. 나는 아무것도 없다는 것을 압니다." 이어서 그는 이렇게 말했다. "그러나 아마 무엇이 있을지도 모릅니다." 그로 하여금 이런 생각을 하게 한 것은 무엇이었을까? 그것은 공포감에서 온 것이 분명하나 이 공포감은 의식적 숙고에 의해서 서서히 이루어진 것이 아니다. 그 병적인 생각은 갑자기 그를 지배했고, 그 생각은 그가 도저히 조절할 수 없는 그 자체의 힘을 가지고 있었다.

이 교양 있는 사람이 이런 종류의 것을 인정한다는 것은 원시인이 그가 귀신에게 괴롭힘을 당했다고 말하는 것보다 훨씬 더 어려운 일이었다. 악령들의 해로운 영향이란 적어도 원시문화에서는 허용될 수 있는 가설이지만, 문명인이 그의 고통이 바보스러운 상징의 장난에 불과하다는 것을 인정한다는 것은 그에게는 괴로운 체험이 아닐 수 없다. 강박이라는 원시적 현상은 아직 없어지지 않았다. 그것은 여전히 그대로 남아 있다. 단지 다르게 그리고 보다 혐오를 느끼도록 해석될 뿐이다.

지금까지 나는 현대인과 원시인을 몇 가지 점에서 비교하였다. 뒤에 다시 설명하겠지만 이런 비교는 상징을 만들어 내는 인간의 성향, 그것을 표현함에 있어 꿈이 하는 역할의 일부를 이해하는 데 꼭 필요하다. 왜냐하면 우리는 많은 꿈이 원시인의 관념과 신화와 의식 등과 비슷한 상(이미지)과 연상을 나타낸다는 것을 알기 때문이다. 이와 같은 꿈의 상들은 프로이트에 의해서 "고태적 잔재"라고 불렸다. 이 말은 그것들이 먼 옛날부터 인간의 마음속에 살아남게 된 심리적 요소들이라는 사실을 암시한다. 이러한 관점은 무의식을 의식의 미미한 부속물(또는 더 회화적으로 말한다면 의식의 폐기물을 수집하는 쓰레기통으로)로 간주하는 사람들의 특징이다.

그 뒤의 연구를 통하여 이러한 태도는 지지받을 수 없고, 버려야 된다는 시사를 받게 되었다. 나는 이런 종류의 연상(역주 : 태곳적 연상)과 이미지들이 무의식의 주요 부분이고, 꿈을 꾼 사람이 교육을 받았든 받지 못했든, 또는 영리하든 우둔하든 모든 사람의 꿈에서 관찰될 수 있다는 것을 알게 되었다. 그

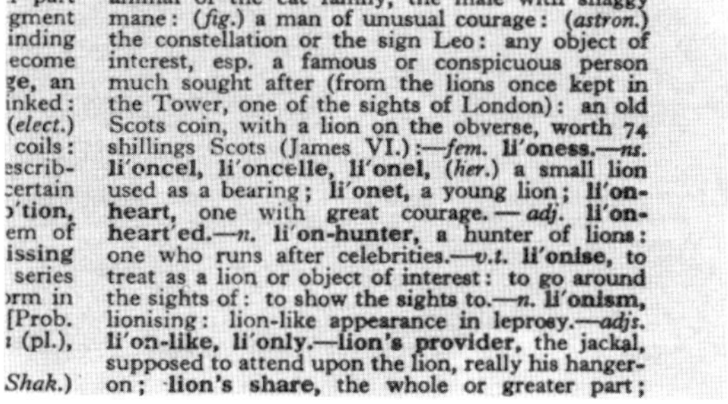
620 liquefy

lion, *lī'ən*, *n.* a large, fierce, tawny, loud-roaring animal of the cat family, the male with shaggy mane: (*fig.*) a man of unusual courage: (*astron.*) the constellation or the sign Leo: any object of interest, esp. a famous or conspicuous person much sought after (from the lions once kept in the Tower, one of the sights of London): an old Scots coin, with a lion on the obverse, worth 74 shillings Scots (James VI.):—*fem.* **li'oness.**—*ns.* **li'oncel, li'oncelle, li'onel,** (*her.*) a small lion used as a bearing; **li'onet,** a young lion; **li'on-heart,** one with great courage.—*adj.* **li'on-heart'ed.**—*n.* **li'on-hunter,** a hunter of lions: one who runs after celebrities.—*v.t.* **li'onise,** to treat as a lion or object of interest: to go around the sights of: to show the sights to.—*n.* **li'onism,** lionising: lion-like appearance in leprosy.—*adjs.* **li'on-like, li'only.**—**lion's provider,** the jackal, supposed to attend upon the lion, really his hanger-on; **lion's share,** the whole or greater part;

← 현대의 '합리적'인 사람은 이와 같은 심리적 연관으로부터 그 자신을 단절시키려고 해왔다(그러나 그것은 무의식 속에 살아 있다). 그에게 있어서 삽은 삽이고, 사자는 사전(왼쪽)에서 설명하고 있는 바로 그것에 불과하다.

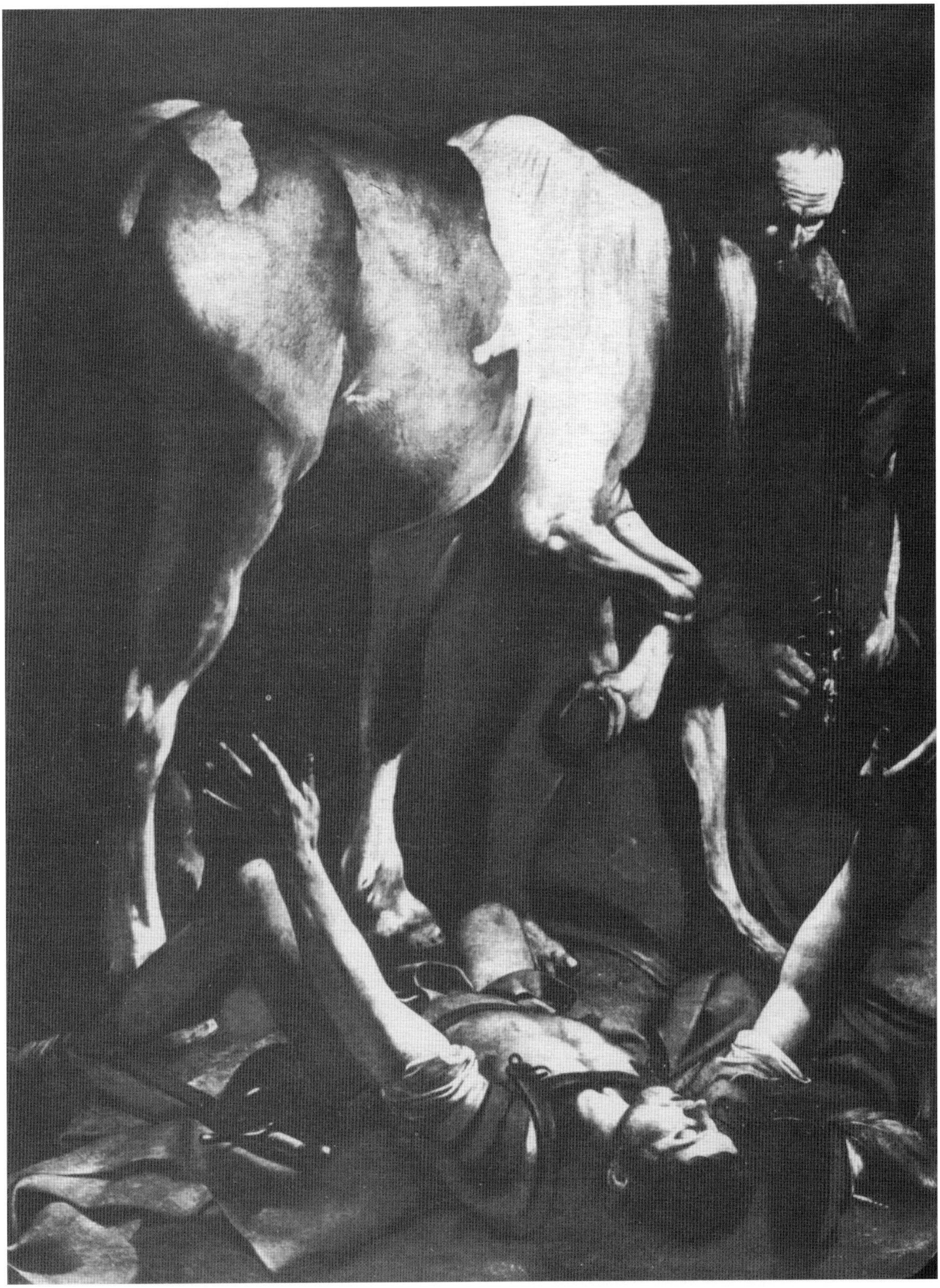

↑ 성 바울이 그가 본 그리스도의 환영에 충격을 받아 넘어져 있다. 16세기 이탈리아의 화가 카바라조Caravaggio의 그림.

↑ 자바섬의 농부들은 그들의 밭을 정령으로부터 보호하기 위해 수탉을 제물로 바친다. 이와 같은 신앙과 행사는 원시인의 생활에서 기본적인 것이다.

↑ 영국의 조각가 엡스타인Jacob Epstein의 현대 조각에서 인간은 기계화된 괴물로 표현된다. 아마도 현대의 '악령들'의 상일 것이다.

것은 결코 생명이 없는 것이거나 무의미한 '잔재'들이 아니다. 그것은 현재도 작용하고 있으며, 그것이 지닌 '역사적' 성격, 바로 그것 때문에 가치 있는 것이다(이 책의 뒷장에서 헨더슨Henderson 박사가 이를 제시하고 있다). 그것들은 우리 생각의 의식적인 표현 양식과, 보다 원시적이며 보다 다채로운 회화적 표현 양식 사이를 연결하는 다리를 이루고 있다. 감정feeling과 정동emotion에 직접 호소하는 것이 또한 이런 표현 형태이다. '역사적'인 연상들은 의식의 합리적인 세계와 본능의 세계 사이를 연결시켜 주는 것이다.

우리가 각성 시에 가지고 있는 '통제'된 생각들과 꿈속에서 만들어지는 풍부한 상상 사이의 흥미 있는 차이는 이미 논의되었다. 이제 우리는 이런 차이를 낳게 하는 또 다른 이유를 알 수 있게 된 것이다. 즉, 우리의 문명화된 생활에서 우리들은 너무나 많은 관념에서 그것이 지닌 정동적 에너지를 박탈해 왔기 때문에, 우리들은 그것에 대하여 더 이상 반응하지 않는다. 우리는 그런 관념을 우리의 일상회화에서 사용하고, 다른 사람들이 그것을 사용할 때도 일반적인 반응을 보일 뿐이다. 그러나 그것이 우리에게 아주 깊은 인상을 주지는 않는다. 우리의 태도와 행동을 변화시킬 수 있을 만큼 효과적으로 무엇을 똑똑히 자각하게 하기 위해서는 그 이상의 어떤 것이 필요하다. 이것이 바로 '꿈의 언어'가 하는 것이다. 꿈의 상징성은 너무나 많은 심리적 에너지를 가지고 있으므로 우리는 이에 주의를 기울이지 않을 수가 없다.

예를 들면 미련한 편견을 지닌 사람으로, 이성적인 토론에 대하여 완강한 저항을 하는 것으로 유명한 한 여자가 있었다. 그녀와는 밤새도록 토론해도 결말이 나지 않는데 이에 대하여 그녀는 털끝만큼도 주의

혼령을 잘 시각화한 두 가지 →

성 안토니St. Anthony에게 달려드는 지옥의 악마들(15~16세기 독일의 화가 그뤼네발트Grünewald의 그림).(위쪽)

19세기 일본의 삼폭화 중에 가운데 그림으로, 살해된 사람의 귀신이 그를 살해한 사람을 때려눕힌다.(아래쪽)

를 하지 않는 것이다. 그러나 그녀의 꿈은 다른 각도에서 그녀에게 접근했다. 어느 날 밤 그녀는 중요한 사교적 모임에 참석하는 꿈을 꾸었다. 그녀는 여주인으로부터 다음과 같은 인사를 받았다. "이렇게 와 주시다니 너무나 반갑군요. 친한 분들이 모두 여기 오셔서, 당신을 기다리고 계십니다." 여주인은 그녀를 문 쪽으로 안내하여 그 문을 열었다. 그리고 그녀가 그 안으로 걸어 들어갔는데 그곳은 외양간이었다.

이 꿈의 언어는 멍청이조차도 이해할 수 있을 만큼 간단하다. 그 여자는 처음에는 그녀의 자부심을 그렇게도 직접적으로 강타한 꿈의 요점을 인정하려 하지 않았다. 그럼에도 불구하고 꿈의 내용은 급소를 찔렀으며, 그녀는 자기 자신이 자신에게 가한 핀잔을 외면할 수 없었기 때문에 결국 그것을 인정하지 않을 수 없었다.

무의식으로부터의 이런 메시지들은 대부분의 사람들이 생각하는 것보다 훨씬 중요하다. 우리는 의식 생활에서 모든 종류의 영향에 노출되어 있다. 다른 사람들이 우리를 자극하기도 하고 우울하게 하기도 하며, 사무실이나 사회생활에서의 사건이 우리의 마음을 혼란하게 만든다. 그런 것들이 우리로 하여금 우리의 개성에 어울리지 않는 길을 택하도록 유혹한다. 그것이 우리의 의식에 영향을 미치고 있다는 것을 우리가 인식하든 안 하든, 의식은 그것에 의해 흔들리고 거의 무방비 상태로 그러한 영향 아래 노출된다. 이것은 특히 외적 대상을 강조하는 외향적 태도의 마음을 가진 사람들이나, 또는 그 자신의 가장 내적인 인격에 열등하고 의혹에 찬 감정을 가진 사람에게 그러하다.

의식이 편견이나 착오, 공상 그리고 유아적인 욕구에 의해서 영향을 받으면 받을수록 전부터 이미 있어 온 의식과 무의식 사이의 틈바귀는 더욱 벌어져서 신경증적 해리에 이르게 된다. 어떤 의미에서 부자연스러운 삶을 살게 되며, 건강한 본능과 본성 그리고 진실에서 아득히 멀리 떨어져 있게 된다.

꿈의 일반적인 기능은 꿈의 소재를 생성함으로써 심리적 균형을 회복하고자 하는 데 있다. 꿈은 미묘한 방법으로 정신의 전체적인 평형을 이루게 한다. 이것이 바로 내가 우리의 심리적 구성에서 꿈의 보완complementary(또는 보상적compensatory) 역할이라고

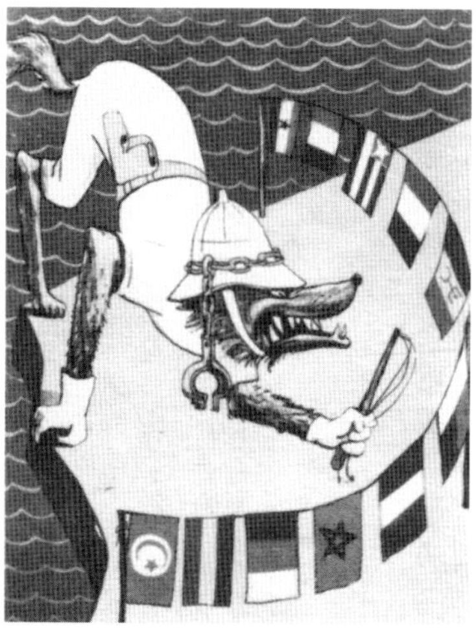

← 이념적인 갈등은 현대인의 '악마'를 많이 만들어 냈다.

미국의 만화가 윌슨Gahan Wilson은 흐루시초프의 그림자를 괴물 같은 살인 기계로 묘사한다.(왼쪽)

러시아의 잡지 『크로코딜』*Krokodil*지에 실린 한 만화는 '제국주의'를 새로 독립한 여러 아프리카 국가들의 국기들에게 쫓겨나고 있는 악마와 같은 늑대로 묘사한다.(오른쪽)

↑ 오늘날 개인의 의식에 영향을 주고 있는 두 가지 문제 : 광고('사교성'을 강조하는 미국의 1960년대 광고물)와 정치적 선전(1962년 프랑스 국민 투표의 포스터로 'Yes' 투표를 촉구하면서 반대의 'No'로 도배되었다). 이런 저런 영향들이 우리를 개개인의 본성에 적합하지 않은 방법으로 살게 만든다. 그러므로 이에 따라 생기는 정신적 불균형은, 무의식에 의해서 반드시 보상되어야만 한다.

부르는 것이다. 이것이 비현실적인 생각들을 갖고 있거나 자신을 너무 높게 평가하는 사람들, 또는 그들의 실제 능력에 어울리지 않는 거창한 계획을 하는 사람들이 왜 하늘을 날거나 떨어지는 꿈을 꾸게 되는가를 우리에게 설명해 준다. 그 꿈은 그들의 성격 특성의 부족한 것들을 보상하고, 동시에 꿈은 그들에게 그들이 현재 가고 있는 길에 놓여 있는 위험을 경고한다. 만일 꿈의 경고를 무시한다면, 실제로 사고가 발생할 수도 있을 것이다. 그때의 희생자는 꿈에서 아래층으로 굴러떨어지거나 또는 차 사고를 당할 수도 있다.

불미스러운 일련의 사건에 말려들어 어쩔 수 없게 된 한 남자의 경우가 생각난다. 그는 그런 그의 상황에 대한 일종의 보상으로 위험한 등산에 거의 병적인 애착을 갖게 되었다. 그는 '그 자신보다 더 높은 곳에 도달하기를' 추구하고 있었다. 어느 날 밤 그는 자신이 높은 산의 정상에서 허공으로 발을 내딛는 꿈을 꾸었다. 그가 나에게 꿈을 이야기했을 때 나는 즉각 그의 앞에 닥쳐올 위험을 알았고 그래서 꿈이 주는 경고를 강조하여 그에게 스스로 자제하도록 설득하고자 했다. 심지어 나는 그에게 그 꿈이 산악 조난사고로 그가 죽으리라는 것을 암시한다고까지 말했다. 그러나 그것은 허사였다. 6개월 후에 그는 글자 그대로 공중으로 발을 내딛었다. 한 산악 안내인이 그와 그의 친구가 로프를 타고 어려운 지점에 내려가는 것을 보았다. 그 친구가 선반처럼 튀어나온 바위에서 잠시 발을 디딜 곳을 발견하였으며 꿈꾼 사람이 그를 뒤따라 내려오고 있었다. 갑자기 그는 로프를 놓쳤고, 그 산악 안내인에 의하면 그가 마치 허공 속으로 낙하하는 것처럼 그의 친구 위로 떨어졌고, 두 사람은 추락하여 죽었다.

다른 전형적인 예는 아주 거만하고 잘난 체하던 어떤 부인의 경우이다. 그녀는 일상생활에서는 고상하고 자신만만했다. 그러나 그녀는 온갖 역겨운 것들을 연상하게 하는 충격적인 꿈들을 꾸고 있었다. 내가 그 뜻을 밝혀내자, 그녀는 분개하여 그것을 인정

← 〈등대지기〉(미국의 윌슨Roland B. Wilson이 그린 만화)는 그의 고립된 생활 때문에 정신적으로 약간 혼란 상태에 빠졌다. 그것을 보상하는 기능을 가진 그의 무의식은 환각적인 말벗을 만들어 냈다. 그 등대지기는(만화의 설명에 의하면) "빌Bill뿐만 아니라 나 자신도 내게 혼잣말하는 것을 어제 또 발견했다"고 고백한다.

↓ 아테네의 아이게우스Aegeus왕이 자문을 구하고 있는 델피Delphi의 신탁(화병의 그림에서). 무의식으로부터의 '메시지'는 신탁의 말이 그런 것처럼 흔히 비밀스럽고, 불명확하다.

하려 하지 않았다. 그러자 꿈은 점점 더 위협적인 것이 되어 그녀가 늘 정열적인 공상에 잠기며 혼자서 다니던 숲속의 산책에 관한 언급으로 가득 차게 되었다. 나는 그녀의 위험을 알았으나, 그녀는 내가 한 많은 경고들에 주의를 기울이려 하지 않았다. 그 후 곧 그녀는 그 숲속에서 성도착자로부터 습격을 받아 봉변을 당했다. 그녀의 비명을 들은 사람들의 구조가 아니었더라면 그녀는 아마 살해되었을 것이다.

이것에 대해 신기해 할 것은 아무것도 없다. 그녀의 꿈이 나에게 말한 것은 이 여자가 이와 같은 모험을 남모르게 그리워하고 있었다는 것이었다. 등산가가 곤경에서 벗어날 수 있는 결정적인 방법을 찾는 데서 무의식적으로 만족을 느끼려 했던 것과 마찬가지로, 분명히 그들 중 아무도 그들의 그런 추구에 대하여 엄청난 대가를 치러야 한다는 것을 예기치 못했다. 그녀는 뼈가 여러 군데 부러졌고, 등산가는 목숨을 잃었다.

따라서 꿈은 종종 어떤 상황들이 실제로 발생하기 훨씬 이전에 그것을 알려주는 경우가 있다. 이것을 반드시 기적이라든가, 예언이라고 말할 필요는 없다. 우리들 인생의 많은 위기는 오래된 무의식의 역사를 갖고 있다. 우리는 점점 쌓이는 위험을 모른 채 위험을 향해 한 걸음 한 걸음 다가간다.

그러나 우리들이 의식적으로 알지 못하는 것은 흔히 우리들의 무의식에 의해서 감지되고, 무의식은 꿈을 통해서 그 정보를 전달한다.

꿈은 흔히 이런 방법으로 우리에게 경고한다. 그러나 그렇지 않은 것처럼 보이는 경우도 그만큼 많다. 그러므로 자비의 손길이 위험에서 우리를 제때에 보호한다는 가정은 확실한 것이 못 된다. 더 정확히 말하자면, 자비의 손길은 어떤 때는 작용하고, 어떤 때는 작용하지 않는 것처럼 보인다고 할 것이다. 그 신비의 손은 심지어 파멸에 이르는 길을 가리킬 수도 있다. 꿈은 종종 하나의 함정으로 판명된다. 최소한 그렇게 보인다. 꿈은 때로 크로이소스Croesus왕에게 그가 할리스Halys 강을 건넌다면 그는 거대한 왕국을 멸망시킬 것이라고 한 델피의 신탁과 같은 작용을 한다. 그 신탁이 말한 왕국이 자신의 왕국임을 알게 된 것은 그가 강을 건너 전투에서 완전히 패배하고 난 다음이었다. 꿈을 다루는 데 있어 누구도 단순하고 안이한 태도를 취할 수 없다. 꿈은 전혀 인간적인 것이 아니다. 그것은 오히려 자연의 숨결에서, 아름다우며 관대한 동시에 잔인하기도 한 여신의 정신에서 솟아나는 것이다. 우리들이 그와 같은 정신의 특징을 규정지으려면 우리는 현대인의 의식 속에서보다는 고대신화나 원시림의 전설에서 더욱 확실히 그 특징에 접근할 수 있을 것이다. 나는 문명사회의 발전의 결과로 생긴 막대한 이득을 부정하고 있는 것이 아니다. 그러나 이 이득은 우리가 그 정도를 가늠하는 것을 엄두조차 낼 수 없을 만큼 막대한 손실을 보면서 얻어 낸 것이다. 내가 인간의 원시적인 상태와 문명화된 상태를 비교하는 목적 중에 하나는 이런 이득과 손실의 손익 계산을 보여주기 위한 것이다.

원시인은 자기 자신을 '조절'하는 법을 배운 그의 '합리적'인 현대의 후손들보다 훨씬 더 그의 본능에 의해서 지배되어 왔다. 이 문명화 과정에서 우리들은 점점 더 우리의 의식을 인간정신의 보다 깊은 본능적인 층으로부터, 그리고 끝내는 정신 현상의 신체적 기반으로부터도 분리하여 왔다. 다행히 우리는 이 기본적인 본능의 층을 잃지는 않았다. 비록 그것들이 단지 꿈의 이미지 형태로 스스로를 나타낼 수 있다 하더라도, 그것은 무의식적인 부분으로 남아 있다. 이들 여러 본능적인 현상은—그것의 특성이 상징적이기 때문에 우리가 그 뜻을 항상 인식할 수는 없을지 몰라도—내가 꿈의 보상적 기능이라고 부른 것에서 중요한 역할을 한다.

정신적 안정과 심지어는 심리적인 건강을 위해서도 무의식과 의식은 서로 통합적으로 연결되어야 하고, 따라서 평행적으로 작용해야 한다. 만일 이것들이 서로 떨어져 나가거나 또는 '해리'된다면, 심리적 장애가 따르게 된다. 이런 점에서 꿈의 상징은 사람 마음의 본능적인 부분에서 합리적인 부분에 보내는 필요 불가결한 전령들이고, 그것을 해석함으로써 의식의 빈곤함을 풍부하게 하고, 그리하여 의식은 잊혀진 본능의 언어를 다시금 이해하는 법을 배우게 되는 것이다.

물론 꿈의 상징은 너무나 흔히 간과되거나 이해받지 못한 채 지나쳐 버리기 때문에 사람들은 꿈의 기능에 의심을 갖게 마련이다. 일상생활에서 꿈을 이해한다는 것은 쓸데없는 일로 간주되기 일쑤다. 이 점을 나는 내가 동아프리카에서 한 원시 종족과 더불어 겪었던 체험으로 설명할 수 있을 것 같다. 놀랍게도 이 종족의 사람들은 그들이 꿈을 꾼다는 것을 부정했다. 그러나 참을성 있게 그들과 간접적인 대화를 나눈 결과 나는 곧 그들이 다른 모든 사람과 똑같이 꿈을 꾸지만 그들은 그들의 꿈이 아무 의미도 없다고 믿는다는 것을 알았다. 그들은 나에게 "보통 사람의 꿈은 아무 의미가 없다"고 말했다. 그들은 중요한 꿈은 단지 추장들이나 주술사들의 꿈이라고 생각했다. 종족의 안녕과 관계된 이들의 꿈은 매우 중요시되었다. 유일한 장애는 추장과 주술사 모두가 이미 의미 있는 꿈을 꾸기를 그쳤다고 주장하는 데 있었다. 그들은 이러한 변화의 시기가 영국인들이 그들 나라에 온 이후부터라고 하였다. 지방장관—그들을 담당하는 영국장관—이 지금까지 종족의 행동을 인도해 왔던 '큰 꿈'의 기능을 대신 떠맡게 된 것이다.

이 종족의 사람들은 그들이 꿈을 꾼 것은 인정하지만 그것을 무의미한 것으로 생각한다면, 그들은 꿈을 이해할 수 없기 때문에 그것이 아무 의의가 없다고 생각하는 현대인과 다를 바가 없다. 그러나 문명인조차도 꿈이(비록 그가 기억도 할 수 없을지 몰라도) 그의 기분을 좋게도 또는 나쁘게도 변화시킬 수 있다는 것을 종종 관찰할 수 있다. 꿈은 그에게 줄곧 '이해되어 온 것이다.' 그러나 단지 잠재적으로 이해되었을 뿐이다. 이것이 보통 흔히 일어나는 현상이다. 사람들이 보통 해석이 필요하다고 여기는 것은 단지 꿈이 특히 인상적이거나 규칙적으로 반복되어 나타나는 매우 드문 경우일 뿐이다.

여기서 나는 지식도 없고 자격도 갖추지 않은 채 시행하는 꿈의 분석에 대하여 경고의 말을 덧붙이고자 한다. 심각하게 정신 상태의 균형을 잃은 사람들이 있다. 이 사람들의 꿈을 해석하는 것은 극도로 위험할 수 있다. 그런 경우에는 매우 일방적인 의식이 그만큼 비합리적인, 또는 '미친' 무의식으로부터 분열되어 있다. 이 경우에는 미리 세심한 주의를 하지 않은 채 의식과 무의식을 함께 다루어서는 안 된다.

또한 보다 일반적으로 말한다면, 마치 우리가 참고서를 사서 특정 상징의 의미를 간단히 찾을 수 있는 것처럼 꿈의 해석에 관한 기성의 체계적인 해설서를 믿는다는 것은 어리석기 짝이 없는 일이다. 어떤 꿈의 상징도 그 꿈을 꾼 개인을 떠나서는 생각할 수 없고, 어떠한 꿈에 대해서도 확정된 단순한 해석이란 있을 수 없다. 각 개인은 그의 무의식이 의식의 마음을 보충하거나 보상하는 방법이 너무나 다양하기 때문에 꿈과 그것의 상징이 어느 정도까지 분류될 수 있는가를 확정하는 것은 불가능한 일이다.

전형적이고 자주 일어나는 꿈과 단일한 상징(나는 그것을 '주제' motifs라 불러야 한다고 본다)이 있는 것은 사실이다. 이와 같은 여러 주제에는 떨어진다든가, 난다든가, 무서운 동물이나 적대적인 사람에게 쫓긴다든가, 공개적인 장소에서 옷을 제대로 입지 않거나, 바보처럼 차리고 있거나, 군중의 소용돌이 속에서 허둥댄다든가, 길을 잃는다든가, 아무짝에도 쓸모없는 무기를 들고 싸우거나, 전적으로 무방비 상태에 있다든가, 열심히 달리기는 하지만 발길이 떨어지지 않는 등 여러 가지가 있다. 전형적인 유아적 주제는 무한히 작아지거나, 무한히 커지거나, 또는 다른 것으로 변환된다든가 하는 것들이다. 예컨대, 루이스 캐럴Lewis Carroll의 『이상한 나라의 앨리스』에서 볼 수 있는 것들이다. 그러나 나는 이것들이 뜻이 분명한 암호로서가 아니라 꿈 그 자체의 전후 관계에서 고려되지 않으면 안 되는 주제들이라는 것을 재삼 강조하지 않을 수 없다.

반복되는 꿈은 주목할 만한 현상이다. 사람들이 어린 시절부터 노년에 이르기까지 같은 꿈을 꾸는 경우가 있다. 이런 종류의 꿈은 보통 꿈꾼 사람의 생활 태도에 있는 특정한 결함을 보상하기 위한 시도이다. 아니면 그것은 어떤 특정한 편견을 마음속에 남길 만한 심적인 상처를 받는 순간부터 생기는 수가 있다. 그것은 또한 때로는 중요한 미래의 일을 예측하고 있는 것일 수도 있다.

나 자신도 여러 해에 걸쳐 동일한 주제의 꿈을 꾼 일이 있다. 그 꿈에서 나는 내가 미처 몰랐던 나의 집의 한 부분을 발견했다. 그것은 오래전에 작고한 나의 부모가 살던 거처였는데 놀랍게도 그곳에서 나의 아버지는 물고기의 비교해부학을 연구하던 실험실을 갖고 있었고, 나의 어머니는 유령 손님들을 위한 호텔을 경영하고 있었다. 손님들을 위한 이 낯선 별채는 내가 상속받은 재산인데도 오랫동안 잊혀 온 고대의 역사적 건물이었다. 그것에는 흥미롭고 고풍스러운 가구가 있었고, 이 일련의 꿈 마지막 부분에 가서는 내게 알려지지 않은 책이 있는 오래된 서재가 발견되었다. 마침내 마지막 꿈에서 나는 그 책들 중의 한 권을 펼쳤고, 그 안에서 매우 훌륭한 상징적인 그림을 많이 발견하였다. 꿈에서 깨었을 때 나의 가슴은 흥분으로 뛰고 있었다.

내가 이 별난 마지막 꿈을 꾸기 얼마 전에 나는 서점에 중세 연금술사들이 쓴 고전적인 문헌집 한 권을 주문했었다. 문헌에서 한 인용문을 발견하였는데, 나는 이것이 초기 비잔틴Byzantine의 연금술과 어떤 관계가 있을지 모른다고 생각하여 그것을 확인하고자 했다. 내가 그 미지의 책에 관한 꿈을 꾼 지 수주일 지나서 그 서점으로부터 소포가 도착하였다. 그 안에는 16세기의 양피지로 된 책이 한 권 있었다. 거기에는 매혹적인 상징적 그림들이 실려 있었는데 그것은 내가 꿈에서 본 그림들을 즉각 연상하게 하는 것들이었다. 연금술의 여러 원리에 대한 재발견이 심리학의 개척자로서의 내 연구에 중요한 부분으로 등장함에 따라 나는 내가 반복해 꾼 꿈의 주제를 쉽게 이해할 수 있었다. 물론 꿈에 나온 그 집은 나의 인격의 상징이며 그것의 의식적인 관심 분야를 상징하는 것이었다. 그리고 미지의 별채는 그때까지 나의 의식이 인식하지 못했던 관심과 새로운 연구 분

← 1926년 케냐의 엘곤Elgon산의 종족과 함께 있는 융(오른쪽에서 네 번째). 원시사회에 대해 융 자신이 직접 시행한 연구는 그에게 매우 가치 있는 많은 심리학적 인식을 갖게 했다.

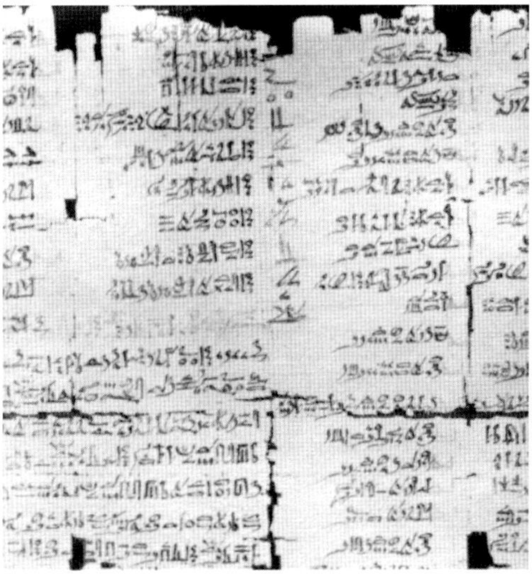

꿈에 관한 두 가지 책. 하나는 현대 영국의 것이고, 다른 하나는 고대 이집트의 것이다(후자는 기원전 약 2000년에 쓴 현존하는 가장 오래된 필사본 중의 하나). 이와 같은 기성의, 또 주먹구구식으로 하는 꿈의 해석은 아무 가치가 없다. 꿈은 고도로 개성화된 것이므로, 꿈의 상징성은 간단히 분류될 수 있는 것이 아니다. →

↑ 흔히 볼 수 있는 커지는 꿈의 유명한 예. 『이상한 나라의 엘리스』 *Alice in Wonderland*(1877)에서 엘리스가 집을 채울 만큼 커지는 그림.(위쪽)

흔히 보는 나는 꿈으로 19세기 영국의 화가 블레이크William Blake가 그린 〈아, 불가능한 것들을 나는 얼마나 꿈꾸었던가〉 *O, How I Dreamt of Things Impossible*라는 제목의 그림에서 볼 수 있다.(아래쪽)

야를 예고하는 것이었다. 30년 전인 그때 이후 나는 그 꿈을 다시는 꾸지 않았다.

꿈의 분석

나는 이 책의 첫 장에서 기호sign와 상징symbol의 차이를 제시하였다. 기호는 항상 그것이 표현하는 개념 이하의 것이고, 반면에 상징은 항상 그것의 명백하고도 직접적인 의미 이상의 어떤 것을 나타낸다. 게다가 상징들은 자연발생적인 산물이다. 펜이나 붓을 들고 앉아서 "자, 지금부터 내가 상징을 만들어 내겠다"고 말한 천재는 아무도 없다. 아무도 논리적 결론이나 계획적인 의도에 의해 도달한, 어느 정도 합리적인 생각에 '상징적' 형태를 부여할 수는 없다. 우리가 이런 종류의 생각에 아무리 환상적인 장식을 가한다 하더라도 그것은 아직도 모르는 어떤 것을 암시하는 상징이 아니라 그 뒤의 의식적인 생각과 연결되어, 여전히 기호인 채로 남아 있는 것이다. 꿈에서 상징들은 저절로 생겨난다. 왜냐하면 꿈은 생기는 것이지 만들어지는 것이 아니기 때문이다. 그러므로 꿈은 상징성에 관한 우리의 모든 지식의 주된 원천이다.

그러나 내가 지적하고 싶은 것은 상징이 전적으로 꿈에서만 생기는 것은 아니라는 것이다. 상징적인 생각이나 감정, 상징적 행위와 상징적 상황이 존재한다. 흔히 무생물조차도 무의식과 협동하여 상징적 양식을 배열하는 것처럼 보인다. 주인의 임종 순간에 시계가 멈추었다는 이야기는 수없이 확인되었다. 그중 하나는 상 수시Sans Souci에 있는 프레드릭 대제Frederick the Great의 궁전에 있는 추시계로서, 대제가 임종했을 때 멈추었다. 다른 흔한 예로는 누가 죽었을 때 거울이 깨진다거나, 걸려 있는 그림이 떨어진다거나, 또는 누군가가 정동적인 위기를 겪고 있는 집에서 사소하지만 그러나 설명할 수 없는 파손이 생긴다든지 하는 것들이다. 의심 많은 사람들은 이런 이야기를 믿으려 하지 않지만, 이런 종류의 이야기는 항상 생겨나며, 그 사실 하나만으로도 그것의 심리학적 중요성에 대한 충분한 증거가 된다.

그러나 많은 상징들은(그중에서 가장 중요한 것들은) 그 성질이나 기원이 개인적이 아니고 집단적인 것들이다. 이것은 주로 종교적인 상들이다. 신자는 그것이 신에 기원을 두며 인간에게 묵시된 것으로 믿는다. 그러나 의심 많은 사람은 그것이 인간에 의해서 발명된 것이라고 간단히 말해 버린다. 양쪽 모두 잘못이다. 회의적인 사람이 지적하듯이, 종교적인 상징과 개념이 수 세기 동안 주의 깊고 고도로 의식적이며 세밀한 손질을 거쳐 온 대상이라는 말은 옳은 말이다. 그것의 기원이 과거의 신비 속에 너무도 깊이 묻혀 있어서 인간적인 원천을 갖고 있지 않은 것 같다는 신자들이 품고 있는 생각 또한 옳은 말이다. 그러나 그것들은 사실 태고의 꿈과 창조적인 환상으로부터 생긴 '집단적 표상'이다. 이와 같이 이들 상(이미지)은 자신도 모르는 사이에 저절로 생겨난 현상이지 결코 의도적으로 발명해 낸 것이 아니다.

뒤에 설명하겠지만, 이 사실은 꿈의 해석에 직접적이고도 중요한 관련을 갖는다. 만일 꿈이 상징적이라고 믿는 사람은, 충동력을 지닌 근본적인 생각이나 정동은 이미 알려진 것이고 단지 꿈에 의해서 '위장된 것'이라고 믿는 사람과는 달리 꿈을 해석할 것이다. 후자의 경우 꿈을 해석한다는 것은 별로 의미가 없다. 왜냐하면 그는 이미 알고 있는 것만을 발견하기 때문이다.

무생물도 때로는 상징적으로 '행동'하는 것처럼 보인다. 1786년 프레드릭 대제가 임종했을 때 주인을 따라서 멈추었다는 대제의 추시계.
상징은 무의식으로부터 저절로 생성된다(비록 그것들이 후에 의식적으로 다듬어질 수 있다고 하더라도).

내가 나의 제자들에게 "상징성에 관해서 가능한 한 많이 공부해라. 그러나 너희들이 꿈을 분석할 때는 그것을 모두 잊어버려라"라고 항상 말하는 것은 이런 이유 때문이다. 이 충고는 매우 실제적인 중요성을 지니고 있어, 나는 내가 다른 사람의 꿈을 정확하게 해석할 만큼 그 꿈을 충분히 이해할 수는 결코 없다는 것을 항상 내 자신에게 다짐하는 것을 상례로 삼고 있다. 내가 이런 충고를 나 자신을 위해 간직해 온 것은, 나의 환자가 꿈의 분석 시에 확신이 없거나 주저할 때 그의 생각을 압도할지도 모르는 내 자신의 연상과 반응의 흐름을 검토하기 위해서였다. 분석가가 꿈의 특유한 통신(즉 무의식이 의식의 마음에 주고 있는 공헌)을 가능한 한 정확히 파악하는 것이 치료적으로 가장 중요하다. 그러므로 꿈의 내용을 최대한 철저하게 탐구하는 것은 분석가에게 필수적인 것이다.

내가 프로이트와 함께 일할 때 이 점을 잘 보여주는 꿈을 꾸었다.[3] 나는 꿈속에서 '나의 집'에 있었다.

↑ 고대 이집트의 생명과 우주와 인간의 상징인 앙크ankh.(오른쪽)
이와 대조적으로 항공사 표지들은 의식적으로 고안된 기호들이지 상징이 아니다.(왼쪽)

아마도 2층에 있는 18세기 풍으로 장식된 아늑하고 쾌적한 거실이었던 것 같다. 나는 이 방을 전에 한번도 본 적이 없었다는 사실에 깜짝 놀랐으며 1층이 어떻게 생겼을지 궁금해졌다. 내가 아래층으로 내려갔는데, 그곳은 구획된 벽과 16세기나 그 이전 것으로 보이는 중후한 가구가 있는 다소 어두운 곳이었다. 나의 놀라움과 호기심이 커졌다. 나는 이 집 전체를 좀 더 보고 싶었다. 그래서 나는 지하실로 내려갔는데, 거기에 문이 열려 있었고 그것을 통해 나는 아치형 천장으로 된 큰 방으로 통하는 돌계단을 발견했다. 바닥은 널찍한 돌판으로 되어 있었고 벽은 고색이 창연했다. 회벽을 자세히 보니 벽돌 조각들이 섞여 있었다. 그 벽은 로마시대의 것임이 분명했다. 나는 점점 더 흥분했다. 한 모퉁이에 이르렀을 때 어떤 돌판에 쇠로 된 고리가 있는 것을 보았다. 나는 그 돌판을 당겼다. 그러자 동굴 같은 데로 통하는 또 하나의 좁은 계단이 보였다. 그 동굴은 마치 선사시대의 무덤처럼 보였는데, 그곳에는 두 개의 해골과 몇 개의 뼈다귀들, 그리고 도기의 깨진 파편들이 있었다. 그러고서 나는 꿈에서 깼다.

프로이트가 이 꿈을 분석했을 때, 그가 이 꿈의 특유한 연상들과 전후관계를 탐구하는 나의 방법을 따랐으면, 그는 보다 넓은 범위에 걸친 이야기를 들었을 것이다. 그러나 아마 프로이트는 그러한 일은 바로 문제를 회피하려는 시도—그것은 사실 그 자신의 문제였지만—에 불과하다고 해서 그 방법을 저버렸을지도 모를 일이다. 그 꿈은 사실 나의 생, 특히 내 마음의 발달을 짧게 요약한 것이다. 나는 200년이나 된 집에서 자랐고, 우리 집 가구는 대부분이 300년씩이나 된 것이었다. 정신적인 면에서 지금까지 나의 최대 정신적 모험은 칸트Kant와 쇼펜하우어Schopenhauer의 철학을 공부한 것이었다. 그 당시의 최대 뉴스는 찰스 다윈Charles Darwin의 저작이었다. 바로 그 얼마 전까지만 해도 나는 부모님의 여전히 중세기적인 사고방식에 따라 살아 왔다. 부모님에게 이 세계와 인간은 아직 하느님의 전지전능과 섭리에 의해서 관장되는 것이었다. 그런데 이 사고방식은 이제 시대에 뒤떨어진 진부한 것이 되기 시작했다. 나의 기독교에 대한 믿음은 동양의 여러 종교와 그리스의 철학과 접하면서 상대적인 것이 되었다. 그렇기 때문에 꿈에서도 1층이 그렇게 조용하고, 어둡고, 분명히 사람이 살지 않았던 것이다.

당시 역사에 대한 나의 흥미는 내가 해부학 연구소에서 조수로 일하면서 비교해부학과 고생물학에 몰두하면서 시작되어 계속되었다. 나는 화석, 인간의 뼈들에 특히 논란이 많았던 네안데르탈인Neanderthalensis과 아직도 계속 논란이 있는 뒤부아Dubois의 자바Java 직립원인Pithecanthropus의 해골에 매혹되었었다. 사실 이것들이 그 꿈에 대한 나의 진짜 연상들이었다. 그러나 나는 프로이트에게 감히 해골이라든지, 뼈다귀라든지, 송장 이야기를 할 수 없었다. 왜냐하면 나는 그가 이런 주제를 좋아하지 않는다는 것을 이미 알고 있었기 때문이었다. 그는 내가 그가 빨리 죽기를 바란다는 이상한 생각을 품고 있었다. 그런데 그는 브레멘Bremen에 있는 소위 블라이켈러Bleikeller—그곳은 우리가 1909년 미국에 가는 배를 타기 위해서 들렀었다—에서 내가 미라가 된 시체에 굉장한 관심을 보인 사실에서 그런 결론을 내렸다.

그래서 나는 나 자신의 생각을 솔직히 이야기하는 것이 내키지 않았다. 왜냐하면 그 당시 경험을 통해서 나는 프로이트의 정신적 견해 및 배경과 나 자신의 것과의 메울 수 없는 차이를 심각하게 느끼고 있었기 때문이다. 나는 내 짐작에 그에게 매우 기묘하게 보일 나 자신의 내적 세계에 대해서 그에게 솔직하게 털어 놓는다면 그와의 우정을 잃게 되지나 않을까 걱정하였다. 나는 나 자신의 심리학에 대해서 확신이 서지 않았기 때문에, 나의 전혀 개인적이며 전적으로 그와는 다른 기질을 그에게 납득시키는 불가능한 작업을 피하기 위하여 그에게 거의 자동적으로 나의 '자유연상'에 관해 거짓말을 하게 되었다.

프로이트에게 나의 꿈을 이야기하는 과정에서 내가 처했던 난처함을 다소 지루하게 이야기한 데 대하여 독자의 양해를 구하고 싶다. 그러나 그것은 우리가 실제로 꿈을 분석하는 과정에서 부딪치는 어려움의 좋은 예이다. 그만큼 분석자와 피분석자 사이의 개인차에 의해서 꿈의 분석이 좌우된다.

나는 곧 프로이트가 내 속에 있는 양립될 수 없는 욕구를 찾고 있음을 간파했다. 그래서 나는 우선 시험 삼아 내가 꿈에서 본 해골들은 어떤 이유에서, 내가 죽기를 바랄지도 모르는 나의 가족 중의 누군가를 나타내는 것일지도 모른다고 이야기를 했다. 이 제안은 그에게 인정을 받았으나, 나는 이와 같은 '엉터리' 해결에 만족할 수는 없었다.

프로이트의 질문에 대해서 적당한 대답을 궁리하는 동안, 나는 갑자기 심리학적 이해에 있어서 주관적인 요소가 얼마나 큰 역할을 취하는가에 대한 직관적인 인식 때문에 매우 혼란에 빠졌다. 나의 직관은 너무나 나를 압도하는 것이어서 단지 이 감당할 수 없는 혼란으로부터 어떻게 빠져 나올 수 있을까 하는 것만 생각하였다. 그리하여 나는 거짓말을 함으로써 쉽게 모면하는 길을 택했다. 이것은 고상한 것도 아니고 도덕적으로 변명할 수도 없는 일이었으나 그렇게 하지 않았다면 프로이트와 치명적인 일전을 치러야 할 위험을 감수해야 했다. 그러나 당시 나는 여러 이유에서 그 싸움을 감당할 수 있을 것 같지 않았다.

융의 양친. 고대 종교와 신화에 대한 융의 관심은 그 부모 ➔ 의 종교적인 세계(그의 아버지는 목사였다)로부터 그를 멀어지게 했다. 이 페이지에서 언급했듯이 그가 프로이트의 분석을 받을 때의 꿈에 나타나고 있다.

나의 직관은 나의 꿈이 나 자신, 나의 생활과 나의 세계, 남이 그 자신의 목적이나 이유를 위해서 만든 이론적인 구조에 맞서는 나의 전 현실을 말한다는 갑작스럽고도 전혀 예기치 못한 통찰이었다. 그것은 프로이트의 꿈이 아니었고 바로 나 자신의 꿈이었다. 그리고 나는 갑자기 순간적으로 나의 꿈이 무엇을 의미하는가를 이해하였다.

이러한 갈등은 꿈의 분석에서 중요한 점을 보여주고 있다. 꿈의 분석은 그것이 두 인격체 사이의 변증법적 의사소통이기 때문에 학습을 통한다든가, 어떤 일정한 법칙에 따라 적용한다든가 할 수 있는 어떤 기술에 불과한 것이 아니다. 만일 그것을 기계적인 기술로 취급한다면, 꿈꾼 사람의 개인적 · 정신적 인격은 상실되고 치료적인 문제는 다음과 같은 단순한 질문으로 환원된다. 관련된 두 사람 중(분석가 또는 꿈을 꾼 사람) 누가 다른 한쪽을 지배하는가? 나는 바로 이런 이유 때문에 최면요법을 포기하였다. 왜냐하면 나는 나의 의지를 다른 사람들에게 강요하고 싶지 않았다. 나는 환자 자신의 인격을 성장시키는 치유의 과정을 원했으며, 나의 암시에 의한 단지 일시적인 효과만 있는 치료를 원하지 않았다. 나의 목적은 환자의 존엄성과 자유를 보호하고 보존하여, 그가 그의 생애를 자신의 뜻에 따라서 살도록 하는 것이다. 프로이트와의 이런 대화에서 나는 우리가 인간과 그의 정신에 대해서 보편적인 이론들을 만들기 전에 우리는 우리가 다루어야 할 실제의 살아 있는 인간 그 자체에 관해서 더 많은 것을 배워야 한다는 것을 처음으로 어렴풋이 깨닫기 시작했던 것이다.

↑ 1900년에 정신과 의사로 일했던 부르크횔츨리 Brughölzli 병원 앞에서의 융.

개인이 유일한 현실이다. 우리가 개체를 떠나 인류 Homo Sapiens라는 추상적인 관념을 향해 멀어질수록 우리는 점점 더 오류에 빠지게 된다. 요즘과 같은 사회적 혼란과 급변의 시기에는, 개인으로서의 인간에 대해서 더욱 많은 것을 아는 것이 바람직하다. 왜냐하면 너무나 많은 것이 개인의 정신적 · 도덕적 자질에 좌우되기 때문이다. 그러나 우리가 사물을 옳은 견지에서 보고자 한다면, 인간의 현재뿐만 아니라 그의 과거도 이해할 필요가 있다. 신화와 상징의 이해가 왜 필수적으로 중요한가 하는 이유가 여기에 있다.

심리학적 유형의 문제

심리학 이외의 다른 모든 과학의 분야에서는 가설을 비인격적 대상에 적용하는 것이 타당하다. 그러나 심리학에서는 필연적으로 두 개체 사이의 살아 있는 관계를 직면하지 않으면 안 된다. 이 두 개체 가운데 누구도 자기의 주관적 인격을 배제할 수 없고, 또한 진실로 어떤 다른 방법으로도 비인격화될 수 없다. 분석가와 환자는 선택된 두 문제를 공적이고 객관적인 방법으로 취급할 것에 동의하고 일을 시작할지도 모른다. 그러나 일단 그들이 일을 시작하게 되면, 그들의 전 인격이 그들의 토론에 관여하게 된다. 이렇게 되면 문제 해결의 모든 진행은 서로가 합의할 수 있게 될 때라야만 가능하게 된다.

최종 결과에 대하여 과연 우리는 어떤 객관적 판단을 할 수 있을 것인가? 만일에 우리가 우리의 결론과 각 개인이 속하고 있는 사회적 환경에서 통용되는 보편타당한 기준을 비교한다면 그것이 가능할 것이다. 그러나 그 경우에도 우리는 해당된 그 개인의 정신적 평형(또는 '정신건강')을 고려하지 않으면 안된다. 왜냐하면 그 결과는 개인이 속한 사회의 '규범'에 적응하도록 하기 위하여 그 개인을 집단적인 수준에 완전히 갖다 맞추는 것일 수가 없기 때문이다. 이렇게 한다면 결국 가장 부자연스러운 상태를 초래할 것이다. 건전하고 정상적인 사회에서는 사람들의 의견이 서로 일치되지 않는 것이 상례이다. 왜냐하면 인간의 본능적인 성질의 영역 밖에서는 만장일치란 비교적 드물기 때문이다.

의견의 불일치는 사회에서 정신생활의 원동력과 같은 작용을 한다. 그러나 그것이 사회의 목표는 아니다. 의견의 일치 또한 마찬가지로 중요하다. 왜냐하면 심리학은 기본적으로 대극의 균형에 의존하기 때문에 어떠한 판단도 그것의 가역성의 가능성이 고려되지 않은 것은 최종적인 것으로 간주될 수 없다. 이러한 특수성이 생기는 까닭은 정신이 무엇이냐 하는 궁극적인 판단을 가능케 하는 관점이 심리학의 위에도 밖에도 없다는 사실에 있다.

꿈이 개별적으로 다루어져야 한다는 사실에도 불구하고, 심리학자들이 많은 개인을 연구하여 수집한 자료를 분류하고 명확히 하기 위해서는 어느 정도의 일반화가 필요하다. 수많은 개별적인 사례들이 어떤 점에서 서로 공통되며 어떻게 서로 다른지를 알고자 하지 않고 그것들을 단순히 기술하는 것만으로는 어떠한 심리학적 이론을 구성하거나, 또는 그것을 가르치는 것이 분명히 불가능할 것이다. 일반적인 어떤 특성이 그 이론의 토대로 채택될 수가 있다. 예컨대 우리는 '외향적' 성격을 가진 사람들과 '내향적' 성격을 가진 사람들을 비교적 간단하게 구

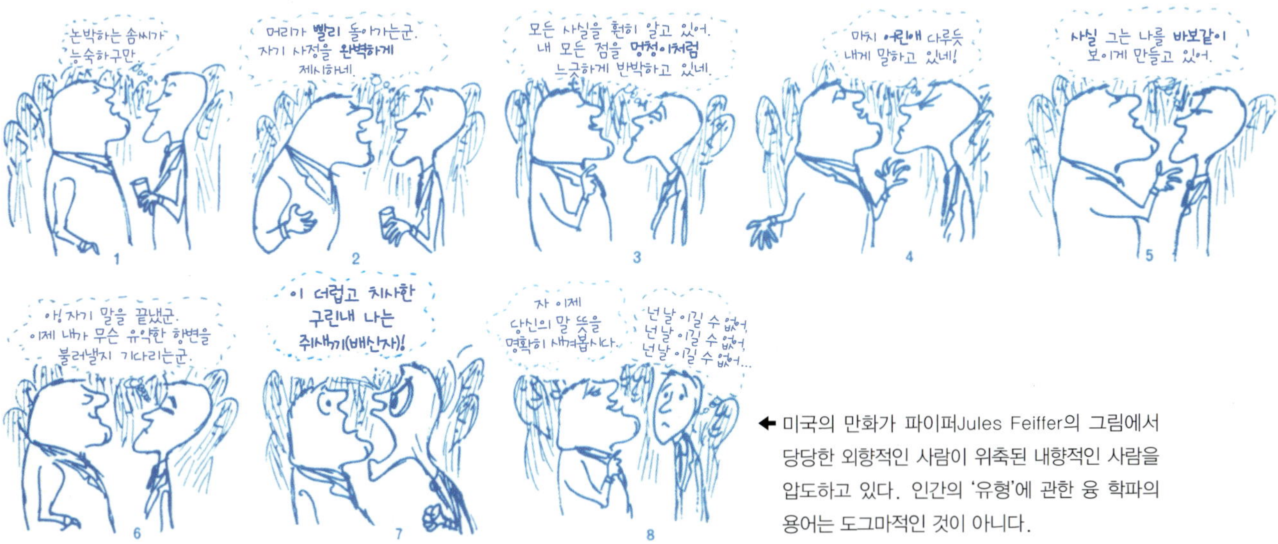

← 미국의 만화가 파이퍼Jules Feiffer의 그림에서 당당한 외향적인 사람이 위축된 내향적인 사람을 압도하고 있다. 인간의 '유형'에 관한 융 학파의 용어는 도그마적인 것이 아니다.

↑ 예를 들면 간디는 고행자(내향적)인 동시에 정치적 지도자(외향적)였다.(왼쪽)
한 개인—군중 속에 있는 어떤 얼굴—은 어느 정도만 분류될 수 있다.(오른쪽)

별할 수 있다. 이것은 일반화가 가능한 많은 것 중의 하나에 불과하나, 그것은 곧 우리들로 하여금 만일 분석가가 어떠한 유형이고 피분석자가 다른 유형일 때 일어날 수 있는 어려움을 알 수 있도록 한다.

꿈의 심층 분석은 두 개인을 서로 직면하게 하기 때문에, 그들의 태도상의 유형이 같은가 다른가에 따라서 큰 차이가 있다. 만일 두 사람이 같은 유형에 속한다면 그들은 오랫동안 즐겁게 잘 해나갈 것이다. 그러나 만일 한 사람은 외향적이고 다른 한 사람이 내향적이라면 그들의 서로 다르고 어긋나는 관점은 즉각 충돌을 일으키게 된다. 특히 그들이 자신의 성격 유형을 모르고 있다든지, 또는 자신의 성격 유형만이 옳은 유형이라고 확신할 때는 더욱 그러하다. 예컨대 외향적인 사람은 다수의 견해를 택할 것이고, 내향적인 사람은 그것이 단지 유행이라는 이유로 거부할 것이다. 이와 같은 오해는 한 사람에게 가치 있는 것이 다른 사람에게는 가치 없는 것이기 때문에 쉽게 일어난다. 예를 들면 프로이트 자신은, 내향적 유형을 자신에 대하여 병적인 관심을 가지고 있는 사람으로 해석했다. 그러나 내적 성찰과 자기를 아는 것 역시 가장 높은 가치와 중요성을 지닌다.

꿈의 해석에서는 이러한 성격의 차이를 고려하는 것이 절대로 필요하다. 분석가가 심리학적 이론을 알고 있고 그에 해당하는 기술을 갖춘 의사라고 해서 이와 같은 유형상의 차이를 초월한 초인이라고 가정할 수는 없다. 그는 그의 이론과 기술이 인간 정신의 전부를 포괄할 수 있는 절대적인 진리라는 가정하에서만 그 자신이 우월하다고 상상할 수 있다. 그러나 이런 가정은 너무나 의심스러운 것이므로 실제로는 그렇게 확신할 수 없다. 그 결과, 만약 그가 자기 환자의 전 인간성을 그 자신의 살아 있는 전체성으로 직면하는 대신 이론과 기술(단지 가설이나 시도에 지나지 않는)만으로 직면한다면 늘 내심의 의혹에 시달리게 될 것이다.

분석가의 전 인격만이 환자의 인격에 충분히 대응할 수 있는 것이다. 심리학적인 경험과 지식은 분석가에게 단순한 이점 이상의 것이 아니다. 그러한 것에 의존한다고 해서 분석가가 그의 환자와 똑같이 자기 자신을 시험받고 있는 싸움을 면할 수는 없다. 그렇기 때문에 그들의 인격이 조화를 이루고 있는지, 갈등에 빠져 있는지, 또는 서로 보완적인가 하는 것은 매우 중요한 문제이다.

외향과 내향은 인간 행동의 많은 특이성 중에 나타나는 두 가지 측면일 뿐이다. 그러나 흔히 그것은 다른 것보다 뚜렷하고 쉽게 식별될 수 있다. 외향적인 사람들을 연구해 보면, 우리는 곧 그들이 여러 가지 점에서 그들 서로가 다르며, 그래서 외향적이라는 것이 진정으로 하나의 특성이라 하기에는 피상적이고, 너무나 일반적인 기준이라는 것을 발견하게 된다. 이러한 이유 때문에 나는 오래전부터 몇 가지 다른 기본적 특성들을 찾아내 보려고 했다.

그것은 인간의 개성 가운데 있는 일견 무한한 다양성에 어떤 질서를 세우는 데 이바지할 수 있는 특성이 될 것이다. 나는 될 수 있는 대로 자기의 이성을 사용하지 않으려는 사람들이 놀라울 정도로 많다는 사실과, 또 자기들의 이성을 사용하기는 하나 미련한 방법으로 사용하는 사람들이 그만큼 많이 있다는 사실에 항상 깊은 인상을 받아 왔다. 나는 또한 지적이며 빈틈없는 많은 사람들이 마치 자신의 감각기관을 사용하는 것을 결코 배운 일이 없는 것처럼 살아가는(우리가 입증할 수 있는 한) 것을 알고 놀랐다. 그들은 바로 눈앞에 있는 것도 보지 못했고, 그들의 귀에 울리는 말도 듣지 못했으며, 그들이 만지거나 맛보는 것들도 인지하지 못했다. 어떤 사람들은 그들 자신의 신체 상태도 인지하지 못한 채 살았다.

또한 매우 기묘한 의식 상태에서 사는 것처럼 보이는 사람들도 있었다. 그들은 오늘 도달한 상태가 전혀 변화될 가능성이 없을 최종적인 것인 양, 또는 세계와 정신이 정적이어서 그래도 영원히 변함없이 남아 있기나 할 것처럼 살고 있었다. 그들은 모든 상상을 버리고 전적으로 오직 그들의 지각에만 의존하는 것처럼 보였다. 우연이라든가 가능성 같은 것은 그들의 세계에 존재하지 않았다. 그리고 '오늘' 속에는 진정한 '내일'이 없었다. 미래는 단지 과거의 반복일 뿐이었다.

나는 여기서 독자들에게 내가 만난 많은 사람들을 관찰하기 시작했을 때 내가 받은 첫 인상의 극히 일단을 전하려고 시도하고 있다. 그런데 곧 다음과 같은 사실이 명백해졌다. 그들의 이성을 사용한 사람들은 생각하는 사람들—즉 다른 사람들과 주위 환경에 적응하도록 시도하는 데 그들의 지적 능력을 적용한 사람—이라는 점이다. 그리고 마찬가지로 지적이면서 생각을 하지 않는 사람들은 그들 자신의 적응 방법을 감정에 의해서 찾고 발견한 사람들이었다.

'감정'feeling이라는 말은 약간의 설명을 필요로 하는 말이다. 예컨대 사람들은 '정취'(프랑스어로 sentiment에 해당하는)가 문제될 때 '감정'이라는 말을 한다. 그러나 사람들은 어떤 의견을 규정지을 때도 같은 단어를 적용한다. 예를 들면, 백악관의 한 발표가 "대통령이 느낀 것은 ……" 하고 시작될 수도 있고, 더 나아가 그 단어는 직관을 표현하는 데도 사용된다. 즉, "마치 …… 일 것 같은 느낌이었다."

내가 '사고'에 대비해서 '감정'이라는 말을 사용할 때, 나는 그것들을 가치 판단—예로써 쾌 · 불쾌, 선 · 악 등등—에 관련짓는 것이다. 이 정의에 의한 감정feeling은 정동emotion(이 말이 나타내는 것처럼 자연 발생적인 것)이 아니다. 내가 말하는 감정은(사고나 마찬가지로) 합리적인(즉 질서를 부여하는) 기능이다. 이에 반하여 직관은 비합리적(즉, 지각하는) 기능이다. 직관을 '육감'이라는 뜻에서 본다면 그것은 의도적인 행위의 산물이 아니다. 그것은 판단 작용이기보다 상이한 외적 또는 내적 상황에 좌우되는 자연발생적 사건인 것이다. 직관은 감각 지각sense-perception에 더 가깝다. 그것 역시 정신적인 원인이 아니라 신체적인 원인으로 일어나는 객체적인 자극에 본질적으로 의존하는 만큼 역시 비합리적인 사건이다.

이들 네 기능유형들은 의식이 경험의 방향을 잡는 데 사용되는 수단에 해당한다. 감각(즉 감각 지각)은 우리에게 어떤 것이 있다는 것을 알려주고, 사고는 그것이 무엇인지를 알려준다. 감정은 그것이 유쾌한 것인지 불쾌한 것인지를 알려주고, 직관은 그것이 어디로부터 와서 어디로 가고 있는지를 알려 준다.

독자들은 인간 행동유형의 이들 네 기준이란 것이 의지력, 기질, 상상력, 기억 등등 다른 많은 것들 중에 불과 네 개의 관점을 말한다는 것을 알아야 할 것이다. 그렇다고 해서 전혀 독단적인 것은 아니며, 기본 성질로 보아 분류의 기준으로서 적절하다고 권할 만한 것이다. 나는 내가 아이들에게 부모를 설명해 달라든가, 부인에게 남편에 관해 설명하라거나, 또는 그 반대의 경우에 이런 분류가 특히 유익하다는 것을 알고 있다. 또한 이 관점은 어떤 사람의 편견을 이해하는 데도 도움이 된다.

그러므로 우리가 다른 사람의 꿈을 이해하려면 우리 자신의 기호를 희생하고 우리의 선입관념들을 억제하지 않으면 안 된다. 이것은 결코 쉬운 일이 아니며 또한 유쾌한 작업도 아니다. 왜냐하면 그것은 하나의 도덕적 노력으로써 모든 사람의 구미에 맞는 것은 아니기 때문이다. 그러나 만일 분석가가 그 자신의 입장을 비판하고 그 상대성을 인정하려고 노력하지 않는다면, 그는 그의 환자의 마음에 관해서 바른 정보를 얻을 수도 없고 충분한 통찰도 가질 수 없다. 분석가는 환자 쪽에서 최소한 자기의 의견에 귀를 기울이고 그것을 진지하게 받아들일 마음의 자세를 기대한다. 환자에게도 역시 같은 권리가 인정되어야 한다. 이와 같은 관계는 어떤 인간관계의 이해에서도 없어서는 안 되는 것으로 그 필요성은 자명한 것이지만, 우리는 치료에서 분석가의 이론적인 기대를 만족시키는 것보다 환자가 이해할 수 있는 것이 더욱 중요하다는 사실을 재삼재사 명심하지 않으면 안 된다. 분석가의 해석에 대한 환자의 저항이 반드시 잘못된 것은 아니다. 그것은 오히려 어떤 것이 '맞아 떨어지지' 않는다는 사실을 확실히 알려주는 징후이다. 환자가 아직 이해할 단계에 도달하지 않았든가, 또는 해석이 적합지 않는 경우이다.

우리가 다른 사람의 꿈의 상징을 해석하려고 노

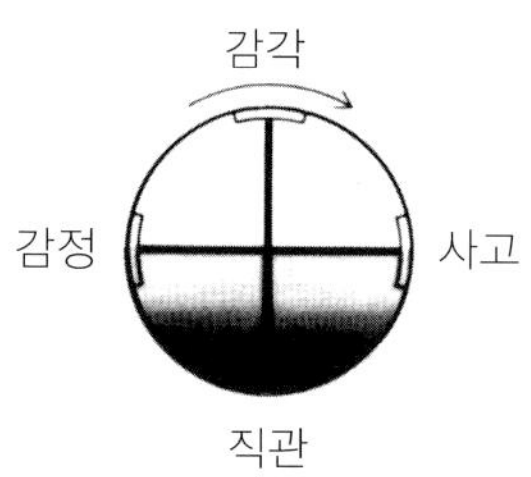

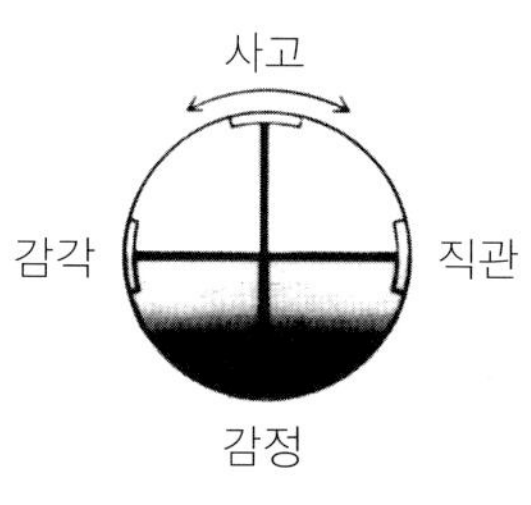

← 정신의 '나침반'. 전체로서의 인간을 보는 융 학파의 다른 방법. 나침반의 각 점은 그 대극을 갖고 있다. '사고형'에게는 '감정'이 가장 덜 발달된 부분일 것이다(여기서 '감정'은—행위의 '이유'를 분석하거나 이론적으로 생각할 필요 없이, 우리가 "나는 그렇게 하는 것이 좋다고 느낀다"고 말하는 방법으로—경험의 경중을 저울질하고, 평가하는 능력을 의미한다). 물론 각 개인에 따라서 어느 정도 중복은 있다. '감각형'의 사람에게서 사고와 감정 쪽이 거의 똑같이 강할 수 있다(따라서 감각의 대극인 '직관'은 가장 약할 것이다).

력하는 가운데서 부닥치는 장애는 우리 이해력의 피할 수 없는 결손 부분을 투사로써—즉 분석가가 지각하거나 생각하는 것은 꿈꾼 사람도 똑같이 지각하고 생각하고 있다는 가정에서—채우려는 우리 자신의 경향이다. 이와 같은 오류의 근원을 극복하기 위해서, 나는 특정한 꿈의 문맥에서 떠나지 않을 것과 꿈이 어떻든 의미가 있다는 가설을 제외하고는 꿈 일반에 대한 모든 이론적인 가정들을 배제하고 꿈을 보는 것이 중요하다는 것을 항상 주장해 왔다.

내가 지금까지 말한 것으로 꿈을 해석하는 데 일반적인 규칙을 정할 수 없다는 것이 명백해졌을 줄 믿는다. 내가 앞에서 꿈의 일반적 기능이 의식에 부족한 것이나 왜곡된 것을 보상하는 데 있는 것 같다고 말했을 때 나는 이 가정이 특정한 꿈의 본질에 접근할 수 있는 가장 효과적인 방법을 제시한 것이라고 생각했었다. 우리는 몇몇 사례에서 이런 보상 기능이 분명히 나타나는 것을 볼 수 있다.

나의 환자 중 한 사람은 자기 자신을 매우 높이 평가하였는데 그는 그를 아는 거의 모든 사람이 그가 풍기는 고결한 분위기에 속으로 짜증을 내고 있는 사실을 모르고 있었다. 그는 시궁창에서 구르는 술 취한 부랑자를 본 꿈을 꾸고 나에게 왔다. 이 광경에 대해서 그는 그저 "저토록 인간이 타락할 수 있는 것을 보게 되다니 끔찍한 일이다!"라는 오만한 한마디를 뱉었을 뿐이다. 그 꿈의 불쾌한 성질은 자신의 장점을 과장하고 있는 그의 생각을 적어도 얼마간은 상살相殺하려는 시도임에 틀림없다. 그러나 여기에는 어떤 것이 더 있었다. 그에게 폐인이 된 술 중독의 형제가 있는 것이 밝혀졌다. 꿈이 알려준 것은 그의 우월한 태도는 외적인 상이며, 동시에 내적인 상으로서의 그의 형제를 보상하고 있었다는 사실이다.

생각나는 또 다른 예로, 심리학에 대한 지적인 이해를 자랑스럽게 여기던 여자가 있다. 그녀는 다른 여자에 관한 꿈을 반복해서 꾸었다. 일상생활에서 그녀가 이 여자를 만났을 때, 그녀는 그 여자를 허영심 많고 불성실한 모사꾼이라고 여겨 싫어했다. 그러나 꿈에서 그 여자는 다정하고 호감이 가는 거의 자매처럼 나타났다. 나의 환자는 왜 자신이 싫어하는 사람을 그렇게 좋게 보는 꿈을 꾸어야 하는지 이해할 수가 없었다. 그러나 이 꿈은 그녀가 그 여자와 닮은 무의식적인 성격의 그늘 안에 있다는 생각을 그녀에게 전달하려 하고 있었던 것이다. 그녀 자신의 인격에 대해 매우 명확한 관념을 갖고 있던 나의 환자가, 그 꿈이 그녀에게 알려주고자 하는 것이 그녀 자신의 권

뉴욕의 빈민가에 녹아떨어진 술 중독자(1955년 영화 ➔ 〈바우어리가(뉴욕)에서〉*On the Bowery*). 이와 같은 모습은 그 자신이 다른 사람들보다 우월하다고 느끼는 사람들의 꿈에 나타나기도 한다. 이런 방법으로 그의 무의식은 그의 의식적인 마음의 일방성을 보상해 주게 된다.

력콤플렉스와 그녀의 숨은 동기들, 즉 그녀의 친구들과 여러 번 불쾌한 싸움을 겪게 만든 여러 가지 무의식적인 영향이라는 사실을 인식한다는 것은 결코 쉬운 일이 아니었다. 그녀는 언제나 이런 경우에는 자기 자신보다 다른 사람들을 비난했었다.

우리가 간과하고 무시하고 억압하는 것은 우리들의 인격의 '그늘진' 측면만이 아니다. 우리가 지닌 긍정적인 성질에 대해서도 마찬가지다. 여기서 생각나는 한 예로, 겉보기에 겸손하고 자신을 내세우려고 하지 않는 남자로서, 매력 있는 태도를 갖추고 있던 사람의 예다. 그는 항상 뒷자리를 차지하는 것으로 만족하는 듯 했지만, 강의 시간에 빠지는 일은 결코 없었다. 이야기를 시켜보면 조리 있게 의사 표시를 잘 하지만, 결코 자기 생각을 남에게 강요하려 들지는 않았다. 그러나 어떤 때는, 제시된 문제를 보다 높은 차원에서 훨씬 좋은 방법으로 처리할 수 있다는 암시를 주고는 했다(비록 그가 그 방법을 설명한 적은 없지만).

그러나 그의 꿈에서 그는 항상 나폴레옹이나 알렉산더대왕 등 위대한 역사적 인물들과 만났다. 이 꿈은 분명히 열등콤플렉스를 보상하는 것이었다. 그러나 그것은 또한 다른 의미도 내포하고 있었다. 그 꿈은 이와 같이 저명한 방문객들을 만나고 있는 나는 어떤 종류의 사람이 되어야만 하는가? 하는 것을 묻고 있었다. 이런 점에서 그 꿈은 꿈꾼 사람의 열등감을 상살하는 은밀히 감추어진 과대망상증을 지적하고 있었다. 이런 무의식적인 과대 관념이 그로 하여금 주위 환경의 현실로부터 고립되게 하였고, 다른 사람들 같으면 억지로 했어야 할 의무에도 무관심하고 초연한 채로 있게끔 하였다. 그는 그 자신에게나 다른 사람에게도 그의 우수한 판단이 우수한 자질에 기초를 두었다는 것을 증명할 필요조차 느끼지 않았다.

사실 그는 무의식적으로 미치광이 놀음을 하고 있었고, 그 꿈은 그것을 의식의 수준으로 올려보는 방도를 아주 기묘하게도 막연한 방법으로 찾고 있었다. 나폴레옹과 허물없이 지내고 알렉산더대왕과 말을 건넬 수 있는 정도의 사이라는 것은 바로 열등콤플렉스가 만들어 낸 일종의 공상들이다. 그러면 왜 꿈은 그것에 관하여 솔직하고 직접적일 수 없으며, 말해야 할 것을 애매하게 말하지 않을 수 없을까 하는 의문이 생긴다.

나는 빈번히 이런 질문을 받아 왔고 나 자신에게도 물어 왔다. 나는 꿈이 감질나게도 명확한 정보를 피하거나 결정적인 요점을 빠뜨리는 것처럼 보이는데 자주 놀라고 있었다. 프로이트는 정신의 특수한 기능의 존재를 가정하여 이를 '검열기관'이라고 불렀다. 그의 생각으로는 이것이 꿈의 상(image)을 왜곡시키고, 꿈을 인식할 수 없게 만들거나, 꿈꾸는 의식에게 꿈의 진짜 대상을 속이도록 오도한다. 꿈꾸는 사람으로부터 비판적인 생각을 감추어 버림으로써 그 검열기관은 불쾌한 기억의 충격으로부터 그의 수면을 보호한다는 것이다. 그러나 나는 꿈이 수면의 보호자라는 이론에 회의를 품고 있다. 꿈은 잠을 보호하는 것과 똑같은 정도로 흔히 잠을 방해하기 때문이다.

정신의 잠재적 내용이 의식에 가까이 가면 그 잠재적 내용들이 '지워지는' 효과가 있는 것 같다. 잠재적 상태에 있는 관념과 상들은 의식에서보다 훨씬 낮은 긴장도를 갖고 있다.[4] 잠재적 조건에서 그것들은 명확성을 상실한다. 그것들 사이의 상호 관계는 덜 필연적이고 더 모호하고 유비적이며, 덜 합리적이며 그래서 더욱 '이해할 수 없는 것'이 된다. 이런 점은 과로든, 고열이든, 또는 중독에 의해서든 꿈과 비슷한 모든 상태에서 발견된다. 그러나 만약 이 상들 가운데 어떤 것에보다 강한 긴장을 부여할 경우 그것은 덜 잠재적인 것이 되어 의식의 경계로 가까워짐에 따라 보다 명확하게 정의될 수 있다.

이 사실로 미루어 우리는 꿈이 왜 그 내용들을 흔히 유비적으로 표현하는가, 왜 우리의 각성 시의 논리와 시간 척도가 꿈에서 적용되지 않는 것처럼 보이는가 하는 까닭을 이해할 수 있게 된다. 꿈이 산출되는 소재는 바로 이러한 모양으로 잠재적 상태에 보유되어 있기 때문에 꿈이 그러한 형태를 택하는 것은 무의식에 잘 어울리는 것이다. 프로이트가 말한 "서로 용납될 수 없는 원망"인 꿈은 수면을 보호해 주지 않는다. 그가 '위장'이라고 부른 것은 실제로 모든 충동들이 무의식에서 자연스럽게 택한 형태이다. 그러므로 꿈은 명확한 생각을 산출할 수 없다. 만일 꿈이 그렇게 명확한 생각을 나타내기 시작한다면, 그것은 의식의 경계를 넘기 때문에, 이미 꿈이 아니다. 꿈이 왜 의식에 대하여 가장 중요한 바로 그 점을 빠뜨리고, 오히려 개기일식 동안에 희미하게 깜박이는 별들 같은 '의식의 변두리 장식'을 표현하는 것처럼 보이는가 하는 이유가 바로 여기에 있다.

우리는 꿈의 상징들이 대개 의식의 통제 너머에 있는 정신을 표현하고 있다는 것을 이해해야 한다. 의미와 목적성은 의식의 특전들이 아니다. 그것은 생명체 전체에서 작용하고 있다. 원칙적으로 유기체적인 성장과 정신적 성장 사이에는 아무런 차이가 없다. 식물이 꽃을 피게 하는 것처럼 정신은 그것의 상징을 창조한다. 모든 꿈은 이러한 과정을 증명하고 있다.

그리하여 꿈(모든 종류의 직관, 충동, 그리고 다른

18세기 스위스 태생의 화가 퓨젤리Henry Fuseli가 ➔ 그린 〈악몽〉*The Nightmare*이라는 제목의 그림. 거의 모든 사람이 자신들의 꿈에 의해서 잠을 깨게 되고 놀라거나, 혼란에 빠지곤 한다. 우리가 잠을 잔다고 해서 무의식의 내용으로부터 보호되는 것처럼 보이지는 않는다.

자연발생적인 사건들이 부가된)을 통해 여러 본능적인 힘이 의식의 활동에 영향을 미친다. 그 영향이 좋은 것인지 또는 나쁜 것인지는 무의식의 실제 내용에 달려 있다. 만일 무의식이 보통 같으면 의식되었어야 했던 것들을 너무 많이 가지고 있다면 무의식의 활동은 왜곡되고 편협함을 보이게 된다. 진정한 본능에 기초를 두지 않는 동기들, 즉 억압하거나 간과함으로써 무의식에 넘겨 버려 심리적인 중요성을 띠게 된 동기들이 나타난다. 그런 동기들은 정상적인 무의식적 정신에 중첩되어 기본적인 상징들과 주제들을 표현하려는 무의식의 자연스러운 경향을 왜곡한다. 그래서 정신분석가가 정신장애의 원인에 관하여 그의 환자로부터 어느 정도의 자발적인 고백과 그 환자가 싫어하거나 무서워하는 모든 것을 인식하도록 자극하는 데서 치료를 시작하는 것은 일리가 있는 일이다.

이것은 교회에서 매우 오래전부터 해온 고해와 같으며, 고해는 많은 점에서 현대의 심리학적 기술들을 앞지르고 있었다. 이것이 최소한 일반적인 법칙이다. 그러나 실제 치료에서는 그것이 반대로 작용할 수도 있다. 엄청난 열등감이나 심각한 약점은 그 자신의 부족함에 대한 생생한 증거를 직면하는 것을 매우 어렵게 만들거나 불가능하게 할 수도 있다. 나는 환자에게 긍정적인 전망을 주면서 치료를 시작하는 것이 유익한 경우를 자주 보아 왔다. 이렇게 하여 환자가 보다 고통스러운 인식을 할 무렵 그에게 도움이 되는 확신감을 마련해 주게 된다.

영국 여왕과 차를 마신다든가, 또는 교황과 친밀한 관계를 맺고 있는 자신을 볼 수 있는 자가예찬의 꿈을 예로 들어보자. 만일 꿈꾼 사람이 정신분열증 환자가 아니라면, 그 상징의 실제적인 해석은 그 환자의 현재 심리 상태—즉 그의 자아의 상태—에 따라 다르다. 만일 꿈꾼 사람이 그 자신의 가치를 과대평가하고 있다면 꿈꾼 사람의 의도가 (관념 연상의 결과 산출된 자료에서 볼 때) 얼마나 부적절하고 어린애 같으며, 또 그것이 그가 부모와 같아지려 하거나 우월해지려는 어린애 같은 원망에서 나온 생각인가를 그에게 보여주는 것은 쉬운 일이다. 그러나 만일에 그것이 열등감의 경우로서, 속속들이 스며드는 자신의 무가치감이 꿈꾼 사람의 인격의 모든 긍정적인 면을 이미 압도해 버린 경우라면 그가 얼마나 유아적이고 어리석고 심지어는 도착적인가 하는 것을 그에게 보여 줌으로써 그를 더욱 내리누르는 것은 매우 잘못된 일일 것이다. 그렇게 함으로써 우리는 그의 열등감을 잔인하게 증가시키게 될 것이고 치료에 대하여 전혀 바람직하지도 않고 불필요한 저항을 갖게 할 것이다.

모든 사람에게 일반적으로 적용할 수 있는 치료적 기술이나 이론은 없다. 왜냐하면 치료를 받는 하나하나의 예가 특수한 상황에 있는 개인이기 때문이다. 내가 9년 이상 치료했던 한 환자가 생각난다. 그가 외국에 살았기 때문에 나도 그를 1년에 몇 주밖에 볼 수가 없었다. 처음부터 나는 그의 진정한 문제가 무엇인지를 알았다. 그러나 나는 또한 진실에 접근하려는 아주 작은 시도도 우리들의 관계를 완전히 파국으로 이끌 만한 격렬한 방어나 반응에 부딪치게 된다는 것을 알고 있었다. 좋든 싫든, 나는 우리들의 관계를 유지하고 그의 경향에 따르는 데 최선을 다해야 했으며, 그의 꿈이 그것을 뒷받침해 주었고, 우리들의 토론을 그의 신경증의 뿌리와는 거리가 먼 전혀 다른 방향으로 끌고 가버렸다. 우리 이야기의 범위가 너무나 확대되어 내가 나의 환자를 나쁜 길로 인도하는 건 아닐까 하고 내 자신을 책망했다. 그의 상태가 느리기는 해도 명백히 호전되었다는 사실만이 나로 하여금 그를 잔인하게 진실과 직면하는 일을 막아 주었다.

그런데 10년째 되는 해에, 그 환자는 그 자신이 완치되었고 그의 모든 증상이 없어졌다고 선언하였다. 나는 이 말에 놀랐다. 그것은 이론적으로 그의 상태는 불치의 것이었기 때문이었다. 내가 놀라는 것을 알고 그는 웃으며 말했다. "저는 무엇보다도 선생님이 틀림없는 치료술과 인내로써 저의 신경증의 고통스러운 원인을 꺾어 버리도록 도와주신 것에 감사드립니다. 지금 저는 선생님에게 그것에 관해 모든 것을 말씀드릴 수가 있습니다. 제가 그것에 대해 자유롭게 이야기할 능력이 있었다면, 저는 최초의 상담에서 그것이 무엇인지를 말했을 것입니다. 그러나 그렇게 했다면 선생님과의 친밀한 관계는 파괴되었을 것입니다. 그러면 저는 어떻게 되었을까요? 아마 도덕적으로 파멸했을 것입니다. 10년이라는 기간 동안에 저는 선생님을 믿는 것을 배워 왔습니다. 그리고 저의 자신감이 커짐에 따라서 저의 상태도 좋아졌습니다. 이런 느린 과정이 저 자신에 대한 믿음을 회복시켰기 때문에 좋아진 것입니다. 저는 지금 저를 파괴하고 있었던 문제를 논의할 만큼 충분히 강해졌습니다."

그때서야 그는 그의 문제에 관한 너무나도 솔직한 고백을 하였고, 그리고 그것은 나에게 우리들의 치료가 특이한 경과를 밟지 않으면 안 되었던 여러 이유를 알려 주었다. 본래의 충격이 그와 같이 엄청난 것이었으므로 그는 홀로 그것을 직면할 수가 없었던 것이었다. 그는 다른 사람의 도움이 필요했고, 치료적인 과제는 임상이론을 논증하는 것이기보다 오히려 신뢰를 서서히 확립하는 것이었다.

이와 같은 예로부터 나는 어떤 특별한 경우에는 적용될 수 없을지도 모르는 일반적인 이론적 고찰들

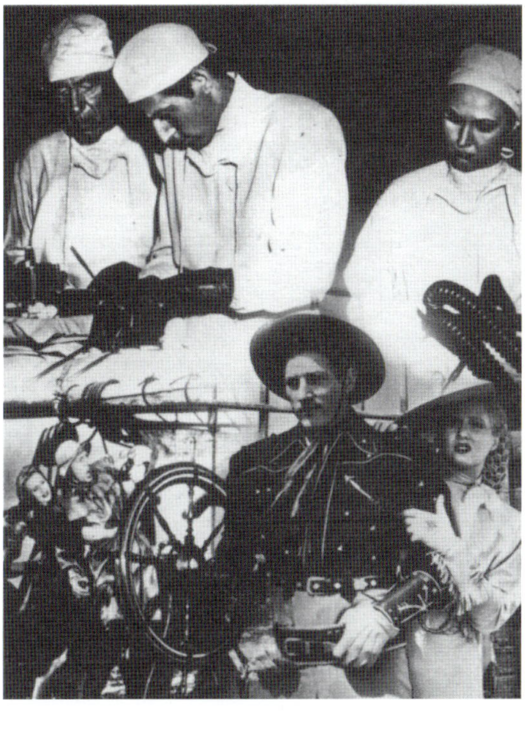

← 제임스 서버James Thurber의 소설을 영화화한 1947년의 영화에서 월터 미티Walter Mitty는 그의 열등감을 보상하는 영웅적 꿈들을 꾼다.

↓ 고야Goya가 그린 〈정신병원〉*The Madhouse*. 오른쪽에 보이는 '왕'과 '주교'를 주목할 것. 정신분열증 환자는 흔히 '자가도취'의 형태를 취한다.

에 내 자신을 맡기는 것보다는 오히려 개별적인 환자의 요구에 나의 방법을 적응시키는 법을 배웠다. 내가 60년간의 실제 경험을 통해 쌓아 온 인간성에 관한 지식은 나에게 하나하나의 경우를 전혀 새로운 경우로 보고, 무엇보다도 먼저 개별적인 접근 방법을 찾아야 한다는 것을 가르쳐 주었다. 때때로 나는 유아 때의 사건들과 공상들에 관한 세밀한 탐구에 몰두하는 것을 주저하지 않았고, 다른 때에는 위에서부터 시작하여 비록 그렇게 하는 것이 매우 아리송한 형이상학적 사변으로 곧장 비약해 버린다 해도 개의치 않았다. 모든 것은 하나하나 환자의 언어를 배우고 빛을 향한 무의식의 모색을 따라가는 데 달려 있다. 어떤 사례들은 이런 방법을, 다른 사례들은 또 다른 방법을 요한다.

이것은 우리가 상징을 해석하려고 할 때 특히 중요한 진리이다. 서로 다른 두 사람이 거의 똑같은 꿈을 꿀 수 있다(임상 경험을 하면 곧 발견하게 되듯이 이런 것은 일반인이 생각하는 것처럼 드문 일이 아니다). 그러나 한 예로 꿈을 꾼 한 사람은 젊었고 다른 한 사람은 늙었을 때, 그들을 괴롭히는 문제는 나이에 따라 다르게 되며, 그래서 두 사람의 꿈을 동일한 방법으로 해석하는 것은 분명히 이치에 맞지 않는다.

생각나는 한 예는 한 무리의 젊은이들이 말을 타고 광야를 가로질러 가는 꿈이다. 꿈을 꾼 사람이 선두에 서서 물이 가득 찬 도랑을 뛰어넘어 이 장애를 겨우 넘은 찰나 나머지 무리는 도랑에 빠진다. 나에게 이 꿈을 처음으로 이야기한 이 젊은이는 매사에 조심스러운 내향형이었다. 그러나 나는 또한 같은 꿈을 활동적이고 모험적인 생활을 해 온 대담한 성격의 노인으로부터 들었다. 그가 이 꿈을 꾸었을 때, 그는 담당 의사와 간호사에게 커다란 골칫거리 환자였다. 그는 실제로 의사의 지시를 따르지 않아 상해를 입었다.

이 꿈은 젊은이에게는 그가 하지 않으면 안 되는 것을 말하는 것이 분명하였다. 그러나 노인에게는 실제로 그가 여전히 하고 있는 것을 말하고 있었다. 그 꿈이 주저하는 젊은이를 격려한 반면, 그 노인은 이런 격려가 필요치 않았다. 그의 속에서 여전히 꿈틀거리는 모험의 정신이 실제로 그에게는 커다란 문젯거리였다. 이 예는 꿈과 상징의 해석이 꿈꾼 사람의 개인적인 상황들과 그의 마음의 상태에 상당히 좌우된다는 사실을 우리에게 가르쳐 주고 있다.

꿈의 상징에 나타난 원형

꿈이 보상의 목적으로 작용한다는 것은 이미 앞에서 이야기하였다. 이 가정은 꿈이 정상적인 정신 현상이며 무의식의 여러 반응이나 자연발생적인 충동을 의식에 전달하는 것임을 의미한다. 꿈은 대개 꿈을 꾼 사람의 도움으로 해석될 수가 있다. 그는 꿈의 상(이미지)에 대한 연상과 그 전후 관계를 마련해 주고 그것으로 우리는 꿈의 모든 측면을 볼 수 있기 때문이다.

이 방법은 친척이나 친구 또는 환자가 대화를 나누는 도중에 꿈 이야기를 하는 때처럼 통상적인 경우에 합당한 방법이다. 그러나 강박적인 꿈이거나 또는 매우 정동적인 꿈의 경우에는 만족할 만한 해석을 하기엔 충분치 못한 것이 보통이다. 이런 경우에 우리는 꿈에 종종 개인적이 아닌, 꿈을 꾼 사람의 개인적인 경험에서 나올 수 없는 요소들이 나타난다는 사실(프로이트에 의해서 처음으로 관찰되고 언급된)을 고려하지 않으면 안 된다. 앞에 말한 바와 같이 이런 요소들은 프로이트가 "고태적 잔재"archaic

이 박물관의 진열품이 보여주듯이 인간의 태아는 다른 ➜ 동물들의 태아와 비슷하다(이 점이 인간의 신체적 진화에 대한 암시를 보여준다). 정신 역시 진화되어 왔다. 그리고 현대인의 마음의 산물들과 비슷하다. 융은 이러한 산물들을 원형적archetypal 상이라고 말했다.

remnants라고 부른 것인데, 그것은 한 개인의 생활에 나타나는 어떤 것으로도 그 존재를 설명할 수 없으며, 또한 원초적이며 내재적이고 선천적인 인간의 마음의 형태처럼 보인다.

인간의 육체가, 진화의 오랜 역사를 지닌 여러 기관들의 박물관임을 보여주듯이, 마음 역시 비슷한 양식으로 구성되어 있다고 기대해 볼 만하다. 마음은 그것이 존재하는 육체가 그러한 것처럼, 결코 역사 없이 생긴 것일 수 없다. 내가 여기서 '역사'라고 말한 것은 마음이 언어와 그 외의 문화적 전통을 통해 과거와 의식적으로 관련을 가짐으로써 마음이 형성된다는 뜻이 아니다. 그 정신이 아직 동물에 가까운 고태의 인간이 가지고 있는 마음의 생물학적이며, 선사시대적이며, 무의식적인 발달을 말하고 있는 것이다.

아득히 오래된 이 정신은 우리들의 현재 마음의 기초를 형성하고 있다. 마치 우리들의 신체 구조가 포유류의 일반적인 해부학적 유형에 기초를 두고 있는 것과 같다. 해부학자나 생물학자의 숙련된 눈은 우리 육체에서 이 원초적 형태의 많은 흔적을 발견한다. 마음에 대해서도 경험 많은 연구가는 현대인의 꿈의 상과 원시심성의 산물, 그 '집단적인 상(이미지)들' 그리고 신화적인 주제들 사이의 유사성을 알아낼 수 있다.

생물학자가 비교해부학의 과학적 지식을 필요로 하는 것과 똑같이, 심리학자도 '정신의 비교해부학' 없이는 일을 할 수가 없다. 다시 말해서 심리학자는 실제로 꿈과 그 밖의 무의식의 산물에 관한 충분한 경험을 가져야 할 뿐 아니라, 넓은 의미에서의 신화에 대한 충분한 지식이 있어야 한다. 신화에 대한 지식을 갖추지 않고는 아무도 중요한 유사성을 인식할 수 없다. 예를 들어, 강박 신경증의 사례와 고전적인 빙신憑神의 사례에서 그 꿈과 신화 양자에 대한 실제적인 지식이 없이 이 두 가지의 유사성을 안다는 것은 불가능하다.

프로이트의 '고태적 잔재'를 나는 '원형'原型, archetypes 또는 '원초적 심상'primordial images이라고 부르거니와 이에 대한 나의 견해는 꿈의 심리학과 신화

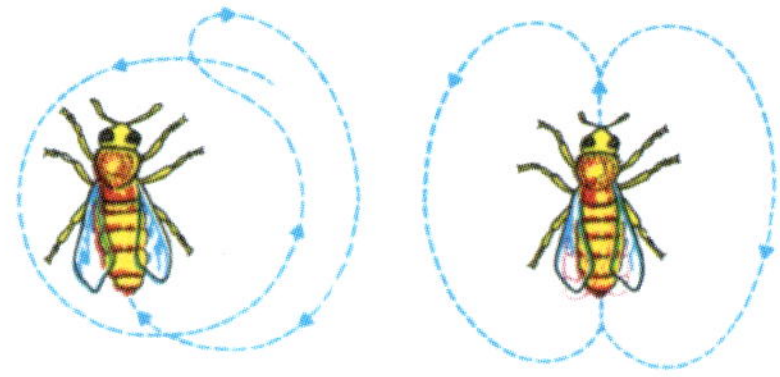

사람의 무의식적인 원형적 상들은 대열을 짜서 이주하는 기러기들의 능력처럼, 개미가 조직화된 사회를 구성하는 것처럼, 또 벌이 벌집에 꿀의 소재를 정확히 알려주기 위해 꼬리를 흔들면서 추는 춤과 똑같이 본능적이다.

에 대해 충분한 지식이 없는 사람들로부터 비판을 받아 왔다. '원형'이라는 용어는 늘 어떤 일정한 신화적 상(이미지)이나 주제를 뜻하는 것으로 오해되었다. 그러나 이러한 명확한 신화상은 의식적 표상에 불과하다. 이렇게 다양한 표상들이 유전될 수 있으리라고 생각하는 것은 어리석은 일이다.

원형은 한 주제의 여러 표상들을 형성하려는 경향을 띠고 있다. 그 표상들은 기본적인 유형을 잃지 않으면서 세부적으로는 매우 달라질 수 있는 것들이다. 예를 들어 적대적인 형제의 주제를 표현하는 길은 여러 가지이다. 그러나 그 주제 자체는 변함없이 그대로 있다. 나를 비판하는 사람들은 내가 '유전된 표상들'을 다루고 있다고 잘못 생각하고, 그런 이유에서 원형에 대한 개념을 단지 미신에 불과한 것으로 무시해 왔다. 그들은 만일 원형이 우리의 의식에서 유래된(또는 의식에 의해서 획득된) 것이라면, 그것은 우리가 이해할 수 있는 것들이어야 하며, 그것이 우리의 의식에 나타난다고 해서 당황하거나 놀랄 필요가 없다는 사실을 고려하지 않고 있다. 원형은 참으로 하나의 본능적인 성향이다. 둥우리를 짓는 새들의 충동이나, 조직적으로 군집을 형성하는 개미들의 충동만큼 뚜렷하다.

여기서 나는 본능과 원형의 관계를 분명히 하고자 한다. 우리가 정확하게 본능이라고 부르는 것은 생리적인 충동으로서 감각에 의해 지각된다. 그러나 동시에 그것은 여러 환상 속에 출현되며 오직 상징적 이미지에 의해서 흔히 그 존재를 드러낸다. 이러한 출현이 바로 내가 말한 원형인 것이다. 원형은 그 기원이 알려져 있지 않지만, 어느 시대나 세계 어느 곳에서나 재생이 가능하다. 직접 세습에 의한 전달

↑ 현대의 한 교수는 그가 한 번도 본 적이 없는 옛날 책에 실린 목판화와 똑같은 '환영'을 보았는데 이것이 그 책의 표지다.

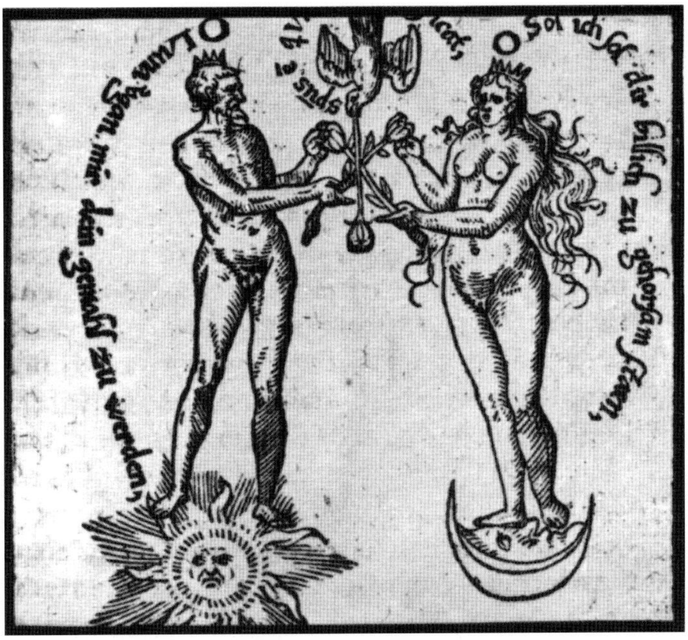

↑ 남성 원리와 여성 원리의 통합을 상징하는 다른 목판화. 이와 같은 원형적 상징들은 정신의 태곳적부터 있었던 집단적 기반에서 유래한다.

이나 이주를 통한 '교차 수정'의 가능성을 전혀 생각할 수 없는 경우에조차도.

사람들이 자신의 꿈이나 자녀들의 꿈에 당황하여 내게 상담을 청해 온 일이 자주 있었다. 그들은 꿈의 언어를 이해할 수 없어 쩔쩔매고 있었다. 그 이유는 그 꿈들이 그들이 기억해낼 수 있는 어떤 것과도 연관성이 전혀 없고, 자녀들에게 전할 만한 이미지를 담고 있지 않았기 때문이다. 그러나 이 환자들 가운데 몇몇은 고등교육을 받은 사람들이었고, 정신과 의사도 몇 명 끼어 있었다.

나는 갑작스러운 환영을 보고 자신이 미쳤다고 생각했던 한 교수의 예를 생생하게 기억한다. 그는 완전히 겁에 질린 상태에서 나를 찾아 왔다. 나는 담담히 책장에서 400년 된 책 한 권을 꺼내서 그가 본 바로 그 환영을 묘사하는 옛날 목판화를 그에게 보여주면서 "당신이 미쳤다고 믿을 이유가 전혀 없습니다. 이미 400년 전에 당신이 본 그 환영을 알고 있던 사람들이 있었으니까요" 하고 말해주었다. 그러자 그는 완전히 맥이 풀린 상태로 앉아 있었으나 다시 평정심을 되찾았다.

정신과 의사인 어떤 사람이 매우 중요한 사례를 나에게 가져왔다. 어느 날 그는 그의 열 살 난 딸이 크리스마스 선물로 준, 손으로 쓴 조그만 공책을 나에게 가져왔다. 그 공책에는 그녀가 8살 때 꾸었던 일련의 꿈이 적혀 있었다. 그 꿈은 내가 본 것 중에 가장 괴이한 꿈들이었다. 그녀의 아버지가 왜 그렇

↑ 소녀의 첫 번째 꿈에 나타난 원형적 주제에 비길 수 있는 것.
스트라스부르그 성당Strasbourg Cathedral의 부조 : 그리스도가 아담의 무덤 위에 못 박힌다.
이것은 부활의 주제를 상징한다(그리스도를 제2의 아담으로 전제하고).

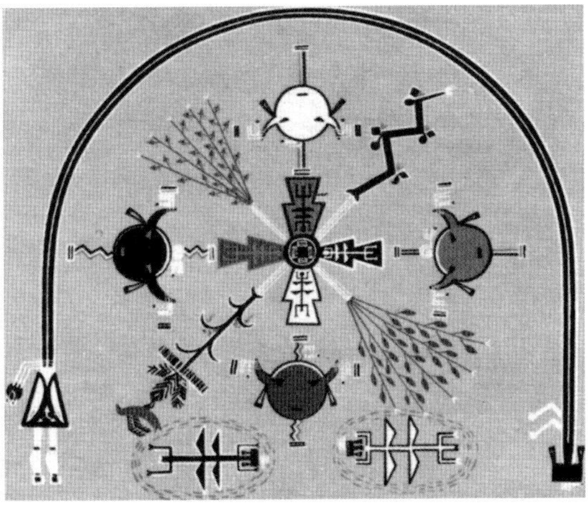

↑ 나바호Navaho족의 모래 그림. 뿔이 난 머리들은 세계의 사방을 의미한다.

게 당황해 하는지 이해할 수 있었다. 그 꿈은 비록 어린이다운 데가 있긴 했으나 으스스했고, 아버지로서는 그 꿈이 어디서 나왔는지를 전혀 파악할 수 없는 이미지로 차 있었다. 다음은 그 꿈에서 나온 연관된 주제들이다.

1. '악한 짐승' : 여러 개의 뿔이 달린 뱀 같은 괴물로서 다른 모든 동물들을 죽이고 삼켜버린다. 그러나 신이 네 모퉁이에서 나와, 죽은 동물을 모두 살려 낸다. 신은 사실 각각 다른 4명의 신이었다.
2. 천국에 올라가니 이교도들이 춤의식을 행하고 있고, 지옥으로 내려가니 천사들이 선행을 하고 있다.
3. 조그만 동물의 무리가 꿈을 꾼 이 소녀를 깜짝 놀라게 한다. 그 동물들은 무시무시하게 커져서, 그중 한 마리가 그 작은 소녀를 삼켜 버린다.
4. 조그만 생쥐 속으로 벌레들, 뱀들, 물고기들, 그리고 사람들이 뚫고 들어간다. 그렇게 해서 그 생쥐는 사람이 된다. 이것은 인류 기원의 네 단

↑ 영국 황실의 대관식에서 통치자(1953년 엘리자베스 여왕 2세 Queen Elizabeth II)는 웨스트민스터 사원Westminster Abby의 네 개의 문에 서 있는 사람들 앞에 나타난다.

계를 묘사한다.

5. 물 한 방울이 마치 현미경을 통해서 볼 때 나타나는 것처럼 보인다. 그 소녀는 그 물방울이 나뭇가지들로 가득 차 있는 것을 본다. 이것은 세계의 기원을 묘사한다.
6. 못된 사내아이 하나가 흙덩이를 갖고 있다가 지나가는 사람 모두에게 조금씩 던진다. 이렇게 해서 모든 행인들은 나쁜 사람이 된다.
7. 한 술 취한 여인이 물에 빠진다. 그리고는 새로운 사람으로 맑은 정신이 되어 물에서 나온다.
8. 장면은 미국. 그곳에서 많은 사람들이 개미들에게 공격받으며 개미 더미 속에서 허우적거리고 있다. 꿈을 꾼 소녀는 어찌할 바를 몰라 강물에 빠진다.
9. 달 위의 사막. 그곳에서 꿈을 꾼 소녀가 땅속으로 너무나 깊이 빠져들어 가서 그녀는 드디어 지옥에 도달한다.
10. 이 꿈에서 그 소녀는 빛이 나는 공의 환영을 본다. 그녀는 그것을 만진다. 그것으로부터 증기가 발산된다. 한 남자가 와서 그녀를 죽인다.
11. 그 소녀는 자신이 죽을 병에 걸린 꿈을 꾼다. 갑자기 새들이 그녀의 살갗으로부터 나와서 그녀를 완전히 덮는다.
12. 작은 모기떼가 해와 달을 가려버린다. 또 별 하나만 남겨 놓고 모든 별들을 가려 버린다. 남은 그 한 별이 꿈꾼 소녀에게 떨어진다.

생략하지 않은 독일어 원문에서, 꿈은 하나같이 옛날 동화의 첫머리에 으레 시작되는 "옛날 옛적에……" 하는 말로 시작하고 있다. 이 말은 꿈을 꾼 작은 소녀가 각 꿈을 마치 동화인 것처럼 느끼고 그 동화는 그녀가 크리스마스 선물로 아버지에게 들려주고 싶은 것임을 암시한다. 그 소녀의 아버지는 그 꿈을 그들 꿈의 전후 문맥으로 설명하려고 하였다. 그러나 그는 설명할 수 없었다. 그것은 그 꿈에 개인적인 연관이 없는 것처럼 보였기 때문이었다.

이러한 꿈이 의식에 의해 수정되었을 가능성을 배제할 수 있는 사람이란, 오직 그 소녀의 진실성을 전적으로 믿을 만큼 그녀를 잘 아는 몇 사람밖엔 없었다(비록 그것이 환상일지라도 여전히 우리가 그것을 어떻게 이해해야 할 것인가 하는 문제를 제기할 여지가 충분히 있다). 이 경우에 아버지는 그 꿈이 믿을 만한 것임을 확신하였으며, 나 역시 그것을 의심할 아무런 이유가 없었다. 나도 그 어린 소녀를 본 적이 있지만 그 소녀가 자신의 꿈을 아버지에게 주기 전이어서 나는 그녀에게 꿈에 관해서 물어볼 기회가 없었다. 그녀는 외국에서 살았는데 그해 크리스마스로부터 1년쯤 후에 전염병으로 사망하였다.

그녀의 꿈은 분명히 특이한 성격을 지니고 있다. 그 꿈의 흐름 속에 있는 사고의 개념은 도드라지게 철학적인 데가 있다. 예를 들면, 첫 번째 꿈은 악한 괴수가 다른 동물들을 죽이지만 하느님이 그들 모두를 성스러운 아포카타스타시스Apokatastasis(복원復元), 또는 개신改新의 힘으로써 부활을 시킨다는 이야기다. 서구 세계에서 이 생각은 기독교의 전통을 통해서 알려져 있다. 그것은 사도행전 3장 21절의 "예수님께서는 만물을 새롭게 하시는 그때가 오기까지 하늘에 계셔야 합니다"에서 볼 수 있다. 초기 기독교의 그리스 교부들(예로 오리겐Origen)은 특히 말세에는 모든 것이 구세주에 의해서 본래의 완전한 상태로 복원될 것이라는 생각을 주장했다. 그러나 마태복음 17장 11절에 의하면 "과연 엘리야Elijah가 와서 모든 준비를 갖추어 모든 것을 복원해 놓을 것이다"라는 고대 유대의 전통이 이미 그 이전에 있었음을 알 수 있다. 고린도인들에게 보낸 첫 번째 편지의 15장 22절 역시 다음과 같이 같은 말을 하고 있다. "아담으로 말미암아 모든 사람이 죽는 것과 마찬가지로, 그리스도로 말미암아 모든 사람이 살게 될 것입니다."

우리는 그 소녀가 이런 생각을 종교 교육을 통해서 접하게 되었으리라고 추측할 수도 있다. 그러나 그녀는 종교적인 배경이 거의 없다. 그녀의 부모는 명목상 개신교도였으나 실제로 그들은 성경에 관해서는 단지 풍월로만 알고 있었다. **아포카타스타시스**의 심원한 이미지가 그 소녀에게 설명되었으리라고도 생각할 수 없다. 확실히 그녀의 아버지도 이런 신화적인 개념을 들어보지도 못했다.

12개의 꿈 중에 9개는 파괴와 복원의 주제에서 영향을 받은 것이다. 그런데, 이 중에 어떤 꿈도 기독교 특유의 교육이나 영향을 받은 흔적이 보이지 않는다. 오히려 그 반대로, 원시적 신화와 보다 밀접하게 연관되어 있다. 이 관계는 다른 주제—네 번째와 다섯 번째 꿈에 나타나는 '창세신화'cosmogonic myth(세계와 인간의 창조)—에서 확인할 수 있다. 똑같은 연관을 방금 인용한 성서의 고린도 사람에게 보내는 첫 번째 편지 15장 22절에서 발견할 수 있다. 이 구절에서도 아담과 그리스도(죽음과 부활)가 서로 연관되어 있다.

구세주로서의 그리스도에 대한 일반적 개념은 범세계적이고 그리스도 이전부터 있어 온 영웅과 구원

↑ 고래의 뱃속에 들어 있는 영웅신 라벤Raven(미국 태평양 연안의 하이두 인디언Haidu Indians의 신). 소녀의 첫 번째 꿈에 나타난 '삼켜버리는 괴수'의 주제에 비교할 수 있다.

소녀의 두 번째 꿈—지옥에 있는 천사와 천당에 있는 악마—은 도덕성에 관한 상대성의 관념을 내포하는 것처럼 보인다. 똑같은 개념이 악마인 사탄이면서, 동시에 빛을 가져오는 타락천사 루시퍼Lucifer의 두 가지 모습으로 표현된다. →

자는 그가 비록 괴물에게 삼켜졌지만 그를 삼킨 그 괴물이 무엇이건 간에 그것을 무찌르면서 기적적인 방법으로 다시 나타난다. 언제 어디서 이와 같은 주제가 유래되었는지 아무도 모른다. 우리는 그 문제의 연구를 어떻게 시작해야 할지조차 모른다. 단 한 가지 명백하게 믿을 수 있는 것은, 그것이 전부터 대대로 전해 내려오는 전통으로 알고 있다는 점이다. 따라서 우리는 영웅신화가 인간이 영웅신화를 갖고 있다는 것을 아직 모르던 시대부터 '생겨났다'고 추측할 수 있다. 말하자면 그것은 인간이 아직도 그가 무엇을 말하고 있는지 의식적으로 깊이 생각하지 않던 시대에 생겨났다고 할 수 있다. 영웅상은 원형으로서 태곳적부터 존재해 온 것이다.

어린이들이 산출하는 원형은 특별한 의미를 갖는다. 왜냐하면 어린이가, 그 내용과 관련이 있는 전통과 직접적인 접촉이 없었다는 것이 거의 확실할 때가 많기 때문이다. 이번 예에서도 그 소녀의 가족은 기독교 전통에 관해서 피상적인 지식 이상은 가지고 있지 않았다. 기독교적인 주제는 물론 하느님, 천사, 천국, 지옥, 악마와 같은 개념으로 표현될 수 있다. 그러나 이 소녀가 다룬 양식은 전적으로 비기독교적 기원임을 암시하고 있다.

하느님에 관한 첫 번째 꿈을 생각해 보자. 그 신은 실제로는 네 명의 신들로 구성되어 '네 모퉁이'에서

↑ 블레이크Blake의 그림. 욥의 꿈에 하느님이 나타났는데, 악마와 똑같은 갈라진 쪽발을 하고 나타났다. 이러한 대극은 하느님의 그림에서도 발견할 수 있다.

나오는 하느님이다. 네 구석은 무엇의 구석인가? 꿈에는 방에 관한 언급이 없다. 방은 분명 우주적인 사건의 상과는 어울리지도 않는다. 이 사건에서는 '우주적 존재' 자신이 간여하고 있다. '사위성'(또는 '4' 요소) 그 자체는 생소한 개념이지만 그것은 많은 종교와 철학에서 큰 역할을 한다. 기독교에서는 그것이 '삼위일체'의 개념으로 대치되어 왔고, 그 개념은 기독교 배경으로 미루어 그 소녀가 알고 있어야 했을 개념이다. 그러나 현대의 평범한 중류 가정에 속한 사람 중에 신성한 사위의 개념을 알 사람이 있겠는가? 그것은 한때 중세에 연금술 철학자들 사이에 널리 알려졌으나 18세기 초부터 서서히 없어지게 되어 적어도 200년에 걸쳐 완전히 소멸된 개념이다. 그러면 그 소녀는 어디서 그것을 알게 되었는가? 에제키엘의 환영에서? 그러나 치품천신熾品天神과 하느님을 동일시하는 기독교의 가르침은 없다.

뿔난 뱀에 대해서도 같은 물음을 던져볼 수 있다. 성서(요한묵시록) 등에 뿔 달린 많은 동물들이 나오는 것은 사실이다. 그러나 이들은 모두 네 발 짐승인 것 같다. 물론 그 동물들의 왕은 용이고 용은 그리스어(Drakon)로 역시 뱀을 뜻하는 말이기도 하다. 뿔난 뱀은 16세기 라틴어로 쓴 연금술의 문헌에 머큐리Mercury 신의 상징이며, 기독교의 삼위일체 개념과 대립되는 quadricornutus serpens(4개의 뿔이 난 뱀)로 나타난다. 이 문헌은 잘 알려져 있지 않다. 내가 아는 한 그것은 단지 한 사람의 저자에 의해서 인용되었고, 이 소녀는 그것을 알 도리가 없다.

두 번째 꿈에서 결정적으로 비기독교적이며, 기성의 가치와는 반대되는—예컨대 천국에서 사람들이 이교도의 춤을 추고, 지옥에서 천사들이 선행을 하는—내용의 주제가 나타난다. 이 상징은 도덕적 가치의 상대성을 암시한다. 어디서 이 소녀가 니체 Nietzsche의 천재성에 비길 만한 이와 같은 혁명적인 생각을 찾아냈을까?

이러한 의문은 우리로 하여금 또 다른 물음으로 이끈다. 이 작은 소녀가 분명히 중요하다고 생각하며 그녀의 아버지에게 크리스마스 선물로 선사하도록 한, 이 꿈의 보상적 의미는 무엇인가?

만일 꿈꾼 사람이 원시시대의 주술사였다면, 우리는 그 꿈이 죽음, 부활 또는 복원, 세계의 기원, 인간의 창조, 가치의 상대성 등 철학적 주제의 여러 가지 변용이라고 가정해도 좋을 것이다. 그러나 이와 같은 꿈을 개인적인 차원에서 해석하려고 들 때, 아마 우리는 곧 이 꿈을 도저히 풀 수 없는 어려운 것이라고 여겨 그 해석을 포기하고 말 것이다. 그 꿈은 의심할 것 없이 '집단적 상'을 내포하고 있다. 그리고 그것들은 어느 면에선가 원시 종족에서 젊은이들이 성인이 되고자 할 때 그들에게 주는 가르침과 비슷하다. 이때 그들은 '하느님' 또는 제신, 혹은 '원시 동물'들이 무엇을 했는지, 세계와 인간은 어떻게 창조되었으며, 세계의 종말은 어떻게 올 것인지, 그리고 죽음의 의미에 관해서도 배운다. 기독교 문명권에 살고 있는 우리가 이와 비슷한 교육을 받은 적이 있을까? 청소년 시기엔 있다고 본다. 그러나 대부분의 사람들은 이와 같은 것은 늙어서 혹은 죽음이 다가올 때 다시금 생각하기 시작한다. 공교롭게도 이 어린 소녀는 청소년과 노년 양쪽 상황에 모두 걸쳐 있었다. 그녀는 사춘기인 동시에 임종이 가까운 시기에 있었다. 그녀가 꾼 꿈의 상징성에서 정상적인 성인 생활의 시작을 가르치는 것은 거의 없거나 전무한 반면, 파괴와 회복을 암시하는 것들이 많다. 내가 그녀의 꿈을 처음 읽었을 때, 사실 나는 그것이 임박한 재난을 암시하고 있다는 으스스한 느낌을 가졌다. 내가 그와 같이 느낀 이유는 그 꿈의 상징에서 추론한 특이한 보상의 성질 때문이었다. 그것은 보통 우리들이 그 나이의 소녀의 의식에서 발견하게 되리라 예측할 수 있는 것과는 정반대의 것이었다.

이 꿈들은 생과 사에 관해 새롭고도 무시무시한 면을 보여준다. 우리는 이와 같은 이미지가 미래를 내다보는 어린이로부터 제공되기보다는, 자신의 생을 되돌아보는 노인에게서 발견되리라 예측하게 된다. 그 꿈의 분위기는 우리로 하여금 청춘의 환희와 풍성함보다는 "인생은 짧은 꿈"이라고 한 고대 로마인의 말을 떠올리게 한다. 왜냐하면 이 어린이의 생애는 마치 로마 시인이 쓴 "베르 사크룸 보벤 둠"ver sacrum vovendum(청춘을 제물로 바친 맹세) 같은 것이었기 때문이다. 우리는 우리의 경험으로는 알 수 없는 죽음이 다가올 때, 그 사람의 생활과 꿈에 아둠브라치오adumbratio(예감의 그림자)가 드리운다는 사실을 알고 있다. 기독교회의 제단조차도 한편으로는 무덤을, 다른 한편으로는 부활—죽음이 영생에 이르는 변환—의 장소를 제시하고 있다.

그 꿈이 그 아이에게 밝혀주고 있는 것은 이런 생각들이다. 그것은 원시인들이 성인식에서 들려주는 이야기나 선불교의 화두와 같이 짧은 이야기로 표현된 죽음의 준비였다. 이 죽음의 메시지는 정통적인 기독교 교리와는 다르며, 오히려 고대의 원시적인 생각과 같다. 그것은 역사적 전통 밖에 있는 오랫동안 잊혀졌던 정신적 원천에서 나온 것 같다. 이 정신적 원천이 선사시대 이래 생과 사에 관한 철학적 · 종교적 사색을 풍부하게 해준 것이다. 그것은 마치 정상적으로 잠복해 있다가도 때때로 운명적인 사건이 다가옴을 묘사하거나 동반하는 어떤 사고의 형태가 어린 마음속에서 일어남으로써 미래의 사건이 그들의 그림자를 뒤로 향해 드리우는 것과도 같은 것이다. 비록 자신을 표현하는 특유한 형태는 어느 정도 개인적이라 해도, 그 형태의 일반적인 유형은 집단적이다. 그것은 언제 어디서나 발견되는 마치 동물의 본능이 종의 차이에 따라 매우 다양하면서도 일반적으로 같은 목적에 이바지하는 것과 같다. 우리는 갓 태어난 동물이 개별적으로 습득한 자질에 따라서 그 자신의 본능을 창조한다고는 생각하지 않으며, 또한 개인들이 그들 특유의 인간적 삶의 방법들을 그들이 새로 태어날 때마다 만들어 낸다고 생

← 이 어린 소녀의 꿈들은 창조와 죽음 그리고 부활의 상징을 내포한다. 그 상징들은 원시인의 성인식에서 청소년에게 실시하는 교육과 비슷하다. 나바호Navaho족의 의식이 끝날 때, 성인이 된 한 소녀가 명상을 하기 위해 사막으로 들어간다.

죽음과 부활을 상징은, 죽음의 그림자가 서서히 다가오는 임종 시에 꾸는 꿈에도 나타난다. 고야Goya의 마지막 그림들 중의 하나로서, 어둠 속에서 나타나는, 겉으로 보기에 개와 같은 괴상한 동물은 화가가 그의 죽음을 예시하는 것으로 해석될 수 있다. 많은 신화에서 개는 사자의 나라의 안내자로 나타난다. →

안고서 극도의 후회에 빠진다. 이런 사람은 이 고통의 순간을 언제까지나 기억할 것이다.

이런 종류의 경험이 실제로 인간 의식의 발달의 주된 원인인지 아닌지는 알 수 없다. 그러나 사람들로 하여금 정신을 차리게 하고 그들이 하고 있는 일에 주의를 기울이도록 만드는 데 이와 비슷한 정동적인 경험의 충격이 필요한 것은 의심할 여지가 없다. 13세기 스페인의 귀족 레이몬 룰Ramon Lull의 유명한 예를 들어보자. 그는 오랫동안 쫓아다니다가 끝내 그가 동경하던 여성과의 밀회를 성공하였다. 그녀는 조용히 옷을 벗어 암으로 상한 자신의 젖가슴을 그에게 보여주었다. 그 충격은 룰의 인생을 바꾸어 놓았다. 그는 마침내 저명한 신학자가 되었고 교회의 위대한 전도사가 되었다. 이와 같이 갑작스러운 변화의 경우, 우리는 어떤 원형이 무의식 속에 오랫동안 작용하여 여러 상황들을 교묘히 조절함으로써 그 사람으로 하여금 위기에 접근하게끔 하는 사실을 증명할 수 있다.

이런 경험들로 미루어 원형적인 형태들은 단지 정지된 유형이 아님을 알려주고 있다. 그것은 동적 요소로서 여러 가지 충동 속에 본능과 똑같이 자연발생적으로 표현된다. 어떤 꿈이나 환영, 생각 같은 것이 갑자기 떠오를 때가 있다. 그런데, 아무리 주의 깊게 살펴보아도 우리는 무엇이 그런 것을 생기게 했는지 원인을 찾을 수가 없다. 그렇다고 해서 그것에 원인이 없다는 뜻은 아니다. 분명히 원인은 있다. 그러나 그것은 너무나 멀리 동떨어져 있거나 희미하여 우리가 알아볼 수 없을 뿐이다. 이런 경우 우리는 꿈과 그 꿈의 의미를 충분히 이해하게 될 때까지 기다리거나 어떤 외적인 사건이 일어나 꿈을 설명해줄 때까지 기다리지 않으면 안 된다.

꿈을 꾼 순간, 이 사건은 아직 미래 속에 놓여 있을지 모른다. 그러나 우리의 의식적 생각들이 흔히 미래와 미래의 가능성에 몰두하는 것처럼, 무의식과 그 표현인 꿈도 미래를 생각한다. 꿈의 중요한 기능이 미래에 대한 예언이라는 일반적인 믿음은 오래전부터 내려왔다. 고대로부터 중세까지도 꿈은 병의 예후를 판단하는 역할을 했다. 나는 현대인의 꿈을 빌려 이 사실을 증명할 수가 있는데, 이미 2세기경 달디스Daldis의 아르테미도루스Artemidorus가 옛날 꿈을 인용하여 이와 같은 꿈의 예후(또는 사전 인지적 요소)를 제시했다. 한 남자가 그의 아버지가 집에서

← 콘스탄틴Constantine이 로마 황제가 되게 한 전쟁 전의 꿈(1460년경 이탈리아의 그림). 그는 그리스도의 상징인 키로chi-rho의 꿈을 꾸었고, "이 기호 안에서 너는 정복하리니"라는 음성을 들었다. 그는 그 기호를 그의 문장으로 삼았고, 전쟁에서 승리했다. 그래서 그는 기독교로 개종했다.

어떤 꿈은 미래를 예견하는 것처럼 보인다(아마도 미래의 가능성에 대한 무의식의 앎 때문에). 그래서 꿈은 오랫동안 점에 이용되었다. 그리스에서는 환자가 의신 아스클레피오스Asklepios에게 치유를 의미하는 꿈을 꾸게 해줄 것을 청하곤 했다. →
이와 같이 꿈으로 치료하는 것을 묘사하는 부조로서 뱀(아스클레피오스의 상징)이 환자의 아픈 어깨를 물고 아스클레피오스신이 그 어깨를 치유한다.

불이 나 불길에 싸여 죽는 것을 보는 꿈을 꾸었다. 얼마 안 지나서 그 자신이 phlegmone(불 또는 고열을 의미)이라는 병으로 죽었다. 내 생각에 그것은 폐렴이었으리라 생각된다.

나의 동료 한 사람이 지독한 괴저성壞疽性 열—진짜 연조직염phlegmone인—을 앓은 적이 있었다. 과거에 그의 환자였던 사람이, 그 의사가 큰 불에 타서 죽는 꿈을 꾸었다. 그는 그의 주치의가 현재 어떤 병을 앓고 있는지 전혀 몰랐다. 그 당시 그 의사는 막 입원한 터였고 병은 초기 단계에 불과했었다. 그 꿈꾼 사람은 그의 이전 주치의가 병이 났고, 병원에 입원했다는 사실 이외엔 아는 것이 없었다. 3주가 지나 그 의사는 죽고 말았다.

이 예에서 보듯이, 꿈은 예상 또는 예견하는 면이 있는 것 같이 보이며, 꿈을 해석하고자 하는 사람은 누구나 이 점을 고려하지 않으면 안 된다. 분명히 의미 있는 꿈인데도 그것을 충분히 설명할 만한 전후 관계를 알 수 없을 경우에는 특히 이 점을 생각해야 한다. 이런 꿈은 뜻밖에 나타나는 경우가 있다. 그리고 우리는 도대체 무엇이 그 꿈이 나오도록 자극했는지 의아해한다. 물론 우리가 그 꿈에 숨겨진 메시지를 안다면, 그 꿈의 원인은 밝혀질 것이다. 왜냐하면 아직 모르고 있는 것은 단지 우리의 의식일 뿐 무의식은 이미 알고 있어서, 꿈에 표현될 결론에 도달해 있다고 볼 수 있기 때문이다. 실제로 무의식은 의식이 하는 것과 똑같이 여러 가지 사실을 검토하고 거기서부터 결론을 유도할 능력이 있는 것 같기도 하다. 무의식은 심지어 어떤 사실들을 이용하여 그 가능한 결과를 예견할 수도 있다. 이것은 바로 우리가 그것을 의식할 수 있기 때문에 가능한 것이다. 그러나 우리가 꿈에서 알고 있듯이, 무의식은 그의 깊은 생각들을 본능적으로 만들어 내고 있다. 이 구별은 중요하다. 논리적인 분석은 의식의 특권이며, 우리는 이성과 지식으로 선별한다. 그러나 무의식은 주로 본능적인 경향에 의하여 인도되는 것 같다. 이 경향은 그에 상응하는 사고 형태들, 즉 원형으로서 표현되고 있다. 병의 경과를 기록하라고 하면 의사는 '감염' 또는 '열'과 같은 합리적인 개념이 담긴 용어를 사용할 것이다. 그런데 꿈은 그보다는 시적이다. 꿈은 병든 몸을 사람이 사는 보통 집으로 나타내고, 열은 집을 태워버리는 불로 표현한다.

위의 꿈에서처럼 원형적인 심성은 아르테미도

← 이 페이지의 아르테미도로스Artemidorus로부터 인용한 꿈에서, 불타는 집은 열을 상징한다. 인체는 흔히 집으로 표현된다. 18세기 히브리의 백과사전을 보면 인체와 집이 자세히 비교되어 있다.(작은 옥탑은 귀, 창문은 눈, 벽난로는 밥통 등으로)

↑ 서버James Thurber의 만화에서, 공처가 남편이 그의 집과 부인을 같은 것으로 본다.

로스 시대에 처리한 것과 똑같은 방법으로 그 상황을 처리하였다. 확실치 않은 미지의 성질을 지닌 어떤 것이 무의식에 의해서 직관적으로 파악되어 왔고, 원형적 처리를 받아 왔다. 이것은 의식적인 사고가 적용되어야 할 추론의 과정 대신에, 원형적인 심성이 개입하여 예견의 임무를 맡게 되었음을 암시하고 있다. 따라서 원형은 원형 자체의 주도권과 그들 자신의 특수한 에너지를 가지고 있다. 이런 여러 가지 힘이 원형들로 하여금 의미 있는 해석(그들 고유의 상징적 양식으로)을 낳게 하고, 또한 그들 자신의 충동과 사고형식으로 주어진 상황에 개입하게 할 수 있다. 이 점에서 원형은 콤플렉스의 기능을 다한다. 즉, 그것은 마음대로 분주히 왔다 갔다 한다. 그리고 빈번히 우리의 의식적 의도를 난처한 방법으로 막아버리거나 수정한다.

우리가 원형에 수반되는 독특한 매력을 경험할 때, 우리는 원형의 특유한 에너지를 지각할 수 있다. 그것은 특별한 마력을 갖고 있는 것처럼 보인다. 이와 같은 특이한 성질은 또한 개인적인 콤플렉스의 특징이기도 하다. 개인적인 콤플렉스들이 그들 개개의 역사를 갖고 있는 것과 똑같이 원형적 성질을 지닌 사회적 콤플렉스도 마찬가지다. 그러나 개인적인 콤플렉스는 개인적 편견 이상의 것을 결코 산출하지 못하지만, 원형들은 어느 시기엔가는 신화와 종교 그리고 철학을 창조하며, 모든 국가와 역사의 여러 시기에 영향을 주고 그 특징을 규정한다. 우리는 개인적인 콤플렉스를 일방적이고 잘못된 의식의 태도를 보상하는 것으로 간주한다. 마찬가지로 종교적인 성격의 신화는, 인류 공동의 고통과 불안—기아, 전쟁, 질병, 노쇠, 죽음—에 대한 일종의 정신적 치료로 해석될 수가 있다.

예를 들면 범세계적인 영웅신화에는 힘센 사나이, 또는 신인神人이 용, 뱀, 괴물, 마귀 등의 형상으로 나타난 악을 물리치며, 그의 백성들을 파괴와 죽음으로부터 해방시켜 준다는 이야기가 항상 나오고 있다. 성전의 낭송 또는 제의의 반복, 영웅적인 인물에게 바치는 춤과 음악과 찬송, 기도와 제물 희생의 의식들은 청중을(마치 주문을 외워 그렇게 하듯) 신비로운 감정에 사로잡아 개인을 그 영웅과 동일시할 만큼 감흥시킨다.

이런 장면을 우리가 신자의 입장에서 본다면, 어떻게 평범한 사람들이 그의 개인적인 무력함과 불행

원형의 에너지는(의식이나 집단감정에 호소하는 다른 방법을 통해서) 사람들이 집단적 행동을 취할 수 있게 집중될 수 있다. 나치Nazi는 이 점을 알아서, 게르만 신화들Teutonic myths을 각색하여 그들의 목적에 맞게 국민들을 규합하는 데 사용했다.

히틀러를 영웅적 개혁자로 그린 ➔ 선전화. (오른쪽)

고대 이교도 축제 재판인 히틀러 청년대Hitler Jugend의 하계 축제. (왼쪽)

에서 해방될 수 있으며(적어도 잠정적이지만), 거의 초인적인 성질을 부여받을 수 있는지 이해할 수 있을 것이다. 이와 같은 신념이 그를 오랫동안 지탱하게 해주고 그의 생애에 어떤 삶의 형태를 부여하는 경우는 흔히 있다. 심지어는 사회 전체의 분위기를 결정하기도 한다. 그 주목할 만한 예는 엘레우시스Eleusis 비의秘儀(역주 : 고대 그리스 엘레우시스에서 곡신 데메테르를 위한 제의)에서 발견할 수 있다. 그 비의는 그리스도 기원 7세기 초에 마침내 금지되었으나, 그것은 델피Delphi의 신탁과 함께 고대 그리스의 정신과 정수를 표현한 것이다. 보다 큰 규모로는 기독교 시대 자체의 이름과 의의가 고대 이집트의 원형적인 오시리스-호루스Osiris-Horus 신화에 근거를 둔 신인神人에 관한 고대 비의에서 얻어온 것이다.

보통 알기로는 선사시대의 어느 한 때에 기본적인 신화적 관념들은 영리한 노철학자나 예언자들에 의해 '발견되었고', 그 후 남의 말을 쉽게 믿는, 비판력 없는 사람들에 의해 '믿어져 왔다.' 권력을 추구하는 성직자의 이야기는 '진실'이 아니고 단지 '원망적願望的 사고'라고들 말한다. 그런데 바로 그 'invent'(발견)라는 말은 라틴어 invenire에서 유래되었고, 그것은 '찾는다'는 뜻이며, '추구함'으로써 어떤 것을 발견한다는 것을 의미한다. 후자의 경우 '추구한다'는 말 자체가 우리가 찾고자 하는 어떤 것을 예시해 주는 듯하다.

이제 그 어린 소녀의 꿈에 나타난 이상한 생각으로 다시 되돌아가 보자. 그녀가 그런 생각들을 추구하려고 한 것 같지는 않다. 왜냐하면 그녀는 그것들을 발견하고는 놀랐었기 때문이다. 그 생각들은 조금 기이하고 예기치 못한 이야기들로 그녀에게 저절로 떠올랐으며, 그것은 그녀가 아버지에게 크리스마스 선물로 주고 싶을 정도로 특별한 가치가 있는 것 같아 보였다. 그러면서 그녀는 그 이야기들을 우리 시대에 아직도 살아 있는 기독교의 비의秘儀의 경지까지 끌어올렸다. 그 비의는 빛을 탄생시키는 영원히 푸른 상록수의 비밀과 혼합된, 우리 주님의 탄생의 비화다(이것은 다섯 번째 꿈과 관련됨).

그리스도와 나무의 상징적인 관련성에 대해 방대한 역사적 증거가 있지만, 그리스도의 탄생을 축하하기 위해 촛불로 나무를 장식하는 것이 무슨 뜻이냐고 질문했더라면 그 어린 소녀의 부모는 매우 당황했을 것이다. 그들은 아마 "아, 그건 그저 크리스마스의 관습이란다"라고 말했을 것이다. 이에 대해 진지하게 대답한다면, 이 복잡한 문제의 한 면만 이야기한다고 해도, 죽어가는 신에 대한 고대의 상징과 태모 숭배, 그녀의 상징인 나무와의 관련성에 관한 방대한 논문을 써도 모자랄 것이다.

'집단적 이미지'(또는 교회의 언어로는 도그마)의 근원을 깊이 파헤쳐 들어가면 들어갈수록, 우리는 현대에 이르기까지 결코 의식적인 반성의 대상이 된 적이 없는 끝없이 엮어 가는 원형적인 패턴의 직조를 발견하게 된다. 그러므로 역설적으로 말한다면, 우리가 이전의 어떤 세대보다도 신화적 상징성을 더 많이 알고 있다는 사실이다. 즉, 이전 시대에는 사람들이 그들의 상징을 깊이 생각하지 않았다는 것이다. 그들은 상징을 몸소 삶에 옮겼으며 무의식적으로 그 내용에서 생동력을 얻었던 것이다.

이 점을 설명하기 위해 나는 이전에 아프리카의 엘곤산의 원시인들과 지낸 경험을 들고자 한다. 매일 새벽마다 그들은 오막살이를 나서서 손에 입김을 불어넣거나 침을 뱉고는 첫 번 햇살을 향해 내뻗는다. 마치 그들의 숨결과 침을 떠오르는 신 '뭉구' mungu에게 바치고자 하는 것 같다. 스와힐리Swahili 말인 '뭉구'는 의식적 행위를 설명하는 데 사용하는

↑ 어린이가 그린 크리스마스의 그림. 흔히 볼 수 있는 촛불들로 장식된 나무를 볼 수 있다. 상록수는 동지와 '신년'(기독교의 새로운 영원성)의 상징성을 통해 그리스도와 연결된다. 그리스도와 나무의 상징 사이에는 많은 연관성이 있다.

← 중세 이탈리아의 프레스코Fresco화에 그려진 지식의 나무에 십자로 못 박힌 그리스도. 이 그림처럼, 십자가는 흔히 나무로 묘사된다.

↓ 기독교 의식에서 촛불은 소녀들이 촛불로 장식된 관을 쓰는 스웨덴의 크리스마스 축제에서와 같이 신성한 하느님의 빛을 상징한다.

숨의 '마술적'인 성질에 관한 신앙에 대해서 두 가지 예를 든다.

↑ 줄루Zulu족의 주술사가 소뿔을 통해서 환자의 귀에 숨을 불어 넣음으로써(악령들을 몰아내기 위해) 환자를 치료한다.(왼쪽)
천지창조를 그린 중세의 그림. 하느님이 아담에게 생명을 불어넣는 것을 묘사하고 있다.(오른쪽)

말로 '마나'mana나 '물룽구'mulungu를 뜻하는 폴리네시아 어원에 유래한다. 이 말과 비슷한 용어들은 우리가 신성神聖함이라고 부를 만큼 굉장한 효험과 침투력을 가진 '힘'을 의미한다. 그래서 '뭉구'라는 말은 '알라'Allah나 '하느님'에 해당된다. 내가 그들에게 이런 행위가 무슨 뜻이며 왜 그렇게 하는지 물어보았더니 그들은 무척 당황했다. 그들은 그저 "우리들은 항상 그렇게 해왔습니다. 해가 떠오를 때는 항상 그렇게 해왔습니다"라고만 말할 뿐이었다. 그들은 해가 '뭉구'가 아니냐는 그럴싸한 결론을 일소에 부쳤다. 실제로 해가 지평선 위에 올라와 있을 때는 이미 '뭉구'가 아니다. '뭉구'는 해가 떠오르는 바로 그 순간인 것이다.

그들이 무엇을 하고 있는지 나에게는 분명하였으나, 그들은 그렇지 않았다. 그들은 자신이 무엇을 하는지 결코 깊이 생각하지 않고 단지 그것을 했을 뿐이다. 나는 그들이 자신의 혼을 '뭉구'에게 바쳤다는 결론을 얻었다. 왜냐하면 (생명의) 입김과 침은 '혼의 물질'을 의미하기 때문이다. 숨을 쉬거나 어떤 것에 침을 뱉는 것은 '마술적' 효과를 전달한다. 예를 들면, 예수가 장님을 고치기 위해서 침을 사용했을 때나, 아들이 아버지의 혼을 이어 받기 위해 임종하는 아버지의 마지막 숨을 마시는 것에서처럼, 이들 아프리카인들이 먼 옛날에도 그들의 의식의 의미를 더 많이 알았으리라고는 거의 생각할 수 없다. 실제로 그들의 조상은 아마 그들보다도 더욱 몰랐을 것이다. 왜냐하면 그들은 그들의 동기에 대해서 더 깊은 무의식 상태에 있었고, 자신들의 행동에 관해서는 보다 덜 생각했기 때문이다.

괴테의 『파우스트』*Faust*에서는 "I'm Anfang war die Tat"(태초에 행위가 있었다)라고 그럴듯하게 말하고 있다. '행위'는 결코 발명된 것이 아니고, 행해진 것이다. 반면에 사고는 사람이 비교적 뒤늦게 발견한 것이다. 사람은 먼저 무의식적인 요인에 의해서 행동을 취하게 된다. 행동을 취하도록 한 이유를 그가 생각하기 시작하는 것은 한참 뒤의 일이다. 그리고 인간이 행동으로 옮기게끔 한 것은 다름 아닌 바로 자신이라는 엄청난 생각, 행동의 동기가 되는 힘은 그 자신 이외의 다른 어떤 힘일 수 없다는 마음에 도달하려면 정말로 이보다 더 오랜 시간이 걸린다.

식물이나 동물이 그들 자신을 발견해 냈다고 한다면 우리는 크게 웃을 것이다. 그러나 정신이나 마음이 그 자체를 만들어 냈으며 따라서 자체의 존재의 창조자라고 믿는 사람은 많다. 사실 도토리가 떡갈나무로 자라거나, 파충류가 포유류로 발달하는 것처럼 마음도 현재 우리가 알고 있는 의식의 상태로 성장해 왔다. 그것은 장구한 시간 동안 발전해 왔고 아직도 여전히 발전하고 있다. 그러므로 우리는 외부로부터의 자극뿐만 아니라 내부의 힘에 의해서도 움직여지고 있는 것이다.

이러한 내적인 동기들은 의식에 의해서 만들어지지도 않고, 의식의 조절도 받지 않는 깊은 원천으로부터 생긴다. 고대의 신화에서 이 힘은 '마나'mana, 또는 정령, 악마, 제신이라 불렸다. 그들은 현재에도 지금까지 해온 것처럼 여전히 활동을 하고 있다. 만일 그런 힘이 우리의 욕망과 일치할 때 우리는 그들을 그럴싸한 예감, 혹은 충동이라고 부르며, 자신이 참 멋진 친구라고 감탄한다. 만일 그것이 우리 마음에 역행하는 것이면, 재수가 없어 그렇다든가 또는 누군가가 훼방을 놓는다거나, 우리들 불행의 원인은 어떤 병적인 것임에 틀림없다고 말한다. 우리가 조절할 수 없는 여러 가지 힘에 의존하고 있다는 사실만은 시인하지 않는다.

물론 현대의 문명인은 그가 원하는 데 쓸 수 있는 어느 정도의 의지력을 갖게 된 것은 사실이다. 그는 어떤 일을 하려면 자신에게 최면을 걸어 찬송하고 북치고 하던 일을 하지 않고도 그의 일을 효과적으로 하는 법을 터득해 왔다. 그는 심지어 신의 도움을 청하는 매일의 기도조차 하지 않고 지낼 수 있게 되었다. 그는 그가 하고자 하는 일을 성취할 수 있다. 원시인이 행동을 취할 때마다 공포, 미신, 또는 보이지 않는 다른 장애로 인해 그들의 행동이 방해를 받고 있다고 생각한 것과는 반대로, 현대인은 아무런 장애를 받지 않고도 그의 생각을 행동으로 옮길 수

13세기 이탈리아의 그림 ➔ 으로 그리스도가 침(수액)으로 장님을 치료하고 있다. 숨과 마찬가지로 침이 생명을 부여할 수 있는 능력을 가진 것으로 오랫동안 믿어 왔다.

있다. "뜻이 있는 곳에 길이 있다"는 격언은 현대인의 미신이다.

그러나 그의 신조를 유지하기 위하여, 현대인은 내적 성찰의 결핍이라는 놀라운 대가를 치르고 있다. 현대인은 그가 지닌 모든 합리성과 효율성을 가지고도, 자신이 조절할 수 없는 '힘'에 의해서 사로잡혀 있다는 사실을 알지 못한다. 인간의 신들과 귀령들은 결코 사라진 것이 아니다. 그들은 단지 새로운 명칭들을 얻었을 뿐이다. 이름을 바꾼 신들과 귀령들은 현대인에게 초조와 막연한 불안, 심리적 갈등 그리고 약물, 술, 담배, 음식에 대한 그칠 줄 모르는 욕구뿐 아니라 무엇보다도 더 많은 종류의 노이로제를 부여하여 그를 지치도록 끌고 다닌다.

인간의 심혼

소위 문명화된 의식은 그 바탕인 본능에서 계속 떨어져 나왔다. 그러나 이들 본능이 없어진 것은 아니다. 그들은 단지 우리들의 의식과의 접촉을 잃었을 뿐이다. 그리하여 본능은 간접적인 방법으로 그 자체의 존재를 주장하지 않으면 안 되게 되었다. 신경증의 경우, 신체적인 증상으로 나타나거나 또는 설명할 수 없는 기분이나 생각지 않은 망각 또는 말의 실수 등 여러 종류의 사건으로 나타난다.

사람은 그가 자기 영혼의 주인이라 믿고 싶어 한다. 그러나 그가 그의 기분이나 정동을 조절할 수 없는 한, 그리고 무의식의 요인들이 그의 계획과 결정에 교묘하게 끼어들고 있는 은밀한 방법들을 그가 의식할 수 없는 한 결코 자기 자신의 주인이 될 수 없다. 이들 무의식적 요인이 존재하게 된 것은 원형의 자율성 때문이다. 현대인은 자신의 분열 상태를 직면하지 않기 위해 칸막이를 쓰고 있다. 즉, 외부생활과 자신의 영역은 별개의 서랍 속에 보관해 두고 결코 서로 대면시키지 않는다.

이른바 이러한 구획 심리의 한 예로, 어떤 알코올 중독자의 경우가 생각난다. 그는 어떤 종교운동의 영향을 받아 광적으로 쏠린 나머지 술 마시는 것도 잊게 되었다. 그는 분명히 기적적으로 예수Jesus로 말미암아 치유되었으며, 신의 은총과 그가 속해 있는 종교기관의 효능을 증명하는 증인으로 나서게 되었다. 그러나 공개적으로 고백하고 난 지 몇 주 후부터 그 생생한 체험은 퇴색하기 시작했고, 술의 자극마저 필요하게 되었다. 그래서 그는 다시 술을 마시기 시작했다. 그런데 이번엔 도와주던 그 단체에서 그의 경우가 병적이고 예수의 개입이 적합하지 않다는 결론을 내리고, 그를 병원에 입원시켜 신성한 치료자보다 더 나은 치료를 받도록 의사에게 맡겼다.

이것은 현대의 '문화적' 심성의 한 면으로 주목할 만한 가치가 있다. 그것은 경계할 만한 극도의 해리와 정신적인 혼란을 보여주고 있다.

인류를 한 개인으로 볼 때, 우리는 인류가 무의식의 힘에 의해 끌려가는 사람과 같음을 알게 될 것이다. 게다가 인류 역시 어떤 문제를 별개의 서랍 속에 감추어 두고 싶어 한다. 인류는 현재 우리들이 조절할 수 없을 정도로 커져 자신이 창조한 가공할 위험에 위협받고 있다. 왜 우리가 하고 있는 일을 심각하게 고려해야 하는지 그 이유를 여기서 찾을 수 있다. 말하자면 우리의 세계는 신경증 환자처럼 분열의 상징적인 선을 표시하는 '철의 장막'으로 해리되어 있다. 공산권인 동구의 공격적 권력 의지를 인식하게 된 자유 서방 사람들은 과도한 방어 수단을 강구하지 않으면 안 되는 자신을 발견하고, 동시에 자신의

↑ 베를린 장벽. "우리들의 세계는 신경증 환자와 같이 해리되어 있다."

덕성과 선의에 대해서는 큰 긍지를 갖는 듯하다.

자유 서방 사람이 미처 보지 못하고 있는 것은 그들 자신의 악덕이다. 이것은 지금까지 훌륭한 국제적 예절로 은폐되어 온 것인데, 공산세계에 의해서 뻔뻔스럽게 그리고 조직적으로 그의 면전에 되던져지고 있다. 자유 서방이 은밀히, 그리고 약간의 수치감을 안고 참아 왔던 외교적인 기만, 조직적인 사기, 은근한 협박 등이 동구 공산세계로부터 공개적으로 대량 몰려와 우리를 신경증적인 매듭에 묶어 놓고 있다. '철의 장막' 저편에서 자유 서구인에게 이를 드러내고 웃고 있는 것은 서구인 자신의 사악한 그림자의 얼굴인 것이다.

서방 사회에서 그렇게도 많은 사람들이 느끼는 특이한 무력감을 설명해 주는 것이 바로 이런 정황이다. 이들은 우리가 당면한 난관이 도덕적인 문제임을 알기 시작했고, 이런 문제를 핵무기를 비축하는 정책이나 경제적인 '경쟁'으로 해결하려는 시도는 성과가 적다는 것을 알기 시작했다. 왜냐하면 그것은 양다리를 걸치는 격이기 때문이다. 상당수의 사람들이 이제는 도덕적이고 정신적인 방법이 보다 효과적일 것이라 이해하고 있다. 왜냐하면 그 길만이 계속 그 위험이 증가하고 있는 감염에 대항하는 정신적 면역성을 제공할 수 있기 때문이다.

그러나 이런 모든 시도는 그것만으로는 효과가 없다는 것이 입증되고 있다. 더구나 우리가 나쁜 사람은 단지 '저들'(즉 우리들의 적대자들)뿐이라고 우리 자신에게나 세계에 확신시키려 하는 한 아무 소용없을 것이다. 우리들 자신의 그림자와 그 그림자의 사악한 소행을 인식하고자 하는 진지한 시도를 하는 것이 우리에겐 훨씬 더 중요한 일이다. 만일 우리가 우리 자신의 그림자(우리들 본성의 어두운 면)를 볼 수 있다면, 우리는 어떠한 도덕적 · 정신적 감염이나 암시에도 면역이 될 수 있을 것이다. 현재의 입장이 보여주듯이 우리는 우리 자신을 모든 감염에 노출시키고 있다. 우리는 실제로 '저들'이 하는 것과 똑같은 짓을 하고 있기 때문이다. 단지 우리는 불리한 점을 하나 더 가지고 있을 뿐이다. 그것은 우리의 선하고 예의 바른 태도에 가려져 우리 자신이 무슨 일을 하고 있는지 알지도 못하고, 알려고도 하지 않는다는 사실이다.

공산세계가 하나의 거대한 신화를 가지고 있음은 누구나 아는 사실이다. (우리의 고매한 판단이 그것을 없앨 수 있으리라는 헛된 희망에서 우리는 그것을 환상이라 부르지만)그 신화는 모든 것이 누구에게나 풍족하게 돌아가고, 위대하고 공정하고 현명한 추장이 인간 유치원을 지배하는 '황금시대'(또는 에덴동산)의 아주 오랜 원형적인 꿈이다. 아직 유치한 형태의 강력한 이 원형이 그들을 사로잡은 것이다. 그 원형은 우리가 우월한 관점에서 내다본다고 이 세상에서 사라지는 건 결코 아니다. 오히려 우리 자신의 유아성이 그것을 지지해 주고 있다. 왜냐하면 서구 문명 또한 동일한 신화학에 사로잡혀 있기 때문이다. 무의식적으로 우리는 동일한 편견과 희망, 기대를 가슴속에 품고 있다. 우리 역시 복지국가를 믿으며 세계의 평화와 인간의 평등, 영원불변하는 인간의 권리와 정의와 진리를 믿으며, (큰소리로 외치지는 않지만) '지상의 하느님의 왕국'을 믿고 있다.

인간의 현실 생활이 준엄한 대극성의 복합, 즉 낮과 밤, 출생과 죽음, 행복과 불행, 선과 악 등으로 이루어진다는 것은 슬픈 진실이다. 우리는 한쪽이 다른 한쪽보다 우세할 것인지, 즉, 선이 악을 이길 것이며, 기쁨이 고통을 물리칠 것인지조차 확인하지 못하고 있다. 인생은 싸움터이다. 항상 그래 왔고, 앞으로도 항상 그럴 것이다. 만일 그렇지 않다면, 실존은 어느 사회나 한때 존재했고 다시 존재하게 되리라는 믿음을 갖게 하는 원형적 낙원, 또는 황금시대에 관한 자기 나름대로의 관념을 갖고 있다.

19세기 미국의 그림으로, 과거의 유토피아를 표현 ➔ 하고 있다. 그것은 온 세상이 조화를 이루고 평화로운 이상적인 상태에서 인디언들과 체결된 1682년 윌리엄 펜William Penn의 조약을 나타낸다.

⬆ 에덴의 동산. 15세기 프랑스의 그림. 담이 마치 자궁 모양으로 둘러싸인 정원으로 묘사되어 있다. 아담과 이브의 추방을 보여 준다.

장차 도래할 유토피아에 관한 생각을 반영하는 것. ➔ 모스크바 공원의 벽보는 미래를 향해서 러시아인들을 인도하는 레닌을 보여 준다.

종말을 고하게 될 것이다.

인간 내부의 이런 갈등이 초기 기독교인들로 하여금 이 세계의 종말이 빨리 올 것이라는 기대와 갈망을 갖게 했으며, 불교도들로 하여금 모든 지상의 욕망과 야망을 거부하도록 한 것이다. 만일에 그런 반응이 이 양대 종교의 대부분을 차지하고 있는 특수한 정신적 · 도덕적 관념과 행위—세계에 대한 주관적인 부정을 어느 정도 수정해 주는—와 연결되어 있지 않았다면, 이와 같은 기본적 반응들은 솔직히 말해서 자살적인 해답이 될 것이다.

내가 특히 이 점을 강조하는 것은, 우리 시대엔 어떤 유의 종교이든 종교에 대한 신앙을 상실한 사람들이 수도 없이 많기 때문이다. 이와 같은 사람들은 그들의 종교를 더 이상 이해하지 못한다. 종교를 갖지 않고도 생활이 순조로운 동안엔 이러한 상실을 느끼지 못한다. 그러나 고통이 찾아올 때는 문제가 달라진다. 그때가 되어야 사람들은 돌파구를 찾고 인생과 고뇌와 고통의 체험의 의미를 되새겨 보기 시작한다.

천주교 신자들보다는 유대교나 신교 신자들이(내가 경험한 바로는) 보다 많이 정신과 의사에게 상담을 구하는 것은 의미 있는 현상이다. 가톨릭 교회가 아직도 cura animarum(영혼의 평안에 대한 배려)에 책임을 느끼고 있는 점으로 미루어 이런 현상은 바람직한 일이다. 그러나 현대의 과학시대에 정신과 의사는 한때 신학자의 영역에 속했던 문제들에 관해 질문을 받곤 한다. 사람들은 인생을 보람 있게 사는 방법이나 하느님과 영생에 대한 긍정적인 신앙만 가지고 있어도 거기엔 큰 차이가 있거나 혹은 있을 것이라고 느낀다. 다가오는 죽음의 망령은 자주 이와 같은 생각을 강하게 자극한다. 태곳적부터 인간은 '초월적 존재'(하나 혹은 여럿의)와 '저승의 나라'에 관한 생각들을 가져왔다. 그들이 이런 생각 없이도 지낼 수 있다고 생각하게 된 것은 최근의 일에 불과하다.

우리가 전파 망원경으로 하늘에서 하느님의 왕좌를 발견하거나, 사랑하는 아버지나 어머니가 여전히 어느 정도는 생전의 육체를 가지고 우리 주변에 체

↑ 크라나흐Cranach가 그린 16세기의 그림(〈지상의 낙원〉*Earthly Paradise*)에서 원시적 자연주의의 '황금시대'가 묘사되어 있다.

↑ 16세기 플랑드르Flanders의 화가 브뤼헐Brueghel이 그린 〈코카인의 나라〉*Land of Cokaygne*. 코카인은 감각적인 즐거움과 안락한 생활이 있는 신비스러운 나라(중세 유럽에서, 특히 중노동하는 농부들과 농노들 사이에서 널리 인기가 있었던 이야기다)를 뜻한다.

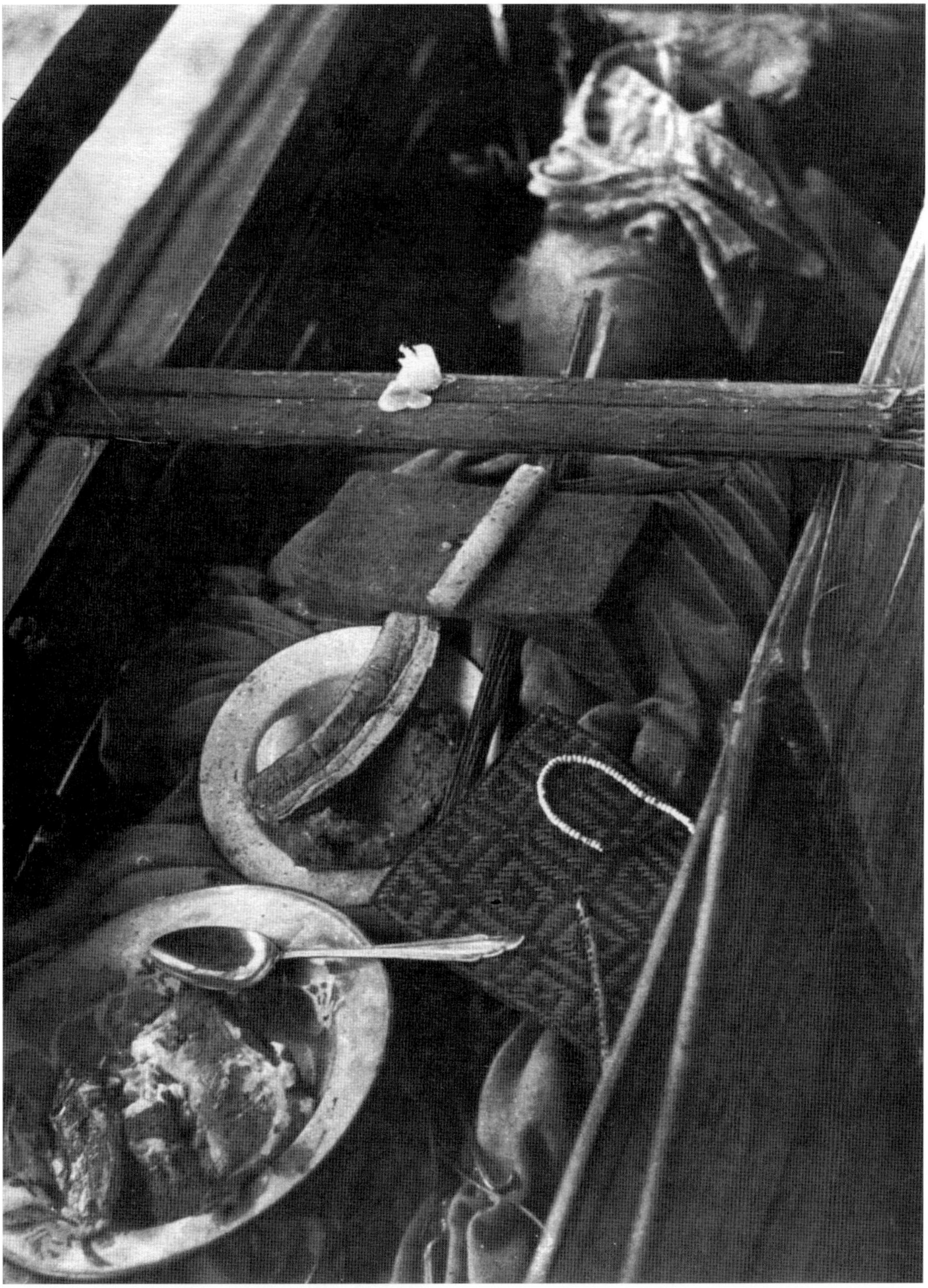

↑ 남아메리카의 카야파스 인디언Cayapas Indian의 선장 의식.
자신의 카누에 안치된 사자는, 그의 사후 여행에 필요한 음식과 의복을 받는다. 종교적인 상징이나 신앙은 어떤 종류이거나 인간의 생명에 의미를 준다. 고대인들은 죽음을 아주 슬퍼했다.

류하고 있다는 것을 확증할 수 없기 때문에, 사람들은 이와 같은 생각은 '진실이 아니다'라고 가정한다. 그러나 나는 차라리 이것들이 진실이기엔 충분치 않았다고 말하고 싶다. 왜냐하면 이것들은 태곳적부터 인간 생활에 함께 해왔고, 그리고 아직도 조금만 자극을 주면 의식으로 뚫고 나오는 그런 종류의 관념들이기 때문이다.

현대인은 그런 관념 없이도 지낼 수 있다고 주장할지 모른다. 또한 그런 관념의 진실성에 대한 과학적인 증거가 없다고 주장함으로써 그의 견해를 강화하고자 할지 모른다. 혹은 자기의 확신을 잃게 된 것을 오히려 유감스럽게 여길지 모른다. 그런데, 우리는 볼 수 없고 알 수 없는 것들(왜냐하면 하느님은 인간의 이해 밖에 존재하고, 영원 불멸성을 증명할 아무런 방법들이 없기 때문에)을 다루고 있는데 어째서 우리가 증거 문제로 고민해야 하는가? 비록 우리가 음식에 소금이 있어야 한다는 사실을 이성으로 알지 못했어도 우리는 소금을 사용하여 득을 볼 것이다. 우리는 소금의 사용이 맛의 착각이나 혹은 미신에 불과한 것이라고 논란을 펼 수도 있다. 그러나 그것은 여전히 우리들의 건강에 기여하고 있다. 그렇다면 왜 우리는 위기에 처해서 유익하다는 것을 입증해야 하며, 우리의 존재에 의미를 준 견해들을 우리 자신으로부터 박탈해야 하는가?

게다가 어떻게 우리가 이런 생각들이 진실이 아니라는 것을 알 수 있을까? 내가 이런 생각들은 착각일 것이라고 단정해 말한다면 많은 사람들이 동의해 줄 것이다. 그들이 이 경우에 인식하지 못하고 있는 것은 부정하는 것 또한 종교적 신앙의 주장만큼 '증명' 불가능한 것이라는 사실이다. 우리가 어떤 견해를 선택하는가는 전적으로 자유다. 그것은 어떤 경우에도 인위적인 결정이 될 것이다.

그러나 왜 우리가 결코 증명될 수 없는 생각에 주의를 기울여야 하는지에 대해서는 강력하게 주장할 만한 경험적 이유가 있다. 그것은 그들이 유용한 것으로 알려졌기 때문이다. 인간은 적극적으로 그의 인생에 의미를 부여하고 그로 하여금 우주 안에 자기 자신의 위치를 발견하도록 하는 보편적인 관념과 확신을 필요로 한다. 그가 고난에는 뜻이 있다고

무덤에서 발견된, 애도를 묘사한 이집트의 작은 조각품. ➔ 그러나 그들의 신앙은 동시에 그들로 하여금 죽음을 긍정적 변환으로 받아들이게 했다.

확신할 때 그는 가장 상상하기 어려운 심한 고난도 견딜 수 있다. 그러나 온갖 불행의 절정에서, 자신이 '바보가 들려준 이야기'에서 한몫을 하고 있다고 시인하지 않을 수 없을 때 그는 좌절해 버린다.

인생에 의미를 부여하는 것이 종교적인 상징의 역할이다. 푸에블로 인디언들은 그들이 '아버지 태양'Father sun의 아들이라고 믿고, 이 믿음은 그들의 한정된 존재를 훨씬 넘어설 줄 아는 시야(그리고 목표)를 그들의 인생에 나누어 준다. 그 믿음은 그들에게 인격의 발전을 꾀할 만한 넓은 공간을 제공하고, 전 생애를 완전한 인격으로서 살도록 허락한다. 그들의 처지란 인생에 아무런 내적 의미도 갖고 있지 않는 하위자에 불과하다는(그리고 그런 채로 남아 있으리라는) 것을 알고 있는, 현대를 사는 문명인의 처지와는 비길 수도 없을 만큼 만족스러운 것이다.

자신의 존재에 대한 보다 넓은 의미를 느낄 때, 인간은 단순히 소유하고 소비하는 존재 이상으로 자신을 들어올린다. 만일 이런 느낌이 없다면, 그는 방황하며 불행하다. 성 바울St. Paul이 그가 떠돌이 양탄자 직조공 그 이상 아무것도 아니라고 확신했었다면, 그는 확실히 실제의 그가 되지 못했을 것이다. 그의 참되고 의미 깊은 인생은 그가 하느님의 사자라는 내적 확신 속에 존재하고 있었다. 어떤 사람은 그가 과대망상증을 앓고 있었다고 비난할지 모르나, 이 생각은 역사의 증언과 후세의 판단 앞에 설득력을 잃는다. 그를 사로잡는 신화는 그를 단순한 직공 이상의 어떤 것이 되게 만들었다.

그러나 이와 같은 신화는 의식적으로 발명되지 않은 여러 상징으로 구성된다. 그것은 저절로 생긴 일들이다. '사람이 된 신'God-man의 신화를 창조한 것은 인간 예수가 아니었다. 그것은 그의 탄생 수세기 전부터 존재해 왔다. 성 마르크St. Mark가 우리에게 이야기한 것처럼, 예수 그 자신이 이런 상징적 관념에 사로잡혔고 그 자신을 나사렛Nazareth 동네의 목수라는 좁은 인생으로부터 그를 끌어낸 것이다.

신화는 원시 종족의 이야기꾼과, 그의 꿈과 자신의 공상에 홍겨워하는 사람들에게까지 거슬러 올라간다. 이 사람들은 후세 사람들이 시인이나 철학자라고 부른 사람들과 별 다름이 없다. 원시시대의 이야기꾼은 그들의 공상의 근원에 대해서는 관심을 가지지 않았다. 사람들이 어디서 민담이 생겨났는지를 궁금하게 생각하기 시작한 것은 훨씬 뒤의 일이다. 그러나 수 세기가 지나서, 우리들이 현재 '고대'의 그리스라고 부르는 시대에 이르러서야, 신들에 관한 이야기들은 오랜 옛날에 죽은 제왕이나 추장들의 고태적이고 과장된 전승에 불과한 것이라고 추측할 만큼 인간의 마음이 발달되었다. 사람들은 신화가 그대로 믿기엔 너무나 황당무계하다는 견해를 그 당시에 이미 가지고 있었다. 그래서 그들은 그것을 보편적으로 이해될 수 있는 형태로 고치려고 애썼다.

보다 근대에 이르러서, 우리는 꿈의 상징성에 똑같은 일이 벌어지는 것을 보아 왔다. 우리는 심리학이 아직 요람기에 있었던 시기에, 꿈이 어떤 중요한 뜻을 가지고 있음을 알게 되었다. 그러나 그리스인들이 그들의 신화가 단지 합리적인 또는 '정상적인' 역사를 정교하게 손질한 것에 불과한 것이라고 확신한 것과 똑같이, 심리학의 선구자들 중 몇몇은 꿈이 그 표면상 의미하는 것 같은 뜻을 가지고 있진 않다는 결론에 도달했다. 꿈이 나타내는 이미지와 상징들은 억압된 심리적 내용들이 의식에 나타나는 기괴한 형태들이라고 간주되어 무시되었다. 그래서 꿈이 표면적으로 밝히는 내용 이외의 다른 뜻을 지닌다는 설이 당연한 것으로 받아들여지게 되었다.

나는 이미 이런 생각에 내가 동의하지 않음을 설

명한 바 있다. 나의 반대 의견은 나로 하여금 꿈의 내용뿐만 아니라 그 형태에 관해서도 연구하도록 하였다. 꿈이 왜 그 내용과 다른 어떤 것을 의미해야 하는가? 자연에 그것 자체가 아닌 다른 어떤 것이 존재하는가? 꿈은 정상적인 자연 현상이다. 그것은 그것이 아닌 다른 어떤 것을 의미하지 않는다. 탈무드Talmud에서 조차 "꿈은 그것 자체의 해석이다"라는 말이 있다. 우리가 혼란에 빠지는 것은 꿈의 내용이 상징적이고 따라서 한 개 이상의 의미를 가지고 있기 때문이다. 상징은 우리들이 의식의 마음으로 파악하는 것과 다른 방향을 가리킨다. 그러므로 그것은 무의식적인 것, 혹은 적어도 완전히 의식적인 것이 아닌 어떤 것과 연관되고 있다.

과학적인 정신에 대해서는, 상징적인 관념과 같은 현상들은 그것이 지성과 논리를 만족시킬 만한 방법으로 체계적인 설명이 될 수 없어 성가신 일이다. 이런 경우에 해당되는 것이 심리학에서 꿈의 경우에만 국한되는 것은 결코 아니다. '정감'affect이나 정동emotion의 현상도 문제를 일으킨다. 정감은 심리학자가 아무리 결정적인 정의를 내려 그것을 확실히 하려고 시도해도 잘 안 되는 현상이다. 이 두 가지 경우에 장해의 원인은 똑같다. 즉, 무의식이 거기에 개입하기 때문이다.

나는 과학적인 관점을 충분히 알고 있으므로, 완벽하게 파악될 수 없는 사실을 다루지 않으면 안 되는 것처럼 골치 아픈 일은 없다는 것을 알고 있다. 이들 현상에서 곤란한 것은 부정할 수 없는 사실인데도, 지적인 용어로 체계적인 설명을 할 수 없는 데 있다. 그러기 위해서는 우리가 생명 자체를 파악할 수 있어야 한다. 왜냐하면 정동과 상징적 관념을 만드는 것은 생명이기 때문이다.

이론에 중심을 두는 학술적 심리학자들이 정동의 현상이나 무의식의 개념(혹은 양쪽 모두)을 고려하지 않는 것은 전적으로 그들의 자유다. 그러나 이것은 적어도 의학심리학자가 응분의 주의를 기울이지 않으면 안 되는 현상으로 남아 있다. 왜냐하면 정서적인 갈등과 무의식의 개입은 의학심리학의 전형적인 대상이기 때문이다. 그가 환자를 치료할 때 곧 이러한 비합리성을 엄연한 사실로 직면하게 된다. 누가

↑ 나무(그 위에 해가 있는)를 그린 어린이의 그림. 나무는 꿈(혹은 다른 곳)에 흔히 나타나며, 또 믿을 수 없을 만큼 다양한 의미를 가진 주제로 가장 좋은 예 중의 하나다. 그것은 진화나, 신체적 성장 또는 심리학적 성숙을 상징할 수도 있고, 희생이나 죽음(그리스도가 나무에 못 박힌 사실)을 상징할 수도 있으며, 남근의 상징일 수도 있고, 그 밖에 무수히 많은 것을 상징할 수가 있다.

십자가(왼쪽)나 링감lingam(오른쪽)과 같이 꿈의 다른 보편적인 → 주제들 역시 굉장히 많은 상징적 의미를 가질 수 있다.

이런 비합리적인 것들을 지적인 용어로 체계적으로 설명할 능력을 가졌느냐 하는 것과는 상관이 없다. 그러므로 의학심리학자의 체험을 경험한 적이 없는 사람들이, 심리학이란 과학자의 연구실에서의 조용한 탐구의 대상이 아니라 진정한 삶의 모험에 적극적으로 참여할 때 일어나는 학문임을 이해하기 어려워하는 것은 매우 당연한 일이다. 사격장에서의 조준 연습은 전장과는 거리가 멀다. 의사는 진짜 전쟁에서의 전상자를 취급하지 않으면 안 된다. 비록 그가 과학적인 정의로 그것을 구체화할 수 없다고 해도, 그는 스스로 심리적인 현실과 관계를 맺지 않으면 안 된다. 심리학을 어떤 교과서로도 가르칠 수 없는 이유가 여기에 있다. 우리는 오로지 실제 경험을 통해서만 배운다.

이 점은 잘 알려진 어떤 상징을 연구할 때 더욱 분명히 인식할 수 있다.

예를 들면 기독교의 십자가는 다양한 여러 측면, 관념, 그리고 정동을 표현하고 있는 의미 깊은 상징이다. 그러나 명단의 성명 위에 인쇄된 십자가는 단지 그 사람이 사망하였다는 것을 표시할 뿐이다. 남근phallus은 힌두교에서 모든 것을 포용하는 상징으로 작용한다. 그러나 만일 거리의 장난꾸러기가 그것을 벽에 그렸다면, 그것은 단지 그의 성기에 대한 관심을 반영하는 것에 불과하다. 유아기와 사춘기의 공상들은 흔히 성인의 생활에 이르기까지 오래 계속되기 때문에 틀림없이 성적 의미를 풍기는 많은 꿈이 생긴다. 그것을 성 이외의 다른 것으로 이해한다면 어리석은 일일 것이다. 그러나 벽돌공이 벽돌을 서로 얼기설기 쌓기 위하여 "뫈히"(수도승)와 "논네"(여승) 하고 말하거나, 전기공이 "숫플러그"와 "암소켓"이라고 할 때 그가 강렬한 사춘기의 공상에 빠져 있다고 상상하는 것은 우스운 일일 것이다. 그는 단지 그가 사용하는 재료에 대하여 다채로운 묘사가 든 이름을 사용하고 있을 뿐이다. 교육받은 어떤 힌두인이 당신에게 링감Lingam(힌두 신화에서 시바Siva 신을 나타내는 남근)에 관해서 이야기할 때, 우리 서양인이 음경에 대해 연상하는 것과는 결코 관계없는 내용을 듣게 될 것이다. 링감은 분명히 음란한 암시가 아니다. 십자가가 단지 사망의 부호가 아닌 것과 마찬가지다. 이와 같은 상징의 해석은 그 이미지를 만들어 내는 꿈꾼 사람의 성숙도에 따라 많이 좌우된다.

꿈과 상징의 해석은 지능intelligence을 필요로 한다. 그것을 기계적인 체계로 옮겨 상상력이 결여된 두뇌 속에 담아둘 수는 없다. 그것은 꿈을 꾼 사람의 개성에 관한 보다 많은 지식을 요하고 해석하는 사람 쪽에서도 보다 많은 자기 인식을 요한다. 이 분야에 경험이 많은 사람치고 꿈의 해석에서 유용하다고 증명된 해석상의 요령이 있다는 사실을 부정할 사람은 아무도 없다. 그러나 그 요령은 신중하고 사려 깊게 적용되지 않으면 안 된다. 어떤 사람은 꿈의 해석에서 올바른 모든 규칙들을 따르고서도, 조금만 더 나은 이해력을 가졌어도 놓치지 않았을, 대단치 않아 보이는 아주 작은 부분을 못 본 나머지 끔찍하게 엉터리로 해석을 하는 실수를 저지르는 수가 있다. 고도의 지적 능력을 가진 사람조차 직관이나 감정의 결핍 때문에 길을 헤매는 수가 있다.

상징을 이해하고자 할 때, 우리는 상징 그 자체를 직면할 뿐 아니라, 상징을 만들어 내는 그 개인 전체와 직면하게 된다. 따라서 그 개인의 문화적인 배경에 관한 연구가 포함되어야 하며, 그리고 그렇게 하는 과정에서 우리 자신의 교육에 내재하는 많은 허점을 보충하게 된다. 나는 언제나 모든 사례가 내게는 ABC도 모르는 전적으로 새로운 대상이라고 생각하는 것을 원칙으로 삼고 있다. 표면을 다루는 동안은 일상적인 반응이 실제적이며 유용할지 모르나, 조금이라도 우리가 핵심적인 문제를 건드리는 순간, 생명 그 자체가 이에 개입하며, 심지어 가장 훌륭한 이론적 전제도 효과 없는 언어에 불과한 것이 되고 만다.

상상과 직관 또한 우리들의 상징 이해에 필수적인 것이다. 일반의 견해는 그것이 주로 시인과 예술가들에게 가치 있는 것('민감한' 문제에서는 그들을 신뢰해서는 안 된다는 것)으로 여기지만 이런 소질은 사실 모든 보다 고급한 과학에서도 똑같이 중요하다. 여기서 '합리적'인 지성의 역할과 특정 문제에 대한 지성의 적용을 보충하는 데 더욱 중요한 역할을 한다. 모든 응용과학 중에서 가장 엄격한 물리학조차도 무의식적인 방법으로 작용하는 직관에 놀라울 정도로 의존하고 있다(비록 뒤에 논리적 과정이 직관과 동일한 결과를 유도할 수 있다고 하더라도).

직관은 상징의 해석에 거의 필수 불가결이다. 꿈을 꾼 사람이 상징을 즉각 이해하는 경우가 자주 확인된다. 그러나 이와 같이 운이 좋은 직감은 주관적인 확신을 줄지는 모르나 오히려 위험할 수도 있다. 그것은 너무도 쉽게 그릇된 안정감을 유도하기 때문이다. 예컨대 그것은 분석가나 꿈꾼 사람 모두를 편안하고 비교적 안이한 관계를 지속하도록 유혹할 수 있고 결국 두 사람 다 공통의 꿈을 꾸고 있는 상태를 만들어 버린다. 만일 '직감'으로 이해한 것에 막연히 만족하고 안심하면 진정한 지성적 지식과 도덕적 이해의 건전한 토대는 상실된다. 우리가 직관을 여러 가지 사실의 정확한 지식과 서로의 논리적인 관련성으로 환원해 낼 때만 상징을 설명할 수 있고 또한 알 수 있는 것이다.

정직한 연구가는 그가 항상 이렇게 할 수는 없다는 것을 시인할 것이다. 그러나 이 점을 항상 명심하지 않는다는 것은 불성실한 것이다. 과학자도 인간이므로 다른 사람들과 마찬가지로 그가 설명할 수 없는 것을 기피하는 것은 당연하다. 그러나 우리가 현재 알고 있는 것이 우리가 알 수 있는 전부라고 믿는 것은 일반적으로 통용되는 착각이다. 과학적인 이론보다 더 취약한 것은 없고, 그리고 그것은 사실을 설명하고자 하는 순간적인 시도일 뿐, 그 자체가 영구한 진리는 아니기 때문이다.

상징의 역할

의학심리학자(역주 : 정신의학자)가 상징에 흥미를 가질 때, 그는 '문화적인 상징'[5]과는 질이 다른, '자연적인 상징'에 주로 관심을 갖는다. 후자는 무의식적인 정신 내용에서 유래되므로 근원적인 원형의 상을 무수하게 다양한 모습으로 나타낸다. 대개의 경우 우리는 지금도 자연적 상징의 고태적 기원, 즉 가장 오래된 기록이나 원시사회에서 볼 수 있는 관념과 이미지를 추적해 올라갈 수 있다. 반면에 문화적 상징들은 '영원한 진리'를 표현하기 위해서 사용되어 왔으며, 아직도 많은 종교에서 사용되고 있다. 이 문화적 상징은 많은 변환을 거치고, 어느 정도 의식적인 발달을 이루는 장구한 과정도 거쳐서, 여러 문명사회에서 받아들인 상(이미지)이 된 것이다.

그러나 이런 문화적 상징들은 본래의 신성력 또는 '마력'의 상당 부분을 여전히 간직하고 있다. 우리는 그것이 어떤 사람에게서는 깊은 정동 반응을 유발할 수 있기 때문에, 이 정신적인 부채는 편견이라고 부르는 것과 마찬가지의 작용을 한다는 사실을 알게 된다. 그러므로 이 사실은 심리학자가 고려해야 할 요소이다. 합리적인 관점에서 볼 때, 이들이 무의미하고 황당무계해 보인다고 해서 그것을 무시해 버리는 것은 어리석은 짓이다. 그 상징들은 우리들 정신구조의 중요한 구성요소이며 인간 사회를 구축하는 원동력이 된다. 따라서 심각한 손실을 감수하지 않고는 근절될 수가 없다. 즉, 그것이 억압되거나 부정되면 고유의 에너지는 무의식 속으로 사라지고 헤아릴 수 없는 결과를 초래한다. 이렇게 상실된 것처럼 보이는 정신적 에너지는, 사실상 무의식 속에 있는 최우선자—즉 지금까지 자신을 표현할 기회를 갖지 못했거나 적어도 우리 의식에 아무 제약 없이 존재하도록 허용되어 오지 못한 경향을 띤—를 무엇이나 되살리고 강화시키는 역할을 한다.

이런 경향들은 항상 존재하며 우리 의식의 마음에 대항하여 잠재적 파괴력을 지닌 '그림자'를 형성한다. 어떤 상황에서는 유익한 영향을 줄 수도 있는 경향들도 그것이 억압될 때는 귀신으로 둔갑한다. 많은 선의의 사람들이 무의식을, 그리고 더 나아가 심리학을 두려워하는 이유가 여기에 있음은 이해할 만하다.

우리 시대는 지하세계의 문이 열리는 것이 무엇을 의미하는지를 제시하였다. 금세기의 첫 10년간 목가적이고 천진난만한 시절엔 그 극악함을 아무도

↑ 고대의 신화적 존재들이 현재는 박물관의 신기한 전시물이 되었다.(왼쪽) 아마도 현대 '공포' 영화의 괴물들은 더 이상 억압할 수 없는 원형들의 왜곡된 모습일 것이다.(오른쪽) 그러나 그들이 나타내고 있는 원형은 인간의 마음을 감동시키는 힘을 잃진 않았다.

상상할 수 없었던 일들이 그 뒤에 발생하여 우리가 사는 세계를 뒤집어 놓았다. 그 이후로 세계는 정신분열증의 상태에 놓여 왔다. 문명국인 독일만이 정신분열증의 끔찍한 원시성을 드러낸 것이 아니라, 러시아 또한 그 증세에 의해 지배되었고, 아프리카는 불길에 싸였다. 서방 세계가 불안을 느끼게 된 것은 이상할 것이 없다.

현대인은 그의 '합리주의'(신성력을 지닌 상징과 관념에 그가 반응할 수 있는 능력을 파괴해 온)가 그를 얼마나 정신적 '지하세계'의 처분에 떠맡기도록 하였는지 알지 못한다. 그는 '미신'으로부터는 자유로워졌으나(혹은 그렇게 믿지만), 그 과정에서 그의 정신적 가치들을 극히 위험할 정도까지 상실하였다. 그의 도덕적이며 정신적인 전통은 와해되었고, 그는 지금 이러한 붕괴에 대한 대가를 전 세계적인 방황과 분열로 치루고 있는 중이다.

인류학자들은 원시사회의 정신적 가치가 현대 문명의 충격에 노출될 때 그 사회에 무엇이 일어나는가를 자주 언급하였다. 원시사회의 사람들은 그들의 생의 의미를 상실하고, 사회 조직은 붕괴되며, 도덕적으로 타락하고 만다. 현재 우리도 같은 처지에 있는 것이다. 그러나 우리는 우리가 무엇을 상실했는지를 결코 진정으로 이해하지 못했다. 왜냐하면 불행하게도 우리들의 정신적 지도자들은 상징이 나타내는 신비성을 이해하기보다는 그들의 조직을 보호하는 데 더 관심을 가졌기 때문이다. 나의 생각으로는 신앙(인간의 가장 강한 무기인)은 결코 사고를 배제하는 것이 아니다. 그런데, 불행히도 많은 신도들은 너무나 과학을 두려워하여 (게다가 심리학도) 인간의 운명을 영원히 지배하는 정신의 신성력을 외면한다. 우리는 그 신비성과 신성함을 모두 벗겨 버렸다. 성스러운 것은 이제 아무것도 없다.

본능적인 개념이 인간의 마음속에서 샘솟았던 그 옛날, 인간의 의식은 그 사회를 일관성 있는 정신적

유형으로 통합할 수 있었다.

그러나 '문명인'은 이것이 불가능하다. 문명인의 '진보된' 의식은 본능과 무의식의 보조적인 참여가 동화될 수 있는 방법 자체를 박탈해 버렸다. 이들 동화와 통합의 기관은 일반인들이 하나같이 성스럽다고 보고 있는 신성한 상징들이다.

예를 들면, 오늘날 우리는 '물질'matter에 대해서 이야기한다. 우리는 물질의 물리적 성질을 기술한다. 그리고 그것이 지닌 어떤 성질을 증명하기 위해 실험실에서 실험을 한다. 그러나 '물질'이라는 말은 여전히 우리들에게 어떤 정신적 의의도 없는 무미건조하고, 비인간적이며, 전적으로 지적인 개념으로만 남아 있다. 물질에 대한 옛날의 이미지는 이와 얼마나 다른 것인가. 태모Great Mother는 만물의 어머니인 대지Mother Earth라는 심오한 정서적 의미를 포괄한 것이었다. 같은 방식으로 과거에는 영靈, spirit이던 것이 현재는 지능과 동일시되어, 만물의 아버지Father of all 시대는 끝이 났다. 그것은 인간의 제약된 자아사고ego-thought로 퇴보하였고, '우리들의 아버지'Our Father의 상(이미지)에 표현된 강렬한 정동적 에너지는 지적 사막의 모래로 사라졌다.

이러한 두 개의 원형적 원리는 동유럽과 서방의 대조적인 체계를 이루는 바탕이 되고 있다. 그러나 대중과 그들의 지도자는 세계의 원리를 서방에서 말하듯 남성이며 아버지(심령心靈, spirit)라 부르거나 공산주의자들처럼 여성이며 어머니(물질)라고 부르는 것 사이에 실질적인 차이가 없다는 것을 인식하지 못한다. 근본적으로 우리는 양자에 대해 아는 것이 거의 없다. 예전에는 이 원리들이 모든 종류의 의식에서 숭배되었고, 적어도 인간에 대해 그들이 가지고 있는 정신적 의의를 보여주었다. 그러나 현재 그들은 단지 추상적인 개념이 되고 말았다.

과학적 이해가 발달함에 따라서, 우리의 세계도 비인간화되었다. 인간은 그 자신이 우주에서 고립되었다고 느끼고 있다. 왜냐하면 그는 더 이상 자연에 관여하고 있지 않으며, 자연 현상들과의 정동적 '무의식적 동일성'을 상실해 버렸기 때문이다. 이들은 서서히 그것에 내포된 상징적 의미를 상실해 왔다. 천둥은 더 이상 성난 신의 음성이 아니고, 번개는 그의 복수의 화살이 아니다. 영혼을 가진 강, 인간의 생명원리인 나무, 지혜의 화신인 뱀, 괴물의 집인 산속의 동굴은 이제 없다. 바윗돌, 식물, 짐승들이 인간에게 말하는 음성도 없고, 인간도 역시 그들이 들을 수 있으리라 믿거나 말을 건네지도 않는다. 인간의 자

← 억압된 무의식의 내용들은 부정적인 정서들로 인해, 제2차 세계대전처럼 파괴적으로 폭발할 수가 있다.
1943년 폭동 후의 바르샤바의 유대인 죄수들.(왼쪽)
아우슈비츠 수용소에 쌓여 있는 처형당한 사람들의 구두.(오른쪽)

문명과 접촉함으로써 그들의 종교적인 신앙을 상실한 후 해체 → 되어 버린 오스트레일리아 원주민. 이 종족은 현재 수백 명에 불과하다.

연과의 접촉은 사라졌다. 이와 함께 이 상징적 연관성이 공급해 온 심오한 정동적 에너지 또한 사라져 버렸다.

이 막대한 손실은 우리의 꿈의 상징에 의해서 보상되고 있다. 꿈의 상징은 우리의 본래의 특질, 즉 본능과 특이한 생각들을 불러일으킨다. 그러나 불행하게도 그것은 우리에게는 낯설고 이해 불가능한 자연의 언어로 그 내용을 표현한다. 그러므로 우리는 이 자연의 언어를 합리적인 언어와 개념으로 번역해야 할 과제를 안게 되었으며, 현대적 언어는 원시적 장애물, 즉 그것이 서술하는 대상과 관련지어진 신비스러운 관계를 벗어나 버렸다. 오늘날 우리가 귀신과는 다른 신성한 대상에 관해 이야기할 때, 더 이상 주문을 외워 그들을 불러내지는 않는다. 한때는 위력 있던 언어도 그 영광이 고갈되고 말았다. 우리는 이제 더 이상 마술적인 공식을 믿지 않는다. 남아 있는 금기(터부)나 이와 비슷한 제한도 이젠 많지가 않다. 그리고 우리의 세계는 늑대사람, 흡혈귀, 숲의 정령, 그리고 고태의 원시림 속에 살았던 온갖 요괴들은 말할 것도 없고 '마녀', '마법사'와 같은 모든 '미신적'인 누미나numina를 모두 소독해 버린 것 같아 보인다.

보다 정확히 말해서, 우리 세계의 표면은 모든 미신적이고 비합리적인 요소들을 깨끗이 청소해 버린 것 같이 보인다. 그렇다고 해서 인간의 진정한 내적 세계(그것에 대한 우리의 욕구 충족적인 허구가 아닌)도 원시성으로부터 해방되었는가 하는 것은 별개의 문제다. 13이라는 숫자는 많은 사람들에게 아직도 금기 사항이지 않은가? 또한 비합리적인 편견과 투사, 그리고 소아적인 환상에 사로잡힌 사람들이 아직도 많이 있지 않은가? 인간 마음의 현실상은 이와 같은 원시적인 경향과 유물을 꽤 드러내고 있으며, 그들은 지난 500년 동안 마치 아무것도 달라진 것이 없었다는 듯이 여전히 그들의 역할을 계속하고 있는 것이다.

이 점을 올바로 인식하는 것은 매우 중요한 일이다. 현대인은 실제로 인류가 오랜 세월에 걸친 정신발달 과정에서 습득한 특성들로 기묘하게 혼합된 실체이다. 이 혼합체가 우리가 다루어야 하는 인간과 그의 상징들이고, 우리는 그의 정신적 산물들을 정말로 주의 깊게 철저히 검토하지 않으면 안 된다. 회의와 과학적 확신이 낡은 편견과, 시대착오적인 습관들, 완고한 오해, 그리고 맹목적인 무지와 함께 현대를 사는 인간 속에 나란히 공존하고 있다.

이것이 우리 심리학자들이 탐구하는 상징들을 산출해 내고 있는 현대의 인간들이다. 이들 상징과 그 의미를 설명하기 위해서는 그 표상들이 순전히 개인적인 체험과 관련된 것인지, 또는 저장되어 있는 일반적인 의식적 지식으로부터 특별한 목적으로 꿈에 의해 선택되었는지를 아는 것이 필수적이다.

13이라는 숫자가 나타나는 꿈을 예로 들어보자. 꿈꾼 사람 자신이 그 숫자의 불행한 성질을 습관적으로 믿고 있는가, 또는 그 꿈이 단지 사람들이 아직도 이와 같은 미신에 빠져 있다는 것을 암시하는 것인가가 문제다. 그 해답은 해석에 커다란 차이를 초래한다. 전자의 경우 우리는 사람이 아직도 불행한 13이라는 마술에 걸려 있고 그래서 호텔의 13호실이나 식탁에 13명이 앉는 것을 가장 불쾌하게 느낄 것이라는 사실을 고려하지 않으면 안 된다. 후자의 경우 13은 무례하거나 악의가 들어있는 말 이상의 다른 뜻은 없을 것이다. 꿈을 꾼 사람이 '미신적'인 사람이면 그는 여전히 13의 '마력'을 느낄 것이고, 좀 더 '합리적'인 사람이면 그는 13이라는 숫자에서 그것이 본래 지니고 있던 정동적인 강조점을 벗겨 버릴 것이다.

이러한 논란은 실지 경험 속에 원형들이 어떤 양

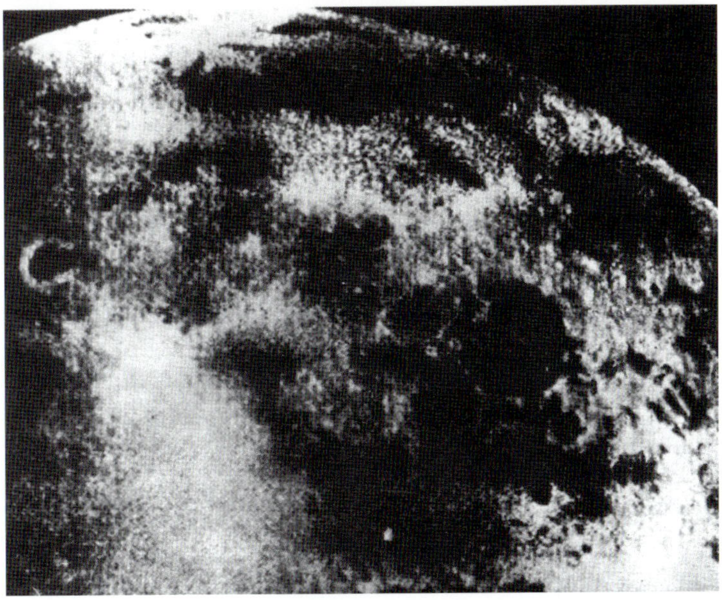

고대 중국인들은 달을 관음보살과 연관 지었다(위쪽). 다른 사회에서는 달을 신으로 인격화했다. 비록 현대 과학이 우리에게 달이 실제로는 분화구가 있는 흙덩어리에 불과하다는 것을 보여줄지라도(오른쪽) 달을 사랑과 낭만으로 연관 짓는 우리의 습관적인 연상에서 우리는 어느 정도의 원형적인 태도를 간직하고 있다.

식으로 나타나는가를 보여준다. 원형들은 상(이미지)이자 정동이다. 이들 두 측면이 동시에 존재할 때라야만 원형에 관하여 이야기할 수 있다. 단지 상(이미지)만 있을 경우, 그것은 단어상일 뿐 아무 효과도 없다. 그러나 정동이 그 임무를 다할 때, 그 이미지는 신성력numinosity(또는 정신적 에너지)을 얻게 된다. 그것은 동적인 것이 되어, 반드시 어떤 결과가 거기서 생기게 된다.

원형의 개념을 파악하는 것이 쉬운 일이 아님을 나는 잘 알고 있다. 그것은 그 핵심을 정확하게 정의할 수 없는 어떤 것을 기술하기 위해 단어들을 이용하고 있기 때문이다. 그러나 너무나 많은 사람들이 원형들을 기계적으로 배울 수 있는 기계적인 체계의 한 부분인 것처럼 다루고 있기 때문에 나는 여기서 그것들이 단순한 명칭에 불과한 것이거나, 심지어는 철학적 개념이 아니라는 점을 재삼 강조하고자 했다. 그것은 생명 그 자체의 일부—정동emotion이라는 교량에 의해서 살아 있는 개체에 통합적으로 연결되어 있는 상(이미지)—이다. 원형에 대한 인위적인(또는 일반적인) 해석을 하는 것이 불가능한 까닭이 바로 여기에 있다. 원형은 그것과 관련되어 있는 특정한 개인의 전체 생활 상황에 의하여 제시되는 양식으로 설명되어야 한다.

그러므로 독실한 기독교인의 경우, 십자가의 상징은 꿈이 그 이상을 봐야 할 강력한 이유를 제시하지 않는 한 오직 기독교적 문맥에서만 해석될 수 있다. 그 이상을 보아야 할 이유가 있다 하더라도 특수한 기독교적 의미는 유념하고 있어야 한다. 어떤 때나 어떤 조건에서나 십자가의 상징이 똑같은 의미를 가졌다고 말할 수는 없다. 만일 그렇다면, 그것은 그것이 지닌 신성력을 박탈하고 그 생명력을 잃으며, 단지 말에 불과한 것이 될 것이다.

원형의 특수한 감정적 색조를 인식하지 못하는 사람들은 신화적인 개념이 뒤범벅이 된 것 이상의 아무것도 아닌 것을 보는 데 그칠 것이다. 이런 개념의 혼합은 결국 전혀 아무 의미도 없음을 보여주기 위해

← 어린이의 무의식에서 우리는 원형적인 상징의 힘(그리고 보편성)을 볼 수 있다. 일곱 살 된 어린이의 그림. 밤의 귀신인 검은 새들을 내쫓는 커다란 태양의 그림은, 진짜 신화의 냄새를 풍긴다.(왼쪽)

놀고 있는 어린이들은 원시인의 축제에서 벌어지는 춤처럼 자연스럽게 자기표현의 형태로 저절로 춤을 춘다.(오른쪽)

고대의 민속은 아직도 어린이들의 의식 신앙에 존재한다. 예를 들어 영국(그리고 다른 곳에서도) 어린이들은 백마—생명의 상징으로 잘 알려진—를 보는 것이 행운이라 믿는다. 말을 타고 있는 것으로 묘사되는 켈트Celt인의 창조의 여신 에포나Epona는 흔히 암컷의 백마로 나타난다. →

서로 얽어서 묶어 놓은 것일 뿐이다. 이 세상의 모든 시체들은 화학적으로는 동일한 것이다. 그러나 살아 있는 개체는 서로 다르다. 원형은 사람들이 왜, 그리고 어떤 형태로 살아 있는 개인에게 의미가 있는가를 찾아내려고 애쓸 때 비로소 생명을 가지게 된다.

당신이 원형이 무엇을 의미하는지를 모르면서 어떤 낱말들을 사용한다면 그건 아무 쓸모없는 짓이다. 이는 우리가 아니마Anima라든가 아니무스Animus, 현자the Wise Man, 태모the Great Mother 등과 같은 원형에 관해서 이야기하는 심리학에서 특히 유의해야 할 사실이다. 여러분은 성인, 현자, 예언자 그 밖의 다른 돈독한 신앙의 소유자들에 관하여 그리고 세계의 모든 태모에 관하여도 알 수 있다. 그러나 그 신성력이 여러분이 체험해 본 적이 없는 '이미지'에 불과하다면, 그것은 마치 꿈속에서 이야기하고 있는 것과 다름이 없다. 왜냐하면 여러분은 여러분이 무엇을 이야기하고 있는지를 모를 것이기 때문이다. 그때 사용하는 낱말은 공허하며 아무 가치도 없는 것이다. 그 낱말들은 여러분이 원형의 신성성—즉 살아 있는 개체와의 관계성—을 고려하고자 할 때만 생명력과 의미를 갖게 된다. 그때에 가서야 여러분은 원형의 이름들은 별 의미가 없는 것이며, 원형이 당신에게 관계하는 의식만이 매우 중요함을 이해하게 될 것이다.

그러므로 꿈의 상징을 산출하는 기능은 인간의 근원적인 마음the original mind을 '진보된' 또는 분화된 의식 속으로 가져다주고자 하는 시도이다. 이 근원적인 마음은 '진보된' 또는 분화된 의식 속에 일찍이 있어 본 적이 없었고, 따라서 심각한 자기반성을 겪어본 적이 없는 것이다. 왜냐하면 먼 옛날에는 그 근원적인 마음이 인간의 인격 전체였기 때문이다. 인간이 의식을 발전시킴에 따라 그의 의식의 마음은 이러한 원시적·정신적 에너지와의 접촉을 상실하게 되었다. 그리고 의식의 마음은 그 근원적인 마음을 결코 알고 있지 못했다. 왜냐하면 오직 유일하게 그것을 알 수 있었던 바로 그 분화된 의식이 발전하는 과정에서 근원적인 마음이 동댕이쳐졌기 때문이다.

그러나 우리가 무의식이라고 부르는 것은 근원적인 마음의 일부를 구성한 원시적 특성들을 보존해 온 것 같다. 꿈의 상징들이 항상 언급하고 있는 것이 이와 같은 특성들이다. 마치 마음이 발전하면서 그 자체로부터 떨쳐버린 모든 옛것들—환상, 공상, 고태적 사고 형태, 기본적인 본능 등—을 무의식이 되돌려 주려고 찾아 나선 것 같다.

무의식적인 사물에 접근할 때 사람들이 자주 경험하는 저항이나 공포는 이 점으로 설명된다. 이들 잔존물의 내용들은 결코 중립적이거나 무관심한 것이 아니다. 오히려 그 내용물은 너무나 큰 에너지를 가지고 있어서 보통 불쾌한 정도를 훨씬 넘는 때가 많다. 그 내용물은 실제로 공포를 불러일으키는 요인들이 될 수도 있다. 그들을 억압하면 할수록 그것은 신경증의 형태로 인격 전체로 더욱 더 퍼져 나간다.

바로 이러한 정신적 에너지가 중요한 활력소를 제공한다. 그것은 마치 어느 기간 동안 무의식 상태에서 살아온 사람이 그의 기억에 빈틈이 생겼다는 것을—그가 기억해 낼 수 없는 중요한 사건들이 일어난 것 같다는 것을—갑자기 인식하게 되는 것과 똑같다. 정신이 전적으로 개인적인 사항(이것이 일반적인 가정이거니와)이라고 걱정하는 한, 그는 분명히 잃어버린 유아기의 기억들을 회상하려 할 것이다. 그러나 그의 어린 시절 기억의 빈틈은 보다 훨씬 큰 상실—원시적 심성의 상실—의 증후에 지나지 않는다.

태아의 발달 과정이 역사 이전 상태를 반복하는 것처럼, 그렇게 마음도 또한 역사 이전의 일련의 단계들을 거치면서 발달한다. 꿈의 주요 임무는 가장 원시적인 본능의 수준 바로 아래 있는 유아기의 세계와 함께 역사 이전의 '회상'을 되살리는 것이다. 이와 같은 회상은 프로이트가 오래전에 간파한 것처럼 어떤 경우에는 현저한 치유적 효과를 가질 수 있다. 이 관찰에서 유아기의 기억 결손(소위 건망증)은 커다란 손실이고, 회복은 생명과 행복을 크게 증진할 수 있다는 견해를 확증하는 것이다.

어린이는 몸이 작고 의식의 사고가 빈곤하고 단순하기 때문에, 우리는 역사 이전의 정신과의 근원적인 동질성에 기초를 두고 있는 유아의 마음이 굉장히 복잡하다는 것을 인식하지 못한다. 그 '근원적인 마음'은 인류의 여러 진화 단계들이 태아의 신체 속에 이미 존재하고 있는 것과 똑같이 어린이에게 남아 있어, 여전히 작용을 발휘하고 있다. 자신이 꾼 꿈을 그의 아버지에게 선물한 어린이의 주목할 만한 꿈에 관해서 내가 이전에 말한 것을 독자들이 기억한다면, 내가 말하는 바가 무슨 뜻인지 잘 알 것이다.

유아기의 기억 상실에서 우리는 후기의 정신병 psychoses에서도 흔히 나타나는 이상한 신화적 편린들을 발견한다. 이런 종류의 상(이미지)들은 고도로 신성하며 따라서 매우 중요한 것이다. 만일 이런 회상들이 어른의 생활에 다시 나타난다면, 그것은 어떤 경우 심각한 심리적 장애를 일으킬 수도 있고, 또 다른 사람에게서는 기적적인 치유나 종교적 귀의를 일으킬 수도 있다. 흔히 그것은 오랫동안 잃어버렸던 생의 일부를 되살려서 일생에 목적을 주고 그것을 풍부하게 한다.

유아기 기억들을 회상하고 정신행동의 여러 원형적 방식을 재생산함으로써 보다 넓은 시야와 보다 큰 의식의 확장—만약 우리가 상실한 것과 새로 얻은 내용들을 의식의 마음에서 동화하고 통합하는 데 성공한다면—을 만들어낼 수 있다. 그 내용은 중립적인 것이 아니기 때문에 그것을 동화하면 인격을 변화시킬 것이다. 그 내용들 자체가 어떤 변화를 거쳐야 하는 것과 마찬가지다. '개성화 과정'(이 책의 뒷부분에 폰 프란츠M. L. von Franz 박사가 서술함)이라고 부르는 이 부분에서, 상징의 해석은 중요한 실제적 역할을 한다. 왜냐하면 상징은 우리의 마음속에 있는 대극들을 화해시키고 재통합시키려는 자연스러운 시

↑ 20세기 최대의 도시 뉴욕과 다른 한 도시의 최후, 즉 1945년의 히로시마. 비록 인간이 자연을 지배한 것처럼 보일지라도 아직 자기 자신의 본성은 지배하지 못했다는 것을 융은 항상 지적해 왔다.

도이기 때문이다.

물론 상징들을 보는 둥 마는 둥 하고 무시해 버려서는 이와 같은 효과를 얻지 못할 것이고, 다만 오래된 신경증적 상태를 부활시켜 합성의 시도를 깨뜨릴 뿐이다. 그러나 불행하게도 원형의 존재 그 자체를 부정하지 않는 소수의 사람들도 거의 한결같이 그것을 단지 언어로서 취급할 뿐, 살아 있는 현실성을 망각하고 있다. 원형의 신성력이 이렇게 해서 부당하게 추방되어 버렸을 때 끝없는 교체交替 과정이 시작된다. 바꿔 말하면 원형에서 원형으로 옮겨 가서 모든 것은 모든 것을 의미하는 격이 되고 만다. 원형의 형태들이 상당한 정도로 교환이 가능한 것임은 말할 것도 없다. 그러나 그들의 신성력은 하나의 사실이며 사실인 채로 남아 있어서 원형적 사건의 가치를 나타낸다.

이런 정동적 가치를 우리는 반드시 명심해야 하며, 꿈을 해석하는 전체 지적인 과정을 통해서 이 점이 고려되지 않으면 안 된다. 사고와 감정이 정반대로 대립되어 있어서 사고가 거의 자동적으로 감정의 가치를, 또 감정은 사고의 가치를 무시해 버리기 때문에 이 정동적 가치는 너무도 쉽게 상실된다. 심리학은 가치(즉 감정)의 요소를 고려하지 않으면 안 되는 유일한 과학이다. 왜냐하면 그것은 신체적 사건과 삶을 연결시켜 주는 것이기 때문이다. 심리학은 이 점에 관해서 과학적이 아니라는 비판을 자주 받는다. 그러나 비판자는 이 경우 감정에 대해 적절한 고려를 해야 할 과학적이고도 실제적인 필요성을 이해하지 못하고 있는 것이다.

분열의 치유

우리의 지능은 자연을 지배하는 새로운 세계를 만들어 냈고, 그 세계를 거대한 기계로 가득 채웠다. 그 기계들이 너무나 유익하다 보니 우리는 그것을 버린다든가 우리가 그것에 예속될 가능성을 생각조차 하지 못한다. 인간은 그의 과학적인 마음, 발명적인 마음의 모험에 찬 선동을 따라가고 또한 그가 만들어 낸 눈부신 업적들을 자찬하지 않을 수 없다. 동시에 인간의 뛰어난 재주는 전보다 더 위험성이 가중된 물건들을 발명하는 무시무시한 경향을 보이고 있다. 그것들은 대규모의 자살 수단을 제시하기 때문이다.

세계 인구의 폭발적인 증가를 보고 사람들은 이미 인구 증가를 억제할 방법과 수단을 모색하기 시작했다. 그러나 자연은 인간 자신의 창조적 심성을 인간에 적대적인 방향으로 대항시킴으로써 우리의 모든 시도에 기선을 제할지도 모른다. 예컨대 수소폭탄이 과밀 인구를 효과적으로 정지할지 모른다. 자연을 지배한다는 우리들의 자부심에도 불구하고 우리들은 여전히 자연의 희생자들이다. 왜냐하면 우리는 우리 자신의 자연, 즉 성질조차도 조절할 줄 모르고 있기 때문이다. 서서히 그러나 어쩔 수 없이 우리가 재난을 자초하고 있는 것처럼 보인다.

우리가 구원을 청하여 기도할 신들은 이제 어디에도 없다. 이 세상의 위대한 종교들은 점점 심해지는 빈혈증을 앓고 있다. 왜냐하면 도움을 줄 힘, 누미나numina는 숲과 강과 산, 그리고 동물에서 도망쳐 버렸으며 신인god-men들은 무의식의 지하세계로 사라져 버렸다. 그리하여 우리는 위대한 종교들을 과거의 유물에 싸인, 수치스러운 생활을 유도하는 것이라고 바보 취급을 하고 말았다. 우리들의 현재의 삶은 이성의 여신에 의해서 지배되고 있으며, 이성의 여신은 우리에겐 최악의 비극적 환상이다. 이성의 도움으로 "자연을 정복했다"고 우리는 우리 자신에게 확신시키고 있다.

그러나 이것은 단지 구호에 불과하다. 왜냐하면 이른바 자연의 정복은 오히려 인구 과잉이라는 자연적인 사실로써 우리를 짓누르고, 게다가 이에 필요한 정치적 조절에 대한 우리의 심리적 무능력은 우리가 처한 곤경을 심화시키고 있기 때문이다. 다른 사람보다 우월해지기 위해 싸우고 경쟁하는 것이 극히 당연하게 여겨지고 있다. 그런데, 우리가 어떻게 "자연을 정복했다"고 할 수 있는가?

어떤 변화가 어디서든 시작되어야 한다고 볼 때 그 변화를 체험하고 그것을 계속해서 수행해 나가는 사람은 한 사람 한 사람의 개인이다. 변화는 실로 한 개인에서 시작되어야 한다. 그렇게 시작하는 사람이 우리들 중 어느 한 사람이라도 좋은 것이다. 아무도 그 자신이 하기에 귀찮은 일을 누구 다른 사람이 해주지 않을까 주위를 둘러보고 기다릴 수는 없다. 그러나 아무도 무엇을 해야 할지 모르는 것 같으니 혹시 자신의 무의식이 우리를 도와줄 무엇을 알고 있지 않을지 우리 각자가 자신에게 물어보는 것도 좋을 것이다. 의식의 마음은 이런 점에서는 도움이 될 만한 일을 할 수 없는 것 같기 때문이다. 오늘날의 인간은 그가 지니고 있는 어떤 위대한 종교도 어떤 다양한 철학도 세계의 현재 상황에 직면해서 인간이 필요로 하는 안정감을 줄 만한 강력하고 고무적인 관념을 줄 수 없을 것이라는 사실을 뼈저리게 인식하고 있다.

불교도들 같으면 이 경우에 사람들이 Dharma(불법)의 '팔정도'八正道를 따를 때, 그리고 '자기'Self에 대한 진정한 통찰을 가질 때 비로소 만사가 바르게 된다고 말할 것이다. 기독교인들은 사람들이 오직 하느님을 믿을 때라야 우리는 보다 좋은 세상을 누리게 된다고 말한다. 합리주의자들은 사람들이 지적이고 이성적이라면 우리의 모든 문제는 해결될 수 있을 것이라고 주장한다. 문제는 그들 중 아무도 이 문제를 그들 자신이 해결하려 하지 않는다는 데 있다.

기독교인들은 예전에는 하느님이 사람들에게 말을 건네주었다고 믿었는데 지금은 왜 하느님이 그렇게 하지 않느냐는 물음을 제기한다. 이런 질문을 들을 때마다 나는 늘 어찌하여 예전에는 하느님이 자주 사람들에게 자신의 모습을 나타냈는데 요즘은 아무도 그를 본 사람이 없는가 하는 질문을 받은 유대교의 율법사가 생각난다. 그 율법사는 대답했다. "요즘에는 충분히 엎드려 하느님에게 절할 수 있는 사람이 없기 때문이다."

이 대답이야말로 정곡을 찌른 것이다. 우리는 너무나 주관적인 의식에 사로잡혀 거기에 말려들어 있으므로 하느님이 주로 꿈이나 환영을 통해서 이야기한다는 오래된 사실을 잊어버린 것이다. 불교도는 무의식적 환상의 세계를 쓸모 없는 착각으로 무시한다. 기독교인은 그 자신과 그의 무의식 사이에 교회와 성경을 끼워 놓는다. 합리적인 지성인은 아직도 그의 의식이 그의 정신의 전부가 아니라는 사실을 모르고 있다. 무의식이 어떤 심리학적 연구에서도 없어서는 안 될 기본적 과학개념이 되어온 지 70년이 지났음에도 불구하고 이러한 무지는 여전히 존재하고 있다.

우리는 더 이상 자연 현상들의 장단점을 논평하는 심판관으로 나설 만큼 그렇게 '전지전능의 하느님' 같은 존재일 수가 없다. 우리는 식물을 유익한 식물과 무익한 식물로 구분하는 구식 분류를 토대로 하여 식물학을 구축하지 않으며, 동물을 무해한 동물과 유해한 동물로 가르는 순진한 구분법을 기초로 하여 동물학을 만들지도 않는다. 그러나 우리는 여전히 의식은 의미가 있고 무의식은 의미가 없다는 가정에 만족하고 있다. 이런 가정은 과학의 영역에서 일소에 부쳐질 가정이다. 예를 들어 미생물은 의미가 있는가, 의미가 없는가?

무의식이 어떤 것이든 간에 그것은 상징을 산출하는 자연 현상이며, 이 점에서 그것이 의미 있는 것임이 증명된다. 우리가 현미경을 들여다본 적도 없는 사람을 미생물에 관한 권위자라고 기대할 수 없는 것과 마찬가지로, 자연의 상징에 관해 철저한 연구를 한 적이 없는 사람을 이 문제에 대한 유능한 판단자로 간주할 수 없다. 그러나 인간의 영혼에 대한 일반적인 과소평가가 너무 심하여 위대한 종교도, 철학도, 과학적 합리주의도 두 번 다시 무의식의 상징을 보고자 하지 않는다.

가톨릭 교회가 somnia a Deo missa(하느님이 보낸 꿈들)의 발생을 인정한다는 사실에도 불구하고 가톨릭 대부분의 사상가들은 꿈을 이해하려는 진지한 시도를 하지 않는다. 신의 소리Vox Dei는 꿈에서 들을 수 있을 것이라는 가능성을 허용할 만큼 낮게 몸을 굽히고 있는(역주 : 겸허한 자세를 취한) 프로테스탄트 교의나 논설들이 있는지 의심스럽다. 그러나 신학자가 진정으로 하느님을 믿는다면, 무슨 권위로 그가 하느님이 꿈을 통해서 이야기할 수 없다는 식의 시사를 할 수 있겠는가?

나는 자연의 상징을 연구하는 데 반세기 이상을 보내왔다. 그리하여 나는 꿈과 그 상징들이 결코 어리석거나 무의미한 것이 아니라는 결론에 도달하였다. 오히려 꿈은 그 상징을 이해하려는 노력을 아끼지 않는 사람들에게는 가장 흥미진진한 정보를 제공한다. 사실 그 결과는 물건을 사고 파는 식의 세속적인 관심과는 관계가 없는 것이 사실이다. 생의 의미는 개인의 사회생활로도 설명되지 않으며, 또한 인간의 가슴속 깊이 있는 갈망이 은행 통장으로 해결되지도 않는다.

쓸 수 있는 모든 에너지를 자연을 탐구하는 데 쏟았던 인류 역사의 한 시기에도 인간 심리의 의식적 기능에 대해서는 많은 연구가 시행되었지만, 인간의 본질에 대해서는 거의 주의를 기울이지 않았다. 그 본질이란 다름 아닌 자신의 마음인 것이다. 여러 가지 상징이 산출되는 인간의 마음이 정말로 복잡하고 생소한 부분은 사실 아직도 거의 탐구되고 있지 않다. 우리가 매일 밤 그것으로부터 신호를 받고 있는데도 그 통신 내용을 해독하는 것이 너무나 지루하여 극소수의 사람을 제외하고는 그런 귀찮은 일에 신경을 쓰는 사람이 없다는 사실은 거의 믿을 수 없는 일이다. 인간의 최대의 장치인 자신의 마음은 전혀 고려되지 않을 뿐 아니라 대개 곧바로 불신하며 경멸을 받는다. "그것은 단지 심리학적일 뿐이다"라는 말은 너무나 흔히 "그것은 아무것도 아니다"라는 뜻으로 통용되고 있다.

도대체 이런 끝없는 편견이 어디서 오는 것일까? 우리는 분명 우리가 생각하는 문제에 너무나 신경을 써 왔기 때문에 무의식의 정신이 우리에 관해서 생각하고 알아보는 것을 까맣게 잊어버리고 있다. 프로이트의 생각은 많은 사람들이 정신에 대해서 이미 가지고 있던 경멸을 확고한 것으로 만들어 버렸다. 프로이트 이전에는 정신은 단지 간과되어 오고 무시되어 왔을 뿐이지만, 지금은 도덕적인 거부마저 곁들여 쓰레기장이 되어 버렸다.

이와 같은 현대의 관점은 확실히 일방적이며 부당하다. 그것은 이미 알려진 사실과도 일치하지 않는다. 무의식에 관한 우리의 실제 지식은, 그것이 자연현상이며 또한 자연nature 그 자체와 마찬가지로 적어도 중립적natural이라는 사실을 보여주고 있다. 그것은 인간의 성질의 모든 측면들—빛과 어둠, 아름다움과 추함, 선과 악, 심원함과 우둔함—을 포괄하고 있다. 집단적인 면뿐 아니라 개인적인 면에서 상징성의 연구는 방대한 작업이며, 아직도 그 작업은 완수되지 못하고 있다. 그러나 결국 그 작업은 시작되었다. 초기의 결과는 고무적이어서 그것은 현재를 살고 있는 인류의 많은 문제에 대해서 지금까지 해결되지 않았던 해답을 제시해 주는 듯하다.

↑ 렘브란트Rembrandt가 1633년에 그린 〈철학자와 펼쳐져 있는 책〉 *Philosopher with an Open Book*. 내면을 응시하는 노인은 우리들 각자가 자신의 무의식을 탐구해야 한다는 융의 확신에 대한 이미지를 보여준다.

무의식은 무시되어서는 안 된다. 그것은 별들처럼 자연스럽고 → 끝이 없으며 그리고 강력한 것이다.

제2장 고대 신화와 현대인

조셉 헨더슨Joseph L. Henderson

뉴아일랜드New Ireland(뉴기니아)의 섬의 의식에 사용되는 가면 ➔

영원한 상징

옛사람은 이미 죽어서 없으나 오늘날 인간의 고대역사는 여러 가지 상징적인 이미지나 신화 속에서 의미 깊게 재발견된다. 고고학자들은 우리에게 역사상의 사건보다 고대의 신앙을 조각상, 설계, 신전 및 언어 등을 통하여 알려주고 있다. 다른 상징들은 이러한 상징들을 현대적인 개념으로 알기 쉽게 번역할 줄 아는 언어학자와 종교사학자들이 밝혀주었다. 그 다음에는 이 상징들이 문화인류학자들의 손에서 재생된다.

문화인류학자들은 같은 상징적 유형들이 문명의 변두리에서 살아가는 작은 부족사회의 의식이나 신화 속에 수백년 동안 변함없이 발견된다는 사실을 보여주기도 한다.

이러한 연구는 이런 상징 따위가 고대인 혹은 '문명이 뒤떨어진' 현대부족 사이에만 나타나는 것이기 때문에 현대인의 복잡한 생활양식과는 전혀 무관하다는 현대인의 일방적인 태도를 고쳐주는 데 큰 공헌을 했다. 런던이나 뉴욕에서는 신석기시대의 '풍요의식'을 고대의 미신이라고 간단히 제쳐 버릴 것이다. 어떤 사람이 환상을 보았다거나 목소리를 들었다고 한다면 그는 성인이나 철인으로 취급되기는커녕 오히려 정신장애자로 간주될 것이다. 우리는 고대 그리스의 신화나 미국 인디언의 민담을 읽지만 그러한 신화나 민담이 오늘날의 영웅이나 극적인 사건과 어떠한 연관성이 있는가를 알지 못한다.

그러나 분명히 연관성은 있다. 그것들을 대변하는 상징은 인류에 대한 관련성을 아직도 잃지 않고 있는 것이다.

오늘의 시점에서 이러한 '영원한 상징'을 이해하고 재평가하는 데 주로 기여한 이들이 융의 '분석심리학파'이다. 상징들이 일상생활을 자연스럽게 차지하고 있는 듯한 원시인과, 상징과는 전혀 무관하고 무의미한 것처럼 보이는 현대인 사이의 인위적인 구별을 없애준 것은 이들의 연구 덕분이다.

← 20세기형의 고대의 상징적 의식. 미국인 우주비행사 존 글렌John Glenn이 1962년 지구궤도를 비행한 후 마치 전쟁에서 승리를 거둔 고대의 영웅이 개선행진을 하듯이 워싱턴에서 행진하고 있다.

융이 앞에서 지적한 바와 같이 인간의 마음은 그 자체의 역사를 가지고 있으며, 정신은 그 발전 과정 앞의 여러 단계들의 많은 발자취를 보유하고 있다. 더욱이 무의식의 내용은 정신의 형성에 영향을 끼친다. 의식적으로는 그 내용을 아무렇지도 않은 것처럼 무시하지만, 무의식적으로는 그것에—꿈을 포함하여—스스로를 나타내는 상징적 형태에 반응한다. 개인적으로 볼 때 사람들은 자신의 꿈이 저절로 생겼다든가 연결이 안 된다고 생각할지도 모른다. 그러나 오랜 기간을 지나보면 분석가는 그의 환자에게서 일련의 꿈의 심상을 관찰할 수 있으며 그 꿈들이 의미심장한 양상을 띠고 있음을 알게 되고 이것을 이해함으로써 환자는 결국 인생에 대한 새로운 태도를 얻게 된다. 이렇게 꿈속에 나타난 상징 중의 일부는 융이 이른바 "집단적 무의식"이라 부른 것으로, 이것은 인류 전체의 공통된 정신적 유산으로 계속 유지되고 전달되는 정신적 부분을 의미한다. 이러한 상징은 아주 오래되고 현대인에겐 생소한 것이어서 그들에게는 상징을 직접 이해하거나 동화시키기가 어렵다.

바로 이러한 부분이 분석가가 도움을 줄 수 있는 부분이다. 될 수 있는 대로 환자가 진부하고 적절하지 못한 상징의 부담을 벗어나 고대 상징 속에 숨어 있는 가치를 발견할 수 있도록 도와야 한다. 이 고대의 상징들은 결코 소멸된 것이 아니므로 현대적인 의미로 재생되도록 힘써야 한다. 분석가가 환자에게 나타나는 상징의 의미를 잘 알아내려면 먼저 분석가 자신이 그 상징의 기원과 의미에 대해 폭넓은 지식을 가지고 있어야 한다. 고대의 신화나 현대인의 꿈속에 나타나는 내용 사이의 유사성은 결코 하찮은 일이 아닐 뿐 아니라 우연한 일치도 아니기 때문이다. 현대인의 무의식 속에도 원시인의 신앙이나 의식 속에 나타났던 똑같은 상징을 만들어 낼 수 있는 능력이 있다. 이러한 능력은 여전히 정신적으로 아주 중요한 역할을 한다. 우리가 현재 깨닫고 있는 것 이상으로 우리의 태도나 행동은 이러한 상징이 가져다주는 메시지에 의해 심각한 영향을 받는다. 예를 들면 전쟁 시엔 호머나 셰익스피어 또는 톨스토이의 작품이 많이 읽혀지는 것을 볼 수 있는데 이것은 그들의 책이 전쟁의 영속적(혹은 '원형적') 의미를 새롭

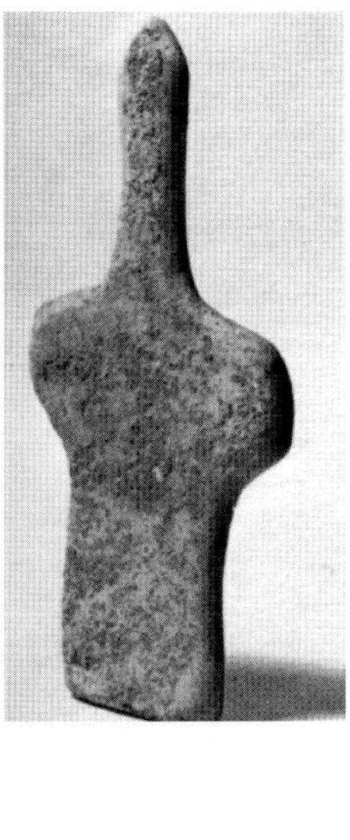

← 기원전 약 2500년의 조각품으로 십자가처럼 생긴 그리스의 풍요의 여신상이다. (왼쪽)

이교도의 여성풍이 남아 있는 12세기경 스코틀랜드 십자석의 두 가지 그림. 새로운 모습으로 재생한 또 하나의 고대 원형. 가로지름장에 '유방'이 두 개 있다. (오른쪽)

부활절에 나붙은 러시아의 '무신론'기념 → 포스터. 기독교의 부활절 의식을 대신하며, 마치 기독교의 부활절이 초기 이교도의 동지일의 의식과 중복된 것과 똑같다.

게 이해할 수 있게 해 주기 때문이다. 이 책들은 전쟁에 대한 강한 감정 체험을 가져본 일이 없는 사람들보다는 우리에게 훨씬 더 심각한 반응을 불러일으킨다. 트로이 평야의 전투는 아쟁쿠르Agincourt나 보로디노Borodino의 전투와는 전혀 다르지만 위대한 작가는 시간과 공간을 초월하여 보편적인 주제를 표현한다. 우리가 이에 반응하는 것은 이들 주제가 원래 상징적이기 때문이다.

기독교 사회에서 성장한 사람이라면 훨씬 더 뚜렷한 예를 알고 있을 것이다. 크리스마스가 되면 우리는 반쯤 신성을 타고난 어린이의 신화적 탄생에 대한 내면의 감정을 표현한다. 우리가 그리스도의 동정녀 탄생에 대한 사실을 믿지 않고 있거나, 의식 속에 종교적인 믿음이 들어 있지 않다 하더라도, 우리도 모르는 사이에 이미 재생의 상징에 빠져 있었던 것이다. 이것은 아주 오래된 동지축제의 유물로서 이 동지축제는 사라져 가는 북반구의 겨울 풍경이 다시 새로워질 것에 대한 희망을 내포하고 있다. 우리가 아무리 순진성을 잃었다 해도 우리는 이러한 상징적인 축제를 통해 만족을 얻는 것이다. 이것은 마치 부활절날 부활절 달걀과 부활절 토끼를 안고 노는 즐거운 의식에 어린이들과 합세하는 것과 마찬가지다.[1)]

그렇다고 해서 우리는 정말 우리가 하고 있는 일을 이해하고 있으며 그리스도의 탄생, 죽음 그리고 재생의 이야기와 부활절의 민족적 상징과의 관계를 정확히 이해하고 있는 것일까? 대개는 이러한 문제를 지적으로 생각조차 하려고 하지 않는다.

그런데도 그들은 서로 보완하고 있는 것이다. '성금요일'에 그리스도가 십자가에 못 박힌 사실은 언뜻 보면 오시리스Osiris, 타무즈Tammuz, 오르페우스Orpheus, 볼더Balder 등과 같이 다른 '구원자'의 제의에서 볼 수 있는 것과 같은 형태의 풍요의 상징으로 보인다. 이들도 역시 신격神格 또는 반신격의 탄생 후에 번성했다가 죽임을 당하고 다시 살아나게 된다. 그것들은 신-왕God-King의 죽음과 부활이 영원히

← 도시가 파괴되는 모습을 그린 13세기의 일본 족자.

↓ 마찬가지로 2차대전 공습 중 런던에 있는 성 바오로 대성당이 화염과 연기에 휩싸여 있다. 시대에 따라 전쟁하는 방법은 달라졌지만 전쟁이 주는 감정적인 충격은 시간의 제한 없이 원형적인 것이다.

반복되는 신화로 나타나는 윤회종교에 속한다.

부활주일의 그리스도의 부활은 의식적 관점에서 볼 때 윤회종교의 상징보다 훨씬 불만족스러운 것이다. 왜냐하면 그리스도는 승천하여 하느님의 오른쪽 곁에 앉기 때문이다. 즉, 그의 부활은 단 한 번만 일어나는 것이다.

부활에 대한 기독교인의 종말론적 개념이 기독교와 신-왕 신화 사이의 다른 점이다. 기독교의 '최후의 심판'은 유사한 '종말적' 주제를 갖고 있다. 부활은 단 한 번 일어났으며 의식은 그것을 기념하는 것뿐이다. 꼭 한 번 부활이 일어난다는 바로 이 사실 때문에 그리스도교 이전 전통의 지배를 받던 초기 그리스도교인들이 그리스도교에 옛날 풍요의식의 일부를 보충해야 한다고 느끼게 되었다. 그들은 부활이 한 번이 아니라 반복해 일어난다는 약속을 필요로 했으며 이것이 부활절 달걀과 부활절 토끼로써

그리스도의 탄생.(위쪽) ↗

그리스도의 십자가 위의 죽음.(가운데) ➔

그리스도의 승천.(아래쪽) ↘

➔ 그의 탄생과 죽음과 부활은 많은 고대 영웅신화의 양상과 비슷하며 이 고대신화는 원래 영국의 스톤헨지Stonehenge에서 3000년 전에 거행된 의식(사진은 하지의 동틀녘을 나타낸다)과 같이 계절에 따라 거행되는 풍요의식에 그 기원을 두고 있다.

상징화된 것이다.

현대인들이 의식적으로는 미신적인 얘기라거나 교육을 받지 못한 사람들이 하는 소리라고 가볍게 봐 넘기지만, 실제로 이러한 내용의 심각한 정신적인 영향에 대해서 어떻게 반응하는지 전혀 다른 두 가지의 예를 들어 설명해 보았다. 그러나 이것은 좀 더 살펴 볼 필요가 있다. 우리가 상징의 역사를 자세히 파헤칠수록, 이러한 상징이 여러 다른 문화에 어떠한 역할을 해왔는가에 대하여 자세히 알면 알수록, 그 상징 속엔 재창조적인 의미가 존재하고 있음을 이해할 수 있게 된다. 상징에 따라서 유년기와 청소년기로의 과도기, 또는 성년기와 관련이 있는 것도 있으며 또 다른 상징들은 인간이 피할 수 없이 당하게 될 죽음에 대비하고 있는 노년의 경험과 관련된 상징들도 있다. 제1장에서 융은 여덟 살 난 소녀의 꿈에 어떻게 보통 노년기에서나 있을 수 있는 상징이 내포되는가를 설명했다. 그 소녀의 꿈은 삶으로 이끄는 이니시에이션initiation(성인화 과정)이 죽음으로 이끄는 이니시에이션과 똑같은 원형적 형태를 나타낸다는 것을 제시해주었다. 따라서 이러한 상징적인 개념의 발전은 고대사회의 의식에서 일어났던 것처럼 현대인의 무의식적인 마음속에서도 일어날 수 있는 것이다.

고대나 원시의 신화와 오늘날 현대인의 무의식적인 내용에서 표현되는 상징 간의 밀접한 관계는 분석가에겐 아주 중요한 것이다. 분석가는 정신적인 의미뿐 아니라 역사적인 관점에서도 상징의 의미를 명확하게 하여 해석할 수 있다. 이제부터 고대의 좀 더 중요한 신화의 예를 들어서 어떻게—어떤 목적에서—그 신화들이 우리가 꿈속에서 만나게 되는 상징적인 내용과 비슷한지에 대해 알아보도록 하겠다.

영웅과 영웅이 되게 하는 것들

세상에 가장 잘 알려진 신화는 영웅신화다. 영웅신화는 그리스 로마의 신화나 중세의 신화, 극동 또는 현대의 원시 종족의 신화에서 모두 발견된다. 그것은 우리들의 꿈속에도 나타난다. 영웅신화는 뚜렷한 극적인 호소력이 있으며 이보다는 덜 뚜렷하지만 아주 중요한 심리학적인 의미를 갖는다.

세부적으로 볼 때 영웅신화는 천차만별인 것 같으나 자세히 보면 볼수록 구조상 아주 비슷한 점을 발견하게 된다. 다시 말하면 영웅신화는 서로 문화적 교류가 전혀 없는—예를 들면 아프리카의 종족이나 북미의 인디언 또는 그리스의 부족, 페루의 잉카족, 이들은 상호 간에 전혀 문화적인 교류가 없다—어떤 집단 또는 개인에 의해 만들어진 경우라 할지라도 공통된 형태를 지니고 있다. 우리는 영웅에 관한 이야기를 수없이 듣게 되는데 영웅은 그 출생이 놀랍고도 비천하며, 어린 시절에 이미 초인적인 능력을 나타내며 아주 빨리 성장하여 특출하거나 힘을 갖게 된다. 악과 싸워서 승리를 하고 교만이라는 죄에 쉽게 빠지고, 배신 때문에 파멸되거나 영웅적인 희생으로 결국엔 죽게 된다는 식으로 묘사된다.

내가 왜 이러한 양식이 개인—개인은 자신의 특성을 발견하고 분명히 하려고 노력한다—이나 전체

사회—사회도 역시 집단적인 동일성을 확립하려고 한다—모두에 동일한 심리학적 의미가 있다고 믿는지 그 이유에 대해서는 나중에 좀 더 자세히 설명하도록 하겠다. 그러나 영웅신화의 또 다른 중요한 특성이 그 실마리를 제공해준다. 여러 영웅신화에서 보면 어린 시절에 있을 수 있는 영웅의 약점은 아주 강한 수호자 또는 후견인의 등장으로 균형을 이루게 되는데 이러한 후견인 덕분에 남의 도움 없이는 성취할 수 없었던 초인적인 임무를 수행할 수 있게 된다. 그리스 영웅들 중에서 테세우스Theseus는 바다의 신인 포세이돈Poseidon을 그의 신으로 삼았고 페르세우스Perseus는 아테나Athena를, 아킬레스Achilles는 현명한 반인반마인 케이론Cheiron을 자신의 스승으로 삼았다.

이렇게 신에 가까운 피조물들은 사실상 전체정신을 상징하는 표상으로 개인적인 자아에 결여되어 있는 힘을 공급해 주는 더 크고 넓은 의미의 동질성identity이다. 그들의 특별한 역할을 보면 영웅신화의 본질적인 기능은 개체의 자아 의식의 발전—즉 자신의 장점과 단점을 깨닫게 되는 것—에 있다는 것을 알 수 있다. 또한 그와 같은 발전을 통하여 세상을 살면서 부딪치게 되는 어려운 일들에 대비할 수 있게 될 것이다. 일단 개인이 첫 시험에 성공하고 인생의 성숙기에 들어갈 수 있게 되면 영웅신화는 그 관련성을 잃게 된다. 말하자면 영웅의 상징적인 죽음으로 인하여 성숙성을 얻게 되는 것이다. 나는 지금까지 완성된 영웅신화에 대해 언급해 왔지만 그 가운데는 영웅의 출생부터 죽음까지의 전 생애의 주기가 자세히 기술되고 있다. 그러나 꼭 알아두어야 할 중요한 점은 전 생애의 각 단계마다 특수한 형태의 영웅설화가 등장하며 이 특수한 형태의 영웅설화는 개인의 자아의식의 발달과정에서 그가 도달한 특수한 지점에 적용되는 동시에 그 순간에 그가 직면한 특수한 문제에도 적용된다는 사실이다. 다시 말하면 영웅상은 마치 인간의 개성이 발전해 가는 각 단계를 반영하듯이 전개된다는 뜻이다.

만약 내가 그것을 도표식으로 설명한다면 그 개념은 더욱 더 이해하기 쉬울 것이다. 북미주에 살고 있는 위네바고Winnebago 인디언 중 한 부족의 예를 들어보겠다. 위네바고 인디언들은 영웅의 발전단계를 네 단계로 뚜렷이 구분했다. 그 이야기 가운데서 (이에 대해 폴 라딘Paul Radin 박사가 『위네바고의 영웅주기』라는 제목으로 1948년에 출판한 적이 있다) 우리는 영웅의 개념이 가장 원시적인 상태에서 가장 복잡한 상

어린 아더Arthur왕만이 바위에서 마검을 뽑아낼 수 있었다.(위쪽) ↗

미국의 데이비 크롯켓Davy Crockett은 세 살 때 곰을 죽였다.(아래쪽) ➜

⬅ 대부분의 영웅신화에서 영웅은 어린 시절에 강한 힘을 보여준다. 헤라클레스는 유아 시절에 두 마리의 뱀을 죽였다.

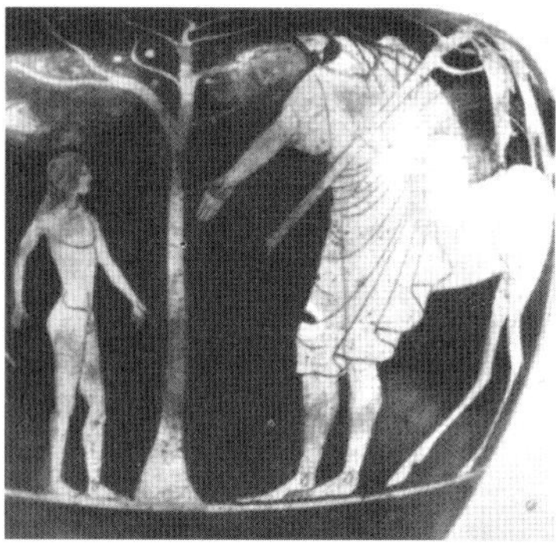

↑ 원형적인 영웅을 보살펴주는 후견인의 세 가지 그림의 예.

그리스 신화에 나오는 이야기인데 젊은 아킬레스에게 교훈을 주는 반인 반마의 케이론Cheiron.(위쪽)

아더Arthur왕의 후견인 마법사 멀린Merlin이 손에 두루마리를 들고 있다.(가운데)

현대 사회에서의 후견인의 예. 권투 선수는 트레이너의 지식과 경험의 도움을 받는다.(아래쪽)

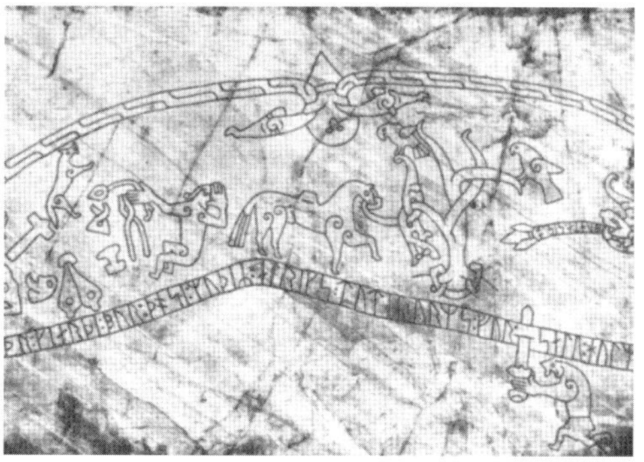

↑ 대부분의 영웅들은 여러 가지 괴물이나 악의 세력을 만나 싸워서 이겨야 한다.

그림의 우측 아랫 부분은 스칸디나비아의 영웅 지크프리트Sigurd가 파프니르Fafnir라는 뱀을 죽이는 장면이다.(위쪽)

고대 바빌로니아의 서사시에 나오는 영웅 길가메쉬Gilgamesh가 사자와 싸우고 있다.(가운데)

현대 미국의 연재만화에 등장하는 영웅 슈퍼맨. 그는 홀로 악에 대항하여 싸우면서 종종 아름다운 소녀들을 구출한다.(아래쪽)

↑ 영웅이 배반을 당하게 되는 두 가지 예화.

성경에 등장하는 영웅 삼손이 데릴라에게 배반당하는 장면이다.(위쪽)

페르시아의 영웅 루스탐Rustam은 자신이 믿었던 사람에게 체포된다.(가운데)

교만hybris의 현대적 결과의 예. 히틀러가 겨울에 러시아를 침공한 후 1941년 스탈린그라드Stalingrad에 수감되어 있는 독일군 포로들.(아래쪽)

태로 뚜렷하게 발전해 나가는 것을 분명히 볼 수가 있다. 이러한 발전은 다른 영웅주기에서도 특징적으로 나타난다. 영웅이야기에 나오는 상징적인 인물들은 물론 이름은 다르지만 그들의 역할은 비슷하기 때문에 일단 이번에 든 예에서 중요한 점만 파악하게 되면 그 내용을 더 잘 이해할 수 있게 될 것이다.[2)]

라딘Radin 박사는 영웅신화의 전개에서 네 가지의 명확한 주기를 관찰했다. 그는 이 네 주기를 ①「트릭스터」 주기Trickster cycle, ②「토끼」 주기Hare cycle, ③「붉은 뿔」 주기Red Horn cycle, ④「쌍둥이」 주기Twin cycle라고 이름했다. "그것은 영원한 허구라는 환상의 도움으로 성장 시기에 부딪치는 문제를 처리하려는 우리의 노력을 대변하는 것이다"라고 라딘 박사가 말한 것을 보면, 그는 영웅신화 발전의 심리학을 정확하게 파악하고 있었다.

트릭스터 주기는 인생의 가장 초기의 미숙한 시기에 해당된다. 트릭스터는 자신의 행동이 육체적인 욕구에 따라서 지배되는 인물로 정신연령은 유아에 해당된다. 자신의 기본적인 욕구를 충족시키는 일 말고는 아무 목적도 가지고 있지 않기 때문에 그는 잔인하고 냉소적이며 냉정하다(「토끼 형제」Brer Rabbit나 「여우 레이나드」Reynard the Fox에 나오는 이야기는 트릭스터신화의 기본적인 요소를 포함하고 있다). 처음부터 동물의 형태를 띤 이 트릭스터는 계속해서 약탈을 일삼는다. 그동안 그에게 변화가 일어난다. 온갖 개구쟁이 짓을 다 저지른 다음에 그는 신체적으로 성장한 인간의 모습을 띠게 된다.

그 다음에 나타나는 인물은 「토끼」Hare다. 「토끼」도 트릭스터와 마찬가지로 처음엔 동물의 형태로 나타난다(이 트릭스터는 미국 인디언들 간에 이리로 표현된다). 그는 아직 성숙한 인간의 모습을 갖추진 못했지만 그래도 인류문화의 창시자—즉 변환자transformer—로서의 모습을 나타낸다. 위네바고Winnebago족들은 그들에게 그들의 유명한 의술의식

"사기꾼"Trickster : 영웅신화의 발전단계에서 가장 초기 단계로 이 시기의 영웅은 본능적이고 절제하지 못하며 흔히 유치한 양상을 띤다.

↑ 이 그림은 16세기경의 중국 서사시에 등장하는 영웅 원숭이를 나타낸 것으로 현대 북경의 오페라에서 강의 왕을 속여 마술의 지팡이를 포기하게 하는 장면이다.

↑ 기원전 6세기경의 항아리로 아기인 헤르메스Hermes가 아폴로의 들소를 훔친 뒤에 요람 속에 들어가 있는 장면이다.

medicine rite을 치뤄줌으로써 「토끼」가 문화적 영웅으로뿐 아니라 그들의 구원자가 되었다고 믿는다. 라딘 박사는 이 신화의 영향력이 너무 커서 그리스도교가 침투해 들어오기 시작했을 때만 해도 페요테 의식Peyote Rite의 회원들은 「토끼」를 포기하지 않으려고 했다고 말했다. 「토끼」는 그리스도의 모습과 일치되어 가고 있었으므로 이미 「토끼」를 가지고 있는 자들은 더 이상 그리스도의 모습을 받아들일 필요가 없다고 주장했다. 이 원형적 인물은 분명히 트릭스터가 발전되어 나타난 인물이다. 그는 사회적인 존재로 발전해 가면서 트릭스터 주기에서 나타난 본능적이며 유아적인 충동을 고쳐 나가고 있음을 우리는 볼 수 있다.[3)]

영웅주기의 세 번째 인물은 「붉은 뿔」Red Horn인데 그는 애매모호한 사람으로 열 형제 중 막내였다. 그는 경기에서 이기고, 전투에서 뛰어난 역할을 하는 시험을 거쳐서 원형적인 영웅이 갖추어야 할 요건들을 갖추게 된다. 그의 초인적인 능력은 주사위 놀이에서 교활한 꾀를 보여주고, 레슬링에서는 거인들을 모두 누르는 굉장한 힘을 보여 주고 있다. 그에게는 '폭풍을 일으키는 새'라고 불리는 번개새의 형상을 한 동반자가 하나 있었는데 그 새는 「붉은 뿔」이 약점을 드러낼 때면 언제나 도와주는 역할을 한다. 「붉은 뿔」에 이르게 되면 고태적 세계라 할지라도 이미 인간 세계에 도착된 상태가 되고 여기서는 인간을 파멸시키려는 악의 힘을 쳐서 이기기 위해 초인적인 힘과 수호신의 도움이 필요하게 된다. 이 설화가 끝날 무렵이 되면 영웅, 즉 신은 「붉은 뿔」과 그의 아들들을 지상에 남겨 놓은 채 떠나게 된다. 이제 인간의 행복과 안전을 위협하는 위험성은 인간 자신의 마음속에서부터 나오게 된다.

이러한 기본적인 주제(이 주제는 마지막 주기인 쌍둥이의 주기에서도 반복해서 나타난다)는 실제로 아주 중요한 의문을 제기한다. 즉, 인간은 얼마나 오래 자기 스스로의 자부심의 희생물이 되지 않고, 신화적인 용어로 말해 여러 신들의 질투를 받지 않고 성공적인 삶을 누릴 수 있을까 하는 물음이다.

「쌍둥이」가 비록 태양의 아들들이라 하지만 본질적으로는 그들도 인간이며 둘이 합해 한 인간을 이룬 것이다. 어머니 뱃속에서는 원래 하나로 합쳐져

← 20세기의 사기꾼이라 할 수 있는 찰리 채플린Chalies Chaplin. 1936년에 제작된 영화 〈모던 타임즈〉*Modern Times*에서 소란을 피우고 있다.

19세기경의 조각으로 말썽을 일으키고 다니는 노르웨이의 신 로키Loki. →

있었는데 태어나면서 억지로 떨어지게 되었다. 그러나 그들은 상호 간에 서로 속해 있기 때문에 아주 힘든 일이긴 하지만 그들을 재결합시킬 필요가 있다. 이 두 어린아이에게서 인간 본성의 두 측면을 볼 수 있다. 하나는 '살'Flesh로서 복종하고 온화하며 수동적이며, 또 다른 하나는 '다리'stump로서 동적이며 반항적이다. 어떤 쌍둥이 영웅의 설화 가운데는 이러한 태도들이 세련되게 묘사되어 한 인물은 주로 내성적인 힘을 가진 내향적인 사람을 대변하고, 또 다른 인물은 큰 일을 성취할 수 있는 활동적인 사람, 즉 외향적인 특성을 지니고 있는 사람을 대변하고 있다.

오랫동안 이 두 영웅에게는 적수가 없었다. 이 두 영웅이 따로따로 나타나든 하나로 나타나든 그들은 언제나 파죽지세였다. 그러나 나바호Navaho 인디언 신화의 전사신과 마찬가지로 그들은 너무 지나치게 힘을 써 버려서 결국은 병들고 만다. 그들이 정복할 수 있는 괴물이라곤 하늘에도 땅 위에도 없다 보니 그들의 행동은 난폭해지고 결국 보복을 받게 된다. 위네바고가 말하기를 마지막에는 그들 손에서 무사한 것이란 아무것도 없게 되며 심지어 지구를 떠받치고 있는 지주들조차도 안전하지 못하다고 하였다. 쌍둥이Twins가 지구를 떠받치고 있는 네 마리의 동물 중 한 마리를 죽였을 때 그들은 그들의 모든 한계를 넘어섰으며, 그때 그들의 생애에 종지부를 찍어야 할 때가 왔다. 그들이 받은 벌은 죽음이었다.[4]

「붉은 뿔」 주기Red Horn cycle와 「쌍둥이」 주기Twin cycle에서 볼 수 있는 바와 같이 자기능력을 넘어선 자부심, 교만hybris을 치료하는 필수적인 조건은 영웅의 희생이거나 죽음인 것이다. 문화 수준이 「붉은 뿔」 주기와 비슷한 원시사회에서는 속죄하는 인간의 희생제도로 말미암아 이러한 위험을 예방할 수 있었으나 이러한 주제는 아주 중요한 상징적 의미가 있고 인간의 역사에서 반복되어 일어난다. 이로쿼이와Iroquois나 소수 알곤퀸Aigonquin 종족과 마찬가지로 위네바고도 그들의 개인적이며 파괴적인 충동을 완화시킬 수 있는 토템totem의식으로 인육을 먹었을지도 모른다.

유럽신화에 나타나는 영웅의 배반, 또는 패배의 경우에 볼 수 있는 바와 같이 의식을 통한 희생의 주

영웅신화 발전의 두 번째 단계는 인류 문화의 창시자라고 볼 수 있다.

코요테Coyote의 신화를 그린 나바호Navaho 모래 그림 ➜ 으로, 코요테는 신으로부터 불을 훔쳐 인간에게 전해주었다.

← 그리스 신화에도 프로메테우스 Prometheus가 신으로부터 불을 훔쳐 인간에게 전해주는 내용이 나온다. 프로메테우스가 그 벌로 절벽에 묶여 독수리에게 고통을 받는 장면이다(기원전 6세기의 컵).

↓ 로물루스Romulus와 레무스Remus의 중세 이탈리아 조각품이다. 로마를 세운 쌍둥이로 이 쌍둥이는 이리에 의해서 키워진다. 이 쌍둥이는 영웅신화의 네 번째 단계로서 가장 유명한 예다.

↑ 영웅신화 발전의 세 번째 단계는 부처와 같은 강한 인-신man-god이다. 이 그림은 1세기경의 조각품으로 싯다르타가 여행을 시작하고 깨달음을 얻어 부처가 되는 장면이다.

↓ 영웅신화 발전의 네 번째 단계에서 쌍둥이는 흔히 그의 힘을 잘못 사용한다. 즉, 로마의 영웅 카스토르Castor와 폴룩스Pollux가 레우키포스Leucippus의 딸을 유괴하는 것이 그 예다(플랜더스의 미술가 루벤스의 작품).

제는 교만hybris에 대한 벌을 더욱 강조해서 적용했다. 그러나 나바호처럼 위네바고도 극단적으로 나아가지는 않는다. 비록 쌍둥이가 잘못하여 죽어 마땅한 죄를 저질렀다 해도 자신들의 무책임한 세력에 스스로 놀라 쌍둥이를 살려주는 대신 영원한 휴식 상태에 살게 한다. 인간 본성의 갈등을 일으키는 면이 다시 평형을 이루게 되는 것이 바로 이런 경우이다.

지금까지 네 가지 형태의 영웅에 대해 비교적 자세하게 기술했는데 그 이유는 역사적인 신화나 현대인의 영웅에 관한 꿈에서 일어나는 양상을 그것이 분명하게 제시할 수 있기 때문이다. 이러한 사실들을 염두에 두고 한 중년남자의 꿈을 살펴보기로 하자. 이 꿈에 대한 해석을 보면 분석심리학자들이 신화학 지식을 이용해서 어떻게 환자들이 해결 불가능한 수수께끼 같이 보이는 것에 대한 해답을 얻을 수 있게 도와주는지 알 수 있을 것이다. 그 중년 남자는 자신이 극장 안에 있는 꿈을 꾸었다. 그때 그는 '그의 의견이 아주 존중받던 중요한 관객'의 역할을 하고 있었다. 무대 위에는 한 마리의 흰 원숭이가 사람들에게 둘러싸인 채 받침대 위에 서 있다. 이 꿈을 상세히 설명하면서 그 사람은 다음과 같이 말하였다.

> "나의 안내인이 내게 그 주제를 설명해 준다. 그 주제는 젊은 선원이 시련을 겪는 것으로 그 선원은 바람이 불어 오는 곳에서 매를 맞고 있다. 나는 이 흰 원숭이가 절대로 선원이 아니라고 반대하기 시작한다. 그러나 바로 그 순간, 검은 옷을 입은 젊은이가 일어서는데 나는 그 젊은이야말로 진짜 영웅이라고 생각하기 시작한다. 그러나 또 한 사람의 잘생긴 젊은이가 제단 쪽으로 성큼성큼 걸어가서 그 위에 길게 눕는다. 그들은 마치 그 젊은이를 인간제물로 바치려고 준비하는 양 그의 벗은 가슴 위에 표시를 하고 있다.
>
> 그때 나 자신은 다른 몇 사람과 함께 복도에 서 있는 것을 발견하게 된다. 우리는 조그마한 사다리를 통해서 내려갈 수 있었으나 억센 젊은이가 사다리 곁에 서서 우리를 막을까 두려워 주저한다. 그러나 우리들 중 한 부인이 내려가는 데에 전혀 방해를 받지 않는 것을 보고는 안심하고 우리 모두 그 부인을 따라 내려간다."

이러한 종류의 꿈을 간단히 설명할 수는 없다. 꿈을 꾼 사람의 생활과 그 꿈이 내포하는 폭넓은 상징적인 의미와의 관계를 알기 위해서는 조심스럽게 꿈을 풀어 나가야만 한다. 그 꿈을 꾸었던 사람은 신체적으로 성숙한 남자였다. 그는 직장생활에서도 성공했으며 언뜻 보기에는 남편으로서 또는 아버지로서의 역할을 훌륭히 해 내었다. 그러나 정신적으로 보면 아직 미숙한 상태, 즉 청년에의 발달상태조차 완성되지 못했던 것이다. 그의 꿈속에서 영웅신화의 다른 양상으로 표현된 것은 바로 이 정신적인 미숙 때문이었다. 이러한 이미지들은 그의 일상생활이라는 현실적인 면에서 본다면 이미 그 의미가 없어져 버린 지 오래지만 그의 상상 속에서는 아직도 강한 매력을 느끼게 하는 것이었다. 이와 같이 이 꿈속에서처럼 우리는 극적인 일련의 인물들을 볼 수 있는데 그것은 그 꿈꾸는 사람이 정말 영웅이었으면 하고 기대하는 인물의 여러 가지 면이라고 볼 수 있다. 첫 번째는 흰 원숭이였고 두 번째는 선원, 세 번째는 검은 옷을 걸친 젊은이, 마지막으로 잘 생긴 젊은이다. 연극의 앞 부분은 선원의 시련을 표현하고자 하는 것처럼 생각되었는데 꿈꾸는 사람이 본 것은 단지 흰 원숭이 뿐이었다. 검은 옷을 입은 사람은 갑자기 나타났다가는 또 갑자기 사라진다. 그는 흰 원숭이와 대조를 이루는 새로운 인물로 일순간 원래의 영웅과 혼동을 일으킨다(꿈속에서 이런 혼동이 일어나는 것은 흔히 있는 일이다. 무의식의 힘에 의해 꿈꾸는 사람이 항상 분명한 이미지만을 볼 수는 없다. 꿈꾸는 사람은 계속되는 대조와 역설로부터 의미를 풀어내야 한다).

연극이 공연되는 중에 이러한 인물들이 나타나는 것은 의미있는 일이다. 이 꿈의 전후관계는 꿈꾸는 사람이 받고 있는 분석 치료에 직접 관련이 있는 것처럼 보인다. 그가 꿈에서 지적하는 "안내자"는 아마 그의 분석가일 것이다. 그러나 그는 자신이 의사에게 치료받고 있는 환자라고 보지 않고 오히려 '자신의 의견이 존중되고 있는 중요한 관객'으로 보고 있다. 그는 높은 곳에서 어떤 인물들을 보게 되는데 그 인물들에서 자신이 성장할 때의 경험을 연상하고 있다. 예를 들어 흰 원숭이는 그에게 7세부터 12세 사이의 장난스럽고 무질서한 그의 소년기의 행동을 상기시켰다. 선원은 초기 청소년기의 모험심에 따르는 무책임한 장난 때문에 벌로 매를 맞게 되는 것을 암시했다. 검은 옷을 입은 젊은이에 대해서는 전혀 연상을 할 수 없었으나 희생물로 바쳐질 "잘생긴 젊은이"에 대해서는 청소년기 후반기에 나타난 자기 희생적인 이상주의를 연상했다.

이 단계에서는 역사적인 자료(또는 원형적인 영웅상archetypal hero image)와 꿈꾼 사람의 경험에서 나오는 자료를 함께 보는 것이 가능하며, 이렇게 함으로써 어떻게 그 자료들이 서로 확실해지고 모순되거나 제한되는가를 알 수 있다.

첫 번째 결론은 그 흰 원숭이는 트릭스터Trickster 또는 적어도 트릭스터에 기인하여 일어나는 위네바고의 특성을 어느 정도 대변하는 것으로 보인다. 그러나 내가 보기에 그 원숭이는 꿈꾼 사람 자신이 개인적으로 충분히 경험하지 못했던 어떤 것을 대변하는 것 같고 실제 그 자신이 이 꿈속에서 '관객'이었다고 말하고 있다. 나는 그가 소년 시절에 부모에게 지나치게 집착했었다는 것과 천성적으로 내성적이었음을 발견했다. 이러한 이유 때문에 그는 소년기 말에 보통 나타날 수 있는 거친 면이 제대로 발달되지 못했으며 학교 친구들과도 제대로 어울리지 못했다. 그는 격언대로 '원숭이 속임수(get up to monkey's trick : 장난치다)'에 이르거나 '원숭이광光(monkey shine : 못

영웅신화와 마찬가지로 개인의 정신 발달 역시 원시적인 유치한 상태로부터 시작되며 초기 단계의 이런 원시적 이미지는 정신적으로 성숙하지 못한 어른의 꿈에서도 나타날 수 있다.

← 첫 단계는 1933년에 제작된 프랑스 영화 〈소행영점〉*Zéro de Conduite*에서 보여주는 베개싸움Pillow fight처럼 어린아이들의 거리낌 없는 장난으로 표현이 되고 있다.

두 번째 단계는 청년기 초기에 무모한 자극을 추구하는 것으로 → 나타나기도 한다. 미국의 청년들은 그들의 담력을 달리는 차의 속도로 시험한다.(왼쪽)

마지막 단계는 청년기 말기의 이상주의와 자기 희생적인 정신으로 표현되며 그러한 정신이 최고조에 달한 예는 1956년에 헝가리에서 일어난 봉기로 젊은 반항시민들이 조잡한 무기나 돌멩이만 가지고 탱크에 대항하여 맞선 예를 들 수 있다.(오른쪽)

된 장난)'을 내지 못했었다고 했다. 이 말은 어떤 실마리를 제공해준다. 꿈속의 원숭이는 사실상 트릭스터상의 상징적인 형태이다.[5]

그러나 왜 트릭스터가 원숭이의 형태로 나타나야 하며 또한 흰색이어야만 했을까? 이미 지적한 바와 같이 위네바고 신화는 그 주기의 마지막에서 트릭스터가 신체적으로 인간과 비슷한 형태로 나타난다는 것을 우리에게 말해 주고 있다. 그리고 그 꿈의 원숭이는 인간과 너무 비슷해서 우스울 정도이고, 그리 위험스럽지 않은 인간의 희화이다. 개인적인 경험으로 보아도 왜 그 원숭이가 흰색으로 나타났는가에 대한 연상은 얻을 수 없었다. 그러나 원시적 상징주의에 대한 우리들의 지식에 비추어볼 때 흰색은 '신과 비슷한 것'을 부여하며 그렇지 못할 경우엔 한낱 평범한 모습에 불과하다(선천성 색소결핍증(백피증) 환자는 많은 원시사회에서 신성한 것으로 간주된다). 이것은 트릭스터의 반신半神 또는 반半마술적인 힘과 아주 잘 일치된다.

따라서 흰 원숭이라는 것은 꿈을 꾼 사람에게는 어린 시절의 유희성의 긍정적인 면을 상징해주는 것이고 이러한 긍정적인 면을 어린 시절에 충분히 받아들이지 못했기 때문에 지금 나이에 이르러서야 그것을 높여야 되겠다고 느끼는 것이다. 꿈이 보여주듯이 그는 그 원숭이를 '받침대' 위에 올려 놓고 그것은 거기서 잃어버린 어린 시절의 경험 이상의 그 무엇이 된다. 그것은 성인 남자에게는 창조적 실험주의의 상징인 것이다.

다음으로 우리는 원숭이에 대한 혼동에 다다른다. 태형을 참아야 되는 것이 원숭이인가? 선원인가? 꿈꾼 사람 자신의 연상이 변환의 의미를 지적했다. 그러나 어떠한 경우에도 인간의 성장의 다음 단계는 어린 시절의 무책임성이 사회화의 시기로 바뀌는 것인데 이것은 고통스러운 기율에 복종하는 것을 의미한다. 따라서 선원은 이니시에이션의 시련을 통하여 사회적으로 책임이 있는 사람으로 변화되는 트릭스터의 발전된 형태라고 할 수 있다. 상징의 역사를 통하여 보면 바람은 이 과정에서 자연의 요소라고 생각할 수 있으며, 채찍질을 당하는 것은 사람이 만들어 낸 것이다.

이 점에서 보면 우리는 위네바고가 '「토끼」 주기

Hare cycle'에서 기술하는 과정이 이에 해당된다는 것을 알 수 있는데 거기에서 문화적 영웅은 약하고 몸부림치는 모습이며, 더 큰 발전을 위해서 어린애다운 것을 희생하려 하고 있다. 그 꿈을 이런 측면에서 다시 생각해 보면 환자 자신이 소년기와 청년기 초반의 중요한 시기에 충분한 경험을 다 하지 못했다는 것을 알게 된다. 그는 소년 시절의 장난기를 경험하지도 못했으며 10대에 들어와 좀 더 발달된 장난도 경험하지 못했기 때문에 잃어버렸던 경험과 개인적인 특성을 다시 살려보기 위해서 방법을 찾고 있는 것이다.

다음엔 그 꿈속에서 이상한 변화가 일어난다. 검은 옷을 입은 젊은 사람이 나타나는데 순간적으로 그 사람이 "진짜 영웅"이라고 느낀다. 꿈을 꾼 사람이 검은 옷을 입은 사람에 대해 얘기한 것은 이것이 전부다. 이 순간적인 일별이 꿈속에서 흔히 일어나는 아주 중요한 주제를 끌어들인다. 이것이 바로 분석심리학에서 매우 중요한 역할을 하는 그림자shadow의 개념이다.

융은 개인의 의식적인 마음이 던지는 그림자는 감춰지고 억압되어 받아들이기 어려운(또는 나쁜) 성격적인 면들을 포함하고 있다고 했다. 이 어두운 면이 단순히 의식적인 자아의 반대라고만 볼 수는 없다. 마치 자아가 불쾌하고 파괴적인 태도를 지니고 있듯이 그림자도 역시 정상적인 본능이나 창조적인 충동이라는 좋은 면이 있다. 자아와 그림자는 비록 서로 분리되어 있긴 하지만 마치 사고와 감정이 상호 관련이 있는 것과 꼭 같이 어쩔 수 없이 서로 밀접한 관계를 갖는다.

그럼에도 불구하고 자아는 그림자와 갈등을 일으킨다. 융은 이 갈등을 "해방을 위한 투쟁"이라고 했다. 원시인들이 의식을 획득하려는 투쟁에서 일어나는 갈등은 원형적 영웅과 용 혹은 다른 괴물로 인격화된 악의 무한한 힘과의 승패로 표현된다. 개인의 의식 발달에 있어서도 영웅상은 상징적인 수단이며,

← 마돈나 : 어리고 분화되지 못한 자아인격은 어머니에 의해 보호받으며 이 보호는 피난처를 제공해 주는 마돈나로 영상화된다(15세기경 이탈리아의 미술가 피에로 델라 프란체스카Piero della Francesca의 작품).

혹은 몸을 구부려 지구를 둘러싸는 이집트의 하늘의 여신 누트 → Nut로써 형상화되기도 한다(아래 왼쪽 : 기원전 5세기경의 부조).

그러나 자아는 결국 무의식과 미성숙한 상태에서 탈피되어야 하며 '탈피를 위한 투쟁'은 흔히 영웅이 괴물과 싸우는 형태로 상징화된다.

일본의 신, 스사노오Susanoo가 구렁이와 싸우는 장면이다.(위쪽)

영웅이 항상 즉각적으로 이기는 것은 아니다. 예를 들면 요나Jonah는 고래에게 잡아 먹힌다(14세기경의 필사화).(아래 오른쪽)

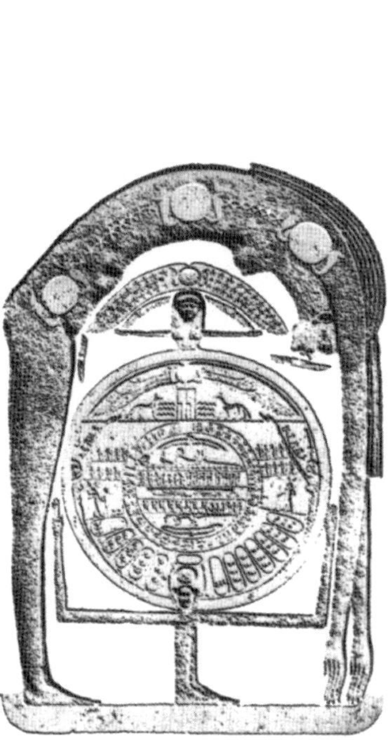

이러한 상징적 수단으로 새로이 나타난 자아는 무의식의 무기력을 극복하고 어머니에게 점유되어 온 영아기의 행복한 상태로 되돌아가고 싶은 퇴행적 욕망에서 해방시켜 준다. 신화에서의 영웅은 대개 괴물과의 투쟁에서 승리를 거둔다(이에 대해서는 잠시 후에 더 자세하게 말할 예정이다). 그러나 영웅이 괴물에게 굴복하게 되는 신화도 있다. 이에 속하는 것이 요나Jonah와 고래에 관한 신화다. 여기서는 바다의 괴물이 영웅을 삼켜버리고 밤마다 서쪽에서 동쪽으로 바다를 옮겨 다니는데 이것은 일몰에서 새벽녘까지 태양의 이동을 상징한다. 영웅은 어둠 속에 잠기고 이것은 일종의 죽음을 나타낸다. 나 자신의 임상 경험을 통해 꿈속에서 이런 주제를 만날 때가 가끔 있다.[6)]

영웅과 용의 싸움이 이 신화에서는 잘 나타나며 퇴행적인 경향에 대한 자아의 승리라는 원형적 주제를 더욱 분명하게 보여준다. 보통 사람들의 성격상

자아의 출현은 투쟁으로써가 아니라 희생으로써 상징화될 수 있다. 즉 죽음으로써 부활에 이르게 된다. 혁명이란 이러한 방법으로 희생의 댓가를 치른다.

⬆ 개인적인 희생의 예로서 영국의 시인 바이런은 1814년 혁명의 와중에 그리스에서 죽었다.

⬇ 들라크루아Delacroix의 이 그림은 〈미솔롱기의 폐허에서 숨을 거두는 그리스인〉*Greece expiring on the Ruins of Missolonghi*인데 내란으로 자유와 부활을 얻기 위해 죽은 국가를 인격화한 것이다.(오른쪽)

그리스도교의 순교자인 성 루치아는 자신의 종교적인 신념 때문에 자신의 눈과 생명을 희생했다.(왼쪽)

어둡고 부정적인 면은 무의식 상태로 남아 있게 마련이다. 그러나 영웅은 그림자가 있다는 것을 알고 그 그림자로부터 힘을 끌어낼 수 있다는 것을 인식해야만 한다. 용을 압도할 수 있을 정도로 강해지려면 파괴적인 힘과도 손을 잡아야 한다. 즉, 자아는 승리를 거두기 전에 먼저 그림자를 정복하고 동화시켜야만 한다.

이러한 주제는 가끔 유명한 문학 작품 속의 영웅상—예를 들면 괴테의 『파우스트』—에서도 나타난다. 메피스토펠레스와 내기를 하기로 결심한 파우스트는 그림자상의 힘에게 자신을 내맡기게 된다. '괴테'는 이 그림자를 "악을 바라면서 선을 발견하는 그러한 힘의 일부"라고 설명하고 있다. 내가 지금까지 말한 꿈속의 사람과 마찬가지로 파우스트 역시 그의 어린 시절의 중요한 부분을 충실히 살지 못했었다. 따라서 그는 비현실적인 불완전한 사람이며 실현 불가능한 형이상학적 목표를 부질없이 추구하다가 결국 실패하고 만다. 그는 아직도 선과 악을 함께 사는 인생의 도전을 받아들이려 하지 않았다.

환자의 꿈속에 나타나는 "검은 옷을 입고 있는 젊은이"가 가르쳐 주는 것이 바로 이런 무의식적인 면이다. 인격의 그림자 부분, 강렬한 잠재능력과 영웅으로 하여금 인생의 투쟁에 맞설 수 있도록 해주는 역할을 지닌 그 그림자를 상기시켜 주는 것, 그것은 꿈의 앞부분에서 '희생적인 영웅'의 주제로 옮아가는 데 꼭 필요한 변환이며, 이 꿈에서는 "잘생긴 젊은이가 자신을 받침대 위에 올려놓는 것"으로 나타난다. 이 인물은 영웅주의의 형태를 대변하는 것이며, 흔히 청소년기 후기의 '자아를 확립시켜 나가는 과정'과 연관된다. 인간은 이 시기에 자신을 변화시

↓ 1차대전 당시의 몽타주 사진으로 군에 입대하라는 포스터와 보병과 국군묘지를 합성한 사진이다. 조국을 위해 목숨을 바친 군인들의 추도와 종교의식은 원형적 영웅의 희생의 주제인 주기적 '죽음과 재생'을 반영하는 것이다. 1차대전 중에 죽은 사람들을 추도하는 영국의 한 묘비명에는 다음과 같이 새겨져 있다. "해가 질지라도 아침엔 그들을 다시 기억하게 되리라."

신화에서 영웅들의 죽음은 흔히 자신에 대한 교만hybris에서 온다. 교만은 제신의 제재를 받게 되고 신들은 겸손해진다. 그 현대적 사례 : 1912년 유람선 타이타닉Titanic이 빙산에 부딪쳐 침몰하였다(사진은 1943년도 영화, 타이타닉의 침몰 장면을 몽타주한 것). 미국 작가 월터 로드Walter Lord는 타이타닉은 "결코 침몰하지 않는 배"라고 불렀으며 어떤 선원은 "하느님도 이 배를 침몰시키진 못하리라"고 말했다. →

키며 다른 사람과의 관계를 변화시키는 힘을 갖고 있다는 것을 느끼기 때문에 자기 인생의 이상적인 원칙을 표명하게 된다. 그러면 도대체 왜 그는 자진하여 스스로 제물이 되려고 하는 것일까?

그 이유는 위네바고의 신화의 젊은이가 만들어 낸 것과 똑같다. 즉, 그들의 힘을 파괴의 고통에 내던졌기 때문이다.

젊은이의 이상주의란 그에게 아주 강한 영향을 끼치기 때문에 과신에 빠질 수도 있다. 인간의 자아는 신의 속성과 유사한 것을 경험할 수 있도록 고양될 수도 있지만 이렇게 되면 반드시 도가 지나쳐서 파멸에 이를 수밖에 없다(이것이 이카루스Icarus 이야기의 의미이며 이카루스가 인간의 힘으로 만든 나약한 날개로 하늘 높이 올라가지만 너무 태양에 가까이 가서 결국은 떨어져 죽는다는 내용이다). 마찬가지로 젊은이의 자아는 항상 이러한 위험성을 내포하고 있는데 그 이유는 만약 젊은이가 자신이 안전하게 도달할 수 있는 곳보다 더 높은 목표를 추구하지 않는다면 그는 청년기와 성년기 사이에 가로놓인 장벽을 극복할 수 없기 때문이다.

지금까지 나의 환자가 개인적인 연상의 수준에서 자신의 꿈에서 내릴 수 있을 만한 결론에 관해 말해 왔다. 그러나 이 꿈에는 원형적 수준이 있으며 그것은 인간제물을 바친다는 신비함이다. 바로 그 신

영웅들은 흔히 '고난에 처해 있는 소녀'를 구하기 위해서 괴물들과 싸운다(이 소녀는 아니마anima를 상징하는 존재이다).

← 15세기경 이탈리아의 그림으로 성 조지가 소녀를 구하기 위해 용을 살해하는 장면이다.

1916년에 제작된 영화 〈위대한 비밀〉*The Great Secret*에 나오는 장 → 면으로 용이 기관차로 바뀌었을 뿐 영웅적인 구출은 동일하다.

비성 때문에 그것은 의식의 행위로 표현되며 상징적인 의미로도 우리를 인류역사의 아득한 옛날로 이끌어 가고 있다. 이 꿈에서 그 남자는 제단 위에 길게 누워 있는데 이 장면은 스톤헨지Stonehenge에 있는 사원 제단석 위에서 행해진 의식보다 훨씬 더 원시적인 행위와 관계가 있다는 것을 보여준다. 수많은 원시적인 제단이 그렇듯이 우리는 신화적인 영웅의 죽음과 재생이 합쳐진 동지, 하지의 의식을 해마다 그곳에서 치뤄왔음을 짐작할 수 있다.

그 의식은 슬픔에 찬 것이지만 이 슬픔이란 그 자체가 일종의 기쁨일 수도 있다. 죽음이 곧 새로운 삶으로 나아갈 수 있다는 것을 내적으로 알게 되면 슬픔은 곧 기쁨이 될 수 있는 것이다. 그 슬픔이 위네바고 인디언의 산문 서사시로 표현되든, 북구의 전설처럼 발데르Balder의 죽음을 애도하는 형식으로, 또는 에이브러햄 링컨Abraham Lincoln을 애도하는 월트 휘트먼Walt Whitman의 시의 형태로, 또는 인간이 자신이 젊었을 때의 희망과 공포로 되돌아가는 꿈의 형태로 표현되든 그것은 모두 동일한 주제, 즉 '죽음을 통한 새로운 탄생의 연출'이라고 할 수 있다.

꿈의 끝 부분은 아주 이상한 대단원의 막을 내리게 되는데 꿈꾸는 사람 자신이 결국에는 꿈속의 행동에 말려 들어가게 된다. 그는 다른 사람들과 함께 배에 서 있고, 그 단에서 함께 내려와야 한다. 그는 불량배의 방해가 두려워 사다리로 내려오지 않으려고 하는데 한 부인이 그가 안전하게 내려갈 수 있다고 믿도록 곁에서 용기를 내게 해 주었으며 실제로 그렇게 할 수 있게 된다. 나는 그의 연상으로부터 그가 목격했던 연극의 전체가 그의 분석의 일부분—즉 그가 경험하고 있었던 내적 변화의 과정—이라는 것을 발견했기 때문에 그는 아마 일상생활의 현실로 되돌아가는 데 어려움이 있을 것이라는 생각을 하고 있었던 것 같다. 그가 말하듯이 소위 불량배에 대한 두려움은 트릭스터의 원형이 집단적인 형태로 나타날지도 모른다는 그의 공포를 암시해 주는 듯하다.

그 꿈에 나타난 구원의 요소는 두 가지인데 하나는 아마도 합리적인 마음의 상징이라 생각되는 인공적인 사다리이며 또 다른 하나는 꿈꾸는 사람에게 용기를 주어 사다리를 이용하도록 한 여인의 존재다. 꿈의 마지막 부분에 그녀가 나타나는 것은 전적으로 남성적인 이 행위가 여성적인 면의 도움을 받아야 한다는 정신적인 필요성을 가르쳐 주고 있다.

내가 지금까지 말해 온 것, 즉 이 특별한 꿈을 밝히기 위해서 위네바고 신화를 선택한 사실을 두고 우리가 반드시 꿈과 신화의 역사 속에서 발견할 수 있는 자료들 간에 완전한 기계적인 일치를 찾아야 한다고 생각해서는 안 될 것이다. 모든 꿈은 그 꿈을 꾼 사람에게는 개인적인 것이며 그 꿈이 취하는 정확한 형태는 자기 자신의 개인적인 상황에 따라 결정된다. 내가 보여주고자 한 것은 무의식이 어떻게 원형적 재료를 끌어내어 개인의 필요성에 따라 그 형태를 변형시키는가 하는 데 있다. 따라서 이 특별한 꿈속에서는 위네바고와 「붉은 뿔」 또는 「쌍둥이」 주기에 기술한 것 사이에 직접적인 관련성을 찾아서는 안 된다. 오히려 여기서 관심을 두어야 할 것은 그 두 주제의 본질, 즉 그들 내부에 존재하는 희생적인 요소이다.

일반적으로 영웅 상징에 대한 필요성은 자아가 강화될 필요성이 생길 때 일어난다고 말할 수 있다. 즉, 의식적인 마음이 무의식의 힘을 빌리지 않고는 성취할 수 없는 경우에 도움을 필요로 하는 것이다. 예를 들면 내가 논의해 온 꿈속에서는 전형적인 영웅신화의 중요한 면—즉 아주 위험한 상태로부터 아름다운 여인을 구해내거나 보호하는 영웅의 능력—에 대한 이야기는 없다(고통에 차 있는 소녀는 중세 유럽 시대에 흔히 등장하는 신화의 주인공이다). 이것은 신화나 꿈이 "아니마"Anima—즉 남성의 마음속에 있는 여성적인 요소로 괴테는 이를 "영원한 여성상"the Eternal Feminine이라고 불렀다—와 연결을 짓는 한 가지 방법일 뿐이다.

이 여성적인 요소의 본성과 기능에 대해서는 이 책의 뒷부분에 가서 폰 프란츠가 설명할 것이다. 그러나 영웅상과의 관계를 다른 남자 성인의 꿈을 통해서 밝혀 보겠다. 그 환자는 다음과 같이 말했다.

> "나는 인도를 횡단하는 긴 도보여행에서 막 돌아왔습니다. 한 여인이 나와 내 친구의 여행 준비를 해 주었는데 여행에서 돌아오자마자 나는 그 여인에게 검정 비모자雨帽를 준비해 주지 않았기 때문에 비를 흠뻑 맞게 되었다고 그 여인을 야단쳤습니다."

나중에 밝혀졌지만 이 꿈의 시작 부분은 그 사람의 젊은 시절을 나타낸 것이며 젊었을 때 그는 대학 친구와 함께 위험한 산악지방을 횡단하는 영웅적인 여행을 한 적이 있었다(이 사람은 인도에 갔다 온 적이 없었고 꿈에 대한 자신의 연상으로 미루어 보면 그 꿈에

나타난 여행은 새로운 지역에 대한 탐험심을 의미한다고 보았으며, 이 새로운 지역이란 실제 존재하는 장소가 아니라 무의식의 영역이라고 결론지었다).

그의 꿈에서 그 환자는 여인—이 여인은 아마도 자신의 아니마가 의인화된 것 같다—이 그의 여행 준비를 적절하게 해주지 않았다고 느꼈던 듯하다. 꼭 필요한 비모자가 없었다는 것은 자신의 마음이 무방비 상태에 있으며 전혀 즐겁지 않으면서 새로운 경험에 자신이 노출되는 상태를 불안하게 받아들인다는 것을 암시하고 있다. 그는 마치 자신이 어렸을 때 어머니가 옷을 입혀 주었듯이 그 여인도 자기에게 비모자를 준비해 주었어야 한다고 믿고 있다. 이 한 토막의 이야기는 그가 방랑하던 악동시절을 회상한 것으로 그때는 그의 어머니(원래의 여성상original feminine image)가 모든 위험으로부터 보호해 줄 것이란 생각으로 그의 불안한 마음을 가라앉혔다. 점점 성장함에 따라 이것이 어린애 같은 환상에 불과하였다는 것을 알게 되었으며 지금은 자신의 불행을 그의 어머니가 아닌 자신의 아니마 때문이라고 꾸짖게 된 것이다.

꿈의 다음 단계에서 그 환자는 여러 사람들과 도보여행에 참여하고 있다고 말한다. 그는 피곤해져서 야외식당으로 되돌아온다. 거기서 그는 이미 잃어버렸던 비옷과 비모자를 찾는다. 막 앉아서 쉬려고 하는 순간, 지방의 한 고등학생이 연극에서 페르세우스Perseus의 역할을 맡게 된다는 것을 알려주는 포스터가 눈에 들어온다. 그러자 바로 그 학생이 나타나는데 보니 전혀 소년이라고는 할 수 없는 건장한 젊은이였다. 그는 회색 옷을 입고 검은 모자를 쓰고 있었으며, 다른 젊은 사람과 얘기하려고 앉았는데 그 젊은이도 검은 옷을 입고 있었다. 그 장면이 지나가자마자 꿈꾼 사람은 새로운 원기가 생기면서 자신이 이 대원들과 합세할 수 있을 것임을 알게 된다. 그런 다음 그들은 모두 언덕을 넘어갔다. 그는 그들 발밑에 목적지가 나타나는 것을 보았는데 그것은 아름다운 항구도시였다. 그는 이 항구를 발견함으로써 원기를 되찾게 되었다.

여기서는 처음의 에피소드에서와 같이 안절부절 못하고 불쾌하며 고독했던 여행과는 반대로 꿈꾼 사람은 다른 무리들과 함께 있다. 이러한 대조는 다른

← 그리스 신화에 나오는 영웅들의 싸움과 구출 : 기원전 6세기경 꽃병에 그려져 있는 그림으로 페르세우스Perseus가 메두사Medusa를 살해하고 있다.(왼쪽)

기원전 1세기경 작품으로 페르세우스가 괴물로부터 구출해 낸 안드로메다Andromeda와 함께 있다.(오른쪽)

기원전 1세기경의 항아리에 있는 그림으로 테세우스Theseus가 아리아드네Ariadne의 감시를 받은 미노타우로스Minotauros를 죽이는 장면이다. →

미노타우로스의 미로가 그려져 있는 크레타인의 주화. →

사람과의 관계에 있어서 어린 시절의 고립이나 젊은 시절의 반항으로부터 사회적인 영향을 받는 단계로의 변화를 일으키게 한다. 이러한 사실은 다른 사람과의 관계에 새로운 능력이 생김을 의미하는 것이기 때문에 자신의 아니마가 과거보다는 더 효과적으로 기능을 발휘해야 한다는 것을 의미하며, 이것은 아니마가 자신에게 미리 일러주지 못했던 모자를 발견하는 형태로 상징화된 것이다.

그러나 그 꿈꾼 사람은 이미 지쳐버렸으며 야외 식당에서의 장면은 새로운 관점에서 자신의 어린 시절의 태도를 되돌아보아야 할 필요성을 반영한다. 그는 이렇게 과거로 되돌아감으로써 자신의 힘을 새롭게 할 수 있다는 희망을 갖게 되며 곧 그것이 증명된다. 그가 처음에 보게 되는 것은 젊은 영웅의 역할—즉 페르세우스의 역할을 맡는 고등학생—을 알려주는 포스터다. 그 후 그 학생은 소년이 아니라 어른임을 알게 되었고 그 학생은 그와 극도의 대조를 이루는 친구와 함께 있었다. 한 사람은 옅은 회색 옷을, 또 한 사람은 검은 옷을 입고 있었는데 이것은 이미 말한 바와 같이 쌍둥이의 각색이라고 볼 수 있다. 그들은 자아와 변화된 자아의 대립을 나타내 주는 영웅상인데 여기서는 그 관계가 조화가 잘 되고 일관성이 있어 보인다.

환자의 연상도 이것을 확인해 주었으며 회색 옷을 입은 사람은 인생에 있어서 적응이 잘된 세속적인 태도를 나타내고 검은 옷을 입은 사람은 성직자가 검은 옷을 입는다는 의미에서 정신적인 면을 대변하는 것이라고 강조했다. 그들이 모자를 쓰고 있었다는 사실은(지금은 이미 자신의 모자를 발견했다) 그들이 비교적 성숙한 동일성을 성취했다는 것을 보여 주는데 청년기의 초기에는 이러한 성숙한 동일성이 아주 결여된 상태였으며, 그 당시엔 지혜의 탐구자로서 이상적인 자아상이 있었음에도 불구하고 트릭스터적 성질에 그냥 매달려 있는 상태였다.

그가 그리스의 영웅, 페르세우스를 연상한 것은 아주 이상한 일이며, 그것은 매우 부정확했기 때문에 더 특별한 의미가 있다는 것이 판명되었다. 그는 페르세우스가 미노타우로스Minotauros를 죽이고 크

← 영웅이 소녀를 구출한다는 것은 어머니의 "삼켜버리는" 측면에서 아니마anima를 해방시킨다는 것을 상징할 수 있다. 이러한 측면은 나쁜 여귀 랑다Rangda(왼쪽 페이지)의 탈을 쓰고 춤추는 발리 사람들의 무용에 나타난다.(왼쪽) 이러한 측면은 그리스의 영웅 이아손Jason을 삼켰다가 다시 내뱉는 구렁이에도 나타난다.(위쪽)

↓ 140쪽에 나오는 꿈에서 토의한 바와 같이 항구도시는 일반적인 아니마anima의 상징이다. 마르크 샤갈Marc Chagall이 그린 포스터인데 니스Nice가 인어로 의인화되어 있다.

레타섬의 미로로부터 아리아드네Ariadne를 구출한 영웅으로 생각했었다는 것이 밝혀졌다. 그는 페르세우스라는 이름을 나에게 써 보일 때 미노타우로스를 살해한 영웅이 페르세우스가 아니라 테세우스Theseus라는 사실을 알게 되었는데 이러한 실수는 아주 강한 의미를 띠게 되었다. 그 이유는 이러한 실수는 그 두 영웅, 즉 페르세우스와 테세우스가 공통점이 있다는 사실을 자신에게 가르쳐 주기 때문이다. 그 두 영웅은 모두 무의식적이며 악마와 같은 모성의 힘에 대한 공포감을 극복하려 했으며, 이러한 무의식적인 힘으로부터 여성상을 해방시켜야만 했다.[7]

페르세우스는 괴물 메두사Medusa의 머리를 잘라 버려야만 했는데 메두사는 용모가 아주 무섭고 머리카락은 뱀으로 되어 있어 이것을 보는 사람은 모두 돌로 변해버린다는 괴물이었다. 그는 나중에 안드로메다Andromeda를 지키는 용도 정복하게 된다. 테세우스는 아테네의 젊은 부성적인 정신을 나타내며, 크레타의 미로에 사는 공포의 괴물, 미노타우로스에 용감히 맞서 싸운다. 그 미노타우로스는 모성적인 크레타의 불건전한 퇴폐주의를 상징한 것 같다(모든 문화권에서 미로란 모성적인 의식세계의 뒤엉키고 혼돈된 의미를 나타내고 있으며 그 미로는 집단 무의식의 신비스러운 세계를 향해 특별한 성인의식을 치를 준비가 되어 있는 사람만이 통과할 수 있다). 이러한 위험을 극복한 후 비로소 테세우스는 고통 속에 싸인 아리아드네를 구출했다.[8]

이러한 구출은 모성상의 집요한 일면에서 아니마상을 해방시킨다는 것을 상징한다. 이런 해방이 된 후에라야 여성과의 관계에서 참된 능력이 생길 수 있다. 이 사람이 모성상과 아니마상을 적절하게 구분하지 못했다는 사실은 또 다른 꿈에서도 강조되었다. 즉, 그 꿈속에서 용을 보게 되는데 용이란 자신이 어머니에게 매달렸을 때 일어나는 '집요한' 일면의 상징적 의미를 내포하고 있는 것이다. 용이 자신을 추격하는데 그는 무기가 없어서 싸움에 불리했다.

그러나 중요한 사실은 그의 부인이 그 꿈에 나타난 일인데 부인이 나타나자 용은 작아지고 용에 대한 두려움도 덜게 되었다는 점이다. 꿈속에서 일어난 이러한 변화는 그가 결혼을 함으로써 늦게나마 "자신의 어머니와의 밀착"을 극복하게 되었다는 것을 보여준다. 다시 말하면 그는 여성과의 관계에서 좀 더 성숙한 관계, 더 나아가서 전체로서 어른 사회와 성숙한 관계를 맺기 위해서는 모자 관계에 밀착된 정신적 에너지를 자유롭게 해야 할 방법을 찾아야 했다. 영웅과 용의 투쟁은 이러한 '성장'과정의 표현이다.

그러나 영웅에게는 이러한 생물학적인 또는 결혼생활의 적응 따위를 초월해야 할 목표가 있다. 영웅의 임무는 진정한 창조적 성취에 꼭 필요한 정신세계의 내적 요소로서의 아니마를 해방시키는 데 있기 때문이다. 이 사람의 경우에는 그 결과가 나타날 수 있으리라고 짐작할 뿐이다. 왜냐하면 인도 여행의 꿈속에서 그것이 직접 언급되지 않았기 때문이다. 그러나 언덕 너머의 여행, 그리고 평화로운 항구라는 그의 여행의 목적지는 자신의 진정한 아니마 기능을 찾아낼 수 있음을 충분히 보증하고 있다. 나는 이런 가정을 그가 확인할 줄 믿는다. 따라서 인도를 횡단하는 도보여행을 시작할 때에 부인이 돌봐주지 않았다고 해서(비모자를 준비해 주지 않은 일) 부인에게 내었던 화를 풀 수도 있을 것이다(뜻깊은 곳에 위치한 도시는 꿈속에서 흔히 아니마의 상징이 될 수 있다).

그 사람은 진정한 영웅원형hero archetype과 접촉한 끝에 스스로 안전에 대한 약속을 보장받았으며 집단에 대해서도 협력하고 적응할 수 있는 새로운 태도를 찾아 냈다. 따라서 다시 젊어질 수 있다는 기분이 저절로 솟아나기도 했다. 그는 영웅 원형의 내적인 힘의 원천에 힘입어 그런 기분이 솟아나게 되었으며, 자신의 내부에 그러한 힘이 있다는 것이 여인에 의해서 상징되었다는 것을 분명히 알게 되었다. 또한 자아의 영웅적인 행위로 인해 자신을 어머니로부터 독립시킬 수 있었다.

현대인의 꿈속에 등장하는 영웅신화의 많은 예에서 볼 수 있듯이 자아는 순수하게 자기중심적인 과시만 한다기보다는 항상 문화의 전승자로서 필수적인 역할을 하고 있다. 트릭스터조차도 비록 오도되거나 목적에서 멀어지긴 해도 원시인들이 이해하는 그 나름대로 세계에 공헌하고 있다. 나바호Navaho신화에 나오는 코요테Coyote는 창조의 행위로써 하늘에다 별을 뿌리며 필연적인 죽음의 우연성을 생각해 내었다. 또한 재현의 신화에서는 코요테는 사람들을 인도하여 갈대의 골짜기를 빠져나갈 수 있게 도와주며, 이렇게 함으로써 한 세계로부터 그 위에 있는 다른 세계로 피하여 홍수의 위협에서 안전하게 보호해 주었다.[9]

우리가 여기서 말하고 있듯이 창조력이 발전되어 나가는 형태는 분명히 어린이 같은 전의식적인 또는 동물적인 수준에서 시작된다고 볼 수 있다. 진정한 문화적 영웅에서는 자아가 효과적이며 의식적인 행동에 이를 만큼 고양되는 것이 쉬워진다. 마찬가지로 어린이 같고 아직 완전히 성숙하지 못한 자아도 부모의 기대라는 압력에서 독립이 된 자기 자신의 자아를 형성하게 된다. 의식의 수준으로까지 올라가는 과정의 일부로써 영웅과 용의 투쟁은 계속 반복해서 일어나야 되며 이러한 싸움을 통해 혼돈 상태로부터 문화적 유형을 만들어 낼 수 있는 수많은 인간의 임무를 위해서 에너지를 풀어놓아야 한다.

이것이 성공적으로 이루어지면 자아의 힘(집합적인 말로 표현하면 종족의 동일성)의 일종으로 나타나는 성숙한 영웅상을 볼 수 있게 되는데 이때는 더 이상 괴물이나 거인들을 정복할 필요가 없게 된다. 이때는 이미 마음속 깊은 곳에 숨어 있던 힘이 인격화될 수 있는 시기가 된다. 여성적인 요소는 꿈속에서 더 이상 용이라는 형태로 나타나는 것이 아니라 여인으로 나타나게 된다. 마찬가지로 성격의 '그림자'에 해당되는 부분마저 위협을 덜 주는 형태를 띠게 된다.

중요한 예를 50대의 중년 남자의 꿈에서 살펴보자. 이 사람은 일생 동안 자신이 실패하진 않을까 하는 두려움 때문에 주기적인 불안을 겪었다(이 불안은 원래 의심이 많은 어머니에게 그 원인이 있는 것이었다). 그런데 실제로는 직장생활에서나 대인관계에서 그는 보통 이상의 성공을 거두었다. 꿈속에 그의 아홉 살 난 아들이 번쩍이는 중세기 기사의 갑옷을 입고 18, 9세 된 아들로 나타났다. 그 젊은이는 검은 옷을 입은 한 무리의 남자들과 싸우기 위해 불려왔으며 처음에는 싸울 준비를 한다. 그러다가 갑자기 투구를 벗고는 위협을 주는 무리의 두목에게 미소를 짓는다. 분명히 그들은 싸우는 것이 아니라 서로 친구가 되려는 것 같았다.

꿈속에 등장한 아들은 자신의 성숙하지 못한 자아를 나타내며, 젊었을 때도 그는 이따금 자신에 대한 회의라는 형태의 그림자의 위협을 느껴 왔다. 어떤 의미에서는 그의 성숙기에 이 적과 싸워서 이겨왔다고도 할 수 있다. 부분적으로는 이러한 회의 없이 자기 아들이 성장하는 것에 힘을 얻고 있지만 대부분은 자신의 주변에서 가장 친근한 형태로 나타나는 영웅상을 적절하게 형성하여 더 이상 그림자와 싸울 필요를 느끼지 않고 그림자를 받아들일 수 있게 된 것이다. 그것이 우정이라는 형태로 상징화되고 있다.

그는 더 이상 개인적인 우월감을 얻기 위해 싸울 필요가 없게 되고 민주사회를 형성하는 문화적인 임무에 동화하게 된다. 생의 충만 속에서 도달되는 이러한 결론은 영웅적인 임무를 넘어선 진실로 성숙한 태도를 갖도록 우리를 변화시킨다.

그러나 이러한 변화가 물론 저절로 일어나는 것은 아니다. 그것은 하나의 과도기를 필요로 하며, 이 과도기는 성인화의 여러 가지 원형으로 나타나게 된다.

성인화의 원형

심리학적인 의미에서 볼 때 영웅상은 자아 그 자체와 동일한 것으로는 생각되지 않는다. 영웅상은 오히려 하나의 상징적인 수단이라고 기술하는 것이 좋겠다. 그 상징적인 수단에 의해서 자아는 어린시절의 부모의 상에서 끄집어 낸 원형archetype에서 분리될 수 있다. 융은 원래부터 인간의 내부에 전일에의 통합감(전일감)—즉 자기Self에의 아주 강하고 완전한 느낌—이 있다고 말한 적이 있다. 자기—자기란 정신의 통합체를 의미한다—로부터 개별화된 자아의식ego-consciousness이 개인이 성장함에 따라 나타나게 된다.

지난 몇 년 동안 융의 제자 중 몇 사람은 영아기부터 소년기를 거치는 전환기에 자아가 어떤 중요한 사건들에 의해서 드러나게 되는가를 기록하기 시작했다. 본래의 전일감을 심하게 다치지 않고 이런 분리가 완수될 수는 없다. 자아도 정신적인 건강상태를 유지시키기 위하여 자기와의 관계를 계속 재정립해야 한다.[10)]

나의 연구를 통해서 보면 영웅신화는 정신적인 분화의 첫 단계인 듯하다. 이미 말한 바와 같이 자아가 '원래의 전일상태'로부터 어느 정도의 자율성을 획득하려면 4단계의 주기를 거쳐야 될 것 같다. 어느 정도의 자율성이 획득되지 않으면 개인은 성인의 환경과 관계를 유지할 수 없다. 그러나 영웅신화는 이러한 해방이 꼭 일어날 것이라고 보증해 주지는 않는다. 영웅신화는 단지 어떻게 하면 그런 과정이 일어나서 자아가 의식을 획득하는가를 가르쳐줄 뿐이다. 각 개인이 유익한 삶을 누릴 수 있고 사회생활에서 자신을 분명히 내세울 수 있는 능력을 갖추기 위해서 의식을 어떻게 의미 있게 유지하고 발전시키느냐 하는 것이 아직 숙제로 남게 된다.

원시적인 부족의 토템(흔히 동물이다)은 각 부족민이 부족 단위와 동일성을 갖는다는 것을 상징한다.

↑ 오스트레일리아 원주민이 의식적인 춤에서 그들 부족의 토템인 에뮤emu를 흉내내고 있다.

※ emu : 타조 비슷한 새로 날지는 못한다.
현대의 많은 집단에서도 그들의 문장에 토템 비슷한 동물을 사용한다.

고대역사와 현대 원시사회의 의식은 신화나 성인식에 관한 자료를 풍부하게 제공해 주고 있다. 이 자료들을 보면 젊은 남녀가 부모 곁을 떠나서 강제로 그들 종족의 일원이 되게 만든다는 것을 알 수 있다. 그러나 소년기로부터의 결별은 원래의 부모원형에 상처를 입히게 되며 그 상처는 집단과의 생활에 동화되는 치료 과정을 통해서 회복될 것이다(집단과 개인의 동일성은 종종 토템 동물totem animal로 상징된다). 이리하여 집단은 상처받은 원형의 요구를 충족시켜 주며 제2의 부모가 된다. 제2의 부모에게 젊은 남녀는 처음엔 상징적인 희생을 치루게 되며 새로운 인생으로 다시 재현된다.[11]

융도 지적했듯이 "이러한 격렬한 의식은 마치 젊은이를 위축시킬지도 모를 힘에 대한 희생처럼 보이지만" 영웅과 용의 싸움에서 볼 수 있듯이 무의식의 강력한 영향에서 소외된다는 아쉬움 없이는 원래의 원형의 영향을 영원히 극복할 길이 없다는 것을 우리는 인식하게 된다. 우리는 쌍둥이 신화에서 지나친 자아–자기 분리로 표현되는 쌍둥이의 오만이 그들이 저지른 일에 대한 스스로의 공포에 의하여 어떻게 수정되며, 그 결과 그들로 하여금 조화된 자아–자기관계로 어떻게 되돌아가게 하는지를 보았다.

부족사회에서는 이러한 문제를 가장 효과적으로 해결해 주는 것이 성인의식이다. 이 의식은 신참자를 원래의 모자동일성, 또는 자아–자기의 동일성이라는 마음속 깊은 곳까지 퇴행시킴으로써 상징적인 죽음을 경험하도록 강요한다. 다시 말하면 그의 동일성은 집단적 무의식 속에 일시적으로 해체되거나 용해되는 것이다. 신참자는 재생의 의식을 통해 이 상태에서 구출된다. 이것이 토템, 씨족, 부족 또는 이 셋이 모두 합쳐진 큰 집단과 자아와의 진정한 통합이 이루어지는 첫 행위이다.

이 의식은 부족사회에서나 좀 더 복잡한 사회에서나 한결같이 죽음과 재생의 의식을 강조하고 있으며, 이 의식은 신참자에게 소년기 초기에서 후기로,

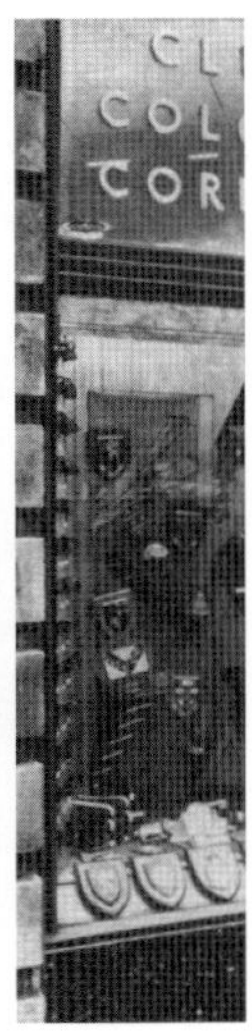

↓ 17세기경 벨기에의 비유적인 지도 위의 사자 문장(벨기에 문장). (왼쪽)

매는 미국 공군사관학교 축구팀의 마스코트이다. (가운데)

동물이 아니면서 토템의 역할을 하는 현대적인 기장들 : 상점의 진열창에는 영국 학교와 클럽을 나타내는 넥타이, 배지 등이 전시되어 있다. (오른쪽)

또는 청년기 초기에서 후기, 또는 청년기 후기에서 성년기로, 어느 단계든 인생의 한 단계에서 다음 단계로 넘어가게 될 때 '통과의식'rite of passage을 마련해 주고 있다. 성인식의 사건들은 꼭 청년심리학에 국한되는 것은 아니다. 개개인의 전 인생의 어떤 새로운 발전단계도 반드시 자기의 요구와 자아의 요구 사이에 일어나는 원래의 갈등이 되풀이되기 마련이다. 실제로 다른 어떤 인생의 시기보다도 이런 갈등이 성년기 초기에서 중년기로 넘어가는 시기(우리 사회에서는 35~40세 사이가 된다)에 가장 강력하게 표현되는 것이 사실이다. 그리고 중년기에서 노인기로 넘어갈 때도 다시 자아와 통합된 전체정신total Psyche 사이에 차이가 있음을 긍정적으로 받아들일 필요가 있다. 영웅은 삶이 죽음 속에 점차 무너져 가는 것에 대항하여 자아의식ego-consciousness을 방어할 최후의 소명을 받는다.

이런 결정적 시기에 성인화의 원형은 아주 강하게 되살아나서 강렬하게 세속적인 냄새를 풍기는 청년기의 의식보다 훨씬 더 큰 어떤 정신적인 만족감을 주고 뜻깊은 변환을 할 수 있게 해준다. 종교적인

의미에서의 성인화의 원형적 형태archetypal pattern—옛부터 이것은 "비의"mysteries라고 알려져 왔다—는 출생, 결혼 또는 죽음과 같이 특별한 예배 형식을 요하는 모든 교회 의식 속에 내포되어 있다.

영웅신화의 연구와 마찬가지로 성인화initiation의 연구에서도 우리는 현대인, 그중에서도 특히 분석을 받는 사람들의 주관적인 경험을 통해서 얻을 수 있는 예를 찾아보아야 한다. 정신과를 전공하는 의사에게서 도움을 받고자 하는 사람들의 무의식 속에 우리가 역사적으로 알 수 있는 성인화의 주된 형태가 똑같이 반복되어 나타난다는 것은 별로 놀랄 일이 아니다. 아마 젊은이들에게서 가장 흔히 나타나는 주제는 인내력의 시련 또는 힘의 시합일 것이다. 이것은 아마도 영웅신화를 묘사하고 있는 현대인의 꿈에서 볼 수 있는 것과 동일한 것인 듯하다. 즉, 앞서 우리가 보아온 바와 같이 나쁜 날씨나 채찍질을 감수해야 했던 선원에 관한 꿈, 비모자 없이 여행한 젊은이의 꿈 같은 것들이다. 내가 거론한 첫 번째 꿈에 그 잘생긴 청년이 제단 위에서 인간제물이 되는데 이 육체적 고통이라는 주제가 그러한 논리적 귀결에 도달됨도 알 수 있다. 이 희생은 성인화에의 기도와 비슷하나 끝이 분명치 않았다. 그것은 마치 새로운 주제가 나오도록 길을 열어주기 위해서 영웅주기를 마무리 지으려는 것 같다.

영웅신화와 성인의식 사이에는 한 가지 뚜렷한 차이가 있다. 전형적인 영웅상은 그들의 야망을 달성하기 위해 혼신의 힘을 다 쏟는다. 한마디로, 영웅들은 비록 그들의 오만 때문에 뒤에 곧 벌을 받거나 죽게 될지라도 일단은 성공하게 된다. 이와는 반대로 성인식의 신참자는 야심이나 욕망은 포기하고 기꺼이 시련에 자신을 내맡기도록 요청받는다. 자진하여 이러한 시련을 겪어야 하며 성공에 대한 희망도 버려야 한다. 실제로 죽음에 대한 준비마저 되어 있어야 한다. 고난의 표시가 가벼운 것(즉 단식한다거나 이를 하나 뽑는다거나 문신을 새기는 일 등)이든 혹은 고통스러운 것(예를 들면 고통스러운 할례, 신체 일부를 절개하거나 절단하는 일 등)이든 궁극적인 목적은 한결같다. 즉, 상징적으로 죽음의 분위기를 만들어 주고 거기서 다시 상징적으로 재생의 기분을 맛보게 하는 것이다.

25세 된 젊은이가 꿈에 산꼭대기에 올라갔는데 거기에 일종의 제단같은 것이 있는 것을 본다. 그 제

원시적인 성인의식은 젊은이들을 어른으로 만들어 주며 종족의 집단적 동일성을 갖게 해준다. 대부분의 원시사회에서 성인식은 할례식으로 거행된다(이것은 상징적인 의미에서 희생이다). 오스트레일리아 원주민의 할례식에는 네 단계가 있다.(왼쪽 페이지 그림부터 오른쪽까지)

(A) 소년들을 담요 밑에 눕힌다. 이것은 상징적인 죽음으로 이 죽음으로부터 재생하게 된다.
(B) 담요를 치우고 어른들이 할례를 거행한다.
(C) 할례가 끝난 소년들에게는 새로운 자격을 얻었다는 표시로 어른들이 쓰는 원추모양의 모자를 씌워 준다.
(D) 마지막으로 그 소년들을 정화하고 교화시키기 위해서 부족으로부터 격리한다.

단 근처에서 그는 자신의 모습을 새긴 대리석 석관을 발견한다. 그때 베일을 쓰고 지팡이를 든 승려 한 분이 접근하는데 그 지팡이 끝에는 붉은 태양이 타오르고 있다(그 젊은이는 후에 꿈에 관한 이야기를 하면서 등산은 그가 분석 과정에서 자기극복의 능력을 얻으려고 노력한 일을 상기시켰다고 했다). 그는 놀랍게도 자신이 죽은 상태에 있음을 발견하게 된다. 다시 말해서 그는 무엇을 성취했다는 느낌 대신에 무엇을 빼앗겼다는 느낌과 공포감이 앞섰다. 그 후 그는 지팡이 끝에 있는 태양으로부터 나오는 따뜻한 빛을 온몸에 받으며 힘이 생기고 다시 젊어지는 느낌을 갖는다.

이 꿈은 성인과정과 영웅신화 간의 차이점을 아주 간결하게 보여준다. 산을 오르는 행위는 힘의 시험을 암시하는 듯하다. 이것은 청년기로 발달해 가는 영웅적 시기에서 자아의식을 성취하고자 하는 의지이다. 그 환자는 치료를 받는 것은 어른이 되기 위한 여러 가지 다른 시련을 겪는 것이나 마찬가지라 생각했으며, 우리 사회의 젊은이들에서 특징적으로 볼 수 있는 경쟁자의 태도로 그 시련에 다가섰다. 그러나 제단 앞에 전개된 장면을 보고 자신이 잘못된 추측을 하고 있었다는 것을 알았으며, 그 장면은 그 젊은이에게 자기보다 큰 힘에 대해서는, 경쟁을 하기보다는 순순히 복종하는 편이 더 낫다는 것을 가르쳐 주었다. 그는 마치 자신이 죽어서 모든 생명을 담은 용기인 원형적 모성을 연상하게 하는 상징적 형태(돌로 만든 관)로 매장된 것으로 인식해야 한다. 오직 이렇게 복종하는 행위를 통해서 그는 재생을 경험할 수 있는 것이다. 활력을 불어넣어 주는 의식이 아버지인 태양의 상징적인 아들로서 그에게 다시금 생명을 불어넣어 준다.

여기서 우리는 이것을 영웅주기hero-cycle 즉, '태양의 아들들'인 쌍둥이 주기와 혼동할 수도 있다. 그러나 이 경우의 입사자가 지나치게 자신의 분수를 넘어서게 되리라는 걱정은 할 필요가 없다. 오히려 그는 청년기에서 성숙기로의 통과를 알리는 죽음과 재생의 의식을 경험함으로써 겸손의 미덕을 배우게 된 것이다.

그의 나이로 보아서는 이미 이러한 과정이 이루어졌어야 했지만, 발달이 오랫동안 정지된 상태였기 때문에 그 상태에 그대로 머물러 있었던 것이다. 이러한 발달 지연 때문에 그는 신경증이 생겼고, 그 때문에 치료를 받게 된 것이다. 치료 중에 나타난 꿈은 자신이 속해 있는 부족의 유능한 의술인이 그에게 치유를 베풀 수 있을 만큼의 훌륭한 조언자 역할을 해주었다. 다시 말하면 자신의 힘을 증명하기 위해 산을 기어 오르는 행위는 포기하고, 성인답게 새로운 도덕적 책임을 질 수 있게 해주는 뜻깊은 성인화의 변화의식에 순종하게 하는 조언인 것이다.

'복종'submission이라는 주제는 성인의식이 성공적으로 진행되도록 하는 데 꼭 필요한 마음가짐으로 소녀나 부인들의 경우에서 뚜렷이 볼 수 있다. 그들의 통과의례는 여성들이 반드시 수동적이어야 한다는 것을 먼저 강조하며, 이것은 월경주기로 인해 여성들의 자율성에 생리적인 제약이 가해짐으로써 더욱 강조된다. 여성의 관점에서 볼 때 월경주기는 실제로 성인의식의 중요한 부분을 차지한다고 볼 수 있다. 그 이유는 월경주기가 그녀 위에 군림하는 생명의 창조력에 대하여 순종하는 마음(이것은 마음속 깊이 존재한다)을 일깨워 주는 힘을 가졌기 때문이다. 이리하여 여성은 기꺼이 여성의 기능을 다하게 되는데 이것은 마치 남성이 자신이 속해 있는 집단의 공동생활에서 자신에게 맡겨진 역할을 다하는 것과 마찬가지다.

그런가 하면 여성도 남성 못지않게 어른이 되기

↑ 서기 2세기경의 석관으로 고대 이집트의 수도 테베Thebes에서는 원형적인 태모Archetypal Great Mother(모든 생명을 담을 수 있는 그릇과 같은 역할을 한다)와의 상징적인 결합을 시켜준다. 그 뚜껑의 안쪽으로는 이집트의 여신인 누트Nut의 초상화가 그려져 있으며 이 여신은 사자의 육신을 포옹하고 있다. 사자의 초상화는 석관 바닥에 그려져 있다.

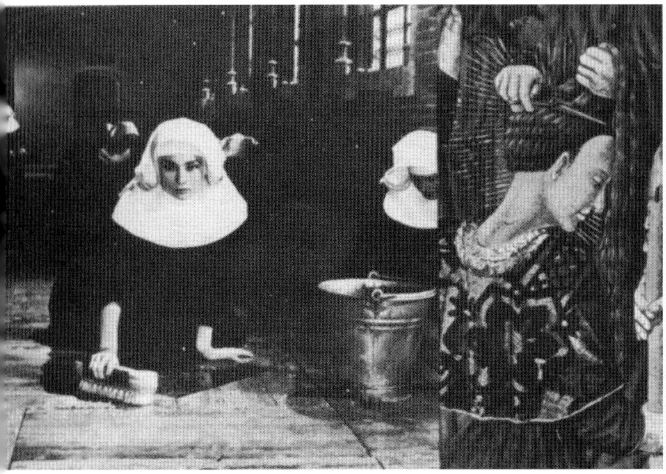

위한 힘의 시련을 겪고, 마지막 희생을 감수함으로써 재생의 경험을 겪기도 한다. 이러한 희생을 통하여 여성은 복잡한 사적인 관계로부터 해방되어 자기의 정당한 요구를 주장할 수 있는 한 개인으로서 좀 더 의식된 역할을 할 수 있게 된다. 반대로 남성에게 희생이란 것은 자신의 성스러운 독립성을 포기하는 것이 된다. 즉, 그는 여성과 좀 더 의식된 관계를 맺게 된다.

여기서 우리는 여성이 남성을, 남성이 여성을 서로 잘 알 수 있도록 해주는 성인식의 한 측면을 만나게 되거니와 이렇게 서로를 잘 이해하도록 해줌으로써 원래 남자와 여자가 지니고 있던 대립성을 어느 정도 고쳐줄 수 있다. 남성의 지식인 이성logos이 여성의 연계성eros과 만나게 되고, 그들의 결합은 성스러운 결혼이라는 상징적인 의식으로 표현된다. 이 성스러운 결혼은 고대의 비교秘敎에 그 기원을 둔 이래 성인식의 핵심이 되어 온 것이다. 그러나 현대인들이 이것을 파악하기는 매우 어렵다. 현대인들이 이런 개념을 이해할 수 있기 위해서 그들의 삶에서

← 네 종류의 성인의식.

수녀원에 처음 들어가는 수녀들이 마루를 청소하는 등 거친 일부터 시작하는 장면(1959년 개봉한 영화 〈파계〉*The Nun's Story*에서)과 중세 그림으로 수녀들의 머리를 깎는 장면이다.(위쪽)

결혼이라는 것은 남성과 여성이 서로 복종해야만 되는 성인의식이라고 생각할 수 있다. 그러나 말레이제도와 보르네오Borneo의 다약Dyak 족처럼 남자는 자신의 신부를 의식적으로 유괴함으로써 복종을 대신해 버릴 수도 있다(이는 1968년에 개봉한 영화 〈잃어버린 대륙〉*The Lost Continent*에 나오는 장면). (가운데)

미국 대학의 신입생들은 전통적으로 상급생들과 격투를 벌인다. (아래쪽)

적도를 가로지르는 배의 승객들은 '통과의식'rite of passage을 → 거쳐야만 한다.(왼쪽)

이러한 습관은 오늘날에도 문지방을 가로질러서 신부를 안고 가는 행동으로 그 흔적이 남아 있다.(오른쪽)

특별한 위기를 겪는 경우가 많다.[12)]

희생이라는 주제가 성스러운 결혼sacred marriage의 주제와 결합되어 나타나는 꿈을 내게 이야기해 준 환자들이 있었다. 이러한 꿈의 하나는 사랑에 빠졌으면서 결혼은 하지 않으려는 젊은이의 것이었다. 결혼하지 않는 이유는 결혼하면 강한 모성상mother figure이 관장하는 일종의 감옥에서 꼼짝 못하게 되는 건 아닐까 하는 공포심 때문이었다. 어렸을 때 그의 어머니는 아주 강한 영향을 그에게 주었으며, 장모가 될 사람에게서도 그 비슷한 위협을 느꼈던 것이다. 그의 아내될 사람도 이 두 어머니가 자기 아이들을 휘어잡았던 것처럼 그를 휘어잡지는 않을까 하는 공포심 때문에 결혼하기를 주저하고 있었다.

꿈에 다른 남자와 함께 여자 두 명과 의례적인 춤을 추었는데 두 명의 여자 중 한 명은 그의 약혼자였다. 다른 두 사람은 나이 많은 노부부였는데 그에게 강한 인상을 주었다. 노부부는 아주 다정해 보였는데, 서로 개인적인 독립성을 인정해 주고 서로를 소유하고 있다는 느낌이 전혀 없었기 때문이었다. 그 노부부는 그에게 결혼생활이란 것이 쓸데 없는 제약을 더해 주는 것이 아니라 개성에 따라 계속적인 발전이 가능함을 일깨워 주는 듯했다. 만약 젊은이가 이런 상태에 도달할 수만 있었다면 결혼을 쉽게 받아들였을 것이다.

의례적인 춤을 추는 동안 남자들은 모두 서로의 상대와 얼굴을 마주보고 있었고 네 사람은 무도장의 네 귀퉁이를 차지하고 있었다. 춤을 추다 보니 그 춤이 칼춤이란 것을 알았다. 춤추는 사람들은 모두 손에 단검을 들고 팔과 다리를 계속 움직이며 어려운 아라비아 춤을 추었는데, 마치 상호 간에 공격적인 충동과 복종을 암시하는 듯한 동작을 번갈아 추고 있었다. 무도회의 마지막은 네 명 모두가 자신의 가슴에 칼을 꽂고 죽어야 했는데, 네 명 중 유독 그 청년만이 자살하기를 거부했고 다른 사람들이 모두 죽은 후에도 홀로 서 있었다. 그는 비겁하게도 다른 사람들처럼 자신을 희생시키지 못한 것에 대해 아주 부끄럽게 여겼다.

이 꿈은 그 환자가 자신의 인생에 대한 태도를 바꿀 준비가 되어 있다는 것 이상의 어떤 것이 있음을 가슴 깊이 깨닫게 해 주었다. 그는 자기중심적이었으며, 개인적인 독립 속에서 안정을 찾으려 했으나 그 안전은 환상에 불과했다. 겉으로는 개인적인 독립을 꾀했으나 내면에서는 어린 시절처럼 어머니에게 예속되어 버리지나 않을까 하는 공포감에 사로잡

↑ 19세기 인도의 조각품. 시바Siva와 파르바티Parvati 두 신의 원형적인 신성혼. 대극의 합일, 즉 남성적 원리와 여성적 원리의 융합이 표현되고 있다.

혀 있었다. 그는 자신의 남성다움에 대한 도전이 필요했으며, 이 도전을 통해서 그가 배우게 된 것은 자신의 어린애 같은 상태를 희생시키지 않는다면 그는 고립되고 부끄러움을 느끼게 될 것이란 사실이었다. 이 꿈의 의미를 파악한 후에는 그의 의문이 없어졌다. 그는 이러한 상징적 도식을 체험하게 되었고 이러한 체험을 통해 남을 배척하는 자기중심주의를 버리고 영웅의 형태가 아닌 다른 사람과 관계를 맺으며 인생을 함께 살아가는 것을 받아들이게 된다.

마침내 젊은이는 결혼을 했고 부인과의 관계에서 적절한 충족감을 얻었다. 결혼 후 자신의 능력이 사회에서 장애를 받기는커녕 결혼은 오히려 자신의 능력을 북돋아 주었다.

어머니나 아버지에게서 받는 눈에 보이지 않는 영향이 결혼식 면사포 뒤에 숨어 있으리라는 신경증적 공포를 떠나서라도, 정상적인 젊은이에게도 결혼식이 두려움을 안겨 주는 대상이 될 이유는 충분히 있다. 결혼의식은 본질적으로는 여성의 성인의식이며 남자의 입장에서는 단지 정복하는 영웅이라고 밖에 느끼지 못한다. 이러한 공포에 대항하는 의식으로 부족사회에서 신부를 유괴하거나 겁탈하는 의식이 있다는 것은 그리 놀라운 일이 아니다. 남자들이 결혼의 책임을 떠맡게 되고 자신의 배우자에게 순종해야 될 바로 그 순간에 일어나는 이러한 겁탈이나 유괴는 남자들로 하여금 마지막 남은 그들의 영웅적인 역할에 매달리게 해주는 것이다.

결혼이란 주제는 아주 보편적인 것인 만큼 이보다 더욱 깊은 의미를 가지고 있다. 결혼이 실제로 한 명의 아내를 얻는 것과 마찬가지로 남성 자신의 내부에 존재하는 여성적인 요소를 상징적으로 받아들이고 또한 상징적으로 발견하는 과정인 것이며, 이는 심지어 필수적인 것이라고 말할 수 있다. 따라서 남성은 어떤 나이에서나 적절한 자극만 받는다면 이 원형, 즉 자신 속에 있는 여성적인 요소를 발견할 수 있게 된다.

그러나 여성이라고 해서 모두가 결혼한 상태를 무조건 믿고 받아들이는 것은 아니다. 어떤 여자 환자가 있었는데 그녀는 직업에 대한 포부가 컸으나 결혼때문에 그 포부를 포기해야 했다. 그 결혼도 아주 힘들어서 얼마 안 가 파탄에 이르게 되었다. 그녀는 꿈을 꾸었는데 남자의 반대편에서 무릎을 꿇고 있었고 그 남자 역시 무릎을 꿇고 있었다. 남자는 그녀를 위해서 준비한 반지를 하나 들고 있었다. 그런데, 그녀는 아주 긴장된 상태에서 오른쪽 반지끼는 손가락을 내밀었는데 이것은 분명히 결혼의 합일의 식을 거역하는 일이었다.

그녀의 중요한 실수를 지적하는 것은 어려운 일이 아니었다. 왼손가락을 내미는 대신(그랬다면 남성의 원리에 대한 균형 있고 자연스러운 관계를 받아들일 수 있었을 것인데) 그녀는 자기가 남성에게 바쳐야 하는 것은 자신의 의식적인 주체(즉 오른손을 바치는 것)라는 그릇된 생각을 하고 있었다. 실제로 결혼은 그녀에게 그녀의 잠재적인 자연스러운(즉 왼쪽의) 부분만을 자신의 남편과 함께 나누기를 요구하고 있었다. '결합의 법칙'이란 문자 그대로의 절대적인 의미가 아니라 단지 상징적인 의미를 갖는 것이었다. 그녀의 두려움은 강력한 가부장제적 결혼 때문에 그녀의 주체를 잃어버리지는 않을까 하는 여성적인 공포에서 나온 것이었다. 그러므로 그녀가 이에 대하여 저항감을 갖게 될 충분한 이유가 있는 것이다.

그러면서도 원형적 형태를 갖춘 성스러운 결혼은 여성의 심리에 특별히 중요한 의미가 있다. 이 성스러운 결혼에 대비해서 여성들은 청춘기에 성인화의 성격을 띤 예비적인 시련을 통해서 미리 준비를 하고 있는 것이다.

미녀와 야수

오늘날 우리 사회의 소녀들은 남성 영웅신화에서도 한몫을 하고 있다. 왜냐하면 소년과 마찬가지로 소녀도 확고한 자아의 주체를 발전시켜야 하고 똑같은 교육을 받기 때문이다. 그러나 그들의 감정 표면에 떠오르는 보다 오래된 마음의 층이 있는데 이것은 소녀가 남성을 모방하는 것이 아니라 여성이 되게 하는 목적을 지니고 있다. 아주 옛적부터 전해 내려오는 이러한 마음의 층이 밖으로 나타나면 여성은 그것을 억압시켜 버린다. 그것은 현대 여성의 특권처럼 되어 있는 남성과 경쟁할 수 있는 기회 또는 남성과 동등한 자격으로 우정을 맺을 수 있는 기회가 단절되지 않을까 두려워하기 때문이다.

이러한 억압이 성공적으로 이루어지는 얼마 동안은, 그녀가 학교 혹은 대학의 학업 과정에서 배운 남성의 지적 목표와의 동일시를 유지하게 될 것이다.

비록 결혼을 해서 어머니가 되어야 한다는 절대적인 명령을 따라 결혼의 원형archetype of marriage에 표면상 복종하면서도 어느 정도 자유에의 환상을 지속할 것이다. 오늘날 여성에서 흔히 볼 수 있듯이, 아주 고통스러운 방법(이 고통이 결국은 보상을 받게 되지만)으로 자신 속에 파묻혀 버린 여성다움을 마침내 재발견하는 그러한 갈등이 일어날 수 있다.

나는 그 예를 한 젊은 부인에게서 직접 경험했다. 그녀는 주위의 가족들의 기대 때문에 하나나 둘 정도의 아기를 가져보려고 노력했으나 아직 갖지 못했다. 그러는 동안 그녀의 성적인 반응은 점점 불만스럽게 되어 갔다. 그 사실은 그녀와 남편을 초조하게 만들었지만 이를 무어라고 설명할 수 없었다. 그녀는 명문여자대학을 우등으로 졸업했으며 남편 및 다른 남자들과도 지적인 교제를 재미있게 해왔다. 그녀의 생활 중 이러한 지적인 면은 대개 잘 지나갔지만, 때때로 갑자기 화를 내며 공격적인 태도로 말을 하는 성격 때문에 결국은 남자들과 멀어지게 되었으며, 자신에 대해서도 참을 수 없는 불만을 갖게 되었다.

당시 그녀는 한 꿈을 꾸었는데 아주 귀중한 꿈일 것 같아 그 꿈을 이해하기 위해 전문가의 도움을 구했다. 그 꿈의 내용은 다음과 같다.

그녀는 자기와 비슷한 여자들과 함께 줄을 지어 서 있었다. 그녀는 그들이 나아가려고 하는 쪽을 멀리 바라보고 있었는데 여자들이 줄의 선두에만 나가게 되면 하나씩 단두대에서 목이 달아나게 되는 것을 보았다. 그녀는 아무런 두려움도 없이 그냥 줄에 서 있었는데 마치 자기 차례가 오게 되면 기꺼이 목이 달아나는 것을 받아들이려는 태도였다.

나는 이 꿈이 그녀가 '머리로만(지적으로만) 사는 태도'를 포기할 준비가 되어 있다는 것을 의미한다고 설명해 주었다. 또한 그녀가 자연스러운 성적 만족을 얻고, 어머니로서의 생물학적인 역할을 충분히 하려면, 그녀의 육체를 자유롭게 하는 것을 배워야 한다고 설명해 주었다. 이 꿈은 결정적인 변화를 일으켜야 할 필요성이 있음을 가르쳐 준 꿈이며, 그녀는 '남성적'인 영웅의 역할을 희생시켜야만 했다.

예측한 대로 교양 있는 이 부인은 지적인 수준에서 나의 해석을 받아들이는 데 큰 어려움이 없었고 좀 더 순종적인 여자로 바꿔보려고 노력하기 시작했다. 곧 그녀의 애정생활이 개선되었고 아주 귀여운 두 아이의 어머니가 되었다. 자기 자신을 점점 더 잘 알게 되면서, 남성(또는 여성 속에 남성처럼 훈련된 마음의 부분)에게 있어서 인생이란 마치 영웅적인 의지에서 나오는 행동처럼 폭풍에 휩싸일 수가 있으나, 여성에게 있어서는 자신을 바로 느끼는 경우에만 인생이 깨달음의 과정을 밟아서 가장 잘 실현될 수 있음을 알기 시작했다.

이런 종류의 깨달음을 보여주는 보편적인 신화를 〈미녀와 야수〉*Beauty and the Beast*의 민담에서 찾아볼 수 있다. 이 이야기 중 가장 잘 알려진 대목은, 네 명의 딸 중에 가장 어린 미녀가 사심 없는 착함 때문에 어떻게 아버지의 사랑을 가장 많이 받게 되는가 하는 이야기다. 다른 딸들은 아버지에게 아주 비싼 선물을 요구했으나, 그녀는 아버지에게 오직 흰 장미 한 송이만을 요구했다. 그녀는 단지 자신의 내면적인 진실감만을 믿고 있을 뿐이다. 그녀는 자신이 아버지의 생명과 아버지와의 이상적인 관계를 위태롭게 한다는 것을 전혀 모른다. 왜냐하면 아버지는 야수에 의해서 마술이 걸려 있는 정원에서 딸에게 줄 흰 장미를 몰래 꺾어 오게 되는데, 야수는 이 때문에 잔뜩 화가 나서 아버지에게 석달 안에 벌을 받으러 오라고 요구하는 것이다. 아마도 그 벌이란 죽음을 의미한 것일 것이다(아버지가 선물을 가지고 집으로 돌아가게 해 주고 벌을 나중에 준다고 말한 일, 특히 그가 집에 도착할 때 야수가 황금이 가득 찬 트렁크를 함께 보낸 일들은 야수답지 않은 행동이다. 미녀의 아버지가 말한 것처럼 야수는 잔인하면서 동시에 친절한 것 같다).[13]

미녀는 자기가 자진해서 아버지의 벌을 받겠다고 하고 석달 후 마술이 걸린 성으로 돌아온다. 그 성에서 미녀는 아름다운 방 하나를 얻고 야수가 이따금씩 찾아오는 일 외에는 전혀 근심이나 공포를 느끼지 않는다. 야수는 찾아올 때마다 언제 자기와 결혼해 줄 것인가를 계속 묻는다. 미녀는 그때마다 거절을 한다. 그런데 마술거울에 그녀의 아버지가 앓아 누워 있는 것을 보고는, 일주일 이내에 되돌아오겠다는 약속을 하고 아버지를 돌볼 수 있게 집에 돌려 보내줄 것을 간청한다. 야수는 그녀에게 만약 그녀가 자기를 버리면 자기는 죽게 될 것이라고 말하면서 일주일 동안 다녀올 것을 허락한다.

집에서 그녀의 상냥한 존재는 아버지에게 즐거움을 가져다주었고 언니들에겐 질투의 대상이 된다. 언니들은 미녀가 약속한 날보다 늦게 가게 하려고 계략을 꾸민다. 마침내 미녀는 야수가 실의에 빠져서 죽게 되는 꿈을 꾼다. 그때야 그녀가 너무 지체했음을 깨닫고는 그를 다시 살리기 위해 야수에게 돌아온다.

죽어가는 야수가 추하게 생겼다는 것도 까맣게 잊어버린 채 미녀는 야수에게 정성을 다한다. 야수는 미녀에게 그녀가 없었다면 살 수 없었을 것이라고 말하며, 이제 그녀가 돌아와서 그는 기쁜 마음으로 죽을 수 있을 것이라고 말한다. 그러나 이번엔 미녀가 야수 없이는 살 수 없게 되고 그를 사랑하게 되었다는 것을 깨닫게 된다. 이러한 자신의 심정을 야수에게 말하면서 그가 죽지만 않는다면 그의 아내가 되겠다고 약속한다. 그 순간 마술의 성은 환한 광채

프랑스의 장 콕토Jean Cocteau가 감독한 영화 〈미녀와 야수〉 *Beauty and the Beast*의 세 장면(1946년 제작).

미녀의 아버지가 야수의 정원에서 흰 장미를 훔치다가 잡히는 ➜ 장면이다.(위쪽)

야수가 죽어가고 있다.(가운데)

야수가 왕자로 변하여 미녀와 함께 산책하고 있다. 이 이야기는 어린 소녀의 성인식을 상징하는 것이라고 할 수 있다. 즉 그녀가 자기 본성의 성애적이며 동물적인 면과 화해를 하기 위해서는 아버지와의 유대로부터 해방이 되어야 된다는 의미를 갖는다. 이것이 성취될 때까지 그녀는 남자와 진정한 관계를 맺을 수 없다.(아래쪽)

와 음악소리로 가득 차면서 야수는 사라진다. 야수 대신에 나타난 것은 아주 잘생긴 왕자로 그는 마녀의 마술에 걸려 야수로 변신하게 되었다고 말한다. 왕자에게 걸린 마술의 주문은 아름다운 소녀가 오로지 야수의 착함을 보고 야수를 사랑하게 되어야 풀리는 것이었다.

이 이야기에 나타나는 상징을 풀어 본다면, 우리는 그 미녀가 어린 소녀였든 또는 부인이었든, 자기 아버지와 감정적인 결속을 이루어 그 영적인 특성 때문에 점점 더 빠져 들어가게 되는 여성의 대표적 인물이라 볼 수가 있다. 그녀의 착함은 그녀가 아버지에게 흰 장미를 구해 주기를 바라는 것으로 상징화되지만, 그 숨은 의미를 살펴보면 그녀의 무의식적인 의도는 그녀의 아버지와 자신을 단지 선의만이 아니라 잔인성과 친절이 함께 뒤섞인 어떤 원리에(여기서는 야수의 특성을 의미함) 맡겨 버리려는 것이라 할 수 있다. 마치 그녀는 지나치게 정숙하면서도 비현실적 태도에 그녀를 붙들어 두는 사랑으로부터 구제받기를 원하고 있었던 듯하다.

야수를 사랑하게 됨으로써 그녀는 동물적이긴 하지만(따라서 불완전한) 순수하게 성적인 형태 속에 감추어진 인간적인 사랑의 힘을 깨닫게 된다. 아마도 이것은 어떤 진정한 연계성의 기능을 그녀에게 깨닫게 해준 것을 말하는 것 같다. 이 참된 기능은 그녀가 근친상간에 대한 공포 때문에 억압되어 온 성적 욕망을 받아들일 수 있게 해준다. 말하자면 그녀는 아버지를 떠나기 위해서 근친상간에 대한 공포를 받아들여야 했고 그 공포를 느끼면서 환상 속에서 살아야 했다. 그러다가 그녀가 동물 같은 남자를 알게 되었고, 그 동물 같은 남자에게서 그녀가 여자로서의 진정한 반응을 알게 될 때까지 그 관계는 계속되었다.

이러한 방법으로 그녀는 억압된 힘으로부터 그녀 자신과 그녀 속에 존재하는 남성상을 구제하게 되고, 자신의 사랑이 글자 그대로 영혼과 자연을 결합시켜 주는 어떤 관계라는 사실을 믿게 하는 자신의 능력을 깨닫게 되는 것이다.

억압에서 풀려난 어떤 부인 환자에게서도 이런 근친상간의 공포를 없애 줄 필요성을 나타낸 꿈이 있었다. 그러나 이 환자의 생각으로는 이 근친상간에 대한 공포가 아주 현실적인 공포였다. 왜냐하면 어머니가 돌아가신 후 아버지는 딸(환자)에게 지나치게 친밀한 애정을 나타냈기 때문이다. 그녀는 사나운 황소에게 쫓기는 꿈을 꾸었는데 처음엔 달아났으나 곧 달아나는 것이 아무 소용 없음을 깨닫는다. 그녀는 마치 황소가 자기를 짓누르는 것처럼 느꼈다. 그때 그녀는 유일한 희망(황소에게서 달아날 수 있는 희망)은 황소를 위해서 노래를 불러 주는 것이라는 것을 알고 떨리는 목소리로 노래를 불러 주자 황소는 진정하고 혓바닥으로 그녀의 손을 핥기 시작했다. 이 해석을 보면 그녀는 이제 남성에 대해 좀 더 자신 있게 여성다운 관계를 맺을 수 있음을 알게 되었는데, 이러한 관계란 반드시 성적인 면에서 만이 아니라 의식적인 동일성에 이르기까지의 아주 광범위한 애정 관계를 의미한다.

그러나 나이 많은 여성의 경우는 야수라는 주제가 아버지에 대한 개인적이며 병적인 애착에 대한 해결책을 찾는다거나, 성적인 억압에서의 해방을 나타내는 것은 아니다. 또한 그 주제는 정신분석학적으로 사고를 하는 합리주의자가 신화 속에서 보고자 하는 일들을 가리키는 것도 아니다. 사실상 주제는 그 여성의 성인화 가운데의 하나를 나타낸다. 그것은 폐경기에도 청춘기의 절정기와 똑같은 의미를 가진다. 그리고 영혼과 자연의 결합이 장애를 받게 되는 것은 어떤 연령층에서도 나타날 수 있다.

폐경기에 있는 여성이 다음과 같은 꿈을 가져왔다.

> 나는 이름조차 전혀 알 수 없고 잘 아는 사이가 아닌 몇 사람과 함께 있다. 우리는 낯선 집에서 함께 계단을 내려가는데 갑자기 우습게 생긴 유인원과 부딪치게 되었다. 그 유인원은 회색과 검은색 고리가 달린 털옷을 입고, 꼬리가 달렸고 무섭게 생겼으며, 힐끗힐끗 눈짓을 하고 있었다. 우리는 그 유인원들에게 완전히 압도되어 버렸는데 우리가 살아날 수 있는 방법은 놀란다거나 도망친다거나, 그들과 함께 싸우는 것이 아니라 마치 그들에게도 선한 면이 있다는 것을 알게 해 주는 것처럼 인간적으로 다루어야 된다는 느낌이 갑자기 들었다. 그러자 유인원 중의 한 사람이 내게 다가왔고 나는 그가 내 춤의 상대인 양 인사를 하고는 함께 춤을 추기 시작했다.
>
> 조금 뒤에 나는 병을 고치는 초인적인 힘을 얻게 되었는데 마침 거의 빈사 상태에 있는 남자가 하나 있었다. 나는 새의 깃털 같기도 하고 새의 부리 같기도 한 물건을 손에 들고 그것으로 빈사 상태에 있는 사람의 코에 바람을 불어넣어 주자 그는 다시 숨을 쉬기 시작했다.

그녀는 그리 유명하진 않아도 한때는 꽤나 명성을 떨쳤던 일도 있는 작가였다. 결혼하여 아이를 키우는 동안 이 여인은 자신의 창조적인 기능을 소홀히 할 수밖에 없었다. 그 꿈을 꾸었을 당시 그녀는 억지로라도 작품활동을 하려고 노력을 해 왔으며 동시에 자신이 어머니, 부인, 또는 친구로서의 역할을 좀 더 잘할 수 없다는 사실에 대해 무자비할 정도로 스스로를 꾸짖고 있었다. 그 꿈은 비슷한 전환을 겪고 있는 다른 부인들의 관점에서 그녀의 문제점을 제시했는데 꿈에 나타난 바와 같이 그들은 모두 지나치게 높은 의식 수준에서 아주 낮은 곳에 있는 낯선 집으로 내려오고 있는 중이었다. 여기서 우리는 집단 무의식의 의미 있는 면을 밝힐 수 있는 중요한 점을 추측할 수가 있는데, 유인원과 같은 남성적인 원리를 받아들이라는 도전도 있고 또한 원시적인 영웅주기hero cycle의 초기에 우리가 보았던 광대 같은 트릭스터Tricskter상과 같은 것이다.

유인원과 관계를 맺고 그 유인원 속에 있는 착한 면을 끄집어 내어 유인원을 인간화하는 작업은 그녀에게는 그녀가 천성적으로 타고난 창조적인 정신 가운데 예측할 수 없는 어떤 요소를 우선 받아들여야 한다는 것을 의미한다. 이것을 받아들인 후에야 그녀의 인생은 관습적인 속박에서 벗어나 새로운 방법—그녀의 인생의 후반기에 더욱 절실한 방법—으로 작품 활동을 할 수 있게 되었다.

이러한 충동이 창조적인 남성적 원리와 관련이 있다는 것은 두 번째 장면에 잘 나타나고 있다. 그녀가 새의 부리 같은 것으로 빈사상태에 있는 사람의 코에 바람을 불어넣어 주자, 한 남자가 소생하는 장면이다. 이 행위는 성애적인 따스함보다는 영혼이 부활할 필요가 있다는 것을 암시하고 있다. 그것은 전 세계에 널리 알려져 있는 상징성과 같은 것이다. 그 의식적인 행위는 어떤 새로운 일에도 창조적인 생명의 호흡을 불어넣어 준다.

또 다른 한 여인의 꿈이 〈미녀와 야수〉의 '본질적인' 면을 강조하고 있다.

> 용수철처럼 생긴 다리를 가진 노랗고 까만 큰 벌레가 있는데, 창문으로 날아 들어온 것 같기도 하고 누군가 집어던진 것 같기도 하다. 그 벌레는 곧 호랑이처럼 노랗고 까만 줄무늬가 있는 이상한 동물로 변하는데 곰 같기도 하고 거의 사람 같기도 한 발톱을 가지고 있고 얼굴은 뾰족한 것이 늑대 같다. 그 동물은

달려 나가 어린아이들을 해칠 것만 같다. 그날은 일요일 오후인데 조그만 소녀가 순백색으로 성장聖裝을 하고 주일학교에 가는 것이 보인다. 나는 경찰을 불러 도와 달라고 해야 한다.

그러나 그때 그 생물이 반은 부인의 모습으로 반은 동물로 변하는 것을 보게 된다. 그것은 나를 보고 꼬리를 치며 사랑을 받고 싶어 한다. 나는 이 장면이 동화에 나타나는 장면이거나 꿈일 것이라고 느껴 친절하게 대해 주는 것만이 그것을 다시 변형시킬 수 있다고 생각한다. 나는 따뜻하게 안아주려고 했으나 그렇게 할 수가 없어서 그냥 물러서고 만다. 그러나 물러서면서도 나는 그것을 가까이 두고 친해져야겠다는 생각을 하고 언젠가는 키스할 수 있을 것이라는 기분이 든다.

여기서는 먼젓번의 꿈과 다른 상황을 볼 수 있다. 이 여인은 너무 지나치게 자신의 내부에 있는 남성적인 창작 기능에 사로잡혀 왔으며 이 때문에 결국 강박적인 정신 상태가 되어버렸다. 따라서 그녀는 자신의 여성됨을 나타낼 수가 없었고 아내로서의 기능을 자연스럽게 구사할 수가 없었던 것이다(이 꿈의 연상에서 그녀는 "남편이 집에 돌아오면 나의 창작적인 능력은 바닥에 묻혀버리고 지나치게 세밀한 가정주부가 되고 만다"고 말했다). 이 꿈은 나쁜 쪽으로 가버린 그녀의 정신으로 하여금 그녀가 받아들이고 가꾸어 나가야 할 여성으로 전환시키고 있다. 이렇게 함으로써 그녀는 창조적인 지적 관심과 다른 사람들과 따뜻한 관계를 맺게 해주는 본능과의 조화를 잘 이루게 된다. 즉, 인생은 본질적으로 이원적인 원칙이 있다는 사실을 새롭게 받아들여야 한다는 것을 가르쳐 준다. 이원적이라 함은 잔인하나 친절한 것, 또는 위의 부인의 경우에서 볼 수 있듯이 무모할 정도로 모험적이나 동시에 겸손하고 창조적이며 가정적임을 의미한다. 이러한 모순은 고도로 다듬어진 심리적인 자각이 없는 경우에는 조화가 잘 이루어질 수 없다. 물론 그 여인의 꿈속에 나타나는 것처럼 주일학교에 흰옷을 입고 가는 천진난만한 소녀에게는 해가 될 것이다.

그 부인의 꿈이 또 하나 가르쳐 주는 것은 그녀가 지나치게 순진한 그녀의 이미지를 극복해야 할 필요성이 있다는 점이다. 그녀는 서로 대립되는 그녀의 감정을 모두 기꺼이 포용해야 했다. 그것은 마치 야수의 동정 어린 분노를 일깨우지 않고서는 마음의 순수한 흰 장미를 훔쳐다 줄 수가 없었던 아버지를 믿는 그 천진무구함을 포기해야만 했던 미녀의 경우와 마찬가지다.

↑ 화병에 그려져 있는 그림으로 그리스의 신 디오니소스Dionysus가 무아경에 빠져 류트lute를 연주하고 있다. 디오니소스를 숭배하는 열광적인 주신제의 의식은 자연의 신비 속으로 들어가는 성인화를 상징화한 것이다.
※ lute : 14~17세기경의 기타 비슷한 현악기.

오르페우스와 그리스도

〈미녀와 야수〉는 아름다운 이야기이다. 갑자기 나타나서 우리를 경이에 찬 눈으로 보게 하는, 언뜻 보아 그 계층, 그 속성, 그 종자를 알아낼 수 없는 식물 같은 야생화의 이야기다. 이러한 옛이야기에 잠재해 있는 신비스러움은 흔히 더 큰 규모의 역사적인 신화뿐 아니라 의식에도 들어 있어서 여기서 신화가 표현되거나 탄생되는 것이다.

이러한 종류의 정신적인 경험을 적절하게 표현해 주는 의식이나 신화의 예는 디오니소스Dionysus의 그리스-로마 종교와 그의 계승자인 오르페우스Orpheus 종교에서 찾아볼 수 있다. 이 두 종교는 모두 신비의식 또는 비의라고 알려져 있는 뚜렷한 성인의식initiation을 제공해 준다. 그들은 자웅동체의 특성을 가진 신인神人, god-man을 만들어 냈으며, 그는 동물이나 식물에 모두 깊은 이해가 있고 동식물의 비밀을 좌지우지할 수 있다고 생각해 왔다.

디오니소스Dionysus교에는 주신제의 의식이 들어 있는데 이 의식은 인간이 스스로 자신의 동물적인 본성에 빠져 대지인 어머니의 풍부한 능력을 마음껏 체험하게 하는 것이 성인식에 반드시 필요하다는 것을 말해 주고 있다. 디오니소스Dionysus교에서 행하는 통과의례를 유도하는 것은 포도주였다. 이것은 입사 신참자를 본성의 비밀에 밀접하게 인도하는 데 필요한 의식의 상징적인 강화에 쓰였던 것 같다. 여기서 가장 중요한 핵심은 성적 충족의 상징 속에 표현된다. 디오니소스는 신성한 결혼의식을 통하여 아리아드네Ariadne와 결합하는 것이다.

시간이 지남에 따라 디오니소스 의식은 종교적인 감동과 능력을 상실해 갔다. 따라서 거의 동양적인 희구가 나타나게 되었는데 그것은 생명의 사랑에 대해 지니고 있는 지나치게 순수하고 자연스러운 상징적 편견에서 벗어나고자 하는 것이었다. 디오니소스교는 영적인 것에서 육체적인 것으로 끊임없이 이동했으며, 금욕주의자의 눈으로 본다면 너무나 사납고 거칠어 보였을 것이다. 이런 결과는 결국 내적인 종교적 엑스터시ecstasy(망아경)를 오르페우스Orpheus 신봉에서 경험하게끔 하였다.

오르페우스Orpheus는 아마 실재 인물로서 가수이며 예언자이자 또한 교사였는데 순교하여 그의 묘소는 성지가 되었다. 초기 기독교회가 오르페우스에게서 그리스도의 원형을 찾았다는 것은 놀라운 일이 아니다. 양쪽 종교 모두 후기 그리스 사람들에게 미래에 있을 신성한 생활에 대한 약속을 해왔다. 그리스도나 오르페우스나 사랑이면서 거룩한 것의 매개자였으므로 로마제국 시대에 사라져 가는 그리스문화를 지키던 대중들에게 그들은 미래의 생활에 대한

← 디오니소스Dionysus를 숭배하는 메나드Maenads.

동일하게 열광적인 숭배를 하는 사티로스Satyr. →

※ Satyr : 반인반수의 숲의 신으로 디오니소스신의 추종자이다.

간절한 희망을 부여하게 된 것이다.[14)]

그러나 오르페우스Orpheus파와 그리스도교 사이에는 중요한 차이가 하나 있다. 비록 신비한 형태로 승화되긴 했어도 오르페우스 신화는 과거의 디오니소스교의 특성을 그대로 살리고 있다는 점이다. 정신적인 기동력은 반신반인demi-god에서 나오며 그 속에는 농업에 뿌리를 둔 종교의 가장 중요한 특징이 보존되어 있다. 그 특징은 풍요의 제신이 지니고 있는 오랜 형식으로서 사계절에만 나오는 것이다. 다시 말하면 출생, 성장, 완숙과 소멸의 주기를 영원히 되풀이하도록 되어 있는 것이다.

이에 반해서 기독교는 이러한 비의를 버렸다. 그리스도는 한 가부장적 유목민의 전원종교의 산물이며 개혁자였다. 그 예언자들은 그들의 구세주가 절대적으로 신성한 기원을 가진 존재임을 말해 주었다. 하느님의 아들, 그리스도는 비록 동정녀에게서 태어났지만 그 근본은 하늘에 있으며, 하느님이 인간의 모습으로 화신하여 나타난 것이다. 사후에 그는 하늘나라로 되돌아갔다. 영원히 되돌아가서 '죽은 자가 일어나게 되는 재림' 때까지 하느님의 오른편에 자리하게 된다.

물론 초기 기독교의 금욕주의는 오래 계속되지 못했다. 주기적으로 행하는 비의의 경험은 교회가 비의에 젖어 있는 이교도로부터 많은 관례를 받아들이고 통합해야 될 정도로 추종자들을 사로잡았다. 이 중에 가장 의미 있는 것은 그리스도의 부활 축제를 가졌던 성토요일과 부활주일의 행적에 대한 옛날 기록에서 볼 수 있다. 그 대표적인 것은 중세 교회가 적절하고도 의미 깊게 성인의식의 하나로 만들어낸 세례 의식이었다. 그러나 이 의식은 현재 거의 남아 있지 않고 특히 개신교에서는 완전히 결여되어 있다.

이보다 더 잘 보존되어 있고 독실한 신자들에게 그 성인비의成人秘儀의 핵심적인 의미를 주고 있는 것은 성수를 들어올리는 가톨릭교의 제의이다. 다음은 융이 「미사 속의 변환의 상징」Transformation Symbolism in the Mass에서 기술한 것이다. "성배를 공중에 들어올리는 행위는 포도주의 영화靈化, spiritualization를 준비하는 것이다. 이것은 곧 이어서 행해지는 성령Holy Ghost에게 올리는 기도문으로 확인된다. 그 기도문은 포도주에 신성한 정신을 불어넣어 준다. 왜냐하면 바로 생성하고 번성하고 변화하는 것은 성령이기 때문이다. 성배를 올린 다음 그 잔을 성체의 오른편에 두게 되는데 이것은 그리스도의 피가 오른편으로 흘렀던 것과 일치된다."[15)]

성찬의 의식은 디오니소스의 잔을 마시거나 신성

한 그리스도교의 성배를 들어올려 마시거나 어느 쪽이든 어디서나 똑같다. 그러나 그 의식에 참여하는 개인의 인식은 다르다. 디오니소스 의식에 참여하는 사람들은 사물의 기원으로 거슬러 올라가 회고하며 어머니인 대지의 저항하는 자궁에서 순식간에 튀어나온 신의 '폭풍과도 같은 탄생'storm-birth을 회상한다. 폼페이Pompeii에 있는 빌라 드 미스테리Villa dei misteri(신비의 별장)의 벽화에는 정해진 의식에서 입사자에게 사제가 건네준 공포의 탈이 비쳐진 디오니소스의 잔을 들어서 신을 불러낸다. 그리고 대지의 귀한 열매가 담겨 있는 바구니와 번식과 성장의 원리를 표시한 신의 창조적 상징인 음경을 볼 수 있다.

삶과 죽음의 영원한 순회에 초점을 두고 되돌아보는 디오니소스교와는 반대로 기독교의 비의는 미래에 초점을 두고 입사자가 전능한 신과 궁극적으로 결합하고자 하는 희망이 강조된다. 어머니인 자연은 그 아름다운 계절의 변화에도 불구하고 뒷전에 남긴 채 기독교의 핵심적인 모습은 영적인 확신을 제공해 준다. 왜냐하면 그가 하늘에 계신 하느님의 아들이기 때문이다.

그러나 그 둘은 어딘가 오르페우스의 상 안에서 융합하여 디오니소스를 기억하면서 동시에 그리스도 쪽을 향한다. 이런 중간적인 형태가 갖는 심리학

↑ 폼페이의 비적秘跡이 있는 빌라Villa에 프레스코풍으로 묘사된 디오니소스의 의식. 중앙에는 입사자initiate가 디오니소스의 의식에서 컵을 받고 있는데, 그 컵 속에서 뒷편에 걸려 있는 신의 탈이 비치는 것을 들여다보고 있다. 이것은 신의 영혼을 마신다는 상징적인 의미가 있다.(왼쪽부터 오른쪽 위 그림)

↓ 이는 마치 로마 가톨릭 의식에서 미사 중에 성배를 높이 드는 것과 동일한 의미를 갖는다.

적 의미를 스위스 작가 린다 피에르츠-데이비드Linda Fierz-David가 빌라 드 미스테리Villa dei misteri(신비의 별장) 안에 그린 오르페우스 의식에 대한 해설에 적어 놓았다.[16]

"오르페우스는 노래 부르며 칠현금을 켜면서 가르쳤다. 그의 노래는 아주 인상적이고 강력하여 모든 자연을 지배했다. 그가 칠현금을 켜며 노래 부를

↑ 그리스의 꽃병에 그려져 있는 그림으로 트라키아 여인에게 오르페우스Orpheus가 살해되는 장면이다.

← 로마의 모자이크로 오르페우스가 자신의 노래로 동물들을 매혹시키고 있다.

↙ 6세기경의 모자이크로 선한 목자인 그리스도.(왼쪽 아래)

↓ 크라나흐Cranach의 〈자연인의 천진함〉*Natural man's innocence* 이라는 그림으로 오르페우스나 그리스도가 모두 다 인간 본성의 원형을 나타내는 존재라는 것이 반영되어 있다.(아래쪽)

18세기의 프랑스 철학자 루소Rousseau가 "고상한 야만인" noble savage이라는 인물을 제시했다. 고상한 야만인이란 죄악을 모르는 단순한 어린이의 본성을 특징으로 한 인물이다.(왼쪽) →

19세기 미국작가 소로Thoreau가 쓴 책 『월든』*Walden*의 표지. 그는 문명의 영향을 전적으로 배제하고 인생을 자연스럽게 사는 방법을 터득하고 그렇게 살았던 사람이다.(오른쪽)

때, 모든 새가 그의 주위에 날아들었고, 고기떼가 물을 헤치고 나와 그에게 다가왔다. 바람은 자고 바다는 잠잠해졌으며, 강물은 넘쳐서 그에게 흘러왔다. 눈도 내리지 않았고 우박도 내리지 않았다. 초목과 돌이 모두 오르페우스Orpheus를 따랐다. 호랑이와 사자는 양의 뒤로 돌아서 그의 옆에 자리했고, 늑대는 노루와 사슴 다음에 자리잡고 앉았다. 도대체 이런 사실들은 무엇을 의미하는 것일까? 자연 현상의 의미를 신성한 통찰력으로 꿰뚫어 본다면 …… 자연에서 일어나는 일들은 내면에서부터 조화를 이루게 됨을 의미한다는 게 확실하다. 중재자가 예배하는 중에 자연의 빛을 나타낼 때면 모든 자연은 빛이 나고 모든 창조물은 진정되어 조용해진다. 오르페우스는 헌신과 경건함이 구체화되고 체현體現된 사람이다. 그는 모든 갈등을 해소시키는 종교적인 태도의 상징이며 그로 인해 영혼 전체가 갈등이 가로놓인 쪽과는 다른 쪽으로 향하게 된다. …… 그가 이것을 행할 때 그는 진정 오르페우스Orpheus이다. 즉, 좋은 목자, 그의 원시적 체현 ……"

훌륭한 목자이자 중재자로서 오르페우스Orpheus는 디오니소스Dionysus교와 그리스도교 사이의 균형을 맞춰 나간다. 이미 언급한 대로 한쪽은 하계의 순환적 종교이며 다른 쪽은 하늘의 말세가 강조되는 점에서 시간과 공간적인 방향에 대한 다른 입장을 취하지만, 디오니소스Dionysus교와 그리스도교 간에는 서로 비슷한 역할이 있음을 알 수 있기 때문이다. 종교사를 통해 고찰해 본 이상의 일련의 성인화의 사건은 끊임없이 반복되며 실제로 개인의 꿈이나 현대인의 환상 속에도 되풀이되어 나타난다.

극도로 피곤하고 우울증에 빠진 상태에서 분석을 받은 어떤 부인이 다음과 같은 환상을 경험했다.

> 나는 천장이 높고 둥글며 창문이 전혀 없는 방 속에서 길고 좁다란 탁자 옆에 앉아 있었다. 내 몸은 굽어 있고 위축되어 있다. 나의 몸에는 단지 어깨로부터 방바닥까지 걸쳐진 길고 흰 아마로 된 천이 덮여 있을 뿐이다. 뭔가 끔찍한 일이 내게 일어났다. 나의 생명은 얼마 남아 있지 않다. 노란 원반 위에 붉은 십자가가 내 눈에 어른거린다. 생각해 보니 오래전에 어떤 서약을 한 것 같았고 현재 나 자신이 어디에 있든 간에 이 서약을 지켜야 했다. 나는 거기에 오랫동안 앉아 있다.
>
> 다시 가만히 눈을 떠 보니 내 곁에서 나를 치료하려고 하는 한 남자가 보인다. 그는 자연스럽고 친절해 보인다. 그리고 그의 목소리가 들리지는 않지만 그는 내게 말을 하고 있다. 그는 내가 어디에 있었는지 모두 알고 있는 것 같다. 나는 나 자신이 아주 못생겼다는 것을 알고 내 주변에 죽음의 냄새가 가득해지는 것을 느낀다. 나는 그가 쫓겨나지나 않을까 걱정한다. 나는 아주 오랫동안 그를 쳐다본다. 그는 등을 돌리지 않았고 나는 한결 숨쉬기가 편해진다.
>
> 그때 나는 차가운 바람, 아니면 차가운 물이 내 몸 위로 쏟아지는 것같이 느낀다. 나는 그 아마로 된 천을 몸에 두르고 자연수면에 들어갈 준비를 한다. 그 사람의 치료하는 손이 내 어깨 위에 얹혀 있다. 희미하게나마

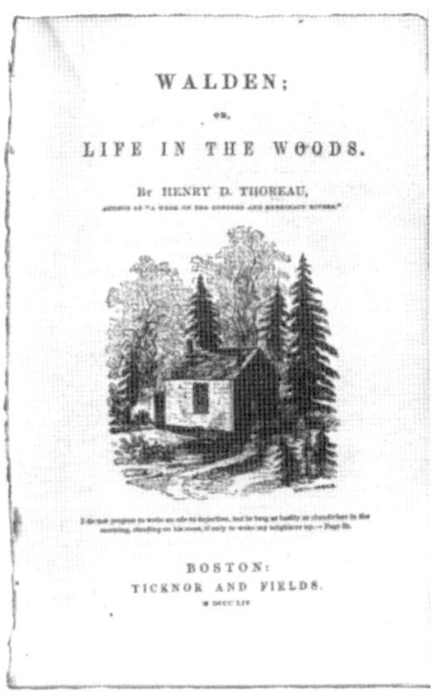
WALDEN;

OR,

LIFE IN THE WOODS.

By HENRY D. THOREAU,

BOSTON:

TICKNOR AND FIELDS.

> 어깨에 상처가 있었다는 것을 기억하나 그의 손의 압력이 나에게 힘을 주고 치유해 주는 것처럼 느낀다.

이 부인은 자신의 원래의 종교적인 입장에 회의를 품고 이에 의하여 위협을 느끼던 적이 있었다. 그녀는 독실한 가톨릭 신자로 커 왔으나 청춘기에 이르러 가족에 의하여 계승된 형식적인 종교 관습에서 자유로워지려고 몸부림쳐 왔다. 그러나 이러한 심리적 변화에도 불구하고 교회에 다니던 때의 상징적인 사건들이나 그 상징의 의미에 대한 풍부한 통찰력이 남아 있었고 나는 이러한 종교적인 상징에 대한 그녀의 지식이 그녀의 분석에 많은 도움을 주는 것을 보았다.

그녀의 환상 속에서 그녀가 가려낸 중요한 요소들은 아마로 된 흰 천과 둥근 천장의 방 그리고 그녀의 서약으로서, 흰 천은 희생적인 옷, 둥근 천장은 무덤을, 그리고 그녀의 서약은 복종의 경험을 연상케 했다. 그녀가 말한 서약은 죽음의 지하납골당으로 향한 위험한 하강이 내포된 성인의식을 암시했으며, 이것은 그녀 자신이 자기 나름대로 하느님을 체험하기 위해서 집과 교회를 떠난 것을 상징하는 것이다. 그녀는 진정으로 상징적인 의미에서 '그리스도 모방'을 수행했으며, 그리스도와 마찬가지로 그가 죽기 전에 얻은 상처의 고통을 맛보았다.

그 제물을 덮은 천은 십자가에 못박힌 그리스도가 싸여져 무덤 속에 안장된 수의를 암시했다. 환상의 마지막 부분에 치료를 해주는 인물이 도입되는데 그 인물은 그녀의 분석가인 나를 막연하게 연상케 하는 것이지만 또한 그녀의 경험을 잘 알고 있는 친구로서 자연스러운 역할을 하는 사람으로 나타난다. 그는 그녀에게 말을 하나 그녀는 이를 듣지 못한다. 그러나 그의 손은 어떤 확신을 주며 치료하는 뜻을 알게 해 준다. 이 인물에게서 느낄 수 있는 것은 중재자로서의 좋은 목자, 즉 오르페우스Orpheus 혹은 그리스도이며 또한 물론 치료자로서의 느낌이다. 그는 생명이 있는 쪽에 서서 그녀로 하여금 죽음의 공포에서 해방될 것을 믿게 해주는 존재이다.

이것을 재생 또는 부활이라고 할 수 있을까? 아마 양쪽 다일 수도 있고 아닐 수도 있을 것이다. 마지막에 가서야 주요 의식이 그 모습을 드러내게 된다. 즉, 그녀의 몸 전체에 흘러내리는 시원한 미풍이나 물은 원초적 정화의 행위이거나 죽음의 죄를 깨끗하게 씻어주는 것을 의미하며, 이것이 바로 진정한 의미에서 세례의 정수라 할 수 있다.

같은 부인에게 또 다른 환상이 있었다. 그것은 자신의 생일이 그리스도의 부활과 일치된다는 느낌의 환상이었다(이것은 그녀의 어머니에 대한 추억보다 훨씬 더 의미가 깊은 것이다. 왜냐하면 어머니는 그녀가 어린 시절에 생일 때마다 그토록 바라던 자신감이나 재생의 느낌을 갖도록 해준 적이 없었기 때문이다). 그러나 이런 사실이 반드시 그녀 자신이 그리스도와 동일시했다는 것을 의미하는 것은 아니었다. 그리스도에겐 능력과 영광이 있지만 무언가 아쉬운 데가 있었다. 그녀는 기도를 하면서 그리스도에게 가까워지려 했지만 그리스도와 그리스도의 십자가는 하늘 높이 올라가 버려 그녀의 인간적인 힘으로는 도저히 미칠 수가 없었다.

두 번째 환상에서 그녀는 떠오르는 태양으로서의 재생의 상징으로 되돌아간다. 그리하여 새로운 여성적 상징이 그 모습을 드러내게 되었다. 무엇보다도 먼저 그것은 물주머니 속에 들어 있는 태아로 나타났다. 그녀는 여덟 살 된 소년을 물속으로 데리고 가 "위험표지선을 넘어섰다." 그 후 새로운 변화가 일어나 그녀는 더 이상 죽음의 공포나 영향을 받지 않는다. 그녀는 "숲 속에서 조그만 샘물 곁에 앉아 있었으며 …… 주위엔 푸른 포도나무가 자라고 있었다. 내 손엔 돌그릇이 쥐여져 있었고, 그 속엔 샘물과 푸른 이끼와 오랑캐꽃이 담겨 있었다. 나는 폭포 아래에서 몸을 씻었다. 그 폭포물의 색은 금빛이었으며, 비단 같았고 나는 마치 어린애처럼 느껴졌다."

비록 이렇게 변화되는 많은 영상에 대한 숨은 묘사 가운데서 내적인 의미를 보지 못할 가능성이 있다 하더라도 이런 일들의 의미는 분명하다. 여기서 우리는 재생의 과정을 보는 것 같다. 그 과정 속에서 더 큰 영적인 자기가 재생되며 자연 속에서 어린이로 세례를 받는다. 그러는 동안 그녀는 좀 나이를 먹은 어린이를 한 명 구출했는데 그 아이는 어떤 면에서 보면 그녀 자신의 어린 시절, 가장 상처받기 쉬운 시기의 그녀의 자아였다고 볼 수 있다. 그때 그녀는 나이 든 어린이를 데리고 물속을 지나 위험표지선을 통과했는데 이것은 만약 그녀가 그녀 가족의 전통적인 종교로부터 너무 멀리 떠난다면 죄의식 때문에 공포를 느낄 것임을 나타낸다. 그러나 종교적인 상징성이란 상징이 없는 경우에도 의미가 있다. 모든 만물이 자연의 손아귀에 들어 있으므로 우리는 승천한 그리스도보다도 목자인 오르페우스Orpheus의 영역 내에 있다고 볼 수 있다.

또 다른 꿈이 다음과 같은 순서로 뒤따랐는데 그 꿈은 그녀를 한 교회로 인도했고 그 교회는 지오토Giotto가 그린 성 프란시스의 벽화가 있는 아시지Assisi의 교회와 비슷했다. 그녀는 여기에서 어떤 다른 교회보다도 더 편안함을 느꼈다. 그 이유는 오르페우스Orpheus와 마찬가지로 성 프란시스도 자연을 숭배하는 종교인이었기 때문이었다. 이때 종교적인 관계를 변화하려던 그녀의 느낌이 되살아나게 됐다. 과거에는 이러한 감정을 견디기 어려웠지만 지금은 자연의 빛에 힘입어 즐겁게 이런 경험을 받아들일 수 있다고 믿었다.

↑ 황소를 제물로 희생시키고 있는 페르시아의 신 미트라Mithras. (위쪽) 그 희생은 디오니소스 의식의 일부분으로도 나타나는데 자신의 동물적 본성에 대한 영혼의 승리를 상징한다고 볼 수 있다. 이 동물적 본성은 흔히 황소로 상징된다(이것은 어떤 나라에서 투우가 성행되는 것을 설명해 준다). (아래쪽)

이러한 일련의 꿈은 디오니소스Dionysus교의 아련한 메아리로 끝났다(이것은 오르페우스조차도 때때로 인간의 내부에 동물-신animal-god을 만들어 낼 수 있는 능력으로부터 아주 거리가 먼 것일 수 있다는 것을 상기시켜주는 것이다). 그녀는 금발머리 어린이의 손을 잡고 가는 꿈을 꾸었다.

"우리는 사방에 태양과 숲과 꽃으로 둘러싸여 있는 축제에 흥겹게 참가하고 있다. 그 어린이는 손에 조그마한 하얀 꽃을 들고 그 꽃을 검은 황소의 머리 위에 올려 놓는다. 그 황소는 축제의 일부분이며 축제의 장식으로 덮여 있다." 이것은 마치 황소의 탈을 쓰고 디오니소스를 축복하는 고대의식을 상기시킨다.

꿈은 여기서 끝나지 않았다. 여인은 "조금 후에 그 황소는 금빛 화살에 맞아 관통된다"고 덧붙였다. 디오니소스Dionysus뿐 아니라 황소가 상징적인 역할을 하는 것은 기독교 이전의 의식에도 있었다. 페르시아의 태양신 미트라Mithras도 황소를 제물로 삼는다. 오르페우스Orpheus와 마찬가지로 미트라도 인간의 원시적이고도 동물적인 정열을 극복하고 성인식이 끝난 후에 자신에게 평화를 가져다 줄 영적인 생활을 갈망하고 있음을 보여 준다.

이 일련의 이미지는 이런 부류의 많은 환상이나 꿈에서 볼 수 있는 다음과 같은 암시, 즉 영원한 평화나 안식은 존재하지 않는다는 것을 알려주고 있다. 남성과 여성이 종교적인 추구를 하는 데 있어—특히 현대 서구의 기독교화된 사회에 살고 있는 사람들—이들은 아직도 그들 내부에 패권을 쥐고 있는 초기의 전통적인 사고방식의 영향 아래 있다. 그것은 이교도가 될 것인가 아니면 기독교인이 될 것인가 하는 갈등—다시 말하면 재생rebirth이냐 부활resurrection이냐의 갈등—이라 할 수 있다.

이러한 모순을 해결할 수 있는 좀 더 직접적인 실마리가 그녀의 첫 번째 꿈, 즉 자칫 간과해 버릴 수도 있는 흥미 있는 한 토막의 상징에서 발견된다. 그녀는 지하 납골당 안의 황금원반 위에 있는 붉은 십자가를 보았다고 말했다. 그녀의 분석 중 나중에 안 일이지만 그 당시 그녀는 심각한 정신적 변화를 체험할 단계에 있었으며, 이러한 '죽음'에서 빠져나와 새로운 삶으로 나아가려던 참이었다. 따라서 그녀가 인생의 절망적인 상태에서 경험했던 이러한 이미지는 어떤 면에서 보면 그녀의 미래의 종교적인 태도를 예고해 주는 것이라고 상상할 수 있다. 그 후의 분석에서 그녀는 붉은 십자가는 기독교적인 태도에 대한 헌신을 나타내고, 황금접시는 기독교 이전의 신비종교에 대한 헌신을 나타낸다는 증거를 제시했다. 그녀의 환상은 그녀에게 앞으로 펼쳐질 새로운 인생이 기독교적인 요소와 이교도적인 요소를 잘 조화시켜야 한다는 것을 자신에게 얘기해 준 것이다.

마지막으로 중요한 관찰은 고대의 성인의식과 그

← 1935년 피카소의 판화로 미노타우로스Minotauros에게 위협을 받고 있는 소녀를 묘사한 것. 테세우스Theseus의 신화와 마찬가지로 여기서도 남성의 절제심 없는 본능적인 힘을 상징한다.

의식의 기독교와의 관계에 관한 것이다.

엘레우시스 비의Eleusinian mysteries에서 거행되는 성인의식은(이것은 데메테르Demeter와 페르세포네 Persephone라는 풍요신을 숭배하는 의식이다) 인생을 좀 더 풍요롭게 살려고 애쓰는 사람들에게만 적용된 게 아니라 마치 죽음도 같은 종류의 성인화를 통한 통과의식을 필요로 하듯이 죽음을 준비하는 과정에서도 이용되었다.

에스킬리노Esquiline 언덕의 콜룸바리움Columbarium 근처에 있는 로마시대의 무덤에서 발견된 유물 항아리에 성인의식의 마지막 단계에 해당되는 장면을 보여주는 선명한 부조가 있는데 성인의식의 신참자가 여신 앞에 나아가서 대화하는 장면이다. 그 부조의 나머지 부분은 정화를 목적으로 한 두 종류의 예비 의식으로 하나는 '신비의 돼지'를 희생시키는 것, 또 하나는 성혼례를 신비화한 장면이다. 이 모두가 죽음에 이르는 성인화 과정을 가리키지만 애도하는 마지막 대목의 형식이 빠져 있다. 이것은 후기의 비의적 요소—특히 오르피즘Orphism의 요소들—를 암시하며 그것은 죽음으로 하여금 불사의 약속을 지니게 하는 것이다. 기독교는 한 걸음 더 전진하였다. 기독교는 불사 이상의 것을 약속해주었다(순환의 신비 cyclic mysteries라는 낡은 의미에서 볼 때 이것은 단순히 환생을 의미한다). 왜냐하면 기독교는 천국에서의 영생을 약속했기 때문이다.[17]

그리하여 우리는 다시금 과거의 양상이 현대생활에서 되풀이되는 경향을 보게 된다. 죽음을 맞이하는 방법을 배워야 하는 사람들은 우리가 한때 삶에 대한 준비를 배운 것과 마찬가지로 죽음에 대해서도 복종과 겸손의 정신으로 맞이할 준비가 되어 있어야 한다는 옛 교훈을 다시금 음미해야 할 것이다.

초월의 상징들

많은 사람에게 영향을 미치고 있는 여러 상징은 그 목적이 모두 다르다. 어떤 사람은 자극이 필요하며 디오니소스Dionysus의 '뇌우雷雨의식'처럼 격렬한 성인화를 경험한다. 또 다른 사람에겐 억제가 필요하다. 이들은 후기 그리스의 아폴론Apolon 종교가 시사하듯이 사원 경내, 혹은 성스러운 동굴의 정해진 계획에 몸을 맡기게 된다. 고대 문헌자료나 현재 살아 있는 대상에서 볼 수 있듯이 완전한 성인의식은 이 두 가지 주제를 모두 포괄하고 있다. 그러나 성인화의 궁극적인 목적이 트릭스터Trickster 같은 난폭함을 길들이는 데 있다는 것은 확실하다. 그러므로 성인화는 이 과정을 자극하기 위해서 거친 의식을 필요로 하지만 개화시키고 마음을 정화시키려는 데 목적이 있다.

그러나 다른 종류의 상징도 있는데 이것은 가장 초기부터 알려진 신성한 전통에 속하며 이 역시 한 개인의 인생의 전환기와 관련된다. 그러나 이러한 상징들은 입사入社신참자를 어떤 종교의 교리나 세속적인 단체의 집단의식에 묶어 버리려는 것은 아니다. 반대로 이 상징들은 지나치게 미숙하고 완고하거나 단정적인 청소년 기질이 지닌 상태에서 해방되려는 인간의 욕구를 겨냥하고 있다. 다시 말하면 인간이 그 성장과정에서 좀 더 높고 성숙한 관계를 향해 나아갈 때 그것을 제약하는 존재양식으로부터 해방 또는 이를 초월하는 데 관심을 두고 있는 것이다.

이미 말한 바와 같이 어린이는 완성의 의미를 갖고 있지만 이것은 자아의식이 나타나기 전의 이야기다. 어른의 경우에서는 완성의 의미는 의식과 무의식이 융합되어야만 성취될 수 있다. 이러한 의식과 무의식의 융합을 통해 융이 말한 바와 같은 '정신의 초월기능'이 나타나며, 이러한 '정신의 초월기능'은 인간의 가장 궁극적인 목표—즉 각자의 자기Self가 지닌 잠재력의 온전한 실현—를 성취할 수 있다.[18)]

따라서 우리가 이른바 "초월의 상징"이라 부르는 것은 이 목표를 성취하기 위한 인간의 지향을 나타내는 것들이다. 그 상징들은 무의식적인 내용이 의식 속에 들어갈 수 있게 하는 수단을 마련해주는 것이며, 또한 상징 그 자체가 이러한 내용의 적극적인 표현인 것이다.

이러한 상징은 그 형태가 아주 다양하다. 우리가 그것들을 과거의 역사 속에서 만나든, 현대에 살며 인생의 중요한 시기를 넘기고 있는 남성과 여성들의 꿈속에서 만나든, 우리는 그 상징이 얼마나 중요한지를 알 수 있다. 이런 상징의 가장 고태적인 수준에서 우리는 또 다시 트릭스터Trickster라는 주제와 만난다. 그러나 이때 쯤이면 트릭스터의 주제는 더 이상 무법자로서의 미래의 영웅으로 등장하지 않는다. 그는 이미 샤먼shaman—주술사medicine man—이 되어 있으며, 그의 주술과 번뜩이는 직관이 그에게 원시시대의 성인화의 대가master of initiation의 징표를 찍어준다. 그의 힘은 그가 육체를 떠나 새가 되어 우주를 날아가는 가상적인 능력에 자리하고 있다.

이 경우에 새는 초월의 상징으로 가장 적합한 동물이다. 새는 하나의 '영매'의 작용을 통해 일어나는 직관의 특성을 나타낸다. 영매란 인간이 황홀경 비슷한 상태에 빠짐으로써 멀리 떨어진 곳에서 일어난 일도 알아내거나 자신이 의식적으로는 전혀 모르는 일에 대해서도 알 수 있는 사람이다.

이런 능력의 증거는 구석기시대까지 거슬러 올라가서 발견된다. 미국 학자 조셉 캠벨Joseph Campbell이 최근 프랑스에서 발견한 유명한 동굴벽화에 관한 글에서 이를 지적하였다. 그는 라스코Lascaux에서 다음과 같이 썼다.

"벽화는 한 샤먼이 황홀경에 빠친 채 새 모양을 한 탈을 쓰고 새가 나무 막대기 위에 앉아 있는 그림이었다. 시베리아의 샤먼은 오늘날에도 이러한 새의 의상을 입고 있다. 그 샤먼들은 새의 후예인 그들의 어머니로부터 태어났다고 믿고 있다. …… 그런데, 그 샤먼은 흔히 볼 수 있는 주민일뿐 아니라 우리가 깨어 있을 때는 볼 수가 없는 힘의 왕국의 후예들이다. 누구나 환상 속에서는 잠깐 동안 가 볼 수 있지만 그 왕국을 거닐 수 있는 것은 대가大家, master뿐이다."[19)]

마술이 진실한 영적 통찰력을 대치하는 사기꾼들과는 거리가 먼, 가장 높은 수준의 성인화 작업은 힌두의 요가 수행자에서 볼 수 있다. 그들은 황홀의 경지에서 그들의 정상적인 사색의 범주를 훨씬 넘어설

← 새나 샤먼(원시적인 주의)은 모두 다 초월의 흔한 상징들이며 대개 함께 나타난다. 라스코Lascaux에 있는 선사시대의 동굴벽화는 새의 탈을 쓴 샤먼을 보여주고 있다.

수 있다.

초월을 통한 해방감을 나타내는 이런 형태의 가장 보편적인 꿈의 상징의 하나는 외로운 여행이나 순례의 주제이다. 이것은 성인의식의 신참자가 죽음의 본질에 익숙해지도록 해주는 영적인 순례를 닮았다. 그러나 이것은 최후의 심판으로서의 죽음도 아니며 힘을 시험하는 성인화의 시련도 아니다. 그것은 어떤 연민의 정신으로 통괄되고 육성되는 해방과 포기와 속죄의 여행인 것이다. 이러한 정신은 흔히 성인화의 "대가"(남성)master보다는 "여왕"mistress으로 표현되는 경우가 많은데 그것은 중국 불교의 관음이나 그리스도-그노시스Christ-Gnosis교리에 나타나는 소피아Sophia 또는 그리스의 지혜의 여신인 팔라스 아테나Pallas Athena 같은 최고의 여성상, 즉 아니마Anima로 나타난다.

새가 날거나 황야로 여행을 떠나는 일뿐만 아니라 해방을 예시하는 어떤 강력한 움직임도 이러한 상징을 나타낸다. 인생의 초기에 자신이 태어난 가정이나 사회집단에 아직 밀착되어 있을 때, 이 상징은 인간이 삶을 향한 결정적인 첫걸음을 혼자서 내딛는 법을 배우지 않을 수 없는 성인화의 바로 그 순간에 경험될 것이다. 엘리엇T. S. Eliot은 『황무지』*The Waste Land*에서 인간이 직면하는 이런 순간을 다음과 같이 그리고 있다.[20]

> "무서운 용기. 일순의 포기,
> 불혹의 세월도 결코
> 움츠리게 할 수 없느니."

인생의 후반기라 해서 많은 의미가 함축되어 있는 상징들과 모두 관계를 끊고 지낼 필요는 없다. 그런데도 불구하고 인간은 신성한 반항의 정신으로 가득 채워진다. 이것은 모든 자유인에게 새로운 발견을 직시하고, 새로운 방법으로 인생을 살도록 촉구한다. 이러한 심경의 변화는 중년과 노년 사이의 시기에 특히 중요하다. 왜냐하면 이 시기의 사람들은 그들이 은퇴한 후에 무엇을 할 것인지, 즉 일을 할 것인가, 놀 것인가, 아니면 집에 그대로 머물러 있을 것인가, 여행을 떠날 것인가를 깊이 생각하는 시기이기 때문이다.

역시 시베리아 지방에서 볼 수 있는 것으로 ➜ 죽은 샤먼의 창에 막대기를 세우고 그 끝에 새의 모양을 만들어 얹었다.

🡻 시베리아인의 새의 의상을 차려입은 샤먼.

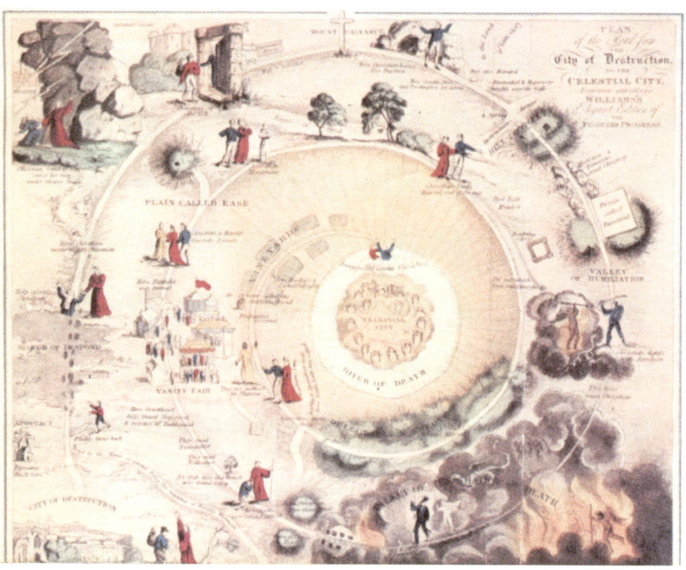

신화나 꿈속에서 일어나는 고독한 여행은 흔히 초월의 의지를 상징한다.

만약 그들이 불안정하며 변화와 모험으로 가득 찬 인생을 살아왔다면 안정된 생활과 종교적인 확신에서 오는 위안을 갈망하게 될 것이다. 그러나 태어날 때부터 사회적인 틀 속에서만 주로 살아왔다면 자유로운 변화를 절실하게 원할 것이다. 그래서 세상을 여기저기 돌아다니거나 아예 작은 집으로 이사해 버림으로써 일시적으로는 만족할 수가 있다. 그러나 그저 꾸며내는 것이 아니라 창조하는 의미에서 옛날 가치관에 대한 내적 초월이 없는 한, 이런 외적인 변화의 어느 것도 새로운 삶의 양식에 이바지하지 못한다.

후자에 해당되는 다음과 같은 예가 있다. 한 여인이 있었다. 그 여인은 그녀의 가족 또는 친구들이 오랫동안 즐겁게 지내온 방식으로 인생을 살아 왔다. 그런 방식의 생활은 뿌리가 깊고 문화적인 배경이 튼튼했으며 그때그때 변하는 사조에 대해서도 위협을 느끼지 않아도 되었기 때문이다. 그녀가 다음과 같은 꿈을 꾸었다.

나는 이상하게 생긴 나무 조각을 몇 개 발견했다. 인위적으로 조각한 나무가 아니라 자연스럽고 아름다운 모습이었다. 어떤 사람이 "네안데르탈인 Neanderthal man이 그 나무들을 가져왔다"고 말했다. 그때 나는 이 네안데르탈인들이 검은 덩어리 같은 모습을 띠고 있는 것을 멀리서 보았는데 한 사람도 똑똑히 볼 수가 없었다. 나는 그곳에서 그들의 나무들 중 한 토막을 가져가리라 생각했다.

그리고는 마치 혼자서 여행하듯 계속해서 걸어가다가 사화산의 거대한 심연 같이 생긴 곳을 내려다보았다. 한쪽엔 물이 있었는데 나는 그곳에 더 많은 네안데르탈인이 있을 것이라고 기대했다. 그러나 내가 본 것은 네안데르탈인 대신 검은 물돼지들이었으며, 물에서 나와 화산의 바위틈을 들락날락하는 것이었다.

이 여인이 가족에 대해 갖는 집착이나 고도의 교양 있는 생활양식을 하고 있는 것과 대조적으로 이 꿈은 우리가 상상도 할 수 없는 원시시대로 그녀를 이끌어가고 있다. 그녀는 이러한 고대인들 사이에서 전혀 사회적인 단체를 보지 못한다. 그녀는 그 고

← 이 그림은 15세기경의 그림으로 이탈리아의 시인 단테가 자신의 저작, 『신곡』을 들고 서 있는 모습이다. 『신곡』은 단테 자신이 지옥(위쪽 그림의 왼쪽 아랫부분)과 연옥과 천국을 여행하는 꿈을 그리고 있다.(위쪽)

영국 작가 존 버니언John Bunyan의 저서 『천로역정』 *Pilgrim's Progress*(1678년 작품)에 묘사된 순례를 동판에 그린 것(그 여행이 중앙을 향하여 원형으로 움직이고 있는 사실을 주시할 것). 이 책도 역시 꿈을 그린 것이라고 알려져 있다.(아래 왼쪽)

순례자가 꿈을 꾸고 있다.(아래 오른쪽)

많은 사람들이 일정한 생활의 형태에서 벗어나 변화 → 를 갈망한다. 그러나 여행으로 인하여 획득할 수 있는 자유(특히 위의 포스터에서 보는 바와 같이 "바다로 도망가자" 등의 강제성을 띤 여행)가 결코 진정한 의미에서의 내적 해방을 대치할 수는 없다.

대인들을 아주 무의식적이며 멀리 떨어져 있는 집단적인 "검은 덩어리"의 구체적 표현으로 본다. 그러나 그 고대인들은 살아 있는 상태이며, 그녀는 그들의 나무 중 한 토막을 가져오려고 한다. 꿈이 강조하고 있는 것은 그 나무가 인위적으로 조각된 게 아니라 자연 그대로라는 데 있다. 그러니까 그것은 문화적으로 조건화된 것에서 나온 것이 아니라 아주 원초적인 무의식의 수준에서 온 것임을 알 수 있다. 엄청나게 오래된 이 한 조각의 나무는 그 여인의 현대의 경험과 요원한 인류생활의 기원을 연결시켜 주는 역할을 한다.

많은 예에서 볼 수 있듯이 고대 나무나 식물은 정신생활의 성장과 발전을 상징적으로 말해 준다(이것은 보통 동물로 상징되는 본능적인 생활과는 구별된다). 따라서 이 나무 조각에서 그녀는 집단적 무의식의 가장 깊은 층과 연결짓는 상징을 찾게 된다.

그 다음은 그녀가 홀로 여행을 계속하는 이야기가 나온다. 이미 지적한 바와 같이 이런 주제는 입사의 경험을 함으로써 해방될 필요가 있음을 상징적으로 보여 준다. 여기서 우리는 또 하나의 초월의 상징을 볼 수 있다.

꿈속에서 그 여인은 사화산의 거대한 분화구를 보게 되는데 이는 지구의 가장 깊은 곳에서부터 격렬하게 불을 뿜어 내던 통로였다. 이것은 충격적인 경험으로 거슬러 올라가는 중요한 기억의 흔적을 가리킨다고 추측된다. 그녀는 이 부분에서 그녀의 인생 초기에 가졌던 개인적인 경험을 연상했는데 그때 그녀는 비록 창조적인 면도 있었지만 자신이 미쳐버리지나 않을까 걱정할 정도로 폭발적인 정열을 느꼈다고 했다. 청년기 후반에 가서야 그녀는 지나치게 관습적인 사회 양상을 띤 그녀의 가정생활에서 뛰쳐나오고 싶은 마음이 예기치 않게 일어나는 것을 느꼈다. 그녀는 별로 심각한 괴로움 없이 가정을 떠났다가 결국은 다시 되돌아와 가족들과 평화롭게 지낼 수 있게 되었다. 그러나 아직도 그녀의 가족적인 배경에서 떨어져 나가 자기의 실존의 틀에서 자유로워지고 싶다는 소망이 깊이 남아 있었다.

이 여인의 꿈을 이야기하다 보니 또 다른 꿈이 생

← 영국의 탐험가 스코트R. F. Scott와 동료들이 1911년 남극에서 찍은 사진. 미지의 세계를 찾는 탐험가는 일정한 생활양식에서 벗어나고자 하는 해방의 이미지를 적절하게 제공하여 주며 이런 마음은 초월의 특징적인 요소이다.

각난다. 그것은 이 여인과는 전혀 다른 문제를 가진 한 청년의 꿈이지만 비슷한 형태의 통찰력을 필요로 했던 것 같다. 그 사람 역시 정신적으로 분화, 발전하고 싶은 급한 마음에 쫓기고 있었다. 그도 화산 꿈을 꾸었는데 분화구로부터 두 마리의 새가 날아 나오는 것을 보았으며 그 새들은 마치 화산이 폭발해 버리지나 않을까 두려워하는 것 같았다. 화산은 아주 낯설고 호젓한 곳에 있었는데 그 사람과 화산 사이는 물로 가로막혀 있었다. 이 경우에 꿈은 개인의 성인화로의 여행을 표현하고 있었다.

이 꿈은 우리가 알기에 가족의식이 가장 희박한 집단인 단순한 식물채집 종족들 사이에서 보고되는 예와 비슷한 경우이다. 이런 사회에서는 젊은 성인의成人儀의 신참자는 성지(북태평양의 인디언 문화권에서 성지란 실제로 분화구의 호수를 의미한다)를 향해 외로운 여행을 떠나야 하며, 그곳에서 그는 환상 중에, 혹은 황홀경에서 동물이나 새 또는 자연물의 형태를 띤 '수호신'을 만나게 된다. 그는 이 '숲의 영혼'bush soul과 아주 밀접하게 동일시함으로써 인간이 된다. 이러한 경험이 없으면 아쿠마우이Achumaui 샤먼이 부르듯이 "평범한 인디언 그 이상 아무것도 아닌 사람"으로 간주된다.

그 젊은이의 꿈은 그의 인생 초기에 나타났으며 그 꿈은 미래의 독립과 남성으로서의 동질성을 일깨워주었다. 앞서 이야기한 여인은 거의 인생의 황혼기에 접어들어 있었고 그녀도 비슷한 여행을 경험했으며 비슷하게 독립을 모색했던 것 같았다. 그녀는 영원한 인간의 법칙과 조화를 이루면서 여생을 살 수 있게 되었고 그 법칙은 그 고대성 때문에 이미 알려진 문화의 상징을 초월하는 것이었다.

그러나 이러한 독립은 모든 불순한 것과 함께 세상을 포기하는 요가 수도자와 같은 이탈 상태로 끝나는 것은 아니다. 그 밖에도 그녀가 꿈에서 본 죽음과 폭발적인 화산의 풍경에서 그녀는 동물 생활의 한 징후를 알게 된 것이다. 이 동물들은 그녀가 알 수 없는 '물돼지'들의 종자들이다. 따라서 그들은 동물의 특수한 형태라는 의미를 갖게 되는데 이 특수한 형태라는 의미는 물돼지들이 두 가지 환경, 즉 물속이나 땅 위 어디에서나 살 수 있다는 것을 의미한다.

이것이 초월의 상징으로서의 보편적인 동물적 특성이다. 이런 동물들은 고대의 어머니인 대지Earth Mother의 심층으로부터 유래된 것이며, 그들은 집단적 무의식의 상징적인 구성물들이다. 그 동물들은 특수한 지하의 메시지를 의식의 영역에 가져다주지만 젊은이의 꿈에서 본 새가 상징하는 정신적인 야망과는 약간 다르다.

이 심층의 또 다른 초월적인 상징들은 설치류, 도마뱀, 뱀 때로는 물고기 등이다. 이들은 수중의 활동과 새의 비상을 지상생활로 연결시켜주는 중간동물이다. 야생 오리나 백조 등이 이에 해당된다. 아마도 꿈속에서 가장 잘 나타나는 초월의 상징은 뱀일 것이다. 이 뱀은 로마의 의신 아스클레피오스Asclepius의 치료적 상징으로 나타나며, 현대에도 의사의 직업을 나타내는 징표로 남아 있다. 이 뱀은 원래 나무에 사는 독 없는 뱀이었으며 치료신의 나무 막대기 끝에 감겨져 있는데, 그것은 땅과 하늘을 중개하는 것인 듯하다.

지하세계의 초월의 상징으로서 더욱 중요하고 널리 알려져 있는 것은 서로 엉켜 있는 두 마리의 뱀이다. 이들은 유명한 고대 인도의 나가Naga 뱀인데 그리스 시대에도 헤르메스Hermes신의 지팡이 끝에 뒤엉켜 있는 모습을 볼 수 있다. 초기 그리스의 수호신 헤르메스의 지팡이는 윗부분이 신의 흉상으로 되어 있는 돌기둥이다. 한쪽은 서로 엉킨 뱀이 있고 다른 쪽엔 발기된 남근이 있다. 뱀들은 성적 결합의 행위를 하는 형태로 나타나 있고 발기된 남근도 분명히 성적인 것을 나타내는 것이기 때문에 헤르메스의 기능이 '풍요의 상징'이라는 결론을 내릴 수 있다.

그러나 여기서 말하는 풍요를 생물학적인 풍요라고만 생각한다면 잘못된 것이다. 헤르메스는 여러 가지 역할을 하는 트릭스터로서 사자도 되고 십자로의 신도 되고 지하세계를 오가며 영혼을 선도하는 역할도 한다. 따라서 그의 성기는 아는 세계로부터 미지의 세계로 관통하여 구원과 치유의 영적인 메시지를 찾는다.

원래 이집트에서 헤르메스는 따오기의 머리모양을 한 토트Thoth신으로 알려져 있다. 이는 초월적인 원리를 새의 모습으로 나타냈다고 생각된다. 그리스 신화의 올림피아 시대에 헤르메스는 뱀으로서의 지하적인 본성에 덧붙여 새의 속성을 되찾았다. 그의 지팡이에는 뱀 윗쪽에 날개가 달려 커듀시어스caduceus 또는 머큐리Mercury의 날개 달린 지팡이가 되었으며, 신 자신도 날개 달린 모자와 샌들을 신은 '나는 인간'이 되었다. 여기서 우리는 그의 완벽한 초월 능력을 볼 수 있다. 지하의 뱀-의식意識에서 오는 하급의 초월성이 지상의 현실을 매개체로 하여 결국은 날개 달린 비상 속에서 초인간 혹은 초인적 현실로서의 초월성을 얻게 된다.

이러한 복합적 상징은 날개 달린 말이나 용, 또는 연금술의 예술적 표현에 풍부하게 나오는 다른 창조물들에서도 발견된다. 이에 대한 융 박사의 고전적인 저서에 연금술의 표상들이 풍부하게 제시되고 있다. 환자를 다루다 보면 이러한 상징의 변천을 이루 헤아릴 수 없을 정도로 볼 수 있다. 그 상징들은 우리가 치료를 통해 심층에 있는 심리내용을 풀어 놓았을 때 얻게 되는 것이 무엇인지 보여준다. 이런 심리내용은 인생을 보다 더 효과적으로 이해하도록 의식의 일부로 보충된다.

현대인들이 과거로부터 전해 내려오거나 우리의 꿈속에 나타나는 상징의 의의를 파악한다는 것은 쉬운 일이 아니다. 억제와 해방의 상징 사이에 일어나는 고대의 갈등이 어떻게 현재의 우리 자신의 곤경과 연관되는가 하는 것 역시 알기 쉬운 일이 아니다.

← 뱀의 상징은 흔히 초월과 밀접한 관계를 가지게 되는데 그 이유는 뱀이 전통적으로 지하세계의 피조물이기 때문이다. 그리하여 인생을 사는 여러 가지 방법들 간에 '중재자'의 역할을 한다. 현대의 프랑스에서 카드에 로마의 그리스 의신, 아스클레피오스Asclepius의 상징인 뱀과 지팡이가 있는 경우에는 의사의 차라는 것이 확인됨을 보여주고 있다.

17세기경의 프랑스의 회화로 현세와 내세 사이의 중재자로서의 뱀의 역할을 보여 주고 있다. 오르페우스Orpheus가 현금을 타고 있다. 오르페우스와 그의 청중들은 에우리디케Eurydice(그림의 중앙 부분에 위치해 있다)가 뱀에게 물렸다는 사실을 눈치채지 못하고 있다. 에우리디케가 뱀에 물렸다는 것은 에우리디케가 지하세계로 내려왔다는 것을 상징한다. →

그러나 실제로 변화되는 것이 심리적 의미가 아니라 단지 그러한 고대적 양식들의 특수한 형태라는 것을 깨달으면 문제는 쉬워진다.

지금까지 해방 또는 자유의 상징으로 야생조鳥에 관해 말해 왔으나 오늘날은 제트기나 우주로켓에 대해서도 비슷한 얘기를 할 수 있다. 왜냐하면 그것들은 동일한 초월 원리의 물리적인 체현體現이라고 할 수 있으며 적어도 일시적으로나마 우리를 중력에서 자유롭게 해주기 때문이다. 이와 마찬가지로 고대인들에게 안정과 보호를 마련해 주었던 억제의 상징은 현대인에게는 경제적인 안정과 사회복지를 추구하는 형태로 나타난다.

물론 누구나 살아가는 동안 모험과 규율, 악과 미덕, 또는 자유와 안정 사이에서 갈등을 느낄 수 있을 것이다. 그러나 이런 것들은 우리를 괴롭히는 '양가감정'을 기술할 때 쓰는 문구에 불과하며, 결코 이에 대한 해답을 얻을 수 없는 것 같다.

그러나 해답은 있다. 억제와 해방 사이에는 만나는 점이 있다. 우리는 그 합류점을 내가 지금까지 토론해 온 성인의식에서 발견할 수 있다. 그 의식은 개인이든 집단이든 그들 내부에 있는 서로 상반되는 요소가 합일되도록 해줄 수 있으며, 이것을 통해 인생의 평형을 얻도록 해준다.

그러나 이 의식은 언제나 자동적으로 그런 기회를 제공해 주지는 않는다. 성인의식은 개인 또는 집단의 특수한 시기에만 관련이 되는 것이며 이것이 적절하게 이해되고 새로운 삶으로 해석되지 않는다면 그 순간은 지나가 버리고 만다.

성인화란 본질적으로 복종의 의식으로부터 시작되어 억제가 이에 뒤따르고 그 뒤에 해방의 의식으로 나아가는 과정이다. 이러한 방법을 통해 모든 개인은 자신의 성격 내부에서 서로 갈등을 일으키는 부분들을 화해시킬 수가 있다. 그는 균형을 이룰 수 있고 이로써 그 자신을 진정으로 인간이 되게 하며, 진정으로 그 자신의 주인이 되게 한다.

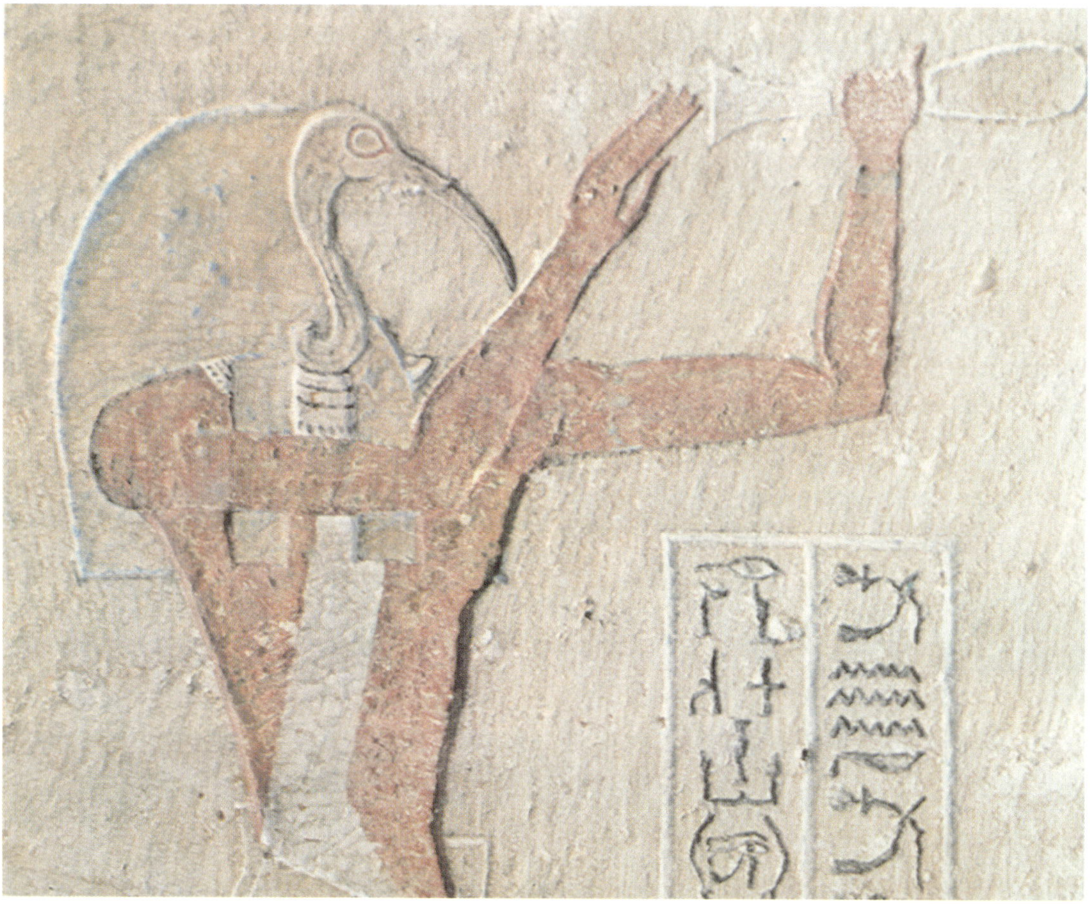

↑ 기원전 350년경의 부조로 새(따오기)의 머리 모양을 가진 이집트의 신 토트Thoth. 토트는 초월과 관련된 '지하세계'의 형상이다. 그의 역할은 사자의 영혼을 재판하는 것이었다.

↓ "영혼의 인도자"Psycho-pomp라고 불렸던 그리스의 신 헤르메스Hermes는 사자를 지하세계로 인도하는 역할을 했다. 이 그림은 교차로에 서 있는 돌로 된 헤르메스로 두 개의 세계 사이에서 중재자 역할을 하고 있는 것을 상징한다. 헤르메스의 측면에는 지팡이를 감싸고 있는 뱀이 있다.

16세기경 이탈리아의 청동상으로 → 머큐리Mercury이다. 그리스 시대의 헤르메스 지팡이caduceus는 로마시대에 와서는 머큐리에 전해졌는데 이 머큐리도 역시 날개를 가지고 있으며 새가 정신적인 초월성을 상징함을 알려준다.

↑ 영적인 초월상. 마호메트가 날개가 달려 있는 암말 부라크 Buraq를 타고 하늘 위를 날고 있다.(위쪽)

날개 달린 용(15세기경의 필사화)은 뱀과 새의 결합으로 초월적인 상징성을 보여준다.(아래쪽)

↑ 20세기에서는 초월이라고 불리는 해방되고자 하는 욕망이 많은 현대인의 꿈이나 환상 속에서 우주탐험을 하기 위해 거대한 로켓을 타는 형태로 상징적으로 체현되고 있다.

제3장 개성화 과정

마리 루이제 폰 프란츠M. L. von Franz

파리 노트르담Notre Dame대성당의 장미꽃 무늬의 스테인드 글라스 ➔

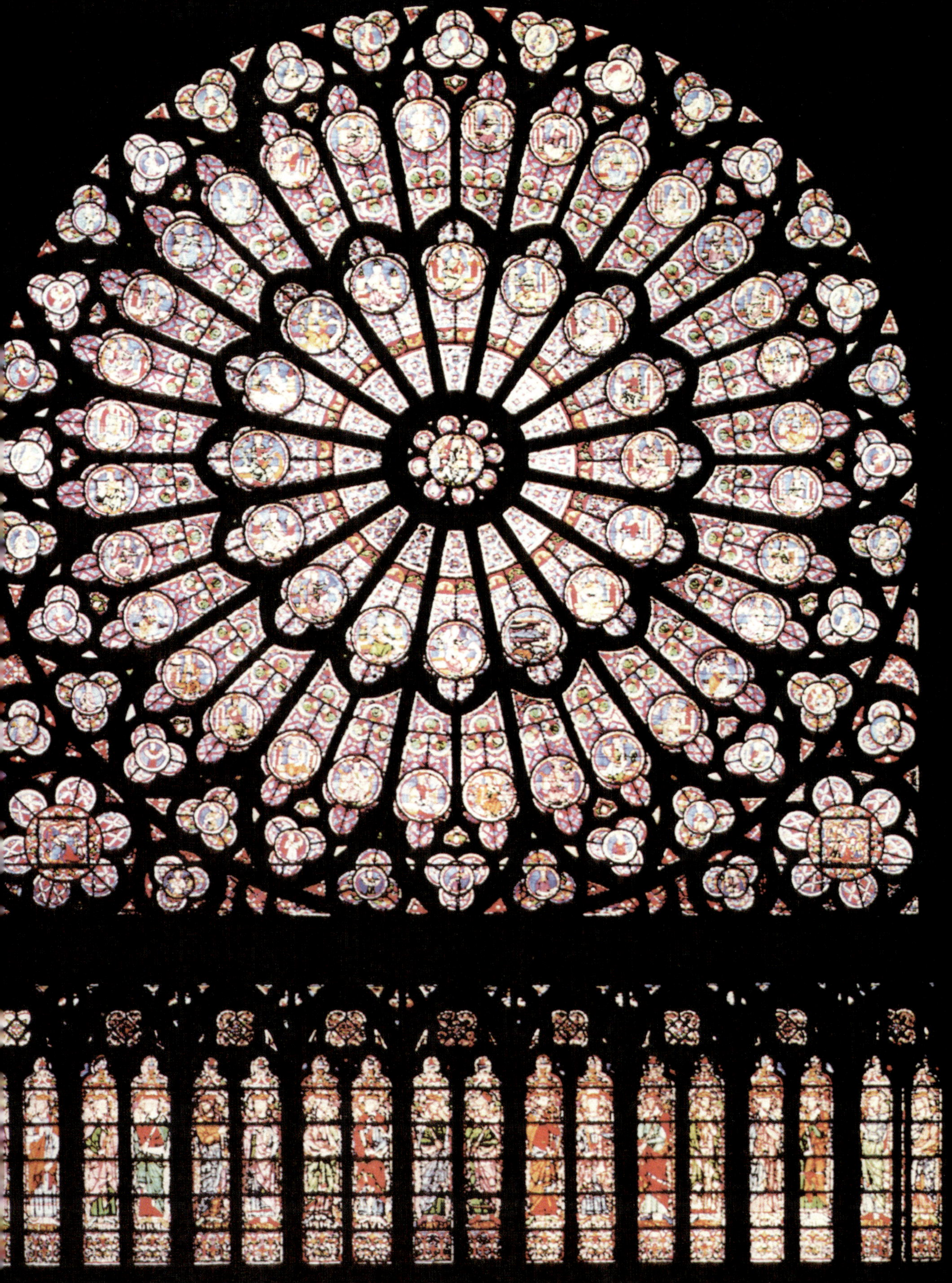

정신적 성장의 유형

이 책의 서두에서 융 박사는 무의식의 개념, 그 개인적 집단적 구조와 상징적 표현 양식을 독자에게 소개하였다. 우리가 일단 무의식에서 생겨난 여러 상징의 근본적 중요성(즉, 치유적인 또는 파괴적인 영향력)을 알게 되면, 이번에는 해석상의 어려움이 남게 된다. 융 박사는 모든 것은 특정한 해석이 꿈을 꾼 그 개인의 마음에 '딱 들어맞아' 거기서 의미를 느끼는가 못 느끼는가에 달렸다는 사실을 우리에게 보여주었다. 그는 이런 방식으로 꿈의 상징성에 대해서 생각할 수 있는 의미와 기능을 제시하였다.

그러나 융의 학설의 전개과정에서, 이러한 가능성은 또 하나의 의문을 제기한다. 개인 전체 꿈의 생활의 목적은 무엇인가? 인간의 매순간 심리적 조절뿐만 아니라 전체로서의 그의 인생에서 꿈은 어떤 역할을 하는가?

무수히 많은 사람들을 관찰하고 그들의 꿈을(그는 적어도 어림잡아 8만 개의 꿈을 해석했다고 한다) 연구함으로써, 융은 모든 꿈이 정도의 차이는 있으나 꿈꾼 사람의 생활과 관련을 가지고 있을 뿐 아니라, 심리학적 요소로 이루어진 한 커다란 조직의 모든 부분을 구성하고 있다는 사실을 발견하였다. 그는 또한 꿈이 전체적으로 볼 때 하나의 배열이나 유형을 따르는 것 같다는 사실을 발견하였다. 이 유형(패턴)을 융은 "개성화 과정"이라고 불렀다. 꿈이 매일 밤 각기 다른 장면과 상들을 만들어 내기 때문에 꿈을 주의 깊게 관찰하는 사람이 아니면 아마 어떤 유형도 발견할 수 없을 것이다. 그러나 만일 우리가 우리 자신의 꿈을 수년 동안 관찰하여 꿈의 전체 계열을 연구한다면, 거기서 어떤 일정한 내용들이 떠올랐다가 사라지고 그리고 다시 나타나는 것을 보게 될 것이다. 많은 사람들이 심지어는 동일한 상이나 풍경 또는 상황을 반복적으로 꿈꾸기도 하며 만일 우리가 이것들을 꿈의 전체 계열을 통해서 추적한다

번개무늬(7세기 필사본의 장식). 개개인의 꿈들은 필사본 장식의 부분(위쪽)처럼 기묘하고 단편적인 것으로 보인다. 그러나 생애의 꿈을 통틀어 본다면 번개무늬와 같은 패턴—정신적 성장 과정을 드러내 주는—이 나타난다.(아래쪽)

면, 우리는 그 상, 풍경, 또는 상황들이 서서히 그러나 인지할 수 있을 만큼 변화하고 있다는 사실을 알게 된다. 꿈을 꾼 사람의 의식 태도가 꿈의 상징적 내용의 적절한 해석을 통하여 영향받을 때 이런 변화는 더욱 가속될 수 있다.

우리가 꾸는 꿈의 생활은 번개무늬와 같은 양식을 이루어 소질이나 경향들이 그 속에 보였다가 사라지고, 그리고는 다시 나타난다.[1] 만일 우리가 이 번개무늬와 같은 설계를 장기간에 걸쳐 관찰한다면, 거기서 일종의 숨은 조절 기능, 또는 방향을 제시하는 성향이 작동하고 있음을 관찰할 수 있다. 그리고 이것은 느리고 인지할 수 없는 정신적 성장의 과정—개성화 과정—을 만들어 가고 있는 것이다.

서서히, 보다 넓고 보다 성숙한 인격이 나타나고, 점차 기능을 발휘하며, 그 변화는 심지어 다른 사람의 눈에 띌 정도가 된다. 우리는 흔히 "정지된 발전"이라는 말을 하는데 이것은 바로 모든 개인이 이와 같이 성장하고 성숙할 수 있다는 가정을 증명하는 것이다. 이 정신적 성장은 의지의 힘으로 의식적으로 노력하여 성취되는 것이 아니라, 저절로 생기는 것이기 때문에 흔히 꿈에서 나무로 상징된다. 이는 나무의 느리지만 힘차게 뻗어 가는 자연적 성장이 명확한 하나의 유형을 이루고 있기 때문이다.

이러한 성장을 조절하는 마음의 중심은 우리의 정신계에서 일종의 '핵의 원자'처럼 보인다. 우리는 그것을 꿈의 상像들의 발명하는 자, 조직하는 자 또는 그 원천이라고 부를 수도 있을 것이다. 융은 이 중심을 전체정신의 전일성이라는 뜻에서 자기Self라 부르고 정신의 전체성이라고 기술함으로써 전체정신의 단지 조그마한 부분만을 구성하고 있는 자아Ego와 구별하고 있다.[2]

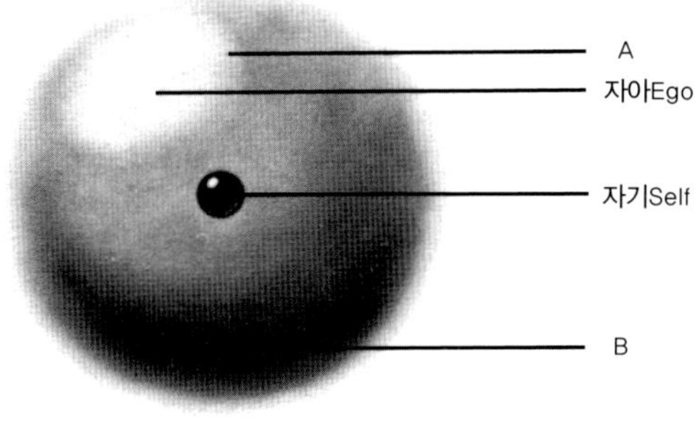

↑ 정신은 표면에 의식을 나타내는 밝은 부분(A)을 갖고 있는 구형에 비교할 수 있다. 자아ego는 그 부분의 중심이다("내"가 어떤 것을 알기만 하면 그것은 의식적이다). 자기Self는 핵이며, 동시에 구 전체(B)이다. 그것의 내적 조절 과정들이 꿈을 만들어 낸다.

옛날부터 사람들은 이와 같은 내적 중심이 사람의 마음속에 존재한다는 것을 직관적으로 알고 있었다. 그리스인들은 그것을 인간 내부에 있는 다이몬*daimon*이라 불렀고, 이집트에서는 바-혼*Ba-soul*의 개념으로 표현되었다. 로마인들은 그것을 개개인의 타고난 '천부적 자질genius'로서 숭배하였다. 보다 원시적인 사회에서 그것은 흔히 동물이나 만물에 구현된 수호신으로 생각되었다.

이 내적 중심은 아직도 래브라도Labrador 반도의 숲 속에 살고 있는 나스카피Naskapi 인디언에 의해서 극히 순수하고 오염되지 않은 형태로 인식되고 있다.[3] 이 순박한 사람들은 가족 단위로 고립되어 사는 수렵민들이며, 서로 너무나 멀리 떨어져 있어 그들은 부족의 관습이나 집단적인 종교 신앙과 의식을 발전시킬 수 없었다. 홀로 외딴 곳에서 평생을 지내는 나스카피족의 사냥꾼은 그 자신의 내적 소리와 무의식의 계시에 의존하지 않으면 안 된다. 그는 그가 무엇을 믿어야 하는지를 말해 줄 종교적 지도자도, 그를 도와줄 의식, 제전 또는 관습도 갖고 있지 않았다. 그의 기본적인 인생관에서는 인간의 영혼은 단순히 한 '내적 동반자'이고, 그것을 그는 '위대한 사람'Great Man을 의미하는 "나의 친구" 또는 "미스타페오"*Mista'peo*라고 불렀다. 미스타페오는 심장 속에 살고, 불멸하며 죽음의 순간이나 바로 그 직전에 그 개인을 떠나 뒤에 그 자신을 다른 존재 속에 재생하는 것이다.

자신들의 꿈에 주의를 기울이고 그것의 의미를 알려고 하며, 그것의 진실성을 검증하려는 나스카피 사람들은 '위대한 사람'과 보다 깊은 관계를 가질 수 있다. 이 '위대한 사람'은 이런 사람들을 좋아하고 더 많이 더 좋은 꿈들을 그들에게 보내준다. 그래서 나스카피족 개개인의 주요 의무는 그가 꾼 꿈의 지시를 따르는 것이고 그 내용을 예술 속에 영구적인 형태로 부여하는 것이다. 거짓말을 하고 불성실하면 '위대한 사람'을 자신의 내적 영역에서 몰아내게 되는 반면 이웃들과 동물에 관대하고, 이를 사랑하면 그것이 '위대한 사람'을 끌어와서 그에게 생명을 주게 된다. 꿈은 나스카피 사람에게 내적인 마음의 세계에서뿐만 아니라 외적인 자연의 세계에서도 인생에서 그가 살아가는 방식을 발견할 수 있는 완전한 능력을 부여한다. 꿈은 그에게 일기를 미리 알려주고 그의 목숨이 달려 있는 사냥에서 귀중한 안내를 해준다. 내가 매우 원시적인 이들에 관해서 언급하는 것은 그들이 우리의 문명된 생각에 의해 오염되지 않았고 융이 "자기"Self라고 말한 것의 본질에 대한 자연스러운 인식을 여전히 갖고 있기 때문이다.

'자기'는 의식적 인격과는 다른 것이다. 자신의 꿈을 탐구할 때라야만 파악될 수 있는 내적인 인도자라고 정의될 수 있다. 꿈은 '자기'가 인격의 항구적인 확장과 성숙을 가능케 하는 조절의 중심임을 보여준다. 그러나 정신의 이와 같은 보다 넓고 거의 전체를 포괄하는 측면은 처음에는 단지 선천적인 가능성으로서 나타날 뿐이다. 그 가능성은 일생을 거쳐 조금밖에는 나타나지 못하는 경우가 있고 비교적 완전하게 발전할 수도 있다. 그것이 어느 정도까지 발전하는가는 자아가 얼마나 자기로부터의 통신에 귀를 기울이고자 하는가에 달려 있다. 나스카피 사람은 위대한 사람이 주는 시사를 받아들이는 사람이 더 좋고 더 유익한 꿈을 얻을 수 있다는 사실을 발견했거니와 우리의 마음속에 선천적으로 존재하는 위대한 사람은 그를 무시하는 사람들보다는 그를 받아들이는 사람의 마음속에서 더욱 생생하게 나타난다는 것을 덧붙여 말할 수 있다. 이와 같이 받아들이는 태도를 갖춘 사람은 또한 보다 온전한 인간이 되는 것이다.

자아는 본래 자아 자체의 임의의 충동들을 무한정 따라가도록 만들어진 것이 아니라, 오히려 전체성—전체정신—을 실현하는 것을 돕기 위해 만들어진 것처럼 보인다.[4] 마음의 전 세계를 밝힘으로써 그것을 의식하게 하고 깨닫도록 하는 것이 바로 자아이다. 예를 들면 만일 내가 예술적 재능을 가졌는데도 자아가 그것을 의식하지 못한다면, 아무 일도 일어나지 않을 것이다. 그 재능은 존재하지 않는 것과 같다고 할 수 있다. 오직 나의 자아가 그것을 인식할 때 비로소 내가 그것을 생생하게 깨달을 수 있다. 타고났지만 모르는 채로 있는 정신의 전체성은 완전히 자각되어 실천된 전체성과는 같은 것이 아니다.

우리는 이것을 다음과 같이 묘사해 볼 수 있다. 소나무의 씨는 미래의 그 나무 전체를 잠재적인 형태로 내포하고 있다. 그러나 그 하나하나의 씨앗은 어떤 시기에 특정한 장소에 떨어진다. 거기에는 몇 가지 특수 요인들이 개재한다. 즉, 흙과 바윗돌의 특질, 땅의 경사, 또 그것이 해와 바람에 얼마나 노출되는가 등이 그것이다. 그 씨앗에 내포되어 있는 잠재적인 소나무의 전체성은 이런 상황, 여러 조건에 처하여 돌을 피하고 해를 향함으로써 반응하고, 그 결과

나무는 성장하여 형태를 갖추게 된다. 그래서 하나의 소나무는 서서히 실재화하여 그것의 전체성을 충족시키면서 현실의 세계에 그 모습을 드러낸다. 살아 있는 나무가 아니고서는 소나무의 상像은 가능성이거나 추상적인 관념에 불과하다. 개개인의 이와 같은 독특함을 실현하는 것이 바로 개성화 과정의 목표이다.

사람에게(모든 다른 생물과 마찬가지로) 이러한 과정은 어떤 점에서는 자발적으로 무의식에서 일어난다. 그것은 사람이 자신의 내적인 인간 본성을 남김없이 살도록 하는 과정이다. 그러나 엄밀히 말해서 개성화 과정은 각 개인이 그것을 인식하고 그 결과 그것과 살아 있는 관계를 맺는 때라야 진실된 것이다. 우리는 소나무가 자신의 성장을 알고 있는지 모르고 있는지, 또 그것이 형태를 갖추어 가는 여러 변화를 즐기는지 괴로워하는지를 모른다. 그러나 인간이 자신의 발전에 의식적으로 관여할 수 있다는 것은 확실하다. 그는 때때로 자유로운 결단을 내림으로써, 자신의 발전에 적극적으로 협조할 수 있다는 것을 느끼기도 한다. 이러한 협조는 좁은 의미의 개성화 과정에 속한다.

➡ 나무 아래 있는 대지의 제단(19세기의 중국의 그림). 이와 같은 원형이나 사각형의 구조들은 보통 자기Self를 상징하고, 자아ego는 개성화 과정을 이룩하기 위해서 그것에 복종하지 않으면 안 된다.

그러나 인간은 우리가 위에서 말한 소나무의 비유에 포함되지 않은 어떤 것을 경험한다. 개성화 과정은 타고난 전체성의 배아와 운명의 외적 작용 사이의 타협 그 이상의 것이다. 개성화 과정의 주관적 체험을 통하여 우리는 어떤 초개인적인 힘이 창조적인 방법으로 적극적인 개입을 하고 있다는 느낌을 받는다. 우리는 때때로 무의식이 어떤 비밀 계획에 따라서 자신을 인도하고 있다는 것을 느낀다. 그것은 마치 무엇인가가 나를 보고 있는 느낌과도 같다. 나는 그것을 볼 수 없으나 그것은 나를 보고 있다(아마도 꿈을 통해서 나에 대한 그의 의견을 말해주는 나의 가슴속에 있는 '위대한 사람'일 것이다).

그러나 이러한 마음의 핵이 지니고 있는 창조성 있는 적극적 측면은 자아가 모든 의도적이고 욕망에 따른 목표를 떨쳐 버리고 보다 깊고, 보다 기본적인 존재의 형태에 도달하고자 할 때라야만 비로소 작용할 수 있게 되는 것이다. 자아는 그 밖의 어떤 계획이나 목적을 가지지 않고 성장을 향한 내적인 요청을 주의 깊게 경청하고 거기에 몸을 맡길 수 있어야만 한다. 많은 실존철학가들이 이런 상태를 기술하려고 하였으나, 그들은 단지 의식의 환상들을 제거하는 데까지만 도달할 수 있었다. 그들은 무의식으로 통하는 바로 그 문까지는 도달하였으나 그것을 여는 데는 실패하였다.

우리들보다 더욱 안정성 있게 뿌리를 내린 문화권에 사는 사람들은 인격의 내적 성장의 길을 열기 위해서는 의식적 계획의 공리적 태도를 버릴 필요가 있다는 것을 이해하는 데 별로 어려움을 느끼지 않는다. 나는 나이 든 부인을 만난 적이 있다. 그녀의 생애에서 외부적인 업적이라는 부분에서는 별로 이룩한 것이 없는 사람이었다. 그러나 실제로는 까다로운 남편과 결혼하여 잘 지냈고, 어떻게든 성숙한 인격을 만들어 가고 있었다. 그녀가 인생에서 "한 것이라고는" 아무것도 없다는 불만을 털어놓았을 때, 나는 그녀에게 중국의 성인, 장자의 이야기를 들려주었다. 그녀는 곧 이를 이해하여 거기서 커다란 위안을 얻었다. 그 이야기는 다음과 같다.

석石이라 부르는 한 목수가 여로旅路에서 커다란 고목이 사당 근처 밭에 서 있는 것을 보았다. 그 나무를 보고 경탄하는 제자에게 그는 "이것은 아무 소용도 없는 나무이다. 네가 배를 만들려고 해도 곧 썩을 것이고, 기구를 만들려고 하면 곧 깨질 것이다. 너는 이 나무로 아무것도 만들 수 없다. 그래서 이렇게 이 나무가 고목이 된 것이다."

그러나 같은 날 주막에서 그 목수가 잠들었을 때, 그 고목이 그의 꿈에 나타나서 말하였다. "너는 왜 나를 산사나무, 배나무, 귤나무, 사과나무, 다른 모든 과실나무 같은 경작수와 비교하느냐? 사람들은 그것들이 열매가 익기도 전에 공격하고 욕을 보인다. 그 큰 가지들은 부러지고 작은 가지들은 찢어진다. 그것 자신의 타고난 장점이 오히려 그들에게 해를 주고 천수를 누릴 수 없게 한다. 그런 일은 세상 어디서나 일어나는 일이고, 내가 오랫동안 왜 그토록 완전히 쓸모 없는 채로 있으려 한 이유가 여기에 있다. 불쌍한 인간 같으니라구! 내가 조금이라도 쓸모가 있었더라면 이만한 크기가 될 수 있었겠는가? 더구나 너와 나는 모두 피조물 중의 하나인데 어찌 한 피조물이 다른 피조물을 평가할 만큼 자신을 높게 둘 수 있겠는가? 쓸모없이 죽을 인간인 네가, 쓸모 있는 나무에 관해서 무엇인들 알겠는가?"

그 목수는 잠에서 깨어나 그의 꿈에 관해서 깊이 생각하였다. 그의 제자가 왜 이 나무 한 그루만이 사당을 수호하는 일을 하게 되었는가 하고 물었을 때, 그는 "시끄럽다, 그런 소리는 그만하자! 저 나무는 다른 곳에서였더라면 사람들의 냉대를 받았을지도 모르니까 일부러 이곳에서 자랐네. 만일 그것이 사당의 나무가 아니었다면 사람들은 그것을 베어 넘어뜨렸을 걸세."(장자 「인간세」 편)[5]

그 목수는 분명 그의 꿈을 이해했던 것이다. 그는 단순히 자신의 숙명을 충족하는 것이 인간의 최대 업적이며, 우리의 무의식적 정신의 요구 앞에서 우리들의 공리주의적인 생각들이 길을 비켜야 한다는 것을 알았다. 우리가 이 은유를 심리학적인 언어로 번역한다면, 그 나무는 우리들의 근시안적인 자아에 교훈을 주는 개성화 과정을 상징한다.[6]

숙명을 충족하는 그 나무 아래에는 사당—장자의 이야기에—이 있었다. 이 제단은 사람의 손이 닿지 않는 자연 그대로의 돌로서 사람들은 그 위에 그 땅덩어리를 차지한 향토신에게 바치는 제물을 올려 놓았던 것이다.[7] 사당은 개성화 과정을 실천에 옮기기 위해서는 사람은 모름지기 무엇을 해야 할 것인가, 누구나 다 옳다고 인정하는 생각은 무엇인가, 혹은 보통 우리 주변에는 어떤 것이 일어나고 있는가 하는 따위의 생각 대신에 의식적으로 우리 자신을 무의식의 힘에 내맡기지 않으면 안 된다는 사실을 상징하고 있다. 내적 전체성—자기—이 우리들이 지금 당장 무엇을 하기를 원하는가를 알기 위해서는, 오직 '자기'Self의 말을 경청하지 않으면 안 된다.

우리는 위에서 말한 산山소나무가 보여준 것과 같은 태도를 취해야 한다. 그것은 자신의 성장이 돌 때문에 막혔을 때도 화내지 않았고, 어떻게 그 어려움을 이겨낼 것인지 무슨 계획을 세우지도 않았다. 그것은 단지 그것이 보다 왼쪽으로, 또는 보다 오른쪽으로, 또는 경사면을 향해서, 아니면 경사면으로부터 떨어져서 자라야 할지를 느끼려고 애쓸 뿐이다. 나무처럼 우리도 거의 지각할 수 없는 그러면서도 매우 강한 힘으로 우리를 사로잡는 충동에 우리들 자신을 내맡겨야 한다. 그것은 일회적이고 창조적인 자기실현에의 욕구에서 유래하는 충동이다. 그리고 이것은 아직 아무에게도 알려지지 않은 어떤 것을 우리가 반복해서 찾고 발견하지 않으면 안 되는 그런 과정이다. 인도해 주는 암시나 충동은 자아로부터가 아니라 정신의 전체성—자기—으로부터 나온다.

더욱이 다른 사람의 발전과정을 슬쩍 훔쳐보고 흉내내는 것은 소용이 없는 일이다. 왜냐하면 우리들은 자기실현에 있어 각자 특유의 과제를 지니고 있기 때문이다. 비록 많은 인간의 문제들이 서로 비슷하지만, 결코 같은 것은 아니다. 모든 소나무들이 매우 비슷하지만(그렇지 않으면 우리는 그것을 소나무로 인정할 수 없다) 그러나 똑같은 것은 하나도 없다. 같고 다른 이런 요소들 때문에 개성화 과정의 무한한 다양성을 요약해서 말하는 것은 어렵다. 중요한 사실은 각자가 다른 어떤 것, 전혀 자기 자신에게만 고유한 어떤 것을 하지 않으면 안 된다는 것이다.

많은 사람들이 융 학파의 접근 방법에 대해 심리적 소재들을 체계적으로 제시하지 못한다고 비판해 왔다. 그러나 이러한 비판들은 그 소재 자체가 감정이 깃든 살아 있는 체험이며, 본래 비합리적이고 항상 변하는 것이어서 아주 피상적인 방법 이외에는 체계화시킬 수 없는 것이라는 점을 잊고 있다. 현대 심층심리학은 여기서 미시물리학이 부딪치고 있는 것과 똑같은 한계에 다다르고 있다. 다시 말해서 우리가 통계적인 평균치들을 다루고 있을 때는, 사실에 대한 합리적이고 체계적인 기술이 가능하다. 그러나 우리가 하나의 정신적 사건을 기술하고자 할 때는 가능한 한 여러 각도에서 그것을 충실하게 묘사할 수밖에 없다. 마찬가지로 과학자들은 빛이 무엇인지를 모르고 있다는 사실을 인정하지 않으면 안 된다. 그들은 단지 어떤 실험조건 아래에서 그것이 마치 여러 가지의 입자로 구성된 것처럼 보이나, 다른 실험 조건 아래에서는 파장으로 구성된 것처럼 보인다고 말할 수 있을 뿐이다. 그러나 '그 자체'가 무엇인지는 알려지고 있지 않다. 무의식의 심리학과 개성화 과정에 관한 어떤 기술도 위와 비슷한 정의 규정상의 난관에 부딪치게 된다.[8] 그러나 나는 다음에 그 가장 전형적인 양상들 중 몇 가지를 개괄적으로 제시해 보고자 한다.

무의식을 향한 첫 접근

대부분의 사람들에게 청소년 시절은 개인이 세계와 자신을 서서히 인식하게 되는 점진적인 자각의 상태라는 데 그 특징이 있다. 소아기는 정동情動의 강도가 매우 강렬한 시기이며, 어린이들이 가장 처음 기억하는 꿈은 흔히 정신의 기본 구조를 상징적인 형태로 묘사하면서 그 개인의 장래의 운명을 어떻게 형성해 나갈 것인지를 가리킨다. 예를 들면 융은 언젠가 제자들에게 극도의 불안에 사로잡혀 26세의 나이로 자살한 젊은 여자에 관해 이야기한 적이 있다. 그녀는 어릴 때 이런 꿈을 꾸었다. 그녀가 침대에 누워 있는데 "동장군冬將軍"이 그녀의 방에 들어와서 그녀의 배를 꼬집었다.[9] 꿈에서 깨어나자 그녀는 자기 손으로 자기 몸을 꼬집고 있는 것을 알았다. 그녀는 이 꿈을 꾸고 하나도 무섭지 않았다. 그저 그런 꿈을 꾸었었다는 사실을 기억할 뿐이었다. 그러나 그녀가 혹한의—얼어붙은 생명의—귀신과 이상

바깥 세계에 적응하는 어린이는 많은 심리적 충격을 받는다.

↖ 입학 첫날의 두려움.(위의 왼쪽)

↑ 다른 아이로부터 받은 공격 때문에 생긴 놀라움과 아픔.(위의 오른쪽)

← 처음으로 죽음에 대한 것을 경험했을 때의 슬픔과 당황감.

↓ 실제로 이런 충격들로부터의 보호로서 어린이는 정신의 가장 중요한 중심을 상징하는 원과 4각형의 핵의 주제를 꿈꾸거나 그림을 그리게 된다.

하게 부딪치게 되었는데도 아무런 정동적인 반응을 하지 않았다는 사실은 그녀의 미래에 좋은 징조가 되지 못하였고 그 자체가 비정상적인 것이었다. 사실 그녀는 자신의 그러한 냉혹하고 감정이 없는 손으로 자기의 생명을 끊게 된 것이다. 이 하나의 꿈에서 우리는 그녀의 소아기의 마음이 예견한 비극적 운명을 추론하는 것이 가능하다.

종종 꿈이 아니라 어떤 깊은 인상을 남기는 잊을 수 없는 실제 사건이 예언처럼 상징적인 형태로 장차 일어날 일을 예시하는 경우가 있다. 어린이들은 어른들이 깊은 인상을 받는 사건들은 잊어버리지만 흔히 아무도 주목하지 않는 어떤 사건이나 이야기는 무척 생생하게 회상한다. 이것은 잘 알려져 있는 사실이다. 우리가 이러한 어린 시절의 기억 가운데 하나를 자세히 살펴보면, 보통 그것이 어린이의 정신적 구조의 기본 문제를 묘사한다(만일 그것이 상징인 것처럼 해석되었다면)는 사실을 발견한다.

아이가 학교에 갈 나이에 다다르면 자아를 구축하고 외부 세계에 적응하는 시기가 시작된다. 이 시기에는 일반적으로 많은 고통스러운 충격을 받게 된다. 동시에 어떤 아이들은 다른 아이들과 전혀 다르게 느끼기 시작하고, 자신이 다른 사람과 다르다는 이 느낌은 많은 청소년들의 고독감의 일부가 되고 있다. 이때는 세계의 불완전성, 외부 세계뿐 아니라 자기 자신 내부의 악이 의식적인 문제들이 된다. 어린이는 외부 세계의 여러 가지 요구뿐만 아니라 긴급한(그러나 아직 파악되지 못한) 내부의 충동에 대처하지 않으면 안 된다.

의식의 발달이 그 정상적인 전개 과정에서 방해받게 된 어린이들은 흔히 외부적 또는 내부적 어려움을 피하여 마음속의 '요새'로 후퇴한다. 이렇게 되면 이들의 꿈과 무의식적 내용의 상징적 그림들이 흔히 놀라울 정도로 원과 4각과 '핵'의 주제(내가 나중에 설명할)를 드러낸다. 이것이 앞에서 말한 정신의 핵이며, 인격의 가장 중요한 중심이고, 의식 전체의 구조적 발전이 여기서 나오는 것이다. 그 개인의 정신 생활이 위협받을 때 이 중심의 상이 충격적인 방식으로 나타나게 되는 것은 당연하다. 이 중심 핵으로부터(우리들이 오늘날 아는 한에서는) 자아의식의 전체 형성의 방향이 결정되고 자아는 분명 본래 그 중심의 복제이거나 또는 구조적 대응물이다.

이런 인생의 초기 단계에서 많은 어린이들이 자신의 마음 안팎에 있는 혼돈을 처리하는 데 도움을 줄 만한 인생의 어떤 의미를 진지하게 찾고 있다. 그러나 그렇지 않은 어린이들도 있다. 이들은 선천적이며 본능적인 원형적 행동 유형의 동력에 여전히 무의식적으로 끌려가고 있다. 이런 청소년들은 인생의 보다 깊은 의미에 관심이 없다. 왜냐하면 이성에 대한 사랑, 자연, 스포츠, 노동에서 겪는 체험이 그들에게 즉각적이고 만족스러운 의미를 주기 때문이다. 그렇다고 그들이 다른 사람보다 더 피상적인 사람이라는 것은 아니다. 보통 이들은 보다 내성적인 다른 동료들보다 비교적 마찰과 장애가 적은 인생의 흐름을 타고 지낸다. 내가 자동차나 기차를 타고 여행할 때 밖을 내다보지 않는다면, 내가 움직이고 있다는 것을 조금이라도 알게 해주는 것은 정차와 발차, 갑작스러운 회전들 뿐이다.

개성화의 실제 과정—자기 자신의 내적 중심(정신의 핵)[10] 또는 자기Self와의 의식적 대화—은 보통 인격의 상처와 그에 따르는 고통과 함께 시작한다. 이 첫 번째 충격은 마침내 일종의 '소명'이 된다. 물론 그렇게 인식되는 일은 드물다. 오히려 자아는 그 의지나 욕구가 방해받고 있는 것으로 느끼고 이 방해를 외적인 어떤 것으로 투사한다. 즉, 자아는 그 방해 요인이 무엇이든 하느님을 탓하거나 경제 상태나 윗사람, 또는 결혼 상대자에게 책임을 전가해 이것들을 비난한다.

또는 겉으로는 만사가 잘 되어 있는 것처럼 보이지만 속으로 지독한 권태에 시달려서 모든 것이 무의미하고 공허하게 보이는 경우가 있다. 많은 신화와 민담은 개성화 과정의 이 첫 번째 단계를 병들어 누웠거나 노쇠한 왕의 이야기로서 상징적으로 서술하고 있다.[11] 그 밖의 흔한 이야기 형태들은 왕가의 대가 끊겼다거나, 또는 괴물이 왕국의 모든 여자들, 어린이들, 말과 재산을 훔치거나, 또는 데몬이 왕의 군대와 함선의 진노를 막는다거나, 암흑이 나라를 뒤덮고, 우물이 마르고, 홍수와 가뭄과 서리가 나라에 피해를 준다는 것들이다. 그래서 자기Self와의 첫 번째 대면은 마치 그것이 앞질러 어두운 그림자를 드리우는 것과 같고 또는 '내부의 친구'는 처음에는 마치 그가 함정에 빠져 절망적으로 버둥대는 자아를 잡으러 오는 사냥꾼 같기도 하다.

신화에서 우리는 왕이나 그의 나라의 불행을 제거할 수 있는 마법이나 부적은 항상 매우 특별한 것임을 발견한다. 어떤 이야기에서는 왕의 건강을 회복하기 위해서 왕은 '하얀 지빠귀'나 '아가미에 금고리를 갖고 있는 고기'를 필요로 한다. 다른 이야기에서는, 왕이 '생명수'나 '악마의 머리에서 뽑은 세 가닥의 금으로 된 털' 또는 '황금으로 땋은 여자의 머리'(결국 후에는 그 땋은 머리를 한 사람 자신)를 원한다. 그것이 무엇이든 악을 물리칠 수 있는 것은 항상 독특하여 쉽게 찾기 어려운 것들이다.

그것은 한 개인의 생애에서 맞이하는 첫 번째 위기에서도 똑같다. 그는 발견하기 불가능한 것, 또는 전혀 알지 못하는 어떤 것을 찾고 있다. 그러한 위기의 순간에 모든 선의의 충고는 전혀 쓸모가 없다. 즉, 책임을 지도록 노력하라든지, 휴가를 가지라든지, 보다 많은(혹은 보다 적은) 대인관계를 가지라든가 또는 취미를 가지라고 설득하는 충고 따위인데 어느 것도 도움을 주지 못한다. 도움을 주더라도 아주 드문 경우뿐이다. 효과가 있는 것처럼 보이는 것이 단

↓ 17세기 연금술에 관한 문헌에 있는 목판화는 병들어 누운 왕을 묘사하고 있다. 개성화 과정의 첫 번째 단계를 특징지을 수 있는 일반적인 공허와 권태의 상징적 이미지.(왼쪽)

1960년 이탈리아의 영화 〈달콤한 인생〉*La Dolce Vita*의 한 장면. 이러한 심리상태를 보여주는 또 하나의 이미지 : 몰락한 귀족이 살고 있는 성城의 쇠퇴한 내부를 방문객들이 탐색한다.(오른쪽)

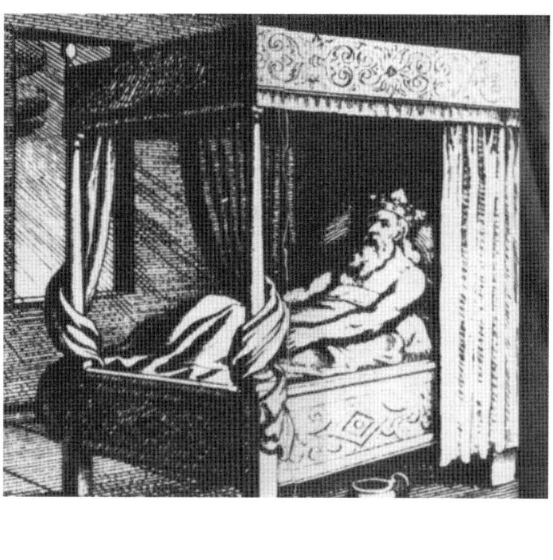

현대 스위스의 화가 클레Paul Klee가 그린 〈동화〉라 ➔ 는 제목의 그림. 그 그림은 "행복의 파랑새"를 쫓아가 공주를 찾아낸 한 젊은이가 그녀와 결혼할 수 있게 된 이야기를 묘사하고 있다. 많은 동화에서 이와 같은 부적은 우리들의 공허감과 무력감에 대한 상징인 병이나 불행을 치유하는 데 필요하다.

한 가지가 있다. 그것은 (다가오는) 암흑에 대해서 편견 없이 전적으로 순진하게 직접 대면하여 그 숨은 목적이 무엇이고 또 그것이 당신들에게 원하는 것이 무엇인지를 찾아내려고 시도하는 것이다.

다가오는 어둠의 숨은 목적은 보통 너무나 비범한 것이고 너무나 일회적一回的이며 예기치 않은 것이어서 대개 우리는 그것이 무엇인지를 오직 무의식에서 솟아나오는 꿈이나 공상을 통해서 알 수 있을 뿐이다. 만일 우리가 경솔한 억측이나 감정적인 배척을 하지 않고 무의식에 주의를 집중한다면, 그것이 흔히 유익한 상징적 이미지들의 흐름을 드러나게 하는 수가 있다. 물론 늘 그런 것은 아니지만 그것은 자주 자신과 자신의 의식적 태도에서 무엇이 잘못되어 있는지에 관한 일련의 고통스러운 인식을 제공하기도 한다. 그때 그 사람은 온갖 고통스러운 진실을 감수함으로써 그 개성화 과정을 시작하지 않으면 안 된다.

그림자의 인식

무의식이 처음에 협조적인 형태로 나오든 부정적인 형태로 나오든 얼마 뒤에는 대개 의식적 태도가 무의식적 요소에 더 나은 방식으로 재적응할 필요성이 생긴다. 그래서 무의식에서의 '비난'처럼 보이는 것들을 의식이 받아들이도록 한다. 여러 이유들로 해서 우리는 될수록 깊이 살펴보지 않으려던 우리의 인격의 여러 측면을 꿈을 통하여 알게 된다. 이것이 바로 융이 말한 "그림자의 인식"이다(그는 인격의 이와 같은 무의식적 부분에 "그림자"라는 용어를 사용했는데, 왜냐하면 실제로 그것이 꿈에서 흔히 인격화된 형태로 나타나기 때문이다).

그림자가 무의식적 인격의 전부는 아니다. 그것은 아직 알려지지 않은 혹은 조금 밖에는 모르는 자아의 속성 또는 특질들, 즉 주로 개인적 영역에 속해 있고,

그래서 쉽게 의식화될 수 있는 면들을 나타낸다.[12]

어떤 면에서는, 그림자 역시 개체의 개인적인 생활 밖에 있는 근원에서 나온 집단적인 요소들로 이루어질 수 있다.

한 개인이 그 자신의 그림자를 보고자 할 때, 그는 자기 자신 속에는 없다고 부정하지만 다른 사람들에게서는 분명히 볼 수 있는 그런 성질들과 충동을 알게 된다. 즉, 이기주의, 정신적 태만과 불성실, 비현실적인 공상들, 계책과 모략, 경솔함과 비겁, 돈과 재산에 대한 과도한 소유욕 같은 것들, 요컨대 그가 이전에 그 자신에게 다음과 같이 말하며 저질렀을 사소한 죄악들이다 : "문제될 것 없어. 아무도 그것을 눈치채지 못할거야. 또 (어느 경우든지) 다른 사람들도 그걸 하고 있어"라고.

만일 당신의 친구가 당신의 잘못을 비난할 때 당신의 마음속에 심한 분노가 끓어오르는 것을 느낀다면, 바로 그 순간 당신은 당신이 의식하지 못하고 있는 당신의 그림자의 일부를 거의 확실하게 발견하게 될 것이다. 더 '잘나지도 않은' 다른 사람들이 그림자의 잘못 때문에 당신을 비난할 때 기분이 나쁜 것은 물론 당연하다. 그러나 당신 자신의 꿈—당신 자신의 존재 안에 있는 내부의 심판관—이 당신을 비난한다면 무엇이라 말하겠는가? 그 순간이 바로 자아가 알아차리는 때이며 그 결과는 당혹과 침묵이다. 그 뒤 자가훈련의 고통스럽고 지루한 작업—그것은 심리학적으로 헤라클레스Hercules의 작업에 상당한 것이라고 말할 수 있다—이 시작된다. 당신이 기억하듯이, 이 불행한 영웅의 첫 번째 임무는 수백 마리의 소들이 수십 년 동안 똥을 싸 온 아우게이아스의 마굿간Augean stables을 하루에 깨끗이 치우는 것—너무나 큰 일이라서 보통 사람은 그것을 생각만 하는 것으로도 낙담하여 기가 죽어 버릴 일—이었다.

그림자는 의식에서 제거해 버린 것들로만 구성되지는 않는다. 그것은 충동적이거나 무심코 저지르는 행위에서도 똑같이 본색을 드러낸다. 미처 생각을 하기 전에 험담이 튀어나오고, 음모가 꾸며지고, 틀린 결정을 내리게 되고, 또 의도하거나 의식적으로 원하지 않았던 결과를 직면하게 한다. 게다가 그림자는 의식적 인격보다도 훨씬 더 심하게 집단적 감염에 노출된다. 예를 들면, 사람이 혼자 있을 때는 비교적 문제가 없다고 느낀다. 그러나 '다른 사람들'이 음흉하고 원시적인 짓을 하면, 곧 그는 자신도 이에

사람들을 불합리한 군중으로 뭉치게 할 수 있는 '집단 감염'과 그것으로 인해 그림자(자아 인격의 어두운 면)가 영향받기 쉬운 세 가지 예.

← '악마에 홀린' 17세기의 프랑스 수녀들에 관한 1961년 폴란드 영화의 한 장면.

"성 비투스의 춤"St. Vitus' Dance(무도병)라고 불린 (대부분이 정신생리성인) 병을 묘사하는 브뤼헐 Brueghel의 그림으로, 그 병은 중세에 널리 퍼졌었다.(왼쪽) →

쿠 클럭스 클랜Ku Klux Klan의 불타는 십자가의 상징. 미국 남부의 백인 지상주의의 '비밀 결사'로서, 그들의 인종적 편협성이 집단 폭력의 행동을 자주 유도하였다(뉴욕의 현대미술관 소장).(오른쪽)

가담하지 않는다면 바보로 취급되지나 않을까 하고 두려워하기 시작한다. 그래서 그는 실제로 전혀 그 자신에게 속하지 않는 충동에 굴복한다. 자기 자신의 그림자와 다른 사람들의 그림자가 마주치게 되는 것은 특히 같은 성性의 사람들이 서로 접촉할 때이다. 우리들은 이성에서 그림자를 보지만, 그것은 대체로 우리의 기분을 그렇게 심하게 상하지 않으며, 우리는 그것을 보다 쉽게 용서할 수 있다.

그래서 꿈과 신화에서 그림자는 꿈꾼 사람과 같은 성性의 사람으로서 나타난다. 다음의 꿈이 한 예가 될 것이다. 꿈꾼 사람은 48세의 남자이다. 그는 자신을 위하여 자립하여 살고자 한 사람으로서 열심히 일하고 자신에게 엄격하고, 쾌락과 자발성을 그의 본래의 성질에 어울리지 않게 극도로 억제해 온 사람이다.

> 나는 시내에 매우 큰 집을 소유하고 그곳에 살았는데, 아직도 그 집의 구석구석들을 알지 못했다. 그래서 집 안을 두루 살피고 다녔다. 나는 주로 지하실에서 내가 전혀 몰랐던 몇 개의 방과 심지어 다른 지하실이나 지하도로 통하는 출구들을 발견하였다. 이들 출구 중 몇 개가 자물쇠가 잠겨져 있지 않았고 또 어떤 것은 자물쇠조차 없는 것을 발견하자 나는 불안해졌다. 더구나 근처에는 몇몇 노동자들이 작업을 하고 있었는데 이들이 그 방으로 몰래 들어올 수도 있을 것 같았다…….
>
> 내가 다시 1층으로 올라오고 나서 뒷마당을 지나자 그곳에서 다시 길거리와 다른 집들로 통하는 서로 다른 출구를 발견하였다. 내가 그것들을 좀 더 가까이에서 살펴보려 하였을 때, 한 남자가 크게 웃으며 다가와서 우리들이 초등학교 시절부터 알아 온 오래된 친구라고 소리쳤다. 나 역시 그를 기억하고 있었다. 그가 어떻게 지내고 있는지를 나에게 이야기하는 동안, 나는 그와 출구 쪽으로 걸어가 함께 거리를 거닐었다.
>
> 우리들이 커다란 순환도로를 거쳐 푸른 잔디밭에 도달하자 세 마리의 말들이 갑자기 우리 옆을 지나갔다. 그때 공중에 이상한 빛과 그림자의 배합(역주 : 그림의 명암법)이 있었다. 그 말들은 아름답고 건장한 동물이었고, 야성적이었으나 잘 손질되어 있었으며, 아무도 그 말에 타고 있지 않았다(그 말들은 군대에서 도망쳐 나온 것인가?).

기묘한 통로들의 미로, 방들, 그리고 지하실의 자

🠕 이탈리아의 현대 화가 키리코Giorgio de Chirico가 그린 〈불안한 여행〉*Anxious Journey*이란 제목의 그림. 그림의 제목과 음산한 통로들은 개성화 과정이 시작될 때 무의식과 처음 맞닥뜨렸을 때의 성질을 표현한다. 무의식은 흔히 복도, 미궁, 미로 등으로 상징화된다.

물쇠를 채우지 않은 출구들은 고대 이집트의 저승에 대한 표상을 회상시키는데, 그것은 미지의 가능성들을 갖고 있는 무의식의 상징으로서 잘 알려져 있는 것이다.[13] 그것은 또한 한 개인인 그 사람의 무의식적인 그림자의 측면에 있어 다른 영향에 얼마나 '노출'되어 있고, 또 괴기하고 이상한 요소들이 어떻게 침투해 들어올 수 있는가 하는 것을 우리에게 보여준다. 침투해 들어온 지하실은 꿈꾼 사람의 정신의 지하실이라고 말할 수 있다. 이상한 건물(꿈꾼 사람의 아직도 지각되지 않은 정신의 영역을 나타내는)의 뒷마당에서 옛날 학교 친구가 갑자기 나타난다. 이 인물은 분명 꿈꾼 사람 자신의 다른 면—어린 시절에 그의 생의 한 부분이었으나 지금은 이미 망각해 버린 측면—을 인격화한다. 한 사람의 어릴적 성질들(예로 쾌활함이라든가 급한 성질, 또는 어쩌면 신뢰성)이 갑자기 사라지고, 그 사람은 그것들이 어디로 어떻게 사라져 버렸는지를 모르는 일이 흔히 일어난다. 꿈꾼 사람의 이와 같은 잃어버렸던 특성들이 바로 지금 되돌아와서 (뒷마당으로부터) 그와 친해지려고 하는 것이다. 이 인물상은 아마도 꿈꾼 사람이 소홀히 해온 측면으로 생을 즐기는 능력과 그의 외향적인 그림자의 측면을 표현하고 있다고 하겠다.

그러나 우리는 곧 왜 그 꿈꾼 사람이 보기에 해로울 것이 없는 이 옛날 친구를 만나기 직전 '불안'해 했는가 하는 것을 알게 된다. 그가 그와 함께 거리를 거닐 때, 말들이 뛰쳐나온다. 꿈꾼 사람은 그 말들이 군대로부터(즉, 지금까지 그의 생활을 특징지어 온 의식적 엄격함으로부터) 도망쳐 나온 것이 아닌가 생각한다. 말에 타고 있는 사람들이 없다는 사실은 본능적 욕구들이 의식의 조절로부터 벗어날 수 있다는 것을 보여준다. 이 옛날 친구와 말에서 이전에는 결핍되었던, 그리고 꿈꾼 사람이 몹시 필요로 한 모든 긍정적인 힘이 다시 나타난다. 이것이 한 개인이 그의 다른 면을 만날 때 흔히 발생하는 문제이다. 그림자는 파피루스 사본(기원전 1400년경)에 그려진 이집트 ➔ 의 지하세계의 7개 문들로 그 자체가 미로처럼 보인다.

➔ 세 개의 미로의 그림들 : (왼쪽에서 오른쪽으로) 핀란드의 돌 미로(청동기 시대), 19세기 영국의 잔디 미로, 샤르트르 대성당Chartres Cathedral 바닥의 타일tile로 된 미로(그 위를 따라 걷는 것은 성지로의 상징적 순례일 수 있다).

보통 의식이 필요로 하는 여러 가지 가치를 내포하고 있다. 그 가치는 한 개인의 인생에 통합되기에는 어려운 형태로 존재한다. 이 꿈에서의 여러 통로와 큰 집은 꿈꾼 사람이 아직 그 자신의 정신적 차원들을 모르고 또 그것을 채울 능력이 아직 없다는 것을 보여준다.

이 꿈에서의 그림자는 내향적인 사람(외부 세계로부터 과도하게 후퇴하는 경향을 가진 사람)에게서 전형적인 것이다. 외향적인 사람은 외부의 대상과 외부 세계로 관심이 쏠려 있어 이 경우의 그림자는 매우 다른 모습을 보인다.

무척 활달한 성질을 가진 한 젊은이가 성공적인 기업들에 계속 투자하고 있었다. 그러나 이와 함께 그의 꿈들은 그가 시작한 사적인 창조적 작업 하나를 완전히 끝내야 된다고 강조하고 있었다. 그 여러 꿈 가운데 하나를 들겠다.

한 남자가 긴 의자에 누워 있다. 그는 덮개를 당겨 얼굴에 씌웠다. 그는 프랑스 사람으로, 어떤 범죄도 저질렀을 만한 악한이었다. 한 관리가 아래층으로 나를 데리고 내려오고 있고, 나는 나에게 어떤 음모가 꾸며지고 있다는 것을 알아차린다(즉, 그 프랑스 사람이 마치 우발적인 것처럼 나를 죽이리라는 것을). (밖에서 보기에 그랬다) 그는 실제로 우리들이 출구로 다가갈 때 나의 뒤로 살며시 다가온다. 그러나 나는 정신을 바짝 차려 경계하고 있다. 키가 크고 풍채 좋은 한 남자(차라리 영향력 있는 부자라 하는 게 옳겠다)가 괴로운 듯 갑자기 내 옆의 벽에 기댄다. 나는 재빨리 이 기회를 놓치지 않고 그 관리의 심장을 찔러 죽인다. "단지 소량의 습기만을 알아차릴 수 있을 뿐이다" — 이런 말이 논평처럼 들렸다. 이제는 안전하다. 프랑스 사람에게 명령을 내린 사람이 죽었으니 그가 나를 공격하지 않을 것이기 때문이다(아마도 그 관리와 성공한 풍채 좋은 사람은 동일인이고, 후자는 어딘가 전자를 대신하는 듯).

이 꿈에 나온 악한은 꿈꾼 사람의 다른 면—그의 내향성—을 표시하고 있다. 그것은 완전히 고갈된 상태에 이르고 있다. 긴 의자에 누워 있고(즉 그는 수동적이다) 혼자 있기를 원하기 때문에 덮개를 당겨 자기 얼굴에 씌운다. 반면 관리와 성공한 풍채 좋은 사람은(은밀하게도 동일인) 꿈꾼 사람의 성공적인 여러 가지의 외적 책무와 활동을 인격화하고 있다. 그 풍채 좋은 사람의 갑작스러운 병은 이 꿈꾼 사람이 그의 외적 생활을 위해 그의 강력한 에너지를 너무나 강하게 폭발시켰을 때마다 실제로 여러 번 병에 걸렸었다는 사실과 연관되어 있다. 그러나 이 성공적인 남자는 혈관에 피가 없고—단지 소량의 습기뿐—그것은 꿈꾼 사람의 이러한 외적인, 야심적 활동에는 어떤 순수한 생명이나 정열이 결여되어 있으며, 피가 흐르지 않는 기계적인 구조에 불과한 것임을 뜻한다. 그러니 그 풍채 좋은 남자가 살해되었다 해도 실제적인 손실은 없을 것이다. 그 꿈의 마지막 부분에서 프랑스 사람은 만족하고 있다. 그는 분명 긍정적인 그림자shadow상像을 표현하고 있는데 단지 꿈꾼 사람의 의식적 태도가 그에게 동의하지 않았기 때문에 부정적이고 위험한 것으로 바뀌었던 것이다.

이 꿈은 그림자란 많은 다른 요소들로 이루어질 수 있다는 것을 우리에게 보여주고 있다. 예컨대 이 꿈에서는 무의식적인 야심(성공한 풍채 좋은 사람)과 내향성(프랑스 사람) 등으로 구성되고 있다. 더욱이 꿈을 꾼 사람의 프랑스 사람에 대한 특별한 연상에 의하면(프랑스 사람은) 애정 문제를 어떻게 다루는가를 매우 잘 안다는 것이었던 만큼 이 두 그림자상들은 또한 두 개의 잘 알려진 욕구, 즉 권력과 성을 나타낸다. 권력 욕구는 잠정적으로 이중의 형태, 즉 한편으로는 관리로서, 그리고 다른 한편으로는 성공적인 사람으로서 나타난다. 관리 또는 공복은 집단적 순응을 인격화하는 반면 성공적인 사람은 야심을 나타낸다. 물론 양자 모두 권력 욕구에 이바지하고 있다. 꿈꾼 사람이 이 위험한 내적 힘을 저지하는 데 성공하였을 때, 그 프랑스 사람은 갑자기 더 이상

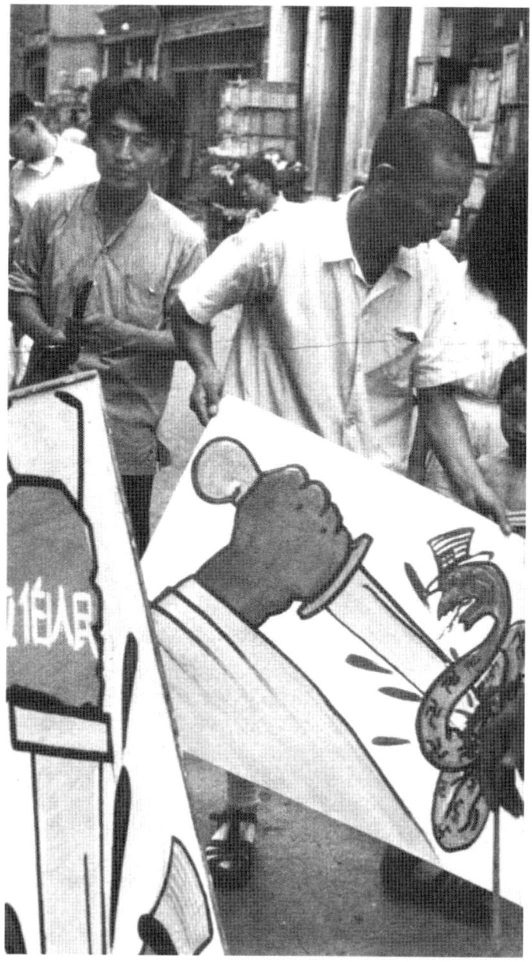

우리들의 결점들이 그림자에 의해서 드러날 때 우리는 그것들을 직시하는 대신 오히려 다른 사람들에게—일례로 우리의 정적政敵들에게—투사한다.

↑ 중공에서 시위를 하려고 만든 포스터. 악한 큰 뱀(나치Nazi의 하켄크로이츠Hakenkreuz 표식을 한)인 미국이 중국인의 손에 죽는 것을 보여 준다.

적대적이 아니다. 달리 말한다면 성 충동이 지닌, 마찬가지로 위험한 측면 또한 정복된 것이다.

분명 그림자의 문제는 모든 정치적 갈등에서 커다란 역할을 한다. 만일 이 꿈을 꾼 사람이 그의 그림자 문제를 몰랐다면 그는 쉽게 그 꿈에 나온 절망적인 프랑스 사람을 바깥 생활에서의 '위험한 공산당원들'과 동일시하거나, 또는 그 공적公的이며 유복한 성공적인 사람을 '긁어모으는 자본가들'과 쉽게 동일시하였을 것이다. 이런 식으로 그는 그의 마음속에 이런 갈등의 요소가 있다는 것을 인식하지 않으려고 피했을지도 모른다. 만일 사람들이 자기 자신의 무의식적 경향들을 다른 사람에게서 발견한다면 이것을 우리는 "투사"projection라고 부른다. 모든 나라의 정치적 동요는 소집단과 개인들이 뒷전에서 하는 가십(험담)과 마찬가지로 이런 투사들로 가득 차 있다. 모든 종류의 투사는 다른 사람들에 대한 우리의 견해를 흐리게 하고, 객관성을 저해하고, 그래서 진정한 인간관계의 모든 가능성을 손상시킨다.[14)]

그림자의 투사로 생기는 불이익은 이 밖에도 또 있다. 예컨대 만일 우리들이 우리 자신의 그림자를 공산주의자나 자본주의자와 동일시한다면, 인격의 한 부분은 적대적인 쪽에 여전히 남게 된다. 그 결과 우리도 항상(비록 의도적이 아닐지라도) 몰래 그 다른 측면을 지지하는 일들을 하게 된다. 그래서 우리의 적을 돕게 된다. 반대로, 만일 우리가 투사를 인식하고 문제들을 두려움이나 적대감 없이 토론할 수 있고, 다른 사람을 사려 깊게 대한다면, 여기에 상호 이해의 기회, 또는 적어도 휴전의 기회가 생긴다.

그림자가 우리의 친구가 되느냐, 적이 되느냐는 주로 우리들 자신에 달렸다. 자세히 살펴보지 않은 집과 프랑스 악한의 꿈이 보여주듯, 그림자는 반드시 언제나 적대적인 것은 아니다. 사실 그림자는—상황이 요구하는 것이 무엇이든지 간에—때로는 굴복하고 때로는 저항하고 때로는 사랑하면서 같이 살아가지 않으면 안 되는 사람과 똑같다. 그림자는 그가 무시되거나 오해될 때에만 적대적이 된다.

흔하지는 않지만 사람이 그의 본성의 나쁜 면을 남김없이 살리고 좋은 면을 억압하지 않으면 안 된다고 느낄 때가 가끔 있다. 이런 경우에 그림자는 그의 꿈에서 긍정적인 상으로 나타난다. 그러나 자연스러운 정동과 감정을 남김없이 불태운 사람에게 그림자는 냉혹하고 부정적인 지성인으로 나타날 수 있다. 그런 상像은 뒷전에 눌려 있던 불쾌한 판단과 부정적인 사고들이 인격화된 것이다. 그래서 그것이 무슨 형태를 취하든지 간에, 그림자의 기능은 자아의 반대되는 면을 나타내고, 또 어떤 사람이 다른 사

← 연설하고 있는 히틀러Hitler.
"이 사람은 5년 이상이나 불지를 거리를 찾아 미친 사람처럼 전 유럽을 헤매며 다녔습니다. 불행하게도 그는 번번히 이 국제적인 방화범에게 자기 나라의 문을 열어주는 고용인을 발견했습니다."
위에 인용한 글은 처칠Churchill의 그에 대한 묘사.

투사는 또한 악의에 찬 가십gossip도 조작해 낸다(영국 텔레비전 → 의 연속극 〈코러네이션 스트리트〉*Coronation Street*에서).

위쪽, 아래 왼쪽 : 1953년의 프랑스 영화 〈야생마 크랭블랑〉*Crin Blanc*에 나오는 야생의 백마. 야생마들은 흔히 무의식으로부터 폭발될 수 있는 조절할 수 없는 본능적인 욕구들—그래서 많은 사람들이 억압하려고 하는—을 상징한다. 영화에서는 말과 한 소년이 강한 애착을 갖게 된다(비록 말이 여전히 야생마들과 뛰놀지만). 그러나 지방의 말잡이들이 야생마들을 잡으러 나선다. 말과 그 말을 탄 소년은 수 마일을 쫓긴다. 그러나 마침내 그들은 해안에 이르러 궁지에 몰린다. 그 소년과 말은 굴복하여 붙들리기보다는 오히려 떠내려 가도록 바다로 뛰어든다. 상징적으로 볼 때, 이야기의 결말은 외부 세계에서 현실과의 직면을 피하는 방법으로써 무의식(바다)으로의 도피를 표현하는 것 같다.

람에게서 가장 싫어하는 그러한 성질들을 구체화한 것이다.

단지 성실해지고 사신의 통찰력을 사용하려고 시도하는 것만으로 그림자를 의식적 인격에 통합시킬 수 있다면 그림자의 인식은 비교적 어렵지 않을 것이다. 그러나 불행히도 이와 같은 시도는 언제나 효과적인 것은 아니다. 사람의 그림자 부분 속에는 너무나 열정적인 충동이 도사려 있기 때문에 이성이 그것을 극복하지 못한다. 밖으로부터 당하는 쓰라린 체험이 때때로는 그림자의 인식에 도움이 될 수도 있다. 말하자면 그림자의 욕구와 충동을 멈추게 하기 위해서 벽돌을 머리에 떨어뜨려야만 한다. 때때로 영웅적인 결단이 그런 충동을 제지할 수도 있으나, 이런 초인간적인 노력은 보통 내부의 위대한 사람Great Man(자기Self)이 그 개인으로 하여금 그것을 하도록 도와줄 때라야만 가능하다.

그러나 그림자가, 저항할 수 없는 충동의 압도적인 힘을 내포한다는 사실은 충동이 항상 영웅적으로 억압되어야 한다는 것을 의미하지는 않는다. 종종 자기Self의 요구가 같은 방향을 가리키고 있기 때문에 그림자가 강력해지는 경우가 있다. 그것이 자기Self인지 또는 내부의 압력, 배후에 있는 그림자인지를 못 느끼게 된다. 유감스럽게도 우리는 무의식 속에서 달빛 아래의 풍경 속에 있는 것과 똑같은 상황에 있다. 모든 내용물들은 불분명해지고 서로 섞이고, 어떤 것이 무엇이고 어디에 있는지, 또 어디서 시작하고 어디서 끝나는지 결코 아무도 정확히 알지 못한다(이것은 무의식적 내용들의 '오염'contamination이라는 말로 알려져 있다).

융이 무의식적 인격의 한 면을 그림자라고 불렀을 때, 그는 비교적 뚜렷한 요소를 가리키고 있었다. 그러나 때때로 자아가 알지 못하는 모든 것은 그림자와 섞이게 되고, 심지어 가장 가치 있고 가장 고귀한 능력들까지도 그림자에 포함된다. 예컨대 내가 위에서 인용한 꿈에서의 프랑스인 악한이 아무 쓸모가 없는 부랑자인지 또는 매우 가치 있는 내향적 성격의 사람인지를 누구인들 확신할 수 있겠는가? 그리고 앞의 꿈에서 뛰쳐나온 말들, 그것들이 자유롭

그림자는 두 가지 측면, 즉 하나는 위험하고, 다른 하나는 가치 있는 측면을 가지고 있다고 말할 수 있다.

← 힌두의 신 비슈누Vishnu의 그림은 이런 양면성을 보여 준다. 보통 자비한 신으로 간주되는 비슈누는 여기서 사람을 갈갈이 찢어놓는 마귀적인 측면으로 나온다.(왼쪽 페이지 오른쪽 아래)

← 일본의 절(서기 759년), 부처의 상 또한 양면성을 표현하고 있다 : 그의 많은 손들은 선과 악, 양면의 상징을 띤다.

의혹에 가득 찬 마틴 루터Martin Luther(영국 존 오스본John Osborne의 1961년 작 〈루터〉*Luther*에 출연한 알버트 피니Albert Finney의 모습) : 루터는 그가 교회를 떠난 일이 하느님의 계시에 의한 것인지 또는 자신의 자존심과 고집(상징적 용어로, 그의 그림의 '악마적' 측면)에서 온 것인지 결코 확신할 수가 없었다. →

게 뛰도록 허용되어야 할까, 아니면 허용되어서는 안 되는 것일까? 꿈 그 자체가 사태를 명확하게 하지 않을 경우에는, 의식적 인격이 그 결정을 하지 않으면 안 될 것이다.

만일 그림자의 상이 가치 있고 생기 있는 힘을 포함한다면, 그것은 실제 체험으로 동화되어야 하고 억압되어서는 안 된다. 자부심과 잘난 체하는 것을 포기하고 어두운 것처럼 보이나, 그러나 실제로는 그렇지 않을 수도 있는 어떤 것을 남김없이 살리는 것은 자아의 책임이다. 이것은 열정의 정복과 똑같이 영웅적인 희생을 요구하지만 반대의 의미를 지닌다. 우리가 자신의 그림자를 만날 때 발생하는 윤리적으로 어려운 문제들은 코란의 제18권에 잘 기술되어 있다.[15] 이 이야기에서 모세Moses는 사막에서 키드르Khidr('녹색의 사람' 또는 하느님의 첫 번째 천사)를 만난다. 그들은 함께 돌아다닌다. 키드르는 모세가 자신의 행위를 보고 분개하지 않을 수 없게 될 것이 두렵다고 말한다. 만일 모세가 그를 참고 관대히 대하지 못하거나 믿지 못한다면 키드르는 떠나야만 한다.

곧 키드르는 어떤 가난한 마을 사람들의 고깃배에 구멍을 뚫어 배를 가라앉힌다. 그리고는 모세가 보는 앞에서 멋있게 생긴 젊은이를 죽이고 마침내 이교도들의 도시의 무너진 벽을 복원한다. 모세는 키드르에게 분노하지 않을 수 없었고 그래서 그는 떠나야만 한다. 그러나 키드르가 떠나기 전에, 그는 왜 그런 행위를 해야 했는지 그 이유를 설명한다. 배에 구멍을 뚫어 가라앉힘으로써 그는 실제로 그 배 주인들을 구해 주었다. 왜냐하면 해적들이 그 배를 훔치려고 오고 있는 중이었기 때문이다. 사실 어부들은 나중에 그 배를 인양할 수 있다. 그 멋있는 젊은 남자는 범죄를 저지르러 가는 도중이었고, 그를 죽임으로써 키드르는 그 젊은이의 신앙심 깊은 부모들을 불명예로부터 구했다. 또한 벽을 복원함으로써 두 명의 신앙심 깊은 젊은 남자들이 몰락에서 구제되었다. 왜냐하면 그들의 재산이 그 밑에 묻혀 있었기 때문이다. 도덕적으로 그렇게 분개하고 있던 모세는 지금에야(너무나 늦게) 그의 판단이 너무나 성급했었다는 것을 알았다. 키드르의 행위들은 완전히 악한 것처럼 보였으나 사실은 그렇지가 않았다.

이 이야기를 있는 그대로 본다면, 키드르는 경건하고 법을 지키는 모세의 무법적이고 변덕스러운 악의 그림자라고 생각될지도 모른다. 그러나 실은 그렇지가 않다. 키드르는 오히려 신의 어떤 숨은 창조적 행위들이 인격화된 것이다(비슷한 의미를 하인리히 짐머Heinrich Zimmer가 번역한 "왕과 사체"The King and Corpse라는 유명한 인도의 이야기에서 찾아볼 수 있다.)[16] 내가 이 미묘한 문제를 묘사하기 위해서 꿈을 인용하지 않은 것은 우연한 일이 아니다. 코란경에서 잘 알려진 이 이야기를 선택한 것은 그것이 한 인생의 경험을 집약하고, 그리고 이것은 개인의 꿈에서는 그렇게 분명히 표현되기가 매우 드물기 때문이다.

어두운 상이 우리의 꿈에 나타나서 무엇인가를 원하는 듯 보일 때, 우리는 그것이 단지 우리 자신의 그늘진 부분을 인격화하고 있는지, 또는 자기인지, 아니면 동시에 양쪽을 다 인격화하고 있는지 확신할 수 없다. 우리의 어두운 동반자가 극복해야 할 우리의 결점들을 상징하는지, 또는 우리가 받아들이지 않으면 안 되는 삶의 의미 있는 한 부분인지를 미리 점치는 것, 이것은 우리가 개성화 과정에서 부딪치는 가장 어려운 문제 중의 하나이다. 더구나 꿈의 상징들은 흔히 너무나 미묘하고 복잡하여 그 해석에 확신을 가질 수 없다. 이런 경우에 할 수 있는 유일한 것은 윤리적 불확실성에서 빚어진 마음의 불편함을 받아들이고 최종 결정을 내리거나 행동을 취하지 말고 꿈을 계속해서 관찰하는 것이다. 이것은 신데렐라Cinderella 공주 앞에 그녀의 계모가 좋고 나쁜 완두콩을 던져주고 그것들을 가려내라고 했을 때의 상황과 비슷하다. 전혀 가망이 없는 것처럼 보였으나 신데렐라는 끈질기게 완두콩을 가려내기 시작했고, 그러자 갑자기 비둘기떼(다른 책에서는 개미들)가 그녀를 도우러 왔다. 이들 동물은 말하자면 자신의 몸속에서만 느낄 수 있고, 그리고 나아갈 길을 가리키는 유익하고 매우 깊은 무의식적 충동들을 상징한다.

사람은 보통 자기 자신의 존재의 바로 밑바닥 어딘가에서 그가 어디로 가야 하고, 무엇을 해야 하는지를 안다. 그러나 우리가 "나"라고 부르는 어릿광대가 때로 너무도 산만하게 행동하여 내부의 소리가 그 존재를 알릴 수 없는 때도 있다.

때때로 무의식의 시사를 이해하려는 모든 시도가 실패로 돌아가는 때가 있다. 이런 난관에 처할 때 할 수 있는 일은 오직 우리에게 옳은 것처럼 보이는 것을 용기 있게 하면서 만일 무의식의 여러 암시가 갑자기 다른 방향을 가리킨다면 진로를 바꿀 준비를 하는 것이다. 어떤 사람에게는 기분이 뒤틀리더라도 무의식의 요구에 저항하는 것이(물론 이것이 흔한 일은 아니다) 오히려 인간다운 상태에서 너무 멀어지는 것보다 나을 수 있다(이것은 온전히 그들 자신이 되기 위해서 범죄적 소질을 남김없이 살려야 하는 사람들이 처한 상황일 것이다).

자아가 이러한 결정을 내리는 데 필요한 힘과 내적인 명징성은 위대한 사람Great Man으로부터 은밀히 나오거니와 그는 분명 그 자신을 너무 또렷하게 드러내기를 원치 않는 것 같다. 자기Self는 자아가 자유로운 선택을 할 것을 원하는지도 모르고, 또는 인간의식과 그 결단에 의지하여 자기Self가 모습을 드러낼 수 있도록 도움을 받는지 모른다. 이와 같이 어려운 윤리적 문제들이 나오게 될 때 아무도 진정 다른 사람들의 행위를 판단할 수 없다. 각자는 자기 자신의 문제에 눈을 돌리지 않으면 안 되고 그 자신에게 무엇이 옳은지를 결정하고자 하지 않으면 안 된다. 노선사가 말했듯이, 우리는 소를 "몽둥이로 지켜서 소가 다른 사람의 목장에서 풀을 뜯지 않도록 하는"소치기의 예를 따라야만 한다.[17]

심층심리학의 이 새로운 발견들은 우리들의 집단적 윤리관에 어떤 변화를 초래하기 마련이다. 왜냐하면 그것들은 우리로 하여금 모든 인간의 행위를 훨씬 더 개별적이고 섬세하게 판단하도록 할 것이기 때문이다. 무의식의 발견은 현대에서 가장 널리 영향을 미치는 발견 중의 하나이다. 그러나 무의식적 현실의 인식이 진지한 자기 검증과 자신의 생활의 재통합을 요한다는 사실은 많은 사람들로 하여금 마치 전혀 아무 일도 일어나지 않은 듯이 계속 행동하게 하는 원인이 되고 있다. 무의식을 심각하게 받아들이고 그것이 제기하는 문제들과 대결하는 데는 많은 용기가 필요하다. 대부분의 사람들은 너무나 나태하여 그들이 의식하고 있는 그들의 행동의 도덕적 측면 같은 것들조차 깊이 생각하지 못한다. 그들은 무의식이 그들에게 어떻게 영향을 미치고 있는지를 고려하기에는 너무나 게으른 듯 싶다.

아니마 : 마음속의 여성

어렵고도 미묘한 윤리적인 문제들이 반드시 그림자 자체의 출현에 의해서 제기되는 것은 아니다. 흔히 또 다른 '내적인 상'이 나타난다. 만일 꿈꾼 사람이 남자라면, 그는 그의 무의식의 여성적 요소가 인격화된 상을 발견하고, 여성일 경우에는 남성상이 인격화될 것이다. 그림자에 이은 이 두 번째 상징적 상이 새로운 또 다른 문제를 제기하면서, 그림자의 뒤에서 나타나는 수가 있다. 융은 그 남성적·여성적 형태들을 아니무스Animus와 아니마Anima라 불렀다.[18]

아니마는 막연한 여러 감정과 기분, 예를 들면 예견적 육감, 비합리적인 것에 대한 감수성, 개인적 사랑의 능력, 자연에 대한 감정, 그리고—마지막 또 하나 중요한 것,—그의 무의식과의 관계 등과 같은, 남성의 마음에 숨은 모든 여성적인 심리적 경향들이 인격화된 것이다. 고대의 여사제(그리스의 무녀 같은)들이 신의 의지를 헤아리고 신들과 교신을 하곤 했다는 것은 그저 우연이 아니다.

아니마가 남성의 마음의 내적인 상으로서 어떻게 체험되는지 이에 대한 특히 좋은 예는 에스키모와 북극권 종족들의 주의呪醫(메디신맨, medicine man)와 예언자(샤먼)들에서 볼 수 있다.[19] 이들 중 몇은 그들의 내적인 여성적인 면—그들로 하여금 '영계'(즉 우리가 무의식이라고 부르는 것)와의 교류를 가능케 하는 면—을 분명히 표시하기 위해서 심지어 여성들의 옷을 입거나 그들의 복장에 유방을 그려 넣는다.

나이 든 샤먼에 의해서 성인식의 인도를 받았고 그에 의해서 눈굴 속에 매장된 한 젊은 남자의 예가 보고되었다. 그는 거기서 탈진되어 꿈꾸는 듯한 상태에 빠졌다. 이런 혼수상태에서 그는 갑자기 빛을 발하는 한 여인을 보았다. 그녀는 그가 알아야 하는 모든 것을 그에게 가르쳐주었다. 그리고 뒤에 그 여신은 그의 수호신으로서, 그를 저승의 힘과 연결지을 수 있도록 함으로써 그가 어려운 직책을 수행하는 것을 도와주었다. 이와 같은 체험은 아니마가 남성의 무의식의 인격화된 것임을 보여준다.

그것이 개별적으로 나타날 때 남성의 아니마의 특성은 보통 그의 어머니에 의해서 결정된다. 만일 그가 그의 어머니로부터 부정적인 영향을 받았다고 느낀다면, 흔히 그의 아니마는 쉽게 홍분하고, 우울한 기분, 변덕스러움, 불안정, 쉽게 감동되는 경향을 보인다(그러나 그가 그 자신에 대한 부정적인 공격들을 극복할 수만 있다면 그것은 그의 남성다움을 강화시킬

아니마(남성의 정신 속에 있는 여성적 요소)는 흔히 마녀나 무녀—'어둠의 힘'과 '정령의 세계'(이를테면 무의식)와 관계를 맺고 있는 여성들—로서 인격화된다.

← 꼬마 도깨비와 귀신들과 같이 있는 여자 마법사(17세기의 동판화).

한 시베리아 종족의 무당으로, → 그는 여장한 남자인데 이는 여성들이 정령들과 더 잘 접촉할 수 있다고 생각되기 때문이다.

수도 있다). 이러한 남자의 마음속에서 부정적인 모성-아니마상은 아래와 같은 주제를 계속 되풀이할 것이다. "나는 아무것도 아니다. 보람을 느끼게 하는 것이 아무것도 없다. 다른 사람들은 그렇지 않은데, 그런데 내게는 …… 즐거운 것이 하나도 없다." 이런 '아니마 기분'anima mold은 일종의 권태, 즉 병에 걸리지나 않을까, 무기력해지지나 않을까 또는 사고가 나지 않을까 하는 두려움을 불러일으키며, 삶의 전부가 슬프고 답답하다. 이런 암울한 기분은 심지어 자살을 유도할 수도 있다. 그 경우 아니마는 죽음의 악령이 된다. 콕토Cocteau의 영화 〈오르페〉*Orphée*에서 아니마는 이런 역할로 나온다. 프랑스인은 이런 아니마상을 운명의 여인, femme fatale이라고 부른다(이 어두운 아니마의 비교적 온건한 예가 모차르트Mozart의 마적에서 밤의 여왕으로 인격화된다). 그리스의 세이렌Seiren이나 독일의 로렐라이 역시 아니마의 이 위험스러운 측면을 인격화한 것으로, 파괴적인 환상을 상징한다. 다음의 시베리아의 이야기는 이와 같이 파괴적인 아니마의 행동을 묘사하고 있다.[20)]

어느 날 외로운 사냥꾼이 강가의 반대편 깊은 숲 속에 나타난 아름다운 여인을 본다. 그녀는 그에게 손을 흔들며 노래를 부른다.

오, 외로운 사냥꾼, 오세요, 황혼의 고요함 속으로.
오세요, 오세요, 보고 싶어요, 보고 싶어요!
지금 당신을 포옹할게요, 포옹할게요!
오세요, 오세요! 나의 보금자리가 가까이 있어요.
나의 보금자리가 가까이 있어요.
오세요, 오세요, 외로운 사냥꾼, 지금 곧 황혼의 고요함으로.

그는 옷을 벗고 수영을 해서 강을 건너가지만, 그녀는 갑자기 올빼미로 변하여, 그를 놀리듯이 웃으면서 날아가 버린다. 그는 자기의 옷을 찾아 입으려고 수영하여 돌아오려다가 그만 찬 강물에 빠져 죽고 만다.

이 이야기에서 아니마는 사랑, 행복, 그리고 어머니의 따뜻한 행동 등(그녀의 보금자리)의 비현실적인 꿈—사람들을 현실로부터 유인해내는—을 상징한다. 사냥꾼이 물에 빠져 죽은 것은 채워질 수 없는 원망願望적 환상을 좇아갔기 때문이다.

남성의 인격 속에 있는 부정적 아니마가 노출되는 또 하나의 양식은 모든 것의 가치를 깎아내리기 위해 그가 심술궂고 악의에 찬, 사내답지 못한 비방을 사용할 경우이다. 이런 종류의 비방들은 항상 진실을 값싸게 왜곡하며 은근히 파괴적이다. "독부"poison

여성 강신술자 또는 영매 ➔ (지안 카를로 메노티Gian Carlo Menotti의 오페라를 영화화한 1951년의 영화 〈영매〉*The Medium*에서). 현대의 영매들은 대개가 여성들이다. 여성들이 비합리적인 것을 남성들보다 더 잘 받아들일 수 있다는 믿음이 아직도 널리 퍼져 있다.

damsel(동양에서 부르듯)가 등장하는 전설들은 전 세계적으로 존재한다.[21] 그녀는 그녀의 몸에 무기를 숨기고 있거나 몰래 독을 갖고 있다가 첫날밤 그것으로 그녀의 연인들을 죽이는 미모의 존재이다. 이렇게 위장된 아니마는 자연 그 자체가 지닌 어떤 괴상한 측면처럼 냉혹하고 무분별하며, 유럽에서는 이것이 오늘날까지도 흔히 마녀신봉으로 표현되고 있다.

만일 그의 어머니에 대한 남성의 체험이 이와 반대로 긍정적이었으면, 이것 역시 전형적이면서도 다른 양식으로 그의 아니마에 영향을 줄 수 있는데, 그 결과는 그 자신이 여성적인 사람이 되거나 여성의 제물이 되어 인생의 어려움을 처리해 갈 수 없게 된다. 이런 종류의 아니마는 남자들을 감상주의자로 만들거나 노처녀들처럼 화를 잘 내거나 매트리스 30장 밑에 깔려 있는 콩을 느낄 수 있을 만큼 과민해진 동화 속의 공주처럼 만든다. 부정적인 아니마의 더욱 미묘한 현상은 어떤 동화에서 자기의 구혼자들에게 일련의 수수께끼에 대답을 하라거나, 혹은 자기의 눈 앞에서 숨어보라고 요구하는 공주의 이야기에 나타난다.[22] 만일 그들이 답을 못 맞추거나, 또는 그녀가 그들을 발견할 수 있다면, 그들은 반드시 죽지 않으면 안 된다. 그리하여 그녀는 언제나 이기게 된다. 이렇게 가장한 아니마는 남자들로 하여금 파멸적인 지적 유희에 말려들도록 한다. 우리는 이러한 아니마의 계략이 모든 신경증적인, 가짜 지성적인 대화에서 그 효력을 발휘함을 알 수 있다. 이런 대화는 남자들이 인생과 그 참된 결단이 직접 접촉하는 것을 방해한다. 그는 삶에 대해서 너무나 많이 생각하기 때문에 삶을

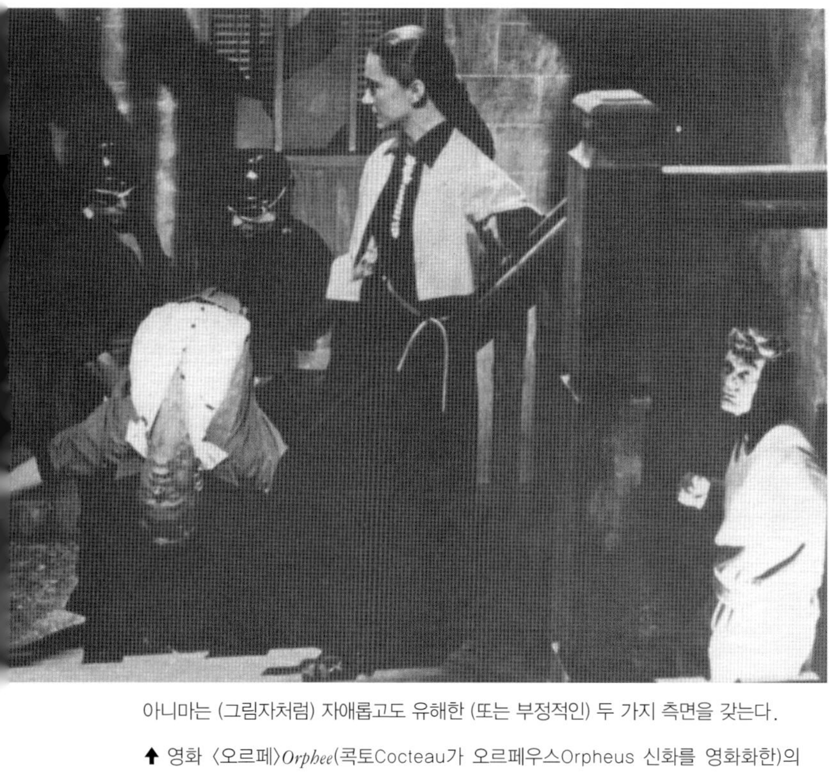

아니마는 (그림자처럼) 자애롭고도 유해한 (또는 부정적인) 두 가지 측면을 갖는다.

↑ 영화 〈오르페〉*Orphee*(콕토Cocteau가 오르페우스Orpheus 신화를 영화화한)의 한 장면. 그 여자는 치명적인 아니마로 볼 수 있다. 왜냐하면 그녀가 오르페우스를 (어두운 '지하세계'의 인물들에게 실려서) 죽음에 이르도록 했기 때문이다.

↓ 노래를 불러 남성을 죽음에 이르도록 유혹하는 물의 정령들인 게르만 민족의 신화에 나오는 로렐라이 역시 아니마의 유해한 면을 보여 준다(19세기의 그림).

슬라브 신화Slavonic myth에서 볼 수 있는 → 비슷한 예로 루살카Rusalka가 있다. 이러한 존재들은 물에 빠져 죽은 소녀들의 정령들로서 지나가는 남자들에게 마법을 걸어서 물에 빠뜨려 죽인다고 생각된다.

살 수가 없고 그의 모든 자발성과 솟아나오는 감정을 상실한다.

가장 흔한 아니마의 표현은 색정적 환상의 형태를 취한다. 남자들은 영화나 스트립쇼를 보거나 외설적인 것들에 빠져들기도 한다. 이것은 아니마의 다듬어지지 않은 원시적인 측면으로서, 남자가 그의 감정관계를 충분히 개발하지 못했을 때만, 즉 삶에 대한 그의 감정적 태도가 유치한 단계에 남아 있을 때에 비로소 강박적인 것이 된다.

아니마의 이 모든 면들은 우리가 그림자에서 관찰한 것과 똑같은 경향을 가진다. 즉, 그것들은 투사될 수 있다. 그 남자에게는 아니마들이 어떤 특정한 여인의 여러 성질처럼 보인다. 남자가 어떤 여자를 보고 첫눈에 '바로 이 여자다'라는 느낌에 갑자기 사랑에 빠지도록 하는 것은 바로 아니마가 거기에 끼어들기 때문이다. 이런 경우에 그 남자는 마치 그가 이 여자를 원래부터 가까이 지내온 사람처럼 느끼고, 그가 너무나 절망적으로 그녀에 사로잡혀 있어 다른 사람들에게는 그가 완전히 미쳐버린 것처럼 보인다.[23] '요정과 같은' 성격을 가진 여자들은 이런 아니마의 투사를 곧잘 끌어들인다. 왜냐하면 남자들은 거의 모든 것을 그렇게 매력적이고 붙잡기 어려운, 알 수 없는 존재에 귀착시키고 그녀를 중심으로 여러 가지 환상을 계속 엮어 나갈 수 있기 때문이다.

연애사건처럼 갑작스럽고 열정적인 형태의 아니마의 투사는 한 남자의 결혼을 크게 망칠 수 있고 또 소위 '삼각 관계'와 그에 수반하는 난처한 일로 발전할 수 있다. 아니마가 내적인 힘으로서 인식될 때라야만 비로소 이와 같은 극적 사건의 바람직한 해결책이 발견될 수 있다. 이와 같은 착종錯綜을 일으키는 무의식의 은밀한 의도는 한 남자가 그의 무의식적 인격을 더욱 통합하여 그것을 그의 현실생활에

↑ 1930년의 독일 영화 〈푸른 천사〉*The Blue Angel*의 네 장면으로, 영화는 분명 부정적인 아니마상인 카바레 가수에게 미친 근엄한 교수의 이야기를 다루고 있다. 그 여자는 마침내 그 교수를 그녀의 카바레 무대의 어릿광대로 등장시키기까지 하면서 그를 타락시키는 데 그녀의 매력을 이용한다.

세례자 요한John의 머리를 들고 있는 살로메Salome → 의 그림으로, 그녀는 헤롯왕King Herod에 대한 그녀의 힘을 증명하기 위해서 요한을 죽였다.

↑ 프랑스 영화 〈이브〉*Eve*(1962)를 선전하는 영국의 영화 포스터. 이 영화는 요부femme fatale의 활약을 그린 것이다(프랑스 여배우 잔느 모로Jeanne Moreau가 배역을 맡았다). "위험한 여성"이란 제목으로 널리 알려져 있는데, 그녀의 남자와의 관계를 부정적 아니마의 성질로 분명히 묘사하고 있다.
다음은 그 영화의 주인공에 관한(위의 포스터에 써 있는) 묘사이다(통속적인 묘사이긴 하지만 부정적인 아니마를 인격화하는 데 적합한 그런 문구다) : "신비스럽고—감질나게 하고—유혹적이고—음탕하며—그러나 남성을 파멸케 하고 마는 그녀의 마음속 깊은 곳에서 강렬하게 타오르는 불꽃이어라."

↑ 15세기 이탈리아의 화가 스테파노 디 지오바니Stefano di Giovanni의 그림으로 매력적인 젊은 여성과 대면하고 있는 성 안토니우스St. Anthony를 묘사하고 있다. 그러나 그녀의 박쥐의 것과 같은 날개는, 그녀가 실제로는 성 안토니우스에게 뻗친 많은 유혹들 중 하나인 데몬, 그리고 또 치명적인 아니마상의 다른 형의 구체화임을 드러내고 있다.

받아들이게 함으로써 그를 발전시키며 그 자신의 존재를 성숙하게 하는 데 있다.[24]

지금까지 나는 아니마의 부정적 측면에 관해서는 충분히 말했다. 아니마에는 이와 똑같이 중요한 긍정적인 면도 많이 있다. 남자에게 옳은 결혼 상대자를 찾는 능력이 있는 것은 아니마 덕분이다. 또 다른 기능 역시 마찬가지로 중요하다. 남자의 논리적인 마음이 그의 무의식 속에 숨어 있는 사실들을 분별할 수 없을 때는 언제나 아니마가 그것들을 파헤쳐 찾아내도록 그를 도와준다. 더욱 더 중요한 것은 아니마가 남자의 마음을 올바른 내적 가치와 합치도록 하여 보다 깊은 마음의 깊은 곳에 이르는 길을 열어주는 역할을 한다는 것이다. 그것은 마치 내적 '라디오'가 어떤 주파수로 조정되어, 관계없는 소리들은 배제하고 위대한 사람Great Man의 소리만 들리도록 하는 것과도 같다. 이 내적 '라디오'의 수신을 설정하는 데 있어, 아니마는 내부의 세계와 자기에게 안내자나 중계자의 역할을 맡게 된다. 내가 앞에서 말한 샤먼의 입무과정 예에서 인도자인 그 여자가 나타나게 되는 이유가 여기에 있다. 이것이 단테Dante의 『신곡』 중 「천국」*Paradise*에서의 베아트리체Beatrice의 역할이며 또 『황금 당나귀』*The Golden Ass*의 유명한 저자인 아풀레이우스Apuleius를 보다 고귀하고 더욱 영적인 삶으로 인도하기 위해서 그의 꿈에 나타난 여신 이시스의 역할이다. 어떻게 해서 아니마가 내적인 안내자가 될 수 있는가 하는 것을 밝히는 데 아마 다음에 소개할 45세 된 한 정신치료자의 꿈이 도움을 줄 것 같다. 이 꿈을 꾸기 전날 저녁 잠자리에 들려고 했을 때 그는 교회의 보호를 받지 않고 혼자서 산다는 것은 어려운 일이라고 생각하였다. 그는 자신이 어떤 기구의 모성적인 비호로써 보호받는 사람들을 질투하고 있는 것을 알았다(그는 신교도로 태어났으나 어떤 종교 기관에도 가입하지 않았다). 그의 꿈은 다음과 같다.

나는 사람들로 가득 찬 오래된 교회의 측랑에 있다. 나는 어머니와 아내와 함께 측랑의 끝, 예비석으

남성의 이지주의intellectualism에 대한 강조는 부정적인 아니마—흔히 전설과 신화에서 남자들에게 답을 맞추지 못하면 죽어야만 하는 수수께끼를 던지는 여성의 상으로 표현된다—때문일 수 있다.

↑ 19세기 프랑스의 그림으로 스핑크스Sphinx의 수수께끼에 답하는 오이디푸스Odeipus를 묘사한다.

← 악마적 아니마를 추한 마녀로 보는 전통적 관점 : 16세기 독일의 목판화 〈마법에 걸린 마부〉*The Bewitched Groom*.

↓ 아니마는 남성들의 색정적 환상에서 원색적이고 유치한 형태로 나타나고, 많은 남자들은 춘화의 형태를 통해서 그것에 빠진다. 스트립쇼를 하는 현대 영국의 나이트 클럽 쇼의 한 장면.

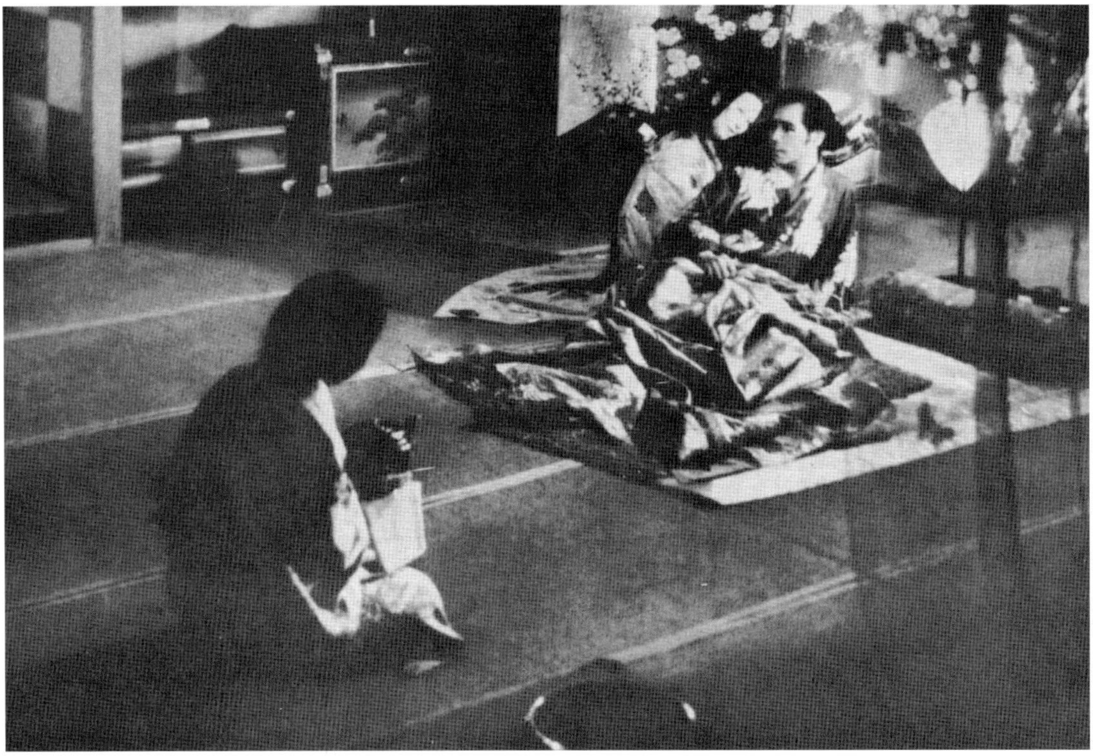

↑ 1953년의 일본 영화 〈우게츠모노가타리〉雨月物語에서 한 남자가 공주 유령(중앙)—아니마가 파괴적, 환상적 관계를 맺게 하는 '요정 같은' 여성에게 투사된 이미지—의 마법에 걸리게 된다.

← 〈보바리 부인〉*Madame Bovary*에서 19세기 프랑스의 소설가 플로베르Flaubert는 아니마의 투사로 생기는 '광적 사랑'을 묘사한다. "어떤 때는 신비하고, 어떤 때는 유쾌하고, 말이 많은가 하면 조용하고, 어떤 때는 열정적이고 어떤 때는 교만해지는 등 끊임없이 변하는 그녀의 기분이, 남자의 마음속에 있는 수천 가지 욕망과, 수천의 본능과 추억들을 어떻게 불러일으키는지 알고 있었다. 그녀는 모든 소설 가운데서 사랑받는 여인이며, 모든 연극의 주인공이고, 그가 읽은 적이 있는 모든 시에 나오는 '그녀'였다. 그녀의 어깨에서 그는 목욕하는 오달리스크Odalisque의 '호박색 홍조'를 발견했다 ; 그녀는 기사도 시대의 부인들의 긴 허리를 가졌다; 그녀는 또한 '바르셀로나의 창백한 부인'처럼 보였다; 그러나 그녀는 항상 천사였다." 그녀의 남편(왼쪽 사람)과 연인과 함께 있는 엠마 보바리Emma Bovary(소설을 영화화한 1949년 영화에서).

로 보이는 곳에 앉았다. 나는 신부로서 미사를 집전하고 있고 손에 큰 미사 경본을, 아니 어쩌면 기도서거나 혹은 시집인 것을 들고 있다. 이 책은 나에게 낯선 것들이었고, 바른 성구를 찾을 수가 없었다. 나는 미사를 곧 시작하지 않으면 안 되었는데, 설상가상으로 나의 어머니와 아내가 중요치도 않은 사소한 일에 관해 잡담하는 것이 나를 방해했다. 곧 오르간이 멎었고, 모든 사람들이 나를 기다렸다. 그래서 나는 정해진 대로 일어나서 내 뒤에서 무릎 꿇고 앉아 있는 수녀들 중의 한 명에게 그녀의 미사 책을 나에게 건네주고 바른 곳을 짚어 달라고 하였다. 그녀는 친절하게 그것을 해주었다. 이제 일종의 교회지기처럼, 그 수녀가 제단까지 나를 앞서갔다. 그 제단은 나의 등 뒤 왼쪽 어딘가에 있었다. 마치 우리들이 제단을 향하여 측랑으로부터 다가가는 것 같았다. 그 미사 경본은 길이가 3피트, 폭이 1피트인 일종의 판지로 된 한 장의 그림 같았다. 거기엔 고대의 그림들이 있는 성구가 나란히 세로줄로 적혀 있었다.

우선 수녀가 내가 시작하기 전에 기도문의 한 구절을 읽어야 한다. 그런데, 나는 아직도 그 성구에서 바른 구절을 찾지 못했다. 그녀가 나에게 15번이라고 말했으나 번호들이 분명하지 않았고, 또 그것을 찾을 수도 없다. 그러나 나는 단호히 신도들을 향하여 섰다. 그러자 나는 15번(그 판지의 끝에서 두 번째)을 찾아냈다. 내가 그것을 해독할 수 있을지는 아직 모른다. 그러나 나는 시도하기를 원한다. 나는 잠에서 깬다.

이 꿈은 상징적인 방법으로 그 사람이 꿈꾸기 전날 밤에 가졌던 생각에 대한 무의식으로부터의 해답을 표현하고 있다. 실제로 꿈은 그에게 "너 자신의 마음속의 교회—너의 영혼의 교회—의 신부가 되어야 한다"고 말했다. 그리하여 그 꿈은 꿈꾼 사람이 어떤 기관의 유익한 지원을 받고 있음을 보여주고 있다. 그는 교회 속에 포용되고 있다. 외부의 교회가 아니라 그 자신의 영혼에 존재하는 교회 속에 들어

↑ 오래된 영국의 쾌속범선 커티 사크Cutty Sark의 여성 뱃머리船首상. 남자들은 아니마를 여자뿐만 아니라 물건에도 투사한다. 예를 들면, 배는 항상 "그녀"로 불려져 왔다. 배의 선장은 상징적으로 "그녀의" 남편이고, 그 점이 "그녀"가 가라 앉는다면 그도(전통에 따라서) 그 배와 함께 가라 앉아야만 하는 이유이다.

↓ 자동차도 일반적으로 여성화되는—즉 많은 남자들의 아니마 투사의 초점이 될 수 있는—소유물이다. 배와 마찬가지로 자동차도 "그녀"라고 불리며, 그들의 소유자들은 자동차를 애인처럼 애무하고 토닥거려 준다.

가 있는 것이다.

사람들(즉, 그 자신이 지닌 모든 정신적 특질)은 그에게 신부로서의 역할을 수행하고 스스로 미사를 집전할 것을 원한다. 여기서 꿈이 말하는 미사는 그때 쓰던 미사 경본이 실제의 것과 전혀 다른 점으로 미루어 실제 미사를 뜻하는 것이 아니다. 미사의 관념은 상징으로 이용되고 있다. 그러므로 그것은 신성한 것이 있는 곳에서 이루어지는 희생적인 행위와 이를 통한 신성한 것과의 교신을 의미한다. 물론 이 상징적 해결은 누구에게나 맞는 일반적 해결책은 아니지만 그 꿈을 꾼 개인에게는 특히 관계가 있다. 그런데, 그것은 신교도들에게는 전형적인 해결책이다. 왜냐하면 실제적인 믿음을 통해서 여전히 가톨릭 교회에 속해 있는 남자는 보통 그의 아니마를 교회 그 자체의 이미지에서 체험하고, 그것의 성스러운 이미지들은 그에게 있어서 무의식의 상징들인 까닭이다.

여기에 예로 든 사람은 이런 교회적 체험을 갖지 못했다. 그가 내적인 길을 좇지 않으면 안 된 이유가 여기에 있다. 게다가 그 꿈은 그에게 그가 무엇을 하지 않으면 안 되는가를 말해주었다. 즉 "너의 모성과의 밀착, 너의 외향성(외향적 성격의 부인으로 표현된)은 너를 산란하고 불안하게 하고, 또 쓸데없는 잡담 때문에 네가 마음 속의 미사를 집전하는 것을 막고 있다. 만일 네가 그 수녀(내향적 아니마)를 따른다면, 그녀는 당신을 하인인 동시에 신부로서 인도할 것이다. 그녀는 16(4×4)장의 고대 그림으로 구성된 이상한 미사 경본을 갖고 있다. 너의 미사는 너의 종교적인 아니마가 너에게 보여주는 이런 정신적 상들의 관조로써 이루어지고 있다." 바꾸어 말하면, 그 꿈꾼 사람이 그의 모성 콤플렉스 때문에 생긴 내적인 불확실성을 극복한다면, 그는 그의 생의 과제가 종교적 의례의 성질과 특질을 가지고 있으며, 또한 만일

↑ 아니마가 발달하는 두 단계: 첫째는 원시적 여성(고갱Gauguin의 그림).

그가 그의 심혼 안에 있을 여러 상들의 상징적 의미에 관해서 명상한다면, 그 상들이 그를 이러한 인식으로 인도할 것임을 알게 될 것이다.

이 꿈에서 아니마는 그것이 본래 갖추고 있는 긍정적 역할—즉 자아와 자기 사이의 중개자로서—로 나타난다. 그림의 4×4의 배치는 이 내적 미사의 집전은 전체성을 위해서 시행된다는 사실을 가리키고 있다. 융이 보여주었듯이 정신의 핵(자기Self)은 보통 그 실체를 어떤 종류의 4중 구조 가운데 표현한다. 4라는 숫자는 또한 아니마와 연관되어 있다. 왜냐하면 융이 인식한 것처럼, 아니마의 발전에 네 단계가 있는 것이다.[25] 첫 번째 단계는 이브Eve의 상으로서 가장 잘 상징화되며, 그것은 순전히 본능적이고 생물학적인 관계를 나타낸다. 두 번째 단계는 파우스트Faust의 헬렌Helen에서 볼 수 있다. 그녀는 낭만적이고 미적 수준의 인격화인데 아직도 성적인 요소의 특징을 지니고 있는 것이다. 세 번째 단계는 예를 들면 성모 마리아에 표현되는데 이는 에로스eros를 영

↑ 아니마의 세 번째 단계는 성모 마리아로 인격화된다(반 아이크van Eyck의 그림). 그녀가 입은 옷의 빨간색은 감정(또는 에로스eros)을 상징하는 색이다. 그러나 이 단계에 이르러 에로스는 영적으로 정화된다.

← 둘째는, 클레오파트라로 묘사된 르네상스의 이탈리아 소녀를 현상화하여 그린 초상화에서처럼 낭만적으로 처리된 미녀.

두 번째 단계는 트로이의 헬렌Helen of Troy →(파리스Paris와 함께 있다)에 고전적으로 구현되었다.

↑ 네 번째 단계의 두 가지 예 : 그리스의 지혜의 여신 아테나Athena(왼쪽)와 모나리자Mona Lisa(오른쪽).

적 헌신의 극치에까지 올리는 상이다. 네 번째 형태는 가장 성스럽고 가장 순수한 것조차도 초월하는 지혜인 사피엔치아Sapientia로 상징된다. 구약 아가의 슐러마이트Shulamite는 이것의 또 다른 상징이다(현대인의 정신의 발전 과정에서 이 단계에 도달하는 일은 거의 없다. 모나리자Mona Liza가 이와 같은 지혜의 아니마와 가장 가깝다).

이 단계에서는 다만 4중성의 개념이 어떤 유형의 상징적 소재 가운데서 흔히 나타나고 있다는 사실을 지적하는 데 그치겠다. 그 핵심적인 여러 측면은 뒤에 논의하겠다.

그러면 아니마가 내적 세계로 이끌어 줄 안내자의 역할을 한다는 것은 무슨 실제적인 뜻이 있는가? 아니마의 바람직한 기능은 남자가 그의 아니마가 보내는 여러 가지 느낌, 기분, 기대와 환상들을 진지하

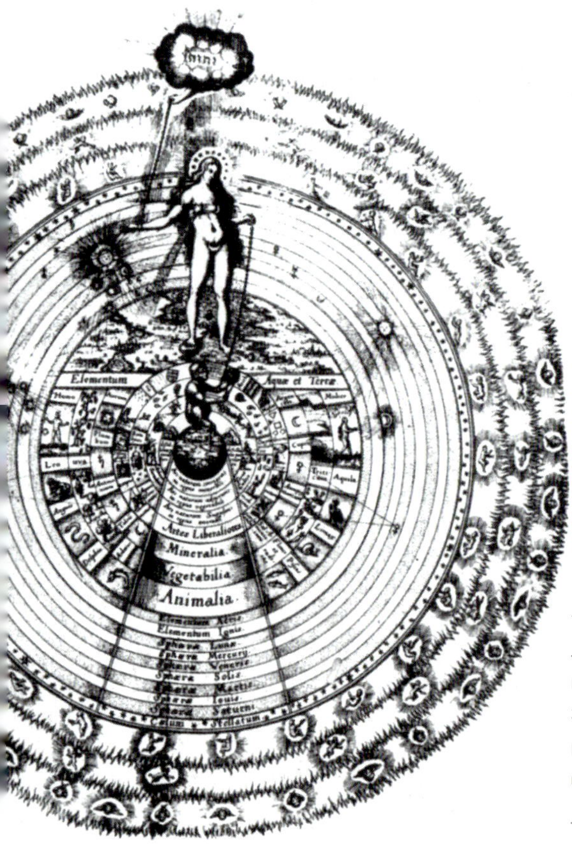

← 현세(인간의 본능적 성질을 나타낸 것으로 보이는 원숭이)와 내세(구름으로부터 뻗어나오는 하느님의 손)를 연결하는 중개자로서의 아니마의 상징적 상을 주제로 한 17세기의 판화. 아니마상은 묵시록에 나오는 여인과 흡사하다(그녀 역시 12개의 별로 장식된 관을 쓰고 있다). 그리고 고대의 달의 여신들인 구약의 사피엔치아Sapientia(아니마의 네 번째 단계), 이집트의 여신 이시스Isis(그녀 역시 늘어진 머리와, 그녀의 자궁에 반달을 갖고, 한 발은 땅에 딛고 다른 한 발은 물에 딛고 서 있다)와 유사하다.

윌리엄 블레이크William Blake의 → 그림에서 보는 중개자로서의 아니마 : 단테Dante의 『신곡』 중 "연옥편"의 한 장면을 나타내는 것으로 베아트리체가 꾸불꾸불한 산길을 단테 앞에서 인도하고 있는 것을 보여 준다.

게 받아들일 때, 그가 그것들을 어떤 형태로—예로 문장이나 그림, 조각, 작곡 혹은 무용으로—붙잡아 둘 때 생기는 것이다. 그가 참을성 있게 천천히 그 일을 해 나갈 때, 다른 더 깊은 무의식적인 소재들이 마음의 심층에서 솟아나고 처음에 의식에 올라온 정신적 소재들과 연결된다. 환상이 어떤 특정한 형태로 고정되고 나면, 다음에는 그 가치를 판단하는 감정 반응으로 지적이며 윤리적으로 검토되지 않으면 안 된다. 그리고 중요한 것은 그 환상이 절대적인 진실이라고 보는 일이다. 이것에 '단지 환상에 불과한 것'이라는 남모르는 의혹이 있어서는 안 된다. 오랜 기간에 걸쳐서 환상을 관찰하는 일에 헌신적으로 노력한다면, 차츰 개성화 과정은 유일한 현실이 되고 그것이 지닌 진정한 형태를 전개시킬 수 있다.

문학은 내적 세계로의 안내자와 중개자로서의 아니마에 관한 많은 예들을 제시하고 있다. 프란체스코 콜로

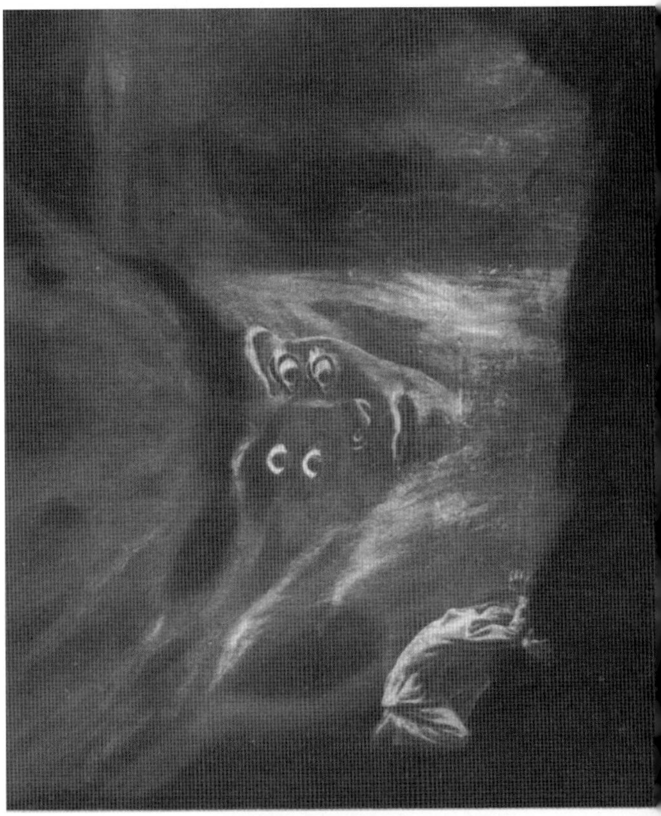

↓ 라이더 해거드Rider H. Haggard의 소설을 영화화한 오래된 영화 〈그녀〉*She*에서 한 신비스러운 여인이 탐험가들이 산을 넘도록 인도해 준다.

4의 주제와 아니마의 관계가 스위스의 화가 페터 비크하우Peter Birkhäuser가 그린 그림에 나타난다. 네 개의 눈을 가진 아니마가 압도적이고 무시무시한 환영으로 나타난다. 네 개의 눈은 본문에 인용된 꿈에 나오는 16장의 그림들과 유사한 상징적 의미를 가진다. 네 개의 눈은 아니마가 본체성을 성취할 가능성을 가지고 있음을 암시한다. ↑

현대 화가 슬라브코Slavko의 그림에서, 자기self는 아니마와 분리되어 있으나, 여전히 자연과 섞여 있다. 이 그림은 '영혼의 풍경'이라고 말할 수 있다 : 왼쪽에 검은색 피부의 벗은 여자, 아니마가 앉아 있다. 오른쪽에는 동물의 영혼 또는 본능인 곰이 있다. 아니마 옆에는 한 쌍의 나무—내적 대극들이 합치게 되는 개성화 과정을 상징하는—가 있다. 배경에서 처음에 빙하를 보게 되나 자세히 보면, 그것이 또한 얼굴임을 알게 된다. 이 얼굴(그곳으로부터 생명의 샘이 흘러내리는)은 자기이다. 그것은 네 개의 눈을 가졌고, 동물처럼 보인다. 왜냐하면 그것이 본능적 성질로부터 나왔기 때문이다(이 그림은 그래서 무의식의 상징이 환상적 풍경에 우연히 나타나는 방식을 보여 주는 좋은 예이다). →

나Francesco Colonna의 『히프네로토마키아』*Hypnerotomachia*,[26] 라이더 해거드Rider H. Haggard의 『그녀』*She*, 괴테Goethe의 『파우스트』*Faust*에서의 "영원한 여성" 등이 그것이다. 중세의 신비적 경서에서 한 아니마상은 자신의 성질을 다음과 같이 설명하고 있다.[27]

> 나는 들판의 꽃이요, 골짜기에 핀 백합이다. 나는 깨끗한 사랑의, 두려움의, 지식의, 그리고 거룩한 희망 …… 의 어머니다. 나는 각종 요소를 서로 화합하는 중개자이다. 즉, 따뜻한 것을 차게 하며 찬 것을 따뜻하게 하고, 건조한 것을 습하게 하며 또 그 반대로 습한 것은 건조하게, 딱딱한 것을 부드럽게 만든다 ……
>
> 나는 사제에게는 율법이요, 예언자에게는 말씀이며 현자에게는 조언이다. 나는 죽이기도 하고 살리기도 할 것이며 나의 수중을 벗어날 수 있는 것은 아무것도 없다.

↑ 중세 유럽의 '우아한 사랑'에 대한 생각은 성모 마리아 숭배에서 영향을 받았다 : 기사들이 사랑을 맹세하는 상대방 숙녀들은 성처녀처럼 순수하다고 믿어졌다(그녀의 전형적인 중세적 이미지는 이 조각상 같았다. 1400년경 작품).

← 15세기의 방패에는, 한 기사가 그의 죽음을 등에 진 채 그의 숙녀 앞에 무릎을 꿇고 있다.

이와 같은 이상화된 여성관은 상반된 개념을 → 낳았다. 그것은 마녀신앙이다. 마녀의 향연을 그린 19세기의 그림이다.

아니마가 '공적인' 사람으로 투사되어 인격화 → 될 때, 그녀는 마리아와 마녀의 양면으로 분리되는 경향이 있다. 이 그림은 또 하나의 반대되는 양면성의 예로(15세기 필사본에서) 교회(오른쪽, 마리아와 동일시된)와 유대교회(여기서는 죄 많은 이브와 동일시된)가 인격화되었다.

중세의 종교적, 시적, 그리고 그 밖의 문화적인 사건들 속에서는 정신적인 분화작업이 감지될 수 있었다. 그리고 무의식의 환상의 세계는 전보다 더 분명하게 인식되었다. 이 시기에 기사의 부인 숭배에는 밖에 있는 여성뿐 아니라 내면의 세계와의 관계에서도, 남성 본성의 여성적 측면을 분화시키려는 뜻이 있었다.[28]

기사가 봉사하기를 서약하며 그녀를 위해 영웅적 행위를 하는 그 부인은 물론 아니마의 인격화이다. 볼프람 폰 에셴바흐Wolfram von Eschenbach 판의 성배의 전설에서 성배를 지니고 있는 사람의 이름 Conduir-amour(사랑의 안내자)은 특히 깊은 의미를 지니고 있다. 그녀는 영웅에게 여자들에 대한 그의 감정과 행동 양자를 분화시키는 법을 가르쳤다. 그러나 뒤에 아니마와의 관계를 발전시키려는 이 개별적이고 사사로운 노력은 아니마의 숭고한 면이 성처녀의 상과 융합되자 포기되고 말았다. 그러자 성처녀는 끝없는 헌신과 찬미의 대상이 되었다. 성처녀로서의 아니마가 긍정적인 것으로만 생각되자 아니마의 부정적인 면들은 마녀신앙에서 그 표현을 보게 되었다.

중국에서 마리아의 상과 비교될 만한 것은 관음보살이다. 보다 보편적인 중국의 아니마상은 '달의 여인'이고, 그녀는 자신이 좋아하는 사람들에게 시와 음악의 재능을 부여하고 심지어 그들에게 불사영생의 능력을 줄 수도 있다. 인도에서는 동일한 원형이 샥티Shakti, 파르바티Parvati, 라티Rati 등 다른 여러 가지로 표현된다. 회교도에서 아니마는 주로 모하메드Mohammed의 딸 파티마Fatima이다. 공인된 종교적 상으로서의 아니마 숭배는 심각한 손해를 가져다 주는데 그것은 아니마가 그녀의 개인적인 면들을 상실하기 때문이다. 반면에 만일 아니마가 전적으로 개인적 존재로 간주될 경우, 여기에도 위험성이 따르는데 아니마가 외부 세계로 투사될 때 아니마가 발견될 수 있는 곳은 단지 외부 세계뿐이라고 생각하게 되기 때문이다. 이 후자의 경우는 끝없는 말썽을 일으킬 수 있다. 왜냐하면 남자는 그의 색정적인 환상들의 희생물이 되거나 아니면 현실의 한 여성에게 강박적으로 매달리게 되기 때문이다.

자신의 환상과 감정을 심각하게 받아들이는 고통스러운(그러나 본질적으로는 간단한) 결단만이 이 단계에서 내적인 개성화 과정의 완전한 정체를 방지할 수 있다. 왜냐하면 남성이 내적 현실로서의 아니마상이 무엇을 뜻하는가를 발견할 수 있는 길은 오직 이 방법뿐이기 때문이다. 그리하여 아니마는 다시 그녀가 본래 있었던 대로—즉, '마음속의 여성'이 되며, 그녀는 자기의 생생한 호소들을 전달하게—된다.

아니무스 : 마음속의 남성

여성에서 무의식이 남성으로 인격화된 것—아니무스Animus—은 남성에서 아니마가 그런 것처럼 좋고 나쁜 양면 모두를 보여준다. 그러나 아니무스가 색정적 환상이나 기분의 형태로 나타나는 일은 드물다. 오히려 그것은 곧잘 숨은 '거룩한' 확신의 형태를 취하는 경향이 있다.[29] 이런 확신을 크게 고집스러운 남자같은 목소리로 설교하거나 잔인하고 격정적인 소동으로 다른 사람을 지배하려 할 때, 여성의 마음 속에 깔려 있는 남성적 요소가 쉽게 인식된다. 그러나 겉으로는 매우 여자다운 여성에게서조차 아니무스는 완고하고 냉혹한 힘을 지닐 수 있다. 어떤 여성에서 우리는 고집불통이고, 냉혹하고 도저히 가까이 할 수 없는 어떤 면에 부딪치고 있는 자신을 발견하는 수가 있다.

이런 종류의 여성의 마음속에서 아니무스가 끝없이 반복하기를 좋아하는 주제 중의 하나는 다음과 같은 것이다. "세상에서 내가 원하는 오직 한 가지는 사랑뿐이다. 그런데, 그는 나를 사랑하지 않는다." 또는 "이 경우에는 단지 두 가지 가능성이 있을 뿐이다. 그 둘은 다 같이 나쁘다."(아니무스는 예외를 절대로 믿지 않는다) 아니무스의 의견은 거의 반대하기 어렵다. 왜냐하면 그것은 대개 일반적인 타당성을 가지고 있기 때문이다. 그러나 그것이 개별적인 상황에 맞는 경우는 거의 없는 것 같다. 그것은 합리적인 것처럼 보이지만 핵심을 벗어난 의견이기가 쉽다.

남성의 아니마의 성격이 그의 어머니에 의해서 형상화되는 것과 같이 아니무스도 기본적으로는 여성의 아버지로부터 영향을 받는다. 아버지는 그의 딸의 아니무스에 특수한 색채를 부여하는데 그것은 논쟁의 여지가 없이 명백한 '진실'이라는 확신이다. 이 확신에는 있는 그대로의 그 여자 자신의 개인적인 진실은 결코 들어있지 않다.

아니무스가 종종 아니마처럼 죽음의 귀신이 되는 까닭이 여기에 있다. 예컨대, 집시의 민담에서 어느 외로운 여인은 그 남자가 죽은 자들의 왕이라고 경고하는 꿈을 꾸었는데도 한 낯선 멋쟁이 청년을 맞아들인다. 그가 얼마 동안 그녀와 지내고 난 후에, 그녀는 그가 진짜 누구인가를 말해 달라고 그에게 조른다. 처음에 그는, 그녀에게 그것을 말해버리면 그녀가 죽게 될 것이라고 말하면서 거절한다. 그러나 그녀가 끝내 고집하자, 그는 갑자기 자기가 죽음 그 자신이라고 털어놓는다.[30] 그 여자는 공포에 질려 바로 죽고 만다.

신화학적인 관점에서 볼 때, 그 낯선 멋있는 청년은 아마 이교도의 아버지상이거나 신의 상일 것이고, 여기서 그는 죽은 자들의 왕(페르세포네Persephone를 유괴한 하데스Hades 같이)으로 나온다. 그러나 심리

↑ 〈잔 다르크〉(1948년에 잉그리드 버그만이 출연한 영화). 그녀의 아니무스—여성 정신 속의 남성적 측면—는 '신성한 확신'의 형태를 취했다.

↑ 부정적 아니무스의 두 이미지 : 죽음과 함께 춤을 추는 여인의 그림(16세기경)과(오른쪽) 페르세포네Persephone와 함께 있는 하데스Hades(1500년경의 필사본에서)(왼쪽). 하데스가 그녀를 지하세계로 유괴하였다.

↑ 영국 작가 에밀리 브론테Emily Brontë의 소설 『폭풍의 언덕』*Wuthering Heights*(1847)에 나오는 불길한 주인공 히스클리프Heathcliff는 어느 정도 부정적이고 악마적인 아니무스상—아마도 에밀리 브론테 자신의 아니무스의 표현일지 모르는—이다. 위의 몽타주 사진에서 히스클리프(로렌스 올리비에가 출연한 1956년 영화)는 에밀리Emyly(그녀의 남동생이 그린 초상화)를 마주 대하고 있다. 배경은 현존하고 있는 폭풍의 언덕.

위험한 아니무스 상의 두 가지 예.

← (19세기 프랑스 화가 구스타브 도레Gustave Doré가 그린) 푸른 수염Bluebeard에 관한 민담의 그림. 여기서 푸른 수염은 그의 부인에게 어떤 문을 열지 말라고 경고한다(물론 그녀는 문을 열고, 푸른 수염의 전 부인들의 시체들을 보게 된다. 그녀는 붙들리고, 전 부인들의 뒤를 잇는다).

노상 강도, 클로드 듀발Claude Duval에 관한 19세기 → 그림. 그는 어느 날 한 여자 여행자를 털었으나 그녀가 길가에서 그와 춤을 춘다는 조건으로 뺏은 것을 돌려주었다.

학적으로 그는 여자들이 온갖 인간관계, 특히 실제의 남성들과의 모든 접촉을 기피하도록 유혹하는 특수한 형태의 아니무스를 나타낸다. 그는 사물이 "어떻게 되어야 하는가" 하는 원망과 판단으로 가득한 몽상들로 짜여진 누에고치의 인격화이며, 그것은 여성을 삶의 현실로부터 단절시킨다.

부정적인 아니무스는 꼭 죽음의 신으로만 나타나지는 않는다. 신화와 민담에서 그는 도둑이나 살인자의 역할을 한다. 한 예는 푸른 수염Blue Beard으로서, 그는 그의 모든 아내들을 비밀의 방에서 남몰래 죽인다. 이런 형태에서 아니무스는 모든 반의식적인 냉혹하고 파괴적인 생각들을 인격화한다. 그것은 특히 한밤중 조용한 시간에 그녀가 당연히 느껴야 했던 어떤 감정을 소홀히 하였을 때 여성에게 파고드는 것이다. 그녀가 집의 유산이라든가 그런 종류의 것들을 생각하기 시작하는 것은 이때이다. 그것은 계산된 생각들이 얽힌 것으로 악의와 음모로 가득차 있으며, 심지어는 그녀가 다른 사람들의 죽음을 바라는 마음의 상태로까지 끌고 간다(한 여인이 아름다운 지중해 연안을 보았을 때, 그녀는 남편에게 이렇게 말했다. "우리 중 하나가 죽으면, 나는 리비에라로 이사하겠어요." 그녀가 그것을 무심코 말했으니 별로 해롭지 않은 생각이라고나 할까!).

남모르게 파괴적 태도들을 키움으로써, 한 부인은 그녀의 남편을, 한 어머니는 그녀의 자식들을 병이나 사고, 또는 심지어 죽음으로까지 몰고 갈 수 있다. 혹은 그녀의 자식들이 결혼하지 못하도록 결정하기도 한다. 이것은 어머니의 의식 표면에는 거의 떠오르지 않은 깊숙이 감추어진 악의 형태이다. 한 소박한 노부인이 나에게 그녀의 아들 사진을 보여주면서 말한 적이 있는데, 그 아들은 27살 때 물에 빠져 죽었다. "차라리 이렇게 된 것이 다행입니다. 그 편이 다른 여자에게 아들을 보내는 것보다 낫지요"라고 말했다.

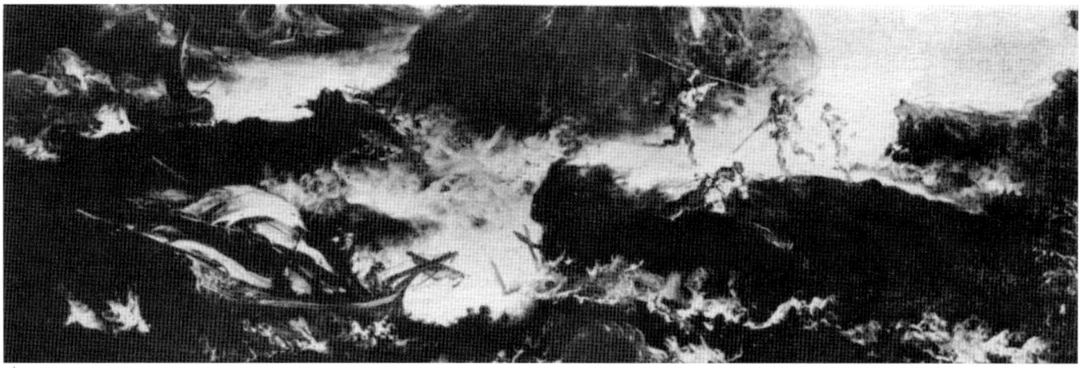

↑ 아니무스는 흔히 남자들의 집단으로 인격화된다. 집단화된 부정적 아니무스는 불빛으로 배를 일단 암초로 유인한 뒤, 생존자들을 죽이고 표류물을 약탈하는 18세기 이탈리아의 그림에 나오는 난파선 약탈자들처럼 위험한 범죄자 집단으로 나타날 수도 있다.

바그너Wagner의 오페라 〈방황하는 네덜란드인〉*The Flying Dutchman*에서 주역으로 나오는 가수 프란츠 그라스Franz Grass. 한 여인의 사랑이 그에게 내린 저주를 끊을 때까지 유령선을 항해하지 않으면 안 되는 선장의 이야기를 바탕으로 한 오페라.(오른쪽 페이지 왼쪽 가운데) →

많은 신화에서 여인의 애인은 그녀가 결코 보려고 해서는 안 되는 신비에 싸인 모습이다. 그리스 신화의 일례를 주제로 한 18세기 말의 판화. 소녀 프시케Psyche는 에로스Eros의 사랑을 받았으나 결코 그를 보려고 해서는 안 되는 것이었다. 그러나 결국 그녀는 그를 보았고, 그는 그녀를 떠나 버렸다. 그녀는 오랫동안의 탐색과 많은 고통을 치르고 나서야 그의 사랑을 다시 찾을 수 있게 되었다.(오른쪽 페이지 왼쪽 아래) →

↑ 여성들의 꿈에서 집단화된 부정적 아니무스는 흔히 낭만적이나 위험한 범법자들의 집단으로 인격화되어 왔다. 산적의 두목과 사랑에 빠지는 모험심이 많은 여선생을 다룬 1953년 브라질의 영화 〈산적〉*The Bandit*에 나오는 험악한 산적들의 무리.

↓ 셰익스피어의 〈한여름밤의 꿈〉*Midsummer Night's Dream*에 관한 퓨젤리Fuseli의 그림. 요정의 여왕이 마술에 걸려 한 농부와 사랑에 빠지게 되었는데 그 농부 역시 마술로 당나귀 머리를 하고 있었다. 이것은 소녀의 사랑이 남성을 마법에서 풀어준다는 이야기를 희극화한 것이다.

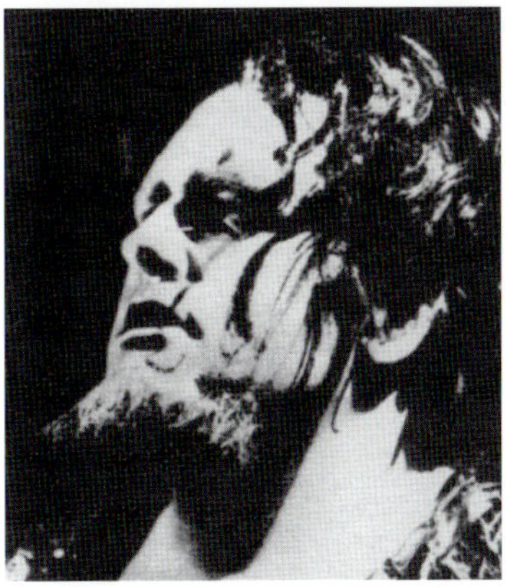

모든 감정의 기묘한 수동성과 감정의 온갖 마비, 혹은 거의 허무감에 이를 만큼 깊은 불안정감은 종종 무의식적인 아니무스 의견animus opinion의 결과일지도 모른다. 여성의 존재의 심연에서 아니무스는 속삭인다. "너는 절망적이다. 시도해 본들 무슨 소용이 있느냐? 무엇을 해도 무의미하다. 생활이 결코 좋게 변하지 않을 것이다."

불행하게도, 무의식이 인격화된 이 중의 하나가 우리의 마음을 사로잡을 때는 언제나, 마치 우리 자신이 이런 생각과 감정을 갖고 있는 것처럼 보인다. 자아는 그것들과 거리를 두고 그것들의 목적이 무엇인지 알아차리지 못할 정도로 그것들과 동일시한다. 이때 우리는 정말로 무의식에서 나온 상에 사로잡혀 있다. 이 사로잡힘에서 풀려난 후에라야만 말하고 행한 것들이 우리의 진정한 생각과 감정과는 정반대였다는 것—우리가 다른 정신적 요소의 먹이였었다는 것—을 몸서리치며 깨닫는다.

아니마와 같이 아니무스도 잔인성, 무모함, 공허한 이야기 그리고 과묵하고 완고하고 나쁜 생각들과 같은 부정적인 성질들로만 구성되고 있지는 않다. 그 역시 긍정적이고 가치 있는 측면을 갖고 있다. 아니무스도 역시 그의 창조적인 행위를 통해서 자기에 다리를 놓을 수가 있다. 45세의 여성이 꾼 다음의 꿈은 이 점을 설명하는 데 도움을 줄 것이다.

> 복면을 한 두 사람이 발코니로 올라와서 집 안으로 들어온다. 그들은 검은 모자가 달린 코트를 뒤집어 쓰고 있고, 또 그들은 나와 내 여동생을 괴롭히려는 것 같다. 내 여동생은 침대 밑에 숨지만 그들은 그녀를 빗자루로 잡아 끌어내고 고문을 한다. 그러자 내 차례가 왔다. 두 명 중 두목이 나의 얼굴에 대고 마술적인 몸짓을 하면서 나를 벽에 밀어붙인다. 그러는 동안 그의 부하는 벽에 그림을 그린다. 그리고 내가 그것을 보았을 때, 나는(친한 척하기 위해서) "어머나 이렇게 잘 그리다니!" 하고 말한다. 그러자 갑자기 나를 괴롭히던 사람이 예술가의 고상한 머리를 하고는 자랑스럽게 "음, 그렇고 말고"라고 말하며 그의 안경을 닦기 시작한다.

꿈꾼 사람은 꿈속의 이 두 사람이 나타낸 것 같은 자기 속에 있는 가학적인 면을 잘 알고 있었다. 왜냐하면 실제로 그녀는 심한 불안 발작에 시달렸는데 그때마다 사랑하는 사람들이 심각한 위기에 처해 있다든가 또는 심지어 그들이 죽었을 것이라는 생각에 사로잡혔다. 그러나 꿈에 아니무스상이 둘인 것은 꿈에 나타난 그 밤도둑들이 양면적 효과를 지닌 정신적 요소를 인격화한 것이라는 것을 암시할 뿐 아니라, 더 나아가 그녀를 평소에 괴롭히던 것이 앞에서 말한 생각과는 전혀 다른 어떤 것일 수 있다는 사실을 암시하고 있다. 꿈꾼 사람의 여동생은 사나이들로부터 도망치지만 붙잡혀서 고문을 받는다.

실제로 이 여동생은 상당히 젊은 나이에 죽었다. 그녀는 예술적인 재능이 있었으나, 그녀의 재능을 거의 살리지 못했다. 이 꿈은 복면을 한 도둑들이 사실은 변장한 예술가들이라는 것을, 그리고 꿈꾼 사람이 그들의 재능(그녀 자신의 재능이기도 한)을 인정한다면, 그들은 그들의 악의를 포기하리라는 사실을 보여주고 있다.

그 꿈의 더 깊은 뜻은 무엇일까? 거듭되는 불안 발작 뒤에는 진짜 치명적인 위험이 도사리고 있다는 것이다. 그러나 또한 이 꿈꾼 사람에게는 창조적인 가능성도 존재한다는 것이다. 그녀는 그녀의 여동생처럼 화가로서 약간의 소질을 가지고 있었으나, 그림 그리는 것이 의미 있는 일이 될 수 있을지 의심했었다. 이제 그녀의 꿈은 그녀에게 가장 진지하게 그녀가 이 재능을 살려가지 않으면 안 된다는 것을 말하고 있다. 만일 그녀가 이에 따른다면, 그 파괴적이고 고통을 주는 아니무스는 창조적이고 의미 있는 행위로 변환될 것이다.

이 꿈에서처럼 아니무스는 흔히 남자들의 집단으로 나타난다. 이런 식으로 무의식은 아니무스가 개인적인 요소이기보다는 오히려 집단적인 것임을 보여준다는 사실을 상징화하고 있다. 이와 같은 집단적 사고방식 때문에 여자들은 습관적으로 "사람", "그들" 또는 "모든 사람"(그 여자들의 아니무스가 발언할 경우)이라는 말을 꺼내고 이 경우에 흔히 "항상", "……해야 한다", 혹은 "……임에 틀림없다" 등의 단어가 그 말 속에 들어 있게 마련이다.

수많은 신화와 민담은 왕자가 마법으로 야수나 괴물로 변했다가 한 소녀의 사랑에 의해서 구원받는다는 이야기를 하고 있다. 그것은 아니무스가 의식화되는 양식을 상징하는 과정이다(헨더슨Henderson 박사가 제2장에서 〈미녀와 야수〉의 주제의 의의에 관해서 언급하였다). 여주인공이 그녀의 신비에 싸인 미지의 연인과 남편에 관해서 묻는 것이 금지되어 있는 경우는 매우 흔하다. 또는 그녀는 그를 어둠 속에서만 만나며 결코 그를 쳐다보아서는 안 된다. 그것은 그를 맹목적으로 믿고 사랑함으로써, 그녀의 신랑을 구제할 수 있으리라는 뜻을 암시하는 것이다. 그러나 이것은 결코 성공하지 못한다. 그녀는 항상 자신의 약속을 깨뜨리고, 결국에는 길고도 어려운 탐색과 많은 고통을 겪고 난 후에야 비로소 그녀의 연인을 찾게 된다.

실생활에서 이와 비견될 만한 것은 한 여성이 자기의 아니무스 문제에 의식적으로 주의를 기울이는 데 매우 오랜 시간을 필요로 하며 많은 고통이 따른다는 것이다. 그러나 만일 그녀가 그녀의 아니무스가 누구이며 무엇인지를, 또한 그 아니무스가 그녀에게 무엇을 하고 있는지를 깨닫고 그녀가 스스로 이에 사로잡히는 것을 허용하지 않고 그 현실들에 직접 대면한다면, 그녀의 아니무스는 매우 귀중한 가치를 지닌 내적 동반자로 바뀔 수 있으며, 이것은 그녀에게 주도성, 용기, 객관성 그리고 영적인 지혜 등의 남성적인 성질을 부여한다.[31)]

아니마와 똑같이 아니무스도 4단계의 발전과정을 나타낸다. 첫 번째 단계에서는 그는 단순한 신체적 힘, 예컨대 운동 경기의 우승자나 "레슬링 선수"로 나타난다. 다음 단계에서 아니무스는 주도권과 계획된 행동을 할 수 있는 능력을 갖추고 있다. 세 번째 단계에서는 교수나 목사의 상으로 나타나며, 흔히 그 "말씀"이 된다. 마지막으로 아니무스의 네 번째 단계에서는 그것은 의미의 구체화이다. 이 최고의 단계에서 그는(아니마처럼) 종교적 체험의 중개자이며, 이에 따라 삶은 새로운 의미를 갖게 된다. 아니무스는 여성에게 그녀의 외적 부드러움을 보상하는 것으로 눈에 보이지 않는 내적 지주, 영적인 확고함을 부여한다. 가장 발전된 형태의 아니무스는 때로 여성의 마음을 그 시대의 영적 발전에 연결지으며 여성으로 하여금 새로운 창조적 관념들을 남성보다 더 잘 받아들이도록 할 수 있다. 먼 옛날부터 많은 나라들이 여자들을 점쟁이나 예언자로 이용한 까닭이 여기에 있다. 때때로 그들의 긍정적 아니무스가 나타내는 창조적 대담성은 남성들로 하여금 새로운 것을 기획하도록 고무하는 여러 가지 생각과 관념을 표현한다.

여성의 마음 안에 있는 '내적인 남성'도 저자가 이 책의 아니마에 관한 항목에서 말한 것처럼 결혼에 문제를 일으킬 수 있다. 문제를 특히 복잡하게 하는 것은 배우자의 한쪽이 아니무스(또는 아니마)에 사로잡히게 되면 자동적으로 다른 쪽에 그와 같은 자극적인

↑ 한 남성의 초상을 사랑스러운 눈길로 보고 있는 소녀를 그린 인도의 세밀화. 사진(또는 영화배우)을 통해 사랑에 빠지는 여성은 분명 그녀의 아니무스를 그 남자에게 투사하고 있는 것이다.

아니무스가 구체화된 네 가지 단계

↑ 첫째 단계, 전적으로 육체적인 남성 : 정글의 가상적 영웅 타잔(조니 와이즈뮬러Johnny Weismuller 출연)(첫 번째).

둘째 단계, "낭만적인" 남성 : 19세기 영국의 시인 셸리Shelly(두 번째 왼쪽). 또는 "행동의 남성" : 전쟁의 영웅이며, 사냥꾼 등등인 미국의 어니스트 헤밍웨이Ernest Hemingway(두 번째 오른쪽).

셋째 단계, "말씀"의 사자 : 위대한 정치 웅변가인 로이드 조지Lloyd George(세 번째).

← 넷째 단계, 영적 진리로 끌어가는 지혜로운 안내자. 흔히 간디Gandhi에게 투사된다.

↑ 전 세계의 여성들이 1926년 발렌티노의 장례식에 보낸 헤아릴 수 없이 많은 조화들 중 일부.(위쪽)

영화배우 루돌프 발렌티노Rudolph Valentino(1922년도 영화에서)는 그가 살아 있는 동안—그리고 그가 죽고 난 다음까지도—수많은 여성들의 아니무스 투사의 촛점이 되었다.(아래쪽)

효과를 가하여 그쪽(그, 또는 그녀) 역시 사로잡히게 된다는 사실이다. 아니무스와 아니마는 항상 대화를 매우 낮은 수준으로 끌어내리고, 불쾌하고 성을 잘 내게 하는 정서적 분위기를 만들어 내는 경향이 있다.

내가 전에 언급한 것처럼 긍정적인 아니무스는 진취적인 정신, 용기, 진실성, 그리고 그 최고의 형태에서 영적인 심오함을 인격화할 수 있다. 그를 통해서 여성은 그녀의 객관적인 문화적·개인적 상황의 저변을 흐르는 여러 과정들을 체험할 수 있고, 삶에 대하여 강화된 영적 태도의 길을 찾을 수 있게 된다. 이것은 물론 그녀의 아니무스가 비평 이상의 견해 표명을 그만둔다는 전제 아래서 하는 말이다. 여성은 그녀 자신의 신념이 신성불가침하다는 것에 의문을 제기할 용기와 내적인 넓은 도량을 찾지 않으면 안 된다. 그리고 난 다음에야 그녀는 무의식의 시사를, 특히 그것들이 그녀의 아니무스의 의견과 상치될 때, 받아들일 수 있을 것이다. 그리고 난 뒤에야 비로소 자기Self의 표현이 그녀에게 전달될 것이고, 의식적으로 그것의 의미를 이해할 수 있게 될 것이다.

자기 : 전체성의 상징

만일 한 개인이 아니마(또는 아니무스) 문제와 십분 진지하게 오랫동안 씨름하여 그 또는 그녀가 아니마(또는 아니무스)와 더 이상 부분적으로 동일시하지 않는다면, 무의식은 다시 그 지배적인 성격을 바꾸고, 정신의 가장 심오한 핵심인 자기Self를 드러내는, 새로운 상징적 형태를 갖추고 나타난다. 여성의 꿈에서 이 마음의 중심은 보통 상위上位의 여성상, 여사제, 여자마법사, 대지의 어머니, 또는 자연이나 사랑의 여신으로 인격화된다. 남자의 경우에서, 그것은 남성적인 성인사成人師, initiator와 수호자(인도의 구루guru), 노현자, 자연의 정령 등으로 나타난다.

다음의 두 민담이 이와 같은 상이할 수 있는 역할을 잘 묘사하고 있다. 첫 번째 것은 오스트리아의 이야기이다.[32)]

> 어떤 왕이 병사들에게 밤새 흑공주의 시체 옆을 지키라고 명령하였다. 그 흑공주는 마법에 걸려 있었고, 그녀는 매일 한밤중에 일어나서 경비병을 죽인다. 드디어 한 병사가 경비를 설 차례가 되었는데 그

> 는 절망하여 숲 속으로 도망친다. 거기서 그는 '늙은 기타 연주자, 우리들의 주님 그 자신'을 만난다. 이 늙은 음악가는 그에게 교회 안에 숨을 곳을 말해주고 어떻게 행동해야 하는지를 가르쳐 준다. 그래서 흑공주는 그를 잡을 수 없다. 이와 같은 신성한 도움으로 그 병사는 공주를 마법에서 풀고 그녀와 결혼한다.

'우리들의 주님 그 자신인 늙은 기타 연주자'는 분명 심리적 용어로 자기Self의 상징적인 인격화이다. 그의 도움으로 자아는 파괴를 면하고 그는 아니마의 매우 위험한 면을 극복—심지어는 구제—할 수 있다.

이미 내가 말한 것처럼 여성의 정신에서 자기Self는 여성상으로서 인격화된다. 이 점이 다음 이야기인 에스키모의 민담에 잘 나타나고 있다.[33]

> 실연한 외로운 소녀가 구리로 만든 배를 타고 여행하는 마법사를 만난다. 그는 달의 정령으로서 인류에게 모든 동물들을 주었으며, 또 사냥의 행운을 안겨주는 자이다. 그는 그 소녀를 천국으로 납치한다. 한번은 달의 정령이 그녀 곁을 떠났을 때, 그녀는 달 귀신의 집 근처에 있는 조그마한 집을 방문한다. 거기서 그녀는 '수염 난 바다 표범의 내장의 막'으로 만든 옷을 입은 조그마한 여인을 발견하고, 그 여인은 여주인공에게 달의 정령이 그녀를 죽일 계획이라는 것을 말하면서 조심하도록 경고한다.(그가 푸른 수염의 일종으로서 여자들을 죽이는 자라는 것이 드러난다) 그 작은 여인은 초생달이 뜰 때 소녀가 땅으로 타고 내려갈 수 있도록 긴 밧줄을 만든다. 초생달일 때가 작은 여인이 달의 정령을 약하게 할 수 있는 순간이다. 그 소녀는 밧줄을 타고 내려오지만 그녀가 땅에 다달았을 때, 작은 여인이 그녀에게 말한 대로 눈을 그렇게 빨리 뜨지는 못했다. 이 때문에, 그녀는 거미로 변하여 영영 사람이 될 수 없다.

우리가 보아 온 것처럼 첫 번째 이야기에서 신성한 음악가는 '노현자'의 표시로서 자기의 전형적인 인격상이다. 그는 중세의 전설의 마법사 멀린Merlin이나 그리스의 신 헤르메스Hermes와 비슷하다. 이상한 막으로 된 의상을 입고 있는 작은 여인은 같은 종류의 상像으로서 그것이 여성의 마음에 나타날 때 자기Self를 상징한다. 늙은 기타 연주자가 파괴적인 아니마로부터 주인공을 구하고, 작은 여인은 에스키모의 '푸른 수염'(달의 정령의 형태를 취한 그녀의 아니무스인)으로부터 그 소녀를 보호한다. 그러나 이 경우에는 일이 잘못되어 있다. 그 점은 나중에 다시 다루겠다.

그러나 자기가 항상 노현자나 노현녀의 형태를 취하지는 않는다. 이들의 역설적인 인격화는 완전히 시간의 척도에 포함되지 않는 어떤 것—동시에 젊기도 하고 늙기도 한 어떤 것—을 표현하려는 시도이다. 중년 남자의 다음 꿈은 젊은 남자의 모습으로 나타난 자기를 보여준다.[34]

> 한 젊은이가 말을 타고서 어떤 길에서 우리집 뜰로 들어온다. (정원에는 실제와는 달리 숲이나 담장이 없었고 정원은 길로 향해 열려 있었다). 나는 그가 의도적으로 왔는지, 아니면 그 말이 그의 뜻에 반하여 그를 이곳까지 데리고 왔는지 전혀 알 수 없었다.
>
> 나는 나의 작업실에 이르는 사잇길에 서 있었고, 매우 기쁜 마음으로 그의 도착을 보고 있었다. 아름다운 말을 탄 그 소년의 모습은 나에게 깊은 인상을 주었다.
>
> 그 말은 작고, 야성적이고 힘센 동물이었으며, 에너지의 상징(그것은 멧돼지를 닮았다)이었으며, 짙고 뻣뻣한 은회색의 털을 갖고 있었다. 그 소년은 작업실과 집 사이에 있는 나를 지나서 말에서 뛰어내렸고, 가서 말이 빨간색과 오렌지색의 아름다운 튤립꽃들이 핀 화단을 망치지 않도록 조심스럽게 끌고 갔다. 그 화단은 새로 만든 것이었고, 나의 아내가 가꾼 것이었다(꿈에서 생긴 일).

↑ 옛날 이야기에 잘 나오는 '요정의 대모' 역시 여성적 자기가 상징적으로 인격화된 것이다. 신데렐라의 대모(구스타브 도레 Gustav Doré의 그림)

자기self—전체정신의 내적 중심—는 꿈 → 에서 흔히 초월자의 상으로 인격화된다. 여성들에게 자기는 고대 그리스의 모성신 데메테르Demeter가 그러한 것처럼 현명하고 막강한 여신이다(기원전 5세기의 부조에서 그녀의 아들 트립톨레모스Triptolemos와 딸 코레Kore와 함께 있는 데메테르).

↓ 도움을 주는 노파(역시 요정의 대모인)가 한 소녀를 구출한다(안데르센Hans Christian Andersen의 동화에 나오는 그림).

남성들의 꿈에서 자기는 흔히 '노현자'의 형태로 인격화된다. 아더Arther왕의 전설에 나오는 마법사 멀린Merlin(영국의 14세기의 필사본에서).(왼쪽)

인도의 18세기 그림에 나오는 구루guru(현자).(가운데)

융의 한 꿈에 날개를 펼친 노인이 열쇠를 가지고 나타난 인격화를 융 자신이 그린 그림. 융 박사의 말에 의하면, 그는 '높은 통찰'의 표상이다.(오른쪽)

자기는 보통 꿈꾼 사람의 생애에서 결정적인 시기―그의 근본적 태도와 삶의 모든 방법이 변화하는 전환점―에 꿈에 나타난다. 변화 그 자체는 흔히 물을 건너는 행위로 상징화된다. 이 그림은 중요한 변화를 수반한 실제 있었던 도하, 미국 독립전쟁 중 워싱턴George Washington이 이끄는 델라웨어강의 도하(미국의 19세기 그림).

물을 건너는 것과 관련된 또 다른 중요한 사건 : 1944년 6월 D데이에 노르망디 해안에서 개시된 최초의 공격.

← 자기가 항상 우월한 노인으로만 인격화되는 것은 아니다. 피터 버크하우Peter Birkhäuser가 자기 꿈의 내용을 그린 것으로, 자기가 경이스러운 젊은이로 나타난다. 화가가 이 그림을 그리는 동안, 다른 연상들과 생각들이 그의 무의식으로부터 떠올랐다. 젊은이 뒤에 있는 태양같은 둥근 것은 전체성의 상징이고, 그 소년의 네 팔은 정신적 전체성을 특징 짓는 또 다른 '사위'의 상징들을 생각나게 한다. 그 소년의 손 앞에 꽃 하나가 떠다닌다—마치 그가 손을 들기만 하면 마법의 꽃이 나타나게 되는 것처럼—검은 색의 소년은, 그가 밤(즉, 무의식)의 기원을 갖고 있기 때문에 까맣다.

이 젊은이는 자기Self를 나타낸다. 그것은 삶의 신생新生, 창조적인 '생명의 도약'*élan vital*과, 모든 것을 생명과 의욕으로 가득 차게 하는 새로운 영적인 지남력orientation을 가리킨다.

우리가 스스로 자신의 무의식의 가르침에 전념한다면, 무의식은 우리에게 이와 같은 선물을 줄 수 있다. 그래서 지금까지 진부하고 침체됐던 생활은 갑자기 풍성하고 끝없는 내적 모험과 창조적 가능성들로 충만하게 변한다. 여성의 심리에서도 이와 같은 자기의 젊어진 인격화는, 초자연적인 능력을 타고난 소녀의 형태로 나타날 수 있다. 40대 후반인 한 여성의 다음 꿈이 이런 예이다.

> 나는 한 교회 앞에 서 있었고 포장도로를 물로 닦고 있었다. 그러다 나는 거리를 뛰어 내려갔는데, 그때 마침 고등학생들이 학교를 파해 나오고 있었다. 나는 물이 고여 잘 흐르지 않는 강에 도착하였는데, 그 강을 가로질러 판자인지 나무 줄기인지가 놓여 있었다. 내가 걸어서 건너려고 하는데 이때 짓궂은 학생 하나가 판자 위에 팔작 뛰어올랐고 그래서 나는 물에 거의 빠질 뻔했다. 나는 "이 바보야!"라고 소리쳤다. 강 저편에 세 명의 어린 소녀들이 놀고 있었고, 그들 중 하나가 나를 도와주려는 듯 손을 뻗쳤다. 나는 그녀의 작은 손이 나를 도와줄 만큼 충분히 강하지 못하다고 생각했으나 내가 그것을 잡았을 때, 그녀는 조금도 힘을 들이지 않고 나를 강 건너로 끌어당겨서 반대편 뚝에 올려놓는 데 성공하였다.

그 꿈을 꾼 사람은 종교적인 사람이었으나, 그녀의 꿈에 의하면, 그녀는 더 이상 교회(개신교)에 머물러 있을 수 없다. 사실 그녀는 될 수 있는 대로 깨끗하게 교회의 입구를 닦으려고 하지만 그 안에 들어갈 수 있는 가능성을 이미 상실한 것 같다. 꿈에 의하면, 그녀는 지금 물이 고여 잘 흐르지 않는 강을 건너지 않으면 안 되고 이것은 해결되지 않은 종교적인 문제 때문에 삶의 흐름이 정체되어 있다는 것을 나타낸다(강을 건넌다는 것은 흔히 태도의 근본적 변화에 대한 상징적 이미지이다). 꿈꾼 사람 자신은 꿈에 나타난 그 남학생을 그녀가 그전에 가졌던 생각의 인격화라고 해석했다. 즉, 그녀의 영적인 열망이 고등학교를 다님으로써 충족되었을지 모른다는 생각이었다. 그러나 그 꿈은 분명 이 계획을 별로 높이 평가하고 있지 않다. 그녀가 혼자서 감히 그 강을 건너려고 할 때, 작지만 초자연적인 강한 힘을 지닌 자기의 인격화된 상(그 소녀)이 그녀를 돕는다.

← 오늘날의 많은 사람들이 그들의 꿈에서 자기를 대중적으로 뚜렷한 인물로 인격화한다. 융 심리학자들은, 남자들의 꿈에서 슈바이처 박사Dr. Albert Schweitzer(위의 왼쪽)와 처칠 경Sir. Winston Churchill(위의 오른쪽)이 흔히 나타나는 것을 발견한다.

여성들의 꿈에서는 루스벨트Eleanor Roosevelt 여사(아래 왼쪽)와 엘리자베스 여왕이 나오는 것을 본다.(아프리카인의 집에 그려진 초상화)(아래 오른쪽)

그런데 젊었든 늙었든 인격상은 꿈이나 환영에서 자기Self가 나타날 수 있는 많은 길 가운데 하나에 불과하다. 그것이 가지각색의 연령을 취하는 것은 그것이 전 생애를 통해서 우리와 함께 있다는 사실뿐만 아니라 그것이 의식적으로 인식되는 삶의 흐름—우리들의 시간에 대한 체험을 창조해 내는—을 초월하여 존재한다는 사실을 보여 준다.

자기Self가 우리들의 의식적인 시간 체험 속에(우리들의 시간과 공간의 차원에서) 꼭 들어 있지 않는 것과 마찬가지로 그것은 또한 어디에나 존재하는 것이며, 심지어 특수한 편재성을 가리키는 형태로 자주 나타난다. 즉, 그것은 전 우주를 감싸고 포괄하는 거인같은 상징적인 인간으로 자신을 나타낸다. 이 상이 한 개인의 꿈에 나타날 때, 우리는 그의 갈등이 창조적으로 해결될 것을 기대해 볼 수 있다. 왜냐하면 지금 정신의 핵심적인 중심이 그 난관을 극복하기 위해서 행동을 개시한 것(즉 전존재全存在가 하나로 응집된다)이기 때문이다.

우주적 인간Cosmic Man의 이와 같은 상이 많은 신화와 종교적 가르침에 나타나는 것은 놀랄 것이 못된다. 일반적으로 그는 어떤 유익하고 긍정적인 것으로 묘사된다. 그는 아담이나 페르시아Persia의 가요마르트Gayomart, 또는 힌두의 푸루샤Purusha로 나타난다. 이 상은 심지어 전 세계의 기본적인 원리로서 기술될 수도 있다. 예로 고대의 중국인은 어떤 것이 창조되기 이전에 하늘과 땅에 그들의 형태를 부여한 반고盤古라고 부르는 신인이 있었다고 생각한다.[35] 그가 울었을 때 그의 눈물이 황하와 양자강을 만들었고, 그가 숨을 쉬었을 때 바람이 일었으며, 그가 말했을 때 천둥이 쳤고, 또 그가 주위를 둘러보았을 때 번개가 쳤다. 그가 기분이 좋으면 날씨가 좋았고, 그가 슬프면 구름이 끼었다. 그가 죽었을 때 그의 몸이 산산조각이 되어 떨어져, 그의 몸에서 중국의 성스러운 오악五岳이 솟아나게 되었다. 그의 머리는 동부에서 태산泰山이 되었고, 그의 몸통은 중앙에서 숭산嵩山이 되었고, 오른팔은 북부에서 항산恒山이, 왼팔은 남부에서 형산衡山이, 그의 발은 서부에서 화산華山이 되었다. 그의 두 눈 중 하나는 해가 되고 하나는 달이 되었다.

우리는 이미 개성화 과정에 관련되는 듯 보이는

우주적 인간—전 우주를 포괄하고 인격화하는 거대한 포용력을 가진 인물—은 신화나 꿈속에 나타나는 보편적인 자기의 표상表象이다.

↑ 17세기 영국의 철학자 토마스 홉스Thomas Hobbes가 쓴 『리바이어던』*Leviathan*의 표지. 리바이어던에 나오는 거대한 인물은 모두 '공화국'의 국민들로 구성되어 있다. 그 '공화국'은 홉스의 이상적인 사회로, 그 사회의 국민들은 그들 자신의 중심이 되는 권위자(혹은 '군주', 여기서는 리바이어던의 왕관, 검홀)를 뽑는다.

君臨した古の天子の號。路史注に渾敦氏は卽ち盤古といふ。〔三五暦記〕未レ有二天地一之時、混沌如二雞子一、盤古生二其中一、一萬八千歲、天地開闢、清陽爲レ天、濁陰爲レ地、盤古在二其中一、云

盤古氏（三才圖會）

↑ 고대 중국의 우주적 인간상 반고-우주적 인간(또는 최초의 인간)은 식물처럼 자연에서 자라서 단지 존재할 뿐이라는 것을 나타내기 위해 나뭇잎으로 덮여 있는 것을 보여 준다.

↓ 18세기 인도의 채색본 중에 한 면. 우주적 사자 여신이 태양을 쥐고 있다(사자는 많은 사람들과 동물들로 이루어져 있다).

← 창조신화에 관한 로디지아Rhodesia의 암벽화. 이 그림에서 최초의 인간(달)이 지상의 생물들을 만들기 위해서 아침별과 그리고 저녁별과 짝짓고 있다. 우주적 인간Cosmic Man은 흔히 아담과 같은 최초의 인간으로 나타난다. 그리스도도 자기를 인격화한 이러한 것과 동일화되어 왔다.

15세기 독일의 화가 그뤼네발트Grünewald의 그림. 우주적 인간 → 의 모든 장엄함을 지닌 그리스도의 상을 보여 준다.

상징적 구조들이 4의 주제—의식의 4기능들, 또는 아니마나 아니무스의 4단계들 같은 것—에 그 기초를 두는 경향이 있다는 것을 보아 왔다. 그것이 여기서 반고의 우주적 형태에 다시 나타나고 있다. 다른 수의 조합들이 자기상징으로서 심리적 소재에 나타나는 경우는 오직 특수한 경우 뿐이다. 다른 것에 의해 구애받지 않은 중심의 표현은 대개 4의 구분이거나 4의 배수라는 특징을 지니고 있다. 즉 4, 8, 16, 등등의 수열로부터 유래된 구조가 그것이다. 16이라는 숫자는 4의 4배라는 점에서 특히 중요한 역할을 한다.

우리의 서양문명에서 우주적 인간과 유사한 관념들은 최초의 인간the First Man, 아담의 상징에 결부된다. 하느님이 아담을 창조했을 때, 그는 우선 세계의 네 구석에서 적색, 흑색, 백색, 황색의 먼지를 보았고, 그래서 아담은 "세계의 한쪽 끝에서 다른 끝에 이르렀다"는 유대의 전설이 있다. 그가 몸을 구부렸을 때, 그의 머리는 동쪽에 있었고 그의 발은 서쪽에 있었다. 다른 유대의 전통에 따르면 전 인류의 영혼은 태초부터 아담 속에 포함되어 있었다. 아담의 영혼은 "무수히 많은 실가닥으로 엮어진 등불의 심지"와 같은 것이었다. 이러한 상징에서 모든 개인적인 차원을 넘어서는 전 인간실존의 전일성全一性의 관념이 분명히 표현되고 있다.[36)]

고대 페르시아에도 이같은 태초의 인간은—가요마르트Gayomart라고 불리는—이 빛을 발하는 거대한 상으로 묘사된다. 그가 죽었을 때 모든 종류의 금속이 그의 몸으로부터 나왔고, 그의 영혼으로부터 금이 나왔다. 그의 정액이 땅 위에 떨어졌고, 그것으로부터 첫 번째 인간 부부가 두 그루의 장군풀나무의 형태로 나왔다. 중국의 반고P'an ku 역시 식물처럼 나뭇잎으로 덮여 있는 것으로 묘사된 것은 매우 놀라운 일이다. 아마 이것은 최초의 인간이 어떤 동물적 충동이나 의지를 갖지 않고 단지 존재하며, 자생하는 생명 단위로 생각되었기 때문일 것이다. 티그리스Tigris 강변에 사는 일단의 사람들 중에는 오늘날에도 아담이 여전히 숨어 있는 '초영혼'超靈魂, super-soul이거나 전 인류의 신비스러운 '수호신'으로서 숭배되고 있다. 이 사람들은 그가 대추야자로부터 왔다고 한다.[37)] 이것은 식물의 주제가 반복되어 나타나는 다른 예이다.

동양에서, 그리고 서양의 어떤 신지학파에서 사람들은 곧 우주적 인간이 구체적인 외적 사실보다는 오히려 내적인 정신적 상이라는 것을 인식하게 되었다. 예컨대 힌두의 전통에 따르면, 그는 인간 개개인

속에 살아 있는 어떤 것이고 또 죽지 않는 유일한 부분이다. 이 내적인 위대한 사람이 인간을 창조와 그에 따른 고통으로부터 그의 본래의 영원한 세계로 돌아가게 함으로써 인간을 구제한다. 그러나 그는 오직 인간이 그를 알아보고 그의 인도를 받기 위하여 잠에서 깨어 일어날 때라야 비로소 그것을 할 수 있다. 고대 인도의 상징적 신화에서, 이 상은 푸루샤Purusha로 알려져 있는데, 그 이름은 다만 '사람' 또는 '인간'이라는 뜻이다. 푸루샤는 모든 개개인의 가슴속에 살고 있으면서 동시에 전 우주를 채우는 것이다.

많은 신화가 증거하듯이 우주적 인간은 모든 생명의—모든 창조의—시작일 뿐만 아니라 동시에 최종 목표이다. "모든 곡물의 본성은 밀이요, 모든 재보財寶의 본성은 금이며, 모든 생성은 인간을 의미

'고귀한 한쌍'(정신적 전체성과 자기의 상징적 이미지)의 예들.

← 3세기 인도의 조각으로 시바Siva와 파르바티Parvati가 자웅동체적으로 결합되어 있다.)

↙ 융 박사는 그리스의 두상이 미묘하게 양면성(즉, 자웅동체적 특성)을 가지고 있음을 지적했다. 소유자에게 보낸 편지에서 융은, 그 두상이 "아도니스Adonis, 타무즈Tammuz, 그리고 …… 발드르Baldur가 가지고 있는 것과 같은 양성의 모든 우아함과 매력을 가지고 있다"고 덧붙였다.(왼쪽 아래)

↓ 숲 속에 있는 힌두Hindu의 신 크리슈나Krishna와 라다Radha.

← 베른Berne('곰'bear을 뜻하는)에서 발견된 로마시대 이전의 켈트족의 곰의 여신 아르티오Artio의 조각. 이 장에서 인용한, 꿈에 나오는 암곰과 흡사한 어머니 여신이었을 것이다.(위쪽)

이 꿈에 나오는 상징적 이미지에 상응되는 또 다른 예들 : '성스러운 돌'sacred stones을 가지고 있는 오스트레일리아 원주민들. 그 돌 속에 죽은 사람의 혼이 들어 있다고 믿고 있다.(가운데)

상징적인 고귀한 사자 한쌍. 17세기의 연금술에 관한 문헌에서 나온다.(아래쪽)

한다"고 중세의 현자 마이스터 에크하르트Meister Eckhart는 말한다. 이것을 심리학적인 관점에서 보아도, 그것은 확실히 그렇다. 각 개인의 내적인 정신적 현실의 전체는 궁극적으로 자기Self의 이러한 원형적 상징을 지향하고 있다.[38)]

실제적으로 말해서 이것은 인간존재는 배고픔, 권력, 성, 생존, 종의 보존 등과 같은 국한된 본능이나 목적 기전의 용어로는 결코 만족스럽게 설명될 수 없다는 것을 의미한다. 즉, 인간의 주된 목적은 먹고, 마시는 것 등이 아니라 **사람이 되는 것이다**. 이러한 욕구들을 초월하여 우리들의 내적인 정신적 현실은 오직 상징에 의해서만 표현될 수 있는 생생한 신비를 나타내는 데 이바지하며, 이러한 살아 있는 신비를 표현하기 위하여 무의식은 흔히 강력한 우주적 인간의 상을 선택한다.[39)]

우리의 서양문명에서는 우주적 인간은 극도로 그리스도와 동일시되어 왔고 동양에서는 크리슈나Krishna나 부처와 동일시되어 왔다. 구약성경에 나타나고 있는 이와 똑같은 상징적 상은 "사람의 아들"로서 이것은 뒤에 유대의 신비주의에서는 이것을 아담 카드몬Adam Kadmon이라고 불렀다.[40)] 후기 고대 그리스의 어떤 종교적 운동은 그를 단순히 안트로폴리스Anthropos(인간을 의미하는 그리스어)라고 불렀다. 모든 상징과 마찬가지로 이상은 알 수 없는 비밀—궁극적으로 알 수 없는 인간 존재의 의미—을 가리키고 있다.

우리들이 보아 온 것처럼 어떤 전통은 우주적 인간이 창조의 목표라고 주장하나, 이 목표를 달성하는 것이 외부적으로 일어날 수 있는 일이라고 이해해서는 안 된다. 예컨대 힌두Hindu의 관점에서 볼 때, 외부 세계가 어느 날 본래의 위대한 사람Great Man으로 용해되어 버리는 것이 아니고 우주적 인간에게 길을 비켜 주기 위해서 외부 세계를 향한 우리 자신의 외향적 현실 지각이 사라지는 것이다. 이것은 자아가 자기로 몰입할 때 일어난다. 자아의 산만한 표상들의 흐름(한 생각으로부터 다른 생각으로 옮겨 가는)과 그것의 욕구들(한 대상으로부터 다른 대상으로 옮아가는)은 마음속에 있는 위대한 사람Great Man을 마주칠 때 잠잠해진다. 정말 우리는 외적 현실은 우리들에게 우리가 그것을 의식적으로 지각하는 범위 안에서만 존재할 뿐이라는 것을, 그리고 그것이 '그것 자체로 그것만으로' 존재한다는 것을 증명할 수 없다는 것을 결코 잊어서는 안 된다.

각양각색의 여러 문명과 다른 여러 시대에서 나온 많은 예들은 대인에 관한 상징이 보편적인 현상임을 보여준다. 그의 상은 우리 삶의 근원적 신비의 목적이나 표현의 일종으로서 사람들의 마음속에 나타나고 있다. 이 상징이 전체적이며 완전한 것을 표현하기 때문에, 그것은 흔히 양성적 존재로 생각된다. 이 형태에서 상징은 심리학적 대극의 가장 중요한 쌍 중에 하나인 남성과 여성을 화해시킨다. 이 두 대극의 합일은 또한 꿈속에서 흔히 신성하고 고귀한, 아니면 그 밖의 특출한 부부상으로서 나타난다.[41] 47세의 남자가 꾼 다음의 꿈이 자기의 이러한 측면을 극적인 방법으로 보여주고 있다.

↓ 꿈에서 거울은 개체를 객관적으로 '반영하는' 무의식의 힘을 상징할 수 있다. 그것은 그에게 전에는 가져본 적이 없었을 자신에 관한 생각을 갖게 한다. 무의식을 통해서만 이런 관점(의식의 마음에 흔히 충격을 주고 뒤흔들어 놓는)에 이를 수 있다.—마치 그리스 신화에서 그의 모습이 사람을 돌로 변하게 하는 고르곤 메두사Gorgon Medusa를 거울에서만 볼 수 있는 것과 같이—이 그림은 메두사가 방패에 비춰져 보이는 17세기 화가 카라바조Caravaggio의 그림.

나는 어느 플랫폼에 서 있다. 나는 내 밑으로 거칠지만 털이 잘 다듬어진 거대한 흑색의 아름다운 웅녀를 본다. 그 곰은 뒷다리로 서서 돌판 위에서 납작한 타원형의 검은색 돌에 광을 내고 있었는데, 그 돌이 점점 광택을 띠고 있다. 가까운 곳에서 암사자와 그 새끼가 같은 일을 하였으나, 그들이 광을 내고 있는 돌들은 보다 크고 둥근 모양이었다. 얼마 후 암곰이 살찐 벌거벗은 여자로 변했는데 그녀는 검은 머리카락에 검고 이글이글 타는 눈을 하고 있었다. 나는 그녀에게 색정적으로 유혹하는 태도를 취했는데 갑자기 그녀가 나를 붙잡기 위해서 가까이 온다. 나는 겁에 질려 내가 전에 있었던 발판의 건물로 도망쳐 올라간다. 그뒤 나는 많은 여자들의 무리 속 한가운데 있게 된다. 그들 중의 반은 원시인이고 풍성한 검은 머리카락을 하고 있다(마치 동물이 변한 것처럼). 나머지 반은 우리나라 여자들(꿈꾼 사람과 같은 국적의)이고 금발이거나 갈색 머리를 갖고 있다. 그 원시적인 여인

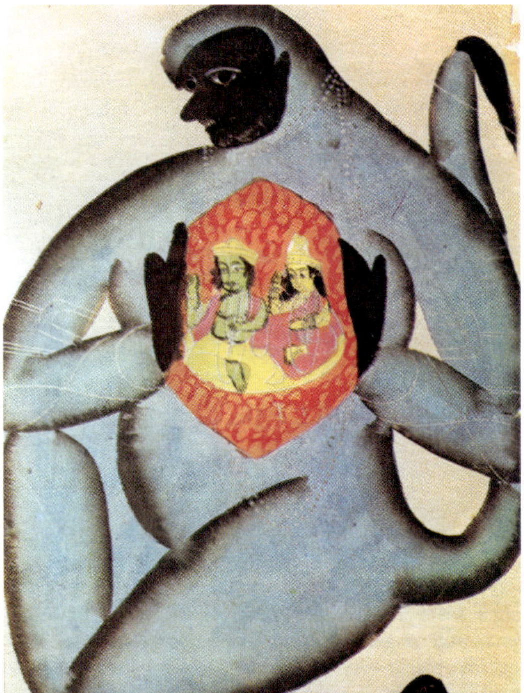

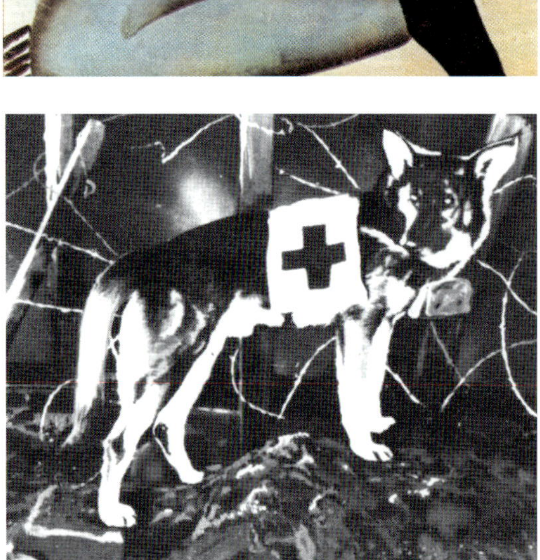

들은 슬프고 높은 목소리로 매우 감상적인 노래를 부른다. 이때 매우 우아한 마차에서 빛나는 루비 보석들로 장식된 금으로 만든 왕관을 머리에 쓰고 있는 젊은 남자—매우 아름다운 광경—가 나온다. 그의 곁에 아마도 그의 부인인 것 같은데, 왕관은 쓰지 않은 금발의 젊은 여인이 앉는다. 그것은 마치 암사자와 그 새끼가 이 부부로 변한 것 같이 보인다. 그들은 원시인의 그룹에 속한다. 이때 모든 여자들(원시인들과 나머지 다른 사람들)은 장엄한 노래를 영창하고, 왕의 마차는 천천히 지평선을 향해서 떠난다.

여기서 꿈꾼 사람의 마음속 핵심은 먼저 그의 동물적 속성과 무의식의 원시적 층의 깊은 곳에서 생겨난 왕과 왕비의 일시적 현시 가운데 노출되고 있다. 꿈의 처음 부분에 나타난 웅녀는 일종의 어머니 신母神이다(예컨대 아르테미스Artemis는 그리스에서 웅녀로 숭배되었다). 웅녀가 문지르고 광을 내고 있는 검은 타원형 돌은 아마도 꿈꾼 사람의 가장 깊은 곳에 존재하는 것, 즉 그의 가장 깊은 내면의 존재를 상징하고 있는 듯하다. 돌을 문지르고 광을 내는 일은 무척 오랜 고대인의 작업으로 잘 알려져 있다. 유럽에서는 나무껍질에 싸여 동굴에 숨겨 두었던 '신성한' 돌들이 여러 곳에서 발견되어 왔다. 신성한 힘을 담은 용기로서 그것들은 아마도 석기시대의 사람들에 의해서 그곳에 보관되었을 것이다. 현대에 사는 오스트레일리아의 어떤 원주민들은 그들의 죽은 조상들이 어질고 거룩한 힘으로서 돌에 계속 존재하고

← 흔히 자기는 도움을 주는 동물(정신의 본능적 토대의 상징)로 표현되기도 한다. 그림Grimm의 동화 〈황금의 새〉 *The Golden Bird*에 나오는 마법의 여우.(위쪽)

가슴에 시바Siva와 파르바티Parvati의 두 신을 모시고 있는 힌두의 원숭이 신 하누만Hanuman.(가운데)

한때 미국 영화와 TV에서 인기가 있었던 영웅적인 개, 린 틴 틴Rin Tin Tin.(아래쪽)

있으며, 더욱이 그 돌들을 문지르면 그 힘이 증가하여(전기로 충전하듯) 살아 있는 사람과 죽은 사람 모두에게 도움을 준다고 믿고 있다.

앞에서 다룬 꿈의 주인은 지금까지 여성과 결혼을 통해 맺어지는 것을 거부해왔다. 그의 삶의 이러한 측면 때문에 그는 여성에게 사로잡히게 될까 두려운 나머지 꿈에서 웅녀로부터 도망쳐 그녀와 복잡하게 얽히지 않은 채 매사를 수동적으로 관찰할 수 있는 관망대로 갔다. 곰이 돌을 문지르는 주제를 통해서 무의식은 그에게 그가 삶의 이러한 면과 접촉해야 한다는 것을 제시하려 한 것이다. 결혼생활의 마찰을 통해서 그의 내적 존재는 모습을 갖추게 되고 더욱 빛을 낼 수 있게 되는 것이다.

그 돌이 광을 내게 되면 그것은 거울처럼 빛나기 시작하여 곰은 그 속에서 자신의 모습을 볼 수 있게 된다. 이것은 오직 세속적인 접촉과 고통을 받아들임으로써 인간의 영혼은 거울처럼 맑아지며 신성한 힘들이 그 속에서 스스로를 감지할 수 있게 된다는 뜻을 말해 주는 것이다. 그러나 그 꿈의 주인은 더 높은 장소로 도망간다. 즉, 그가 삶의 여러 요구로부터 도피할 수 있는 온갖 생각들을 함으로써 이를 회피한다. 그러자 꿈은 그에게 그가 인생의 요구에서 도망친다면 그의 영혼의 일부(그의 아니마)가 분화되지 못한 채로 남아 있을 것이라는 점을 보여준다. 이 사실은 반은 미개인으로 나머지 반은 보다 문명된 여인들로 분할되는 정체 불명의 여인집단으로써 상징

돌은 자기의 이미지로 자주 등장한다(돌은 완전하고—즉 변하지 않고—영원하기 때문에). 오늘날 많은 사람들이 특히 아름다운 돌들을—대개는 해변에서—찾는다.(위쪽) →

어떤 힌두교도들은 마력을 가진 것으로 믿어지는 돌들을 아버지로부터 아들에게 물려주는 사람도 있다.(가운데)

엘리자베스 여왕 1세(1558~1603)의 보석과 같은 '귀한' 돌들은 부와 지위의 외적 표시이다.(아래쪽)

적으로 나타나고 있다. 그때 그 장면에 등장하는 암사자와 그 새끼는 개성화를 이룩하려는 신비한 충동을 인격화한 것으로 그들이 둥근 돌들을 다듬는 일을 하는 것이 이러한 뜻을 가리키고 있다(둥근 돌은 자기의 상징이다).[42] 사자들, 왕과 왕비의 쌍인 사자들은 그 자체로 전체성의 상징이다. 중세의 상징에서, '현자賢者의 돌'(인간의 전체성에 관한 탁월한 상징)은 한 쌍의 사자들이거나 또는 사자들을 타고 있는 사람의 부부로 표현된다. 이것은 상징적으로 개성화를 향한 다른 사람에게 향한 그의 엄청난 열정 속에 숨어서 베일에 가리어진 형태로 잘 나타난다는 사실을 가리키고 있다(실제로 어떤 사람이 일상적인 정도를 넘어서는 열정을 나타낼 때는 궁극적으로 전체가 되려는 신비를 추구하고 있는 것이다. 사람이 열렬하게 사랑에 빠졌을 때 다른 사람과 하나가 되는 것만이 오직 그의 인생에서 보람된 유일한 목표라고 느끼게 되는 이유가 여기에 있다).

전체성의 상이 이 꿈에서 한 쌍의 사자의 모습을 나타내고 있는 한, 그것은 여전히 그러한 어떤 압도된 열정 속에 내포되고 있다. 그러나 사자와 암사자가 왕과 왕비로 변했을 때, 개성화되려는 욕구는 의식적 인식의 수준에 이르렀고, 이때 자아는 비로소 그것이 삶의 진정한 목표임을 이해하게 된 것이다.[43]

사자들이 인간의 모습으로 변환되기 전에는 단지 원시적 여인들만이 노래를 불렀을 뿐인데 그들의 노래는 감상 어린 것이었다. 이것은 말하자면 꿈꾼 사람의 감정이 아직 미개하고 감상적인 수준에 머물러 있었음을 의미한다. 그러나 인간으로 변한 사자들에게 경의를 표하기 위하여 원시적 여인들과 문명된 여인들 모두가 공통의 찬송가를 부르고 있다. 그들이 그들의 감정을 합동으로 표현한 것은 아니마의 내적 분열이 이제 내적 조화로 바뀌었음을 보여주는 것이다.

자기의 인격화의 또 다른 예는 한 여인이 행한 이른바 '적극적 명상'에 관한 보고에서 볼 수 있다(적극적 명상은 상상으로 명상하는 한 방법으로 의도적으로 무의식과 접촉하여 여러 정신적 현상과 의식적인 관계를 맺을 수 있다. 적극적 명상은 융이 발견한 것들 중에서 가장 중요한 것이다. 그것은 어떤 의미로는 선불교나 탄트

↑ 그리하여 돌은 항상 기념비로 사용되어 오곤 했다. 사우스 다코타에 있는 러시모어Rushmore산의 절벽면에 조각된 미국 대통령 4명의 두상들처럼.

← 돌의 '영원한' 성질을 자갈밭이나 산속에서 볼 수 있다. 캘리포니아의 윌리엄슨Williamson산기슭의 바위들.

라 요가Tantra Yoga의 기법같은 동양적 형태의 명상, 혹은 가톨릭 예수회의 영적 훈련Exercitia과 같은 서양의 기법과 비교될 만한 것이다. 그러나 이것들과 근본적으로 다른 점은 적극적 명상에서는 명상자가 어떤 의식적 목적이나 계획을 전혀 갖고 있지 않다는 데 있다는 것이다. 그래서 이 명상은 자유로운 개인의 고독한 실험이 된다. 무의식에 정통하기 위해서 지도를 받아서 하는 시도와는 반대인 것이다. 그러나 여기서는 적극적 명상을 더 자세히 분석할 겨를이 없다. 독자들은 이에 관한 융의 설명의 일단을 그의 논문 「초월 기능」The Transcendent Function에서 찾아볼 수 있을 것이다).[44]

이 여성의 적극적 명상에서 자기Self는 사슴으로 나타나서 자아ego에게 이렇게 말한다. "나는 당신의 아이이고 당신의 어머니입니다. 남들은 나를 '맺어주는 동물'이라고 부릅니다. 왜냐하면 나는 사람, 동물, 심지어 돌일지라도 내가 그 속에 들어가면 서로 연결시켜 주기 때문입니다. 나는 당신의 운명, 또는 객관적인 나objective I입니다. 내가 나타나면 삶의 부질없는 모험에서 당신을 구제합니다. 나의 안에서 타는 불꽃은 전체자연 속에서 타고 있습니다. 만일 사람이 그것을 잃는다면 그는 이기적이며 외롭고 방향을 잃으며 약해집니다."

자기는 흔히 동물로 상징된다. 그것은 우리들의 본능적인 성질과 그것의 환경과의 연결성을 나타낸다(신화와 동화에서 위기에 처한 주인공을 도와주는 동물들이 그렇게 많은 이유가 여기에 있다). 인간을 에워싸고 있는 모든 주위의 자연, 그리고 심지어 우주 전체에 대한 이러한 자기의 관계는 아마도 우리들 정신의 '핵원자'가 어떤 방법으로든 내적 · 외적인 전 세계 속에 엮어져 있다는 사실에서 유래하는 것 같다. 모든 높은 차원의 생명체들은 어떤 방법으로든 일정한 환경의 시공간의 연속성에 맞추어 살고 있다. 예를 들면 동물들은 그들 특유의 먹이와, 특정의 집을 짓는 재료와, 정해진 영역들을 갖고 있고, 이 모든 것에 그

↓ 돌은 또한 예배의 장소를 표시하는 데—예루살렘 교회의 성스러운 돌처럼—흔히 사용되었다(오른쪽).

그 돌은 도시의 중심이 되었고, 중세의 지도가 보여주는 것처럼 그 도시를 세계의 중심으로 보았다(왼쪽).

들의 본능적 양식이 정확하게 맞추어져 있다.

시간의 리듬 역시 중요한 역할을 한다. 우리는 대부분의 초식 동물이 정확하게 1년 중에 풀이 가장 풍부한 시기에 그들의 새끼를 갖는다는 사실만을 생각해도 이를 알 수 있을 것이다. 한 유명한 동물학자는 이런 점들을 염두에 두고 각 동물의 내적 성질(Inwardness, Innerlichkeit)이 그를 에워싼 주위 세계로 아득히 멀리 뻗어나가서 시간과 공간을 "정신화psychisches verseelen"(심혼적인 것으로 바꾼다) 시킨다고 말했다.[45]

우리가 아직도 전혀 이해할 수 없는 방법으로, 우리의 무의식은(동물들처럼) 우리 주변의 것들—우리들 집단, 사회 일반, 그리고 이것을 넘어선 시간—공간의 연속성, 그리고 전 자연과 조화를 이루게 된다. 그래서 나스카피Naskapi 인디언들의 '위대한 사람'은 단지 내적 진실들만을 밝혀주는 것이 아니다. 그는 또한 언제 어디서 사냥을 해야 할 것인지에 대해 힌트를 준다. 그리하여 나스카피의 사냥꾼은 그가 동물을 유인하는 마술적 노래의 가사나 가락을 꿈에서 얻어낸다.

그러나 무의식으로부터의 이 특유한 도움은 원시인들에게만 주어지는 것은 아니다. 융은 꿈이 문명인들에게도 역시 그의 내적·외적 생활상의 문제들을 극복하면서 그의 갈 길을 찾는 데 그에게 필요한 인도를 해줄 수 있다는 사실을 발견했다. 참으로 우리들의 많은 꿈은 우리들의 외부 생활과 환경의 여러 가지 세세한 것들과 관련되어 있다. 창가의 나무, 자전거나 자동차, 또는 걷다가 땅에서 줏어 든 돌멩이같은 것들도 우리의 꿈의 생활을 통하여 상징성의 단계로 오르게 되며 뜻을 지닌 것이 될 수 있다. 만일 우리가 냉담하고 개성을 잃은 무의미한 우연의 세계에서 살지 않고 우리의 꿈에 주의를 기울인다면 우리는 거기서 무척 중요한, 우리도 모르게 정해진 비밀의 법칙에 따라 엮어진 사건으로 가득한 우리들

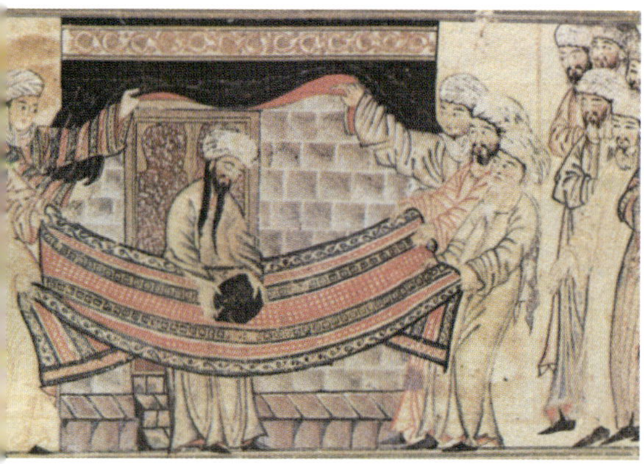

← 마호메트Mahomet에게서 이슬람 종교에 융화되도록 축복받은 메카Mecca의 흑석Black Stone(아라비아의 필사본 중의 삽화).(위쪽) 이 돌은 네 부족의 추장들(양탄자의 네 모서리에 있는)에 의해 수많은 회교도들이 매년 순례하는 성역 카아바Káaba로 운반됐다(아래쪽).

상징적인 돌의 다른 예 : 예전에 스코틀랜드의 왕이 즉위할 때 앉았던 스콘의 돌Stone of Scone(또는 운명의 돌).(위쪽) →

13세기에 영국 웨스트민스터 사원으로 옮겨졌으나, 스코틀랜드로서는 그 돌의 중요성을 저버릴 수 없었다. 1950년 크리스마스 날, 일단의 스코틀랜드 민족주의자들이 그 돌을 웨스트민스터 사원에서 훔쳐 스코틀랜드로 가지고 갔으나, 1951년 4월에 웨스트민스터 사원으로 되돌려졌다. 결국 1996년 엘리자베스 여왕에 의해 다시 스코틀랜드로 반환되었다.

관광객들이 아일랜드 전설에 나오는 유명한 '블라니 돌'Blarney Stone에 입맞추고 있다. 그렇게 하면 그것에 입맞춘 사람은 웅변의 재능을 부여받게 된다고 믿고 있다.(아래쪽)

자신의 세계를 만나기 시작할 것이다.

그러나 통상적으로 우리의 꿈은 외부생활에 대한 우리의 순응과 언제나 일차적으로 관련을 맺고 있는 것은 아니다. 우리들의 문명세계에서 대부분의 꿈은 자아의 자기에 대한 '바른' 내적 태도의 발전과 관계가 있다. 왜냐하면 이 관계는 현대의 사고와 행동 방식 때문에 원시인의 경우보다 우리들에서 훨씬 더 심하게 장애를 받고 있기 때문이다. 그 원시인들은 보통 내적 중심에 직접 의거해서 살아가고 있지만, 뿌리째 뽑힌 의식을 가진 우리들은 너무나 외부적이고 전혀 관계 없는 것들에 뒤얽혀 있어 자기의 호소가 우리들의 자아 의식에 도달하기가 매우 어렵게 된 것이다. 우리의 의식적인 마음은 뚜렷한 모습의 '진짜' 외적 세계에 관한 환영幻影, illusion을 끊임없이 만들어 내고 있어, 그밖의 많은 것들을 지각할 수 없게 만들고 있다. 그러나 우리는 우리들의 무의식적 성질을 통해서 설명할 수는 없지만 우리의 정신적·육체적 환경과 연결되어 있다.

자기가 고귀한 돌이라든가 혹은 그 밖의 성질을 갖춘 돌의 모양으로 상징화되는 경우가 특히 많다는 사실을 앞서 언급한 바 있다. 그 한 예를 우리는 암곰과 사자들이 광을 내고 있던 돌에서 보았다. 많은 꿈에서 그 중심, 자기는 또한 결정結晶으로도 나타난다. 결정이 갖추고 있는 수학적인 정확한 배열은 우리 마음속에 이른바 '죽은' 물질에서조차 영적으로 질서를 부여하는 원리가 작동하고 있다는 직관적인 느낌을 불러일으킨다. 그러므로 결정은 흔히 극단적인 대극—물질과 정신—의 합일을 상징적으로 나타낸다.

아마 결정과 돌은 그것들의 순수한 성질, '그렇게 있는 것'(just-so-ness, Sosein) 때문에 특히 자기의 적절한 상징으로 간주되는 것 같다. 많은 사람들은 조금이라도 이상한 색이나 모양의 돌을 주워서 주저없이 그것을 간직하지만 왜 그렇게 하는지를 모른다. 마치 돌이 사람들을 매혹시키는 살아 있는 신비를 가지고 있는 듯이 사람들은 태초부터 돌을 수집해 왔고, 어떤 돌은 온갖 신비의식과 함께 생명력을 담고 있는 그릇이라고 생각되었음에 틀림없다. 예컨대 고대 게르만족은 죽은 사람의 넋이 그들의 묘석에 계속 살아 있다고 믿었다.[46] 무덤에 돌을 놓는 관습은 부분적으로 죽은 사람의 어떤 영원한 것이 거기에 남아 있으며, 그것은 돌에 의해서 가장 적절하게 표현될 수 있다는 상징적인 관념에서 유래하는 것 같다. 인간은 돌과 나무와 다르지만 그러나 인간의 가장 깊은 곳에 있는 내적 중심은 이상하게도 그것을 닮았다. 아마 돌이 자아의식의 정서, 감정, 환상, 그리고 산만한 생각들과는 가장 거리가 먼, 단지 존재만을 상징하기 때문일 것이다. 이런 뜻에서 돌은 아마도 가장 단순하고 또 가장 깊은 체험—인간이 그의 불멸과 불변을 느끼는 그런 순간에 가질 수 있는 어떤 영원한 것의 체험—을 상징한다.

모든 문명에서 실제로 발견되는 것처럼, 유명한 사람이나 중요한 사건이 일어난 자리에 석조 기념물을 세우고자 하는 충동 역시 아마 돌에 대한 이러한 상징적 의미로부터 나온 것 같다. 야곱이 그의 유명한 꿈을 꾼 자리에 놓은 돌이나, 또는 평범한 사람들이 지방의 성자들이나 영웅들의 묘지에 세워 놓은 돌들은, 돌의 상징에 의해서가 아니고는 달리 표현할 수 없는 경험들을 표현하고자 하는 인간 욕구의 근원적 성격을 보여준다. 많은 종교적 제의들이 하느님을 뜻하거나 또는 예배의 장소를 표시하기 위해서 돌을 사용한다는 것은 놀랄 일이 아니다. 회교 세계의 가장 신성한 성지는 모든 신앙심 깊은 회교도들이 순례하고 싶어 하는 메카Mecca에 있는 검은 돌,

카바Kaaba이다.

기독교 교회법상의 상징에 의하면, 그리스도는 "건축자들이 내버린 돌"이며, 이것이 "모퉁이의 머릿돌"이 되었다(누가복음서 20 : 17). 이와 함께 그리스도는 또한 생명의 물이 솟아나오는 "영적 바위"라고 불렀다(고린도인들에게 보낸 첫 번째 편지 10 : 4). 과학 이전의 방법으로 물질의 비밀을 탐구한 중세의 연금술사들은 그 물질에서 하느님이나 적어도 신의 거룩한 작용이라도 알고자 하였는데 그들은 이 비밀이 그들의 유명한 '현자의 돌'philosopher's stone에 구체적으로 현시되었다고 믿었다. 그러나 몇몇 연금술사들은 그들이 필사적으로 추구한 돌이 단지 인간의 정신 안에서만 발견할 수 있는 어떤 것의 상징이라는 것을 어슴푸레하게 느끼고 있었다. 아라비아의 노老 연금술사인 모리에누스Morienus는 다음과 같이 말했다. "이것(현자의 돌)은 당신 속에서 추출된 것입니다. 당신은 그의 광석이고, 우리는 그것을 당신 속에서 발견할 수 있습니다. 좀 더 분명히 말한다면, 그들(연금술사들)이 그것을 당신으로부터 꺼내 가집니다. 당신이 이것을 인식한다면 그들의 사랑과 존중은 당신 안에서 자랄 것입니다. 이것은 의심의 여지가 없는 진실임을 아십시오."[47]

연금술사의 돌(라피스lapis)은 결코 상실되거나 용해될 수 없는, 어떤 영원한 것이며 몇몇 연금술사들은 이를 자기 자신의 영혼 속에 있는 신의 신비로운 체험과 비교하였다. 그 돌을 감추고 있는 온갖 필요 없는 정신적 요소들을 태워 없애는 데는 보통 오랫동안의 고통을 필요로 한다.[48] 그러나 자기의 어떤 심오한 내적 체험은 대부분의 사람들에게서 적어도 일생에 한 번은 일어난다. 심리학적인 관점에서 볼 때, 순수한 종교적 태도는 이 독특한 체험을 발견하고자 하는, 그리고 또 서서히 그것과 조화를 이루고자 하는 노력으로 구성되며(돌 자체가 영원한 어떤 것이라는 것과 관계가 있다) 그리하여 자기Self는 내적 동반자가 되어 우리의 주의가 계속 그를 향하게 되는 것이다.

자기의 가장 흔한, 최고의 상징이 생명이 없는 물질적 대상이라는 사실은 또 다른 방면의 탐구와 고찰을 제시하고 있다. 즉, 우리가 무의식적 정신이라고 부르는 것과 우리들이 '물질'이라고 부르는 것 사이의 아직 잘 알려져 있지 않은 관계는 정신 신체 의학이 파악하고자 노력하는 신비적 현상이다.[49] 이렇게 여전히 정의나 해석을 내릴 수 없는 연결('정신'과 '물질'은 실제로 동일한 현상으로, 하나는 '안에서' 다른 하나는 '밖에서' 관찰된 것이라는 것이 증명될지도 모르겠다)을 연구하면서, 융 박사는 그가 동시성 *synchronicity*이라고 부른 새로운 개념을 제안하였다. 이 용어는 그것 자체로는 인과적으로 연결되지 않는 내적·외적 사건들의 '의미 있는 일치'를 뜻한다. '의미 있는'이라는 말이 특히 강조되고 있다.[50]

내가 코를 풀고 있을 때 만일 비행기가 내 눈앞에서 추락한다면, 이것은 아무 의미가 없는 사건들의 우연의 일치이다. 그것은 단지 언제나 일어나는 일

← 현대 화가 한스 하펜리히터Hans Haffenrichter가 그린 그림으로 수정水晶—보통의 돌처럼 전체성의 상징임—의 패턴과 유사하다.

종의 우연한 사건일 뿐이다. 그러나 내가 푸른색 옷을 사 놓았는데, 그 가게가 나의 가까운 친척들 중의 한 사람이 죽은 날 실수로 검은색 옷을 배달했다면, 이것은 의미 있는 일치일 것이다. 그 두 사건은 인과적으로 관계되어 있지 않지만, 그러나 그것들은 우리의 사회가 검은색에 주는 상징적 의미에 의해서 연관되어 있다.

한 개인의 생애에서 그러한 의미 있는 일치를 관찰할 때마다 융 박사에게는 해당된 개인의 무의식 속에서 원형이 작동하고 있는 것(그 개인의 꿈이 밝혀 주었듯이) 같았다. 검은색 옷에 관한 나의 예를 통해 이것을 설명하자면, 이와 같은 경우에서 검은색 옷을 받은 사람은 그때 죽음의 주제에 관한 꿈을 꾸었는지도 모른다. 이것은 마치 밑에 깔려 있는 원형이 내적·외적 사건에서 동시에 자신을 나타내고 있는 것 같이 보인다. 공통분모는 상징적으로 표현된 메시지—이 경우에는 죽음에 관한 메시지—이다.

어떤 유형의 사건들이 어떤 특정한 시기에 '즐겨' 한꺼번에 겹쳐서 발생한다는 사실을 우리가 알게 된다면 우리는 곧 중국인의 태도를 이해할 수 있게 된다. 그들의 의학이나 철학, 심지어 건축의 이론들은 의미 있는 일치의 '과학'에 그 토대를 두고 있다. 중국의 고전들은 무엇이 무엇의 원인인가를 묻지 않고 오히려 무엇이 무엇과 함께 '즐겨' 일어나는가 라고 물었다. 이와 거의 같은 기본 주제를 우리는 점성술이나 또한 여러 문명에서 볼 수 있는 신탁, 점술에서 볼 수 있다. 이 모든 것은 직접적인 인과 관계에 의존하는 것과는 상이한 일치의 현상을 설명하려고 시도하는 것이다. 동시성의 개념을 형성하는 과정에서, 융 박사는 우리가 정신과 물질의 상호 관계성에 보다 깊이 파고 들어갈 수 있는 방법을 보여주었다. 그것은 바로 돌의 상징이 지적하고 있는 것과 같은 관계를 가리키는 것이다. 그러나 이 문제는 아직 전적으로 미해결이고 그 탐구는 불충분하여 후대의 심리학자와 물리학자들이 다루어야 할 과제이다.

동시성에 관한 논의가 나로 하여금 본래의 주제로부터 벗어나게 한 것처럼 보일지 모르나 나는 그것에 관해서 적어도 간단한 소개는 할 필요가 있다고 느낀다. 왜냐하면 그것이 장차 연구하고 적용할 가능성이 풍부한 융의 가설로 보이기 때문이다. 더구나 동시성의 사건들은 거의 틀림없이 개성화 과정의 결정적 단계들을 수반한다. 그러나 그것을 못보고 지나치는 수가 너무나 많다. 왜냐하면 사람들은 이와 같은 일치의 현상에 주목하고 자신의 꿈의 상징성과의 관계에서 그것에 의미를 부여하는 일을 배운 일이 없기 때문이다.

자기와의 관계

오늘날 점차 많은 사람들, 특히 대도시에 사는 사람들은 마치 결코 오지 않을 어떤 것을 기다리듯 지독한 공허감과 권태에 시달리고 있다. 영화와 텔레비전, 구경할 만한 운동 경기들과 정치적인 흥분이 잠시 동안 그들의 기분을 풀어줄지 모르나, 계속 되풀이하여 지치고 흥미를 잃어버린 채 그들은 그들 자신의 생의 불모지로 돌아오지 않을 수 없다.

현대인에게 아직도 가치 있는 유일한 모험은 무의식적인 정신의 내적 영역에 있다. 마음속에 이러한 생각을 막연하게 가진 채 많은 사람들이 현재 요가와 그 외의 동양식 체력 단련 같은 것에 의지한다. 그러나 이런 것들은 진정으로 새로운 모험을 제공하지 못한다. 왜냐하면 그것에서 자기 자신의 내적인 생명의 중심과 직접 만남이 없이 힌두인이나 중국인들에게 이미 알려진 것만을 받아들이기 때문이다. 동양적 방법들이 마음을 집중시키고 그것을 안으로 향하게 하는 기능을 한다는 것(그리고 이 방법이 어떤 의미로는 분석적 치료에서의 내향화와 비슷하다는 것)은 사실이지만, 매우 중요한 차이가 있다. 융은 혼자서 남의 도움 없이 자신의 내면적 중심에 도달하고 무의식이라는 생생한 신비스러움과 접촉하는 방법을 발전시켰다. 그것은 진부한 길을 따르는 것과는 전혀 다른 것이다.[51]

자기라고 하는 살아 있는 현실에 매일 일정한 양의 주의를 기울이고자 하는 것은 두 층, 혹은 두 개의 다른 세계에서 동시에 살려고 하는 것과 같다. 그 사람은 전과 같이 외부적인 일에 전념하지만, 그는 자기Self의 의도를 상징하는 꿈과 외부적인 사건 모두에 나타나는 암시와 신호에 주의를 기울인다. 즉, 생명의 흐름이 움직여 가는 방향을 주시한다.

이런 종류의 경험을 다루고 있는 중국의 고전古典은 흔히 쥐구멍을 망보고 있는 고양이의 미소를 비유로 사용한다. 어떤 고전에는, 잡념에 빠져서는 안 될 뿐더러 너무 예리해서도 안 되고 너무 무디어서도 안 된다고 말한다. 엄밀히 말해서 적당한 지각의 수준이란 것이 있다. "만일 이러한 방법으로 수련을 계속 견딘다면 …… 시간이 지남에 따라서 효과가 있을 것이고, 그 목적이 결실을 맺게 된다. 마치 멜론이 익으면 저절로 떨어지는 것과 같이, 우연히 접촉하게 될지도 모르는 어떤 것이 갑자기 어떤 개인에게 최고의 자각의 원인이 될 것이다. 바로 이때가 수행자가 물을 마시고 그것이 차가운지 아니면 따뜻한지를 혼자 아는 순간이다. 그는 자신에 관한 모든 의심이 없는 상태가 되고, 네거리에서 자기 아버지를 만났을 때 느끼는 것과 비슷한 커다란 기쁨을 체험한다."[52] 그래서 외적인 일상생활의 와중에서 갑자기 흥미진진한 내적 모험에 사로잡힌다. 그리고 그것은 각 개인에게 고유하기 때문에 남이 표절하거나 훔칠 수가 없다.

왜 인간이 그의 영혼의 조절 중심과의 접촉을 잃는가 하는 데는 두 가지 중요한 이유가 있다. 하나는 어떤 단일한 본능적 욕구나 정동적인 상image이 그로 하여금 균형을 잃게 하는 일방적인 방향으로 끌고 갈 수 있다는 것이다. 이런 일은 동물에게도 역시 일어난다. 예를 들면 성적으로 흥분한 사슴은 배고픔과 신변의 안전을 완전히 잊어버린다. 원시인들은 이러한 일방성과 그 결과로 생기는 균형의 상실

을 매우 무서워하며 이들은 그것을 "영혼의 상실"이라 부른다. 내적 균형에 대한 또 다른 위협은 과도하게 공상하는 데서 유래하고, 공상은 남모르게 특정한 콤플렉스를 둘러싸고 늘상 그 주위를 맴돈다. 실제로 공상은 공상이 사람을 그의 콤플렉스와 연결시키는 데서 일어난다. 이와 동시에 공상은 그의 의식의 집중과 연속을 방해한다.

두 번째 장애는 엄밀히 말해서 첫 번째와 반대인데, 자아의식의 과도한 강화 때문이다. 비록 문명된 행동을 수행하는 데 단련된 의식이 필요하긴 하지만 (우리는 철도 신호수가 공상에 빠져든다면 무슨 일이 일어날지 안다) 그것은 마음의 중심으로부터 오는 충동impulses과 전갈messages을 수용하지 못하게 하는 심각한 단점을 가지고 있다. 문명인들의 많은 꿈이 왜 무의식의 중심 또는 자기를 향한 의식의 태도를 고치려고 애쓰면서 이 수용성을 회복하고자 하는 이유가 바로 여기에 있다.

자기에 관한 신화적인 표현 가운데서 세계의 네 구석을 매우 강조하는 점이 발견된다. 그리고 많은 그림 가운데서 '위대한 사람'은 넷으로 구분된 원의 중심에 그려진다. 융은 이러한 질서의 구조를 지적하기 위해서 힌두어인 만다라Mandala(마법의 원)를 사용했다. 그것은 인간 정신—그 본질을 우리가 알지 못하는—의 '핵원자'의 상징적 표현이다. 이런 점에서 나스카피족의 사냥꾼이 그의 '위대한 사람'을 인간이 아닌 만다라로 회화적인 표현을 한 것은 재미있는 사실이다.

나스카피족이 종교적 의식이나 교리의 가르침 없이 내적 중심을 직접적으로 순수하게 경험하는 반면, 다른 사회에서는 잃어버린 내적 균형을 회복하기 위해서 만다라의 주제를 이용한다. 예를 들면, 나바호의 인디언들은 만다라 모양을 한 모래 그림을 써서 병든 사람이 그 자신과 우주와 조화가 되도록—그래서 그의 건강을 회복하도록—시도한다.

동양 문명에서도 내적 존재를 강화하기 위해서, 또는 깊은 명상에 빠져들 수 있도록 하기 위해서 비슷한 그림들을 사용한다. 만다라의 명상은 생명이 다시 그 의미와 질서를 발견했다는 느낌, 하나의 내적 평화를 가져오는 것을 뜻한다. 또한 만다라는 이런 종교적인 전통에 영향을 받지 않고 그것에 관해서 아무것도 모르는 현대인의 꿈에 우발적으로 나타날 때 이 느낌을 전달한다. 아마도 긍정적인 효과는 이런 경우에 더욱 클 것이다. 왜냐하면 지식과 전통은 때때로 자발적인 체험을 흐리게 하고 심지어는 막아버리기도 하기 때문이다.

62세인 부인의 다음 꿈에서 저절로 생성된 만다라

← 현대 도시인들이 흔히 겪는 권태롭고 무감정한 느낌들은 모험 영화(왼쪽) 혹은 시간이나 보내는 '오락물'(오른쪽)같은 인위적인 자극물로서는 단지 일시적으로 보상이 될 뿐이다. 융은 각 개인에게 남아 있는 유일한 참된 모험은 그 자신의 무의식을 탐구하는 것이라고 강조했다.

이와 같은 탐구의 궁극적 목표는 자기와 조화가 → 되고 균형이 잡힌 관계를 형성하는 데 있다. 원형의 만다라는 이러한 완벽한 균형을 떠올린다. 그 상은 브라질리아Brasilla시의 현대 교회 건축에 구현되어 있다.

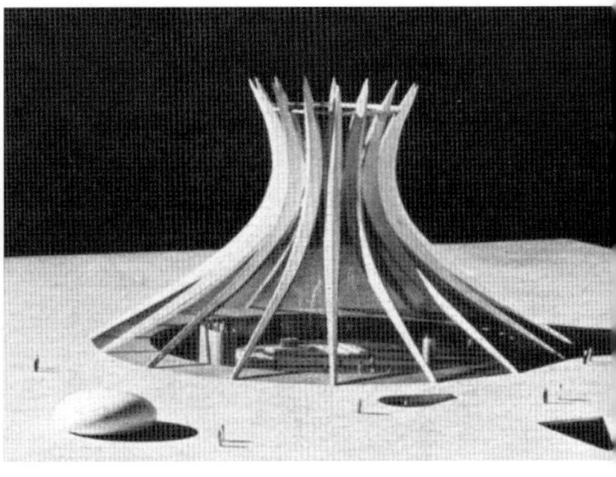

⬆ 한 나바호Navaho인이 치유의 의식에서 모래 그림(만다라)을 그리고 있다. 환자는 그림 속에 앉아 있다.

⬇ 독일의 화가 카스파르 프리드리히Caspar Friedrich가 그린 겨울 풍경화. 풍경화는 항상 뭐라 말할 수 없는 '기분'을 표현한다. 꿈에 보는 상징적 풍경화가 그러한 것처럼.

⬇ 모래 그림의 평면도. 속에 들어가기 전에 환자는 그림의 주위를 빙빙 돈다.

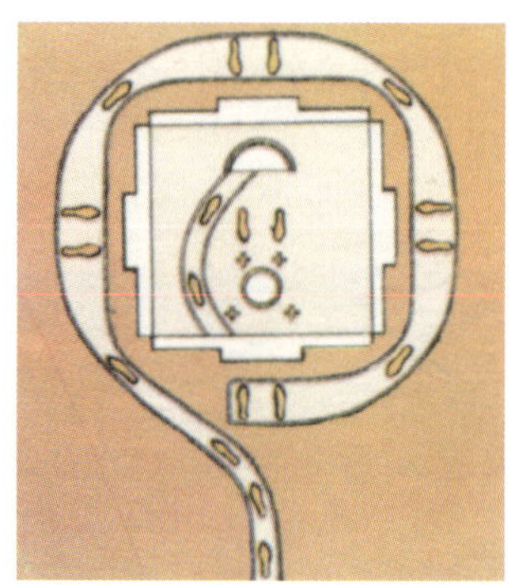

의 예를 볼 수 있다. 그것은 그녀가 매우 창조적으로 변환된 새로운 인생의 문에 들어서는 전주곡이었다.

나는 희미한 불빛 속에서 한 풍경을 본다. 배경엔 연이은 오르막길과 평평하게 연이은 언덕의 봉우리가 보인다. 오르막길의 선을 따라서 황금처럼 빛나는 사각의 반盤이 움직인다. 전경에서 나는 싹이 돋아나기 시작하는 검은색의 쟁기질한 땅을 본다. 지금 나는 갑자기 위가 회색 석판으로 된 둥근 탁자를 보고, 또 같은 순간에 사각의 반이 갑자기 그 탁자 위에 멈추는 것을 본다. 그것은 언덕을 떠났으나, 그러나 어떻게, 왜 그것이 그 장소를 바꾸었는지 나는 모른다.

꿈속의 풍경들은(미술에서와 마찬가지로) 흔히 말로 표현할 수 없는 기분을 상징한다. 이 꿈에서 풍경의 어두운 빛은 대낮에 갖는 의식의 선명도가 흐려졌음을 나타낸다. '내면의 자연'이 지금 그것 자체의 빛을 가지고 모습을 드러내기 시작하는 것이며 사각의 반盤이 지평선에 보이기 시작한다고 통고 받는다. 지금까지 자기의 상징인 사각형 반盤은 주로 꿈꾼 사람의 정신적 지평선상에 있는 직관적인 관념이었으나, 지금 이 꿈에서는 그 자리를 이동하여 그녀의 영혼의 풍경의 중심이 된다. 오래전에 뿌린 씨앗이 싹이 나기 시작한다. 오래전부터 그 부인은 자신의 꿈에 세심한 주의를 해 왔고, 지금 이 작업이 결실을 맺는다(위대한 사람의 상징과 나무의 생명과의 관계는 내가 전에 언급한 바 있다. 독자는 그것을 기억할 것이다). 이때 금으로 된 반盤이 갑자기 우측—사물이 의식화되는 쪽—으로 움직인다. 다른 꿈에서도 심리학적으로 우측은 흔히 의식의 면, 적응하는 면, 올바른 면을 의미하고, 반면에 좌측은 적응이 안 된, 무의식적 반응 혹은 '불길한' 어떤 영역을 의미하기도 한다. 그러자 마지막으로 금으로 된 반이 움직이는 것을 멈추고—의미심장하게—돌로 된 둥근 탁자 위에 정지한다. 드디어 영구적인 토대를 발견한 것이다.

이 책의 뒷부분에서 야페Aniela Jaffé가 설명하듯이, 원(만다라의 주제)은 일반적으로 자연의 전체성을 상징하고, 반면에 사각형의 구조는 그것이 의식에서 인식되는 것을 나타낸다. 그 꿈에서 사각의 판과 둥근 탁자가 만남으로써 마음의 중심의 의식적 자각이 가까워진다. 덧붙여 말한다면, 둥근 탁자는 잘 알려진 전체성의 상징이고 신화에서 한 역할을 한다. 예를 들면 아더왕King Arthur의 원탁인데 그것은 최후의

← 이 장에서 인용한 꿈에 관한 그림. 꿈꾼 사람이 그린 이 그림에서, 만다라 주제가 원형보다는 오히려 사각형으로 나타난다. 보통 사각의 형태는 내적 전체성의 의식적 자각을 상징한다.

전체성 그 자체는 꿈에 나오는 둥근 식탁처럼 원형의 형태로 가장 많이 나오는 원탁(15세기 필사본에서). 이 원탁에서 성배Holy Grail가 환상으로 나타났고, 기사들이 유명한 탐색을 시작한다. 성배 그 자체는 남성들이 항상 찾고 있는 내적 전체성을 상징한다. →

만찬의 식탁에서 유래된 상이다.

실제로 인간이 순수하게 내적 세계로 향하고 그 자신을 알려고 노력할 때는 언제나—그의 주관적인 생각과 느낌을 곰곰히 생각하는 작업을 통해서가 아니라, 꿈이나 순수한 환상과 같은 자기 자신의 객관적인 본성의 표현을 추구할 때—조만간 자기가 나타난다. 그러면 자아는 새로워질 수 있는 가능성을 모두 내포하는 내적인 힘을 발견하게 된다.

그러나 거기에는 내가 지금까지 그저 간접적으로만 언급한, 커다란 어려움이 있다. 이것은 무의식의 인격화된 모든 것, 즉 그림자, 아니마, 아니무스, 그리고 자기가 밝은 면과 어두운 면을 다 가지고 있다는 것이다. 우리는 앞서 그림자가 열등하거나 악할지 모르며, 극복해야 할 본능적인 욕구라는 것을 알았다. 그러나 그것은 우리가 개척하고 추구하지 않으면 안 될 성장에 이르도록 하는 충동일 수도 있다. 마찬가지로 아니마와 아니무스도 양면을 갖고 있다. 그들은 생명을 주는 발전과 창조성을 인격에 가져다 줄 수 있기도 하고, 무기력함과 육체의 죽음도 초래할 수 있다. 모든 것을 포용하는 무의식의 상징인 자기조차도, 양가적인 효과를 가지고 있다. 예를 들면 에스키모의 민담에서(p. 220) '작은 여인'이 달의 정기로부터 여자 주인공을 구하기 위해 나타났으나, 실제로는 그녀를 거미로 변하게 한 것 등이다.

자기의 어두운 면은 모든 것 중에 가장 위험한 것이다. 왜냐하면 자기가 정신 가운데서 가장 강력한 힘이기 때문이다. 그 힘은 사람들을 사로잡고 '지배하는' 과대망상 내지 망상적인 환상들을 엮어나가게 만든다. 이런 상태에 있는 사람은 흥분이 절정에 올라 자기가 위대한 우주의 수수께끼를 파악하고 해결했다고 생각하고는, 인간적인 현실과 접촉할 기회를 모두 잃고 만다. 이 상태를 나타내는 확실한 징후는 유머 감각의 상실과 대인 접촉의 상실이다.

이처럼 자기의 출현은 사람의 의식적 자아에 커다란 위험을 초래할 수도 있다. 자기의 양면성이 〈바드 바저드Bath Bâdgerd의 비밀〉이라는 이란 동화에 잘 묘사되고 있다.[53]

위대하고 고귀한 하팀 타이Hâtim Tâi 왕자가 왕으로부터 신비스러운 바드 바저드(존재하지 않는 성)를 조사하라는 명령을 받는다. 여러 가지 위험한 모험을 치르면서 그 성에 가까이 갔을 때, 그는 아무도 그 성에서 돌아온 적이 없다는 것을 듣지만, 그러나 그는 계속해 갈 것을 고집한다. 그는 원형의 건물에서 거울을 들고 그를 욕실로 안내하는 이발사의 영접을 받는다. 그러나 왕자가 물에 들어가자마자, 천둥 치는 소리가 나면서 주위는 완전히 암흑이 되고, 그 이발사는 사라지고 또 물이 서서히 차 오르기 시작한다.

하팀 왕자는 물이 마침내 목욕탕 천정을 이루는 원형의 지붕 꼭대기까지 차오르는 동안 필사적으로 헤엄을 치며 맴돈다. 그는 이제 죽을까봐 두려워하면서 기도를 하고는 원형의 지붕 가운데 있는 중앙을 잡는다. 다시 천둥이 치고, 모든 것이 변한다. 그리고 하팀 왕자는 사막에 혼자 서 있다.

길고도 고통스러운 방랑 끝에 그는 아름다운 정원에 도착하는데 그 정원의 중앙에는 석상들이 원형으로 늘어서 있다. 석상 한가운데서 그는 새장에 들어 있는 앵무새를 본다. 그러자 하늘에서 그에게 말하는 소리가 들린다. "오 영웅이여, 너는 아마도 이 목욕탕을 살아서 도망칠 수는 없을 것이다. 언젠가 가요마르트Gayomart(최초의 인간)가 해와 달보다 더 밝게 빛나는 굉장한 다이아몬드를 발견했다. 그는 그것을 아무도 그것을 찾아낼 수 없는 곳에 숨겨 놓기로 결심했고, 그래서 그는 보석을 지키기 위해 이 마법의 목욕탕을 지었다. 네가 여기서 보는 앵무새는 마법의 일부이다. 앵무새 발치에 금으로 만든 활과 화살이 금빛 사슬에 매여 있다. 그것을 가지고 너는 앵무새를 세 번 쏠 수 있다. 만일 네가 앵무새를 맞힌다면 저주는 벗겨질 것이고, 맞히지 못하면 너는 이 모든 다른 사람들처럼 돌로 변할 것이다."

하팀 왕자는 한 번 쏘았으나 맞히지 못한다. 그의 두 다리가 돌로 변한다. 그는 또 한 번 맞히지 못하고 그의 가슴까지 돌로 변한다. 세 번째에 그는 그의 눈을 감고, "하느님은 위대하시다"라고 외치면서 눈을 감은 채로 활을 쏜다. 이번엔 앵무새를 맞힌다. 천둥이 치고, 먼지 구름이 인다. 이 모든 것이 가라앉자 앵무새가 있던 자리에 굉장하고 아름다운 다이아몬드가 있고, 모든 석상들이 다시 살아나게 되었다. 그 사람들이 그에게 구해준 것을 고마워한다.

독자는 이 이야기에서 자기의 상징들—최초의 인간 가요마르트, 원형의 만다라 모양의 집, 중앙 그리

← 현대 프랑스의 화가 앙드레 마송André Masson의 그림에서 헤라클레이토스Heraclitos 강의 분류가 그리스의 한 사원을 집어삼킨다. 이 그림은 불균형의 결과에 대한 비유로 볼 수 있다. 그리스인들의 논리와 이성(사원으로 표현되는)에 대한 과도한 강조는 본능적 힘의 파괴적인 폭발을 일으키고 만다.(왼쪽)

15세기 프랑스의 만화시 장미 이야기Roman de la Rose의 삽화에 나오는 보다 직접적인 비유 : 논리Logic를 나타내는 사람(오른쪽 그림의 오른편)은 자연과 대면할 때 혼란에 빠지게 된다.(오른쪽 그림의 왼편)

후회하는 성 마리아 막달레나St. Mary Magdalen가 → 거울을 응시하고 있다(17세기 프랑스의 화가 조지 드 라투르Georges de la Tour의 그림에서). 여기서 바드 바저드Bath Bâdgerd의 이야기에서처럼, 거울은 진실되고 내부를 들여다보는 '반성'의 능력을 상징한다.

고 다이아몬드—을 인식하게 될 것이다. 그러나 이 다이아몬드는 위험에 둘러싸여 있다. 악마같은 앵무새는 사람들로 하여금 목표를 빗맞히게 하고 정신적으로 돌처럼 만드는 모방의 악령을 의미한다. 필자가 전에 지적했듯이, 개성화 과정은 다른 사람들을 앵무새같이 모방하는 어떤 것도 거부한다. 두 번이고 세 번이고 세상의 모든 사람들이 그들의 위대한 종교의 스승들, 즉 그리스도나 부처, 그 밖의 다른 교조의 본래의 종교적 체험을 '외적'으로 혹은 의식적 행위로 모방하고자 해 왔으며 그리고는 돌이 되어 갔다. 위대한 정신적 지도자의 예를 따르는 것은 그의 생이 겪은 개성화 과정의 의식을 모방하거나 그대로 따라해야 한다는 것을 의미하는 것은 아니다. 그것은 위대한 정신적 지도자와 똑같이 우리들 자신의 삶을 성실하고 헌신적으로 살려고 해야 한다는 것을 의미한다.

거울을 든 이발사는 사라지는데 이것은 자신의 내면을 성찰하는 능력을 상징하며, 하팀은 그가 그것을 가장 필요로 할 때 그것을 잃는다. 차오르는 물은 사람이 무의식에 빠지고 자기 자신의 정동을 상실하게 될지도 모르는 위험을 나타낸다. 무의식의 상징적 의미를 이해하기 위해서는 자기 자신을 벗어나든가 또는 '제정신을 잃든가' 해선 안 되며, 오히려 정동적으로도 자기 자신 속에 머물러 있도록 조심하지 않으면 안 된다. 자아가 정상적인 방법으로 기능을 유지하는 것이 절대적으로 중요하다. 내가 나의 불완전성을 의식하는 보통 인간으로 머물러 있을 때야만 무의식의 의미 있는 내용과 과정을 받아들일 수 있게 된다. 그러나 한 인간이 전 우주와의 일체감을 느끼는 동시에 그가 속세의 한낱 비참한 인간에 불과하다는 이 긴장감을 어떻게 견딜 수가 있겠는가? 반면에 내가 나 자신을 단지 통계적인 수치에 불과한 것으로 경멸한다면, 나의 삶은 아무 의미가 없고 살 가치가 없다.[54] 그러나 반면, 내가 나 자신을 훨씬 위대한 어떤 것의 일부로 느낀다면 어떻게 내가 내 두 다리를 땅에 딛고 서 있는가? 이러한 내적 대극을 자기 자신 안에서 어느 한 쪽의 극단으로 치우치지 않고 통합한다는 것은 정말로 어려운 일이다.

자기의 사회적 측면

오늘날 대도시에서 일어나는 급격한 인구의 증가는 어쩔 수 없이 우리를 우울하게 만든다. 우리들은 "아, 그래. 난 그저 수천의 다른 사람들처럼 이런 데서 그저 그렇게 살면 그만이야. 몇 사람이 좀 죽는다고 달라질게 뭐람? 어쨌든 인구가 너무 많은 건 사실이야" 하고 생각한다. 그리고는 우리와 아무 관계도 없는 사람들의 부고를 신문에서 읽을 때, 우리들의 생이 하잘것없다는 느낌은 더욱 강해진다. 바로 이 때가 우리가 무의식에 주목함으로써 큰 도움을 얻을 수 있는 순간이다. 왜냐하면 꿈은 꿈꾼 사람에게 그의 삶의 세세한 부분들이 가장 의미 있는 현실들과 어떻게 서로 연관되어 있는가 하는 것을 보여주기 때문이다.

우리 모두가 이론적으로 알고 있는, 즉 모든 일이 자기 개인에게 달려 있다는 사실이 꿈을 통해서 모든 사람들이 스스로 체험할 수 있을 만큼 뚜렷한 사

정신적인 성숙의 성취는 개인적인 과업이다. 그러나 인간의 개성이 광범위한 획일성에 의해서 위협받는 오늘날, 정신적인 성숙의 달성은 점점 더 어렵기만 하다. ➔

똑같은 모양의 주택을 보급하는 영국의 주택 건설.(왼쪽)

스위스의 체조 시범은 집단규격화의 이미지를 보여준다.(오른쪽)

실로 떠오르게 된다. 우리는 이따금 위대한 사람Great Man이 우리에게 무엇인가를 바라고 있고, 아주 특수한 어떤 임무를 주려고 하는 게 아닐까 하는 강한 느낌에 사로잡힌다. 이러한 체험에서 오는 반응은 우리에게 힘을 갖도록 도와준다. 그 힘은 우리가 자신의 심혼을 깊이 돌아봄으로써 집단적인 편견의 흐름에 대항하여 헤엄쳐 나갈 수 있는 힘이다.

이런 일들이 항상 수긍할 만한 일이 아닌 것은 당연하다. 예를 들면 여러분이 다음 일요일에 친구들과 여행하기를 원한다고 할 때, 꿈이 그것을 못하게 하고, 그 대신 어떤 창조적인 일을 할 것을 요구한다. 만일 여러분이 자신의 무의식에 귀를 기울이고 그대로 따른다면, 여러분의 의식적인 계획은 항상 지장을 받게 됨을 각오해야 한다. 여러분 의지는 다른 의도들 때문에 방해를 받는다. 그 의도는 여러분이 불복하지 않을 수 없거나 깊이 생각해 보아야 할 의도들이다. 이 점이 왜 개성화 과정에 수반되는 의무가 곧장 축복의 의미로 나타나지 않고 도리어 부담으로 느껴지는가 하는 이유이다.

모든 여행자의 수호자인 성 크리스토퍼St. Christopher가 이러한 체험에 대한 적절한 상징이다. 전설에 의하면, 그는 자신의 막강한 육체의 힘에 대해서 오만한 자부심을 가졌고, 가장 힘센 사람만을 섬기기를 좋아했다. 처음에 그는 어떤 왕을 섬겼는데 그 왕이 악마를 무서워하는 것을 보자, 그는 그 왕을 떠나 악마의 종이 되었다. 그러나 어느 날 그는 그 악마가 십자가를 무서워하는 것을 발견했다. 그래서 그는 그리스도를 발견할 수 있다면 그를 섬기기로 결심했다. 그는 그에게 여울목에서 그리스도를 기다리라고 말한 신부의 충고를 따랐다. 여러 해가 지나는 동안 그는 많은 사람들을 업어 강을 건네주었다. 그러나 한 번은 깜깜하고 폭풍이 부는 밤에 한 작은 어린이가 강을 건네달라고 소리쳤다. 성 크리스토퍼는 조금도 힘들이지 않고 그 어린이를 그의 어깨에 태웠으나 한 발자국 한 발자국 뗄 때마다 걸음이 느려졌다. 왜냐하면 어깨에 태운 그 어린이가 점점 무거워졌기 때문이었다. 그가 강 한가운데에 이르렀을 때는 '마치 전 우주를 짊어지고 있는 것처럼' 느껴졌다. 그때야 그는 자신의 어깨에 그리스도를 태우고 왔다는 것, 그리고 그리스도가 그의 죄를 사해 주었고 그에게 영생을 주었다는 것을 깨달았다.

이 기적적인 어린이는 비록 그것이 그를 구제할 수 있는 유일한 것일지라도, 문자 그대로 보통 인간에게 '내리누르는' 자기의 상징이다. 많은 미술 작품

Introduction

Piping down the valleys wild
Piping songs of pleasant glee
On a cloud I saw a child.
And he laughing said to me
Pipe a song about a Lamb;
So I piped with merry chear,
Piper pipe that song again
So I piped, he wept to hear.
Drop thy pipe thy happy pipe
Sing thy songs of happy chear,
So I sung the same again
While he wept with joy to hear
Piper sit thee down and write
In a book that all may read.
So he vanish'd from my sight
And I pluck'd a hollow reed.
And I made a rural pen,
And I stain'd the water clear,
And I wrote my happy songs
Every child may joy to hear

↑ 윌리엄 블레이크William Blake의 〈순수와 경험의 노래〉*Songs of Innocence and Experience*에 나오는 한 페이지. 이 시에는 자기에 대한 상징으로 잘 알려진 '성스러운 어린이'에 대한 블레이크의 생각이 나타나고 있다.

에서 그리스도인 어린이는, 분명하게 자기를 나타내는 주제인 세계 구球로 묘사되거나 또는 그것을 가지고 있는 것으로 묘사된다. 왜냐하면 어린이와 구는 모두 보편적인 전체주의의 상징이기 때문이다.

어떤 사람이 무의식을 따르려고 할 때, 우리가 보아왔듯이 그는 그가 좋아하는 대로 할 수 없게 된다. 그렇다고 다른 사람들이 그에게 하기를 원하는 일을 할 수도 없게 된다. 예를 들어 그가 자기 자신을 찾기 위해 그의 집단을 떠나 그의 가족, 그의 배우자 또는 다른 인간관계로부터 떠나지 않으면 안 될 일이 흔히 일어난다. 그래서 사람들은 무의식을 주목할 때 반사회적이고 이기적이 된다고 종종 이야기하게 된다. 원칙적으로 실은 그렇지 않다. 왜냐하면 이러한 태도를 취하게 되는 데는 잘 알려져 있지 않은 요인, 즉 자기Self의 집단적인(심지어 사회적이라고 말할 수 있는) 측면이 개입되어 있기 때문이다.

실제적인 관점에서 볼 때, 이 사실은 자신의 꿈을 상당 기간 추구한 사람은 그 꿈이 다른 사람들과의 인간관계와 관련이 있음을 발견하게 된다는 점에서 드러난다. 그의 꿈은 그가 어떤 사람을 너무 믿는 것

← 성스러운 어린이 그리스도(만다라이며 자기의 상징인 세계구에 둘러싸인)를 이고 가는 성 크리스토퍼St. Christopher에 관한 16세기의 그림. 이러한 점은 개성화 과정이라는 과업의 '무거운 짐'을 상징한다.

마치 여행자들의 보호자인양 → 성 크리스토퍼(자동차 시동 키에 달린 그의 초상 메달)의 역할은 정서적인 전체성을 향해 떠나고자 하는 인간의 요구와 관련을 맺고 있는 듯이 보인다.

에 대해 경멸하거나, 또는 그가 전에는 의식적으로 주목해 본 적이 없는 어떤 사람과 우호적이며 유쾌하게 만나는 꿈을 꿀지도 모른다. 만일 꿈이 이와 같은 방식으로 우리들에게 다른 사람의 상image을 선택했다면, 두 가지 해석이 가능하다. 첫째, 그 상은 투사일 수 있다. 꿈의 상이 그 사람 자신의 내적 측면의 상징이라는 뜻이다. 예를 들어 어떤 사람이 불성실한 이웃사람을 꿈꾼다고 하자. 그러나 그 이웃은 꿈을 통해 꿈꾼 사람 자신의 불성실함을 묘사하는 데 사용된다. 그 사람 자신의 불성실함이 어떤 특별한 영역에서 작용하게 되는가 하는 것을 찾아내는 것이 꿈의 해석의 임무이다(이것을 주관 단계의 꿈의 해석이라 부른다).[55]

그러나 꿈은 순전히 다른 사람들에 관한 일만을 우리에게 알려 줄 때가 가끔 있다. 이렇게 해서 무의식은 완전히 이해될 수 없는 역할을 보이기도 한다. 모든 고등한 형태의 생명과 마찬가지로, 인간도 자기 주위에 존재하는 생명체들과 놀라울 정도로 조화를 이룬다. 그는 다른 사람에 대한 그의 의식적인 사고와는 전혀 별도로, 그들의 고통과 문제, 그들의 긍정적·부정적 속성과 가치들을 본능적으로 탐지하게 된다.[56]

우리의 꿈의 세계는 우리로 하여금 이러한 잠재적 지각에 눈을 돌리게 하고, 그것이 우리에게 비치는 영향을 보여준다. 어떤 사람에 관해서 기분 좋은 꿈을 꾸고 난 후에는 그 꿈을 해석해 보지 않고서도 나는 저절로 그 사람에게 전보다 흥미를 가지고 보

↖ 자기self의 인식은 가족과 같은 보다 분명하고 자연스러운 그룹을 무시하는 사람들 사이에서 유대를 갖게 할 수 있다. 의식적 수준에서의 정신적인 혈연관계는 흔히 문학적 발전의 핵이 될 수가 있다.(위의 왼쪽)

↑ 18세기 프랑스의 백과전서파들(손을 들고 있는 사람이 볼테르 Voltaire).(위의 오른쪽)

↓ 20세기 초 '다다이스트'Dadaist 화가들을 그린 막스 에른스트 Max Ernst의 그림.(가운데)

영국 윌스 연구소Wills Laboratory의 물리학자들.(아래쪽)

인간이 현재 필요로 하는 정신적 균형과 화합은 인기가 높았던 프랑스 영화 〈히로시마 내 사랑〉*Hiroshima Mon Amour* (1959)에서 프랑스 여성과 일본 남성의 결합으로 많은 현대인의 꿈에 상징적인 상이 되어 왔다.(위쪽) 그런데 똑같은 현대인의 꿈에서도, 전체성에 대한 반대의 극단(즉, 완전한 정신적 해리, 또는 광란)이 그와 관련된 20세기의 이미지—핵폭발—에 의해서 상징되어 왔다.(왼쪽)

게 된다. 그 꿈의 상은 나의 투사 때문에 나를 속일 수도 있고, 나에게 객관적인 정보를 주었을지도 모른다. 어떤 것이 옳은 해석인지를 알아내기 위해서는 성실하고 주의 깊은 태도와 신중한 고려가 필요하다. 그러나 모든 내적 과정이 그런 것처럼, 의식적인 자아가 속기 쉬운 투사들을 찾아내고자 수고를 아끼지 않고 이것들을 외부에서가 아니라 그 자신 안에서 처리하는 한, 그의 인간관계를 지시하고 조절하는 것은 궁극적으로 자기Self이다. 정신적으로 조화되고 비슷한 삶의 목표를 가진 사람들이 서로에게 다가가는 길을 찾고, 통상적인 대중의 사회조직체를 초월하는 그룹을 만들어 내는 것도 바로 이런 방식을 통해서다. 혈연관계나 공동의 이익과 같은 통상적인 유대 관계는 다른 종류의 결합, 즉 자기를 통한 유대로 바뀐다.

전적으로 외부 세계에만 속한 모든 행위와 의무는 무의식의 은밀한 활동에 결정적인 악을 끼친다. 이러한 무의식적인 유대를 통해서 소속감을 가진 사람들끼리 모여든다. 광고나 정치적인 선전으로 사람들에게 영향을 주려는 시도가 설령 이상주의적인 동기로 시작되었다 해도 왜 해로운지에 대한 한 가지 이유가 여기에 있다.

이것은 인간 정신의 무의식적 부분이 과연 영향을 받을 수 있는 것인가 하는 중요한 문제를 제기한다. 실제적인 경험과 정확한 관찰에 의하면 사람은 자기 자신의 꿈에 영향을 줄 수 없다. 물론 자신의 꿈에 영향을 줄 수 있다고 주장하는 사람들이 있는 것은 사실이다. 그러나 만일 여러분이 그들의 꿈의 소재를 조사해 본다면, 여러분은 내가 말 안 듣는 개에게 한 짓을 그들도 똑같이 했을 뿐임을 알게 될 것이다. 나는 그 개가 어쨌든 하고 싶어할 그런 것들을 개에게 하라고 명령하고, 그렇게 해서 나의 권위에 대한 환상을 유지할 수가 있는 것이다. 자신의 꿈을 해석하고 또 그 꿈이 말해 주어야만 하는 사실과 직면하는 긴 과정만이 무의식을 서서히 변화시킬 수 있다. 그리고 의식적인 태도 역시 이 과정에서 달라지지 않으면 안 된다.

대중의 여론에 영향을 주고자 하는 사람이 이러한 목적으로 상징을 악용한다면 당연히 그것이 진짜 상징인 경우에 한해서만 대중에게 감동을 줄 것이다. 그러나 대중의 무의식이 그것들에 의하여 감정적으로 사로잡히게 될 것인지 아닌지는 미리 계산할 수 없고, 완전히 비합리적인 채로 남아 있는 어떤 것이다. 예를 들어 음반을 새로 내는 사람이 대중에게 인상이 좋은 음악들을 작곡했다고 해도 그 노래가 히트할 것인지 아닌지는 미리 말할 수 없다. 무의식에 영향을 주고자 하는 어떠한 의도적인 시도도 의미 있는 결과를 아직 만들어내지 못했고, 군중의 무의식도 개인의 무의식과 똑같이 자율성을 유지하기 때문이다.[57]

때때로 무의식의 목적들을 표현하기 위해서, 무의식은 우리의 외부 세계에 있는 주제를 이용하기도 하므로 외부 세계의 주제에 의해 영향을 받은 것처럼 보일 때도 있다. 예를 들어, 나는 뜻밖에 많은 현대인에게 베를린Berlin과 관련되는 꿈을 우연히 접했다. 이러한 꿈에서 베를린은 정신적인 약점, 즉 위험한 장소의 상징으로 나타나고 이런 이유로 그곳은 자기Self가 나타나기 쉬운 곳이다. 그것은 꿈꾼 사람이 갈등으로 괴로워하는 곳이고, 그래서 그가 내적 대극들을 통합할 수 있을지도 모르는 곳이다. 나는 또한 영화 〈히로시마 내 사랑〉*Hiroshima mon amour*에 대한 굉장히 많은 꿈의 반응을 대해 왔다. 이런 꿈의 대부분에서, 영화에 나온 두 연인은 결합하지 않으면 안 된다는 것(내적 대극의 통합을 상징하는)과 또는 원자 폭발이 있을 것(광기에 비길 만한, 완전한 분열의 상징)이라는 생각이 표현되고 있다.

여론을 조종하는 사람들이 그들의 활동에 상술적인 압력이나 폭력적 행위를 가미할 때만, 그들은 일시적인 성공을 거둔 것처럼 보인다. 그러나 실제로 이것은 단지 순수한 무의식적 반응의 억압만 초래할 뿐이다. 집단적 억압도 개인적 억압에서와 똑같은 결과에 이르게 된다. 즉, 신경증적 해리와 정신적인 병이 된다. 무의식의 반응을 억압하려는 이와 같은 모든 시도는 긴 안목으로 볼 때 실패하지 않을 수 없다. 왜냐하면 그들은 근본적으로 우리의 본능과 반대되기 때문이다.

우리는 고등 동물의 사회적 관습에 관한 연구를 통해 작은 그룹들(약 10내지 50의 개체 단위로 이루어진)이 그룹을 위해서만이 아니라 개체 하나하나를 위해서도 가능한 한 가장 좋은 생활 조건을 만든다는 것을 알게 되고, 이런 점에서 인간 역시 예외가 아닌 것을 안다. 그의 육체적인 안녕과 영적·정신적 건강 그리고 동물의 영역을 초월한 문화적 능력은 이와 같은 사회적 기능에서 최고로 발휘되는 것 같다. 현재 우리가 개성화 과정을 이해하는 바로는 자기Self는 어떤 개인들 간에 명확한 유대감과 동시에 모든 사람과 관계되어 있다는 느낌을 창조해 냄으로써, 이와 같은 소그룹들을 만드는 경향이 있다. 이런 관계가 자기Self에 의해 만들어졌을 때만 시기, 질투, 싸움 그리고 모든 부정적인 투사의 방식들이 그룹을 파괴하지 않으리라는 확신을 할 수 있다. 그래서 자기 자신의 개성화 과정에 무조건 헌신하는 것이 또한 최선의 사회적 적응을 가능케 한다.

이것은 물론, 의견의 충돌이나 의무의 갈등 또는 '옳은 길'에 대한 의견의 불화가 없으리라는 이야기도 아니고 '옳은 길'에 직면해서 자기가 우리에게 기대하는 그 개체의 관점을 발견하기 위하여 끝없이 위축된 채 자신의 내면의 소리를 경청해야 한다는 이야기가 아니다.

광신적인 정치활동(필수적인 의무 이행이 아닌)은 어쨌든 개성화에 어울리지 않는 것 같다. 외국의 지배로부터 나라를 해방시키는 데 전적으로 자신을 바친 한 남자가 다음과 같은 꿈을 꾸었다.

> 나의 동포들 몇 명과 나는 미술관의 다락방으로 향하는 계단으로 올라간다. 그곳에 검은색으로 칠한 홀이 있는데, 배의 선실같아 보인다. 중년의 귀부인이 문을 연다. 그녀의 이름은 X이며, X의 딸이나 X는 꿈꾼 사람 나라의 유명한 국가적 영웅이었고, 그는 수세기 전에 그의 나라를 해방시키려고 시도했었다. 그는 잔 다르크Jeanne d'Arc나 빌헬름 텔Wilhelm Tell에 비

본문에 인용된 꿈에서와 같이 긍정적인 아니마상들은 흔히 남성들을 도와주고 이끌어준다.

↑ 몬테 카를로Monte Carlo에서 발행한 20세기 초의 우편엽서. 도박사들의 '행운의 여인'Lady Luck 역시 도움을 주는 아니마다. (위의 오른쪽)

↖ 프랑스 혁명가들을 이끈 자유의 기수(들라크루아Delacroix의 그림에서). 무의식의 내용을 해방시킴으로써 개성화 과정을 도와주는 아니마의 기능을 반영한다.(위의 왼쪽)

← 한 여신이 난파선의 선원을 구한다(16세기 그림에서).

↙ 1927년의 공상 영화 메트로폴리스Metropolis의 한 장면. 한 여인이 로보트같은 노동자들에게 영적 '해방'을 찾으라고 촉구한다. (아래 왼쪽)

↓ 10세기의 시편집에서, 여신 멜로디아Melodia로부터 영감을 받고 있는 다비드David.(아래 오른쪽)

길 만한 사람이었다. 실제로 X는 자식이 없었다. 홀에서 우리는 꽃무늬로 장식된 옷을 입은 두 명의 귀부인 초상화를 본다. X부인이 우리에게 이 그림을 설명하는 동안 그들이 갑자기 살아난다. 처음엔 눈이 살아나기 시작하고, 그리고 나서 가슴이 숨 쉬는 것 같았다. 사람들은 놀라고 귀부인이 그들에게 이 현상에 관해 설명을 할 강의실로 간다. 그리고 그것은 X부인의 직관과 감정을 통해서 초상화가 살아난 것이라고 설명한다. 그러나 몇몇 사람들은 분개하고 X부인이 미쳤다고 말한다. 심지어 몇몇은 강의실을 떠난다.

이 꿈의 중요한 특징은 아니마상인 이 X부인이 전적으로 꿈이 만들어 낸 산물이란 것이다. 그러나 그녀는 유명한 국민의 영웅이자 해방자의 이름을 가진다. (예를 들어 마치 그녀가 빌헬름 텔의 딸인 빌헬미나 텔 Wilhelmina Tell인 것처럼) 이름에 내포된 의미로 볼 때, 무의식은 오늘 그 꿈꾼 사람이 오래전에 X가 한 것처럼 외적인 방법으로 그의 나라를 해방시키려고 해서는 안 된다는 것을 가리키고 있다. 지금 그 꿈은, 해방은 아니마에 의해서(꿈 꾼 사람의 영혼에 의해서) 달성되고, 아니마는 무의식의 상들에 생명을 불어넣음으로써 그것을 달성한다는 것을 말한다.

미술관의 다락방에 있는 홀이 부분적으로 검은색 칠을 한 선실처럼 보인다는 것은 매우 의미심장하다. 검은색은 어둠, 밤, 내게로 향하는 것을 암시하고, 그리고 그 홀이 선실이라면 미술관 또한 배일 것이다. 이것은 집단적 의식의 대륙이 무의식과 야만의 홍수로 넘치게 되면 생생한 이미지로 차 있는 이 미술관, 즉 배는 그것에 탄 사람을 다른 영적인 해안까지 옮겨 줄 구제의 방주로 변하게 된다는 것을 암시한다. 미술관에 걸려 있는 초상들은 보통 과거의 죽은 유물이고, 또 무의식의 상들도 흔히 우리가 그것이 살아 있고 의미 있음을 발견할 때까지는 죽은 유물과 마찬가지로 간주된다. 아니마(여기서는 영혼의 안내자라는 옳은 역할을 하며 등장한다)가 직관과 감정을 가진 이미지를 관조할 때, 그들이 살아나기 시작한다.

그 꿈에서 분개한 사람들은 집단의 여론에 영향을 받은 꿈꾼 사람의 한 측면을 나타낸다. 그 여론은 정신적 이미지에 생명을 불어넣는 것을 불신하고 거부하는, 꿈꾼 사람의 마음속에 있는 어떤 것이다. 그들은 무의식에 대한 저항을 다음과 인격화하여 표현한다. "그러나 그들이 원자폭탄을 우리에게 떨어뜨리기 시작하면 어떻게 할 것인가? 심리적인 인식이 그때 가서 얼마나 도움이 된단 말인가!"

이 저항하는 측면은 그 자체로부터 통계적인 사고와 외향적이며 합리적인 편견을 떨쳐버리는 것이 불가능하다. 그러면서도 그 꿈은, 현세대의 진정한 해방은 정신적인 변환에서만 비롯될 수 있음을 가리킨다. 그 뒤에 인생의 의미 있는 목표가 없다면 무슨 목적으로 자기 나라를 해방시키겠는가? 만일 사람이 그의 생에서 더 이상 어떤 의미도 찾지 못한다면, 그가 공산 정권하에서 쇠약해지든지 또는 자본주의 정권하에서 그렇게 되든지 아무런 차이가 없다. 다만 그의 자유를 의미 있는 어떤 것을 창조하는 데만 쓸 수 있어야 비로소 자유로워지는 일에 관여하게 된다. 인생의 내면과 의미를 찾는 것이 개인에게 무엇보다도 더 중요하고, 개성화 과정에 우선권을 주어야 할 이유가 여기에 있다.[58)]

신문, 라디오, 텔레비전, 광고 등으로 여론에 영향을 주려는 시도는 두 가지 요소에 근거를 두고 있다. 한편 그 시도는 '의견'이나 욕구, 즉 집단적 태도의 경향을 알려주는 표본조사법에 의존하고 있다. 다른 한편으로는 여론을 조종하는 사람들의 편견, 투사 그리고 무의식적인 콤플렉스(주로 권력 콤플렉스)에 바탕을 둔다. 그러나 통계는 개인을 정당하게 다루지 못한다. 비록 돌더미에서 돌의 평균 크기가 5cm가 될지라도, 그 돌더미 중에서 이 크기의 돌과 똑같은 것은 거의 찾아보기 힘들 것이다.

두 번째 요소도 긍정적인 어떤 것을 창조할 수 없다는 것은 처음부터 명백하다. 그러나 만일 한 개인이 그 자신을 개성화에 헌신한다면, 그는 주위 사람들에게 긍정적으로 전파 효과를 미친다. 그것은 마치 불꽃이 이곳에서 저곳으로 튀며 번지는 것과 같다. 그리고 그것은 흔히 다른 사람들에게 영향을 주고자 하는 의도를 갖고 있지 않고, 또 흔히 말을 사용하지 않을 때 일어난다. X부인이 시도한 것은 꿈꾼 사람을 바로 이 내부의 길로 인도하는 것이었다.

지구상의 종교 제도는 거의 모두 개성화 과정이거나 또는 적어도 그 과정의 어떤 단계를 상징화하는 상image을 내포하고 있다. 기독교 국가에서 자기는, 내가 전에 말한 것처럼 제2의 아담, 즉 그리스도에 투사된다. 동양에서 그와 관련된 상들은 크리슈나Krishna와 부처의 상들이다.[59]

종교생활을 하는 사람들(즉, 종교의 내용과 가르침을 아직도 진정 믿는 사람들)의 생의 정신적 규범은 종교적인 상징들로부터 영향을 받으며, 꿈조차도 흔히 종교적 상징 사이를 맴돈다.[60] 교황 비오 12세Pope Pius XII가 성모몽소승천의 고시를 발표했을 때, 천주교의 한 여신자는 그녀가 가톨릭의 여사제가 된 꿈을 꾸었다. 그녀의 무의식은 "성모 마리아가 여신이라면, 마리아는 여사제들을 거느릴 것이라"는 식으로 교의를 전개시키는 것 같다. 천주교의 다른 여신도는, 그녀의 신조의 사소하고 외적인 어떤 측면에 대해 저항을 갖고 있었는데, 그녀의 고향의 교회가 허물어졌다가 다시 재건되었으나 성체를 모신 성궤와 성모 마리아상은 옛날 교회로부터 새로 지은 교회로 옮겨질 뿐이라는 꿈을 꾸었다. 그 꿈은 그녀에게 사람이 만든 종교적인 측면들은 갱신이 필요하지만, 그 종교의 기본적인 상징들, 즉 하느님이 인간이 되었다는 것과 위대한 어머니, 성모 마리아는 그러한 변화에서 살아남게 될 것임을 나타낸다.

이와 같은 꿈들은 한 개인의 의식적인 종교의 표상 가운데서 무의식이 취하는 강한 흥미를 드러낸다. 이것은 현대인의 모든 종교적인 꿈에서 일반적인 경향을 찾아내는 것이 가능한가 하는 문제를 제

15세기의 마리아상. 그 안에 하느님과 ➔ 그리스도 양자의 상을 내포하고 있다. 성모 마리아가 '태모' 원형의 표상이라고 말할 수 있는 명백한 표현이다.

기한다. 신교, 구교 가릴 것 없이 현대 기독교 문화권에서 발견되는 무의식의 표현 가운데는, 하느님에 관한 삼위일체 교리에 여성적이고 어둡고 심지어는 악한 제4의 요소가 추가되어 그 요소를 완성시키려는 무의식적 경향이 작용하고 있는 것을 융은 자주 목격해 왔다.[61] 실제로 이 제4의 요소는 종교적인 표상의 영역에 항상 존재해 왔으나 그것은 하느님의 상image을 떠나 물질 그 자체(또는 물질의 왕인 악마)의 형태로 하느님과 대좌하게 되었다. 이제 무의식은 빛이 너무 밝게 비치고, 어둠은 너무나 음침해지는 이런 양극단을 다시 통합하려고 하는 것처럼 보인다. 변환을 지향하는 무의식의 경향에서 가장 잘 드러나는 것은 말할 것도 없이 종교의 중심적인 상징인 하느님의 상이다.

한 티베트Tibet의 수도원장이 융에게 티베트에서 가장 인상적인 만다라에 관해서 말한 적이 있다. 만다라는 그룹의 정신적인 균형이 깨질 때, 혹은 어떤 특수한 생각이 아직 종교적인 교리로 확립되어 있지 않아 표현할 수는 없어도 탐구해 보지 않으면 안 될 때, 상상의 힘으로 또는 목적을 가진 환상으로 생겨난다는 것이다. 이 이야기에서 만다라 상징의 똑같이 중요한 두 가지 기본적 측면이 드러난다. 만다라는 보수적인 목적, 즉 이전부터 존재하는 질서를 회복하는 데 큰 기여를 한다.

그러면서도 만다라는 아직까지 존재한 적이 없는, 새롭고 독특한 어떤 것에 표현과 형태를 부여하는 창조적인 목적도 제공한다. 두 번째 측면은 아마도 첫 번째 측면보다 더 중요한 것 같다. 그러나 두 가지가 서로 상치되는 것은 아니다. 왜냐하면 대부분의 경우 구 질서를 회복하는 것은 동시에 새로운 창조의 어떤 요소를 포함하기 때문이다. 새로운 질서에서 보다 오래된 양식이 보다 높은 수준으로 복

⬆ 성부, 성자, 성령의 삼위일체와 함께 있는 마리아를 보여주는 15세기 프랑스의 〈시간의 책〉*Book of Hours*에 실린 세밀화. domina rerum이며, 자연의 여왕으로서의 마리아의 영혼과 육체가 재결합하여 천국에 들어갔다고 선언한 가톨릭 교회의 마리아 승천에 관한 교의는 삼위일체를 완전성의 기본적인 원형에 부합되는 사위로 만들었다고 말할 수 있다.

귀한다. 그 과정은 나선형으로 돌면서 올라가는 것으로 그것은 위로 따라 올라가면서 동시에 같은 지점에서 반복해 되돌아오는 과정을 거친다.

신교도의 환경에서 자란 한 소박한 여인이 그린 그림이 나선형의 만다라를 보여준다. 이 여인은 꿈에서 하느님을 그리라는 명령을 받았다. 얼마 후에(역시 꿈에서) 그녀는 책에서 그것을 보았다. 하느님에 대해서 그녀가 본 것은 단지 휘날리는 그의 겉옷자락 뿐이었다. 그 겉옷은 빛과 그림자로 아름답게 장식한 주름

잡힌 천이었다. 그것은 짙은 푸른색 하늘에 떠 있는 나선의 영속성과 인상 깊은 대조를 이루었다. 그 겉옷 자락과 나선에 매혹되어 꿈꾼 여인은 바위 위에 있는 다른 상은 자세히 보지 못했다. 그녀가 깨어나서 이 신성한 상들이 누구일까 하고 생각했을 때, 그녀는 그것이 '하느님 자신'이었음을 갑자기 깨달았다. 이것이 그녀에게 놀라운 충격을 주었고, 그 충격은 그녀에게서 오랫동안 사라지지 않았다.

성령은 보통 기독교 미술에서 불타는 바퀴나 비둘기로 표현되지만 여기서는 나선으로 나타났다. 이것은 '아직 교리로서 확립되지 않은' 새로운 생각이고, 그것은 무의식으로부터 저절로 생긴 것이다. 성령이 우리들의 종교적인 이해를 보다 발전시키는 일을 하는 힘이라는 것은 물론 새로운 생각이 아니지만, 나선으로 표현된 성령의 상징적 형태는 새로운 것이다.

같은 여인이 역시 꿈에서 영감을 얻어서 두 번째 그림을 그렸는데, 그것은 사탄Satan의 날개가 예루살렘Jerusalem을 암흑으로 만들기 위해 내려올 때 그녀의 긍정적인 아니무스와 꿈꾼 사람이 예루살렘의 땅 위에 서 있는 것을 보여준다. 사탄의 날개는 그녀에게 첫 번째 그림에 나온 하느님의 휘날리는 겉옷을 강하게 연상시켰으나, 먼저 꿈에서는 관찰자가 천국의 어느 곳에 높이 떠 있고, 그녀 앞에 펼쳐진 바위의 끔찍한 균열을 보고 있다. 하느님의 겉옷에 펄럭이는 움직임은 오른쪽에 있는 상像인 그리스도의 모습에 이르고자 하는 시도이나, 전혀 성공하진 못한다. 두 번째 그림은 같은 광경을 아래로부터—인간의 시각에서—보고 있다. 그것을 보다 높은 곳에서 본다면, 움직이고 퍼지고 있는 것은 하느님의 한 부분이다. 그 위로는 앞으로 가능성 있는 발전을 상징하는 나선이 떠오른다. 그러나 우리들 인간적 현실의 토대에서 볼 때, 허공에 있는 이 똑같은 것이 어둡고 기분 나쁜 악마의 날개가 되는 것이다.

꿈꾼 사람의 생활에서 이들 두 장의 그림들은 어느 면은 현실화되었으나 여기서 우리들이 다루고 있는 것과는 관계가 없다. 그러나 그 그림들이 개인적인 것을 초월하는 집단적 의미를 포함한다는 것은 분명하다. 그것들은 기독교 교단에 갑작스럽게 드리우는 신성한 어둠을 예언하는 것인지도 모른다. 그

본문에서 논의한 꿈에 관한 그림들

← 나선형(만다라의 한 형태)은 성령을 나타낸다.

두 번째 꿈에 나오는 사탄의 검은 → 날개. 둘 중 어느 것도 대부분의 사람들에게 낯익은 종교적 상징은 아닐 것이다(꿈꾼 사람에게도 그랬다). 그것은 각각 무의식으로부터 저절로 나타났다.

러나 그 어둠은 장래의 발전 가능성을 가리킨다. 나선의 축이 위로 올라가지 않고 그림의 배경으로 향하기 때문에 장래의 발전은 보다 높은 영적인 차원으로 올라가는 것도 아니고 물질의 영역으로 떨어지는 것도 아니다. 또 다른 차원인, 아마도 이들 신성한 상들의 배경으로 향할 것이다. 그리고 그것은 무의식으로 향하는 것을 의미한다.

우리들이 아는 것과 거리가 먼 다른 종교적 상징들이 한 개인의 무의식으로부터 나올 때, 이것들이 공식적으로 인정된 종교적 상징들을 부당하게 변화시키거나 감소시키지 않을까 두려워하게 된다. 이 두려움은 심지어 많은 사람들로 하여금 분석심리학과 무의식 전체를 거부하도록 하는 원인이 되기조차 한다.

이와 같은 저항을 심리학적인 관점에서 본다면, 종교에 관한 한 인간은 세 종류로 나눌 수 있다. 첫째, 그들의 종교적 교의가 무엇이든지 간에 여전히 진심으로 믿는 사람들이 있다. 이 사람들에게서 상징과 교의는 그들이 자신의 내부 깊은 곳에서 느끼는 것과 너무나 만족스럽게 '맞아 떨어져서' 심각한 의문이 몰래 끼어들 기회가 없다. 이것은 의식의 견해나 무의식적 배경이 비교적 조화를 이룰 때 일어난다. 이런 종류의 사람들은 새로운 심리적 발견과 사실을 편견 없이 볼 수 있는 여유가 있고, 그것으로 인해 그들의 신앙심을 잃게 되지나 않을까 하고 두려워할 필요가 없다. 비록 그들의 꿈이 어떤 비교적 비정통적인, 지엽적인 어떤 것을 내놓을지라도, 그들은 일반적인 견해로 융합시켜 버릴 수 있기 때문이다.

두 번째 종류는 그들의 신앙심을 완전히 상실하고 그것을 순전히 의식적이며 합리적 생각들로 대치시켜 놓은 사람들이다. 이러한 사람들에게 심층심리학이란 단지 새로 발견된 정신의 영역에 대한 소개일 뿐이고, 그들이 새로운 모험을 시작하고 그들의 꿈이 진실인지 아닌지를 검사하기 위해 연구를 할 때 그것이 문제를 일으키지 않을 것이다.

마지막으로 세 번째 그룹의 사람들은 자신의 일부(머리)에서는 그들의 종교적 전통을 더 이상 믿지 않는 반면, 어떤 다른 부분에서는 아직도 여전히 믿고 있는 사람들이다. 프랑스의 철학자 볼테르Voltaire가 그 좋은 본보기이다. 그는 가톨릭 교회를 합리적인 논증écrasez l'infáme으로 맹렬히 공격했으나 어떤 보고에 의하면 임종 시에 종유성사를 간청했다. 이것이 사실이든 아니든, 그의 머리는 분명히 비종교적이었으나 그의 감정과 정서는 아직도 여전히 정통적인 것처럼 보인다. 이런 사람들은 버스의 자동문에 갇혀서 밖의 자유 공간으로 나오지도 못하고 버스 안으로 다시 들어갈 수도 없는 사람을 연상하게 한다. 물론 이런 사람들의 꿈은 그들이 곤경에서 빠져나오는 것을 도와줄 순 있겠지만, 무의식으로 향하는 데 큰 곤란을 겪고 있다. 그들은 자신이 무엇을 생각하고 무엇을 원하는지 모르기 때문이다. 무의식을 진지하게 다룬다는 것은 궁극적으로 개인의 용기와 통합성의 문제에 귀착되기 마련이다.

위에 말한 두 종류의 마음 상태 사이의 무인지대에 갇힌 사람들의 복잡한 상황은 부분적으로, 모든 공식적인 종교적 교의들이 사실 집단적 의식(프로이트가 초자아super-ego라고 말한)에 속한다는 사실 때문에 생기는 것이다. 그러나 오래전 어느 때에, 그 교의들은 무의식으로부터 나왔었다. 많은 종교사가와 신학자들이 이의를 제기하는 점이 바로 그것이다. 그들은 한때 어떤 종류의 '계시'가 있었다고 추측하는 쪽을 택하고 있다. 나는 수년 동안 이 문제에 관한 융학파의 가설에 대해 구체적인 증거를 탐구해 왔다. 그러나 대부분의 의식이 너무나 오래되어 그들의 기원을 추적할 수 없기 때문에 증거를 발견하기가 어려웠다. 그러나 다음의 예는 가장 중요한 단서를 제공해 줄 수 있을 것이다.

얼마 전에 죽은 오갈라라 수Ogalala Sioux족의 주의呪醫, medicine man인 블랙 엘크Black Elk는 그의 자서전 『블랙 엘크의 이야기』*Black Elk speaks*에서 그가 아홉 살 때, 몹시 앓던 중에 일종의 혼수상태에서 굉장한 환상을 보았다고 이야기하고 있다.[62]

그는 세계의 네 모퉁이에서 나오는 네 무리의 아름다운 말들을 보았다. 그리고는 구름 속에 앉아서, 그 종족의 선조 정령이며 '전 세계의 조부들'인 6인의 조부들을 보았다. 그들이 그에게 그의 종족을 위한 여섯 가지 치유의 상징을 주었고, 새로운 생활 방법을 보여주었다. 그러나 그가 열여섯 살이 되자, 그는 갑자기 뇌우가 칠 때마다 극심한 공포증에 시달리곤 했다. 왜냐하면 '천둥치는 사람'이 그에게 "서두르라"고 부르는 소리를 듣곤 했기 때문이다. 그 소리는 그가 본 환상 속에 달려오는 말들이 내는 천둥소리를 연상하게 하였다. 한 나이 많은 주의는 그의 두려움이 그가 본 환상을 혼자만 간직하고 있다는 데서 유래한다고 설명하고는 그것을 그의 종족들에게 이야기해야 된다고 말했다. 그는 그렇게 했고, 그런 다음 그와 그의 종족들은 실제로 말을 사용해서 상상 속에서 본 것과 똑같이 의식 속에 재연했다. 그러자 블랙 엘크뿐 아니라 그의 종족의 많은 사람들이 이러한 연극과 같은 의식을 가진 후, 전과 비교할 수 없이 기분이 좋아졌음을 알았다. 몇몇 사람은 심지어 그들의 병을 고치기도 하였다. 블랙 엘크는 "말들까지도 그 의식의 춤 이후에는 더 건강하고 즐거워 보였다"고 말했다.

그 의식은 그 종족이 그 후 곧 멸망했기 때문에 반복되지는 않았다. 그러나 의식이 계속 살아 있는 다른 예가 있다. 알래스카의 콜빌Colville 강가에 사는 몇몇 에스키모 종족들은 그들의 독수리 축제의 기원을 다음과 같이 설명한다.[63]

> 한 젊은 사냥꾼이 매우 이상한 독수리를 쏘아 죽였는데, 죽은 새의 아름다움에 너무나 감동해서 그는 그것을 박제로 만들어 제물을 바치면서 그것을 열광적으로 숭배했다. 어느 날 그 사냥꾼이 사냥을 하면서 오지를 여행했을 때, 반인반수의 두 사람이 사자의 역할을 하며 별안간 그에게 나타나 그를 독수리의 나라로 인도했다. 거기서 그는 음산한 북치는 소리를 들었고, 사자들은 이것이 죽은 독수리의 어미의 심장 고동소리라고 설명했다. 그러자 그 독수리의 혼이 사냥꾼에게 검은색 옷을 입은 여자로 나타났다. 그녀는 그에게 그녀의 죽은 아들을 기리기 위해 그의 주민들 사이에서 독수리 축제를 주도해 달라고 청했다. 그 독수리 주민이 그에게 이것을 어떻게 하는지를 보여주고 난 뒤, 그는 탈진한 상태로 사자들을 만났었던 그 장소로 되돌아와 있는 자신을 발견했다. 집으로 돌아와서 그는 그의 주민들에게 성대한 독수리 축제를 어떻게 행하는지 가르쳤다. 그 이후부터 그들은 충실하게 그 축제를 지켜 왔다.

이런 예들에서 우리는 의식이나 종교적 관습이 한 개인에 의해서 체험된 무의식적 계시에서 어떻게 직접 생성되었는가를 알 수 있다. 이렇게 시작하여 각 문화권에 사는 사람들은 그 사회 생활 전반에 막대한 영향을 미치는 여러 다양한 종교활동을 발전시켜 나간다. 오랜 시간을 두고 발전해 나가는 과정에서 원래의 소재는 언어와 행동으로 그 모양이 다듬어지고 또 다듬어져 미화되고, 점점 명확한 형태를 갖추어 나가게 된다.[64] 그러나 이러한 결정화 과정은 커다란 단점을 가지고 있다. 본래의 체험에 관한 개인적 지식은 점점 희박해지고 사람들은 단지 그것에 관해 선배와 선생들이 그들에게 말하는 것만을 믿을 수 있게 될 뿐이다. 그들은 더 이상 이런 일들이 사실이었음을 모르게 되며, 그러한 체험을 할 때 사람이 어떻게 느끼는지를 모르게 된다.

그것이 지닌 현재의 양식으로, 반복되어 행해져 온 아주 오래된, 이런 종교적 전통 의식들은 흔히 무의식에 의한 창조적인 변화에 저항한다. 신학자들은 종종 무의식의 정신 속에 있는 종교적 기능의 발굴에 대항하여, 심지어 그들이 지키기 위해 싸우는 가치들이 바로 그 무의식의 기능 덕분임을 망각한 채, 이 전통 의식의 소위 '진정한' 종교적 상징과 상징적 교의들을 지키고자 한다. 신성한 감화를 받아들이고 그것을 말로 표현하고, 예술로 형상 짓는 인간의 정신 없이는 어떤 종교적 상징도 우리 인간생활의 현실에 참여할 수가 없다(예언자와 복음전도자만 보아도 알 수 있을 것이다).

만일 누군가가 인간의 정신과 무관하게 종교적 현실 그 자체만이 존재할 수 있다고 이의를 제기한다면, 나는 다음과 같은 질문으로 이런 사람들에게 답할 수밖에 없다. "인간의 정신이 아니라면 누가 이것을 말하는가?" 우리가 무엇을 주장하든지, 우리는 정신의 존재로부터 결코 떨어질 수가 없다. 왜냐하면 우리들은 그 존재 안에 포함되어 있고, 그것이 우리가 현실을 파악할 수 있는 유일한 수단이기 때문이다.

그래서 현대의 무의식의 발견은 한쪽 문을 아주 닫아버렸다. 몇몇 사람들은 인간이 영적 현실 그 자체를 알 수 있다고 하지만 무의식의 발견은 이런 그릇된 개념을 단호하게 배제한다. 현대물리학에서도 우리가 절대적인 물리적 현실을 파악할 수 있다는 망상을 봉쇄해 버린 하이젠베르크Heisenberg의 '불확정성의 원리'로써 그 가능성이 배제되어 버렸다.[65] 그러나 무의식의 발견은 우리들 앞에 광대하고 미개척인 인식의 새로운 분야를 전개시킴으로써 이러한 그럴듯한 환상의 상실을 보충해 주고 있다. 이 새로운 인식의 장에서 객관적이고 과학적인 탐구는 불가사의한, 새롭고도 오묘한 양식으로 개인의 윤리적 모험과 손을 잡는다.

그러나 내가 처음 말했듯이, 새로운 분야에서의 개인 체험의 전체 현실을 전달한다는 것은 사실 불가능하다. 그 대부분이 독특하여 그저 일부만이 언어에 의해서 전달될 뿐이다. 여기서도 우리가 다른 사람을 완전히 이해할 수 있고 그에게 옳은 것이 무엇인지를 말해줄 수 있다는 착각에 대해 문門은 닫

← 에르하르트 야코비Erhard Jacoby의 그림.
각 개개인의 정신을 통해서 세계를 지각하는 우리는, 다른 사람들과 각기 조금씩 다른 방법으로 그것을 지각한다는 사실을 묘사한다. 남자와 여자 그리고 어린이는 동일한 광경을 보고 있으나, 그들 각각에게 서로 다른 부분이 분명해지거나 희미해진다. 우리들의 의식적 지각의 방법을 통해서만 세계는 '외부'에 존재한다. 우리는 완전히 모르고 또 알 수 없는 어떤 것(여기서는 그림의 회색 배경에 의해 표현된)으로 둘러싸여 있다.

혀 있다. 그러나 다시 한번 우리는 이에 대한 보상을 자기Self의 사회적 기능의 발견을 통한 새로운 체험 영역에서 찾을 수 있고 자기는 은밀한 방법으로 서로 속해 있으면서도 분리되어 있는 개개인들을 결합하는 작용을 한다.

지적인 잡설은 이렇게 해서 정신적 현실에서 일어나는 의미 깊은 사건들로 대치된다. 그러므로 지금까지 설명해 온 방법으로 개성화 과정에 진지하게 들어가는 사람에게 개성화는 삶에 대한 전혀 새로운 지침이 된다. 과학자에게도 그것은 외적 사실들에 대한, 지금까지와는 다른, 새로운 과학적 접근이 된다. 이것이 인간의 지식 영역과 사회적 생활에 어떤 결과를 가져다 줄지는 예측할 수 없다. 그러나 내가 보기에 미래의 세대들이 정체된, 심지어 퇴행적인 견지에 표류하는 것을 피하고자 한다면, 개성화 과정에 대한 융의 발견을 그들이 깊이 생각하고 받아들여야 한다는 것만은 확실하다고 생각된다.

제4장 시각예술에 나타난 상징성

아니엘라 야페Aniela jaffé

리차드 리폴드Richard Lippold의 〈우주 속의 변주곡 제10번 : 태양〉*Variation within a Sphere no. 10 : The sun* ➔

신성한 상징—돌과 동물

상징의 역사는, 무엇이든지 다 상징적 의미를 지닐 수 있음을 보여주고 있다. 즉 돌, 식물, 동물, 인간, 산과 계곡, 해와 달, 바람, 물, 불과 같은 자연의 물체, 집, 배, 자동차와 같은 인공의 물건, 또는 숫자, 삼각형, 사각형, 원과 같은 추상적 형태 등등 사실 우주 전체가 상징이 될 수 있는 잠재력을 가지고 있다.

상징을 만들어 내는 경향을 가지고 있는 인간은 무의식적으로 물체나 형태를 상징으로 전환시키며 (그럼으로써 물체나 형태에 커다란 심리학적 중요성을 부여하며) 그 상징들을 종교와 시각예술에 표현한다. 종교와 예술이 서로 엮어 내려간 역사는 선사시대까지 거슬러 올라갈 수 있는데 그것은 우리 선조가 남긴, 그들이 의의를 느끼고 감동을 받은 여러 상징에 관한 기록이다. 현대 회화와 조각이 보여주듯 종교와 예술의 상호 작용은 오늘날에도 아직 존속하고 있다.

시각예술의 상징성에 대한 나의 논의의 첫 부분은 사람들이 보편적으로 신성시하고 신비롭게 여겨온 몇 가지 특정한 주제motif를 검토하는 데 바치고자 한다. 그리고 나머지 부분에서는 20세기의 예술 현상을 상징이용이라는 관점에서가 아니라 상징 그 자체로서의 의미라는 관점, 즉 현대 세계의 심리학적 상황의 상징적 표현이라는 점에서 논의하고자 한다.

다음 페이지에서 나는 각기 다른 시대의 예술에 나타난 상징의 존재와 그 성질을 예증하기 위하여 세 가지 반복되는 주제motif를 선택했다. 그것은 돌과 동물과 원의 상징으로, 각기 인간 의식의 가장 오랜 표현에서 20세기 예술의 가장 세련된 형태에 이르기까지 심리학적 중요성을 계속해서 유지해 오고 있다.

우리는 고대의 원시사회에서는 새기지 않은 자연

↑ 브리타니Brittany의 카르나크Carnac에 있는 기원전 2000년경에 세워진 돌의 배열. 자연석들이 줄지어 위로 세워져 있으며 이것은 성스러운 의식이나 종교적 행렬에 사용되었던 것으로 생각된다.(위쪽)

암석으로 꾸며진 선불교의 정원(일본의 용안사)에 거친 돌이 쓰레질한 모래 위에 놓여 있다. 언뜻 보기에 우연히 이루어진 것 같지만 돌의 배열은 극도로 순화된 영성spirituality을 표현한다.(아래쪽)

석조차도 극히 상징적 의미를 지니고 있었음을 알고 있다. 거친 자연석은 흔히 신령들 또는 제신이 살고 있는 장소로 믿었고 원시문화에서는 묘석, 경계석, 또는 종교적 숭배의 대상으로 사용되었다. 이러한 돌의 사용은 우연이나 자연이 부여하는 것보다 더욱 강한 표현력을 돌에 부여하고자 하는 첫 시도로서 조각의 원초적 양식이라고 볼 수 있을 것이다.

구약 성서에 나오는 야곱의 꿈에 관한 이야기는 수천 년 전 인간이 어떻게 살아 있는 신과 성령이 돌에 구현된다고 느꼈으며, 돌이 어떻게 상징이 되었는가를 보여주는 전형적인 예다.

> 그리고 야곱은 …… 하란을 향하여 갔다. 그리고 그는 어떤 곳에 이르렀다. 해도 저물었으므로 그곳에 머물러 하룻밤을 지내게 되었다. 그곳에 있는 돌을 주워 베개를 삼고 잠을 청하려고 그 자리에 누웠다. 그는 꿈을 꾸었는데 꼭대기가 하늘까지 닿아 있는 계단이 땅 위에 세워져 있고 하느님의 천사가 그 위를 오르내리는 것이었다. 하느님이 그 위에 서서 말씀하시기를 "나는 너의 아버지인 아브라함의 하느님이며 이삭의 하느님이다. 네가 누워 있는 땅을 내가 너의 후손에게 주리라"고 하셨다.
>
> 그러자 야곱은 잠에서 깨어나 "확실히 하느님께서 이곳에 계시는데도 나는 몰랐었구나"고 말하였다. 그리고 그는 두려워하며 "이 얼마나 무서운 곳인가! 이곳이 바로 하느님의 집이고 천국의 문이구나"라고 말했다. 그리고 야곱은 아침 일찍 일어나 그가 베개로 삼았던 돌을 주워 기둥을 세우고 그 꼭대기에 기름을 부었다. 그리고 그곳을 베델Bethel이라고 이름 지었다.

야곱에게는 그 돌이 없어서는 안 될 계시의 일부였다. 그것은 그 자신과 하느님 사이의 중개자였다.

많은 돌로 만든 원시적인 성소에서 신은 한 개의 돌이 아니라 일정한 양식으로 배열된 많은 자연석으로 표현된다(브리타니Brittany에 있는 기하학적인 돌의 배열과 스톤헨지Stonehenge에 있는 원형으로 배열된 돌들은 유명한 예다). 거친 자연석의 배열은 선불교의 고도로 세련된 석조 정원에서 중요한 역할을 하고 있다. 여기서 돌은 기하학적으로 배열된 것이 아니라 순전히 우연에 의하여 배열된 듯이 보인다. 그러나 사실상 그것은 가장 순화된 정신의 표현이다.

역사상 아주 일찍부터 인간은 그들이 바위의 영, 또는 정신이라고 느낀 것을 알아볼 수 있는 형태로 표현하고자 노력하기 시작하였다. 대개의 경우 그

선사시대의 선돌. 돌에 여성의 형태(아마도 모신 ➔ 을 나타내는 것임)가 가느다랗게 조각되어 있다.(왼쪽)

막스 에른스트Max Ernst(1891~1976년 출생)가 만든 조각으로 돌의 자연적 형태를 거의 바꾸지 않았다.(오른쪽)

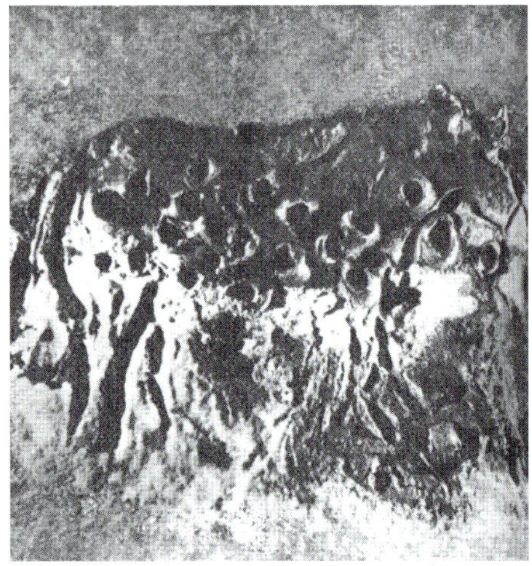

형태는 어느 정도 인간의 모습과 유사하였다. 예를 들면 조잡한 얼굴 윤곽을 가진 고대의 선돌menhir이나 고대 그리스의 경계석으로부터 발달된 헤르메스의 두상, 또는 사람의 모습을 띤 많은 원시적인 돌 인형들이 그것이다. 이렇게 돌에 생명을 불어넣는 것은 무의식의 어떤 일정한 내용이 돌 속으로 투사되는 것이라고 설명될 수 있다.

인간의 모습을 단지 암시만 하여 돌의 자연적 형태를 그대로 남겨 두는 원시적인 경향은 현대 조각에서도 찾아볼 수 있다. 예술가들이 돌의 '자기표현'에 관심을 보인 예는 많다. 신화적 언어를 빌리면 돌이 '자신을 대변'할 수 있도록 허용된 경우이다. 스위스의 조각가 한스 에쉬바허Hans Aeschbacher, 미국의 조각가 제임스 로자티James Rosati, 그리고 독일 태생의 예술가 막스 에른스트Max Ernst 등의 작품에서 그 예를 볼 수 있다. 1935년 말로야Maloja에서 쓴 편지에서 에른스트는 다음과 같이 말하였다. "알베르토자코메티Alberto Giacometti(스위스의 예술가)와 나는 조각하는 작업에 시달리고 있습니다. 우리는 포르노Forno의 빙하에 있는 퇴석에서 나온 화강암으로 된 크고 작은 옥석을 가지고 작업하고 있습니다. 오랜 세월 서리와 비바람에 닦인 이 돌들은 그것만으로도 희한하게 아름답습니다. 인간의 손으로는 도저히 그렇게 만들 수 없습니다. 그러니 기초 작업은 자연의 힘에 맡기고, 다만 우리 자신의 신비의 기호를 긁적이는 데 그쳐야 하지 않겠습니까?"[1)]

에른스트가 말한 '신비'가 무엇이었는지는 설명되고 있지 않다. 그러나 현대 예술가의 '신비'가 '돌의 영靈'spirit of stone을 알고 있었던 옛날 명인들의 그것과 전혀 다르지 않음을 나는 이 장의 뒤에서 보여줄 것이다.

많은 조각에서 이러한 '정신'spirit을 강조하는 것은 종교와 예술 사이의 경계가 가변적이고 분명치 못함을 암시한다. 때로 종교와 예술을 전혀 분리할 수 없는 경우가 있다. 고대 예술 작품에 나타나는 또 하나의 상징적 주제motif인 동물의 상징에서도 똑같은 양가성ambivalence을 발견할 수 있다.

동물의 그림은 빙하시대(즉 기원전 6만년으로부터 10만년 사이)까지 거슬러 올라간다. 이들 그림은 19세기 말 프랑스와 스페인에 있는 동굴 벽에서 발견되었으나 금세기 초에 들어서야 고고학자들이 이 그림의 지대한 중요성을 깨닫고 그 의미를 조사하기 시작하였다. 그들의 조사는 그 존재조차 생각해 본 일이 없던 아득히 먼 선사시대의 문명을 밝혀냈다.

오늘날까지도 암각화와 암벽화가 있는 동굴에는 이상한 마성이 감돌고 있는 듯하다. 독일의 예술사

◆ 라스코Lascaux 동굴 벽에 그려진 동물화. 그림들은 단순히 장식품이 아니라 주술적인 기능을 가지고 있다.(왼쪽)

창과 화살 자국으로 덮여진 들소의 그림. 동굴에 살고 있던 사람들은 그 이미지를 의식적으로 '죽임'으로써 더욱 쉽게 동물을 잡을 수 있다고 믿었다.(오른쪽)

오늘날에도 초상이나 조각상을 파괴하는 ➜ 것은 그 묘사된 사람을 상징적으로 죽이는 것이다. 1956년 헝가리 혁명 당시 스탈린의 조각상이 파괴되었다.(왼쪽)

헝가리의 반체제시민들은 스탈린주의자인 헝가리의 전 수상 라코시Matyas Rakosi의 흉상의 목을 매달았다.(오른쪽)

가인 헤르베르트 퀸Herbert Kühn에 의하면 그러한 그림이 발견되는 아프리카, 스페인, 프랑스, 스칸디나비아 지역에서는 주민들이 동굴 근처에 가지 않으려고 한다는 것이다. 일종의 종교적 외경이나 아마 암석과 그림들 사이를 배회하는 영혼에 대한 공포가 그들을 그곳으로 가지 못하게 붙들어 두고 있는 것 같다. 북부 아프리카에서는 아직도 지나가는 유목민들이 암석에 그려진 고대 벽화 앞에 기원의 제물을 갖다 놓는다. 15세기경 교황 칼리스토 2세는 '말 그림이 있는 동굴'에서 종교 의식을 행하는 것을 금지하였다. 교황이 말한 동굴이 어느 것인지 알려지진 않았으나 그것이 동물의 그림이 있는 빙하 시대의 동굴임은 의심할 바 없다. 이 모두가 동물의 그림을 가진 동굴과 암석들이 본래 그랬듯이 근래까지도 사람들이 종교제의 장소임을 항상 본능적으로 직감해 왔다는 사실을 증명해 준다. 이런 장소가 지닌 누멘(신성력numen)은 수 세기를 살아 남은 것이다.[2)]

오늘날 방문객들이 수많은 동굴을 드나들면서, 그림이 그려진, 갑자기 트인 넓은 암실에 닿으려면 낮고 어둡고 습기 찬 통로를 통과하지 않으면 안 된다. 이러한 어려운 접근은 원시인들이 동굴 속에 감추어 온 모든 것을 보통 사람들의 눈길로부터 보호하고 그 신비를 지키려고 하는 욕구를 표현한 것일 수도 있다. 험난하고도 경외감을 불러일으키는 길을 통과한 후에 갑자기 예기치 않게 방 안에서 그림을 발견하게 될 때, 원시인은 압도적인 인상을 받았을 것임에 틀림없다.

구석기 시대의 동굴 회화는 거의 모두 동물의 그림이며, 자연 속에서 관찰되는 동물의 동작이나 자세가 훌륭한 솜씨로 묘사되어 있다. 그러나 자세히 보면, 이 그림들이 자연의 재현 이상의 어떤 것을 의도하였음을 보여 주고 있다. 퀸은 다음과 같이 쓰고 있다. "이상한 것은 많은 훌륭한 원시 회화가 과녁으로 사용되었다는 것이다. 몬테스판Montespan에는 덫을 향해 몰리고 있는 말의 조각이 있는데 이 조각은 화살자국으로 패여져 있다. 같은 동굴에 있는 진흙으로 만들어진 곰의 모형에는 42개의 구멍이 나 있다.

이들 그림은 오늘날에도 수렵부족 간에 행해지고 있는 것과 같은 사냥 주술임을 암시하고 있다. 동굴에 그려진 그림은 '대역'double의 기능을 가지고 있다. 즉, 사냥꾼들은 그림 속의 동물을 상징적으로 죽임으로써 실제의 동물의 죽음을 예기하고 그것을 확실히 하려고 한다. 이는 그림에 표현된 대역의 '사실성'에 기반을 둔 일종의 교감感感주술sympathetic magic이다. 즉, 그림에서 일어난 일이 원물에도 일어난다는 것이다. 그 밑에 깔려 있는 심리학적 사실은 생물과 생물의 영혼으로 생각되는 상image과의 사이에 강력한 동일시identification를 보인다는 것이다(이는 오늘날의 많은 원시인들이 사진 찍기를 꺼리는 이유 중의 하나이다).

다른 동굴 회화는 주술적인 풍요 의식으로 다루어진 것이 틀림없다. 그 그림들은 교접하는 순간의 동물을 보여 준다. 한 가지 예는 뒤크 도두베르Tuc d'Audobert 동굴에 있는 암, 수 두 마리의 들소 그림이다. 이렇게 사실적인 동물의 그림은 주술로 인해 풍부해지고 상징적 의미를 갖게 되었다. 그것은 동물의 살아 있는 정수를 나타내는 이미지가 되었다.

동굴 회화 중 가장 흥미 있는 그림은 동물로 가장하고 있는 반인인데 때로 동물 그림 옆에 그려져 있는 것을 발견할 수 있다. 프랑스의 레트루아 프레르Les Trois Fréres동굴에는 동물의 가죽을 두른 사람이 동물에게 마술을 거는 듯 원시적인 피리를 불고 있는 그림이 있다. 같은 동굴에 사슴의 뿔과 말의 머리와 곰의 발을 가진 사람이 춤추는 것이 그려져 있다. 수백 마리의 동물의 무리를 지배하고 있는 이 모습은 의심할 나위 없이 '동물의 주님'Lord of Animals을 나타낸다.

이렇게 신비스럽고 분명히 상징적인 형상이 무엇을 의미하는지 오늘날 아프리카의 몇몇 원시 부족의 풍속과 관습에서 얼마간의 지식을 얻을 수 있다. 성인식initiation이나 비밀 사회, 심지어는 이러한 종족의 군주가 즉위할 때, 동물이나 동물의 가면은 중요한 역할을 할 때가 있다. 왕과 추장도 일반적으로는 사자나 표범과 같은 동물들이다. 이러한 풍습의 발자취는 에티오피아 황제의 명칭인 하일레 셀라시에Haile Selassie(유다의 사자)나 헤이스팅스 반다Hastings Banda(말라위의 사자) 박사의 존칭에서 찾아볼 수 있다.

우리가 옛날로 거슬러 올라갈수록 또는 사회가 보다 원시적이고 자연에 가까울수록 이와 같은 명칭은 더욱 문자 그대로 받아들여져야 한다. 원시시대의 추장이 완전히 동물 가장을 하고 성인식에 나타날 때 그는 동물로 가장하였을 뿐만 아니라 바로 그 동물이 된 것이다. 더구나 그는 할례를 행하는 동물의 정령이며 무서운 귀신이다. 이 순간 추장은 부족과 씨족의 조상과 합일하거나 이를 대표하므로 원초적인 신, 그 자체가 된다. 그는 '토템'totem 동물을 나타내는 동시에 토템 동물 그 자체다. 우리가 레트루

← 레트루아 프레르Les Trois Fréres 동굴의 선사시대 회화는 아마도 샤먼인 것으로 보이는 뿔과 발굽을 가진 사람(오른쪽 아래 구석)의 모습을 담고 있다.(왼쪽)

'동물의 춤'의 예로 가면을 쓴 사람이 물소의 혼에 신들리게 되는 버어마(미얀마)의 물소 춤.(오른쪽)

춤추는 사람이 마녀와 동물과 비슷한 → '야만인'으로 가장하고 추는 옛날 독일 남서 지방의 민속 무용.(오른쪽)

악마와 같은 동물의 가면을 쓰고 추는 볼리비아의 악마 춤.(왼쪽)

아 프레르Les Trois Fréres 동굴 회화에 그려져 있는 동물 모습의 춤추는 사람을 동물로 변장함으로써 동물 귀신으로 변환된 추장이라고 생각한다고 해도 과히 틀리지 않을 것이다.

시대가 흐름에 따라 완전한 모습의 동물로 가장하던 것이 많은 곳에서 동물과 귀신의 가면으로 바뀌었다. 원시인들은 이들 가면에 모든 예술적 솜씨를 아낌없이 발휘하였고 그중 대부분의 가면들은 그 표현의 강렬함이 아직도 탁월하다. 그들은 때로 신이나 귀신과 똑같이 숭배의 대상이 된다. 동물 가면은 스위스와 같은 많은 현대 국가의 민속 예술이나 현대 일본에서 아직도 행하여지고 있는 고대 일본의 노가쿠(能樂)Noh plays에서 사용되는 극히 표현력이 풍부한 가면에서 일역을 맡고 있다. 가면의 상징적 기능은 본래의 동물 가장의 상징과 같다. 인간의 개인적인 표정은 감추어지고 대신에 가면을 쓴 사람은 동물적인 귀신의 위엄과 아름다운(또한 무서운) 표정을 지니게 된다. 심리학적 관점에서 보면 가면은 그것을 쓴 사람을 원형상archetypal image으로 변환시킨다.[3)]

춤은 원래 적당한 동작과 몸짓으로 동물 가장을 완성시키는 것에 불과하였지만 아마도 성인식initiation이나 다른 의식을 보충하는 역할을 했을 것이다. 말하자면 한 귀신에게 경의를 표하기 위하여 다른 많은 귀신들이 춤을 추었다. 헤르베르트 퀸은 뒤크 도두베르 동굴의 부드러운 진흙 위에서 동물의 상 주위에 난 발자국을 발견하였다. 이 발자국들은 춤이 빙하기에도 의식의 일부였음을 보여준다. 퀸은 다음과 같이 기술하고 있다. "단지 발꿈치 자국만을 볼 수 있다. 춤추는 사람들은 들소처럼 움직였다. 그들은 풍요와 동물의 증식과 그들의 사냥을 위하여 들소춤을 추었던 것이다."

이 책의 서장에서 융 박사는 원주민과 토템 동물(즉 '숲의 혼'bush-soul) 사이의 밀접한 관계, 심지어 그들 사이의 동일시를 지적한 바 있다. 이러한 관계를 확립하기 위한 특별한 의식이 있는 바 그 가운데서도 특히 소년이 어른의 사회로 들어가는 의식을 들 수 있다. 소년은 그의 동물 혼animal soul에 사로잡히며, 동시에 할례로써 자신의 '동물적 존재'를 희생시킨다. 이러한 이중의 과정을 거쳐 소년은 토템 씨족에 수용되며, 토템 동물과의 관계를 확립하게 된다. 무엇보다도 그는 한 사나이가 되고(넓은 의미에서) 사람이 된다.

아프리카 동부 연안 사람들은 할례를 받지 않은 사람을 "동물"이라고 기술한다. 그들은 아직 동물의 혼animal soul을 받지 않았고 그들의 '동물성'을 희생시키지도 않았다. 다른 말로 표현하면 할례를 받지 않은 소년의 영혼에는 인간적인 면이나 동물적인 면 모두가 의식화되지 않았기 때문에 동물적인 면이 우세한 것으로 간주된다.

동물의 주제는 보통 인간의 원시적이고 본능적인 성질을 상징한다. 문명인도 본능적인 난폭함과 무의식으로부터 분출하는 자율적인 감정 앞에서 무력함을 자각하여야 한다. 이것은 의식이 고도로 성장하지 못하고 격한 감정을 극복하는 데 준비가 잘 되어 있지 못한 원시인의 경우에 더욱 그러하다. 이 책의 첫 장에서 융은 인간이 반성하는 능력을 계발시킨 방법을 논하면서 분노에 사로잡혀 사랑하는 어린 아들을 죽인 아프리카인의 예를 들었다. 정신이 들자 그는 저지른 일에 대한 회한과 슬픔에 압도되었다. 이것은 부정적인 충동이 의식을 뚫고 나와 의식의 의지와 관계없이 끔찍한 일을 저지른 경우이다. 동물귀신은 이러한 원시적 충동을 매우 잘 표현하는 상징이다. 그 이미지가 선명하고 구체적이므로 인간은 자신의 내부에서 압도당하는 힘을 그 이미지를

← 고대 일본의 노가쿠(能樂) Noh plays에서 사용된 가면으로 배우들은 신, 유령, 악마를 묘사한다.

노가쿠의 배우가 연기하기 ↗ 전에 가면을 쓰고 있다. (위쪽)

일본의 가부키Kabuki극 → 의 배우가 가면 같은 분장을 하고 중세기의 영웅처럼 옷을 입고 있다.(아래쪽)

통하여 표현함으로써 그것과의 관계를 맺을 수 있다. 인간은 이러한 충동을 무서워하기 때문에 희생의 제물과 의식을 올려 충동을 달래려고 한다.

많은 신화가 원초적 동물과 관련을 가지며, 이 동물은 풍요 혹은 심지어 창조를 가져오게 하기 위해 희생되어야 한다. 그중 한 가지 예는 모든 부와 다산을 땅 위에 솟게 하는 페르시아의 태양신 미트라Mithras에게 황소를 희생시키는 일이다. 용을 죽이는 성 조지George에 관한 기독교 전설에서도 제물로 바치기 위해 죽이는 원시시대의 의식이 재현된다.

실제로 모든 종족의 종교와 종교 예술에서 동물적 속성은 최고의 신에게 돌려지거나 신이 동물로 표현된다. 고대 바빌로니아인은 그들의 신을 숫양, 황소, 게, 사자, 전갈, 물고기 등의 모양을 한 하느님, 즉 십이궁으로 해석했다. 이집트인은 여신 하토르Hathor를 암소 머리로, 아몬Amon신은 숫양 머리로, 토트Thoth는 따오기의 머리나 원숭이의 형상으로 표현했다. 힌두의 행운의 신 가네샤Ganesha는 인간의 몸체에 코끼리 머리를 가졌다. 비슈누Vishnu는 수퇘지이고 하누만Hanuman은 원숭이의 모습을 하고 있다(우연히도 힌두인은 생물의 서열 중 인간을 첫째 지위에 놓지 않는다. 코끼리와 사자의 지위가 인간보다 더 높다).[4]

그리스의 신화는 동물의 상징으로 가득 차 있다. 제신의 아버지인 제우스Zeus는 때로 백조나 황소 또는 독수리의 모습을 하고 그가 원하는 여자에게 접근한다. 게르만 신화에서 고양이는 여신 프레이야Freyia에게 바쳐지는 반면 수퇘지는 까마귀, 말은 보탄Wotan에게 바쳐진다.

기독교에서도 동물 상징은 놀라울 정도로 커다랄 역할을 한다. 세 명의 사도는 동물의 문장을 가지고 있다. 성 누가는 황소, 성 마가는 사자, 성 요한은 독

세 종교에서 나타난 신격을 상징하는 동물의 예.

↑ 힌두교의 신 가네샤Ganesha로 신중과 지혜의 신(네팔의 왕궁에 있는 채색된 조각).(위쪽)

(레다Leda와 함께 있는) 백조의 모습을 한 그리스의 신 제우스Zeus.(아래 왼쪽)

중세기 주화의 양면으로 십자가 위에 못박힌 그리스도가 사람, 그리고 뱀으로 나타난다.(아래 오른쪽)

수리의 문장을 가지고 있다. 단지 성 마태만이 인간이나 천사로 묘사된다. 그리스도 자신도 상징적으로 하느님의 어린 양이나 물고기로 나타나지만, 십자가 위에 높이 올려진 뱀이나 사자, 드물게는 일각수로 표현되기도 한다. 이러한 그리스도의 동물적 속성은 하느님의 아들(인간의 최고의 인격화)도 보다 높은 정신적인 성질을 없앨 수 없는 것과 마찬가지로 동물적인 성질도 없앨 수 없음을 보여준다. 초인간적인 측면과 함께 인간 이하의 면도 신격의 영역에 속해 있는 것으로 생각되며 인간의 이 두 가지 면의 관계는 그리스도가 마구간에서 동물들 사이에서 탄생하는 크리스마스의 그림에서 아름답게 상징화되었다.[5)]

모든 시대의 종교와 예술에서 볼 수 있는 끝없이 풍부한 동물 상징은 단순히 상징의 중요성만을 강조한 것이 아니다. 그것은 인간이 상징의 정신적 내용, 즉 본능을 그들의 삶과 통합시키는 것이 얼마나 중요한가를 보여준다.

동물은 그 자체로는 선하지도 악하지도 않고 단지 자연의 일부일 뿐이다. 동물은 그의 본성에 포함되어 있는 것만을 원할 수 있다. 바꾸어 말하면 동물은 그의 본능에 순종한다. 이들 본능은 때로 우리에게 신비하게 비쳐진다. 그러나 인간의 생명에도 이와 비슷한 것이 있다. 인간의 본성의 바탕을 이루는 것이 본능인 것이다.

그러나 인간에 있어서(인간의 내부에 본능적 정신으로 살아 있는) '동물적 존재'가 생명 속에 인식되고 통합되지 않는다면 위험해 질 수 있다. 인간은 자신의 의지로 본능을 조절할 수 있는 힘을 가진 유일한 생물이지만 또한 본능을 억압하고 왜곡하고 상처를 입히기도 한다. 은유적으로 말하면 동물은 상처를 받았을 때 그렇게 사나워지고 위험해질 수 있다. 억압된 본능은 거꾸로 인간을 조절할 수가 있으며, 심지어 인간을 파괴할 수도 있다.

동물에게 쫓기는 흔한 꿈은 거의 모두 본능이 의식으로부터 분리되어 있어 삶 속에 다시 받아들여지고 통합되고자 한다는 것(또는 통합되려고 노력하고 있음)을 나타낸다. 꿈에서 동물의 행동이 위험할수록 꿈꾼 사람의 원시적이고 본능적인 정신은 더욱 무의식적이며, 만일에 돌이킬 수 없는 어떤 나쁜 일이 미리 일어나지 않도록 하려면 그것을 삶 속에 통합시키는 것이 절대적으로 필요하다.

억압되고 상처받은 본능은 문명인을 위협하는 위험물인 반면 억제되지 않은 충동은 원시인을 위협하는 위험물이다. 양자 모두 '동물'은 그 진정한 본질로부터 소외되어 있다. 그리고 양자에게 모두 동물의 혼을 받아들이는 것은 전체성과 충만된 삶을 얻기 위한 조건이다. 원시인은 자신 안의 동물을 길들여 쓸모 있는 반려자로 만들어야 하며, 문명인은 자신의 내부 속에 있는 동물을 치료하여 친구로 삼아야 한다.

이 책의 다른 기고자들은 꿈과 신화의 관점에서 돌과 동물의 주제의 중요성을 논하였다. 나는 여기서 예술사(특히 종교예술사)를 통하여 이러한 살아 있는 상징이 모습을 나타내는 일반적인 예시만으로 동물과 돌을 다루었다. 이제 우리는 같은 방법으로 가장 강력하고 보편적인 상징인 원에 대하여 검토하고자 한다.

원의 상징

폰 프란츠Von Franz는 원(또는 구)을 자기Self의 상징으로 설명하였다. 원은 인간과 자연 전체와의 관계를 포함하여 모든 면에서 정신의 전일성을 표현한다. 원의 상징이 원시적인 태양숭배에 나타나든, 신화나 꿈, 티베트의 승려가 그린 만다라Mandala에 나타나든, 도시의 평면도 또는 옛날 천문학자의 구형의 개념에 나타나든 간에 그것은 항상 유일한 삶의 가장 중요한 면인 삶의 궁극적인 전체성을 가리킨다.

인도의 창조 신화는 브라마Brahma신이 수천 개의 꽃잎을 가진 거대한 연꽃 위에 서서 둘레의 네 지점에 눈을 돌렸다고 말한다. 연꽃의 원으로부터 사중으로 바라본 것은 그가 창조적인 작업을 하기 전에 반드시 방위를 확인하지 않으면 안 되었기 때문에 실시된 일종의 예비적인 방위설정이었다.[6]

부처에 대하여 비슷한 이야기가 있다. 부처가 탄생하는 순간 연꽃이 땅에서 솟아나고 그는 연꽃 속으로 들어가 십방十方을 주시하였다(연꽃이 8개의 방향을 향하고 부처는 위 아래를 향하여 봄으로써 10개의 방향이 되었다). 이와 같은 부처의 상징적인 주시의 몸짓은 부처가 태어날 때부터 독특한 성격을 가지고 있어 숙명적으로 계시를 받도록 되어 있음을 단적으로 보여주는 방법일 것이다. 그의 인격과 존재에는 궁극적인 전체성이 인각되어 있다.[7]

브라마Brahma와 부처가 행한 공간의 정위定位는 정신적인 방향성을 파악하려는 인간의 희구를 상징한다고 볼 수 있다. 유형에 관한 장에서 융이 기술한 의식의 네 기능—사고, 감정, 직관, 감각—은 인간이 내부와 외부의 세계로부터 받는 인상을 다룰 수 있도록 구비된 기능들이다. 이 기능에 의하여 인간은 자신의 경험을 이해하고 동화할 수 있다. 또한 인간이 여러 가지 반응을 할 수 있는 것도 이들 기능에 의해서다. 브라마가 우주를 사중으로 바라보는 것은 인간이 성취하여야 할 네 가지 기능의 필연적인 통합을 상징한다(예술에서 원은 때로 8개의 방향을 가진다. 이는 의식의 네 기능이 상호 중첩되어 네 가지의 다른 중간 기능, 예를 들면 감정이나 직관의 색채를 띤 사고, 또는 감각 쪽으로 기울어진 감정 등이 생기는 것을 나타낸다).[8]

인도와 극동의 시각예술에서 네 방향 또는 여덟 방향의 원은 종교적 이미지를 나타내는 흔한 양식으로서 명상의 도구로 사용된다. 특히 티베트의 라마교에서는 풍부한 형상으로 가득 찬 만다라가 중요한 역할을 한다. 일반적으로 만다라는 신성한 힘과 연관된 우주를 나타낸다.[9]

그러나 동방의 명상도는 대부분 순수한 기하학적인 도면으로 이를 얀트라yantra라고 부른다. 원 이외에 아주 흔한 얀트라의 주제yantra motif는 한 개의 각은 위로 다른 각은 아래를 향하여 서로 관통하는 두 개의 삼각형으로 만들어져 있다. 전통적으로 이러한 모양은 남성신과 여성신, 시바Shiva와 샥티Shakti의 합일을 상징하며, 이러한 주제는 조각에서도 무수히 변환된 형태로 나타나고 있다. 심리학적 상징이라는 관점에서 보면 이것은 대극의 합일, 즉 자아ego의 개인적인 유한한 세계와 비자아non-ego의 비개인적인 영원한 세계의 합일을 나타낸다. 궁극적으로 이러한 합일은 모든 종교가 달성하고자 하는 목표이며 신과 영혼의 합일이다. 서로 관통하는 두 개의 삼각형은 그보다 더 흔한 원형의 만다라와 비슷한 상징적 의미를 가지고 있다. 그것은 정신psyche의 전일성 또는 자기Self를 표현하며 여기서 의식은 무의식과 똑같은 중요성을 지니게 된다.

삼각형의 얀트라와 시바Shiva와 샥티Shakti의 합일을 표현하는 조각들은 대극 사이에 흐르는 긴장을 특히 강조하여 묘사하고 있다. 그 결과 그들 중 많은 것들이 무척 에로틱하고 정서적인 특징을 띠고 있다. 이러한 역동적 성질은 하나의 과정, 즉 전일성의 또는 전일성의 실현의 과정을 내포하며, 4개 또는 8

개의 방향을 가진 원은 현존하는 실체로서의 전체성을 나타낸다.

선화에서도 추상적인 원이 그려져 있다. 유명한 일본의 선승 센가이(1750~1837)가 그린 〈원〉이라는 제목의 그림에 대하여 다른 선사는 다음과 같이 기술하였다. "선종에서 원은 각을 의미한다. 그것은 인간의 완성을 상징한다."

추상적인 만다라는 유럽의 기독교 예술에도 나타난다. 가장 훌륭한 예는 성당의 장미꽃 창문이다. 이들은 우주적 차원으로 바꾸어 표현한 자기Self의 표상들이다(빛나는 흰 장미 모양의 우주적 만다라가 단테Dante에게 환영으로 나타났었다). 종교회화에서 볼 수 있는 그리스도와 기독교 성자의 후광은 넷으로 나누어지며, 인간의 아들로서 겪은 고통과 십자가 위에서의 죽음을 뚜렷이 암시하는 동시에 분화된 전체성을 상징한다. 초기 로마네스크 양식의 교회의 벽에서는 때로 추상적인 원형의 그림을 볼 수 있다. 그것은 이교도에 그 기원을 두는 것 같다.

비기독교적 예술에서 이러한 원은 "태양륜"sun wheel이라 불린다. 태양륜은 바퀴가 발명되기 전인 신석기 시대의 암각화에서도 나타난다. 융이 지적하였듯이 "태양륜"이라는 말은 형상의 외적인 면만을 나타낸다. 그러나 정말 중요한 것은 언제나 내적인 원형상archetypal image을 경험하는 것이다. 석기시대 사람들은 그들의 이와 같은 경험을 황소, 영양 또는 야생마를 충실하게 그리면서 그들의 예술을 통해 표현하였다.

만다라 그림은 기독교 예술에서도 많이 볼 수 있다. 예를 들면 원형의 나무 중심에 성처녀를 그린 다소 희귀한 그림이 있다. 그것은 불타는 관목으로 표현된 신의 상징이다. 기독교 예술에서 가장 널리 통용되는 만다라는 네 명의 사도들에게 둘러싸여 있는 그리스도이다. 그 기원은 호루스Horus신과 신의 네 아들을 그린 고대 이집트의 그림으로 거슬러 올라간다.[10]

건축에서도 만다라는 중요한 역할을 한다. 그러나 흔히 간과하기 쉽다. 거의 모든 문명에서 세속적인 건물, 신성한 건축물을 막론하고 그 평면도에 만다라가 사용되고 있다. 그것은 고전적인, 또는 중세의, 그리고 심지어 현대의 도시계획 가운데도 등장한다. 고전적인 예는 로마의 건설에 대한 플루타르크Plutarch의 설명에 나타난다. 플루타르크에 의하면 로물루스Romulus는 에트루리아Etruria로부터 건축가들을 불러왔는데 그들은 로물루스에게 '밀교의식에서 하는 것과 마찬가지 방법'으로 종교적 관습과 거행되어야 할 모든 의식에 관해 써 놓은 규칙들을 가르쳤다. 처음에 그들은 코미티움Comitium, 즉 의사당이 서 있는 곳에 둥글게 구덩이를 파고 그곳에 상징적인 제물인 땅에서 난 과일을 던져 넣었다. 그리고 각자 자신이 태어난 지방의 흙을 조금씩 구덩이 속에 집어 던졌다. 이 구덩이를 문두스mundus(우주를 뜻하기도 함)라고 이름 지었다. 로물루스는 황소와 암소로 하여금 가래를 끌게 하여 구덩이 주변에 원형으로 도시의 경계선을 그었다. 문을 세우려고 하는 곳에서는 가래를 벗기고 그곳을 넘어갔다.[11),12)]

혜성—원형이나 만다라 형태의—에 의하여 예고된 알렉산더 대왕의 탄생(16세기에 필사한 삽화).(위쪽) ➔

부처의 탄생을 그린 티베트의 회화. 왼쪽 아래 구석에 부처가 둥근 연꽃으로 만들어진 십자 위에서 첫 걸음을 걷고 있다.(아래쪽)

9개의 삼각형이 서로 연결되어 구성된(만다라 형태의) 얀트라yantra. 전체성을 상징하는 만다라는 흔히 신화나 전설의 예외적인 존재와 연결된다. ➔

이렇듯 엄숙한 의식 아래 세워진 도시의 모양은 원형이었다. 그런데 로마가 옛부터 urbs quadrata, 즉 정방형 도시라고 기술되고 있는 것은 유명하다. 이러한 모순을 조정하려고 시도한 한 이론을 보면 quadrata라는 단어는 'quadripartite'(네 부분으로 이루어진)라는 뜻을 가지고 있다는 것이다. 즉, 원형의 도시는 동서와 남북으로 달리는 두 개의 주요 간선도로에 의하여 네 부분으로 나누어졌다는 것이다. 그 교차 지점은 플루타르크가 인용한 문두스와 일치한다.[13]

다른 이론에 의하면 이 모순은 한 개의 상징, 즉 그리스인들이 대단히 열중하였고 연금술에서 큰 역할을 하였던 원의 정방형화라는 기하학적으로 풀 수 없는 문제를 시각적으로 표현한 것으로 이해될 수 있다는 것이다. 이상하게도 로물루스가 도시를 건설할 때 거행한 원형의식이 기술되기 전에는 플루타크도 로마를 Roma quadrata, 정방형 도시라고 말하였다. 그에게 로마는 원형이기도 하고 정방형이기도 하였다.[14]

어떤 이론에도 진정한 만다라가 관련되어 있으며 이것은 에트루리아 사람들이 '밀교의식에서와 같이' 비밀의식으로 도시 건설을 가르쳤다는 플루타크의 말과 연결된다. 그것은 단순한 외적인 형태 이상의 것이다. 만다라 모양의 평면도로 말미암아 도시는 주민들과 함께 순전히 세속적인 영역 이상의 것으로 높여진다. 이것은 도시가 중심, 즉 문두스mundus를 가지고 있으며, 이 중심은 조상의 영혼들이 살고 있는 '다른' 지역과 관계를 맺도록 한다는 사실로써 더욱 강조되고 있다(문두스는 '현자의 돌'soul stone이라 일컫는 큰 돌으로 덮여 있었다. 어느 날 이 돌이 치워지자 사자의 영혼이 구덩이로부터 일어났다고 전해진다).

많은 중세 도시들이 만다라 모양의 평면도 위에

← 종교적인 건축에서 보는 만다라의 예. 캄보디아의 앙코르와트Angkor Wat 불교 사원으로 4개의 모퉁이에 입구가 있는 정사각형의 건물이다.

원형으로 건설된 덴마크의 요새 주둔지의 폐허. →

건설되었고 거의 원형의 벽으로 둘러싸여 있다. 로마와 마찬가지로 이러한 도시에서는 두 개의 주요 도로가 도시를 네 부분으로 나누고 네 개의 문과 연결된다. 교회나 성당은 이들 도로의 교차점에 서 있다. 중세의 도시를 4등분하는 착상의 본이 된 것은 성도 예루살렘(요한계시록에 의함)인데 예루살렘은 정방형의 평면도 위에 세워졌고 사방에 세 개의 문이 있는 성벽으로 둘러싸여 있었다. 그러나 예루살렘에는 중앙에 성당이 없는데 이는 그 중앙에 신이 직접 존재하기 때문이다(만다라 형의 평면도에 따라 도시를 세우는 것이 결코 시대에 뒤떨어진 것이 아니다. 워싱턴 시는 그 현대적 예이다).[15)]

고전적인 기초이든 원시적인 기초이든 간에 만다라 형의 평면도는 미학적인, 또는 경제적인 고려로써 이루어진 것은 아니었다. 그것은 도시를 정돈된 우주로, 즉 그 중심부를 다른 세계와 연결시키는 성스러운 장소로 전환시킨 것이다. 이 변환은 지극히 중요한 종교적 인간의 감정과 희구와 일치하였다.

세속적이든 신성하든 간에 만다라형의 평면도를 가진 모든 건축물은 인간의 무의식으로부터 외부 세계로 원형상archetypal image을 투사한 것이다. 도시, 요새, 성당은 정신적인 전일성의 상징이 되며, 그렇게 하여 그 장소에 들어가거나 거기서 살고 있는 사람들에게 이 특이한 영향력을 발휘한다(건축에서조차 정신적 내용의 투사가 순수한 무의식적 과정이라는 것은 새삼 강조할 필요조차 없다. 융은 『태을금화종지』에서 이렇게 말하고 있다. "이러한 것들은 머리로 생각해 낼 수 있는 것이 아니다. 그들은 망각의 어두운 심층에서 다시 자라나야 한다. 그리하여 그것은 의식의 극단적인 예감과 고도의 직관력을 표현함으로써 현재의 의식의 일회성을 인류의 아득한 과거와 융합시켜야 한다").[16)]

기독교 예술의 중심적인 상징은 만다라가 아니라 십자가나 십자가의 예수상이다. 샤를마뉴Charlemagne 왕조 시대까지는 등변의, 또는 그리스식 십자가라 부르는 형태가 흔했고, 따라서 만다라의 뜻이 여기에 간접적으로 내포되어 있었다. 그러나 시간이 흐름에 따라 중심이 위로 이동하여 십자가는 오늘날 통상적인 말뚝과 가로대를 가진 라틴형을 취하게 되었다. 이러한 발달은 중세의 절정기에 이르기까지 기독교가 내적으로 발달하여 온 것과 일치하기 때문에 중요하다. 간단히 말하면 인간과 인간이 믿고 있는 신앙의 중심을 지상으로부터 옮겨 영적인 세계로 '높이려는' 경향을 상징한다. 이러한 경향은 "나의 왕국은 이 세상의 것이 아니다"라는 그리스도의 말씀을 실행하려는 욕구에서 일어난 것이다. 그러므로 세속의 생활, 이 세상 그리고 육체는 극복되어야 할 것이다. 따라서 중세기 사람들의 희망은 내세를 향한 것이었다. 왜냐하면 희망이 성취된다는 약속은

← 이탈리아의 팔마노바Palmanova 에 있는(1593년에 세워진) 별 모양의 성채로 싸여 있는 요새 도시.

파리에서는 10개의 도로가 에투왈 L'Etoile에서 만나 만다라를 형성한다. →

오직 천국으로부터 손짓해 오기 때문이다.[17]

이러한 노력은 중세기와 중세적 신비주의에 이르러 그 절정에 다달았다. 내세에 대한 희망의 표현은 십자가의 중심을 위로 올리는 데서 발견할 수 있을 뿐만 아니라 중력의 법칙을 무시하고 세워진 듯한 고딕 양식의 점차 높아지는 성당의 높이에서도 볼 수 있다. 성당의 십자형의 평면도는 연장된 라틴형의 십자가의 모양이다(중앙에 성수반이 있는 세례실도 틀림 없는 만다라 형의 평면도를 가지고 있다).[18]

문예부흥기의 여명이 밝아오면서 인간이 세계를 보는 관점에 혁명적인 변화가 일기 시작하였다. '상향운동'(중세 말기에 절정에 달한)은 역전하여 이제는 인간이 현세를 향하게 되었다. 인간은 자연과 육체의 미를 재발견하였고 지구를 처음으로 일주하기 시작하여 세계가 한 개의 둥근 구라는 것을 증명하였다. 역학의 법칙과 인과법칙이 과학의 기초가 되었다. 이에 따라 중세에 커다란 역할을 하였던 종교적인 감정과 비합리적이고 신비한 세계는 논리적인 사고가 승리함에 따라 점점 더 자취를 감추게 되었다.

마찬가지로 예술도 더욱 현실적이고 감각적인 것이 되었다. 예술은 중세의 종교적인 주제로부터 이탈하여 눈에 보이는 세계 전체를 포괄하게 되었다. 예술은 세계의 다양함과 화려함, 무시무시함에 압도당하여 이전에 고딕 예술이 차지해 온 자리를 점유하여 진정한 그 시대의 정신의 상징이 되었다. 따라서 교회 건물에 변화가 온 것은 우연한 일이라 할 수 없다. 높다란 고딕 성당과는 반대로 보다 둥근 평면도가 사용되었다. 도형이 라틴형의 십자가를 대신하였다.

그러나 이러한 형태상의 변화는—이것이 상징의 역사에서 중요한 요점이다—종교적 동기가 아니라 미학적 동기에 의한 것이다. 둥근 교회의 중심부

← 중세기의 종교적 건축물은 보통 십자가 모양으로 기초를 세웠다. 암석을 잘라 만든 13세기 에티오피아의 교회.

르네상스 시대의 종교 예술은 현세와 육체에 대한 재정위를 보여준다. 15세기 이탈리아의 예술가이며 건축가인 프란체스코 디 조르지오 Francesco di Giorgio가 그린 신체의 비례에 기초를 둔 원형의 교회나 또는 바실리카basilica의 설계도. →

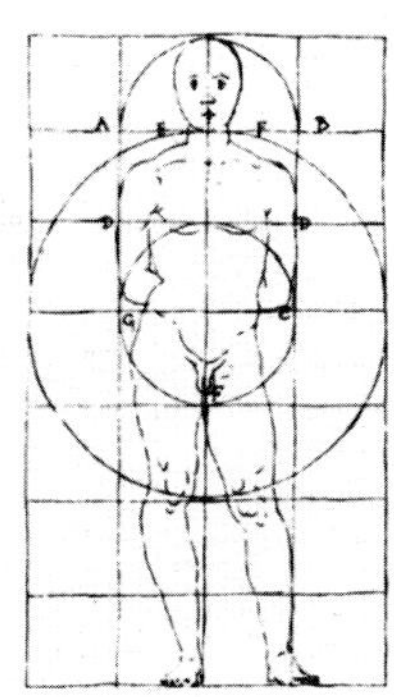

(정말로 '신성한' 장소)가 비어 있고 제단이 중심으로부터 떨어져 벽의 움푹 들어간 곳에 세워졌다는 사실은 오직 이 점에서 설명될 수 있다. 이 때문에 이 설계도는 진정한 만다라라고 평할 수 없다. 한 가지 중요한 예외는 로마의 성 베드로 성당인데 이것은 브라만테Bramante와 미켈란젤로Michelangelo의 설계에 따라 세워졌으며, 이곳에는 중앙에 제단이 설치되어 있다. 그러나 이러한 예외는 건축가의 천부적인 재질의 탓으로 돌리고 싶다. 왜냐하면 위대한 천재는 항상 그 시대에 속하면서도 시대를 앞서기 때문이다.

르네상스가 예술, 철학, 과학의 영역에서 광범위한 변화를 일으켰음에도 불구하고 기독교의 중심적인 상징은 변하지 않았다. 그리스도는 오늘날까지 라틴형 십자가로 표현되고 있다. 이것은 종교적 인간이 자연으로 관심을 돌린 세속적 인간에게보다는 보다 높고 영적인 차원에다 계속 그의 중심을 두어 왔음을 의미한다. 그리하여 전통적인 기독교 정신과 합리적이고 지적인 마음mind 사이에 틈이 벌어지게 되었으며, 그 이후부터 현대인의 두 가지 측면은 합치된 적이 전혀 없는 것이다. 몇 세기가 흐르는 동안 자연법칙에 대한 인간의 통찰력이 늘어나면서 이러한 분열은 점차 심화되어 갔다. 그리고 그것은 20세기 서양의 기독교인의 정신을 아직도 분열시키고 있다.

물론 내가 여기에 짤막하게 적은 역사적인 요약이 지나치게 단순해 보이겠지만, 여기엔 기독교 내의 비밀종교운동이 생략되어 있다. 이것은 대부분의 기독교인들이 무시해 온 악의 문제와 지하의 또는 지상의 제신을 그들의 신앙세계에서 관심을 두고 살

↓ 빛과 자연과 육체에 대하여 감각적인 관심을 기울인 르네상스 시대의 예술(16세기 틴토레토Tintoretto의 그림)은 인상파가 등장할 때까지 하나의 양식으로 자리 잡았다.

펴 온 종교운동이었다. 이러한 운동에 참여하는 사람들은 항상 소수여서 별로 눈에 띄는 영향을 주진 못하였으나, 그들 나름의 방법으로 기독교적인 영성에 대한 대위법적인 동반자로서 중요한 역할을 수행하였다.

서기 1000년경에 일어난 많은 종파와 종교운동 가운데 연금술사들이 매우 중요한 역할을 하였다. 그들은 물질의 신비를 높이 받들어 이를 기독교의 '천국의' 영혼과 같은 위치에 나란히 놓았다. 그들이 추구한 것은 마음과 육체를 포함한 인간의 전체성이었다. 그들은 이에 관한 수천의 이름과 상징을 고안하였다. 그들의 중심적 상징 중의 하나가 원적법 *quadrata circuli*, 원의 정방형화였는데 이것은 바로 다름 아닌 진정한 만다라였던 것이다.

연금술사들은 그들의 작업을 글로 기록하였을 뿐만 아니라 꿈과 환영의 수많은 그림을 남겼다. 이것들은 상징화로서 이해하기도 어려우며 심원한 뜻을 담고 있는 것들이다. 그들은 자연의 여러 어두운 측면, 즉 악, 꿈, 그리고 대지의 혼에서 영감을 받았다. 그 표현은 단어든 그림이든 모두 항상 전설적이고 꿈결같고 초현실적인 양식을 보였다. 15세기 플랜더스Flanders의 위대한 화가 히에로니무스 보슈Hieronymus Bosch는 이러한 종류의 상상적 예술imaginative art의 가장 중요한 대표자라고 할 수 있다.

이와 동시에 문예 부흥기의 전형적인 화가들(이른바 대낮의 밝은 햇빛 아래 일하던)은 가장 화려한 감각적 예술sensuous art 작품을 만들어 냈다. 그들은 대지와 자연에 깊이 매료되어 실제로 다음 5세기 동안의 시각적 예술의 발전의 계기를 만들었다. 지나가는 순간의 예술이며, 빛과 대기의 예술인 감각적 예술의 위대한 마지막 대표자는 19세기 인상파 화가들이다.

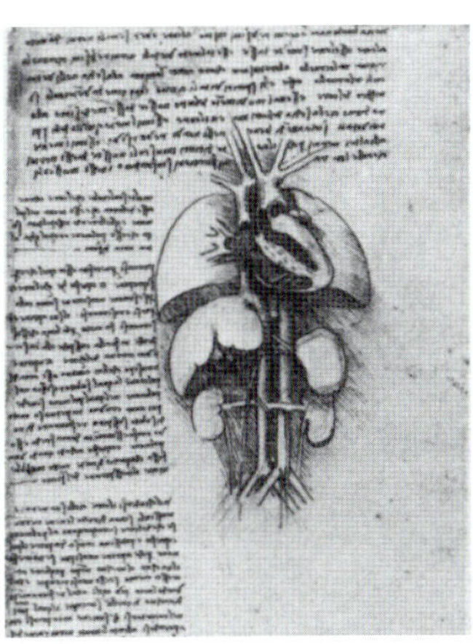

← 르네상스 시대의 외부 세계의 현실에 대한 흥미는 코페르니쿠스의 태양 중심의 우주관(왼쪽)을 낳았고, 예술가들을 '상상적' 예술로부터 자연으로 향하도록 하였다.

인간의 심장에 관한 레오나르도 다빈치의 연구(왼쪽 아래).

↓ 르누아르Renoir(1841~1919)의 그림.

← 원적법—전체성과 대극의 합일의 상징(남성과 여성상에 주의)—에 대한 연금술의 상징적 개념.

영국의 화가 벤 니콜슨Ben Nicholson →(1894~1982)에 의한 현대적 원적법. 미학적인 조화미를 갖고 있으나 상징적 의미는 없는 완전히 기하학적인 텅 빈 형태이다.

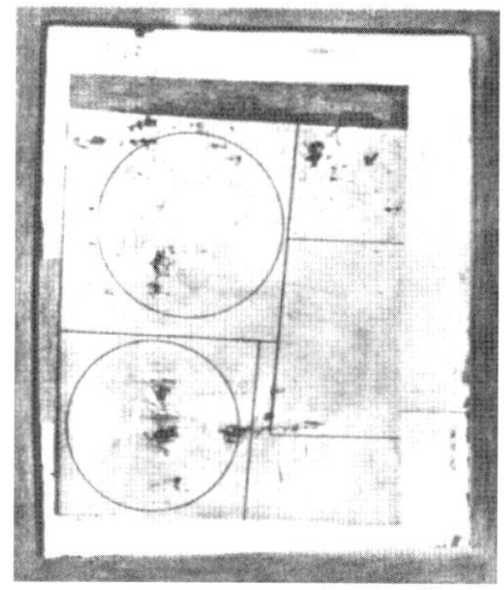

우리는 여기서 서로 극히 다른 두 개의 예술적 표현 양식을 구별할 수 있다. 그동안 그 특성을 정의하려는 시도도 많았다. 동굴 회화연구에서 이미 언급한 바 있는 헤르베르트 퀸Herbert Kühn은 소위 '상상적'imaginative 양식과 '감각적'sensory 양식을 따로 구별하고자 하였다. '감각적' 양식은 일반적으로 자연 또는 피사체를 직접 재현하는 것을 뜻한다. 반대로 '상상적' 양식은 '비사실적'이고 몽환적이며 때로는 '추상적'인 방법으로 예술가의 환상이나 경험을 나타낸다. 퀸의 두 가지 개념은 매우 단순하고 분명한 듯이 생각되기에 필자는 이들을 인용하기를 좋아한다.

역사적으로 상상적 예술의 시초는 아주 멀리 거슬러 올라간다. 지중해 유역에서 기원전 3000년경부터 상상적 예술의 개화기가 시작되었다. 이러한 고대 예술이 그림을 제대로 그릴 능력이 없거나 대상에 대한 무지의 결과가 아니라는 것이 최근에 이르러서야 알려졌다. 그것들은 뚜렷한 종교적, 영적spiritual 감각의 표현 양식이다. 그리고 그 작품들은 오늘날 특별한 관심을 끌고 있다. 왜냐하면 지난 반세기 동안 예술은 '상상적'이라는 용어로 표현될 수 있는 단계를 재차 거쳐 오고 있기 때문이다.

기하학적인 또는 '추상적'인 원의 상징은 오늘날의 회화에서 다시 중요한 역할을 하게 되었다. 그러나 소수의 예외를 제외하고는 전통적인 표현 양식은 현대인의 실존적 딜레마에 일치하는 특수한 변형을 겪게 되었다. 원은 이미 전 세계를 포괄하고 그림을 지배하는 오직 하나의 의미 있는 형태가 아니다. 예술가가 원을 엉성하게 조직된 원형군으로 대치함으로써 지배적인 위치에서 끌어내리는 경우가 있다. 때로는 원의 면이 비대칭적이다.

프랑스의 화가 로베르 들로네Robert Delaunay의 유명한 그림 〈태양의 원반〉*Sun disk*에서 비대칭적인 원형면의 예를 찾아볼 수 있을 것이다. 현재 융의 수집품 중에 들어 있는 영국의 현대 화가 세리 리차즈Ceri Richards의 그림은 아주 비대칭적인 원형면을 보이고 있으며, 왼편 끝에는 훨씬 작은 비어 있는 원이 그려져 있다.

프랑스의 화가 앙리 마티스Henri Matisse의 〈정물화〉*Still Life with Vase of Nasturtiums*에서 그림의 초점은 기울어진 검은 대들보 위에 있는 녹색 구체이다. 이 구체는 그 자체 속으로 한련잎들의 여러 가지 모양의 원들을 끌어모으는 듯이 보인다. 이 구체는 직사각형과 겹쳐 있으며, 직사각형의 왼쪽 모서리 끝이 접혀 있다. 그림이 너무도 예술적으로 완벽하기 때문에, 과거엔 원과 사각형 두 개의 추상적 형태가 서로 결합되어 있었다는 것, 그것은 사고와 감정의 세계를 표현했을 것이라는 사실을 쉽게 잊어버리게 한다. 그러나 이 사실을 기억하고 그 의미에 대한 의문을 제기하는 사람이 있다면, 그는 생각해 볼만한 여러 가지 내용을 그 그림 속에서 발견할 것이다. 태초부터 전체를 형성하던 두 형태가 이 그림에서는 서로 떨어져 나가거나 지리멸렬된 채 얽혀 있다. 그러나 두 형태는 모두 그림 속에 있으면서 서로 접하고 있다.[19]

러시아 태생의 화가 바실리 칸딘스키Wassily Kandinsky가 그린 그림에서는 비누 거품 같이 떠다니는 듯이 보이는 채색된 공과 원이 엉성하게 모여 있다. 그것들 역시 정사각형과 거의 비슷한 두 개의 작은 직사각형을 지닌 커다란 한 개의 직사각형의 배경과 미미하게 연결되어 있다. 〈몇개의 원〉*A Few Circles*이라는 이름의 또 다른 그림에서는 어두운 구름(아니면 위에서 내려 덮치는 새인지)이 엉성하게 배열된 한 무리의 빛나는 공과 여러 개의 원을 간직하고 있다.[20]

영국의 화가 폴 내시Paul Nash의 신비한 구성에서는 원이 예기치 않게 연결되어 나타난다. 〈구원丘原의 사건〉*Event on the Downs*이라는 그가 그린 풍경화는 고태의 고독을 표현하고 있는데 그림 오른쪽 전경에 한 개의 공이 놓여 있다. 그것은 분명히 정구 공이지만 공의 표면에 그려진 도안은 영원의 상징인 중국의 태극도의 모양이다. 따라서 이것은 고독을 나타낸 풍경화에 새로운 차원을 연 것이다. 내시의 〈꿈에서 본 풍경〉*Landscape from a Dream*에서도 비슷한 것을 보게 된다. 여러 개의 공은 거울에 비친 무한히 넓은 풍경 속에서 지평선에 보이는 거대한 태양과 함께 시야 밖으로 굴러 가고 있다. 또 다른 공은 거의

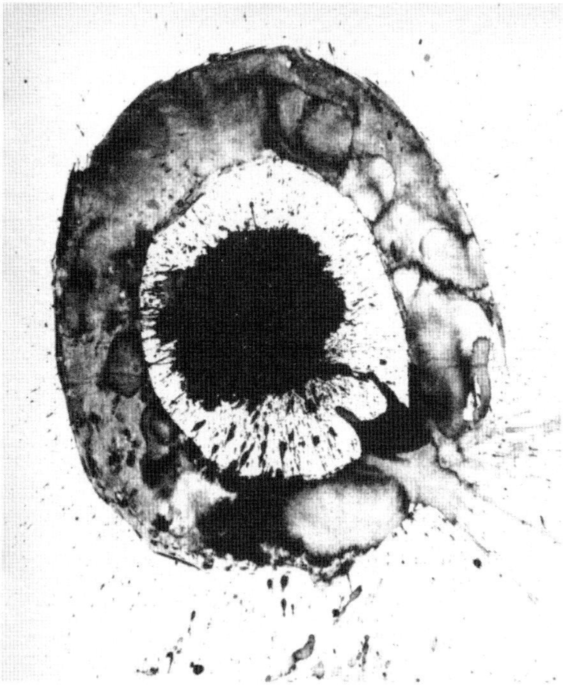

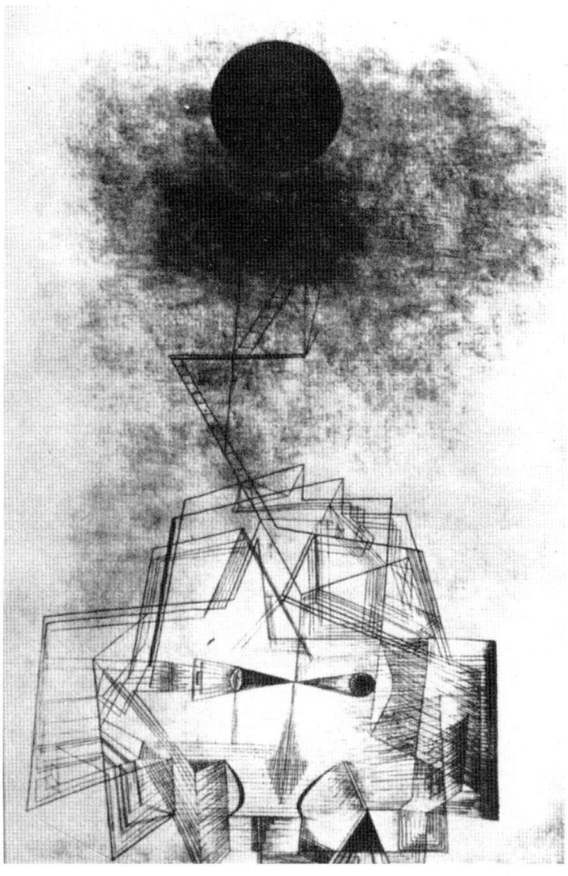

일본의 현대 예술가 소후 테시가하라蒼風 勅使河原 ➔ (1900~1979)가 그린 그림 〈태양륜〉*Sun wheel*은 '원'의 형태를 사용할 때 비대칭으로 만드는 많은 현대 화가들의 경향을 따르고 있다.(위쪽)

폴 클레Paul Klee(1879~1940)의 〈이해의 한계〉*Limits of Understanding*. 원의 상징이 지배적인 위치를 차지하는 20세기 회화 중의 하나이다.(아래쪽)

정사각형에 가까운 거울 앞의 전경에 놓여 있다.[21]

〈이해의 한계〉*Limits of Understanding*라는 그림에서 스위스의 예술가 폴 클레Paul Klee는 사다리 모양의 선의 복잡한 구도 위에 한 개의 구球, 혹은 원과 같은 단순한 형태를 배치하였다. 융은 진정한 상징은 머리로 생각해 낼 수 없는 것이고 단지 초월적인 힘으로 예견된 것, 또는 느낌을 표현하고자 하는 요구가 있을 때에만 나타난다고 지적하고 있다. 〈이해의 한계〉에서 클레의 단순한 도형이 의도한 바가 바로 이것이다.

현대 예술에서 원과 마찬가지로 정방형, 정방형과 장방형의 무리, 또는 장방형과 장사방형長斜方形이 자주 나타난다는 사실에 주목하는 것은 매우 중요한 일이다. 정사각형을 이용하여 조화된(정말로 '음악적인') 구성을 그린 대가는 네덜란드 태생의 예

↑ 로베르 들로네Robert Delaunay(1885~1941)가 그린 〈해와 달〉*The Sun and Moon*.

↓ 칸딘스키Kandinsky(1866~1944)의 〈몇 개의 원들〉*A Few Circles*.

폴 내시Paul Nash(1889~1946)의 〈꿈에서 본 풍경〉*Landscape from a Dream*에서 원들이 부서졌거나 산만하게 흩어져 있다. (왼쪽) →

↓ 피에트 몬드리안Piet Mondrian(1872~1944)의 〈구성〉*Composition*에는 사각형이 지배적이다.

술가 피에트 몬드리안Piet Mondrian이다. 대체로 그의 어느 그림에도 실제적인 중심은 없으나 그림 자체의 엄격하고 거의 금욕적인 양식으로 질서정연한 전체를 만들어내고 있다. 더구나 불규칙한 4위적 구성이나 다소 엉성하게 무리를 지어 결합된 수많은 사각형은 다른 예술가들의 그림에서 흔히 볼 수 있는 것들이다.

원은 정신Psyche의 상징이다(플라톤도 정신을 구형으로 기술하였다). 정사각형(때로는 직사각형)은 세속의 물질earth bound matter, 육체와 현실의 상징이다. 대부분의 현대 예술에서 이 두 가지 기본적인 형태 간에는 연관성이 없거나 있다고 해도 엉성하고 우연의 결과이다. 이 두 가지 형태의 분리는 20세기 인간의 정신적 상황을 나타내는 또 하나의 상징적 표현이다. 즉, 그들의 영혼은 뿌리를 잃고 해리의 위협을 받고 있다. 오늘날의 세계 정세에서조차 이러한 분열은 뚜렷해졌다(융이 이 책의 첫 장에서 지적하였듯이). 지구의 동서 반구는 철의 장막에 의하여 분리되었다.

그러나 원과 정사각형이 어쨌든 빈번히 나타나고 있는 사실을 간과해서는 안 된다. 이것들이 상징하는 삶의 기본요소를 의식화하려는 끊임없는 정신적 충동이 이런 현상 속에 존재하는 것 같기 때문이다. 혹은 오늘날의 어떤 추상화에서는(단순히 채색된 구도나 일종의 원초적 물질prima materia을 표현한) 이들 형태가 마치 새로운 성장의 싹인양 종종 나타나곤 한다.

원의 상징은 우리 시대의 삶의 여러 가지 현상에서 진기한 역할을 해왔고 아직도 그렇게 작용할 때가 종종 있다. 2차세계대전의 마지막 몇 해 동안 '비행접시' 또는 유에프오UFO(미확인 비행물체)로 알려진 나는 둥근 물체에 관한 '환상적인 소문'visionary rumor이 퍼졌다. 융은 미확인 비행물체를 원으로 상징되어 온 정신적 내용(전체성)이 외부 세계로 투사된 것이라고 설명하였다. 바꾸어 말하면 이 '환상적인 소문'은 오늘날 많은 꿈에서도 볼 수 있듯이 원의 상징이란 방법으로 우리의 계시적인 시대의 분열을 고치려고 하는 무의식의 집단적 정신의 시도이다.[22)]

↑ 하늘에서 본 어떤 둥근 물체—최근 수년간 발견되어 온 '비행접시'와 비슷한—를 그린 16세기 독일의 대판지broadsheet에 실린 삽화. 융은 이러한 환영들은 전체성의 원형을 투사한 것이라고 시사하였다.

상징으로서의 현대 회화

'현대 예술'과 '현대 회화'라는 용어는 여기서는 문외한이 사용하는 것과 같은 뜻으로 사용되었다. 내가 다루고자 하는 것은 퀸Kühn의 용어를 빌린다면 현대의 상상적 회화imaginative painting이다. 이러한 종류의 회화는 '추상적'(또는 오히려 '비구상적') 회화일 수도 있으나 반드시 추상화라야 할 필요는 없다. 여기서는 야수파, 입체파, 표현주의, 미래파, 지상파, 구성파, 신비파 등등의 다양한 양식을 하나하나 구별짓는 시도를 하지 않을 것이다. 다만 이러한 유파 중 아주 예외적으로 한두 가지에 대해서 특히 언급하는 경우는 있을 것이다.

그리고 현대 회화를 미학적으로 구별하는 것은 나의 관심사가 아니며, 더구나 그것을 예술적으로 평가할 생각은 없다. 현대의 상상적 회화는 여기에서는 단순히 현시대의 하나의 현상으로서 다루어질 뿐이다. 그렇게 하는 것만이 회화의 상징적 내용에 대한 의문을 정당하게 해명해 줄 방법이기 때문이다. 이 짧은 장에서는 소수의 화가 밖에는 언급될 수 없고 다소 임의로 그들의 작품 몇 개만을 선택할 수 있을 뿐이다. 나는 소수의 현대 회화의 대표적인 작품을 가지고 현대 회화를 논하는 것으로 만족할 수 밖에 없다.

나는 예술가는 어느 시대나 그가 속한 시대의 정신을 나타내는 도구이며 대변인이라는 심리학적 사실에 나의 출발점을 둔다. 그들의 작품을 개인적인 심리라는 관점에서 본다면 우리는 그들의 작품의 일부 밖에는 이해할 수 없을 것이다. 의식적이든 무의식적이든 예술가는 그가 속하여 있는 시대의 성격과 가치관에 형태를 부여하고, 반대로 그 시대의 성격과 가치관은 예술가를 형성한다.

현대 예술가 자신도 예술 작품과 시대와의 상호관계를 자각하는 때가 자주 있다. 그리하여 프랑스의 비평가이며 화가인 장 바젠Jean Bazaine은 『현대 회화에 대한 소고』*Notes on Contemporary Painting*에서 다음과 같이 말한다. "아무도 자신이 좋아하는 대로 그리지는 못한다. 모든 화가가 할 수 있는 것은 그가 속해 있는 시대가 그릴 수 있는 그림을 전력을 다하여 그리기를 바라는 것이다." 1차세계대전 중에 사망한 독일의 예술가 프란츠 마르크Franz Marc는 다음과 같이 말하였다. "위대한 화가는 과거의 안개 속에서 형상을 찾으려 하지 않고 그들이 속한 시대의 진실되고 가장 심오한 중력의 중심부를 측정한다." 그리고 1911년으로 거슬러 올라가면 칸딘스키Kandinsky는 『예술에서의 정신적인 것에 관하여』*On the Spiritual in Art*라는 그의 유명한 평론에서 "어떤 시대도 예술적 자유에 대한 그 시대 자체의 척도를 가지고 있으며, 아무리 창조적인 천재일지라도 그 자유의 한계를 뛰어넘기 어렵다"고 기술하였다.[23), 24), 25)]

근래 50년간 '현대 예술'은 주된 논쟁의 불씨가 되어 왔고, 아직도 논쟁의 열기를 잃지 않고 있다. 현대 예술에 대한 찬성은 부정과 마찬가지로 열렬하며 현대 예술이 끝나리라는 되풀이 되는 예언은 아직까지 적중한 적이 없다. 새로운 표현 방법이 상상하기 어려울 정도로 성공을 거두고 있다. 만약 현대 회화가 위협을 받는다면 유행과 매너리즘에 빠져 타락했기 때문일 것이다(구 소련에서는 비구상 예술이 공적으로는 억제되고 다만 사적으로만 제작되고 있거니와 거기서는 구상적 예술이 이와 비슷하게 타락의 위협을 받고 있다).[26)]

어쨌든 유럽의 일반 세론世論은 아직도 논쟁의 열기 속에 있다. 논쟁의 맹렬함은 양쪽 진영에 고조된 감정이 흐르고 있음을 보여 준다. 현대 미술에 대하여 적대적인 사람들도 그들이 거부하는 작품에 감동되지 않을 수 없다. 그들이 자극을 받고 반발하지만 (그들의 격렬한 감정이 보여주듯이) 그들은 감동을 받고 있는 것이다. 일반적으로 부정적인 매혹은 긍정적인 것 못지 않게 강력한 법이다. 언제 어디서 개최되든 현대 예술 전시회를 관람하는 관객들의 인파는 거기에 호기심 이상의 어떤 것이 있음을 입증한다. 호기심에 지나지 않는 것이라면 사람들은 이미 옛날에 충족되고 말았을 것이다. 현대 예술 작품에 대하여 치루어지는 엄청난 가격은 사회가 그 작품에 부여하는 지위를 측정하는 척도가 된다.

사람들이 매혹되는 것은 그들의 무의식이 흔들렸을 때이다. 현대 예술 작품이 일으키는 효과는 눈에 보이는 외형만으로 전부 다 설명될 수는 없다. '고전적'이거나 '감각적'인 예술에 훈련된 눈에는 그들 작품은 새롭고 이질적이다. 비구상 예술 작품 속의 어느 것도 관람객에게 그들 자신의 세계—그들의 일상생활 속의 물체나 그들에게 익숙한 말을 하는 사람이나 동물—를 상기시켜 주지 않는다. 예술가가 창조한 우주에는 아무런 환영이나 눈에 띄는 조화도 없다. 그러나 의심할 바 없이 거기에는 인간적 유대가 있다. 그것은 감정과 공감에 직접 호소하는 감각적 예술 작품보다 더욱 강렬하다.

현대 예술가의 목표는 인간의 내적 환영과 인생과 세계의 영적 배경을 표현하는 데 있다. 현대 예술 작품은 구체적이고 '자연 그대로의' 감각적 세계의 영역뿐만 아니라 개인적인 영역까지도 포기하였다. 그것은 극히 집단적이어서(심지어 상형문자의 약자로 된 그림일지라도) 소수의 사람들뿐만 아니라 많은 사람들을 감동시킨다. 개인적인 것으로 남아 있는 것은 현대 예술의 표현 방법과 그 양식과 질이다. 예술가의 기도가 진실되며 그들의 표현이 자발적이며 모방하거나 효과만을 노리지 않았는가를 문외한이 알아내는 것은 어려울 때가 많다. 많은 경우 문외한은 새로운 종류의 선과 색채에 익숙해져야 한다. 외국어를 배울 때와 마찬가지로 선과 색채를 배운 후에야 그 표현과 특성을 판단할 수 있다.

현대 예술의 선구자들은 그들이 얼마나 많은 것을 대중에게 요구하고 있는가를 분명히 알고 있었다. 20세기의 예술가들처럼 그들의 목표에 대하여 그렇게 많은 '선언문'과 설명서를 출판한 예술가들은 없었다. 그러나 그들이 하고 있는 것을 설명하고 정당화하려고 노력하는 것은 다른 사람들에 대한 것일 뿐만 아니라 자신에 대한 것이기도 하다. 대부분 이들 선언문은 예술적 신념의 고백이자, 오늘날의 예술적 활동이 초래한 이상한 결과를 명백히 하려는 시적이며 때로는 자기 모순에 찬 시도이다.

물론 우리에게 중요한 것은(항상 그러하였지만) 예술 작품과 직접 부딪치는 일이다. 그러나 현대 예술

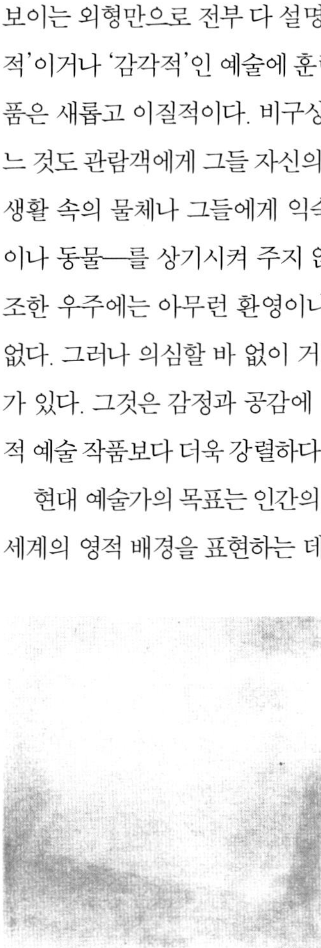

감각적(또는 구상적) 예술 대 사상적(또는 비사실적)예술.

19세기 영국의 화가 윌리엄 프리스William Frith가 그린 그림으로 도박사의 몰락을 묘사한 연작의 부분. 이 그림은 극단의 구상주의 예술 작품의 하나이나 매너리즘과 감상에 빠져 있다. ➜

← 카지미르 말레비치Kazimir Malevich(1878~1935)가 그린 극단적인 상상적(그리고 여기서는 '추상적') 예술 작품.

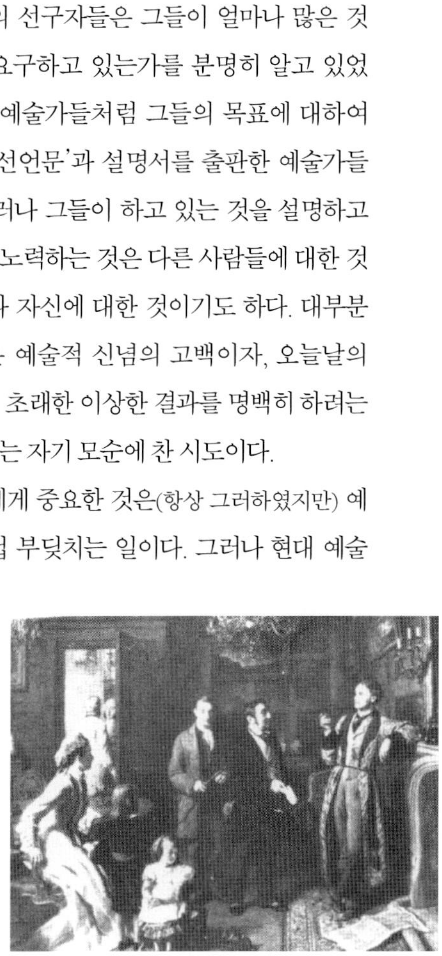

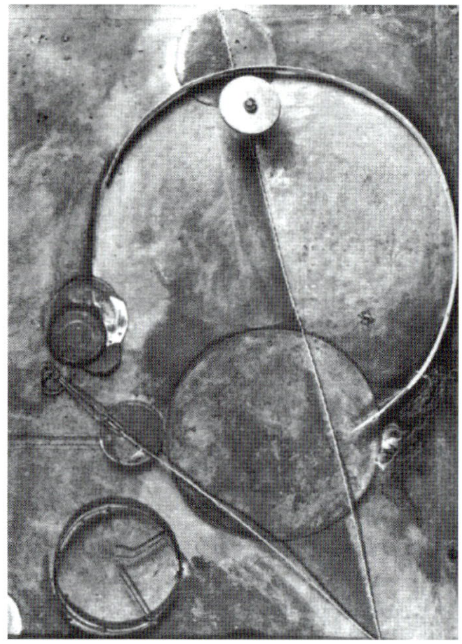

↑ 쿠르트 슈비터스Kurt Schwitters(1887~1948)가 그린 두 개의 구성. 이러한 종류의 그의 상상적 예술은 평범한 물건, 이 경우에는 낡은 기차표, 신문지, 금속 등을 사용한다.(위의 오른쪽, 왼쪽)

↓ 나무 조각들을 비슷하게 사용한 한스 아르프Hans Arp(1887~1966)의 작품.(아래 왼쪽)

피카소Picasso(1881~1973)가 만든 조각 작품에서 평범한 물체들—나뭇잎들—은 소재라기보다는 오히려 주제의 일부로 사용되었다.(아래 오른쪽)

의 상징적 내용에 대하여 관심을 가지고 있는 심리학자에게는 이러한 선언문 같은 글을 연구하는 것이 가장 유익하다. 이러한 까닭에 다음의 논란 가운데서 나는 가능한 한 예술가들이 그들 자신에 관하여 많이 이야기할 수 있도록 허용할 것이다.

현대 예술의 시초는 1900년대 초에 나타났다. 초보적인 시기에 나타난 가장 인상적인 인물 중의 하나는 20세기 후반의 회화에서도 그의 영향의 흔적을 찾아볼 수 있는 칸딘스키Kandinski이다. 그의 견해는 많은 것을 예견하고 있었다. 『형식에 관하여』*Concerning Form*라는 평론에서 그는 다음과 같이 서술하였다. "오늘날의 예술은 계시의 단계까지 성숙된 정신을 구현한다. 이러한 구현의 형태는 두 개의 극단, (1) 고도의 추상, (2) 고도의 사실주의 사이에 배치되어 있다고 보아도 될 것이다. 이 두 개의 극단은 두 개의 길을 열며, 두 개의 길은 결국은 하나의 목표에 다다른다. 이 두 가지 요소는 항상 예술 속에 존재하여 왔으며, 전자는 후자 속에 표현되었었다. 오늘날엔 그들이 계속 별개로 존재하려 하는 것처럼 보인다. 구상으로써 추상의 쾌적한 완성을 수행하며, 또한 추상으로써 구상을 완성하는 기쁨을 얻는 예술도 이제는 종언을 고할 때가 온 듯하다."[27]

추상과 구상의 두 요소가 서로 분리되었다는 칸딘스키의 논점을 다음 예로 설명해 본다. 1913년 러시아 화가 카지미르 말레비치Kazimir Malevich는 단지 흰 바탕 위에 한 개의 검은 정사각형만을 그렸다. 이것은 아마 처음으로 그려진 순수한 '추상화'일 것이다. 그는 이에 대하여 "물체의 세계라는 무거운 짐으로부터 예술을 벗어나게 하기 위한 필사적인 노력으로 나는 정사각형의 형태로 피난하게 되었다"라고 썼다.

일년 뒤 프랑스 화가 마르셀 뒤샹Marcel Duchamp은 임의로 선택한 물체(병을 세워 두는 선반)를 대좌 위에 세워 놓고 이를 전시하였다. 장 바젠Jean Bazaine은 이에 대하여 다음과 같이 썼다. "이 병을 세워 놓은 선반은 실용적인 상황에서 떨어져 나와 해변에서 씻겨졌으며 이 선반은 버려진 물건의 고독한 위엄에 싸여 있다. 아무 데도 쓸모가 없지만 무엇에인가 쓰여질 준비가 되어 있으므로 그것은 살아 있는 것이다. 그것은 존재의 가장자리에서 자신의 불온하고 부조리한 삶을 살고 있다. 마음을 어지럽히는 물체, 이것이야말로 예술의 제일보이다."

이상한 위엄과 버림받음 속에서 물체는 끝없이 품위가 높아지고 마술적이라고 할 수밖에 없는 의미를 갖게 되었다. 그러므로 그 물체는 "불리하고 부조리한 삶"을 살게 된다. 그것은 우상인 동시에 조롱의 대상이 되었다. 그것의 내적 현실은 말살되었다.[28]

말레비치의 정사각형과 뒤샹의 병을 세워 놓은 선반은 엄격한 의미에서 예술과는 상관이 없는 상징적인 제스처이다. 그 후 수십 년간의 상상적 예술은 이 양극단('고도의 추상'과 '고도의 사실주의')에서 정립되고 이해되었다.

심리학적 관점에서, 있는 그대로의 객체(물질)와 있는 그대로의 비객체non-object(영靈)에 대한 두 가지 몸짓은 1차세계대전의 재난이 있기 전 수년간 그 상징적 표현을 만들어 냈던 집단정신의 균열을 가리키고 있다. 이러한 균열은 문예부흥기에 처음으로 나타났으며, 이 당시에는 지식과 신앙 사이의 갈등으로 표현되었었다. 그러는 사이에 문명은 인간을 본능적 기반으로부터 점점 멀어지게 하였고 자연과 마음mind 사이에, 의식과 무의식 사이에 큰 간격이 생기게 되었다. 이러한 대극은 현대 예술이 표현하려는 정신적 상황의 특징이 되고 있다.

은밀한 혼을 지닌 사물

지금까지 우리가 보아 온 바와 같이 '구상'의 시발점은 뒤샹의 유명한—또는 소문난—병을 세워 놓는 선반이었다. 병을 세워 놓는 선반은 본질적으로 예술적인 시도는 아니었다. 뒤샹은 자신을 "반예술가"라고 불렀다. 그러나 그것은 지금까지 미지에 싸여 있던 어떤 요소를 밝혀 주었으며, 그것은 그 뒤의 예술가들에게 오랫동안 많은 의미를 부여하였다. 이들이 그것에 붙인 이름은 *object trouvé* 즉 〈기성품〉이었다.

예를 들면 스페인의 화가 호안 미로Joan Miró는 새벽마다 해변에 나가 "파도에 씻긴 물건, 거기서 누군가가 그들의 성격을 발견해 주기를 기다리고 있는 것들을 수집한다." 그는 그가 발견한 물건들을 화실에 보존한다. 때때로 그는 그중 일부를 모아 매우 진기한 구성을 만든다. "예술가는 때때로 자신의 창조물의 모습에 놀라곤 한다."[29]

1912년으로 거슬러 올라가면 스페인 태생의 예술가 파블로 피카소Pablo Picasso와 프랑스 예술가 조르주 브라크Georges Braque는 쓰레기 조각으로 소위 '콜라주'collage를 만들었다. 막스 에른스트Max Ernst는 이른바 큰 사건이 일어났던 해에 발행된 화보에서 기사를 오려내서 그의 기호에 따라 조립하여 부르조아 시대의 융통성 없는 고체성을 악마 같은 몽환적 비현실로 변환시켰다. 독일의 화가 쿠르트 슈비터스Kurt Schwitters는 쓰레기통에 들어 있는 물건을 가지고 작업하였다. 그는 못, 갈색 포장지, 다 해진 신문 조각, 기차표, 헝겊 부스러기를 사용하였다. 그는 이러한 쓰레기를 진지하고 신선하게 조립하여 놀랍게도 이상한 미적 효과를 일으키는 데 성공하였다. 그러나 슈비터스는 물건에 집착한 나머지 그의 이러한 구성양식이 단순히 황당무계한 것에 머무는 결과가 되기도 했다. 그는 자칭 "물건들을 위하여 지은 성당"a cathedral built for things이라는 쓰레기로 만든 건축물을 만들었다. 슈비터스는 10년간이 작업을 계속하였고, 성당을 짓는 데 필요한 공간을 얻기 위하여 자신의 3층 집을 헐어야 했다.

슈비터스의 작품과 마술적인 물체의 앙양은 인간의 정신사 속에 현대 예술이 차지하는 위치와 그 상징적 의미에 관한 첫 암시가 된다. 그들은 무의식적으로 영속되고 있는 전통을 밝혀 주고 있다. 그것은 이 세상의 물질에도 종교적 명상을 베풀 만한 위엄을 인정한 중세기의 밀교적 기독교도의 우정의 전통hermetic Christian brotherhood과 연금술사들의 전통이다.[30]

슈비터스가 매우 조잡한 물건을 예술적인 위치로, 즉(그 속에는 사람이 발 디딜 틈 없이 쓰레기가 들어차 있는) '성당'으로 높인 것은, 찾고자 하는 고귀한 물체가 오물 속에서 발견된다는 옛날 연금술의 교의를 성실하게 다룬 것이다. 칸딘스키도 같은 생각을 표시하였다. "'죽은' 모든 것은 흐느끼고 있다. 시에 나오는 별과 달, 나무와 꽃뿐만 아니라 길가 웅덩이에서 반짝거리며 빛나는 흰 바지 단추조차도 …… 모든 사물은 은밀한 혼을 가지고 있으며, 그것은 우리에게 말을 건넬 때보다는 침묵을 지킬 때가 더 많다."[31]

연금술사와 마찬가지로 예술가들도 깨닫지 못했던 것은 그들이 자신의 정신의 일부를 물질이나 무생물에 투사하고 있다는 심리학적 사실이다. 그러므로 이러한 사물 속에 '신비한 생기'mysterious animation가 들어 있고 쓰레기조차 커다란 가치를 지니게 된 것이다. 그들은 자신의 어두운 면, 현세적인 그림자shadow, 그들의 시대가 잃어버리고 포기한 심적 내용을 그곳에 투사하였다.

그러나 연금술사와 달리 슈비터스와 같은 사람들은 기독교 교단에 포용되거나 그 보호를 받고 있지는 않았다. 어떤 의미에서 슈비터스의 작업은 이에 반하고 있다. 기독교가 물질의 정복을 추구하는 데 반하여 일종의 편집광monomania으로 물질에 구속되어 있었다. 그런데 역설적인 것은 그의 작품이 만들어 낸 물질에서 구체적 현실이라는 그 본래의 중요성을 박탈해 버린 것은 바로 슈비터스의 편집광 때문이었다는 사실이다. 그의 그림에서 물질은 '추상적인' 구성으로 변하고 있다. 그리하여 물질은 실체성을 버리고 분해되기 시작하였다. 바로 이러한 과정에서 이 그림들은 우리 시대의 상징적 표현이 되었다. 우리는 물질의 '절대적' 구체성이라는 개념이 현대의 핵물리학으로 말미암아 흔들리고 있음을 보아 오고 있는 것이다.

화가들은 '마술적인 객체'와 사물의 '은밀한 혼'에 대하여 생각하기 시작하였다. 이탈리아의 화가 카를로 카라Carlo Carrà는 다음과 같이 썼다. "예술의 찬란한 전체가 깃들어 있는 보다 높고 뜻깊은 존재의 상태를 자각할 수 있도록 하는 단순한 형은 지극히 평범한 사물을 통하여 나타난다." 폴 클레는 "객체는 그것이 우리 눈에 비치는 외형 이상의 것임을 우리가 알게 됨으로써 외형의 한계를 넘어 확장된다"고 말하였다. 그리고 장 바젠Jean Bazaine은 "객체는 우리들의 사랑을 일깨워 준다. 그것은 바로 객체 자체보다 더 큰 힘을 가지고 있는 듯이 보이기 때문이다"라고 하였다.[32),33),34)]

이러한 종류의 주장은 금속이나 돌과 같은 무생물의 속이나 이면에 영靈이 들어 있다고 믿는 '물질 속의 영靈'spirit in matter이라는 옛날 연금술의 개념을 상기시킨다. 심리학적으로 해석하면 이 영靈은 무의식이다. 그것은 항상 의식적 또는 합리적인 지식이 한계에 도달하여 신비성이 개입될 때 나타난다. 왜냐하면 인간은 설명할 수 없고 신비한 것을 자신의 무의식의 내용으로 채우려는 경향을 가지고 있기 때문이다. 말하자면 인간은 그것들을 어둡고 텅 빈 그릇 속에 투사한다.

객체가 '눈에 비치는 것 이상'의 것이라는 감정은 많은 예술가들이 공통적으로 느끼고 있으며, 이탈리아의 화가 조르지오 데 키리코Giorgio de Chirico의 작품에서 가장 두드러지게 표현되어 있음을 발견할 수 있다. 그는 기질상 신비주의자였다. 그러나 그가 추구하였던 바를 끝내 발견하지 못한 비극적인 탐구자였다. 그는 그의 〈자화상〉(1908)에 대하여 *Et quid amabo nisi quod aenigma est*(그리고 수수께끼가 아니라면 무엇을 사랑하려고 할 것인가?)라고 썼다.

키리코는 소위 형이상학적 회화*pittura metafisica*의

↓ '초현실주의' 예술의 일례 : 프랑스의 화가 르네 마그리트René Magritte(1898~1967)의 〈빨간 신〉*Les Souliers Rouges*이라는 그림. 초현실주의 회화의 마음을 산란케 하는 효과의 대부분은 서로 무관한 대상들에 대한 연상과 병치—흔히 불합리하고 비합리적이며 꿈과 같은—에서 유래된다.

↓ 조르지오 데 키리코Giorgeo de Chirico(1888~1978)와 마르크 샤갈Marc Chagall(1887~1985)은 모두 사물의 외양 뒤의 이면을 보려고 노력하였다. 그들의 작품은 무의식의 심층으로부터 나온 것처럼 보인다. 그러나 키리코의 비전(그의 작품, 〈철학자와 시인〉*Philosopher and Poet*)은 침울하고 우울하고 심지어 악몽과도 같았다.

↑ 샤갈의 비전은 항상 풍부하고 따뜻하고 생생하다. 그가 예루살렘의 유대 교회당을 위하여 1962년 제작한 거대한 색유리로 된 창문 중 하나.

← 키리코의 〈사랑의 노래〉*Song of Love*에서 대리석의 여신 두상과 고무장갑은 미련할 정도로 심한 대립을 보여 준다.

카를로 카라Carlo Carrà(1881~1966) → 의 〈형이상학적 시신詩神〉*Metaphysical Muse*의 얼굴 없는 마네킹은 키리코의 작품에서도 흔히 등장하는 주제이다.

창시자였다. 그는 다음과 같이 기술하였다. "모든 객체는 두 개의 측면을 가지고 있다. 그 하나는 우리가 보통 그렇게 보고 다른 사람들에게도 그렇게 보이는 통상적 측면이고, 또 다른 하나는 영적이고 형이상학적인 면인데 이것은 단지 소수의 사람만이 투시의 순간이나 형이상학적 명상을 하는 순간에 볼 수 있는 측면이다. 예술 작품은 가시적 형태로는 나타나지 않는 어떤 것과 연결되어야 한다."[35]

키리코의 작품은 물체의 이와 같은 '영적인 측면'을 보여주고 있다. 그것은 현실을 꿈처럼 바꾸어 놓은 것인데 마치 무의식으로부터 일어나는 환영과도 같다. 그러나 그의 '형이상학적 추상'은 공포에 질린 듯 딱딱하게 표현되고 그림의 분위기는 하나의 악몽과도 같고 끝없는 우울증에 빠져 있는 듯하다. 이탈리아의 도시의 광장, 탑, 그리고 그 밖의 다른 물체들은 마치 진공상태에 있는 듯이 아주 날카로운 원근법으로 그려져 있고, 보이지 않는 곳에서 오는 무자비하고 차가운 빛으로 비추이고 있다. 고풍한 신의 두상이나 조상은 고전적인 과거를 불러일으킨다.

그의 가장 무시무시한 그림 중의 하나는 여신의 대리석 두상 옆에 현대적 의미에서 '마술적인 물체' magic object라 할 수 있는 빨간 고무장갑 한 켤레가 놓여 있는 그림이다. 땅 위에 놓인 녹색 공은 지독한 대극을 합일하는 상징의 역할을 한다. 이 공이 없었다면 이 그림은 정신의 붕괴를 암시하는 그림 정도에 그치지는 않았을 것이다. 이 그림은 지나치게 머리를 써서 기교를 부린 그림이 아닌 것은 분명하다. 이것은 꿈을 그린 그림dream picture으로 이해되어야 한다.

키리코는 니체Nietzsche와 쇼펜하우어Schopenhauer의 철학에서 깊은 영향을 받았다. 그는 다음과 같이 쓴 일이 있다. "쇼펜하우어와 니체는 인생의 무의미성의 깊은 의미를 처음으로 가르쳤고 이러한 무의미성이 어떻게 예술로 전환될 수 있는가를 보여 주었다. …… 그들이 발견한 무서운 공허감은 바로 혼이 없는, 그리하여 물질의 고요한 아름다움 그 자체이다." 키리코가 "무서운 공허감"을 "고요한 아름다움"으로 바꾸어 놓는 데 성공하였는지를 의심해 볼 수도 있다. 그의 그림 중 어떤 것은 극심한 불안감을 주며, 많은 그림들은 악몽과 같은 공포를 느끼게 한다. 그러나 공허감을 예술적으로 표현하려는 그의 노력은 현대인의 실존적 딜레마의 핵심을 찌른 것이다.

키리코가 그의 권위자로 받들어 인용한 니체는 이러한 무서운 공허감을 가리켜 "신은 죽었다"고 말하였던 것이다. 니체를 언급함이 없이 칸딘스키는 『예술에서의 정신적인 것에 관하여』*On the Spiritual in Art*라는 저서에서 "천국은 비었다. 신은 죽었다"라고 서술하였다. 이런 종류의 문구는 역겨운 소리로 들릴 수 있을 것이다. 그러나 그것은 새로운 말은 아니다. '신의 죽음'과 그 즉각적인 결과인 '형이상학적인 공허감'에 대한 생각은 19세기의, 특히 프랑스와 독일의 시인들의 마음을 괴롭혔다. 20세기에 들어와 공개적으로 토론할 수 있는 단계에 도달하여 예술에서 그 표현을 찾아내기까지는 오랜 발전의 시간이 필요하였다. 그러나 결국 현대 예술과 기독교 사이에 틈이 생기고 말았다.

융도 신의 죽음이라는 이상하고 신비한 현상이 우리 시대의 정신적 현실인 것을 알게 되었다. 1937년 그는 "무수한 사람들이 이미 알고 있는 것을 여기에 표현하거니와 나는 현 시기가 신의 소멸과 죽음의 시각임을 알고 있다"라고 썼다. 여러 해 동안 그는 환자의 꿈에서, 즉 현대인의 무의식에서 기독교적인 신의 이미지가 사라져 가고 있음을 관찰하였다. 이러한 신의 상의 상실은 삶에 의미를 부여하는 가장

가장 유명한 현대 '초현실주의' 화가 중의 한 사람은 살바도르 달리 Salvador Dali(1904~1989)이다.

↑ 그의 유명한 그림 〈불타는 기린〉*The Burning Giraffe*.

↓ 막스 에른스트Max Ernst의 〈박물지〉*Historie Naturelle* 중의 프로타주frottages(보통 타일 위에 긁힌 자국을 문질러서 얻음).

중요한 요소의 상실을 의미하는 것이다.[36), 37), 38)]

그러나 신이 죽었다는 니체의 주장도, 키리코의 '형이상학적 공허감'도, 융의 무의식적 이미지로부터의 추론도, 신이나 초월적인 존재, 비존재의 현실과 실재에 관하여 아무것도 궁극적인 것을 말하지 않는다는 점을 지적하지 않을 수 없다. 그것들은 인간의 주장이다. 융이 『심리학과 종교』*Psychology and Religion*에서 보여준 바와 같이 이러한 주장들은 어느 경우에나 이미지나 꿈, 또는 관념이나 직관과 같은 확실한 형태로 의식 속에 들어온 무의식의 심리 내용에 기반을 두고 있는 것이다. 이러한 내용의 근원과 그러한 변환(살아 있는 신으로부터 죽은 신으로의)의 원인은 미지의 것으로 신비의 영역에 남아 있게 될 것이다.

키리코는 무의식이 그에게 제기한 문제의 해결하지 못했다. 그의 실패는 그가 인간의 모습을 표현한 것에서 가장 확실하게 알 수 있다. 현재와 같은 종교적 상황에 처해서 비인격적이지만 새로운 위엄과 책

에른스트의 〈박물지〉는 자연에서 나타나는 '우연한' 패턴에 대해 과거에 가졌던 흥미와 유사하다.

↓ 네덜란드 박물관에 전시되고 있는 18세기의 판화. 이 그림 역시 산호와 돌과 해골을 담은 일종의 초현실파의 '박물지'이다.

임을 부여해야 할 대상은 바로 인간 자신이다(융은 이것을 의식에 대한 책임이라고 기술하였다). 그러나 키리코의 작품에서 인간은 영혼을 박탈당한다. 인간은 *Manichino*, 즉 얼굴이 없는(따라서 의식도 없는) 꼭두각시가 된다.

그의 작품 〈위대한 형이상학자〉*Great Metaphysician* 에서는 얼굴 없는 모습이 폐품으로 만든 대좌 위에 놓여 있음을 본다. 이 모습은 형이상학에 관한 '진리' truth를 발견하려고 노력하는 사람을 풍자적으로 표현한 것이며, 동시에 궁극적인 고독과 무의미를 상징한 것이다. 또는 Manichino(다른 동료 예술가들의 작품에서도 등장하는)는 얼굴이 없는(개성이 없는) 집단 인간의 예고일지 모른다.[39]

40세가 되자 키리코는 그의 형이상학적 회화*pittura metafisica*를 포기하였다. 전통적인 양식으로 돌아섰지만 그의 작품은 깊이를 잃었다. 그의 무의식이 현대적 실존의 근본적인 딜레마에 빠졌던 창조적인 마음의 소유자에게는 '처음 출발하였던 곳으로 되돌아갈 수 없다'는 사실이 여기에 증명된다.

키리코의 대자對者를 우리는 러시아 태생의 화가 마르크 샤갈Marc Chagall에서 발견할 수 있을 것이다. 그의 작품이 추구하는 것도 '신비하고 고독한 시'와 '오직 소수의 사람들만이 볼 수 있는 사물의 영적인 측면'이다. 그러나 샤갈의 풍부한 상징은 동방의 유대교라고 할 수 있는 하시디즘Hasidism과 삶에 대한 따뜻한 감정에 뿌리박고 있다. 그는 공허감의 문제와도, 신의 죽음과도 직면하지 않았다. 그는 다음과 같이 썼다. "도덕적으로 황폐해진 우리의 세계에서 모든 것이 변할 것이다. 변하지 않는 것은 오직 따뜻한 마음, 인간의 사랑과 신성한 것을 알고자 하는 그의 노력이다. 모든 시와 마찬가지로 회화도 신성한 것과 관계를 가지고 있다. 오늘날의 인간들은 예전과 마찬가지로 이것을 느끼고 있다."

영국의 작가 허버트 리드Herbert Read경은 샤갈에 대해서, 그는 무의식으로 통하는 문턱을 완전히 넘어버린 적은 없지만 "항상 그를 살찌게 해주는 대지에 한 발을 딛고 있다"고 쓴 적이 있다. 이것이 바로 무의식과의 '올바른 관계'이다. 리드가 강조했듯이 "샤갈이 우리 시대의 가장 영향력이 큰 예술가 중 하나로 남아 있다"는 것은 무엇보다도 중요한 사실이다.[40]

키리코와 샤갈을 대조할 때 현대 예술에서의 상징을 이해하는 데 매우 중요한 의문이 생긴다. 의식과 무의식 사이의 관계가 현대 예술가의 작품에서 어떻게 구체화되는가? 또는 다른 말로 바꾸어 인간은 어디에 서 있는가?

프랑스의 시인 앙드레 브르통André Breton이 창시자로 간주되고 있는 초현실주의라고 불리는 운동에서 하나의 대답을 발견할 수 있을 것이다(키리코 역시 초현실주의자라고 불릴 수 있을 것이다). 의학도로서 브르통은 프로이트의 저서를 소개받았다. 그래서 그의 사상에서 꿈이 중요한 역할을 하게 되었다. 그는 다음과 같이 서술하였다. "인생의 근본적인 문제를 푸는 데 꿈을 이용할 수 없을까? 나는 꿈과 현실 사이의 명백한 대립은 일종의 절대적 현실, 즉 초현실에서 해결되리라고 믿는다."[41]

브르통은 훌륭하게 그 요점을 파악했다. 그가 추구한 것은 의식과 무의식 간의 대극을 조화시키는 것이었다. 그러나 그가 목표에 도달하기 위하여 취한 방법은 오히려 그를 방황하게 만들 뿐이었다. 그는 프로이트의 자유연상의 방법과 무의식으로부터 나온 단어나 문구를 아무런 의식의 지배도 받지 않고 받아 적는 자동기술automatic writing을 실험하기 시작하였다. 브르통은 이를 "어떠한 미학적 또는 도덕적 선입관과도 관계없는 독자적인 사고의 구술"

thought's dictation이라고 불렀다.

그러나 이러한 과정은 무의식적인 이미지의 흐름으로 향하는 길을 열기는 했지만 의식이 맡아야 할 중요하고, 심지어 결정적인 역할은 무시되고 있음을 가리키고 있다. 융이 이 책의 앞부분에서 보여주듯이 무의식의 가치에 대한 열쇠를 갖고 있고 따라서 결정적인 역할을 하는 것은 의식이다. 의식만이 이미지의 의미를 결정하고 현재의 구체적인 현실 속에서 인간의 의미를 인식할 수 있는 능력을 가지고 있다. 오직 의식과 무의식의 상호작용에서만 무의식은 그 가치를 입증할 수 있고, 아마도 공허감에 따른 우울을 극복할 수 있는 방법도 보여줄 수 있을 것이다. 만일 무의식을 혼자 활동하도록 내버려 둔다면 무의식의 내용이 압도적인 힘을 갖게 되어 부정적이고 파괴적인 측면을 나타낼 위험성이 있다.

만일 우리가 이를 유념하여 초현실파의 회화(살바도르 달리Salvador Dali의 〈불타는 기린〉*The Burning Giraffe*과 같은)를 보면 그들의 풍부한 환상과 무의식적인 심상의 압도적인 힘을 느낄 수 있다. 그러나 우리는 대부분의 그러한 회화들이 만물의 종말에 관한 상징과 공포를 말하고 있음을 인식하게 된다. 무의식은 순수한 자연이며 자연과 같이 풍부한 재능이 거기서 쏟아져 나온다. 그러나 무의식을 혼자 내버려 두고 의식으로부터 인간적인 반응이 없으면 무의식은(다시 자연과 마찬가지로) 그 자체의 선물들을 파괴하고 조만간 그것들을 말살시켜 버릴 수 있다.

구성화를 그리는 수단으로써 우연chance을 이용하는 것과 관련하여 현대 회화에 있어서의 의식의 역할에 대한 의문이 다시금 제기된다. 막스 에른스트Max Ernst는 『회화를 넘어서』*Beyond Painting*에서 다음과 같이 썼다. "수술대 위의 재봉틀과 우산의 결합(그는 시인 로트레아몽Lautréamont의 말을 인용한다)은, 지금은 고전이 되었지만 이질적인 바탕 위에 뚜렷하게 이질적인 두 가지 요소를 결합시키는 것이 가장 강렬하게 시를 촉발시킨다고 초현실주의자가 말했듯이, 그들이 발견한 현상 중 잘 알려진 일례이다."

↑ 로마로부터 가까운 지역에서 사용되었던 순서대로 배열된 로마 시대의 주화들. (통치의 중심지로부터 가장 멀리 떨어진) 제일 오른쪽 주화의 얼굴은 와해되어 있다. 이것은 이상하게도 LSD-25와 같은 약물이 일으킬 수 있는 정신의 와해와 부합된다.

↓ 1951년 독일에서 열린 실험에서 LSD-25를 복용한 예술가가 그린 것이다. 의식의 통제가 무의식에 의해 압도당할 때 그림들은 더욱 추상적으로 변한다.

브르통이 동일한 효과에 대하여 "토마토 위를 달리는 말馬을 구상화할 수 없는 사람은 천치다"라고 논평하였지만 문외한이 이것을 이해하기는 아마 어려울 것이다(우리는 키리코의 그림에 그려진 대리석 두상과 빨간 고무장갑의 '우연한' 결합을 상기할 수 있을 것이다). 물론 많은 이러한 결합들은 농담이나 난센스nonsense의 의도를 가지고 있다. 그러나 대부분의 현대 예술가들은 농담과는 근본적으로 다른 어떤 것에 관심을 기울여 왔다.[42)]

우연은 프랑스의 조각가 장(또는 한스Hans) 아르프Jean Arp의 작품에서 중요한 역할을 한다. 나뭇잎이나 그 밖의 형태들을 아무렇게나 배열한 목판화는 그가 말하였듯이 "겉모양의 세계 밑에서 침묵하고 있는 숨겨진 원초적 의미"를 찾기 위한 탐색을 달리 표현한 것이다. 그는 이것들을 "우연의 법칙에 따라 배열된 나뭇잎"과 "우연의 법칙에 따라 배열된 정사각형"이라고 불렀다. 이러한 구성에서 예술 작품에 깊이를 부여하는 것은 우연이다. 우연은 미지의 그러나 능동적인 질서와 의미의 원리를 가리키며 이 원리는 '은밀한 혼'으로 '사물' 속에 나타나게 된다.[43)]

나뭇결이나 구름의 형성들을 그들의 환상적 회화의 시발점으로 삼으려는 초현실주의자들의 노력의 바탕을 이루는 것은 무엇보다도(폴 클레가 말한) '우연을 본질적인 것으로 만들려는' 욕구다. 예를 들면 막스 에른스트의 생각은 레오나르도 다빈치Leonardo da Vinci로 거슬러 올라가는데 다빈치는 물감을 적신 스폰지를 벽에 던지면 튀겨진 반점에서 머리, 동물, 풍경과 그 밖의 많은 형태를 볼 수 있을 것이라는 보티첼리Botticheli의 말에 대하여 평론을 쓴 적이 있다.

에른스트는 1925년에 그가 어떻게 한 가지 환상에 쫓겨 다녔는지를 기술하였다. 그가 수없이 긁힌 자국이 나 있는 타일로 된 바닥을 바라보고 있을 때 어떠한 환상이 떠올랐다. "나의 명상과 환각 능력에 근거를 부여하기 위하여 임의로 타일 바닥에 여기저기 종이를 깔고 흑연을 문질러 일련의 그림을 만들었다. 완성된 그림을 주의 깊게 보았을 때 나는 서로 대조되는, 혹은 서로 중복된 그림의 일련의 환각적 지각이 갑자기 날카로워져서 깜짝 놀랐다. 나는 이들 '프로타주'frottage로부터 얻은 첫 번째 결과를 수집하여 〈박물지〉*Histoire Naturelle*라고 명명하였다."

에른스트가 이와 같은 몇 가지 프로타주의 상부나 배경에 고리나 원을 배치하여 그 그림에 독특한 분위기와 깊이를 준 사실은 매우 주목할 만한 일이다. 여기서 심리학자는 이미지의 자연언어의 무질서한 위험성을 자기충족의 정신적 전일성의 상징으로써 대항하거나 균형을 이루려고 하는 무의식적 충동을 인식할 수 있다. 고리나 원은 그림을 지배하고 있다. 정신적인 전일성은 자연을 지배하며, 그것 자체가 의미를 가지고 있고 또한 의미를 부여한다.[44)]

사물 속에 숨겨진 양식을 추구하려는 막스 에른스트의 노력에서 우리는 19세기 낭만주의와의 유사성을 발견할 수 있을 것이다. 그들은 자연의 '필적'hand writing에 대하여 말하였으며 이것은 날개나 달걀 껍질이나 구름, 눈, 얼음 결정, 그리고 꿈이나 환상에서와 똑같이 일어나는 그 밖의 '이상한 우연의 결합' 등 어느 곳에서나 볼 수 있다. 그들은 모든 것을 동일한 '자연의 회화적 언어'의 표현으로 보았다. 막스 에른스트가 실험에 의하여 만들어 낸 그림들을 〈박물지〉*Natural History*라고 부른 것은 정말로 낭만적인 태도였다. 그리고 그렇게 말한 것은 옳은 일이었다. 왜냐하면 (사물의 우연한 형상에서 그림을 만들어 낸) 무의식은 자연이기 때문이다.[45)]

에른스트의 〈박물지〉나 아르프의 우연한 구성이 생기면서 심리학자는 여러 가지를 깊이 생각하기 시작 하였다. 심리학자는 이 우연한 배열이—언제 어디서 나타나든—우연히 이를 발견한 사람에게 어떤 의미를 줄 것인가 하는 의문에 직면하고 있다. 이러한 의문과 더불어 인간과 의식이 중요시되며 또한 의미의 가능성을 찾게 된다.

우연이 창조한 그림은 아름다울 수도 있고 추할 수도 있으며, 조화될 수도 있고 조화되지 않을 수도 있다. 또한 내용이 풍부할 수도 있고 빈약할 수도 있으며, 잘 그려져 있을 수도 있고 못 그려져 있을 수도 있다. 이러한 요소들이 그림의 예술적 가치를 결정하지만(형태를 관조하는 데서 최상의 만족을 발견하는 사람이나 예술가에게는 이런 일이 때때로 한탄스러운 것이지만) 심리학자를 만족시킬 수는 없다. 심리학자들은 더 나아가 인간이 조금이라도 해독할 수 있는 한 우연한 배열이 가진 '암호'secret code를 찾아 이해하려고 노력한다. 아르프가 아무렇게나 긁어모은 물체의 숫자와 형태는 에른스트의 환상적인 프로타주의 세부細部만큼 많은 의문을 일으킨다. 심리학자에게 그것들은 상징이고 따라서 느낌으로 알 수 있을 뿐만 아니라 (어느 정도는) 해석될 수 있는 것들이다.

많은 현대 예술 작품들은 외관상 또는 실제적인 인간의 후퇴, 반성의 결여, 의식에 대한 무의식의 우세 등은 번번히 비평가들로부터 공격을 받을 여지를 마련했다. 비평가들은 병적 예술이라고 말하거나 그들의 그림을 미친 사람의 그림과 비교한다. 왜냐하면 정신의 무의식적인 영역으로부터 홍수처럼 흘러나온 내용에 의식과 자아-인격ego-personality이 가라앉거나 빠져 버리는 것이 정신병의 특징이기 때문이다.

오늘날에는 이러한 비교가 한 세대 전보다는 혐오의 대상이 덜 되고 있는 것이 사실이다. 융이 피카소에 대한 평론(1932)에서 그러한 종류의 연관성을 처음으로 지적하였을 때 빗발치는 분노를 불러일으켰다. 오늘날 취리히의 유명한 화랑의 목록에는 유명한 예술가에 대하여 "거의 정신분열증적인 강박증"이 있었다고 쓰여 있고, 독일의 작가 루돌프 카스너Rudolf Kassner는 게오르크 트라클Georg Trakl을 "가장 유명한 독일 시인"이라고 기술하고 이어 "그에게는 정신분열증적인 것이 있다. 그의 작품에서 그것을 느낄 수 있다. 즉, 작품 속에도 정신분열증의 기미가 있다. 과연 트라클은 위대한 시인이다"라고 하였다.[46]

현재는 정신분열증(조현병調弦病)의 상태와 예술적 환영이 서로 배타적이 아닌 것으로 알려져 있다. 내 생각에는 메스칼린mescaline과 그와 유사한 약물을 사용한 유명한 실험들이 이와 같은 태도의 변화를 가져오는 데 이바지한 것 같다. 이들 약물은 색채와 형태를 가진 강력한 환영을 일으켜 정신분열증과 다를 바 없는 상태로 만든다. 오늘날 이러한 약물에서 영감을 구하는 예술가가 한둘이 아니다.

현실로부터의 후퇴

프란츠 마르크Franz Marc는 "미래의 예술은 우리들의 과학적 확신을 형태로 표현할 것이다"라고 말한 적이 있다. 이것은 정말 예언적인 말이었다. 우리는 프로이트의 정신분석과 20세기 초의 무의식의 발견(또는 재발견)이 예술가에게 미친 영향을 추적한 바 있다. 또 하나 중요한 점은 현대 예술과 핵물리학의 연구 결과와의 연관성이다.

이를 단순한 비과학적인 용어로 말한다면 핵물리학은 물질의 기본 단위로부터 절대적인 구체성을 빼

앗아 갔다. 그것은 물질을 신비스럽게 만들었다. 역설적으로 질량과 에너지, 파장과 입자는 서로 교체될 수 있다는 사실이 증명되었다. 인과법칙은 어느 한계를 넘어서는 유효하지 못한 것이 되었다. 이러한 상대성, 불연속성, 역설이 단지 우리들 세계의 한계에서만, 단지 무한소(원자)와 무한대(우주)에만 해당된다는 것은 전혀 문제가 안 된다. 그것들은 현실 개념에 혁명적인 변화를 일으켰다. 그것은 전혀 다른 비합리적인 새로운 현실이 고전물리학의 법칙으로 지배되었던 우리의 '자연'세계의 현실 뒤에서 고개를 들기 시작한 까닭이다.

정신의 영역에서도 이에 상응하는 상대성과 역설이 발견되었다. 여기서도 또 하나의 세계가 의식 세계의 한계 위에 나타났고 이상하게도 핵물리학 법칙과 비슷한 미지의 새로운 법칙에 의하여 지배되었다. 핵물리학과 집단적 무의식의 심리학 사이의 유사성은 한때 융과 노벨 물리학 수상자인 볼프강 파울리Wolfgang Pauli 사이에 벌린 토론의 주제였다. 물리학과 집단적 무의식의 시간적 · 공간적 연속성은 말하자면 외형의 뒤에 숨겨진 동일한 현실의 외적 · 내적 측면으로 볼 수 있을 것이다(물리학과 심리학 사이의 관계는 결론에서 폰 프란츠가 논의할 것이다).

물리와 정신의 세계들 뒤에 있는 이 하나의 세계 one world의 특징은 그것의 법칙과 과정, 내용들이 상상할 수 없는 것이라는 점에 있다. 이 사실은 우리 시대의 예술을 이해하는 데 엄청나게 중요하다. 왜냐하면 현대 예술의 주요 주제도 마찬가지로 어떤 의미에서는 상상할 수 없는 것이기 때문이다. 그러므로 많은 현대 예술이 '추상적'으로 되었다. 금세기의 위대한 예술가들은 '물체 뒷면의 생명'에 눈으로 볼 수 있는 형태를 부여하려 하였고, 그들의 작품은 의식의 뒷면에 있는 세계(또는 꿈의 뒷면, 꿈은 드물게 볼 수 있는 유일한 비구상적인 것인 까닭에)를 상징적으로 표현하였다. 따라서 그들의 작품은 신체적인 외형과 정신적인 외형의 두 가지 영역의 공통적인 배경인 듯 보이는 '하나'의 현실, '하나'의 삶을 가리켜 준다.

단지 소수의 예술가만이 그들의 표현 형태와 물리학 및 심리학 사이의 관련성을 깨달았다. 칸딘스키는 현대 물리학적 연구에서 초기의 발견 당시 그가 느꼈던 깊은 감정을 표현한 대가들 중의 한 사람이다. "내 생각에 원자의 붕괴는 전 세계의 붕괴였다. 갑자기 가장 튼튼한 벽이 무너졌다. 모든 것이 불안정하고 불안전하며 연약하게 변하였다. 돌이 나의 눈앞에서 녹아 엷은 공기로 변하였다고 해도 나는 놀라지 않았을 것이다. 과학은 전멸된 것처럼 보였다." 이러한 환멸의 결과로 예술가들은 '자연의 영역'으로부터, '혼잡한 사물의 전경'으로부터 물러난 것이다. "그것은 마치 예술이 끊임없이 자연으로부터 유리되어 가는 것을 보는 것 같았다"고 칸딘스키는 덧붙여 말하였다.[47)]

이러한 사물의 세계로부터의 분리는 다른 예술가들에게도 어느 정도 같은 시기에 일어났다. 프란츠 마르크Franz Marc는 "우리는 수천 년간의 경험에서 사물의 외형을 비추는 시각적 거울을 들이대면 댈수록 사물은 말하기를 그친다는 것을 배워 오지 않았던가? 외형은 영원히 단조롭다 ……"라고 썼다. 마르크에게 예술의 목표는 "모든 것들의 뒷면에 살고 있는 이 세상 것이 아닌 삶을 드러내고 생활의 거울을 깨뜨려 존재를 과감하게 대면할 수 있도록 하는 것이다." 폴 클레는 다음과 같이 서술하였다. "예술가는 그의 비평가인 사실주의자들처럼 자연의 외부 형태에 확실한 의미를 부여하지 않는다. 그는 그렇듯 긴밀하게 외부 현실에 맺어져 있다고 느끼지 않는다. 왜냐하면 그는 자연의 외형적 산물에서는 창조 과정의 정수를 볼 수 없기 때문이다. 그는 외형적 산물보다 조형적 능력에 더욱 관심을 기울인다." 피에트 몬드리안Piet Mondrian은 입체파가 그 필연적 목표인 '순수한 현실의 표현'에 이르기까지 추상작용을 추구하지 않았다고 비난하였다. 그것은 주관적인 느낌과 생각에 좌우되지 않은 오직 '순수한 형태의 창조'로써 달성될 수 있다. "변화하는 자연의 형태 이면에 변화하지 않는 순수한 현실이 있다."[48), 49), 50)]

상당수의 예술가들이 환상과 초현실주의, 꿈의 상과 우연의 활용 등을 통하여 사물을 변형시킴으로써 과거의 외형을, 배후의 기반을 이루고 있는 '현실'이나 '물질 속의 영靈'spirit in matter으로 바꾸려고 애써 왔다. 그러나 '추상'화가는 사물로부터 등을 돌렸다. 그들의 회화에는 알아볼 수 있는 구상적인 물체는 아무것도 들어 있지 않다. 그것은 몬드리안의 말대로 단순히 '순수한 형태'일 뿐이다.

그러나 이들 예술가들은 형태의 문제와 '구상'과 '추상' 또는 구상과 비구상 사이의 구별보다도 더 중요한 것에 관심을 두었음을 알아야 한다. 그들의 목적은 삶과 사물의 중심, 그들의 변함 없는 배경과 내적인 확신이었다. 예술은 신비주의로 변하였다.

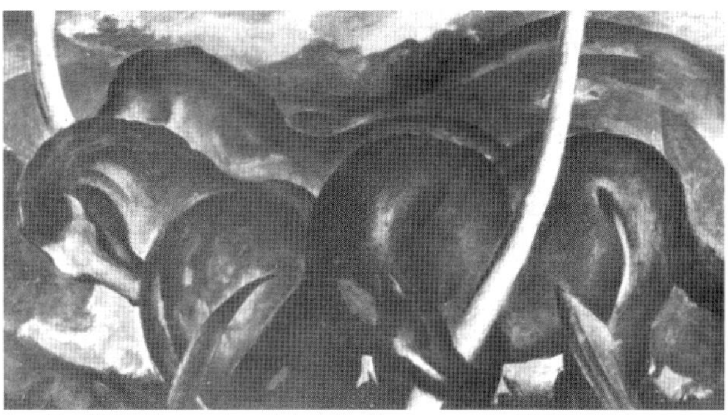

프란츠 마르크Franz Marc(1880~1916)가 그린 이 3장의 그림은 외적인 사물에 대한 관심으로부터 보다 완전한 '추상' 예술로 점진적으로 발전한 것을 보여 준다.

↑ 〈숲속의 노루〉*Roes in a Wood*(1913~14).

← 〈푸른 말들〉*Blue Horses*(1911).

↓ 〈형태의 유희〉*Play of Forms*(1914).

신비의 예술을 감싸고 있던 정신은 중세의 연금술사들이 메르쿠리우스Mercurius라고 부른 세속적인 정신이다. 메르쿠리우스는 이들 예술가들이 자연과 사물의 뒷면에서, '자연의 외형 뒷면에서' 알아내거나 찾으려 했던 것이다. 그들의 신비주의는 기독교에는 낯선 것이다. 왜냐하면 '메르쿠리우스적인' 정신은 '천상의' 영靈과 다르기 때문이다. 사실 예술에서 자신의 길을 만들어 내는 것은 기독교에서 보면 사악한 적이었다. 여기서 우리는 '현대 예술'이 지닌 진정한 역사적·상징적 의의를 볼 수 있게 된다. 중세기의 연금술운동과 마찬가지로 예술은 지상의 영의 신비주의이며, 따라서 기독교를 보상하는 현 시대를 표현한 것이라고 이해되어야 한다.

이러한 예술의 신비적 배경을 분명히 깨닫고 열렬하게 그것에 대하여 말한 예술가로서 칸딘스키를 따를 사람이 없었다. 그의 눈에는 모든 시대의 위대한 예술 작품의 중요성은 "표면이나 외형에 있는 것이 아니라 모든 뿌리 중에 뿌리, 즉 예술의 신비적 내용에 있다." 그리하여 그는 다음과 같이 말하였다. "예술가의 눈은 항상 자신의 내적 생활로 돌려져야 하며, 그의 귀는 내적 필요성을 알리는 소리를 듣기 위하여 정신을 바짝 차려야 한다. 이것만이 신비적인 환영이 요구하는 것을 표현하는 유일한 방법이다."

칸딘스키는 자신의 그림을 우주의 정신적 표현, 천구天球의 음악, 색채와 형태의 조화라고 불렀다. "형태는 그것이 아무리 추상적이고 기하학적일지라도 내적인 울림을 가지고 있다. 그것은 그 형태와 절대적으로 부합되는 효과를 가진 정신적 존재이다." 실제로 원 위에 그려진 삼각형의 예각이 주는 충격은 미켈란젤로의 그림에서 아담의 손가락에 신의 손가락이 닿는 것만큼이나 그 효과에 있어 엄청난 것이다.[51]

↑ 피에트 몬드리안Piet Mondrian의 〈회화 1번〉*Painting No.1* : 전적으로 추상적이고 기하학적인 형태의 사용을 통한(몬드리안의 용어로) '순수한 형태'로의 현대적 접근의 일례.

1914년 프란츠 마르크Franz Marc는 『잠언집』*Aphorisms*에 다음과 같이 기술하였다. "물질이란 인간이 겨우 견딜 만한 것이다. 인간은 그것을 인정하지 않는다. 세계에 대한 관조는 세계를 투시하는 형태로 변하였다. 어떠한 신비주의자도 숭고한 황홀경의 순간에 현대적 사고의 완전한 추상에 도달하거나 아주 깊은 추심으로도 측량하지 못하였다."[52]

현대 화가들 가운데 시인이라고 할 수 있는 폴 클레는 다음과 같이 말하였다. "예술가의 사명은 원초적인 법칙이 성장을 북돋아 주는 은밀한 터전까지 투시하는 것이다. (그것이 창조의 두뇌이든 창조의 가슴이든 간에) 모든 기능에 생명을 주는 시공의 온갖 운동의 중심에 머물기를 원치 않는 예술가가 어디에 있겠는가? 모든 사물의 비밀 열쇠가 숨겨져 있는 자연의 자궁 속에, 원초적인 창조의 땅에 …… 우리의 뛰는 가슴은 원초적인 바닥까지 깊이 내려가도록 한다." 이러한 심층에 이르는 여행에서 마주치는 것이 어떤 것이든 "그것이 눈에 보이는 형태로 표현하기 위한 적절한 예술적인 수단과 완전히 융합될 때는

↑ 폴 클레Paul Klee의 예술은 자연의 속과 뒷면에 있는 정신—무의식, 또는 그의 말에 의하면 "은밀하게 지각된 것"—의 시각적 탐색과 표현이다. 때로 그의 비전은 그의 작품 〈죽음과 불〉*Death and Fire*(왼쪽)에서와 같이 불안을 일으키거나 악마적일 수 있다. 또는 그의 작품 〈선원 신드바드〉*Sinbad the Sailor*(오른쪽)에서와 마찬가지로 보다 사적인 환상이 될 수 있다.

가장 진지하게 받아들이지 않으면 안 된다." 왜냐하면 클레가 덧붙여 말하였듯이 그것은 가시적인 것을 단순히 재생하는 문제가 아니기 때문이다. 즉, "은밀하게 지각된 것을 눈으로 볼 수 있도록 만드는 것이다." 클레의 작품은 원초적인 터전에서 유래된다. "나의 손은 전적으로 먼 곳에 있는 영역에 속하는 도구다. 나의 작품에서 작용하는 것은 나의 머리가 아니고 다른 것이다 ……" 그의 작품에서는 자연의 정신과 무의식의 정신이 분리될 수 없는 것이 되었다. 그것들은 클레의 마음을, 방관자인 우리의 마음을 그것들의 마술적인 원 속으로 끌어당겼다.[53)]

클레의 작품은 지하계의 신령들의—어떤 때는 시적이며 어떤 때는 악마적인—가장 복잡한 표현이다. 해학과 기괴한 생각들이 어두운 지하계로부터 인간 세계에 이르는 다리를 놓는다. 그의 환상과 현세 사이의 결합은 자연법칙에 대한 주의 깊은 관찰과 모든 피조물에 대한 사랑이다. 그는 "예술가에게 있어 자연과의 대화는 그의 작품의 필요불가결의 조건conditio sine qua non이다"라고 쓴 적이 있다.

가장 주목할 만한 젊은 '추상'화가 가운데 한 사람으로 44세에 자동차 사고로 사망한 미국인 화가 잭슨 폴록Jackson Pollock이 있다. 우리는 그의 작품에서 감추어진 무의식적 정신의 또 다른 형태의 표현을 발견할 수 있다. 그의 작품은 우리 시대의 젊은 예술가들에게 커다란 영향을 주었다. 「나의 그림」My Painting이라는 글에서 그는 자신이 일종의 황홀trance 상태에서 그림을 그렸음을 토로하였다. "내가 그림에 몰두하고 있을 때는 내가 무엇을 하고 있는지 의식하지 못한다. 일종의 '친숙기' 뒤에라야 비로소 나는 내가 무엇을 하고 있는지를 알게 된다. 그림은 그 나름대로의 생명을 가지고 있기 때문에 나는 이미지를 만들고 변화시키고 부수는 데 두려움을 느끼지 않는다. 나는 그 생명이 나타나게 하도록 노력한다. 그림의 결과가 엉망이 되는 것은 단지 내가 그림과의 접촉을 잃을 때뿐이다. 그렇지만 않다면 순수한 조화와 순조로운 타협이 이루어지고 훌륭한 그림이 나오게 된다."[54), 55)]

실제로 무의식적으로 그려진 폴록의 그림은 끝

없이 격렬한 감정으로 가득 차 있다. 그의 그림은 구조가 없기 때문에 거의 혼돈되어 색채, 선, 평면, 점들이 작열하는 용암처럼 흐른다. 그것들은 연금술사들이 말하는 혼돈의 덩어리massa confusa, 원질료prima materia 즉 혼돈—연금술의 과정에서 귀중한 원질료를 정의하는 모든 방법이며, 존재의 본질을 탐색하는 시발점—과 유사한 것이라고 생각할 수 있다. 폴록의 그림은 무엇이든지 될 수 있는 무, 즉 무의식 자체를 나타낸다. 그것들은 의식과 존재가 등장하기 이전의 시대에 살고 있는 듯이 보이며; 또한 의식과 존재가 소멸된 후의 환상적인 풍경처럼 보인다.

금세기 중반에는 아무런 일정한 형태나 색채의 규칙이 없는 순수한 추상화가 가장 흔하게 회화에 표현되고 있다. '현실'의 분해가 심하면 심할수록 그림은 더욱 상징적인 내용을 잃게 된다. 그 이유는 상징의 성질과 기능에 있다. 상징은 이미 알고 있는 세계에 있는 하나의 대상으로 미지의 어떤 것을 암시하는 것이다. 즉, 상징은 표현할 수 없는 것의 삶과 의미를 표현하는 이미 알고 있는 어떤 것이다. 그러나 순전히 추상적인 그림에서는 알고 있는 것의 세계는 완전히 사라져 버렸다. 미지의 어떤 것과 다리를 놓을만한 것은 아무것도 남지 않았다.

다른 한편 이러한 추상적인 그림들은 예기치 않은 배경과 숨겨진 의미를 나타낸다. 그림들은 때때로 어느 정도 정확한 자연 그 자체의 이미지가 되며, 자연의 유기적·무기적인 성분의 분자 구조와 놀랍게도 유사함을 보여준다. 이런 사실은 우리를 어리둥절하게 만든다. 순수한 추상은 구체적인 자연을

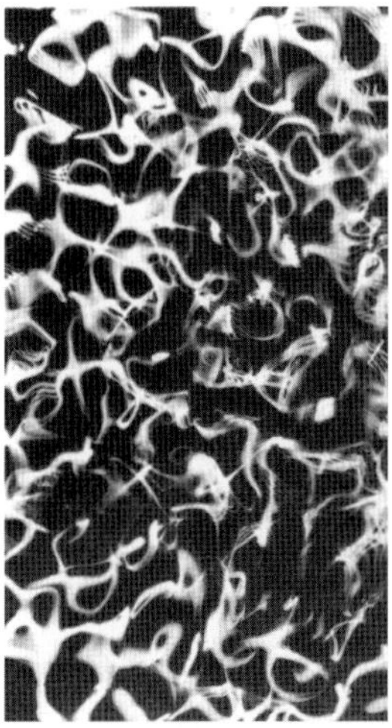

유사한 형태로서 글리세린 ➔ 에 음파를 보내어 만들어진 진동 패턴이다.

➔ 잭슨 폴록Jackson Pollock의 그림들(오른쪽 : 그의 작품 No.23)은 프랑스의 '행동파' 화가 조르주 마티외Georges Mathieu(왼쪽)와 같은 다른 현대 예술가들처럼 황홀 상태에서(무의식적으로) 그려졌다. 무질서하지만 강력한 결과는 연금술의 혼돈의 덩어리massa confusa와 비교될 수 있고, 현미경 사진에서 밝혀진 지금까지 숨겨졌던 물질의 형태와 이상하게도 비슷하다.

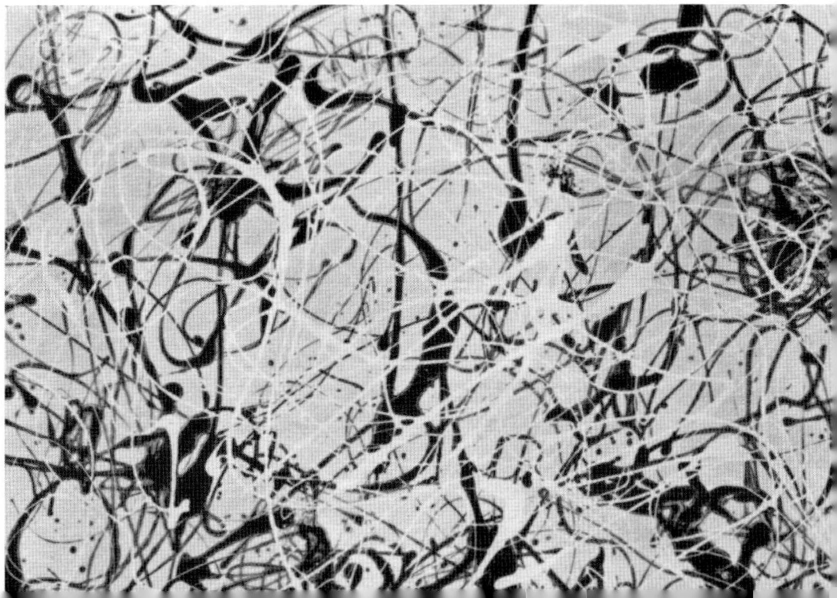

나타내는 한 개의 이미지가 되었다. 아마 융이 이를 이해할 수 있는 실마리를 줄 것 같다. 그는 이렇게 말하였다. "정신의 더 깊은 층은 어두운 심층 속으로 점차 물러남에 따라 개인적인 특성을 잃는다. 아래로 내려가 자율적인 기능체계에 접근할수록 그것들은 더욱 집단적인 것이 되어 마침내는 육체의 물질성, 즉 화학 물질로 보편화되고 특이성을 잃게 된다. 인체의 탄소는 단순히 탄소일 뿐이다. 그러므로 정신도 '밑바닥에서는' 단순히 '세계'일 뿐이다."[56)]

추상화와 현미경 사진을 비교하여 보면 상상적 예술의 철저한 추상주의가 어느새 놀랍게도 '자연주의적'naturalistic으로 되었고 그 주제는 물질의 성분임을 알 수 있게 된다. 금세기 초에 분리되었던 '고도의 추상주의'와 '고도의 사실주의'는 다시 합치되었다. 우리는 "양극단은 두 개의 길을 열지만 종국에는 모두 한 개의 목표와 통한다"는 칸딘스키의 말을 상기한다. 이 목표, 즉 합일점은 현대의 추상화에서 성취되었다. 그러나 이것은 완전히 무의식적으로 이루어진 것이다. 이런 과정에서 예술가의 의도는 아무런 역할도 하지 않는다.

이 점은 현대 예술에 관한 가장 중요한 사실과 통한다. 말하자면 예술가는 창작하는 작업에서 자신이 생각하는 만큼 자유스럽지 못하다는 것이다. 만일 예술가가 어느 정도 무의식적으로 그의 작업을 수행한다면 그것은 자연의 법칙에 의하여 지배되는 것이며, 이 자연의 법칙은 가장 심층에서 정신의 법칙과도 일치하는 역설 또한 성립될 수 있다.

현대 예술의 위대한 선구자는 예술의 진정한 목표와 그들의 인각을 남긴 정신이 솟아난 심층을 가장 선명하게 표현하였다. 비록 후대의 예술가들이 이를 깨닫지 못한 채 그와 같은 깊이를 헤아려 알지는 못하였지만 이 점은 중요하다. 더욱이 칸딘스키도, 클레도, 그리고 다른 어떤 초기의 현대 회화의 대가들도 자신들이 지하에 사는 신령들과 자연의 원초적 기반을 향한 신비한 침잠을 경험하고 있다는 중대한 심리학적 위험성을 깨닫지 못하였다. 이제 그러한 위험성이 무엇인지 설명되어야 하겠다.

그 시발점으로 우리는 추상예술의 또 하나의 측면을 알아야겠다. 독일의 작가 빌헬름 보링거Wilhelm Worringer는 추상 예술을 북부 사람들에게서 더욱 두드러지게 보이는 형이상학적인 불편함과 불안의 표현으로 해석하였다. 그가 설명한 대로 북방인은 현실적인 고통을 겪고 있다. 그들은 남부 사람들이 지닌 자연스러움을 부정하며, 상상적 또는 추상적 예술로 표현되는 초현실적 그리고 초관능적 세계를 갈구한다.

그러나 허버트 리드경이 「현대 예술의 약사」Concise History of Modern Art에서 언급한 바와 같이 형이상학적 불안은 이미 독일이나 북부 지방에만 국한된 것이 아니라 이제는 전체 현대 세계의 특징이 되었다. 리드는 1915년 초 자신의 일기에 클레의 말을 인용하여 다음과 같이 썼다. "세상이 무서워질수록 (오늘날 그러하듯이) 예술은 더욱 추상적으로 변한다. 반면 평화 시의 세계는 사실적인 예술을 만든다." 프란츠 마르크에게는 추상은 이 세상의 추악함으로부터 도피처를 제공하였다. "아주 어렸을 때 나는 인간이 추함을 느꼈다. 동물들이 더욱 사랑스럽고 순수한 듯이 보였다. 그러나 그들에게서도 구역질나고 끔찍한 것을 너무 많이 발견하였기에 나의 그림은 더욱 더 도식적이고 추상적으로 변하였다."[57), 58)]

우리는 1958년 이탈리아의 조각가 마리노 마리니Marino Marini와 작가인 에두아르 로디티Edouard Roditi 사이에 있었던 대화로부터 많은 것을 배울 수 있을 것이다. 마리니가 수년간 아주 다양하게 다루었던 지배적인 주제는 말을 탄 젊은이의 나상이었다. (2차세계대전이 끝난 후) 그들의 대화에서 그가 '희망과 감사의 상징'으로 기술하였던 초기의 변형version에서 기수는 두 팔을 뻗치며 몸을 약간 뒤로 젖히고 말을 타고 있다. 몇 해가 지나면서 더욱 '추상적'으로 주제를 다루게 되었다. 다소 '고전적'이었던 기수의 형태는 점차 분해되었다.[59]

이러한 변화의 바탕에 깔려 있는 느낌에 대하여 마리니는 다음과 같이 말하였다. "만일 당신이 지난 12년간 내가 만든 기마상을 연대순으로 본다면, 동물이 갖는 공포가 꾸준히 증가하고 있지만 뒷발로 서서 싸운다기보다 공포로 얼어버리고 마비되어 서 있음을 알게 될 것이다. 이것은 모두 내가 세계의 종말이 다가오고 있다고 믿기 때문이다. 모든 기마상에서 나는 짙어가는 공포와 절망감을 표현하려고 노력하였다. 이러한 방법으로 나는 죽어가는 신화의 마지막 단계, 승리한 영웅 개인의 신화, 도덕적인 인도주의자의 신화를 상징화하려고 한다."

민담과 신화에서 '승리의 영웅'victorious heroe은 의식의 상징이다. 마리니가 말하였듯이 그의 패배는 개인의 죽음을 의미하며, 사회적인 연관으로는 개인의 군중 속으로의 흡수, 예술에서는 인간적 요소의 쇠퇴로 나타나는 현상이다.

마리니의 양식이 '추상적'으로 되는 과정에서 고전적인 규범을 무시하고 있지 않는가라고 로디티가

마리노 마리니Marino Marini(1901~1966)가 1945년과 ➔ 1951년에 각각 제작한 두 개의 조각은 말과 기수의 주제가 어떻게 차분한 표현으로부터 고통스러운 공포와 절망의 표현으로 바뀌었는가를 보여 준다. 반면 조각 그 자체는 이에 따라 점점 더 추상적으로 변하였다.(위쪽, 가운데)

마리니의 후기 작품은 폼페이에서 발견된 시체들의 한결같이 공포에 휩싸인 모습에 영향을 받았다.(아래쪽)

묻자 그는 "예술이 공포를 표현하는 순간에 고전적인 이상으로부터 떨어져야 한다"고 답변하였다. 그는 그의 작품의 주제를 폼페이에서 발굴한 사체에서 발견하였다. 로디티는 마리니의 예술을 "히로시마 양식"이라 불렀다. 왜냐하면 그것은 세계 종말의 환영을 불러일으키기 때문이다. 마리니도 이를 인정하였다. 그는 자신이 마치 지상의 낙원으로부터 추방된 듯이 느꼈다고 말하였다. "최근까지 조각가는 아주 관능적이고 힘찬 형태를 표현하는 것을 목표로 삼았다. 그러나 지난 15년간 조각가들은 붕괴의 형태를 좋아한다."

마리니와 로디티의 사이의 대화는 '감각적' 예술로부터 추상으로의 변환을 잘 설명해 주고 있다. 이런 변환은 현대 예술 전시회를 찾아간 적이 있는 사람이면 누구나 잘 알 만한 일이다. 관람객들이 아무리 형태적인 특성을 높이 평가하고 칭찬하였다 하더라도 그들은 공포와 절망과 공격성과 조소를 결코 놓치지 않을 것이며 이것들은 그 많은 작품에서 마치 울부짖음처럼 울려 나오고 있는 것이다. 이들 그림과 조각에서 괴로움으로 표현된 '형이상학적 불안'은 마리니에게 그러했듯이 숙명적인 세계에 대한 절망에서 일어난 것일지 모른다. 그 밖의 다른 경우에는 그 강조하는 점이 종교적 요소, 즉 신이 죽었다는 느낌에 있는 것 같다. 이들 둘 사이에는 밀접한 연관성이 있다.

이러한 내적 고통의 밑바닥엔 의식의 패배(또는 오히려 후퇴)가 가로놓여 있다. 신비한 경험이 고조되는 가운데 한때 인간세계, 대지, 시간과 공간, 물질, 그리고 인생의 자연적인 삶에 인간을 얽매이게 하던 모든 것이 내던져지거나 무너져 버렸다. 무의식이 의식의 경험으로 평형을 이루지 못하면 무의식은 무자비하게 정반대의 또는 부정적인 측면을 드러낼 것이다. 구의 조화, 또는 원초적인 토대 위의 불가사의한 신비를 만드는 풍부한 창조의 울림은 파괴와 절망에 부딪치고 만다. 예술가가 무의식의 수동적인 희생물이 된 경우는 한두 번이 아니다.

물리학에서도 이면의 세계는 그 모순된 성질을 드러냈다. 자연의 가장 내적인 요소들이 지닌 법칙과 자연의 기본 단위인 원자에서 새로 발견된 구조나 관련성들은 전례 없는 파괴적 무기를 만들기 위한 과학적인 기초가 되었고, 인류의 전멸에 이르는 길을 터놓았다. 궁극적인 지식과 세계의 파괴는 자연의 원초적 토대를 발견함에 따른 두 가지 양상이다.

인간 의식의 중요성과 마찬가지로 무의식의 위험한 이중적 성질을 잘 알고 있었던 융은 파멸에 대항할 수 있는 유일한 무기를 인류에게 제공하였다. 그것은 개인의 의식에 호소하는 것이다. 극히 단순하게 보이면서도 매우 힘든 일이다. 의식이 절대로 필요한 것은 그것이 무의식을 보상하는 것인 때문만은 아니며, 또한 인생에 대한 의미의 가능성을 부여해 주기 때문만도 아니다. 의식은 또한 탁월한 실용적 기능도 가지고 있다. 외부 세계, 즉 이웃 사람들에게서 목격되는 악은 우리 자신의 정신 속에도 존재하는 사악한 내용임을 의식할 수 있다. 그리고 이러한 통찰은 이웃에 대한 태도에 변화를 일으키는 첫 번째 단계이다.

질투, 욕망, 관능, 거짓말, 그리고 잘 알려진 모든 악덕은 무의식의 부정적이고 '어두운' 면으로서 두 가지 방향으로 나타날 수 있다. 긍정적 의미로는 인간과 사물의 세계에 창조적인 생명을 불어넣어 주는 '자연의 영靈'spirit of nature으로 나타난다. 그것은 이 글에 자주 언급하였던 '지하계의 신령'chthonic spirit이다. 부정적 의미로는 무의식(동일한 정신)은 악의 정신으로, 파괴적인 충동으로 나타난다.

이미 지적한 바와 같이 연금술사는 이 영을 '메르쿠리우스의 영'the spirit Mercurius으로 인격화하였고 그럴싸한 충분한 이유하에 이를 메리쿠리우스 듀플렉스Mercurius duplex(두 얼굴을 가진 이중의 메르쿠리우스)라고 불렀다. 기독교의 종교적 언어로는 이것을 악마라고 불렀다. 그러나 아무리 이런 것이 있을 수 없는 것처럼 보일지는 모르지만 악마도 이중적인 면을 가지고 있다. 긍정적인 의미로 그는 루시퍼Lucifer, 문자 그대로 빛을 가져오는 사람으로 나타난다.

이렇듯 어렵고 모순된 생각에 비추어 보면, 현대 예술(지하계의 신령chthonic spirit을 상징하는 것으로 알아 왔던)도 역시 이중적인 면을 가진다. 긍정적 의미로 그것은 불가사의하고 심원한 자연적 신비주의nature-mystism의 표현이다. 부정적 의미로 그것은 단지 악하고 파괴적인 정신의 표현으로 해석될 수 있다. 두 가지 면은 서로 하나에 속해 있다. 왜냐하면 이러한 모순은 무의식과 무의식적 내용의 기본 성질이기 때문이다.

오해를 막기 위하여 한 번 더 강조해야 할 것은 이러한 고찰은 예술적·미학적 가치와 아무 관계도 없으며, 단지 현대 예술을 우리 시대의 상징으로 해석하는 입장에서 하는 말일 뿐이다.

대극의 합일

한 가지 더 지적하여야 할 점이 있다. 시대정신은 부단히 움직이고 있다. 그것은 보이지 않지만 확실히 흐르고 있는 강과도 같아 금세기와 같은 거센 삶의 흐름 속에서라면 10년이라 해도 긴 세월이다.

금세기의 중반 무렵 회화에 변화가 일어나기 시작하였다. 그것은 혁명적인 변화도 아니고 1910년경에 일어난 예술을 그 근저로부터 재건하려는 변화와도 다른 것이었다. 그러나 몇몇 예술가들은 예전에 들어 보지 못한 방법으로 그들의 목표를 공식화하였다. 이러한 변환은 추상화의 선구자들의 손에서 계속 추진되고 있다.

구체적 현실을 표현하는 것은 자꾸만 지나가 버리는 것을 순간순간에 붙잡아 두려는 인간의 원초적 욕구에서 생긴 것이지만 프랑스의 앙리 카르티에 브레송Henri Cartier Bresson과 스위스의 베르너 비숍Werner Bischof 및 그 외의 다른 사람들의 사진에서 진정한 구체적·감각적 예술이 되고 말았다. 그러므로 우리는 예술가들이 왜 자기 나름대로 내면을 파헤치거나 상상을 계속 추구하려는가를 이해할 수 있는 것이다. 그러나 꽤 많은 젊은 예술가들에게는 여러 해 동안 그려 온 추상화가 그들에게 아무런 모험이나 정복할 영역을 제공하지 않았다. 새로운 것을 추구하는 가운데 그들은 가장 가까이에 있으면서 지금까지 잊혀져 왔던 것, 즉 자연과 인간에게서 그들이 추구하는 바를 발견한 것이다. 그들은 과거에도 그리고 현재에도 자연을 그림 속에 재생시키는 데에 관심을 두지 않고 자연에 대해서 그들이 겪은 정서적 체험에 관심을 가지고 있다.

프랑스의 화가 알프레드 마네시에Alfred Manessier는 다음과 같은 말로 자신의 예술의 목표를 정의하였다. "우리가 다시 정복해야 할 것은 잃어버린 현실의 중요성이다. 우리 스스로 인간을 측정하는 데 있어 새로운 마음과 새로운 정신, 새로운 영혼을 갖추어야 한다. 화가의 진정한 현실은 추상주의나 사실주의에 있는 것이 아니라 인간으로서의 자신의 중요성을 획득함에 있다. 내가 보기에 현재의 비구상 예술은 화가로 하여금 자신의 내적 현실에 접근하고

자신의 본질적인 자기Self나 자신의 존재에 대한 의식을 파악할 수 있는 기회를 제공한다. 나는 화가가 앞으로 서서히 자신에게로 돌아와 자신의 중요성을 재발견하고 이를 강화시켜 세계의 외적 현실에 도달할 수 있으려면 자신의 위치를 재확인하여야만 한다고 믿는다."[60]

장 바젠Jean Bazaine도 비슷한 말을 한다. "오늘날의 화가들은 자신의 순수한 감정의 율동과 은밀한 심장의 박동을 구체적 형태로 구현시키는 일이 없이 그림을 그리고자 하는 커다란 유혹을 느끼고 있다. 그러나 이것은 단지 메마른 수학이나 일종의 추상적 표현주의로 귀착되어 마침내 단조로움과 점차적인 형태의 빈곤으로 끝을 맺게 된다 …… 그러나 인간을 그의 세계와 화해시킬 수 있는 형식는 '나눔의 예

↑ 20세기 중반의 예술은 자연과 대지를 연결하는 야외에서 자신의 작품을 전시한 장 르뤼사Jean Lurcat의 행동에서 보듯이 마리니와 같은 절망으로부터 벗어나는 듯 보인다.

← 베르너 비숍Werner Bischof(1916~1954)이 찍은 일본의 정경. 금세기에 이르러 현실의 묘사—화가와 조각가의 영역이었던—는 사진가에게 넘겨졌다. 사진기는 기록할 수 있을 뿐만 아니라(지난 수세기 간의 어떤 풍경화와 마찬가지로) 주제에 대한 사진사 자신의 정서적 체험을 표현할 수 있다.

술'art of communion이다. 이것으로써 인간은 언제라도 세계 속에서 아직 형체를 이루지 못한 그 자신의 모습을 인식할 수 있는 것이다."[61]

사실 예술가의 현재 마음은 자신의 내적 현실과 세계, 혹은 자연의 현실을 의식적으로 재결합하는 데 있다. 또는 최후의 수단으로 육체와 영혼, 물질과 정신을 새롭게 합일시키는 것이다. 이것이 "인간으로서 자신의 중요성을 다시 획득"하는 방법이다. 이제야말로 현대 예술과 함께 시작된 ('고도의 추상주의'와 '고도의 사실주의' 사이에 생긴) 커다란 틈이 의식화되고 치유되는 과정에 있다.

전시장의 관객들이 이들 예술가들의 작품의 분위기가 달라진 것을 보면 이런 사실을 뚜렷하게 알게 된다. 알프레드 마느시에나 벨기에 태생의 구스타브 생지에Gustave Singier같은 화가의 그림에서는 그 그림이 순수한 추상인데도 세계에 대한 신념이 뿜어져 나오고 있으며, 또한 그 그림들은 극히 강렬한 느낌을 주는 데도 불구하고 평온함을 주는 형태와 색채로 조화를 이루고 있다. 프랑스의 화가 장 르뤼사Jean Lurcat가 1950년에 만든 무늬 융단에는 자연의 충일이 그림에 가득 차 있다. 그의 예술은 감각적이면서도 상상적이라고 불릴 수 있을 것이다.

우리는 폴 클레의 작품에서도 형태와 색채의 평온과 조화를 발견한다. 그는 항상 이러한 조화를 얻으려고 애써 왔던 것이다. 무엇보다도 그는 악을 부정하지 말아야 할 필요성을 깨달았다. "심지어 악조차도 승자로서의 또는 패자로서의 적이 아니라 전체 속에서 서로 협력하는 힘이 되어야 한다." 그러나 클레의 시발점은 젊은 화가들의 것과 같은 것은 아니었다. 그는 이 세계로부터 우주적인 먼 거리에 떨어진 '사자와 아직 태어나지 않은 자'의 곁에서 살았던

← 프랑스의 피에르-이브 트레무아Pierre-Yves Trémois(1921년 출생)의 〈초인의 탄생을 위하여〉*Pourla Naissance du Surhomme*. 두 작품 모두 삶과 전체성을 지향하는 경향을 보여준다.(위쪽)

피에르 술라주Pierre Soulages(1919년 출생)의 그림은 희망의 상징으로 이해될 수 있다. 대변혁의 암흑 뒤에서 한줄기 희미한 빛을 볼 수 있다.(아래쪽)

↑ 알프레드 마네시에Alfred Manessier(1911~1993)가 그린 〈성 마리 마들레느의 봉헌〉*Dédicace à Sainte Marie Madeleine*.

반면 젊은 세대의 화가들은 좀 더 확고하게 현세에 뿌리박고 있다.[62]

한 가지 주의하여야 할 중요한 점은, 현대화는 그것이 대극의 합일을 식별할 정도로 충분히 발전하였을 때 종교적인 주제를 택하였다는 사실이다. '형이상학적인 공허'는 극복된 듯하다. 그리고 전혀 예기치 않았던 일이 일어났다. 교회가 현대 회화의 후원자가 된 것이다. 우리는 여기서 알프레드 마네시에가 교회창에 그린 〈바젤의 모든 성자들〉*All Saints at Basle*이나 많은 예술가들이 그린 그림이 있는 아씨Assy 교회와 방스Vence의 마티스Matisse 성당, 그리고 장 바젠과 프랑스의 예술가 페르낭 레제Fernand Léger의 작품이 있는 오당크루Audincourt 교회를 언급하는 것만으로도 충분하다.[63]

교회가 현대 회화를 인정하는 것은 후원자 측의 관대한 행동 이상의 것을 의미한다. 이것은 기독교와의 관계에서 현대 회화가 맡은 역할이 변하고 있다는 사실에서 상징적이다. 옛날의 연금술운동의 보상적 기능은 협조를 가능케 하는 길을 열었다. 그리스도의 동물상징을 논하면서 빛의 신과 지하계의 신령chthonic spirit이 상호의존적이라는 것이 지적되었다. 마치 천년 묵은 이러한 문제가 해결될 새로운 단계에 도달하는 순간이 오늘날 찾아든 것 같이 보인다.

미래에 어떤 일이 일어날지, 즉 대극의 사이에 다리를 놓는 것이 긍정적인 결과를 가져올지, 또는 더욱 상상조차 할 수 없는 파국으로 이끌지 우리는 알 수가 없다. 세계에는 너무나 많은 불안과 공포가 작용하고 있고 이것은 아직도 예술과 사회를 지배하고 있는 요소들이다. 무엇보다도 예술에서 이끌어낸 결론을 예술에서는 받아들일 준비가 되어 있을지는 몰라도 그 개인이 그것을 자신의 생활에 적용하는 데는 아직도 많은 망설임이 있다. 예술가는 가끔 무의식적으로 남의 적개심을 자극함이 없이 많은 것을 표현할 수 있지만 같은 내용을 심리학자가 표현하면 사람들은 분개한다. 시각적 예술에서보다 문학에서 좀 더 결정적으로 나타나는 사실이지만 심리학자의 말에 부딪치면 사람들은 직접 도전을 받았다고 느낀다. 그러나 예술가가 말해야 할 것은 특히 금세기에 있어서는 비개인적인 영역에 머문다.

그런데도 보다 전체적이고 따라서 보다 인간적인 표현 형태에 대한 암시가 우리 시대에 와서 분명해졌다는 것은 매우 소중한 일이다. 그것은 프랑스의 예술가 피에르 술라주Pierre Soulages가 그린 많은 그림들이 나에게 상징적으로 보여준(1961년 이 글을 쓸 당시의) 가냘픈 희망이다. 수많은 거대한 검은 서까래의 뒷면에서 맑고 순수한 청색 또는 밝은 황색 빛이 어렴풋이 빛난다. 암흑 속에서 새벽이 밝아 오고 있다.

17세기의 프랑스 판화 〈꿈의 궁전〉*The Palace of Dreams*[1) →

제5장 개인분석에 나타나는 상징

욜란드 야코비Jolande Jacobi

분석의 시작

융 심리학의 여러 가지 방법은 오직 중년에 이른 사람들에게만 적용될 수 있다고 생각하는 사람들이 많다. 사실 많은 남녀들이 심리적으로 성숙되지 못한 채 중년을 맞이하게 된다. 그러므로 그들이 자라오면서 소홀히 했던 것을 보살펴 줄 필요가 있다. 이들은 앞의 장에서 폰 프란츠M. L Von Franz 박사가 이야기한 바 있는 개성화 과정individuation process의 첫 부분을 끝내지 못하고 있다고 할 수 있다.[역주1] 그러나 젊은 사람들도 성장 과정에서 심각한 문제에 직면한다는 것 역시 사실이다. 만일 젊은 사람들이 인생을 두려워하고 현실에 적응하는 데 곤란을 겪으면, 그들은 즐겨 환상 속에 안주하거나 어린애 같은 상태에 머물러 있게 될 것이다.

이런 젊은이들 가운데(특히 내향적인 사람에게서) 우리는 그들의 무의식 속에서 예기치 못했던 풍부한 보물을 발견하는 수가 있으므로 그것들을 의식화시켜서 그의 자아를 강화시키고 성숙한 인간으로 성장하는 데 필요한 정신적 에너지를 그에게 줄 수 있다. 이것이 바로 꿈이 지니는 강력한 상징성의 기능이다.

이 책의 다른 집필자들이 이미 이러한 상징의 성질과 그것이 인간 심성에 작용하는 역할에 관해서 말한 바 있다. 나는 여기서 앞으로 '헨리'라고 하는 25세 된 젊은 공학도의 예를 들어, 분석이 어떻게 개성화 과정individuation process을 실현하도록 도와주는가를 보여주려고 한다.

헨리는 동스위스의 농촌에서 태어났다. 신교도 농민의 후예인 그의 아버지는 개업의였다. 헨리는 아버지를 엄격한 도덕 기준을 갖춘 사람으로, 다른 사람들과 잘 어울리지 못하는 다소 폐쇄적인 사람이라고 말했다. 그는 환자의 아버지라고 할 만큼 자기 자식들보다는 환자들을 위했다. 가정에서는 어머니가 모든 것을 지배했다. 헨리는 언젠가 "우리들은 어머니의 강한 손에 키워졌다"고 말한 적이 있다. 그의 어머니는 학문을 귀히 여기고 예술에 관심이 많은 집안에서 자랐다. 그녀 자신은 엄격하기는 했으나 정신적으로 넓은 시야를 지닌 사람이었는데, 충동적이며 낭만적이었다(그녀는 이탈리아를 무척 사랑하고 동경했었다). 그녀는 가톨릭 집안에서 태어났으나, 아이들은 아버지를 따라 신교도로 자랐다. 헨리에게는 누나가 한 명 있었는데 그와는 사이가 좋았다.

헨리는 내향적이고 부끄럼을 잘 타며 예민하고 키가 아주 큰 청년이었다. 금발에, 높고 창백한 앞이마, 짙은 그늘이 진 푸른 눈을 하고 있었다. 그는 대부분의 사람들이 그렇게 생각하듯 신경증 때문에 나를 찾아왔다고 생각하지는 않았다. 오히려 그의 정신을 탐구하고 싶은 내적 요청 때문에 분석가를 찾았다고 생각했다. 그러나 어머니와의 강한 결속, 스스로 인생을 받아들이는 것에 대한 공포가 이런 요청 뒤에 숨겨져 있었다. 이런 사실들은 분석치료를 하는 동안에 비로소 발견된 것이다. 그는 당시 막 대학을 졸업하여 큰 공장에 취직했었는데, 성인에 이르는 문턱에 서 있는 청년이 가질 만한 많은 문제와 직면하고 있었다. 그는 면담을 요청하는 편지에서 "이 시기가 내 인생에서 특히 중요하고 의미가 있는 것 같아 보입니다. 앞으로 나는 잘 쌓아 놓은 안정된 테두리 속에 무의식 상태로 그냥 머물러 있느냐, 아니면 큰 기대를 걸고 미지의 길을 향하여 모험을 감행하느냐를 결정해야만 합니다"고 했다. 그에게 부딪힌 선택이란 외롭고 동요하는 비현실적인 젊은이로 남아 있느냐, 혹은 자신감에 찬 책임 있는 어른(성인)이 되느냐 하는 선택인 것이다.

헨리는 사람들을 사귀는 것보다 책 읽기를 좋아한다고 했다. 그는 사람들과 함께 있으면 거북한 느낌이 들고 자주 회의와 자격지심에 괴로워하곤 했다. 그는 나이에 비해 독서를 많이 했으며 심미적 이지주의審美的 理知主義에 빠지는 경향이 있었다. 일찍이 무신론적 시기를 보낸 후, 그는 엄격한 신교도가 되었으나 결국 그의 종교적 태도는 완전히 중립에 가까워졌다. 그는 자기가 수학이나 기하학에 재주가 있다고 느꼈기 때문에 공학을 택하였다. 그는 논리적인 심성을 지니고 있었고 자연과학 수련을 받았으나 자기 자신도 시인하기 싫어하는 비합리적이고 신비적인 것을 좋아하는 경향이 있었다.

분석을 시작하기 2년 전에 헨리는 가톨릭 교도이며, 불어 사용권 지역 출신인 스위스 처녀와 약혼을 하게 되었다. 그는 약혼녀를 매력적이고 유능하며 독창력이 있는 처녀라고 말했다. 그런데도 그는 자기가 결혼생활을 책임 있게 해 나갈 수 있는가에 대해선 자신이 없었다. 그는 여자들에 대해 잘 몰랐기 때문에 좀 더 기다리든가 그렇지 않으면 결혼을 하지 않고 학자로서 일생을 마치는 것이 오히려 낫겠다고 생각하고 있었다. 이러한 의혹이 너무 컸기 때문에 스스로 결정을 내릴 수가 없었다. 그가 자기 자신에 대해 확신을 갖기 위해서는 성숙을 위한 일보 전진이 필요했던 것이다.

비록 헨리는 부모의 양면을 모두 물려받았지만 특히 어머니와 밀착되어 있었다. 의식세계에서는 높은 이상과 지적 야심을 가진 그의 현실의(또는 '밝은' 면의) 어머니와 자신을 동일시하였다. 그러나 무의식에서는 어머니와의 밀착 관계가 지닌 어두운 측면의 힘의 영향 아래에 있었다. 그의 무의식은 아직 그의 자아를 졸라매고 있었다. 그의 모든 명확한 사고와 확고한 관점을 찾으려는 노력은 단지 지적인 연습에 지나지 않았다.

'어머니의 감옥'으로부터 벗어나려는 욕구는 그의 현실적인 어머니에 대한 적대적인 반응으로 표시되었으며, 또한 그의 무의식의 여성적 측면의 상징인 '내적인 어머니'를 거부하는 것으로 표현되었다. 그러나 내적인 힘은 그를 어린이 상태로 붙잡아 매어 놓아 그를 유혹하는 외부 세계의 모든 것을 거부하게 하였다. 약혼자의 매력은 그를 어머니의 굴레로부터 벗어나게끔 하는 데는 충분하지 못했으나, 그 자신을 찾도록 도와주었다. 그는 자신이 강력하게 느꼈던 성장에의 내적 요청 속에 어머니로부터 떠나야 하겠다는 필요성이 들어 있었음을 알지 못했다.

헨리와의 분석 작업은 9개월간 계속되었다. 분

← 1563년 필립 2세가 건립한 스페인의 에스코리알 Escorial 궁전과 수도원. 이 요새 건물은 내향형의 사람이 외부 세계로부터 후퇴하는 것을 상징한다.

↓ 헨리의 그림으로 그가 유년 시절에 만든 요새와 같은 흙벽이 있는 헛간을 그린 것이다.

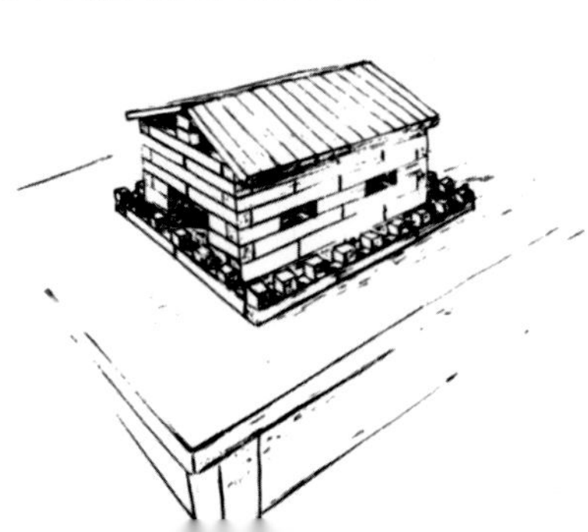

석 시간을 모두 합친 35시간 동안 50개의 꿈을 가져왔다. 정말 그렇게 짧은 기간의 분석이란 드문 일이다. 이것은 헨리의 꿈에서 보이는 것 같이 강력한 에너지를 지닌 꿈들이 발달의 과정을 가속화시킬 때라야 가능하다. 물론 융 학파의 입장에서 보면 성공적인 분석에 필요한 시간의 길이에 대한 규칙이란 없다. 모든 것은 무의식에 의해서 나타나는 재료와 내적인 진실을 알고자 하는 개인의 마음 자세에 달려 있는 것이다.

모든 내향적인 사람들과 마찬가지로 헨리는 좀 단조로운 바깥 생활을 해오고 있었다. 낮에는 완전히 자신의 직장 일에 몰두하고 저녁에는 가끔 약혼녀를 만나거나 친구를 만나 문학적인 토론을 즐기곤 했다. 아니면 그의 하숙집에 혼자 앉아서 독서를 하거나 생각에 잠기곤 하는 일이 많았다. 우리는 그의 일상생활에서 일어나는 일이나 청소년 시절의 일에 대해서도 정기적으로 이야기를 나누기도 했지만, 대개는 곧 그의 꿈이나 그의 내면세계가 보여주는 문제를 찾아 나서곤 하였다. 그의 꿈이 정신적 성장에 이르는 그의 '소명감'을 얼마나 강조했는가 하는 것은 놀랄 만한 일이었다.

그러나 내가 여기서 기술한 모든 것을 헨리에게 말해 준 것은 아니라는 점을 분명히 해야겠다. 분석 과정에서 분석자는 꿈의 상징이 꿈꾼 사람에게 얼마나 폭발적인 힘을 지닌 것인가 하는 것을 항상 염두에 두고 있어야 한다. 그러므로 분석가는 신중에 신

← 초승달 모양의 롤케이크와 관련된 헨리의 유년 시절의 기억 중의 하나로 그가 그린 그림이다.
그림 중간 부분의 간판 모양은 현대의 스위스 빵집에서도 볼 수 있다. 기원전 3세기경의 바빌론의 여신 이슈타르Ishtar의 초승달 모양의 관(아랫부분)에서처럼, 초승달 모양은 옛날부터 달과 연관되어 왔고, 그래서 여성 원리와 관계가 깊다.

중을 더해야 한다. 만일 너무 밝은 빛이 꿈의 상징언어에 비추어진다면, 꿈꾼 사람은 불안해져서 그만 방어 기제를 사용하여 자기 합리화를 하거나, 아니면 더 이상 그것들을 소화하지 못하고 그만 심각한 정신적 위기에 빠지고 만다.[역주2] 또한 여기서 이야기하고 보고한 꿈들은 헨리가 분석 도중에 이야기한 꿈의 전부는 아니다. 나는 그의 성장에 큰 영향을 준 중요한 몇 가지 꿈에 관해서만 이야기하겠다.

분석 첫 시간에, 중요한 상징적 의미를 지닌 어린 시절의 기억이 나타났다. 가장 오래 된 기억은 헨리가 네 살 되던 해로 거슬러 올라간다.

"어느 날 아침 나는 어머니와 함께 빵집에 가서 빵집 여자 주인에게서 초승달 모양의 기펠Gipfel(세모지게 말린 스위스의 빵)을 받았다. 나는 그 빵을 먹지 않고 자랑스럽게 손에 받아들었다. 그곳엔 어머니와 빵집 여자 주인밖에 없었으므로 내가 유일한 남자였다."

이와 같은 초승달 모양의 빵은 통속적으로 "달의 이빨"Moon Teeth이라고 불리는데 이런 달과의 상징적 비유는 여성의 지배적인 힘을 강조하는 것이다. 어린 소년은 그 힘의 위험에 노출되었다고 느꼈거나 오직 한 사람의 남자로서 그 힘에 맞서는 것을 자랑스럽게 여겼을지 모른다.

또 다른 어린 시절의 기억은 다섯 살 때의 기억이다. 그것은 헨리의 누나에 관한 기억으로, 누나가 학교에서 시험을 치르고 집으로 돌아와서는 헨리가 장난감 창고를 만드는 것을 보았다. 그 창고는 사각형으로 된 나무조각으로 만들어져 있었고 성의 흉벽같아 보이는 울타리로 둘러 싸여 있었다. 헨리는 자신의 작품에 만족하여 누나에게 놀리듯 말을 걸었다. "누나는 학교에 다니기 시작한 줄 알았더니 벌써 방학이야?"라고 말하자, "너는 일년 내내 방학이구?" 하는 누나의 대답이 그를 몹시 당황하게 하였다. 그리고 그가 '성취한 작품'이 중요하게 여겨지지 않은 것에 무척 기분이 상했다.

심지어 오랜 세월이 지난 후에도 헨리는 그의 솜씨가 무시당했을 때 느꼈던 부당함과 상처를 잊을 수가 없었다. 남성다움을 발휘하는 데 관계된 문제와 환상적 가치와 합리적 가치 사이의 갈등 등 후일의 그의 문제는 이미 이런 어린 시절의 경험에서 나타나고 있다. 그리고 이런 문제들은 그의 첫 번째 꿈의 이미지에 잘 나타나고 있다.

첫 번째 꿈

헨리가 나를 처음 방문한 다음 날 다음과 같은 꿈을 꾸었다.

> "나는 많은 낯선 사람들과 함께 소풍을 갔었다. 우리는 사마덴Samaden에서 출발하여 치날로트호른Zinalrothorn으로 향하여 가고 있었다. 한 시간 정도 걸어간 뒤 그곳에다 캠프를 치고 소인극을 하려고 하였다. 내게는 능동적인 역이 주어지지 않았다. 특히 어떤 한 배우가 기억나는데 그녀는 길게 끌리는 외투를 입고 가련한 역을 맡은 젊은 여자였다.
>
> 정오가 거의 다 되었을 무렵 나는 계속 산 고개로 가고 싶었다. 다른 사람들은 모두 남아 있으려 했다. 그래서 나는 장비를 그곳에 남겨 두고 혼자 걸어갔다. 그러나 얼마 후 나는 내가 계곡의 오른쪽 후면에 있다는 것을 알게 되었고, 그러고 나서 방향감각을 완전히 잃어버렸다. 일행이 있는 곳으로 돌아가고 싶었지만 내가 올라가야 할 산등성이가 어느 능선인지 알 수 없었다. 나는 물어보는 것을 주저했으나 마침 내 한 노파가 내가 가야할 길을 가리켜 주었다.
>
> 그리고 나서 나는 일행이 아침에 올라갔던 지점과

다른 출발점에서 올라갔는데, 정확한 높이에서 방향을 바꿔 산등성을 따라 일행에게 돌아가는 것이 바로 문제였다. 나는 오른쪽에 있는 톱니 모양의 철길을 따라 올라갔었고, 내 왼쪽에는 작은 차들이 끊임없이 나를 지나쳐 갔다. 찻간엔 각각 푸른 상의를 입은 부어오른 듯한 작은 남자들이 숨겨져 있었다. 그런데 그들은 모두 죽었다고 한다. 나는 차들이 뒤에서 올까봐 걱정이 되어 그 차에 치이지 않도록 주위를 둘레둘레 살펴보았다. 이러한 불안은 부질없는 일이었다.

내가 오른쪽으로 방향을 바꾸어야 하는 그 지점에 나를 기다리는 사람들이 있었다. 그 사람들은 나를 데리고 여관으로 갔는데 그때 소나기가 퍼부었다. 나는 내 장비—배낭, 오토바이—가 그곳에 없는 것을 안타까워했지만 그 장비들을 내일 아침까지 찾지 말라는 말을 들었다. 나는 그 충고를 받아들였다."

융은 분석에서 첫 번째 꿈을 매우 중요하게 여겼다. 융에 의하면 첫 번째 꿈은 흔히 예시적 가치를 지니고 있다. 분석을 받으러 간다는 결정은 원형적 상징archetypal symbol이 나오는 정신의 심층을 뒤흔드는 격심한 감정적인 변화를 수반하는 법이다. 그러므로 첫 번째 꿈은 전체적인 분석의 전망을 알려주는 '집단적 상'collective image을 보여주고 또 치료자에게 꿈꾼 사람의 정신적 갈등이 무엇인가 하는 통찰력을 줄 수 있다.[2)]

헨리의 앞으로의 발전에 대해서 전술한 꿈이 우리에게 무엇을 이야기해 주고자 하는가? 우리는 우선 헨리 자신이 제공한 연상에 대해서 알아보아야 한다. 사마덴Samaden이라는 마을은 17세기경 유명한 스위스의 자유관사인 위르크 예나취Jürg Jenatsch의 고향이다. 소인극에서 헨리는 그가 가장 좋아하는 괴테Goethe의 '빌헬름 마이스터의 수학 시절'을 연상했었다. 여인은 19세기 스위스의 화가인 아르놀트 뵈클린Arnold Böcklin이 그린 〈죽음의 섬〉이라는 작품의 인물과 유사한 것을 알았다. 현명한 노파wise old woman라고 부른 여인은, 한편으로는 그의 분석자와 관계가 있는 것 같아 보였고, 다른 한편으로는 제이 비 프리스틀리J. B. Priestly의 〈그들은 도시에 왔다〉라는 연극에 나오는 날품팔이 잡역부와 연관이 있는 것 같아 보였다. 톱니 모양의 철로는 그가 어렸을 때 만든 창고(총구멍의 흉벽이 있는)를 그에게 상기시켰다.

꿈에서 소풍(일종의 도보 여행)을 갔다고 표현되었는데 그것은 분석을 받기로 한 헨리의 결정과 큰 관계가 있다. 개성화 과정individuation process은 자주 미지의 나라를 향한 탐험 여행으로 상징되곤 한다. 그런 여행은 존 버니언John Bunyan의 『천로역정』*Pilgrim's Progress*이나 단테Dante의 『신곡』*Divina Commedia*에서도 실현되고 있다. 단테의 시에서 길을 찾는 여행자는 올라가기로 마음먹은 산에 오른다. 그러나 세 종류의 이상한 동물(후일 헨리의 꿈에서도 나타나는 주제) 때문에 그는 계곡으로 내려가야만 했고, 결국 지옥에까지 내려갔다(뒤에 그는 다시 연옥으로 그리고 마침내 천국으로 올라갔다). 이러한 유사점에서 우리는 앞으로 헨리에게도 이 비슷한 혼란의 시기와 외로운 탐구의 시기가 닥칠지도 모른다고 미리 추측할 수 있다. 산을 오르는 것으로 표현된 인생행로의 첫 부분은 무의식에서부터 자아의 보다 높은 관점(즉 확장된 의식)으로의 상승을 보여주고 있다.

소풍 출발지의 이름이 사마덴이다. 그곳은 예나취Jenatsch가 프랑스로부터 스위스 벨틀린Veltlin 지역의 해방을 위해 캠페인을 시작했던 곳이다. 예나취를 우리는 헨리의 무의식 속에 있는 '자유탐구'의 구체화라고 간주해도 좋을 듯하다. 이 밖에 예나취는 헨리와 또 다른 공통점을 가지고 있다. 그 역시 가톨릭 교도의 여인과 사랑에 빠진 신교도였다. 분석을

개성화 과정의 첫 단계는 종종 방향감각을 상실한 시기 ➔ period of disorientation—헨리의 경우에서처럼—일 수 있다.

15세기의 책 『폴리필로의 꿈』*The Dream of Poliphlilo*에 나오는 첫 목판화는 꿈꾼 사람이 무서워하면서 어두운 숲 속으로 들어가는 것—아마도 그가 미지의 곳으로 들어가는 것을 나타내는—을 보여준다.

통해 어머니와의 유대에서, 그리고 인생의 공포로부터 자유로워지려는 헨리와 마찬가지로 예나취 역시 해방을 위해서 싸웠다. 이런 사실은 자유를 위한 헨리 자신의 싸움에서 이길 수 있다는 것을 보여주는 길조라고 해석할 수 있을지 모른다. 소풍의 목적지인 치날로트호른Zinalrothorn은 그가 알지 못하는 서부 스위스의 산이다. 치날로트호른Zinalrothorn 가운데 로트rot(붉다)라는 단어는 헨리의 감정적 문제와 관계가 있다. 붉다는 것은 일반적으론 감정이나 열정의 상징이다. 여기서는 그것이 감정기능의 가치를 표시하는데 감정기능은 헨리에게서 충분히 발달하지 못한 부분이다. 그리고 '호른Horn(뿔)'이라는 말은 유년 시절 빵가게에서 얻은 초승달 모양의 롤빵을 상기시켜 준다.

조금 걸은 후 휴식하게 되었고, 헨리는 다시 수동적 상태로 되돌아갈 수 있었다. 이것은 그의 천성에 속하는 것으로, '소인극'에서도 이 점이 강조되어 있다. 연극(현실 생활의 모방인)에 관객으로 참여한다는 것은 인생 드라마에서 능동적이고 적극적인 역할을 하기를 피하는 가장 보편적인 방법이다. 관객들은 연극과 동일시하여 자신들의 환상에 계속 몰두하게 된다. 이런 동일시는 그리스인으로 하여금 카타르시스catharsis의 경험을 하게 했다. 오늘날 미국의 정신과 의사인 제이 엘 모레노J. L. Moreno에 의해 시작되어 치료적으로 사용되고 있는 심리극psychodrama에서도 마찬가지다. 헨리의 연상 과정에서 젊은이의 성숙과정을 그린 괴테의 '빌헬름 마이스터의 수학시절'의 기억이 떠올랐을 때, 헨리의 마음속에서 이와 같은 관극의 심리에 따라 비슷한 내적 발전을 경험할 수 있도록 하였을지도 모른다.[역주3]

헨리가 여인의 낭만적인 모습에 깊은 인상을 받았다는 것은 놀라운 일이 아니다. 그 여인의 모습은 헨리의 어머니를 닮았으며, 동시에 그의 무의식 속의 여성적 측면의 인격화인 것이다. 헨리가 그녀를 뵈클린의 그림, 〈죽음의 섬〉과 연관지어 생각한 것은 그 자신의 우울한 기분을 암시하고 있다. 그 그림에는 흰옷을 걸친 사제같은 모습의 사람이 성을 향해 관을 실은 배를 저어가고 있는 데서 이런 암울한 기분이 잘 표현되어 있다. 우리는 여기서 중요한 이중의 역설을 보게 된다. 배의 용골은 배가 섬에서 멀어져 성과는 반대 방향으로 가는 것처럼 제시되어 있고 또 사제의 성 역시 모호하다. 헨리의 연상으로도 이 사람은 분명히 양성적이다. 이와 같은 이중의 역설은 그의 양가감정에 일치한다. 그의 마음속의 대극은 분

↑ 헨리가 그의 첫 꿈에 대해 한 연상들

19세기 스위스의 화가 아르놀트 뵈클린Arnold Böcklin이 그린 〈죽음의 섬〉*Island of the Dead*.(왼쪽)

프리스틀리J. B. Priestley가 그린 〈그들은 도시로 왔다〉*They Came to a City*의 1944년 런던 공연 시의 한 장면으로, 그것은 각계각층에서 온 일단의 사람들의 '이상도시'ideal city에 대해 나타내는 반응을 다룬 것이었다. 주요 배역 중의 하나는 사진의 왼쪽에 있는 잡역부이다.(오른쪽)

명히 구별되기에는 아직 너무 미분화된 채 있다.

이 부분이 꿈에 끼어든 뒤, 헨리는 갑자기 정오가 다 되었고, 계속해서 가야 할 것임을 깨달았다. 그래서 그는 다시 산 고개를 향하여 출발했다. 산 고개란 낡은 마음의 태도에서 새로운 것으로 향하게 하는 '이행상황'移行狀況의 상징으로 잘 알려져 있다. 헨리는 반드시 홀로 가야만 한다. 그의 자아가 도움을 받지 않고 그 시험을 극복해야 하는 것이 필수적으로 되어 있다. 그리하여 그는 자신의 물건들을 남겨 두고 그곳을 떠났다. 이런 행동은 그의 지적 장비mental equipment가 그에게 부담이 되고 있다는 것을 표시하는 행위이거나, 그가 사물을 다루어 나가는 평상시의 태도를 바꾸어야 한다는 뜻을 내포하고 있는 행위다.

그러나 그는 산 고개에 도달하지 못했다. 그는 방향을 잃어버려 계곡 후면에 서 있는 자신을 발견했다. 이와 같은 실패는 헨리의 자아가 활동하기로 결정하였지만, 그의 다른 정신적 요소(일행 중 다른 멤버로 표현된)들은 수동적인 옛날의 상태로 남아 있어 자아에 따르는 것을 거부하고 있다는 사실을 나타낸다(꿈꾼 사람 자신이 꿈에 나타날 때 그 사람은 그의 의식적 자아만을 대변하는 것이 보통이고 그 밖의 다른 상들은 대개 그의 미지의 무의식적 성질을 표현한다).

헨리는 그가 어찌할 수 없는 무력한 상황에 있음에도 불구하고 그 사실을 받아들이기를 부끄러워 하고 있다. 이 순간에 그는 그에게 바른 길을 가르쳐 주는 "노파"를 만나게 되어 그녀의 조언을 받아들일 수밖에 없게 된다. 신화나 동화에 자주 나타나서 도움을 주는 이 "노파"는 영원한 여성 본성의 지혜의 상징으로 잘 알려져 있다. 합리주의자인 헨리는 그녀의 도움을 받아들이는 것을 주저한다. 왜냐하면 도움을 받아들이려면 지성의 희생sacrificium intellectus, 즉 합리적 사고를 무시하거나 희생해야 하기 때문이다(이러한 요구는 헨리의 그 뒤의 꿈에 자주 나타나고 있다). 이와 같은 희생은 피할 수가 없다. 그것은 일상생활뿐 아니라 분석에서도 적용된다.

그는 "노파"의 상에서, 등장 인물들이 일종의 성인화initiation를 거쳐야만 들어갈 수 있는 새로운 '꿈'의 도시(아마도 요한계시록에 나오는 새 예루살렘과 유사하다고 볼 수 있는)를 쓴 프리스틀리의 연극에 나오는 잡역부를 연상했다. 이런 연상을 한 것을 보면 헨리는 이와 같은 대면이 그에게 결정적으로 중요한 어떤 것임을 직관적으로 알고 있었다는 게 된다. 프리스틀리의 연극에서 잡역부가 말하기를 "그들은 내게 나 혼자 쓸 방을 주기로 약속했다"고 말한다. 그 도시에서 그녀는 헨리가 찾고자 하는 것처럼 자신에 차 있고 독립되고자 한다.

만일 헨리처럼 기계적인 사고방식을 지니고 있는 젊은 남자가 의식적으로 정신 발전의 길을 선택하려 한다면, 그는 반드시 그의 옛날의 태도를 완전히 뒤엎을 준비를 해야 한다. 그래서 그는 여인의 충고대로, 전혀 다른 지점에서 그의 등반을 시작해야 한다. 오직 그렇게 함으로써 그는 어떤 높이에서 방향을 바꾸어야 하는가를 올바르게 판단하여 뒤에 두고 온 일행—그의 정신의 다른 여러 성질—과 만날 수 있게 된다.

그는 톱니 모양의 철길(아마 그가 받은 공학 교육을 나타내는 주제임)의 오른쪽을 따라 올라가고 있다(상징성의 역사에서 보면 오른쪽은 일반적으로 의식적 영역, 왼쪽은 무의식적 영역임). 왼쪽에서 작은 차들이 내려오고 있었는데 그 차마다 작은 남자들이 숨겨져 있었다. 헨리는 위로 올라가는 차들이 자기도 모르는 사이에 뒤에서 자기를 칠까봐 두려워했다. 그의 불안은 근거가 없는 것으로 밝혀졌지만, 그것은 헨리가 자신의 자아의 뒤쪽에 있는 무엇인가를 두려워하고 있음을 나타낸다.

퉁퉁 부어오른 푸른 상의의 남자는 기계적으로 솟아나는 불모의 이지적 사고를 상징하고 있다. 푸른색은 흔히 사고의 기능을 상징한다. 작은 사람들은 공기가 희박한 너무 높은 지점에서 그만 죽어버린, 즉 너무 지적으로만 지향하다 죽어 버린 관점이나 태도의 상징일 수 있다. 그들은 헨리의 정신 속에 있는 생명력 없는 내적 부분을 나타내고 있다.

꿈에 이 남자들에 대한 논평이 일어나고 있다. "그들은 모두 죽어 있다고 한다." 하지만 꿈속엔 헨리 혼자밖에 없었다. 누가 그런 말을 했을까? 그것은 목소리다. 꿈속에서 목소리가 들린다면 그것은 매우 중요한 사건이다. 융은 꿈에 목소리가 나타나는 것을 자기Self가 개입하는 것과 같은 것으로 생각했다. 그것은 정신의 집단적인 층에 뿌리를 둔 지식을 상징한다. 목소리가 말하는 것은 논의될 여지가 없다.

헨리 자신도 인정했지만, 그가 지나치게 깊이 간여해 온 '죽은' 공식에서 얻은 깨달음은 꿈에서도 큰 전환점을 마련해 주었다. 그는 마침내 오른쪽으로(의식의 방향), 의식과 바깥 세계로 향하는, 새로운 방향을 취할 수 있는 바른 지점에 도착했다. 그곳에서 그는 뒤에 남아 그를 기다리고 있는 사람들을 찾았다. 이리하여 그가 전에 모르고 있었던 그의 인격의 부분에 대해 의식화할 수 있게 되었다. 그의 자아가 홀로 대결하여 위험을 극복했기 때문에 자신을 더 성숙하게 그리고 안정되게 할 수 있었다. 이제 그는 그룹이나 집단에 다시 낄 수 있었고, 그곳에서 먹고 자고 할 수도 있었다.

그러자 비가 왔다. 소나기는 긴장을 완화시키고 대지를 풍요롭게 만든다. 신화에서 비는 땅과 하늘 사이의 사랑의 결합love-union으로 생각되어 왔다. 예를 들면 엘레우시스Eleusis 제전에서는 모든 사물이 물로 깨끗이 정화된 후, "비여, 내려라" 하고 하늘을 향해 외치고 나서, 땅에다 "풍요할지어다"라고 외친다. 이것은 신들의 신성한 결혼을 뜻하는 것으로 이해되었다. 이런 식으로 비는 문자상의 의미로 '해결'을 표시한다고 말할 수 있다.

산을 내려온 헨리는 다시 한번 배낭과 오토바이로 상징되는 집단적 가치관에 부딪힌다. 그는 자기의 입장을 굽히지 않고 지킬 수 있음을 보여줌으로써, 자신의 자아의식을 강화시켰던 시기를 무사히 통과해 나갔고, 사회와 접촉해야 한다는 새로운 욕구를 갖게 되었다. 그러나 그는 다음 날 아침까지 기다렸다가 그의 물건을 가져와야 한다는 친구의 조언을 받아들인다. 이와 같이 그는 밖에서 들어온 충고를 두 번째로 기꺼이 받아들인다. 첫 번째는 "노파"의 충고, 즉 원형상archetypal image으로서의 내적인 주체의 힘을 받아들이고, 두 번째는 집단적 행동유형에 따르고 있다. 이러한 단계를 거쳐 헨리는 성숙으로 가는 길의 이정표를 지나간 것이다.

헨리가 분석을 통해 성취하고자 하는 내적 발전을 예기할 수 있는 일들을 이 꿈에선 무척 많이 볼 수 있다. 헨리의 영혼에 긴장을 가져다 준 대극의 갈등이 이 꿈에서 인상적인 상징으로 나타나고 있다. 한편으로는 위로 올라가려는 의식적인 힘이 있고 다른 한편으로는 수동적으로 명상하는 경향이 엿보인다. 또한 하얀 긴 원피스를 입은 가련한 젊은 여인의 상(헨리의 섬세하고 낭만적인 감정을 대변하고

← 그리스의 처녀 다나에Danae. 그녀는 황금의 소나기로 변한 제우스에 의해 임신되었다(16세기 플랑드르의 화가 얀 호사르트Jan Gossaert의 그림). 헨리의 꿈처럼 이 신화는 하늘과 땅 사이의 신성혼으로서의 소나기의 상징성을 반영한다.(위쪽)

헨리의 다른 꿈에서 암사슴—19세기 영국의 화가 에드윈 랜시어Edwin Landseer가 그린 그림에 나오는 새끼 사슴처럼 수줍어하는 여성의 상—이 나타난다.(아래쪽)

있다)은 푸른 상의를 입은 부푼 시체(그의 생기 없는 지적인 세계를 나타낸다)와 대조적이다. 그러나 이런 장애를 극복하고, 이들 사이에 균형을 가져올 수 있게 하기 위하여 헨리는 극심한 시련을 겪어야 할 것이다.

무의식에 대한 공포

헨리는 첫 번째 꿈에서 우리가 부딪쳤던 문제들, 즉 남성적 능동성과 여성적 수동성 사이의 갈등, 또 지적인 금욕주의로 피하려는 경향 등은 그의 다른 많은 꿈에서도 뚜렷이 부각되었다. 그는 세상을 겁내고 있지만, 다른 한편으론 세상에 매력을 느끼기도 했다. 근본적으로 그는 결혼의 의무를 겁내고 있었다. 그 의무는 여자와 책임 있는 관계를 맺을 것을 요구하고 있기 때문이다. 이와 같은 양가감정은 성인이 되는 문턱에 서 있는 사람들에게서 심심찮게 볼 수 있다. 연령상으로 헨리는 비록 그 시기가 지났지만, 내적 성숙은 그의 나이와 맞지 않았다. 이런 문제는 현실과 외부 세계를 두려워하는 내향적인 사람에게 자주 나타난다. 헨리가 이야기한 네 번째 꿈은 그의 심리 상태를 잘 설명해 주고 있다.

"나는 이런 꿈을 수없이 꾸었던 것 같다. 군대 생활, 장거리 경주 …… 나는 홀로 길을 가고 있다. 나는 아무리 해도 목적지에 도달하지 못했다. 내가 맨 꼴찌가 되지 않을까? 그 코스를 나는 잘 알고 있었다. 마치 모든 것이 전에 본 적이 있는 것 같았다. 출발점은 작은 숲 속에 있었고, 땅은 마른 낙엽으로 덮여 있었다. 지형은 완만한 경사를 이루었고 목가적인 작은 실개천에 이르러서는 사람들의 발걸음을 멈추게 했다. 좀 더 가노라면 먼지 많은 시골길이 나온다. 그 길은 취리히의 호수 윗편 가까이 있는 작은 마을인 홈브레히티콘Hombrechtikon으로 가는 길이다. 뵈클린의 그림에서 보는 것처럼 작은 시냇가에는 꿈꾸는 듯한 여인이 실개천을 따라 거닐고 있고, 그 옆엔 버드나무들이 서 있었다. 밤이 되었다. 나는 한 마을에서 도로로 나가는 방향을 물어보았다. 도로까지 산길로 7시간이 걸린다고 들었다. 나는 용기를 내어 계속 걸어나갔다.

그러나 이번에는 꿈의 끝 부분이 예전과 달랐다. 버드나무가 늘어진 시내를 지나 숲 속으로 들어갔다. 거기서 나는 암사슴이 달아나는 것을 보고 어쩐지 자랑스러운 기분을 느꼈다. 암사슴은 왼쪽에서 나타났는데, 나는 이제 오른쪽으로 방향을 돌렸다. 여기서 세 종류의 이상한 동물을 보았는데, 그들은 반은 돼지, 반은 개, 거기다 캥거루의 다리가 달린 동물이었다. 그리고 그들의 안면은 전혀 구별할 수가 없었지만 크고 늘어진 개의 귀를 하고 있었다. 아마도 그들은 가면을 쓴 사람들인 것 같다. 소년 시절에 나는 서커스에서 당나귀 가면을 쓰고 가면무도회에 참석한 적이 있었다."

꿈의 도입부는 확실히 그의 첫 번째 꿈과 비슷하다. 꿈꾸는 듯한 여인의 모습이 다시 나타나고 또 꿈의 배경이 뵈클린의 다른 그림과 연관되어 있다. 〈추상〉이라는 제목의 이 그림과 꿈의 앞부분에서 나오는 낙엽은 가을 분위기를 강조하고 있다. 낭만적인 분위기가 이 꿈에 다시 나타나고 있다. 이러한 마음속의 풍경은 헨리 자신의 우수를 나타내는 것으로 그에게는 오래전부터 친숙한 것임에 틀림없다. 그는 다시금 인간집단 속에 있다. 그러나 이번에는 군대 동료들과 장거리 경주를 하고 있다.

이 전체 상황은(군대 생활이 암시하듯) 평범한 남자의 운명을 상징하고 있는 것으로 간주될 수 있을 것이다. 헨리 자신은 "이것이 인생의 상징이다"라고 말했지만, 꿈꾼 사람 자신은 그것에 적응하기를 원하지 않았다. 그는 혼자서 그의 길을 갔다. 아마도 헨리의 경우에는 언제나 그러했을 것이다. 그가 꿈에서 모든 것을 전에 본 일이 있는 것 같은 인상을 받은 까닭이 여기에 있다. 그의 생각(즉 '나는 결승점에 도달하지 못한다'는)은 심한 열등감과 그가 장거리 경주에서 이길 수 없다는 확신을 나타내고 있다.

그는 홈브레히티콘Hombrechtikon으로 가고 있다. 홈브레히티콘이란 단어는 그에게 집으로부터(Hom=home[집] brechen= to break[탈출하다]) 뛰쳐나오려는 그의 숨은 계획을 연상시켰다. 그러나 이런 탈출이 일어나지 않기 때문에 그는 다시 첫 꿈에서처럼 방향감각을 잃어버리고, 방향을 물어보아야만 한다.

꿈은 대체로 그 꿈을 꾼 사람의 의식적 태도를 보상한다. 헨리의 의식세계의 이상인 낭만적인 소녀의 모습은 이상한 동물의 출현으로 상쇄되었다. 헨리의 본능세계는 여성적인 어떤 것으로 상징되고 있다. 숲은 동물들이 사는 어두운 곳, 무의식 영역의 상징이다. 맨 처음 암사슴이 나왔다. 암사슴은 부끄러워하고 겁이 많고 순진한 여성다움의 상징이다. 그러나 암사슴은 잠깐 동안만 보였다. 그 다음에 헨리는 이상하고 보기 싫은 모습을 한 세 종류의 혼합된 짐승들을 본다. 이들은 아직 분화되지 않은 본능을 나타내고 있는 것 같다. 즉, 앞으로 발전될 원료가 뒤섞여 들어 있을 듯싶은 본능의 보따리인 것이다. 그들의 가장 뚜렷한 특징은 얼굴의 모양이 분명치 않다는 것이다. 그래서 아직까지 의식의 희미한 빛조차 비춰지지 않은 상태이다.

많은 사람들의 마음속에서 돼지는 더러운 성욕과 밀접한 관계가 있다(예를 들면 희랍신화의 키르케Circe는 그녀에게 마음을 품었던 남자들을 돼지로 변하게 하였다). 개는 복종을 상징할 뿐 아니라, 분별없이 아무렇게나 상대를 택하므로 난잡한 성행위를 상징하기도 한다. 그러나 캥거루는 감싸며 키워주는 모성의 상징이다.

이 동물들은 단지 단편적인 몇 개의 특성만을 나타내고 있으며, 이것들은 심지어 아무 의미도 없이 서로 뒤섞여 있기도 한다. 연금술에서 '원초적 물질' Prima materia은 흔히 여러 가지 형태가 혼합된 기괴하고 거대한 전설 속의 동물로 표현된다. 심리학적 용어로 말하면, 아마도 그들은 본래적인 전체 무의식

← 헨리가 그의 꿈에서 본 이상한 동물들을 그린 그림. 이 동물들은 귀가 멀고 눈도 멀었고 또 의사소통을 할 수 없다. 이 동물들은 그의 무의식 상태를 나타낸다. 그는 지면의 동물을 초목과 자연의 색이자 민속에서는 희망의 상징인 초록색으로 칠했다. 그러므로 그 동물은 성장의 가능성과 분화의 기회가 있음을 암시한다.

을 상징하며, 이 무의식에서 개별적인 자아가 생기고 성숙을 향해 발전하기 시작한다.

헨리가 괴물들을 두려워하고 있다는 사실은 그가 이 괴물들을 마치 해가 없는 것으로 보려는 데서 분명히 드러난다. 그는 이 괴물들이 그가 소년 시절에 가면무도회에 참가했던 자기와 마찬가지로 단지 분장한 사람들에 지나지 않는다고 자신에게 타이르려고 한다. 그의 불안은 당연하다. 자신 속에 그의 무의식의 경향을 나타내는 그와 같은 비인간적인 괴물이 있다는 것을 발견한 사람이라면 누구도 이를 두려워하지 않을 까닭이 없다.

또 다른 꿈 역시 무의식의 깊은 층에 대한 헨리의 공포를 보여주고 있다.

> "나는 범선의 선실 급사다. 묘하게도, 날씨는 바람 한점 없이 잔잔한데 배의 돛은 펼쳐져 있다. 내가 할 일은 마스트를 동여맨 로프를 붙잡는 일이다. 이상스럽게도 배의 난간은 석판으로 덮인 벽이었다. 이것이 거기에 홀로 떠 있는 배와 물 사이를 가로막고 있다. 나는 로프(돛대가 아닌)를 꽉 붙잡고 있으면서 수면을 들여다보아서는 안 된다고 한다."

이 꿈에서 헨리는 심리적으로 경계선상에 있다. 난간은 그를 보호해 주는 벽인 동시에 그의 시야를 막고 있다. 수면을 보는 것이 그에게는 금지되어 있다(그 속에서 그가 미지의 힘을 발견할 수도 있을 것이다). 이 모든 이미지(심상)들은 헨리의 의혹과 두려움을 노출시키고 있다.

헨리처럼 자신의 내면 깊은 부분과 소통하기를 두려워하는 사람은 현실적인 여성을 두려워하는 만큼 그 자신 속의 여성적 요소도 두려워한다. 한순간 그는 실제적인 여성이나 그 안에 있는 여성적 요소에 매혹을 느끼지만 다음 순간에는 그것으로부터 도망치려고 한다. 매혹되면서 동시에 두려워하며, 그는 여성의 '먹이'가 되지 않으려고 도망간다. 그는 동물적인 성욕으로는 자기가 사랑하는(그러므로 이상화시킨) 여인에게 감히 접근하지 못한다.

어머니와의 밀착 관계를 가진 남자의 전형적인 결과가 그러하듯 헨리는 한 여성에게 감정과 관능을 동시에 베푸는 데 어려움을 느끼고 있었다. 그의 꿈은 계속적으로 이 딜레마에서 벗어나려는 그의 욕망을 입증하고 있다. 어떤 꿈에서는 그가 '비밀 임무를 띤 수도승'이었고, 또 다른 꿈에서는 본능이 그를 창

그 꿈에서의 돼지 같은 동물은 짐승 같은 성욕과 음탕한 욕망을 암시한다. 자기에게 욕심을 품은 남자들을 돼지로 변하게 한 키르케Circe의 신화에서처럼.

← 그리스의 꽃병에 그려진 돼지로 변한 사람Pig man, 오디세이Odysseus와 키르케Circe.

전쟁이 일어나기 전 독일 사회를 풍자한 게오르게 ➔ 그로스George Grosz의 만화 중 하나로, 한 남자(창녀와 함께 있는)가 그의 야비함을 나타내기 위해 돼지의 머리로 묘사되었다.

녀에게 가도록 유혹한다.

"여색의 모험을 많이 경험한 군대 동료들과 함께 나는 미지의 도시의 어두운 거리에 있는 어느 집 앞에서 기다리고 있었다. 오직 여자들만 들어갈 수 있다고 하여 내 친구는 여자 얼굴을 그린 조그마한 무도회 가면을 쓰고 계단으로 올라갔다. 나도 그렇게 했던 것 같은데 잘 기억이 나지 않는다."

이 꿈에서 제안된 것은 헨리의 호기심을 만족시킬 만하지만, 그러기 위해서는 속임수를 써야 한다. 그는 남자로서 창가娼家에 들어갈 용기가 나지 않았다. 그러나 만일 그가 자신의 남자다움을 버린다면 이 금지된 세계—그의 의식에 의해서 금지된—를 통찰할 수는 있을 것이다. 그러나 이 꿈에서는 그가 그 세계로 들어가도록 결정을 했는지 안 했는지 말해주고 있지 않다. 헨리는 아직 자신을 속박하고 억제하는 버릇을 극복하지 못하고 있다. 창가에 들어간다는 의미가 내포되어 있다 해도 억제를 극복하지 못한 실책은 이해해주어야 한다.

↑ 헨리가 그의 꿈에서 본, 난간이 석벽으로 된 배—그의 내향성과 생에 대한 두려움을 나타내는 다른 이미지—를 그린 그림.

나는 헨리의 이 꿈이 그의 동성애적인 면도 보여주고 있다고 생각한다.

그는 여자의 '가면'이 다른 남자의 시선을 끌 것이라고 느낀 것 같다. 다음 꿈을 보면 이런 가정이 잘 뒷받침되고 있음을 볼 수 있다.

"나는 꿈에서 5~6세의 어린 시절로 되돌아가 있었다. 그 당시 내 친구는 공장장과 함께 음란한 놀이를 어떻게 했는가에 대해 나에게 이야기한다. 내 친구는 오른손을 그 남자 성기에 갖다대어 성기를 따뜻하게 해주었고 자기 손도 따뜻하게 하였다. 그 공장장은 여러 가지 일에 관심이 많고 내가 존경하던 어른으로 아버지의 가까운 친구였다. 그러나 우리는 그를 '만년 젊은이'라고 비웃었었다."

그 나이 또래 어린아이에 있어서 동성애 놀이는 그리 드문 일이 아니다. 그러나 헨리의 꿈에 이 사건이 나타난 것은 그가 아직도 죄책감을 느끼고 있으므로 그 일을 심하게 억압해 왔다는 사실을 암시해준다. 이런 죄책감은 한 여인과 지속적인 관계를 맺는 것에 대한 그의 깊은 공포와 연관되어 있다. 또 다른 꿈과 그 꿈에 대한 연상이 이런 갈등을 보여준다.

"나는 잘 모르는 한 쌍의 남녀의 결혼식에 참가한다. 새벽 한 시에 신혼부부, 들러리들이 축하연에서 돌아온다. 그들은 내가 먼저 가서 기다리고 있는 큰 저택 뜰로 들어왔다. 신혼부부는 벌써 싸움을 한 것 같았다. 다른 부부 역시 마찬가지로 싸움을 하는 것 같다. 마침내 두 남자와 두 여자가 따로따로 떠나가는 것으로 해결을 보게 된다."

"여기서 지로두Giraudoux가 말한 남녀의 전쟁이란 바로 이런 것이겠지요." 헨리는 이렇게 설명을 하고, "꿈속에서 본 큰 저택은 바바리아주의 왕궁을 연상하게 됩니다. 최근엔 가난한 사람들이 임시로 거주하게 되어 그 아름다움이 크게 손상되었습니다. 그 궁전을 찾아갔을 때 나는 대도시의 더러움에 둘러싸여 활기 있게 생활을 하느니, 고전미를 간직한 폐허에서 근근이 먹고 살아가는 것이 보다 더 바람직한 것이 아닌가 하고 나 자신에게 물어보았습니다. 또 내가 친구의 결혼식에서 증인이 되었을 때, 신부의 인상이 좋지 않아 과연 이들의 결혼이 계속될 것인가를 스스로 물어본 일이 있습니다"라고 덧붙여 이야기했다.

수동성과 내향성 속으로 물러나고 싶은 마음과, 결혼생활이 성공하지 못할까 하는 두려움, 그리고 꿈에서 보이는 남녀의 분리 문제 등 이 모든 것이 분명 헨리의 의식 뒤에 남모르게 숨어 있는 의혹의 증상들이다.

성자와 창녀

헨리의 정신적 상태는 다음 꿈에서 가장 인상적으로 묘사되고 있다. 이 꿈에서는 그의 원시적인 관능에 대한 공포와 금욕주의로 도피하려는 욕망이 잘 나타나고 있다. 또한 우리는 꿈에서 그의 발전 과정이 취하고 있는 방향을 엿볼 수 있다. 이러한 이유에서 이 꿈을 길게 해석할 필요가 있다.

"나는 좁은 산길에 있다. 내 왼쪽으로는 내리막길, 깊은 심연이 있고 오른쪽으로는 바위가 벽처럼 쌓여 있다. 길가에는 몸을 피할 수 있게 만든 동굴이 몇 개 있는데 지나가는 외로운 나그네를 보호하기 위해 바위를 깎아서 만든 동굴이다. 그중에 반쯤 가려진 한 동굴 속에 창녀가 피해 와 있다. 이상하게 나는 그녀를 뒤쪽에서, 즉 암벽 쪽에서 본다. 그녀의 몸은 형태가 없는 해면체다. 나는 호기심을 가지고 그녀의 엉덩이를 만졌다. 그러자 갑자기 그녀가 여자가 아니고 남자 창부 같아 보였다.

바로 그 사람이 성자로 변하여 어깨에 진홍색 외투를 걸치고 앞으로 다가선다. 성자는 길을 따라 늠름히 걸어 나가서 도끼로 아무렇게나 찍어 만든 의자와 벤치가 있는 또 다른 큰 동굴로 들어간다. 오만한 얼굴을 하고 그는 나를 포함해서 그곳에 있던 모든 사람을 쫓아내고 그와 그의 추종자들이 옮겨 오더니 자리를 잡는다."

헨리의 창녀에 대한 개인적인 연상은 '빌렌도르프Willendorf의 비너스'였는데 이 비너스는 신석기시대부터 내려오는 풍만하게 살찐 여성을 조각한 작은 조각상이다. 자연신이거나 풍요의 여신인 듯하다. 그리고 그는 다음과 같이 덧붙여 말했다.

"엉덩이를 만지는 것이 풍요의 의식이란 말을 처음 들은 것은, 내가 발리스Wallis(프랑스권 스위스의 주 이름)를 여행하여 그곳에서 고대 켈트족의 무덤이나 동굴을 찾아갔을 때였습니다. 거기서 언젠가 온갖 재료를 짓이겨 타일로 미끄럽게 경사지게 만든 언덕이 있었다는 말을 들었습니다. 아기를 못 낳는 여자들이 불임을 고치기 위해 엉덩이를 직접 그곳에 대고 그 언덕을 미끄러져 내려가야 했습니다"고 말했다.

성자의 외투에 대해서 헨리는 "내 약혼녀도 그 비슷한 자켓을 가지고 있지만 그 색깔은 하얀색입니다. 꿈꾸기 바로 전날 저녁 우리는 춤추러 나갔었는데 약혼녀는 이 하얀 자켓을 입고 나왔었습니다. 그때 약혼녀의 친구인 다른 여자가 함께 있었는데 그녀는 내가 더 좋아하는 진홍색 자켓을 입고 있었습니다"라고 연상했다.

꿈이 프로이트S. Freud가 가리킨 것처럼 원망충족願望充足이 아니고 오히려 융이 주장했듯이 "무의식의 자기표현"이라고 생각한다면, 여기서 기술한 성자의 꿈보다 헨리의 정신 상태를 더 잘 표현하는 꿈은 드물 것이라고 생각된다.

헨리는 좁은 산길을 방황하는 '외로운 나그네'다. 그러나(아마 분석의 덕분으로) 그는 이미 황폐된 산에서 내려오고 있다. 왼쪽에는, 즉 무의식 쪽에는 깊은 심연이 있고 오른쪽, 즉 의식 쪽에는 단단한 바위가 의식의 시야를 가로막고 있다. 그러나 동굴(헨리의 의식 속에 있는 무의식적인 영역을 나타내는 상징) 속에는 날씨가 나빠지면, 즉 외부적인 긴장이 너무 위협을 느낄 정도로 높아지면 피신할 수 있는 공간이 있다.

동굴은 인간의 의도적인 작업, 즉 손수 바위를 깎아서 만든 작업의 결과다. 어떤 면에서 동굴이란 우리의 주의력이 한계에 이르러 무너질 때 의식 안에 생기는 빈틈과 비슷하다. 이 빈틈을 통하여 환상의 내용이 아무런 제약 없이 튀어나온다. 그와 같은 경우 예기치 못한 어떤 것이 자신을 나타내며, 우리 정신의 표면을 깊이 통찰할 수 있게 한다. 즉, 우리의 상상이 자유롭게 움직이고 있는 무의식의 영역에 한가닥 빛이 비추게 된다. 더구나 암굴은 어머니인 대지의 자궁의 상징일 수도 있으며, 그 속에서 변환과 재생이 일어나는 신비한 동굴이다.

이와 같이 이 꿈은 세계가 그에게 너무 힘들게 느껴질 때, 주관적인 환상에 사로잡혀 동굴로 도피하는 헨리의 내향적 후퇴withdrawal를 나타내는 것 같다. 이러한 해석은, 왜 그가 그의 정신 속에 존재하는 내적이며 여성적인 경향의 어떤 반영이랄 수 있는 여성상을 보았는가 하는 이유를 설명해 준다. 그 여자는 헨리가 의식의 세계에서는 결코 가까이 해본 적이 없는 창녀로서 뚜렷한 모양이 없는 해면 같고 또 반쯤 가려진 채 나타나고 있는데 이것은 그의 무의식 속에 억압된 여성상을 표현하고 있다. 모성 콤플렉스를 가진 아들과 마찬가지로, 지나치게 존경하는 어머니의 대극인 창녀에게 비록 그가 은밀한 매력을 느끼고 있다고는 하더라도, 그 여자는 그에게 언제나 철저한 금기였다.

그런 젊은이들은 곧잘 여성과의 관계를 순전히 동물적인 관능에만 국한시키고 다른 모든 감정은 배제하려는 생각에 끌리는 법이다. 이러한 결합에서 그는 자신의 진정한 사랑의 감정을 분리시켜 궁극

← 빌렌도르프의 비너스Venus of Willendorf로 알려진 선사시대의 조각. 꿈에 나온 창녀의 이미지에 대한 헨리의 연상들 중 하나.(왼쪽)

같은 꿈에서 성자가 신성한 동굴에 보인다. 실제로 많은 동굴들이 성스러운 장소들이다. 성모 마리아의 환영이 한 소녀에게 나타났던 루르드Lourdes에 있는 베르나데트Bernadette의 동굴처럼.(오른쪽)

헨리가 창녀를 만지는 것은 안수의 마술적 효과에 대한 신앙과 관련될 수 있다.

안수로 병을 치유하는 것으로 유명한 17세기 → 의 에이레인 발렌타인 그레이트레이크스Valentine Greatrakes.

적으로는 그의 어머니에의 충성을 유지하는 것이다. 어쨌든 어머니 때문에 다른 모든 여성들을 금기시하는 경향은 아들의 마음속에 굽히지 않고 생생하게 남아 있다.

전적으로 자신의 환상의 동굴로 피해 버린 듯한 헨리는 꿈에서 창녀를 오직 등 뒤에서만 본다. 그는 감히 그녀를 정면에서 볼 수 없다. 그러나 "뒤에서"란 말은 가장 덜 인간적인 면에서 즉 남성의 관능을 자극하는 그녀의 신체 부분인 엉덩이 쪽에서 본다는 뜻이다.

창녀의 엉덩이를 만지는 행위로써 헨리는 무의식적으로 많은 원시 종족에서 행해지는 생산의식fertility rite을 행하고 있다. 또 양손을 얹어 병을 고치는 것과 마찬가지로 손으로 만지는 것이 방어나 저주가 될 수 있다.

곧 이어서 창녀의 모습은 여자가 아니고 남자라는 생각이 들었다. 그 모습은 많은 신화적인 인물상에서 보이는 바와 같이(그의 첫 번째 꿈에 나오는 사제처럼) 양성적인 상이다. 자신의 성에 대한 불확실감은 사춘기에 자주 관찰된다. 그러므로 사춘기에서의 동성애는 이상이라고 간주되진 않는다. 헨리와 같은 심리구조를 지닌 젊은이에게 이와 같은 불확실성은 드문 일이 아니다. 앞에 나온 그의 꿈에 이미 이 사실이 내포되어 있다.

그러나 남녀의 구분에 대한 불확실성과 함께 억압은 창녀의 성을 혼돈하게 만들었다. 꿈꾼 사람을 유혹하고 또 불쾌하게 만들었던 여자의 모습은 먼저 남자로 그 다음에는 성자로 변했다. 두 번째 변화는 그 심상에 앞선 다른 '이미지(심상)'가 지닌 성적인 면을 모두 제거했으며, 또한 이것은 성욕의 현실에서부터 도피하는 단 한 가지 방법은 육체를 부정하고 금욕적이며 성스러운 생활을 영위하는 수밖에 없다는 사실을 암시한다. 이와 같이 꿈에서 어떤 것이 그 반대의 것으로 바뀌는 것은 드물지 않다(마치

외투는 흔히 사람이 외부 세계에 나타내 보이는 외적 가면 또는 페르조나를 상징할 수 있다. 예언자 엘리야Elijah의 외투도 비슷한 의미를 가졌다. 그가 승천했을 때(오른쪽 : 스웨덴 농민화에서), 그는 그의 외투를 그의 후계자인 엘리사Elisha에게 물려주었다. 그래서 그 외투는 그의 후계자에게 예언자의 힘과 역할을 나타내는 것으로 받아들여졌다.(그림에서 외투는 헨리의 꿈에 나온 성자의 외투처럼 빨간색이다.) ➜

← 페르조나의 다른 예.
1960년대 영국의 반항적인 '비트족' 젊은이들의 옷차림은 그들이 외부 세계에 과시하고 싶어한 생의 가치와 방법을 나타낸다.

창녀가 성자로 바뀐 것처럼). 극적인 반전이 꿈에 나타나는 경우는 흔히 있는 일이다. 연금술에서처럼 변환transmutation에 의해서 극단적인 양극이 서로 바뀔 수 있다는 사실을 암시해 주고 있다.

헨리는 성자의 외투에서 어떤 중요한 것을 보았다. 외투는 흔히 개인이 외부 세계에 내보이는 보호적인 덮개, 혹은 가면(융이 페르조나persona라고 부르는)의 상징이다. 그것은 두 가지 목적을 가지고 있다.

첫째, 다른 사람들에게 특별한 인상을 주기 위한 것이고 둘째, 사람들의 탐색적인 시선으로부터 개인의 내적 자기Self를 감추는 것이다. 헨리의 꿈에서, 성자의 외투로 표현된 페르조나persona는 헨리가 그의 약혼녀와 그녀의 친구에게 취하고 있는 태도 중 어떤 면을 우리에게 말해 주고 있다. 성자의 외투의 색깔은 헨리가 감탄했던 친구의 외투 빛깔과 같고 그 외투의 모양은 약혼녀의 외투 모양을 닮았다. 이것은 헨리의 무의식이 그 여자들의 여성적인 매혹으로부터 자신을 보호하기 위해 그 여자들에게 거룩한 특성을 부여하길 원하고 있다는 것을 의미한다. 외투의 빛깔은 빨간색인데 전에도 언급되었듯이 이 색은 전통적으로 감정과 정열을 상징하는 색깔이다. 그리하여 이것이 성자의 모습에 일종의 애욕적인 영성靈性, spirituality을 부여하고 있다. 즉, 이런 면은 성욕을 억압하고 단지 '영성'이나 이성에만 의지하려는 사람들에게 자주 나타난다.

그러나 육체의 세계에서 도피하려는 이와 같은 행위는 젊은이에게 부자연스러운 것이다. 인생의 전반기에서 우리는 자신의 성욕을 받아들이는 것을 배워야 한다. 종족을 유지하고 지속시키는 것은 불가결한 것이다. 꿈은 바로 이런 점을 헨리에게 일깨워 주는 것 같다.

성자가 동굴을 떠나 길을 걸어 내려올 때(즉 정상에서 계곡으로 내려올 때) 그는 초기 그리스도 교도가 박해를 피하여 예배하던 장소를 연상시키는, 아무렇게나 도끼로 찍어 만든 벤치와 의자가 있는 두 번째 동굴로 들어간다. 이 동굴은 영혼을 치유하는 성스러운 장소인 것 같다. 그곳은 명상의 장소이며, 지상의 것에서 천상의 것으로, 육체적인 것에서 정신적인 것으로 전환의 비의가 일어나는 장소이다.

헨리는 성자를 따르도록 허용되지 않았고 동굴에 있는 모든 사람(즉 그의 무의식적 요소)들과 함께 동굴 밖으로 쫓겨났다. 헨리와 성자의 추종자가 아닌 다른 모든 사람들은 바깥 세계에서 살아야 된다고 했다. 이 꿈은 헨리가 영적인 세계나 종교적인 영역에 투입하기 전에 우선 먼저 바깥 생활을 성공적으로 수행할 수 있어야 한다는 것을 말해 주는 것 같다. 성자의 형상은 또한(비교적 분화되지 않은 예지적 모습이긴 하나) 자기Self를 상징하고 있는 것 같다. 그러나 헨리는 아직 성자와 가까이 그 속에서 안주할 만큼 성숙하진 못했다.

분석의 진행과정

분석 초기에 오는 회의나 저항에도 불구하고 헨리는 그의 정신의 내부에서 일어나는 현상에 열렬한 관심을 가지게 되었다. 그의 꿈은 그에게 강렬한 인상을 준 것임에 틀림없다. 그의 꿈은 그의 의식세계를 뜻깊게 보상해 주는 듯했고 그의 양가감정이나 방황, 수동적인 경향을 깨닫게 하고 귀중한 통찰력을 그에게 부여하였다. 얼마 뒤 더욱 중요한 꿈들이 헨리가 그의 길을 '제대로 가고 있다'는 사실을 보여주었다.

분석을 시작하고 두 달이 지난 후에 그는 다음과 같은 꿈을 가지고 왔다.

> "집에서 그리 멀지 않은 작은 항구와 이웃해 있는 호숫가 밑바닥에서 전쟁 중에 가라앉은 기관차와 화차를 인양하고 있다. 처음에는 기관차의 보일러 같은 큰 원통이 나왔고 그 다음에는 거대한 녹슨 화차가 올라왔다. 그 광경은 무시무시했지만 일면 낭만적인 정경이기도 했다. 인양된 부분은 가까운 역의 철로나 케이블선에 실려 나갔다. 그렇게 하고 나니 호수의 밑바닥이 푸른 초원으로 변했다."

여기서 우리는 헨리가 얼마나 현저한 내적 발전을 이루었는지를 볼 수 있다. 기관차(아마도 에너지와 힘의 상징인)는 "가라앉아 있다." 즉, 무의식 속에 억압되어 있다. 그러나 지금은 햇볕을 보게 되었다. 기관차와 함께 화차가 있는데 화차는 모든 종류의 귀중한 화물(정신적 특질들)이 운반할 수 있는 것이다. 지금 이 '대상들'은 헨리의 의식세계에서 이용할 수 있게 되었고 그가 강력한 힘을 얼마만큼 그의 뜻대로 쓸 수 있게 되었는지를 알기 시작했다. 어두운 호수의 밑바닥이 푸른 초원으로 변하는 것은 적극적인 행동에 대한 그의 잠재력을 강조해 준다.

성숙에 이르는 외로운 여정에서 헨리는 때때로 무의식 속에 있는 여성적 측면으로부터 도움을 받았다. 24번째 꿈에서 그는 '곱사등이 여인'을 만난다.

> "나는 작고 아름답지만 등에 난 혹 때문에 미모를 망친 미지의 젊은 여인과 함께 학교에 가고 있다. 다른 많은 사람들도 학교에 들어가고 있다. 다른 사람들이 음악 레슨을 받으러 다른 방으로 흩어져 들어가는 동안 나와 그 여자는 조그마한 사각 테이블에 앉아 있다. 그녀가 나에게 성악 개인레슨을 해준다. 나는 충동적으로 그녀에게 동정심을 느껴 그녀의 입술에 키스를 한다. 그러나 나는 그것이 비록 용서받게 된다 하더라도 약혼녀에 대해서 성실치 못한 행동임을 의식하고 있다."

노래를 부르는 것은 감정의 직접적인 표현의 하나이다. 그러나(우리가 이미 보아 온 것처럼) 헨리는 자신의 감정을 두려워한다. 그는 이상화된 사춘기의 감정적 형태만을 알고 있다. 그럼에도 불구하고 헨리는 이 꿈에서 사각 테이블에 앉아 감정의 표현인 노래 부르는 것을 배우고 있다. 사변의 길이가 똑같은 책상은 4배四倍의 주제이며 보통 완성의 상징이다. 그리하여 노래와 사각형 테이블의 관계는 그가 정신 전체를 실현하려면 우선 먼저 그의 '감정적인' 측면부터 통합해야 한다는 것을 알려주는 것 같다. 사실 성악 레슨은 그의 감정을 북돋아 주었고, 그는 노래하는 소녀의 입술에 키스를 했다. 어떤 의미에서 그는 그 소녀와 '짝을 지었다'(그렇지 않았다면 그는 그의 '불성실함'을 느끼지 않았을 것이다). 즉, 그는 자신 속에 있는 '내면의 여인'과 관계를 맺는 것을 배웠다.

또 다른 꿈에서는 이 작은 꼽추 소녀가 헨리의 내적 발전에 기여하고 있음을 잘 보여주고 있다.

"나는 내가 잘 모르는 어떤 남학교에 있다. 수업 시간 도중 나는 몰래 그 건물로 들어갔는데 그 이유는 잘 모르겠다. 나는 4각의 작은 물건 두는 방 뒤에 있는 방에 숨었다. 복도로 향한 문이 반쯤 열려 있었다. 나는 들킬까봐 겁이 났다. 한 어른이 지나갔는데 나를 보지 못했다. 그런데 작은 꼽추 소녀가 들어와 나를 보더니 내가 숨어 있는 장소에서 나를 끌어내었다."

두 꿈에서 똑같은 소녀가 나타났을 뿐만 아니라 똑같은 정경이 학교에서 일어났다. 어느 경우에나 헨리는 자신의 발전에 도움이 되는 어떤 것을 배워야 했다. 아마 그는 수동적이고 남의 눈에 띄지 않은 채 그의 지식욕을 만족시키며 살아갔을 것이다.

불구인 작은 소녀상은 많은 동화에 자주 등장한다. 그런 동화에서 보면 혹 달린 추한 모습은 큰 아름다움을 감추고 있다. 그녀의 숨겨진 아름다움은 '의

로운 사나이'가 나타나서 그녀에게 걸린 마법을 풀어줄 때 나타나는데, 흔히 키스가 그 전환의 계기가 된다. 헨리의 꿈에 나타난 소녀는 헨리 자신의 심혼心魂, soul의 상징일 수 있고 그녀를 추하게 만든 마법에서 풀려나야 하는 것이다.

꼽추 소녀가 노래를 가지고 헨리의 감정을 일깨우려 하거나, 아니면 그가 숨어 있던 어두운 장소에서 그를 끌어내어 낮의 햇볕에 직면하도록 강요할 때 그녀는 바로 그녀 자신이 인도자임을 보여준다. 어떤 의미에서 헨리는 약혼녀와 작은 꼽추 소녀와 동시에 같이 살 수 있고 또 살아야 한다. 전자는 외부 세계의 현실 속의 여인을 나타내며, 후자는 내적 정신적 아니마Anima를 형상화한 것이다.

← 19세기 영국화가 윌리엄 터너William Turner가 그린 〈비, 증기선 그리고 기관차〉*Rain, Steam, and Speed*라는 제목의 그림에서처럼, 기관차는 분명히 박력 있고 다이나믹한 힘의 이미지이다.

↓ 헨리의 꿈에서 기관차들이 호수 밖으로 인양된다. 일찍이 그의 무의식 속에 억압되어 왔던 가치 있는 행동의 잠재력이 해방되어 솟아 나오는 것을 표현한다.

신탁의 꿈

전적으로 합리적 사고에만 의지하여 그들의 정신생활의 여러 현상을(감정세계와 같은)을 무시하거나 억압하는 사람들은 온갖 미신에 자기도 설명할 수 없을 정도로 빠져버리는 경향이 있다. 그들은 예언이나 신탁에 귀를 기울여서 마술사나 점쟁이의 말에 쉽게 영향을 받고 속아 넘어간다. 꿈은 외부 세계의 생활을 보상해 주는 것이므로, 그런 사람들이 그들의 지성을 강조할 때 꿈은 이를 비합리적 요소로써 보충하며, 또한 그들은 그런 비합리적인 요소에 사로잡혀 빠져나오지 못한다.[3)]

헨리가 분석 과정에서 경험한 이 현상은 무척 인상적이다. 이러한 비합리적인 주제를 지닌 네 개의 특이한 꿈은 그의 정신적인 발전에 결정적인 이정표의 역할을 했다. 그 꿈 중의 하나는 분석이 시작된 지 약 10주 후에 나온 것이다. 헨리는 이 꿈을 다음과 같이 소개했다.

"혼자서 남아메리카로 모험에 찬 여행을 하던 중 마침내 나는 집으로 돌아가고 싶은 욕망을 느낀다. 산 위에 있는 낯선 도시에서 기차역에 가려고 하는데 그 역이 가장 높은 곳에 있는 마을 중앙에 있다는 느낌이 본능적으로 온다. 나는 기차 시간에 늦을까봐 걱정한다.

다행히도 둥근 천장이 있는 길이 오른쪽에 일렬로 늘어선 집들을 꿰뚫고 지나간다. 집들은 중세의 건축양식으로 다닥다닥 붙어 있어 뚫기 어려운 벽처럼 되어 있고 그 뒤에 기차역이 있는 듯하다. 그 정경은 아름다운 한 폭의 그림 같았다. 나는 칠을 입힌 건물 정면에 해가 비치는 것을 보고, 그 아치 모양의 문에 그늘이 진 어둠 속에 초라한 모습을 한 4명의 사람들이 보도 위에 앉아 있는 것을 본다. 나는 안도의 숨을 쉬며 길을 재촉한다. 별안간 덫 사냥꾼 모습의 낯선 사람이 내 앞에 나타났는데 나처럼 기차를 타려는 생각을 가지고 있음에 틀림없었다.

우리가 함께 앞으로 나아갔을 때 4명의 문지기가(곧 그들은 중국인으로 변했는데) 우리의 길을 막으려고 뛰어 나왔다. 그 싸움에서 내 왼발이 한 중국인의 왼발의 긴 발톱에 걸려 상처를 입었다. 우리에게 길이 열리느냐 아니면 생명을 빼앗기게 되느냐 하는 것은 신탁만이 결정할 수 있는 일이다.

맨 먼저 내가 신탁의 대상이 되었다. 내 친구는 묶여서 옆으로 나가고 중국인들은 작은 상아 막대기를 가지고 신탁을 말하려 한다. 그 점괘는 내게 나쁘게 나왔지만, 한번 더 기회가 주어진다. 나도 내 친구와 마찬가지로 족쇄가 채워져 옆으로 나간다. 이제는 내 친구가 내 처지에 있게 된다. 그가 보는 앞에서 두 번째의 신탁이 내려 내 운명을 결정하게 된다. 이번에는 점괘가 좋았고 나는 목숨을 건졌다."

여러분은 이 꿈이 주는 풍부한 상징과 압축된 내용, 그리고 이 꿈이 지닌 특별한 의미와 특이성을 알아차렸을 것이다. 그러나 헨리의 의식의 마음은 이 꿈을 무시하는 것 같아 보였다. 헨리가 그의 무의식의 산물에 대해 회의를 가지고 있기 때문에 꿈을 합리화의 위험 속에 노출시키는 것보다는 오히려 아무런 간여를 하지 않고 꿈이 그에게 작용하도록 하는 것이 더욱 중요한 일이었다. 그래서 나는 처음에 이 꿈을 해석하지 않았다. 대신 그에게 한 가지 암시를 주었다. 나는 그에게 유명한 중국의 고서인 역경을 읽고 꿈에서 중국 사람들이 한 것처럼 역경易經에 묻도록 권했다.

소위 '변환의 서'라고 불리는 이 역경은 대단히 오래된 지혜의 책이다. 역경의 근원은 신화시대까지 거슬러 올라가고 약 기원전 3000년경부터 오늘날의 형태로 전해 내려오고 있다. 역경을 독일어로 번역하고 훌륭한 주석을 붙인 리하르트 빌헬름Richard Willhelm에 의하면, 중국 철학의 큰 양대산맥인 유교와 도교가 역경에 근원을 두고 있다고 한다. 이 책은 인간과 우주의 일체, 양과 음(남성과 여성의 원리인)의 대극을 보충해 주는 한쌍이라는 가설에 기초를 두었다. 역경은 각각 여섯 개의 효爻로 만들어진 64괘로 이루어져 있고, 이 괘들은 음양의 가능한 모든 조합을 포함하고 있다. 직선(—)은 양, 즉 남자를 나타내고, 끊어진 선(- -)은 음, 즉 여자를 나타낸다.

각 괘는 인간이나 우주의 상황의 변화를 기술하고 그 후에 따르는 행동에 대해 비유법을 써서 제시해 주고 있다. 중국인들은 어떤 괘가 나온 순간, 가장 타당한 방법을 제시해 줄지 알기 위해 역경에 물었다. 그들은 50개의 산가지를 이용하여 비교적 복잡한 방법으로 주어진 숫자를 얻어 내서 점을 쳤다(우연히 헨리는 융이 해석한 『태을금화종지』*The Secret of Golden Flower*에서 중국인들이 점을 치는 데 쓰는 신기한 놀이에 관해서 읽은 적이 있다고 말했다).

오늘날 역경에서 괘를 얻어내는 일반적인 방법으로 세 개의 동전을 이용하는 것이 있다. 세 개의 동전을 각각 던져서 한 효爻를 얻는다. 앞면이 나오면 양을 상징하며 3으로 계산되고, 뒷면이 나오면 음을 상징하여 2로 계산된다. 이 동전들을 모두 여섯 번 던져서 나온 숫자들이 묻는 6선형이 된다.

그러나 우리 시대에 이 같은 점이 어떤 중요성을 가지고 있는가? 역경이 지혜의 보고라는 사실을 인정하는 사람들까지도 신탁을 묻는 것이 비술을 실험하는 것 이상의 어떤 의미가 있음을 믿기는 어려울 것이다. 오늘날 대부분의 사람들은 모든 신성한 기술들을 의식적으로 고대인의 황당무계한 짓으로 치부하기 때문에, 그 이상의 것이 관여한다는 것을 파악하기는 정말 쉽지 않다. 그러나 그런 것들은 무의미한 것이 아니다. 융이 보여준 것처럼 그것들은 그가 말한 동시성 원리(간단히 말해 의미 있는 일치)에서 나온 것이다. 그는 이 어렵고도 새로운 생각을 「비인과론적 관련원리로서의 동시성」이라는 논문에서 설명한 바 있다. 동시성이란 내면의 무의식적인 앎이라는 가설을 토대로 한다. 무의식적 앎은 물리적 사건을 정신적 조건과 연결한다. 그래서 '우연하게' 혹은 '우연의 일치'처럼 일어나는 어떤 사건이 사실은 심리적인 의미를 갖게 된다. 그 의미는 흔히 사건과 일치되는 내용의 꿈을 통해서 상징적으로 제시된다.

역경을 공부하고 난 수 주일 후, 헨리는 상당한 회의를 안고 내 제안에 따라 동전을 던졌다. 그가 역경에서 찾은 괘가 그에게 큰 충격을 주었다. 간단히 말해서 그가 얻은 괘는 그의 심리적인 상태와 그의 꿈과 여러 가지로 놀랄 만한 관계를 가지고 있었다. 현저한 동시적 우연의 일치로써 동전이 얻어낸 괘는 몽이라는 괘였다. 즉 '젊은 어리석음'이다(䷃산수몽).

이 괘의 괘사는 문제가 되는 꿈의 주제와 여러 가지로 비슷한 점이 많다. 역경의 이 괘사에 따르면, 6개 중 위의 3개의 소성괘(☶)는 산을 상징하고 조용히 있으라는 의미이며, 또 문으로 해석되기도 한다. 밑의 세 개의 줄로 이루어 진 소성괘(☵)는 물, 심연, 달을 뜻한다. 이러한 상징들은 이미 앞에 말한 꿈에서 나왔었다. 많은 말들 중에 헨리에게 적용되는 것은 다음의 경구다. "그와 같이 비현실적 환상에 완고히 매달리면 매달릴수록 더 많은 모욕이 따라오는 것은 확실하다."[4)]

이와 같은 점괘는 헨리의 문제와 직접 관련된 것 같아 보인다. 이것이 헨리의 마음을 뒤흔들어 놓았다. 처음에 그는 의지의 힘으로 점괘의 영향을 억누르려 했으나, 그는 신탁이나 꿈에서 벗어날 수 없었다. 역경의 구절들이 비록 수수께끼 같은 말들로 표현되어 있지만 그에게 깊은 영향을 주었던 것 같다. 그가 오랫동안 부정해 왔던 존재인 바로 그 비합리성에 그는 압도되었다. 그의 꿈에 나타난 상징들과 그렇게 강력하게 일치하는 것 같아 보이는 역경의 어구들을 때로는 조용하게 때로는 신경질적으로 읽다가, 그는 이것을 모두 곰곰이 다시 생각해야겠다고 말하고 분석 시간이 채 끝나기도 전에 가버렸다. 감기 때문에 올 수 없다며 다음 약속을 취소한 후 다시 나타나지 않았다.

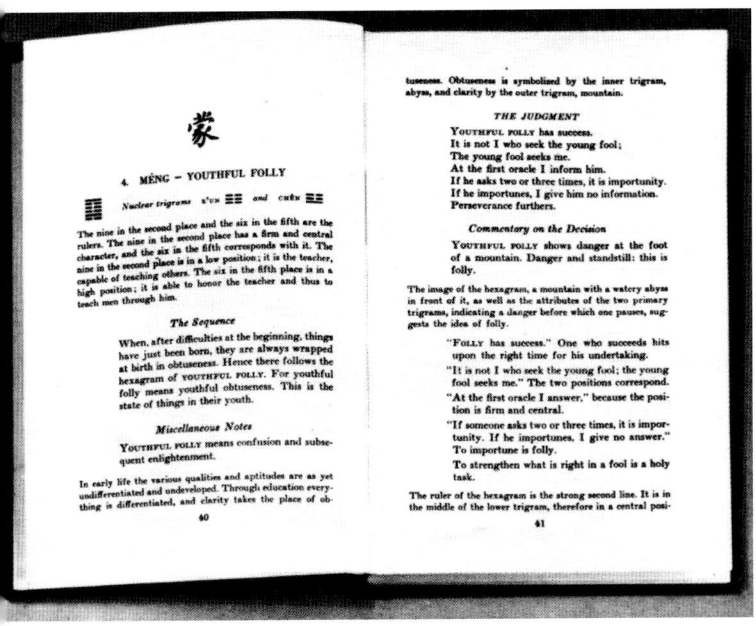

蒙

4. MÊNG – YOUTHFUL FOLLY

䷃ *Nuclear trigrams* K'UN ☷ *and* CHÊN ☳

The nine in the second place and the six in the fifth are the rulers. The nine in the second place has a firm and central character, and the six in the fifth corresponds with it. The nine in the second place is in a low position; it is the teacher, capable of teaching others. The six in the fifth place is in a high position; it is able to honor the teacher and thus to teach men through him.

The Sequence

When, after difficulties at the beginning, things have just been born, they are always wrapped at birth in obtuseness. Hence there follows the hexagram of YOUTHFUL FOLLY. For youthful folly means youthful obtuseness. This is the state of things in their youth.

Miscellaneous Notes

YOUTHFUL FOLLY means confusion and subsequent enlightenment.

In early life the various qualities and aptitudes are as yet undifferentiated and undeveloped. Through education everything is differentiated, and clarity takes the place of ob-

40

tuseness. Obtuseness is symbolized by the inner trigram, abyss, and clarity by the outer trigram, mountain.

THE JUDGMENT

YOUTHFUL FOLLY has success.
It is not I who seek the young fool;
The young fool seeks me.
At the first oracle I inform him.
If he asks two or three times, it is importunity.
If he importunes, I give him no information.
Perseverance furthers.

Commentary on the Decision

YOUTHFUL FOLLY shows danger at the foot of a mountain. Danger and standstill: this is folly.

The image of the hexagram, a mountain with a watery abyss in front of it, as well as the attributes of the two primary trigrams, indicating a danger before which one pauses, suggests the idea of folly.

"FOLLY has success." One who succeeds hits upon the right time for his undertaking.

"It is not I who seek the young fool; the young fool seeks me." The two positions correspond.

"At the first oracle I answer," because the position is firm and central.

"If someone asks two or three times, it is importunity. If he importunes, I give no answer." To importune is folly.

To strengthen what is right in a fool is a holy task.

The ruler of the hexagram is the strong second line. It is in the middle of the lower trigram, therefore in a central posi-

41

← 몽蒙('어려서 어리석다'는 것을 나타내는) 이란 괘에 관한 역경의 두 페이지. 괘의 위의 세 줄은 산을 상징하고, 또 문을 상징할 수도 있다. 아래의 세 줄은 물과 심연을 상징한다.

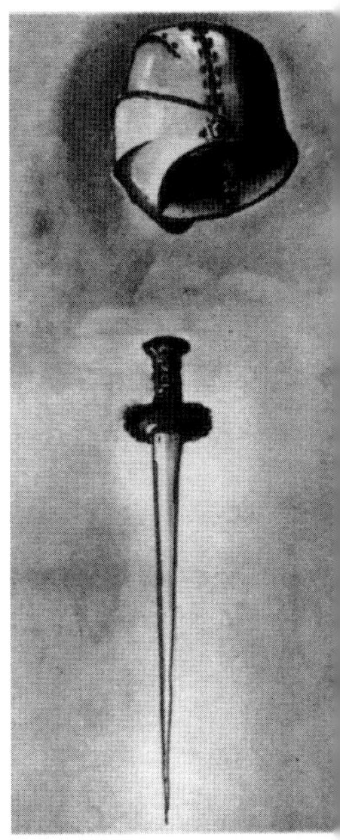

환상에서 헨리가 본 칼과 투구를 그린 → 그의 그림으로 칼과 투구는 역경의 한 장인 '이위화' 괘와도 관련되어 있다.

나는 그가 아직 신탁을 충분히 소화하지 못했을 것이라 추측하여 '조용히' 그를 기다렸다.

한 달이 지났다. 마침내 헨리가 나타났다. 그는 흥분하고 당황해하며 그동안 생긴 일을 이야기했다. 애초에 그는 그렇게 의지하고 있었던 사고에 큰 충격을 받았다. 그는 그 충격을 억누르려 했으나 곧 신탁의 말들이 자기를 따라 다닌다는 사실을 인정할 수밖에 없었다. 그의 꿈에서 두 번 신탁에 물었기 때문에 그는 다시 역경에 물어보고자 하였다.

그러나 몽(젊은 어리석음)이라는 괘가 나온 역경의 구절에서는 두 번 대답을 구하는 것을 명백히 금하고 있다. 이틀 동안 헨리는 마음을 결정하지 못하여 잠을 이루지 못했다. 그런데 3일째 밤에 강력한 힘을 지닌 희미한 꿈의 이미지가 그의 눈앞에 나타났다. 그것은 텅 빈 공간에 떠 있는 칼과 투구의 이미지였다. 헨리는 곧 역경을 꺼내서 아무렇게나 펼쳐 30번째 괘의 장을 열었다. 그는 그 장에서 다음의 문장을 읽고 크게 놀랐다. (이위화䷝) "집착은 불이다. 그것은 갑옷과 투구를 의미하고 창과 무기를 뜻한다." 이제 그는 왜 의도적으로 신탁에 두 번 묻는 것이 금지되었는가 하는 이유를 이해하게 되었다. 왜냐하면 꿈에서 그의 자아는 두 번째 신탁에 물을 것을 거부하고 있었다. 두 번째도 신탁(역경)에 묻지 않을 수 없게 한 것은 꿈속의 덫 사냥꾼 짓이었다. 마찬가지로 아무렇게나 책을 펴서 두 번째 물음을 역경에 던진 것은 헨리의 비몽사몽간의 행동이었고, 역경에서 그는 그가 밤에 본 상과 일치하는 상징을 보게 되었다.[5), 6), 7)]

헨리의 마음이 그렇게도 깊이 흔들렸으므로 이제는 드디어 인격의 변환을 불질러 놓을 이 꿈을 해석할 시기가 된 것 같았다. 이 꿈의 진행을 보면 꿈에 나타난 요소들은 모두 헨리의 내적 인격의 내용들이고, 또 꿈에 본 6명의 모습들은 그의 정신적 특질이 인격화된 것이라고 해석되어야 한다. 이와 같은 꿈은 비교적 드물지만 이런 꿈이 한 번 나타나면 그것이 남기는 감동은 무척 강력한 것이다. 이런 꿈들을 "변화의 꿈"dream of transformation이라고 부르는 까닭이 여기에 있다.

이런 상징적인 힘을 지닌 꿈에 대하여 꿈꾼 사람은 오직 한두 가지 정도의 개인적 연상밖에 하지 못하는 것이 보통이다. 헨리가 할 수 있었던 연상은 그가 최근에 칠레에서 직업을 가지려 했는데 미혼 남자의 취업은 받아들여지지 않아 거절되었다는 것이 전부다. 그는 중국 사람들이 왼쪽 손톱을 기르는 것은 그들이 일 대신 명상에 몰두했다는 표시라는 것을 알고 있다.

헨리가 남미에서 직장을 얻는 데 실패한 것이 이 꿈에서 나타난다. 꿈에서 그는 더운 남쪽 세계로 실려 가고 있다. 유럽과는 반대로 그가 원시적이고 제약이 없고 관능적인 세계라고 말할 만한 세계다. 그곳은 무의식 영역의 훌륭한 상징화를 표현한다. 이 영역은 헨리의 의식의 마음을 지배하는 계발된 지성과 스위스의 청교도 신앙과는 반대되는 세계이다. 그곳은 사실 오랫동안 그가 그리워했던 그의 자연의 '그림자 나라'shadow land였다. 그러나 얼마 지나자 그곳이 그리 편안하게 느껴지지 않았던 것 같다. 꿈에서 그는 남아메리카로 상징된 어둡고 지하계적이고 모성적인 힘에서부터 밝은 쪽으로, 즉 그의 현실의 어머니와 약혼녀에게로 되돌아왔다. 불현듯 그는 자신이 그들에게서 얼마나 멀리 가버렸는가를 실감하였다. 그는 홀로 '낯선 도시'에 있는 자신을 발견한다. 이와 같은 의식세계로의 확대는 꿈에서는 '보다 높은 위치'로 상징된다. 즉, 그 도시는 산 위에 건설되어 있었다. 그래서 헨리는 '그림자 나라'shadow land 안에 있는 더 큰 의식을 향해 '등반했다.' 그곳에서 그는 '집으로 가는 길을 찾게 되기를' 원했다. 산을 오르는 문제는 이미 그의 첫 번째 꿈에서 나온 바 있다. 성자와 창녀의 꿈이나 다른 많은 신화에서 보는 바와 같이, 산은 변환이 일어나는 거룩한 계시의 장소를 상징한다.

'산상의 도시'는 또한 잘 알려진 원형상으로 그것은 우리의 문화사에서 여러 가지 유형으로 나타난다. 만다라mandala와 부합되는 그 도시의 평면도를 보면, 그 중앙에 '자기'(정신의 가장 깊은 중심이며 전일성)가 살고 있고 이는 '심혼의 지대'를 나타낸다.[8]

놀랍게도 헨리의 꿈에 나타나는 자기의 위치는

인간 집단의 교통 중심인 기차역으로 나타나고 있다. 이것은 꿈꾼 사람이 젊고 비교적 정신의 발달spiritual development이 낮은 차원에 있는 경우에, '자기'는 보통 그의 개인적 경험의 영역 내의 대상으로 상징화된다. 다시 말하면 지극히 평범한 대상으로 나타나는데 이로써 꿈꾼 사람의 높은 야망이 보상된다. 오직 심혼의 상像이 '자기'라는 것에 익숙해져 있는 성숙한 사람들에게서만 '자기'는 그 독특한 가치에 부합되는 상징으로 나타난다.

비록 헨리는 정거장이 있는 곳을 확실히 올랐지만 도시 가운데 가장 높은 지점에 있으리라 추측한다. 여기서 다른 꿈에서와 마찬가지로 그는 그의 무의식으로부터 도움을 받는다. 헨리의 의식은 엔지니어로서의 그의 직업과 동일시되어 있다. 그러므로 그는 자신의 내면세계를 정거장 같은 문명의 합리적 산물과 연결짓기를 바란다. 그러나 이 꿈은 그런 태도를 거절하고 전혀 다른 방향을 제시해 준다.

길은 어두운 아치 문 '밑으로' 통해 있었다. 아치 모양의 문은 문턱의 상징으로 문턱은 위험이 도사리고 있는 장소, 분리와 통합이 동시에 일어나는 장소이다. 헨리가 찾고 있던 기차역 대신, 즉 미개한 남아메리카와 유럽을 연결하는 곳 대신, 헨리는 어두운 아치 모양의 문 앞에서 4명의 초라한 중국인이 버티고 서서 길을 막고 있는 것을 보았다. 이 꿈에서 4명의 중국인 사이에 어떤 구별점도 없었다. 그러므로 그들은 남성 전체male totality의 아직 미분화된 네 가지 측면이라 볼 수 있을 것이다(전일성totality과 완성의 상징적 4라는 숫자는 융이 다른 저서에서 길게 논한 원

← 헨리의 '신화의 꿈'oracle dream에 나온 문지기에 비교되는 것으로 중국의 마이치산Mai-chisan 동굴의 입구를 지키는 한 쌍의 조각 중 하나이다(10~13세기 작품).

형을 표시한다.)[9]

중국인은 자기Self(정신의 중심)에 이르는 길을 가로막고 있는 헨리의 무의식의 남성적인 부분을 상징한다. 이 중국인 때문에 헨리는 통과할 수 없고 자기에 이르는 길이 막혀 있어 그는 반드시 그 길을 열어야만 한다. 이 문제가 해결될 때까지 그는 여행을 계속할 수가 없다.

다가오는 위험을 알지 못한 채 마침내 역에 닿을 것을 기대하면서 헨리는 서둘러 문으로 나아갔다. 그러나 가는 도중 그는 그의 그림자shadow를 만난다. 즉, 세속적이고 거칠은 덫 사냥꾼으로 변장을 하고 나타난 그의 원시적이고 아직 빛을 못 본 부분을 만난다. 이 사람의 출현은 헨리의 내향적인 자아가 그의 억압된 감정적이고 비합리적인 경향을 나타내는 외향적인 면(내향적인 면을 대상하는)과 결합되어 있었음을 의미한다. 이 그림자상은 의식의 자아를 지나 전면으로 나선다. 그것은 무의식적인 여러 성질의 자율성과 활동성을 인격화하고 있으므로 운명의 적절한 운반자가 되어 모든 일이 일어나게끔 해준다.

꿈은 점차 절정을 향해 가고 있다. 헨리와 덫 사냥꾼과 중국인들 사이의 싸움에서, 헨리의 왼발은 4명의 중국인 중 한 명이 내민 왼쪽 긴 발톱에 긁혔다 (여기서 헨리의 의식의 자아 속의 유럽적 성격이 그의 자아와는 전혀 반대인 인격화된 고대 동양의 지혜와 충돌한 것으로 보인다. 중국인이란 전혀 다른 정신적 대륙에서 온 것, 다시 말해서 아직 헨리에게 전혀 알려지지 않고 위험한 것 같아 보이는 '다른 쪽'에서 온 것이다).

중국인은 '황색의 대지'를 나타낸다고 할 수도 있다. 왜냐하면 중국인은 다른 사람들에 비해서 대지와 관계가 깊은 까닭이다. 그리고 바로 이 대지적이며 지하계적인 물질이야말로 헨리가 받아들여야 할 측면이다. 그가 꿈에서 만난 정신의 무의식적인 남성적 전체성은 그의 지적인 의식적 측면에 결여되어 있는지 지하계적chthonic이며 물질적인 측면을 지니고 있다. 그러므로 헨리가 4명의 초라한 형상들을 중국인이라고 인식한 사실은 그가 자신과 반대되는 본성에 관해 내적인 깨달음이 증가되고 있음을 보여준다.

헨리는 중국인들이 가끔 왼손의 손톱을 기른다는 말을 들었다. 그러나 꿈에서는 긴 손톱이 아니고 왼쪽 발톱이었다. 이를테면 짐승의 발톱 같은 것이었다. 이 꿈은 중국인들이 헨리의 생각과는 너무나 다른 관점을 가지고 있어서 그 점이 그를 해치게 된다는 것을 가리키는 것 같다. 우리가 알다시피 대지적이고 여성적인 면에 대하여, 즉 그의 본성의 물질적

인 심층에 대하여 헨리가 취하는 의식적 태도는 불확실하고 양가적이다. 그의 '왼발'(즉 그가 두려워하고 있는 그의 여성적, 무의식적인 측면의 관점 또는 '입장')로 상징되는 이러한 태도는 중국인에게서 상처를 입게 된다.

그러나 이 상처 그 자체로는 헨리에게 아무런 변화도 일으키지 못했다. 모든 변환transformation은 '세계의 종말', 즉 인생의 낡은 과거의 철학의 붕괴를 전제조건으로 할 것을 요구한다. 이 책의 앞부분에서 헨더슨Henderson 박사가 지적한 바와 같이 성인식에서 젊은이는 그가 남자로서 새롭게 탄생되고 부족의 정식 일원으로 받아들여지기 전에 상징적인 죽음을 겪어야 한다. 이처럼 새로운 태도가 확고해지기 위해서는 과학적이고 논리적인 엔지니어의 태도는 붕괴되어야 한다.

엔지니어의 정신 속에서는 모든 '비합리적인 요소'가 억압되고 만다. 그러므로 꿈의 세계에서는 그러한 비합리적인 것이 의식에 대한 극적인 역설로 자주 노출되곤 한다. 이와 같이 비합리적인 것은 헨리의 꿈에 인간의 운명을 결정하는 두렵고 설명할 수 없는 힘을 지닌 중국에서 나온 '신탁의 게임'으로 나타났다. 헨리의 합리적인 자아는 진정으로 지성의 특성sacrificium intellectus에 자신을 맡길 수밖에 다른 도리가 없었다.

그러나 헨리와 같이 경험이 없고 미숙한 사람이 갖는 의식의 마음은 그러한 행동을 할 충분한 준비가 되어 있지 않다. 그는 운명의 전기轉機를 놓치고 그의 생명은 상실된다. 그는 꼼짝없이 낯익은 길을 계속 걸어가거나, 어른의 책임을 저버리고 집으로 돌아갈 수도 없게 잡혀 버렸다. 이러한 '큰 꿈'으로 말미암아 그가 마음속에 준비해 두지 않을 수 없었던 것이 바로 이에 대한 통찰이다.

다음은 원시적인 덫 사냥꾼이 헨리의 자리를 차지하고 신탁을 묻도록 허용하는 동안 헨리의 의식적이고 문명화된 자아는 묶여서 옆으로 끌려 나갔다. 헨리의 생명은 신탁의 결과에 달려 있다. 그러나 자아가 감금되어 고립되었을 때, 그림자의 형상으로 인격화된 무의식의 내용들이 도움과 해결을 가져온다. 그러한 도움은 이와 같은 무의식의 내용의 존재를 알고 그들의 힘을 경험할 때 가능해진다. 그리고 나면 그들은 우리가 의식적으로 받아들인 변함없는 친구가 될 수 있다. 그의 그림자인 덫 사냥꾼이 그 게임에서 이겼기 때문에 헨리는 구출되었다.

← 자신의 불면증을 묘사한 다른 환자의 그림. 그의 불면증은 불안과 우울을 나타내는 검은색의 벽으로 그의 의식을 압도할지도 모르는 정열적이고 붉은 본능적 욕구들을 너무나 강하게 억압하였기 때문에 생겼다.(왼쪽)

분석을 받고 있는 한 환자의 그림은 검은 괴물(빨간 쪽, 즉 '감정'의 측면에 있는)과 마돈나 같은 여인(푸른 쪽, 즉 정신적 측면에 있는)을 묘사한다. 순수와 순결 등에 대한 과도한 강조와 비합리적인 무의식에 대한 두려움, 이런 것이 헨리의 처지였다. 그러나 초록색의 만다라 모양의 꽃이 반대되는 양면을 연결시키는 역할을 하는 것이 주목할 만하다.(오른쪽)

비합리적인 것과의 대면

헨리의 그 뒤의 행동은 꿈이 그에게 매우 깊은 영향을 끼쳤다는 사실을 명확히 보여주었다(그의 꿈과 역경이 그 자신 속에 있는 깊고도 비합리적인 힘을 직면하게 했다는 사실과 함께). 그때부터 그는 무의식과의 대화에 귀를 기울이고 그의 분석은 더욱 열기를 띠어 갔다. 그때까지 그의 마음의 심층을 분열하고자 위협해 온 긴장이 표면에 나타났다. 그럼에도 불구하고 그는 용기 있게 만족할 만한 결론에 도달할 수 있다는 희망을 가지고 있었다.

신탁의 꿈을 가진 지 2주도 되지 않아서(그러나 그때는 아직 신탁의 꿈에 대해 의논하고 해석하기 전이었다) 헨리는 비합리적인 면을 가진 괴로운 문제와 다시 직면하게 될 또 다른 꿈을 꾸었다.

> "나는 방에 혼자 있었다. 수많은 더러운 검은 풍뎅이들이 구멍에서 기어나와 내 제도 책상 위에 퍼져 있다. 나는 어떤 종류의 마술을 사용하여 풍뎅이들을 구멍으로 몰아넣으려 한다. 네댓 마리만 제외하고는 모두 몰아넣었는데 그 네댓 마리가 내 책상 위로 다시 기어 나와 온 방안에 퍼졌다. 나는 더 이상 그것들을 쫓아내려는 생각을 포기했다. 그것들은 나에게 더 이상 구역질나게 느껴지진 않았다. 나는 풍뎅이들이 숨은 장소에 불을 질렀다. 높은 불꽃이 솟아 올랐다. 나는 내 방이 탈까봐 걱정했는데 이 걱정은 근거가 없는 걱정이었다."

이번에 헨리는 그의 꿈을 비교적 솜씨 있게 해석할 수 있게 되어 이 꿈을 스스로 다음과 같이 설명했다.

"풍뎅이는 내 속에 있는 어두운 요소다. 그것들이 분석을 받음으로써 깨어나 지금 표면에 나오고 있다. 그들이 제도용 책상으로 상징된 내 직업적인 일거리 위를 뒤덮을 위험이 있다. 내가 처음에 그것들을 눌러 죽이려고 손을 댔을 때 언뜻 옛 이집트의 흑갑충이 생각났으므로 나는 그렇게 하지 않고 마술을 써서 없애야 했다. 그것들이 숨은 곳에 불을 지르면서 나는 어떤 성스러운 것의 보호를 청했다. 그때 타오르는 불길에서 모세의 십계명을 넣은 법궤Ark of Covenant를 연상케 하는 화염이 생각났기 때문이다."

이 꿈의 상징을 깊이 파헤쳐 볼 때, 우리는 무엇보다 풍뎅이의 색이 어둠과 우울과 죽음의 색인 검은 색이라는 것에 주목해야 한다. 이 꿈에서 헨리는 방안에 혼자 있다. 즉, 그 상황은 내성과 이에 상응하는 음울한 상태로 이끌 수 있는 상황이다. 신화에 나오는 성갑충은 보통 금빛으로 나타난다. 이집트에서 그들은 태양을 상징하는 곤충이다. 만약 검은 빛깔의 풍뎅이라면 그들은 태양과 반대되는 면, 즉 악마적인 어떤 면을 상징한다. 그러므로 마술을 가지고 풍뎅이와 싸우기를 바라는 헨리의 본능은 아주 옳은 것이다. 4, 5마리의 풍뎅이가 살아남기는 했으나 그 풍뎅이의 숫자가 줄어든 것만으로도 헨리로 하여금 공포와 불쾌감에서 벗어나게 하는 데 충분했다. 그리고 나서 헨리는 불을 질러 그들의 집을 파괴하려 했다. 이것은 긍정적인 행동이다. 왜냐하면 불은 상징적으로 변환과 재생을 유도하기 때문이다(고대 신화에 불사조가 불 속에서 재생하듯이).

각성 시의 생활에서도 헨리는 진취적인 기분에 가득 차 있는 것 같아 보인다. 그러나 그는 아직 진취적인 면을 효과 있게 사용하는 것을 배우지 못한 것이 분명하다. 그러므로 나는 그의 문제에 좀 더 명확한 빛을 던져 줄 그 후의 다른 꿈에서 이 문제를 생각해 보고 싶다. 다음의 꿈은 여성과 책임 있는 관계를 맺는 것을 두려워하고 또 인생의 감정적인 측면을 피하려는 헨리의 태도를 상징적 언어로서 나타내고 있다.

> "한 노인이 임종을 맞고 있다. 그 노인은 친척들에게 둘러싸여 있는데 나도 그들 사이에 있다. 더욱 많은 사람들이 큰 방에 모여들어 각기 정확하게 자기의 특징을 말한다. 약 40명 정도의 사람들이 있었다. 노인은 신음하면서 '생명이 없는 삶'unlived life에 관해서 중얼거린다. 그의 딸은 아버지가 고백을 쉽게 하도록 도와주기 위해 '생명이 없는'unlived이란 말을

무슨 뜻으로 이해해야 하는지, 문화적 의미인지 아니면 도덕적 의미인지를 묻는다. 노인은 대답하려 하지 않는다. 딸은 나를 조그마한 건넌방으로 보내어 그 방에서 카드점을 쳐서 그 대답을 구하려고 한다. 내가 뒤집은 카드 중 처음 9라는 숫자가 나온 카드의 빛깔에 따라 그 해답이 나오게 된다.

나는 빨리 9 카드를 뒤집길 원했다. 그러나 처음부터 킹King(왕)과 퀸Queen(여왕)만 뒤집혀 나와 실망했다. 이제 더 이상 뒤집을 카드는 없고 이 카드점과는 관계없는 종이조각만 남아 있다. 마침내 책상 위에 더 이상 카드가 없고 다만 봉투라든가 다른 종이 조각밖에 없다는 것을 알았다. 마침 그곳에 있던 내 누이와 함께 이리저리 카드를 찾아보았다. 드디어 교과서인지 공책인지 밑에 카드가 한 장 있는 것을 발견했다. 그 카드가 바로 9 카드인 스페이드spade 9였다. 이 카드가 지닌 뜻은 오직 다음의 한 가지뿐인 듯한 생각이 들었다. 즉, 노인으로 하여금 '그의 삶을 사는 데' 방해가 된 것은 도덕적 사실이었다는 것이다."

↑ 이집트의 부조(기원전 1300년경)는 태양의 원 속에 들어 있는 풍뎅이와 아몬Amon신을 보여 준다. 이집트에서 황금의 풍뎅이는 그것 자체가 태양의 상징이었다.

이 이상한 꿈의 중요한 메시지는 만약 헨리가 '그의 삶을 사는 데' 실패한다면 무엇이 그를 그렇게 만드는가를 헨리에게 경고해 주는 것이다. 노인은 아마도 죽어가고 있는 통치원리, 즉 헨리의 의식을 지배하는 원칙을 나타낸다. 그러나 그는 이 원칙의 성질에 대해 모르고 있다. 40명의 사람은 헨리의 정신의 전일성totality을 상징한다(40은 전체성의 숫자로 4가 고양된 것이다). 노인이 죽어 가고 있다는 것은 이제 바야흐로 그의 남성적 인격의 부분이 마지막 변환transformation을 하고 있다는 표시이다.

죽음의 원인에 대한 딸의 질문은 피할 수 없는 결정적인 물음이다. 아마 노인의 도덕성이 그가 자연적인 감정과 욕망에 따라 살지 못하도록 방해했다는 암시인 것 같다. 죽어 가고 있는 노인 자신은 아직도 말이 없다. 그러므로 그의 딸(중계 역할을 하는 여성적

↓ 전혀 다른 종류의 곤충으로, 오히려 헨리의 꿈에 나온 '악마 같은' 풍뎅이와 비슷하다. 어둡고 혐오감을 주는 곤충의 몸을 하고 있는 사람을 그린 19세기 화가 제임스 엔소르James Ensor의 판화.

요소의 인격화, 즉 아니마)이 적극적으로 움직이지 않으면 안 된다.

그녀는 헨리를 보내 카드점에서 답을 찾으라고 한다. 즉, 그 답은 뒤집은 카드 중 맨 처음 나온 9카드의 빛깔에 의해 결정될 것이다. 카드점은 지금은 쓰지 않는 멀리 떨어진 방에서 행해진다(이런 사실은 그런 행동이 헨리의 의식적 태도에서 얼마나 멀리 떨어져 있는가를 보여준다).[10)]

처음에 그는 킹King과 퀸Queen만을 뒤집어서 실망했다(아마도 킹과 퀸은 청년 시대의 숭배의 대상인 부와 권력의 집단적인 이미지일 것이다). 그가 카드를 모조리 뒤집었을 때 실망은 더욱 커진다. 왜냐하면 이 사실은 그의 내부 세계의 상징들이 고갈되었음을 보여주기 때문이다. 단지 아무런 그림도 없는 '종이조각'만 남아 있다. 이와 같이 이 꿈에서는 그림 카드를 모조리 써 버렸다. 그러자 마지막 카드를 찾기 위해서 헨리는 이번에는 그의 누이로 표상된 그의 여성적 요소의 도움을 받아들이지 않으면 안 된다. 그녀와 함께 그는 마침내 한 카드를 찾는다. 그것은 스페이드Spade 9였다. 이 꿈에서 '생명 없는 삶'unlived life이라는 어구가 무엇을 의미하는가를 빛깔로써 가리켜 주도록 되어 있는 바로 그 카드다. 중요한 것은 카드가 교과서 같기도 하고 노트 같기도 한 그 밑에 숨겨져 있다는 사실이다. 교과서나 노트는 아마 헨리의 기술 공학적인 관심을 표현하는 무미건조한 지적인 공식들을 의미한다고 볼 수 있을지 모른다.

9는 오랫동안 마법의 숫자로 알려져 왔다. 오래전부터 전해오는 전통적인 숫자의 상징에 의하면 9는 세 갑절로 높인 완성된 삼위일체의 완전한 형이다. 그리고 여러 시대와 여러 문화에 걸쳐 9라는 숫자는 이 밖에도 끝없이 많은 의미와 연관된다. 스페이드 9 카드의 빛깔은 죽음의 색이며, 생명이 없는 것을 상징하는 검은색이다. 그뿐 아니라 '스페이드'의 모양은 우리에게 무엇보다도 나뭇잎의 모양을 상기시킨다. 그러므로 그 검은 빛깔은 푸르고 싱싱하고 자연 그대로의 나뭇잎이 지금은 죽어 있음을 강조한다. 게다가 '스페이드'spade라는 단어는 '칼'sword과 '창'spear을 의미하는 스파다spada라는 이탈리아어에서 파생되었다. 이와 같은 무기는 자주 지성이 발휘하는 꿰뚫고 '잘라내는' 기능을 상징하곤 한다.[11)]

이와 같이 노인으로 하여금 자신의 삶을 살지 못하게 했던 것은 '문화적' 속박보다 '도덕적' 속박 때문이라는 것을 이 꿈은 명확히 밝혀 주고 있다. 헨리의 경우 이런 속박은 아마도 자신을 인생에 완전히 맡기는 데서 오는 공포일 것이다. 그리고 다른 여성과 책임 있는 관계를 맺음으로 어머니에게 '불성실'하게 되지 않을까 하는 두려움에서 기인하는 것 같다. 이 꿈은 '충분히 살지 못한 삶'이야말로 죽음에 이르는 병이라는 사실을 주장하고 있다.

헨리는 이제 더 이상 이 꿈의 메시지를 무시할 수 없었다. 그는 인생의 혼란 속에서 방향을 잡아주는 나침반으로서 이성 이상의 그 무엇이 필요하다는 것을 알았다. 깊은 정신세계로부터 상징으로 표현되어 나오는 무의식적인 힘을 지닌 안내자를 찾는 것이 반드시 필요하다. 이런 사실을 깨달음으로써 이 부분의 분석 목표가 달성되었다. 이제 그는 마침내 아무런 구속도 받지 않는 낙원에서 추방되었고, 또 다시 그곳에 돌아갈 수 없다는 사실을 알게 되었다.

마지막 꿈

그 후 또 다른 꿈이 나타나 헨리가 얻은 통찰력을 확실하게 다져주었다. 일상생활에 관한 하찮은 짧은 꿈들을 꾼 후 상징들이 풍부하게 나타난 마지막 50번째 꿈이 나타났는데, 그것은 이른바 "큰 꿈"great dream이라 불릴 만한 것이었다.

"우리들 4명이 한데 어울려 다음과 같은 경험을 한다.

저녁 무렵 우리들은 긴 통나무 테이블에 앉아서 세 종류의 술병에서 각각 술을 따라 마신다. 리큐어 잔엔 맑고 노란색의 달콤한 리큐어를, 포도주잔엔 검붉은 캄파리Campari를, 크고 고전적인 모양의 잔엔 차를 따라 마신다. 그곳엔 우리 외에 말이 없고 섬세하게 생긴 처녀가 있다. 그 처녀는 그녀의 리큐어를 차에 따른다.

밤. 우리는 대주연大酒宴에서 돌아왔다. 우리 4명 중 한 명이 프랑스공화국 대통령이다. 우리는 그의 궁전에 있다. 발코니 쪽으로 걸어 나와서 보니 발코니 밑에서 프랑스공화국 대통령이 술에 취한 채 한 무더기의 눈더미 위에다 소변을 보고 있는 것이 보인다. 그는 끝없이 소변을 보고 있었다. 이제 그는 아기를 갈색 모포에 싸서 안고 가는 노처녀 뒤를 좇아갔다. 그리고 그는 아기에게다 오줌을 뿌렸다. 그 노처녀는 축축하다고 느꼈으나, 아기가 오줌을 싸서 축축하다고 생각하고 서둘러서 길을 가고 있다.

(중세 아라비아의 필사본에서) 불사조가 불꽃 속에서 ➔ 재생한다. 이것은 불로 인한 죽음과 재생의 주제에 관한 유명한 예이다.(위쪽)

19세기 프랑스의 화가 그랑빌Grandville이 그린 본판화로 카드놀이에서의 몇 가지 상징적 가치들을 반영한다. 예로 스페이드는 프랑스어로 Piques인데, 그것은 상징적으로 '예리한' 지성과 또 그것의 검은색으로 인해서 죽음과 관련되어 있다.(아래쪽)

아침. 겨울 햇볕 아래 빛나는 거리를 따라 한 흑인이 가고 있다. 그는 장엄한 모습으로 완전히 발가벗고 있다. 그는 동쪽으로 베른(스위스의 수도)을 향해 걸어가고 있다. 우리는 프랑스계 스위스 지역에 있었는데 그 흑인을 찾아가 보기로 결정한다.

정오. 인적이 드문 눈 덮인 지역을 오랫동안 자동차로 여행한 끝에 마침내 미지의 도시에 도착하여 그 흑인이 묵고 있다는 어두운 건물로 들어간다. 우리는 그가 얼어 죽지나 않았을까 하고 대단히 걱정을 하였다. 그러나 역시 검은 피부의 하인이 우리를 맞이한다. 그 흑인과 하인은 모두 벙어리다. 우리는 메고 온 배낭 안을 들여다보고 각자가 그 흑인에게 무엇을 선물로 줄 것인가를 찾아보았다. 선물은 문명을 상징하는 물건이어야 한다. 나는 맨 처음 마음을 결정하여 마루 위에 있는 성냥 한 상자를 들고 그것을 정중하게 흑인에게 주었다. 우리 모두는 선물을 준 뒤에 그와 함께 즐거운 축제에 참가했다."

첫눈에도 네 부분으로 이루어진 이 꿈은 범상치 않은 인상을 준다. 하루 전체가 나와 있고 의식화의 방향인 오른쪽으로 움직이고 있다. 이 움직임은 저녁에서 시작하여, 밤으로 향하고 그리고는 태양이 정점에 자리 잡고 있는 대낮에 끝난다. 이와 같이 하루의 주기가 전일성totality의 양상으로 나타나고 있다.[12)]

이 꿈에 나오는 네 사람의 친구는 차츰 밝혀져 가는 헨리의 정신의 남성을 상징하며, 꿈의 4막의 전개 과정은 만다라mandala의 근본적인 구조를 연상시키는 기하학적인 형태를 지니고 있다. 처음에 그들은 동쪽에서 왔고, 다음에 서쪽에서 와서 스위스의 "수도"(즉 중심)를 향하여 가는 것으로 미루어 보아 이러한 움직임은 중심에서 대극을 합일하려는 시도를 보여 주는 것 같다. 이러한 점은 시간의 움직임, 즉 무의식적인 밤으로의 하강이 먼저 나타나고, 다음엔 태양의 궤도를 따라 밝은 의식의 정점을 향해 상승하는 움직임으로 더욱 강조되고 있다.

꿈은 저녁에 시작하고 있다. 저녁은 의식의 문턱이 낮아지면 무의식의 충동과 상들이 쉽게 의식의 문을 넘나들 수 있는 시각이다. 이와 같은 상황에서, 즉 남성의 여성적인 측면이 가장 쉽게 자극되는 시기에서 한 여성이 4명의 친구들과 어울리는 것은 매우 당연한 것이다. 그녀는 4명의 남자 모두에 속하는 아니마Anima상('말 없고 섬세한' 성격에서 헨리는 그의 누이를 연상한다)이며, 그들 4명의 남자 모두를 각각 연결시켜 주는 것이다. 테이블 위에는 세 개의 각각 다른 모양의 잔이 놓여 있는데, 이 잔의 오목한 형태는 여성성의 상징인 수용력을 강조하고 있다. 그곳에 있는 모든 사람들이 이 잔을 사용했다는 사실이 그들 상호 간의 밀접한 관계를 보여 주고 있다. 이 잔들은 모두 형태가 다르다(리큐어잔, 포도주잔 그리고 고전적인 모양을 한 용기). 또한 그것에 담긴 내용의 빛깔 역시 가지각색이다. 이 액체는 단 것과 쓴 것, 빨간 것과 노란 것, 취하게 하는 것과 술을 깨게 하는 것 등 반대되는 양극적인 요소들이 뒤섞여 있다. 이것들을 마심으로써 다섯 사람은 마침내 합쳐져 무의식적인 성찬으로 깊은 상호 소통의 상태로 빠져들어 갔다.

그 처녀는 사건을 일으키는 비밀 요원으로 하나의 촉매 역할을 하는 것 같다. 왜냐하면 남자를 무의식의 세계로 인도하여 그로 하여금 깊은 무의식 속의 내용을 알게 하여 의식의 세계를 넓히게 하는 것이 아니마Anima의 역할이기 때문이다. 이 파티는 리큐어와 차를 섞는 것으로 절정에 도달하고 있다.

꿈의 두 번째 부분은 밤에 일어난 일에 관해서 더 많은 것을 말해 주고 있다. 갑자기 네 친구들은 별안간 파리에 가 있게 된다. 스위스인에게 파리는 관능과 억제되지 않은 사랑과 기쁨의 도시를 나타낸다. 여기서 네 친구 사이에 구분이 생긴다. 특히 사고 기능을 주로 나타내고 있는 꿈의 자아와 아직 미숙한 무의식적인 감정 기능을 나타내는 프랑스공화국 대통령 사이의 구별이 확실해 진다.

자아, 즉 헨리와 그의 반의식적 기능을 나타내는 두 친구는 높은 발코니 위에 서서 대통령을 내려다본다. 우리는 이 대통령에게서 미숙한 정신의 여러 측면에서 쉽게 관찰할 수 있는 특징들을 본다. 그는 불안정하고 본능에 따라 행동하는 사람으로 나타났다. 그는 취한 채 거리에서 소변을 본다. 그는 동물적 욕구에 따라 행동하는 야만인처럼 자기가 하고 있는 일이 무엇인지를 모른다. 이와 같이 대통령은 스위스의 선량한 중류 계급의 과학자가 의식적으로 받아들일 수 있는 도덕 기준과는 아주 반대되는 면을 상징한다. 헨리의 이런 면은 오직 무의식의 캄캄한 밤에서만 나타난다.

그러나 대통령의 상 역시 매우 긍정적인 면을 가지고 있다. 정신적 리비도libido의 흐름을 상징한다고 할 수 있는 소변은 거의 고갈할 줄을 모르는 것 같다. 이것이 창조적인 생명력이 풍성함을 입증하고 있다.

← 고대 페루의 여자 모양을 한 이 술병은 여성적 상징성을 반영하고, 그것은 헨리의 마지막 꿈에 나온다.

예를 들면 원시인들은 모발, 대소변, 타액 등 몸에서 생겨난 모든 것이 마술적인 힘이나 창조적 힘을 가지고 있다고 생각한다. 그러므로 불쾌한 대통령의 상은 흔히 자아의 그림자에 속하는 힘과 풍부함을 가리키는 징후일 수 있다. 그는 거리낌 없이 소변을 보았을 뿐만 아니라 아이를 안고 가는 노처녀를 쫓아가기도 한다.

이 "노처녀"는 어떤 면에서는 꿈의 첫 부분에 나오는 수줍고 연약한 아니마Anima와는 반대되며, 또 한편으로는 서로 상호 보완적인 존재이다. 늙기는 했지만 그녀는 아직 처녀이고 어머니인 듯하다. 헨리는 그녀에게서 아기 예수를 안고 있는 마리아의 원형상archetypal image을 연상했다. 그러나 아기가 갈색(땅 빛깔인) 모포에 싸여 있다는 사실이 하늘의 아기 예수보다 오히려 구세주와는 반대인 땅에 속하는(chthonic), 이 세상에 얽매여 있는 상인 듯하다. 대통령이 오줌을 어린아이에게 뿌리는 것은 마치 어설픈 세례의 모방 같아 보인다. 만일에 아이를 헨리 내부에 잠재해 있는 아직은 유아적인 잠재력이라고 본다면, 이 가능성은 이런 세례 의식을 통해서 그 힘을 얻을 수 있게 될 것이다. 그러나 꿈은 더 이상의 것을 말해 주지 않는다. 그 여인은 그냥 어린 아기를 안은 채 서둘러 가버렸다.

이 장면이 꿈에서 중요한 전환점이 된다. 다시 아침이 되었다. 지난 장면에서 어둡고 검고 원시적이며 강력한 모든 것들이 한데 합쳐져서 벌거벗은 당당한 흑인이 되어 나타난다. 이 흑인은 벌거벗은 상태, 즉 생생한 진실의 모습을 나타낸다.[13]

어둠과 밝은 아침, 혹은 더운 소변과 찬 눈 등 양극적 요소와 마찬가지로 흰 설경 속에 있는 검은 흑인 역시 날카로운 대조를 이루고 있다. 이제 4명의 친구들은 새로운 차원에서 방향을 찾아야 한다. 그

『심리학과 연금술』*Psychology and Alchemy*에서 융 박사는 한 남자가 꾼 1,000여 개의 일련의 꿈들을 순서에 따라 연구하였다. 그 일련의 꿈들은 놀랄 만큼 많고 다양한 모습으로 너무나 자주 자기의 자각과 연관되어 있는 (본문 참조) 만다라 주제의 표상들을 보여 주었다. 자기 원형이 심지어 한 개인의 무의식에서도 매우 다양한 형태로 그 자체를 드러낼 수 있다는 것을 보여 주기 위해 이들 페이지에서 꿈에서 보는 만다라 상의 몇 가지 예를 들었다. 여기에 실린 해설적 의미들은 간략하기 때문에 다소 독단적 주장처럼 보일지도 모르겠다. 실제로 꿈 꾼 사람에 대해서 제대로 알지도 못하고 또 꿈에 대한 그의 연상들을 주의 깊게 검토하지 않고 꿈을 해석하는 융 학파의 심리학자는 아무도 없다. 다음의 해석들은 가능한 의미에 대한 힌트—그 이상 아무것도 아닌—정도로 받아들여져야만 한다.

← 꿈에서 아니마는 남자가 그녀에게 너무 소홀했다고 나무란다. 시계는 5분 전을 가리킨다. 그 남자는 그의 무의식에 의해 '고통을 받고' 이렇게 하여 생긴 긴장은 시계와 또 5분 내에 생길 어떤 것을 기다림으로써 더욱 고조된다.

↓ 해골(그 남자가 차 내버리려고 하나 안 되는)이 빨간 공이 되고 또 여자의 머리가 된다. 여기서 그 남자는 무의식을 거부하려고(해골을 차 버림으로써) 하는 것 같으나, 무의식은 공(아마도 태양을 상징하는)과 아니마의 모습으로 자신을 더욱 주장한다.

← 꿈의 일부에서, 한 왕자가 꿈꾼 사람의 왼손 네 번째 손가락에 다이아몬드 반지를 끼워 준다. 결혼반지 같아 보이는 이 반지는 꿈꾼 사람이 자기에 대해 '맹서'를 했다는 것을 나타낸다.

↓ 작은 구들이 들어 있는 투명한 구에서, 초록색 식물들이 자란다. 그 구는 전체성을, 식물들은 생명과 성장을 상징한다.

← 베일을 쓴 여성이 얼굴을 드러내고, 그 얼굴은 해와 같이 빛난다. 이 이미지는 의식의 설명과는 아주 다른 아니마를 포함하는 무의식의 해명이 있다는 것을 암시해 준다.

↓ 군인들이 더 이상 전쟁을 준비하지 않고 여덟 줄로 빛나는 별 모양으로 대열을 지어 왼쪽으로 돌고 있다. 이 이미지는 아마도 어떤 내적 갈등이 조화를 찾았다는 것을 알려주는 것이라 하겠다.

들의 위치는 바뀌었다. 파리로 향하던 길이 예기치 않게 헨리의 약혼녀의 고향인 프랑스계 스위스를 향하게 되었다.

헨리가 무의식적인 정신 내용에 압도되었던 초기에 그의 마음속에는 하나의 변환이 일어난 것이다. 이제 그는 처음으로 그의 약혼녀의 고향이 있는 지점에서 전진해 나아가 그의 길을 찾을 수 있게 되었다. 이것은 그가 약혼녀의 심리적 배경을 받아들임을 보여준다.

처음에 그는 동스위스에서 파리로 갔다(동쪽에서 서쪽으로, 다시 말하면 어둠과 무의식으로 향하는 길로). 지금 그는 180도 돌아서 해가 돋는 곳으로, 즉 점차 뚜렷해지는 의식을 향해 가고 있다. 그 길은 스위스의 중앙부 수도인 베른을 가리키고 있다. 자신 내부에 있는 양극적인 두 면을 합칠 수 있는 중심을 향해 가고 있는 헨리의 노력을 상징해 준다.

어떤 사람에게는, 흑인이 '어두운 원시적 인간' dark primal creature의 원형상으로 무의식의 어떤 내용이 인격화된 것이라 볼 수 있다. 아마도 백인들이 흑인을 배척하고 두려워하는 이유가 바로 이러한 이유 때문일 것이다. 흑인 속에서 백인은 자기의 살아있는 다른 한쪽, 자신 속에 숨겨져 있는 어두운 면을 바로 눈앞에 보고 있는 것이다(이것이 대부분 사람들이 피하려 하고 억압하여 없애버리려 하는 부분이다). 백인들은 자기가 가지고 있지만 인정하기 싫어하는 원시적 충동, 고태적인 힘, 조절하지 못한 본능들을 흑인에게 투사한다. 그것이 자기 속에 있다는 것을 의식하지 못하기 때문에 다른 사람에게서 그 비슷한 성질을 찾으려 한다.

헨리 또래의 젊은이들에게 흑인은 무의식에 억눌린 어두운 특성의 전부가 되는 한편, 원시적이고 남성적인 힘과 잠재력 및 감정적 · 육체적 힘의 총화를 의미하기도 한다. 그러므로 헨리와 그의 친구들이 의식적으로 흑인을 만나려 한다는 사실은 남성이 되기 위한 결정적인 일보 전진의 뜻이 있다.

그러는 동안 정오가 되어 태양은 정점에 자리 잡고, 의식은 가장 명료한 상태에 도달한다. 우리는 헨리의 자아가 계속하여 더욱 탄탄해져서 의식적으로 결정을 내릴 수 있는 능력이 커가고 있다고 말할 수 있을 것이다. 그러나 아직도 겨울이다. 이 사실은 따뜻함과 감정적인 면이 헨리에게 부족하다는 것을 알려 주고 있다. 그의 정신적인 풍경은 아직도 겨울이며 지적으로 차가운 상태이다. 네 친구들은 벌거벗은 흑인이 따뜻한 기후에만 익숙해 있어서 혹시 얼어 죽지나 않았을까 하고 걱정을 한다. 그러나 인적이 드문 눈 덮인 나라를 오랫동안 달린 뒤 이상한 도시에 도착해서 어두운 건물 안에 들어갔을 때 이런 걱정은 사실과 다르다는 것이 밝혀졌다. 이 자동차 여행과 황량한 나라는 자기발전의 길고도 지루한 탐색을 상징하고 있다.

여기서 또 다른 문제가 네 친구들을 기다리고 있다. 흑인과 그의 하인은 모두 벙어리다. 그러므로 그들과 대화가 통할 수 없다. 네 친구들은 이 흑인들과 통할 수 있는 다른 방법을 찾아야만 한다. 그들과 가까이하기 위해서는 지적인 방법(말)보다 감정적인 손짓 발짓을 사용해야 한다. 신에게 관심과 사랑을 얻기 위해 제물을 바치는 것과 마찬가지로 그 흑인에게 선물을 바친다. 그리고 그 선물은 지적인 백인에 속하는 우리의 문명의 산물이어야 한다. 자연과 본능을 나타내는 그 흑인의 환심을 얻기 위해서 다시금 '지성의 희생' sacrificium intellectus이 요구된다.

헨리가 맨 먼저 무엇을 선물로 줄 것인가를 결정했다. 꿈속에 헨리가 바로 자아의 주인이고 또 그의 교만한 의식은 마땅히 겸손해져야 하므로 맨 처음 결정하게 된 것은 당연한 일이다. 그는 성냥 한 상자를 마루에서 집어 들고 흑인에게 정중히 선물한다. 얼핏 보기에 마루 위에 놓여 있어 버려진 듯한 작은 물건을 선물한다는 것이 어리석은 짓 같아 보이나 그 결정은 올바른 선택이었다. 성냥은 저장되고 조절된 불이며 아무 때나 불을 켤 수도 있고 끌 수도 있는 것이다. 불과 불꽃은 따뜻함과 사랑, 감정과 정열 등을 상징한다. 그런 면들은 인간이 존재하는 곳이면 어느 곳에서도 찾아볼 수 있는 마음의 여러 가지 특질인 것이다.

흑인에게 그와 같은 선물을 줌으로써 헨리는 상징적으로 그의 의식적 자아가 고도로 발달된 문명의 산물과, 흑인으로 상징된 그 자신의 원시성 및 남성적 힘의 중심을 결합시키고 있다.

이와 같은 방법으로 헨리는 그의 남성적인 요소를 완전히 자기 것으로 할 수 있게 되며, 이제부터 이 남성적인 요소는 그의 자아와 계속 밀접한 관계를 유지해 가야 한다.

이것이 바로 그 결말이다. 이제 남자 네 친구와 흑인과 그의 하인까지 여섯 사람이 기꺼이 함께 성찬의 식사를 하고 있다. 여기서 헨리의 남성적 전일성masculine totality이 완성되었다는 것이 분명해진다. 그의 자아는 '자기'Self의 출현을 미리 예고하는 큰 원형적 인격archeypal personality을 의식적으로, 그리고 좀 더 자유스럽게 받아들일 수 있도록 안정을 찾은 것 같다.

이 꿈에서 얼어난 일들은 헨리가 깨어 있을 때의 일상생활과도 일치하고 있다. 이제 그는 자신감에 차 있다. 신속히 결단을 내리고 약혼에 대해서도 진지하게 생각하게 되었다. 분석이 시작된 지 꼭 9개월 만에 그는 서스위스에 있는 작은 교회에서 결혼식을 올렸다. 다음 날, 그는 그의 젊은 아내와 함께 캐나다로 떠났다. 그의 마지막 꿈이 나왔던 결정적 시기에 그는 그곳에서 취직자리를 얻은 것이다. 그 이후로 그는 한 가정의 가장으로서 활동적이고 창조적인 삶을 살았으며, 큰 회사의 관리직을 맡아 일했다.

헨리의 예는 이를 테면 독립적이고 책임 있는 남성이 되는 성숙기를 어떻게 빨리 완성시킬 수 있었는가 하는 사실을 보여준다. 그것은 외부 세계의 현실로 들어가는 성인과정, 자아와 그의 남성적인 면의 강화를 의미하며 이로써 개성화individuation process의 전반 단계가 완성된 것이다. 그러나 자아ego와 자기Self와의 올바른 관계를 형성해야 하는 후반 단계, 즉 인생의 후반기의 완성 과정이 아직 헨리의 후반기 인생에 놓여 있다.

모든 예가 이렇게 성공적이고 감동적인 경과를 취하는 것은 아니며, 또 모든 경우를 같은 방법으로 다룰 수 있는 것도 아니다. 오히려 반대로 모든 경우가 각각 다르다. 젊은이나 늙은이뿐만 아니라 남자, 여자가 각각 다른 치료를 필요로 하며, 이 모든 범주에 속하는 모든 개인이 각각 다른 치료를 필요로 한다. 심지어 같은 상징도 사람에 따라 다른 해석을 필요로 한다. 헨리의 예가 특히 무의식의 자율성을 인상적으로 보여주고 있고, 또 그 상의 풍성함으로 보아, 정신의 배경이 지니고 있는 지칠 줄 모르는 상징의 창조 능력을 우리에게 보여주고 있으므로 나는 헨리의 경우를 예로 선택했다. 그것은 정신의 자가조절작용이(지나치게 합리적인 설명이나 해석 때문에 장애를 받지만 않는다면) 영혼의 발전 과정을 힘껏 밀어줄 수 있는 것임을 증명하고 있다.

결 론

마리 루이제 폰 프란츠M. L. von Franz

진동하고 있는 강철 원판에서 나오는 음파를 사진 촬영한 것이다. 꼭 만다라mandala 같은 모양을 만들고 있다 ➔

과학과 무의식

지금까지 융C. G. Jung과 그의 동료들은 인간의 무의식에 존재하고 있는 상징창조의 기능symbol-creating function이 어떤 역할을 하고 있는지를 밝히고, 새로 발견한 이 생명의 영역을 응용하는 문제를 지적해 내려고 애썼다. 우리는 아직 정신psyche의 원동력을 이루는 여러 가지 핵이라 할 수 있는 무의식과 원형archetype에 담겨진 전체 의미가 무엇인지는 거의 이해하지 못하고 있다. 현재 우리가 알 수 있는 것은 원형이 개인에게 아주 큰 영향을 주고 있다는 것, 즉 감정, 윤리관의 형성과 대인관계에 영향을 줌으로써 그 사람의 전체 운명에까지 영향을 미친다는 사실이다. 이 밖에도 어떤 사람에겐 원형상징archetypal symbols의 배열이 그 사람의 전체성wholeness의 양식pattern을 따르고 있으며, 상징에 대한 적절한 이해가 치료효과를 갖는다는 것도 알고 있다. 뿐만 아니라 원형은 우리 마음속에서 창조나 파괴의 작용을 할 수 있음도 알고 있다. 예를 들면 원형이 새로운 관념들을 불러일으킬 때는 창조적인 것이 되고, 그러나 바로 이러한 관념들이 의식의 편견을 강화하여 더 이상의 새로운 발견을 막는다면 그것은 파괴적인 것이 될 것이다.

융은 앞서 그가 기술한 장에서 모든 해석이 얼마나 정교하고 세밀하게 이루어져야 하는지에 대해 언급했다. 그것은 원형적 관념과 상징의 의미를 단순화시킴으로써 즉, 원형적 관념에 지적으로 도식화된 상투적 의미를 부여함으로써 그 독특한 문화적 가치를 약화시키지 않도록 하기 위해서이다. 융은 자신의 전 생애를 이러한 연구와 해석에 바쳤다. 이 책은 말할 나위 없이 이와 같은 새로운 심리학적 발전에 끼친 그의 지대한 공헌 중의 극히 일부분을 소개하는 데 지나지 않는다. 그는 선구자로서 수많은 의문이 아직도 해답을 갖지 못하고 있으며 앞으로 많은 연구가 필요하다는 것을 잘 알고 있었다. 그의 개념과 가설들이 가능한 한 넓은 바탕 위에서 구상되었고, (그것들을 지나치게 모호하고 포괄적인 것이 되게 함이 없이) 그의 견해가 어떤 새로운 발견에 대해서도 이른바 '개방체계'를 형성하고 있는 이유가 바로 여기에 있다.

융에게 그의 개념은 한낱 도구이거나 발견적인 가설에 불과하다. 그것은 무의식의 발견으로 열려진 광대한 새로운 현실의 영역을 개척하는 데 도움이 된다. 무의식의 발견은 세계에 대한 우리의 견해 전반을 확장하여 두 배로 늘려준 발견이다. 이제 우리는 어떤 정신현상이 의식적인지 무의식적인지, 그리고 '진정한' 외부현상이 의식과 무의식 어느 것에 의해서 지각되는지에 관하여 항상 의문을 가져야 할 것이다.

무의식의 강한 힘은 임상에서뿐 아니라 신화, 종교, 예술을 비롯하여 인간이 자신을 표현하고 있는 다른 모든 행동에서도 확실히 나타난다. 만약 우리 인간 모두가 공통적으로 갖고 태어난 감정적・정신적 행동양식이 있다면(융은 이것을 원형이라 불렀다) 분명 우리는 이와 같은 행동양식의 산물(즉 상징적 환상, 사고 및 행위)을 거의 모든 인간활동 영역에서 발견할 수 있을 것이다.[1), 2)]

이러한 인간의 활동영역에 관한 많은 중요한 현대적 연구는 융의 업적에서 깊은 영향을 받았다. 예를 들면 프리스틀리J. B. Priestley의 『문학과 서구인』*Literature and Western Man*, 고트프리드 디너Gottfried Diener의 『파우스트의 헤레나로의 길』*Fausts Weg zu*

Helena, 혹은 키르쉬James Kirsch의 『셰익스피어의 햄릿』*Shakespeare's Hamlet*과 같은 책에서 문학 연구에 끼친 영향을 볼 수 있다. 또한 융 심리학은 리드Herbert Read와 야페Aniela Jaffé의 저서, 노이만Erich Neumann의 헨리 무어Henry Moore 고찰, 음악에서는 티펫Michael Tippett의 음악 연구 등 예술 연구에 공헌하였다. 역사학에서는 토인비Arnold Toynbee, 인류학에서는 라딘Paul Radin의 연구 역시 융의 가르침에서 도움을 받았으며, 빌헬름Richard Wilhelm, 루셀Enwin Rousselle과 포커트Manfred Porkert 등이 쓴 중국학에도 기여한 바가 크다.

물론 이것은 예술과 문학의 특색이(해석을 포함하여) 원형을 근거로 해야만 이해가 가능하다는 것을 의미하는 것은 아니다. 이들 영역 모두 그들 나름대로의 활동법칙이 있다. 모든 진정으로 창조적인 업적과 마찬가지로 이들도 결코 합리적으로는 설명될 수 없는 것들이다. 그러나 이들의 활동 영역 내에서 우리는 역동적 배후활동으로서의 원형 양식을 발견할 수 있다. 우리는 이들 가운데서(꿈속에서와 마찬가지로) 무의식의 어떤 의도적이며 진화적인 경향을 띤 메시지를 가끔 해독할 수 있다.

융의 생각의 풍부함은, 인간의 문화활동 영역에서 좀 더 직접적으로 이해될 수 있다. 원형이 우리의 정신생활을 결정하는 게 확실하다면 모든 문화 영역에 그 원형이 나타나야 할 것이다. 그런데 뜻밖에도 융의 개념은 자연과학 영역, 예를 들면 생물학에서도 사물을 보는 새로운 길을 열었다.

물리학자 파울리Wolfgang Pauli는, 생명의 진화에 관한 우리의 관념은 새로운 여러 발견으로 인해 무의식의 정신과 생물학적 과정 사이의 상호관계를 설명할 수 있도록 수정되어야 한다고 지적했다. 최근까지 종의 돌연변이는 우연에서 생겼고, 선택은 '의미 있고' 잘 적응하는 것은 생존하고, 그렇지 못한 것은 도태된다고 가정해 왔다. 그러나 현대의 진화론자들은 순전히 우연에 의해서만 이와 같은 돌연변이의 선택이 일어났다고 한다면 그것은 아마 현재 지구의 연령이라고 생각되고 있는 기간보다 훨씬 이전부터 그와 같은 일이 시작되었으리라는 모순이 생김을 지적하고 있다.[3), 4)]

융의 동시성synchronicity의 개념이 이러한 문제의 해결에 도움이 될 수 있을 것이다. 왜냐하면 이것은 어떤 희귀한 '경계현상'border-phenomena 혹은 예외적인 사건의 출현을 설명해 줄 수 있기 때문이다. 다시 말하면 어떻게 '의미 있는' 적응과 돌연변이가 우연에 의한 '돌연변이'에 걸린 시간보다도 더 짧은 시간 내에 일어날 수 있는지를 설명할 수도 있다는 것이다. 오늘날 우리는 원형이 활성화될 때 많은 예에서 의미 있는 '우연'적 사건이 일어났음을 알고 있다. 예를 들면 우리는 과학사에서 동시적인 발명이나 발견이 이루어진 예를 많이 볼 수 있다. 이러한 것 가운데 가장 유명한 예의 하나는 다윈Darwin과 그의 종의 기원설이다. 다윈은 긴 시론에서 그의 학설을 발전시켜 1844년에는 이것을 주 논문으로 하는 데 열중했다.

그가 이 연구과제에 열중하고 있는 동안 월레스A. R. Wallace라는 낯선 젊은 생물학자로부터 한 원고를 받았다. 그 원고에는 짧다는 것을 제외하고는 다른 면에서는 다윈의 이론과 별로 다를 바 없는 이론을 개진하고 있었다. 그 당시 월레스는 말레이 아키펠러고Malay Archipelago의 몰루카Molucca제도에 있었으며 그는 다윈Darwin을 한 사람의 자연과학자로서만 알고 있었지 다윈이 그 당시에 몰두하고 있던 이론적 작업에 대해서는 조금도 모르고 있었다.[5)]

창조력이 있는 두 과학자가 과학의 전체 발전을

변화시킬 가설에 각기 독자적으로 도달한 것이다. 두 사람은 각각 처음엔 직관적으로 '머리를 스치는 생각'flash(후일 문헌으로 뒷받침되었다)에서 가설을 얻게 되었다. 그러므로 원형은 말하자면 '연속적 선택' creatio continua(융이 동시적 사건이라고 부르는 것은 사실 '알맞은 때에 일어난 창조행위'이다)의 작용으로 나타나는 것처럼 보인다.

이와 비슷한 '의미 있는 우연의 일치'는 어떤 사람에게 꼭 알아야 할 필요가 있는 일, 말하자면 친척의 죽음이나 소유물의 상실이 있을 때 일어난다고 할 수 있다. 많은 예에서 보면 이러한 정보는 초감각적 지각extrasensory perception을 통해 나타나고 있다. 이것은 비정상적인 우연현상이 절박한 욕구나 충동이 일어날 때 발생하게 된다는 것을 암시하는 듯하다. 또한 이것은 동물들이 심한 압력이나 긴박한 욕구가 있을 때 그들의 외부 물질구조에 '의미 있는'(그러나 비인과론적) 변화를 일으킬 수 있는 까닭을 설명해줄 수도 있다.

그러나 미래의 가장 유망한 연구영역은 (융도 그렇게 보았지만) 미시물리학microphysics의 복잡한 영역과 관련하여 예기치 않게 열려질 듯하다. 얼핏 보면 심리학과 미시물리학의 관련성을 찾는다는 것은 거의 불가능한 것 같이 보인다. 이 두 학문 간의 상호 관련은 좀 설명할 가치가 있다.

이와 같은 연결을 가장 명백하게 보여주는 측면은, 대부분의 물리학의 근본 개념(공간, 시간, 물질, 에너지, 연속 또는 장, 미립자 등등)이 원래 고대 그리스 철학자의 직관적 · 반신화적半神話的 · 원형적 관념이라는 것이다. 즉, 이와 같은 관념들이 서서히 발전되면서 더욱 더 정확해져서 오늘날에 와서는 주로 추상적인 수학적 용어로 표현되었다. 예를 들면, 미립자에 관한 관념은 '더 나눌 수 없는 단위'를 '원자'라고 명명한 4세기 그리스의 철학자 루시퍼스 Leucippus와 그의 제자 데모크리토스Democritus에 의해서 구체화되었다. 비록 원자가 더 나누어질 수 없는 것으로 입증되진 않았지만 우리는 아직도 물질을 궁극적으로 파장과 미립자들(또는 불연속적인 '양자' 量子, quanta)로 구성되어 있다고 생각하고 있다.

에너지와 그것의 힘과 운동과의 관련성에 관한 개념도 또한 일찍이 그리스 사상가들이 구체화시켰고, 스토아 학파의 철학자들이 발전시켰다. 그들은 모든 사물을 유지하고 움직이는 일종의 생명을 주는 '긴장'tonus의 존재를 가정했다. 이것은 바로 현대 에너지 개념에서 볼 때 반신화적 기원semi-mythological germ이라 할 수 있다.

근대 과학자들과 사상가조차도 새로운 개념을 형성할 때는 반신화적 원형상에 의지했었다. 예를 들면 17세기에 데카르트René Descartes는 인과법칙the law of causality의 절대적 가치는 "하느님은 그의 결단과 행동에 변함이 없다는 사실 때문에 입증이 된다"고 생각했다. 그리고 위대한 독일 천문학자 케플러 Johannes Kepler는 삼위일체설에 대하여, 공간은 바로 3차원이라고 주장했다.[6), 7)]

이것은 비록 상당히 현대에 가까운 시기의 기본적인 과학개념일지라도 원래 무의식에서 유래한 원형적인 관념archetypal ideas과 오랫동안 연결되어 왔음을 보여주는 많은 예 가운데 단 두 가지 예에 지나지 않는다. 원형적인 관념은 반드시 '객관적' 사실을 표현하지는 않는다(적어도 우리는 그것들이 궁극적으로 무엇을 하려는지를 입증할 수는 없다). 그러나 그것은 인간이 타고난 정신적 성향에서 솟아난다. 다시 말하면 인간이 처리해야 하는 여러 가지 외적 사실과 내적 사실 사이의 '만족스럽고' 합리적인 관계를 찾고자 하는 성향에서 나온다. 우리가 객관적인 성질을 찾거나 발견하는 대신 자연과 우주를 탐색하려고 할 때, 물리학자 하이젠베르크Werner Heisenberg의 말처럼 "인간은 자기 자신과 만나게 된다."[8)]

이와 같은 관점이 지닌 함축성 때문에 파울리와 다른 과학자들은 과학적 개념의 영역에서 원형적 상징성archetypal symbolism의 역할을 연구하기 시작했다. 파울리는 외부의 객체에 대한 연구와 과학적 개념의 내적 원천인 심리적 연구를 병행시켜야 할 것이라고 믿었다.(이와 같은 연구는 이 장의 뒷부분에서 소개될 아주 진보된 개념 즉, 물리학적 영역과 심리학적 영역 사이, 다시 말하면 사실의 양적인 측면과 질적인 측면 사이의 '단일성'에 관한 개념에 새로운 빛을 던져줄 것이다.)[9)]

무의식의 심리학과 물리학 사이의 이와 같은 관련성은 거의 명백한 사실이지만 이 밖에도 시선을 끄는 또 다른 관련성이 있다. 융(파울리와 가깝게 일했다)은 분석심리학의 영역에서 행해진 연구에서 형성된 개념이 후일 물리학자들이 미시물리학적 현상을 직면할 때 창조한 개념과 아주 유사하다는 것을 발견했다. 물리학자들의 개념 가운데 가장 중요한 것 중의 하나는 보어Niels Bohr의 보완성complementarity의 개념이다.[10)]

현대의 미시물리학은 논리적으로는 상반되지만 상호 보완적인 개념인 미립자particle와 파장wave이라는 두 가지 관념으로써만 빛을 묘사할 수 있다는 것을 발견했다. 아주 간단하게 말하면 빛은 어떤 실험 조건하에서는 마치 미립자로 구성된 것처럼 나타나고 다른 실험 조건하에서는 파장인 것처럼 나타난다. 또한 우리는 아원자입자亞原子粒子, subatomic particle의 위치와 속도를 각각 측정할 수는 있어도 동시에 둘을 같이 관찰할 수는 없다. 그러므로 관찰자는 그의 실험 조건을 선택해야만 한다. 그렇지만 그렇게 함으로써 그는 어떤 다른 실험 조건과 그것에서 얻을 수 있는 결과는 놓치게 된다(어떻게 보면 오히려 '희생'시켜야 한다고 볼 수 있다). 더욱이 측정 기구는 실험 조건에 결정적이고도 통제할 수 없는 영향을 주기 때문에 어떤 현상을 기술할 때는 반드시 측정 기구가 무엇이었는가를 기술해야 한다.[11)]

파울리는 "미시물리학에서는 근본적인 '보완적 상황' 때문에 관찰자의 영향을 확인 가능한 교정방법으로 제거하는 것이 불가능하고, 따라서 물리적 현상에 관한 객관적인 이해는 원칙적으로 포기하지 않을 수 없다. 고전물리학에서는 아직까지 자연의 인과론적 자연법칙을 인정해 왔지만, 이제는 오

← 1963년 노벨 물리학상을 수상한 미국 물리학자 메이어Maria Gertrute Meyer 여사. 원자핵의 구성에 관한 여사의 발견은 다른 많은 자연과학의 발견처럼(동료의 우연한 말에 의해서 머리에 떠오르게 된) 직관적 통찰에 의해서 이루어졌다. 여사의 이론에 따르면 원자는 동심원적인 껍질로 구성되어 있다는 것이다. 가장 안쪽에는 2개의 양자나 중성자가 있고 그 다음에는 8개의 양자나 중성자를 갖고 있다. 그리고 그 다음에는 여사가 '마법의 숫자'magic numbers라고 부르는 20, 28, 50, 82, 126으로 구성되어 있다. 이 모형과 천체sphere와 숫자의 원형archetype 사이에는 명확한 관계가 있다.

직 '일차적 가능성'primary possibilities을 가진 '통계법칙'만을 추구할 수밖에 없다"고 말했다.[12), 13)]

다시 말하면 미시물리학에서는 관찰자가 실험에 미치는 영향은 측정할 수도 없거니와 제거할 수는 더욱 없다. 어떠한 자연법칙도 "이러이러한 것은 모든 경우에 일어난다" 하는 식으로 공식화될 수는 없다. 모든 미시물리학자는 "이러이러한 것은 통계적 확률에 따라서 일어날 수 있다"고 말할 수 있을 뿐이다. 이것은 물론 고전적 물리학의 사고에 대해 엄청난 문제를 제기하는 것이다. 이것은 과학실험에서 참여자이며 관찰자participant-observer인 실험자의 사고방식도 고려해야 할 것을 요구하고 있다. 그러므로 과학자들은 외부 대상이 어떤 측면이나 성질에 대해서 더 이상 독립적이며 '객관적인' 방법으로 기술할 수는 없게 되었다고 말할 수 있다.

대부분의 현대 물리학자들은 모든 미시물리학 실험에서 관찰자의 의식적 사고의 역할을 제거할 수 없다는 사실을 인정했다. 그러나 그들은 관찰자의 전체 심리 상태(의식과 무의식 모두)가 마찬가지로 어떤 역할을 할 가능성에 대해서는 관심을 갖지 않았다. 그러나 파울리가 지적한 것처럼 적어도 이와 같은 가능성을 배제할 만한 어떤 선험적 이유a priori reason도 없다. 결국 우리는 이것을 아직은 해답이 없는, 그리고 개척되지 않은 문제로 보아야 한다.

보완성에 관한 보어Bohr의 생각은 특히 융 심리학자의 흥미를 끈다. 왜냐하면 융은 의식과 무의식의 관계는 대극opposites을 서로 보완해 주는 짝complementary pair을 형성하고 있다고 보았기 때문이다. 무의식에서 올라오는 모든 새로운 내용은, 관찰자의 의식과의 부분적 융화로 인해 그 내용의 기본적인 성질이 변화한다. 꿈의 내용도(만약 우리가 그것을 알 수 있다면) 그런 식으로 반의식적인 것이다. 그리고 꿈의 해석에서 생기는 관찰자의 의식의 확장은 다시 무의식에 헤아릴 수 없는 반향과 영향을 끼친다. 그러므로 무의식은 미시물리학의 미립자처럼 역설적 개념에 의해서만 묘사될 수 있다. 우리가 무의식의 본질이 진정 무엇인지를 알 수 없는 것은 물질에 대해 그것이 무엇인지 결코 알 수 없는 것과 마찬가지다.

심리학과 미시물리학 사이의 병행성을 더 살펴본다면, 융이 원형archetypes(또는 인간의 감정적 · 정신적 행위양식)이라고 부르는 것은 파울리의 용어를 사용하면 정신반응psychic reactions의 '일차적 가능성'이라고 부를 수 있다. 이 책에서 계속 강조되어 온 것처럼 원형이 나타나는 어떤 특정한 형태의 법칙은 없다. 다만 '경향'만이 있을 뿐이다. 다시 말하면 이러이러한 것이 어떤 심리 상황에서 일어날지도 모른다고 말할 수 있을 따름이다.[14)]

미국의 심리학자 제임스William James는 일찍이 무의식에 관한 생각 그 자체가 물리학의 "장場"의 개념과 비유될 수 있다고 지적했다. 자기장magnetic field 속에 들어오는 미립자가 어떤 서열을 갖고 나타나듯이, 심리학적 내용 또한 우리가 무의식이라고 부르는 정신영역 속에서 서열을 가지고 나타난다. 만약 우리가 의식에서 어떤 것을 "합리적" 또는 "의미 있는 것"이라고 부르고 그것을 사물에 관한 만족할 만한 '설명'이라고 받아들인다면 그것은 아마 우리의 의식적인 설명이 우리의 무의식의 내용의 어떤 전의식적 배열preconscious constellation과 조화되어 있다는 사실 때문일 것이다.

바꾸어 말하면, 우리의 의식적 표상들은 그것들이 우리에게 의식되기 전에 정렬(또는 어떤 유형으로 배열)되는 수가 있다. 18세기의 독일 수학자 카를 프리드리히 가우스Karl Friedrich Gauss가 그러한 관념의 무의식적 정열 경험의 예를 제시하고 있다. 그는 수에 관한 이론에서 어떤 법칙을 "노력을 통한 탐구에 의해 발견한 것이 아니라 이를테면 신의 은총에 의해서 발견했다. 수수께끼는 마치 번개가 번득이듯 스스로 해결되었고 나는 내가 전에 알던 것, 내가 마지막에 실험한 것, 최후의 성공을 가져온 것 사이의 연관성을 스스로도 설명할 수 없고 제시할 수도 없었다"고 말하였다. 프랑스 과학자 푸앵카레Henri Poincaré는 이 현상에 관해서 더욱 분명히 설명하고 있다. 그는 잠 못 이루는 밤에 머릿속에 착종하는 자신의 수학적 표상을 관찰하면서 그중의 일부가 서로 보다 더 확고한 연결을 갖추어 가는 양상을 기술하고 있다. 그는 "우리는 우리가 연구할 때 마치 자신의 무의식을 들여다보는 것 같은 느낌을 갖는다. 무의식적 활동이 그 본래의 성질을 잃지 않은 채 의식에 나타나는 것을 관찰하는 듯하다. 그런 순간에 우리는 두 개의 자아의 기제 사이의 차이를 직관하게 된다"라고 말하고 있다.

미시물리학과 심리학과의 병행 발전의 마지막 예로 우리는 융의 뜻meaning에 관한 개념을 생각해 볼 수 있다. 융은 사람들이 과거에 현상을 인과론적으로, 즉 합리적으로 설명하고자 시도했던 곳에 뜻(또는 '목적'이라고 말해도 좋을 듯하다)의 추구라는 관념을 도입했다. 즉, 융은 무엇이 왜 일어났는가(예를 들면 무엇이 그 원인인가)를 묻기보다는 무엇을 위해 그것이 일어났는가 하고 물었다. 이와 같은 경향을 물리학에서도 볼 수 있다. 최근에 많은 현대 물리학자들은 인과법칙(결정론)보다는 자연에 있어서의 '관련'을 더 추구한다.[15), 16)]

파울리Pauli는 무의식에 관한 개념은 '치료적 이용이라는 좁은 틀'을 넘어서 일반 생명 현상을 다루는 모든 자연과학에 영향을 미칠 것이라고 예측했다. 파울리가 이와 같은 발전을 암시한 이래 그는 몇몇 물리학자들의 호응을 얻었다. 이들은 새로운 학문인 인공두뇌학cybernetics에 관련된 연구를 하는 사람들로서 이 학문은 뇌와 신경계에 의해서 형성된 '제어계'control system와 컴퓨터와 같은 기계적, 또는 전자정보 그리고 제어계를 비교 연구하는 학문이다. 간단히 말하면 현대 프랑스 과학자인 보르가드Oliver Costa de Beauregard가 지적했듯이 자연과학과 심리학은 머지않아 "활발한 대화를 시작하게 될 것이다."

심리학과 물리학의 개념이 지니고 있는 예기치 않은 병행성parallelism은 융이 지적한 것처럼 물리학과 심리학 연구라는 두 가지 현실영역의 궁극적인 통일의 가능성—예를 들면 모든 생명 현상의 심리물리적 통합—을 암시하고 있다. 융은 그가 무의식이라고 부르는 것은 무기물질의 구조와 어딘가 관련된다고 확신했다. 이른바 '정신 신체' 질환의 문제에서 지적되고 있는 관련성이 그것이다. 현실에 대한 일원론적 개념(파울리와 노이만E. Neumann도 이를 따랐다)을 융은 unus mundus(하나의 세계, 그 속에서는 물질과 정신이 아직 구별되지 않고 별개의 것으로 구현되지도 않는다)라고 불렀다. 그는 원형이 동시적 사건 속에 나타날 때 그것은 '정신양psychoid 측면'(예를 들면 순수하게 정신적인 것이 아니라 거의 물리적인)을 보인다는 것을 지적함으로써 이와 같은 일원론적 견해를 가능하게 했다. 왜냐하면 실제로 이와 같은 사건이 내적・심리적 사실과 외적 사실 사이의 의미 있는 배열이기 때문이다.[17), 18), 19), 20)]

다시 말하면 원형은(동물의 행동양식이 그들을 둘러싼 자연에 적응하듯) 외적 상황에만 적응하는 것은 아니다. 본질적으로는 물질과 정신 모두를 포함하는 동시적 '배열'에서 스스로를 나타내려고 하는 경향이 있다는 것이다. 이와 같은 주장은 바로 생명현상의 연구가 앞으로 진행될 어떤 방향을 암시하고 있다. 융은 이와 같은 두 영역(물질과 정신)의 상호 관련성에 관해 과도한 추상적 추론을 하기 전에 우리가 거기에 관해 더 많은 것을 배워야 한다는 것을 느꼈다.

융 자신이 앞으로의 연구로 많은 성과가 있을 것이라고 느꼈던 영역은 기초수학의 공리axiom에 관한 연구였다. 파울리는 이 공리를 "1차적인 수학적 직관"이라고 불렀는데, 그중에서도 그는 특히 산수에서의 무한수열이나 기하학에서의 연속성에 관한 관념 등에 대해 언급했다. 독일 태생의 작가 아렌트Hannah Arendt는 "현대성의 증대와 더불어 수학은 단순히 그 내용을 확장한다거나 혹은 무한히 확장하고 있는 우주의 무변성에 적용될 무한에 손을 뻗치는 것이 아니라, 오히려 현상에 대한 관여를 전적으로 중지한다. 수학은 이미 철학의 시작이 아니며 그 본체에서 존재의 '과학'이 아니다. 수학은 그 대신에 인간의 마음의 구조에 관한 학문이 되었다"고 말했다(융 학파의 사람이라면 곧 그것은 어떤 마음인가? 무의식인가 아니면 의식인가 하는 의문을 여기에 부가할 것이다).[21), 22), 23)]

우리는 가우스와 푸앵카레의 경험에서 본 것처럼 수학자들 역시 우리들의 심리적 표상representations이 우리가 그것을 깨닫기 전에 이미 배열되어 있다는 사실을 발견했다. 무의식에서 유래한 본질적인 수학적 통찰의 많은 예를 인용하고 있는 베르덴B. L. van der Waerden은 "무의식은 연상 내지 연합이 가능할 뿐만 아니라 판단까지도 가능하다"고 결론지었다. 즉, "무의식의 판단은 직관적인 것이긴 하나 적절한 조건 아래에서는 극히 정확하다"고 말했다.[24)]

대부분의 수학적인 1차적 직관이나 선험적인 개념 가운데서 '자연수'natural numbers는 심리학적으로 가장 흥미 있는 것인 듯하다. 이러한 숫자들은 우리의 의식된 일상생활에서의 측정과 계산에 이바지할 뿐만 아니라 오랫동안 점성술, 운수점, 풍수지리 등 고대적 형태의 점술을 '판독'하는 유일한 수단으로 전해져 오고 있다. 이 모든 것은 수학적 계산에 근거를 두고 있고 융이 동시성설synchronicty로서 연구한 것이다. 특히 자연수—심리학적 관점에서 본—는 확실히 원형적 표상임에 틀림없다. 왜냐하면 우리는 그와 같은 숫자에 관하여 어떤 일정한 방식으로 생각하도록 강요되기 때문이다.

예를 들면 아무도 과거에 이와 같은 생각을 의식적으로 하지 않았지만 2라는 숫자가 유일한 짝수의 1차적 숫자라는 것은 부정할 수 없다. 다시 말하면 숫자는 계산만을 목적으로 하여 의식적으로 발명된 개념이 아니다. 숫자는 다른—원형의 상징들과 마찬가지로—무의식에서 오는 자연발생적이고도 자율적인 산물이다.

그러나 자연수는 외부 대상과 관련짓는 성질도 갖고 있다. 우리는 여기에 두 개의 돌이 있다거나 저기에 세 그루의 나무가 있다고 주장하며 헤아릴 수 있다. 비록 우리가 외부 대상의 색깔, 온도, 크기 등과 같은 성질을 모두 제거한다 하더라도 그들이 지니고 있는 '다수성'manyness 또는 특수한 중복성multiplicity은 남는다. 그런데 바로 그 수가 또한 논란의 여지가 없는 우리들 자신의 정신적 조직, 즉 외부 대상을 문제 삼지 않고 연구할 수 있는 추상적 개념의 일부이다. 그러므로 숫자는 물질과 정신의 영역 사이를 확실히 연결짓고 있다. 융이 우리에게 준 암시에 따르면 앞으로의 연구에서 가장 성과를 거둘만한 영역이 바로 여기서 발견될 것 같다.

내가 잠시 이 다소 어려운 개념을 언급하는 것은 적어도 내게는 융의 개념이 하나의 '주의'가 아니라 계속 발전 확장될 새로운 견지의 시작이라는 점을 보여주기 위해서다. 나는 이 글을 통해 여러분이 융의 과학적인 태도, 내가 생각하기에는 본질적이고 전형적인 그의 학문적 태도를 일별하게 되기를 바란다. 융은 항상 보수적인 편견에서 벗어나 지극히 자유롭게 탐구해 왔고 동시에 겸손하고 정확하게 생명 현상을 이해하기 위해서 연구해 왔다. 그는 앞서 말한 관념 이상은 나아가지 않았다. 왜냐하면 아직은 그 이상에 관해서 적절하게 말할 만한 충분한 사실을 가지고 있지 않다고 느꼈기 때문이다—그가 새로운 통찰을 발표하기 전에 보통 몇 년씩이나 재삼 검토하고 그 자신 스스로 있을 수 있는 모든 의문을 제기했던 것처럼—.

그러므로 처음에는 독자에게 그의 관념이 상당히 모호하게 보이는 것도 사실은 지적으로 겸손한 그의 과학적인 태도에서 오는 것이다. 즉 그는 졸속적이고 피상적인 가식적 설명pseudo-explanations, 지나친 단순화로 치달음으로써 새로운 발견의 가능성을 놓쳐 버리는 일이 없게 하고, 생명의 현상이 지닌 복잡성을 존중하는 연구 태도를 지켜왔다. 왜냐하면 이러한 현상은 융에겐 언제나 흥미를 일으키는 신비의 대상이었기 때문이다. 그것은 마음이 닫혀 있는 사람들이 범하는 것처럼, 마치 우리가 모든 것을 안다고 가정할 만한 그런 '설명'된 현실은 결코 아니었다.

내 의견으로는 창조적인 생각이란 열쇠처럼 지금까지 이해하기 어려웠던 사실들의 연관을 '푸는 데' 도움이 되며, 따라서 생명의 신비 속에 인간이 좀 더 깊이 파고들어갈 수 있게 하는 데 그 가치가 있다고 생각한다. 나는 융의 생각이 이와 같이 많은 과학 영역에서(일상생활과 마찬가지로) 새로운 사실을 발견하고 해석하며 동시에 개인이 좀 더 균형 있고 좀 더 도덕적이며, 좀 더 광범위한 의식적인 견해를 갖는 데 이바지할 수 있다고 확신한다. 만약에 여러분이 무의식의 융화와 탐색을 더 연구해 보고 싶은 마음이 일어나게 된다면—이와 같은 것은 언제나 자기 자신에 대한 일에서부터 시작된다—이 입문서는 그 목적을 충분히 달성했다고 생각한다.

주註

1. 무의식에의 접근 -C. G. 융-

1) 니체가 말한 잠재기억에 관해서는 융전집 1권 *On the Psychology of So-called Occult Phenomena*에 논의되어 있다. 그 항해일지와 관련된 구절과 그것과 비교되는 니체의 구절은 다음과 같다.

케르너 J. Kerner가 쓴 *Blätter aus Prevorst*, vol. IV, p. 57에서 "장엄한 의미의 발췌……" *An Extract of Awe-inspiring Import*……(orig. 1831~37)의 제목에서; "네 명의 선장들과 상인 벨Bell씨가 토끼를 사냥하기 위해 스트롬볼리산Mount Stromboli이 있는 섬에 상륙했다. 3시에 그들은 하선을 하기 위해 선원들을 집합시켰는데, 그때 그들은 남자 2명이 하늘을 가로질러 그들에게 빨리 날아오는 것을 보았고, 놀라서 말도 못할 지경이었다. 한 사람은 까만 옷을, 다른 한 사람은 회색 옷을 입고 있었다. 그들이 그들 바로 가까이 아주 바삐 지나서, 스트롬볼리산의 끔직한 분화구에 내리는 것을 보고 그들은 경악을 금치 못했다. 그들은 그 두 사람이 런던에서 본 적이 있는 사람들이라는 것을 알았다."

니체가 쓴 *Thus Spake Zarathustra, chapter* xi, "굉장한 사건들"*Great Events*(Common의 번역, p. 180, 약간 고침), org. 1883; 차라투스트라가 해피제도(諸島)Happy Isles에 체류할 때, 배 하나가 연기를 내뿜는 산이 있는 그 섬에 닻을 내리고 선원들이 토끼를 잡으려고 상륙한 일이 있었다. 그러나 정오경에 선장과 선원들이 다시 모였을 때, 그들은 갑자기 한 남자가 하늘을 가로질러 그들에게 오는 것을 보았고, "이때다! 바로 지금 할 때다!"라고 말하는 분명한 소리가 들렸다. 그러나 그 사람이 그들에게 가까이 와서 화산이 있는 방향으로 그림자처럼 빨리 날아갔을 때, 그들은 그것이 차라투스트라였다는 것을 알아차리고 경악을 금치 못했다. 나이 많은 조타수操舵手가 말했다. "보아라, 차라투스트라가 지옥에 떨어졌다!"

2) 스티븐슨Robert Louis Stevenson은 그가 꾼 지킬과 하이드의 꿈에 관해서 그의 *Across the Plain*의 "꿈에 관한 장章"A Chapter on Dreams에 논의하고 있다.
3) 융의 꿈에 대한 보다 자세한 설명은 Aniela Jaffé가 편집한 책, *Memories, Dreams, Reflections of C. G. Jung*(New York, Pantheon,1962)에 실려 있다.
4) 역하閾下(문턱 아래) 관념과 상像의 상태에 관한 예들은 자네 Pierre Janet의 책에서 볼 수 있다.
5) 문화적 상징에 대한 보다 많은 예는 엘리아드Mircea Eliade의 *Der Shamanismus*(Zurich, 1947)에 나와 있다. 융전집 1~19권(London, Routledge & kegan Paul; New York, Bollingen-Pantheon)을 참고할 것.

2. 고대 신화와 현대인 -J. 헨더슨-

1) 그리스도 부활의 궁극성과 관련하여 그리스도교는 종말론적인 종교라 볼 수 있다. 즉 최후의 심판과 같은 의미를 가지고 있다. 모성적인 요소가 많이 작용하는 다른 종교는 순회적이며 이것은 엘리아

드Eliades가 쓴 *The Myth of the Eternal Return*, New York, Bollingen-Pan-theon, 1954에 잘 나타나 있다.

2) Paul Radin의 *Hero Cycles of Winnebogo*; Indiana University Publications, 1948 참조.

3) 헤어Hare(토끼)에 관해서 라딘Radin 박사의 언급 : "헤어는 우리가 개화된 이 세상 어디서나 볼 수 있고 문헌도 없던 가장 오래된 세계 역사 속에서도 볼 수 있는 전형적인 영웅상이다."

4) 무용신武勇神인 쌍둥이 나바호twin Navaho에 대해서는 다음 책을 참고할 것 : Maud Oakes의 *Where the Two Came to their Father, A Navaho War Ceremonial*, Bollingen, New York, 1943.

5) 트릭스터Trickster에 대하여 *On the Psychology of the Trickster Figure*, Collected Works, vol. Ⅸ 참조.

6) 자아ego와 그림자shodow와의 갈등에 관한 참고서적 : Jung의 *The Battle for Deliverance from the Mother*, Collected Works, vol. Ⅴ 참조.

7) Minotaur 신화에 대한 해석에 대한 참조는 mary Renault의 소설; *The King Must Die*, Pantheon, 1958.

8) 미로迷路의 상징에 대한 참조 : Erich Neumann의 *The Origins and History of Consciousness*, Bollingen, 1954.

9) Coyote의 Navaho 신화에 대하여 Margaret Schevill Link and J. L. Henderson의 *The Pollen path*, Stanford, 1954 참조.

10) 자아의 발현에 대한 참고서적 : Erich Neumann; op. cit., Michael Fordham; *New Development in Analytical Psychology*, London Routledge & Kegan Paul, 1957, Esther M, Harding; *The Restoration of the Injured Archetypal Image*, New York, 1960.

11) initiation에 관한 융의 연구 : Jung의 *Analytical Psychology and the Weltanschauung*, Collected Work, vol. Ⅷ. Arnold van Gennep, The Rites of Passage, Chicago, 1961도 함께 참조.

12) "여인들의 힘의 시련"에 대한 참고서적 : Erich Neumann의 *Amor and Psyche*, Bollingen, 1956.

13) "Beauty and the Beast"에 관한 이야기 : Leprin de Beaumont의 *The Fairy Tale Book*, New York, Simon & Schuster, 1958.

14) Orpheus 신화에 대한 참조는 Jane E. Harrsion의 *Prolegomena to the Study of Greek Religion*, Cambridge University Press, 1922, W. K. C. Guthrie의 *Orpheus and Greek Religion*, Cambridge, 1935.

15) 성찬배와 가톨릭 의식에 대한 연구 : Jung의 *Transformation Symbolism in the Mass*, Collected Works vol. Ⅺ, Alan Watts의 *Myth and Ritual in Christianity*, Vanguard Press, 1953.

16) Orpheus 의식에 대한 해석 : Gladys Phelan이 번역한 *Psychologische Betractungen zu der Freskenfolge der Villa dei Misteri in Pompeji, ein Versuch von Linda Fierz-David*, Zurich, 1957.

17) Esquiline Hill에 있는 로마시대의 유골단지에 대해서는 Jane Harrison, op. cit.을 참조할 것.

18) Jung의 "The Transcendent Function", edited by the Students' Association, C. G. Jung Institute, Zurich 참조.

19) "조류 샤만"에 대한 참고서적 : Joseph Campbell의 *The Symbol without Meaning*, Zurich, Rhein-Verlag, 1958.

20) "The Waste Land"를 보려면 다음을 참조할 것 : T. S. Eliot의 *Collected Poems*, London, Faber and Faber, 1963.

3. 개성화 과정 -폰 프란츠-

1) 꿈의 번개무늬와 같은 양식에 관한 자세한 논의는 융 전집 vol. Ⅻ, p. 23 ff.와 p. 237～300(특히 p. 290)에 있다. 예는 융전집 vol. Ⅶ, part 1을 참조할 것. 또한 Gerhard Adler의 *Studies in Analytical Psychology*, London, 1948 참조.

2) 자기에 대한 융의 논의는 전집 vol. Ⅸ, part 2, pp. 5ff., 23ff.와 vol. Ⅻ, pp. 18f., 41f., 174, 193 참조.

3) 나스카피Naskapi 종족에 관해서는 Frank G. Speck

의 *Naskapi : The Savage Hunter of the Labrador Peninsula*, University of Oklahoma Press, 1935에 기술되어 있다.

4) 정신적 전체성의 개념은 융전집 vol. XIV. p. 117과 vol. IX, part 2, p. 6, 190에 논의되어 있다. 또한 전집 vol. IX, part 1, pp. 275ff., 290ff. 참조.

5) 참나무에 관한 이야기는 Richard Wilhelm의 Dschuang-Dsi; *Das wahre Buch vom südlichen Blütendland*, Jena, 1923, pp. 33-4에서 번역된 것임.

6) 융은 개성화 과정의 상징으로서의 나무에 관해 "Der philosophische Baum", *Von den Wurzeln des Bewussteins*, Zurich, 1954(영역 융전집 vol. XIII 에 수록)에서 다루고 있다.

7) 사람들이 돌 제단 위에 제물을 바친 "향토신"local god은 많은 점에서 고대의 수호신과 대응된다. Henri maspéro의 *La Chine antique*, Paris, 1955. p. 140ff.를 참조(이것은 Ariane Rump 양이 친절하게 알려주어 알게 되었다).

8) 융은 개성화 과정을 기술하는 것이 어렵다는 것을 융전집 vol. XVII, p. 179에서 언급했다.

9) 어린이들의 꿈의 중요성에 대한 이 간단한 기술은 주로 융의 *Psychological Interpretation of Children's Dreams*(notes and lectures), E. T. H. Zurich, 1938-9(private circulation only)에 근거를 두었다. 그 특별한 예는 미번역의 세미나, *Psychologische Interpretation von Kinderträumen*, 1939-40, p. 76ff.에서 인용. 또 융의 "The Development of Personality"전집 vol. XVII; Michael Fordham, *The Life of Childhood*, London, 1944(특히 p. 104); Erich Neumann, *The Origins and History of Consciousness*; Frances Wickes, *The Inner World of Consciusness*, New York-London, 1927; Eleanor Bertine, *Human Relationships*, London, 1958도 참조.

10) 융은 정신의 핵에 관해서 "The Deveolpment of Personality", 전집 vol. XVII, p. 175와 전집 vol. XIV, p. 9ff에서 논의하고 있다.

11) 병든 왕의 주제에 대응되는 동화의 양식에 관해서는, Joh. Bolte와 G. Polivka의 *Anmerkungen zu den Kinder-und Hausmärchen der Brüder Grimm*, vol. 1, 1913-32, p. 503ff.—즉 그림Grimm의 동화 *The Golden Bird*의 모든 번안물들—을 참조.

12) 그림자에 대한 추가 논의는 융전집 vol. IX, part 2, chapter 2, vol. XII, p. 29ff.와 같은 책 내의 각 장 : *The Undiscovered Self*, London, 1958, pp. 8-9에서 볼 수 있음. 또 Frances Wickes, *The Inner World of Man*, New York Toronto, 1938도 참조. 그림자의 자각에 대한 좋은 예는 G. Schmalz, *Komplexe Psychologie und Körperliches Symptom, Stuttgart*, 1955에 있음.

13) 이집트의 지하계에 대한 개념의 예들이 *The Tomb of Rameses* VI, Bollingen series XL, part 1 and 2, Pantheon Books, 1954에 나와 있다.

14) 융은 투사의 성질에 관해서 전집 vol. VI, Definitions, p. 582; 전집 vol. VIII, p. 272ff.에서 취급하고 있다.

15) 코란Koran(Qur'an)은 Oxford University Press, 1949 발행의 E. H. Palmer의 영역본임. 또 Moses와 Khidr의 이야기에 대한 융의 해석은 전집 vol. IX, p. 135ff. 참조.

16) 인도의 이야기 *Somadeva : Vetalapanchavimsati*는 Jaico- book, Bambay, 1956 발행의 C. H. Tawney의 영역본임. 또 Heinrieh Zimmer의 탁월한 심리학적 해석인 *The King and the Corpse*, Bollingen series XI, New York, Pantheon, 1948을 참조.

17) 선사禪師에 관한 인용은 *Der Ochs und sein Hirte*(辻村公一의 독역), Pfullingen, 1958, p. 95 참조.

18) 아니마에 대한 상론은 융전집 vol. IX, part 2, pp. 11-12와 chapter 13; vol. XVII, p. 198f.; vol. VIII, p. 345; vol. XI, pp. 29-31, 41f., 476, etc; vol. XII, part 1을 참조. 또 Emma Jung, *Animus and Anima, Two Essays*, The Analytical Club of New York, 1957; Eleanor Bertine, *Human Relationships*, part 2; Esther Harding, *Psychic Energy*, New York, 1948 등 기타 다른 곳 참조.

19) 에스키모의 샤머니즘에 관한 것은 Mircea Eliade의 *Der Schamanismus*, Zürich, 1947, 특히 p. 49ff. 그리고 Kund Rasmussen의 *Thulefahrt*, Frankfurt, 1926 등 곳곳에 기술되어 있음.

20) 시베리아의 사냥꾼 이야기는 Rasmussen의 *Die Gabe des Adlers*, Frankfurt a.M., 1926, p. 172에서 인용.

21) "독부"poison damsel에 관한 논의는 W. Hertz의 *Die Sage vom Giftmädchen*, Abh. der k. bayr. Akad. der Wiss., 1 Cl. XX Bd. 1 Abt. München, 1893에 있다.

22) 사람을 죽이는 공주에 관한 것은 Chr. Hahn의 *Griechische und Albanesische Märchen*, vol. 1, München Berlin, 1918, p. 301; Der Jäger und der Spiegel der alles sieht 에 논의되어 있다.

23) 아니마의 투사에 의해서 생기는 "사랑의 광증"에 관해서는 Eleanor Bertine의 *Human Relationships*, p. 113 sq.에 고찰되어 있다. 또 Dr. H. Strauss의 탁월한 논문 "Die Anima als Projektions-erlebnis", unpublished ms., Heidelberg, 1959도 참조.

24) 융은 부정적 아니마를 통한 정신의 통합의 가능성을 전집 vol. Ⅸ, p. 224 sq.; vol. Ⅺ, p. 164ff.; vol. Ⅻ, pp. 25sq., 110sq., 128에서 논하고 있다.

25) 아니마의 네 단계에 대해서는 융전집 vol. ⅩⅥ, p. 174 참조.

26) Francesco Colonna의 *Hypnerotomachia*는 Linda Fierz-David의 *Der Liebestraum des Poliphilo*, Zürich, 1947 에 해석되어 있음.

27) 아니마의 역할에 관한 기술은 E. A. Glover가 번역한 *Aurora Consurgens I*(영역 준비 중)에서 인용되었음. M.-L. von Franz의 독역본은 융의 *Mysterium Coniunctionis*, vol. 3, 1958에 있음.

28) 융은 기사의 부인숭배에 관해서는 융전집 vol. Ⅵ, p. 274와 290sq.에서 고찰하고 있다. 또 Emma Jung과 M. L. von Franz의 *Die Graalslegende in psychologischer Sicht*, Zürich, 1960도 참조.

29) "성스러운 확신"으로 나타나는 아니무스에 관해서는 융의 *Two Essays in Analytical Psychology*, London, 1928, p. 127ff.; 전집 vol. Ⅸ, chapter 3를 참조. 또 Emma Jung의 *Animus and Anima*의 여러 곳; Esther Harding, *Woman's Mysteries*, New York, 1955; Eleanor Bertine, *Human Relationships*, p. 128ff.; Toni Wolff, *Studien zu C. G. Jung's Psychologie*, Zürich, 1959, p. 257ff.; Erich Neumann, *Zur Psychologie des Weiblichen*, Zürich, 1953들도 참조.

30) 집시 동화는 *Der Tod als Geliebter*, Zigeuner-Märchen. *Die Märchen der Weltliteratur*, ed. F. von der Leyen and P. Zaunert, Jena, 1926, p. 117sq.에서 볼 수 있다.

31) 가치 있는 남성적 성질을 제공하는 것으로서의 아니무스에 관해서 융전집 vol. Ⅸ, p. 182sq.와 동일서, *Two Essays*, Chapter 4에 논의되어 있다.

32) 검은 공주에 관한 오스트리아의 이야기는 "Die schwarze Königstochter", *Märchen aus dem Donaulande, Die Märchen der Weltliteratur*, Jena, 1926, p. 150sq.를 참조.

33) 달의 정령에 관한 에스키모의 이야기는 "Von einer Frau die zur Spinne wurde"(K. Rasmussen의 *Die Gabe des Adlers*, p. 121sq.에서 번역)에서 인용됨.

34) 자기가 젊은이나 늙은 사람으로 인격화되는 것에 관한 논의는 융전집 vol. Ⅸ, p. 151sq.에 있다.

35) 반고의 신화는 Donald A.MacKenzie의 *Myths of China and Japan*, London, p. 260과 H. Maspéro의 *Le Taoisme*, Paris, 1950, p. 109과 J. J. M. de Groot, *Universismus*, Berlin, 1918, pp. 130-31; H. Koestler, *Symbolik des Chinesischen Universismus*, Stuttgart, 1958, p. 40과 융의 *Mysterium Coniunctionis*, vol. 2, pp. 160-61에서 볼 수 있음.

36) 우주적 인간으로서의 아담에 관한 논의는 August Wünsche의 *Schöpfung und Sündenfall des ersten Menschen*, Leipzig, 1906, pp. 8-9와 p. 13; Hans Leisegang의 *Die Gnosis*, Leipzig, Krönerche Taschenausgabe를 참조. 심리학적 해석에 관해서는 융의 *Mysterium Coniunctionis*, vol. 2, chapter 5, pp. 140-99; 융전집 vol. Ⅻ, p. 346sq.를 참조. 또 중국의 반고와 페르시아의 가요마트Gayomart와 아담

의 전설들 간에 역사적 관련이 있을 수 있는데 그것은 Sven S. Hartmann의 *Gaymart*, Uppsala, 1953, pp. 46, 115를 참조.

37) 대추야자로부터 나온 '초영혼'super-soul으로서의 아담에 관한 개념은 E. S. Drower의 *The Secret Adam, A Study of Nasoraean Gnosis*, Oxford, 1960, pp. 23, 26, 27, 37에 논의되어 있다.

38) 에카르트 사의 인용은 F. Pfeiffer의 *Meister Eckhardt* (C. de B. Evans의 영역본), London, 1924, vol. Ⅱ, p. 80에서 했음.

39) 우주적 인간에 관한 융의 논의는 전집 vol. Ⅸ, part 2, p. 36sq.; "Answer to Job", 전집 vol. Ⅺ와 *Mysterium Coniunctionis*, vol. 2, p. 215sq.를 참조. 또 Esther Harding의 *Journey into Self*, London, 1956의 여러 곳도 참조.

40) Adam Kadmon은 Gershom Sholem의 *Major Trends in Jewish Mysticism*, 1941와 융의 *Mysterium Contunctionis*, vol. 2, p. 182sq.에 논의되어 있다.

41) 왕과 왕후 부부의 상징은 융전집 vol. XVI, p. 313과 *Mysterium Coniunctionis*, vol. 1, pp. 143, 179; vol. 2, pp. 86, 90, 140, 285에 고찰되어 있다. 또 Plato의 *Symposium*과 the Gnostic God-man, the Anthropos figure도 참조.

42) 자기의 상징으로서 돌에 관해서는 융의 *Von den Wurzeln des Bewusstseins*, Zürich, 1954, pp. 200sq., 415sq.와 449sq.(영역 미간未刊)를 참조.

43) 개성화되고자 하는 욕구가 의식적으로 인식되는 것에 관해서 융전집 vol. Ⅻ, passim; *Von den Wurzeln des Bewusstseins*, p. 200sq.; 전집 vol. Ⅸ, part 2, pp. 139sq., 236, 247sq., 268; 전집 XⅥ, p. 164sq.에 고찰되어 있다. 또 전집 vol. Ⅷ, p. 253sq.와 Toni Wolff의 *Studien zu C. G. Jung's Psychologie*, p. 43도 참조. 또 필수적으로 융의 *Mysterium Coniunctionis*, vol. 2, p. 318sq.도 참조.

44) '적극적 명상'에 관한 상론에 대해서는 융전집 vol. Ⅷ의 "The Transcendent Function"을 참조.

45) 동물학자 Adolf Portmann의 *Das Tier als soziales Wesen*, Zürich, 1953, p. 366에 동물의 "내적 성질" inwardness에 대해 기술되어 있다.

46) 묘비에 관한 고대 독일인의 신앙에 관해서 Paul Herrmann의 *Das altgermanische Priesterwesen*, Jena, 1929, p. 52와 융의 *Von den Wurzeln des Bewusstseins*, p. 198sq.에 고찰되어 있다.

47) 현자의 돌(라피스)에 관한 모리에누스의 기술은 융전집 vol. Ⅻ, p. 300, note 45에 인용되어 있다.

48) 현자의 돌(라피스)을 찾는 데 고통을 필요로 한다는 것은 연금술의 격언이다. 융전집 vol. Ⅻ, p. 280sq.와 비교할 것.

49) 융은 정신과 육체의 관계에 대해서 *Two Essays on Analytical Psychology*, pp. 142-46에서 논의하고 있다.

50) 동시성의 원리에 대한 충분한 설명은 융전집 vol. Ⅷ, p. 419sq.의 "Synchronicity : an Acausal Connecting Principle"을 참조.

51) 무의식과 접촉하기 위해 동양의 종교로 향하는 것에 대한 융의 견해에 관해서는 "Concerning Mandala Symbolism", 전집 vol. Ⅸ, part 1, p. 335sq.와 vol. Ⅻ, p. 212sq.(후자에서 또 pp. 19, 42, 91sq., 101, 119sq., 159, 162도 참조)를 참조.

52) 중국 고전으로부터 발췌는 *Lu K'uan Yü*, Charles Luk, Ch'an and Zen Teaching, London, p. 27에 의함.

53) 바드 바저드의 이야기는 *Märchen aus Iran, Die Märchen der Weltliteratur*, Jena, 1959, p. 150sq.에서 인용.

54) "통계적 수치"에 불과하다는 현대인의 느낌을 융은 *The Undiscovered Self*, pp. 14, 109에서 고찰한다.

55) 주관적 단계에서의 꿈의 해석에 관해 융전집 vol. Ⅷ, p. 266과 vol. XⅥ, p. 243에 논의되어 있음.

56) 인간이 본능적으로 그의 환경과 '조화를 이룬다'는 것이 A. Portmann의 *Das Tier als soziales Wesen*, p. 65sq. and passim에 논의되어 있다. 또 N. Tinbergen의 *A Study of Instinct*, Oxford, 1955, pp. 151sq. and 207sq.도 참조.

57) El. E. E. Hartley는 집단의 무의식에 대해 *Fundamentals*

of Social Psychology, New York, 1952에서 논의하고 있다. 또 Th. Janwitz와 R. Schulze의 *Neue Richtungen in der Massenkommunikationforschung*, Rundfunk und Fernsehen, 1960, pp. 7, 8 and passism도 참조. 또 *ibid*. pp. 1-20과 *Unterschwelige Kommunikation*, *ibid*., 1960, Heft 3/4, p. 283과 p. 306(이것은 René Malamoud 씨가 친절히 알려 주었음) 참조.

58) (어떤 유익한 것을 창조하는) 자유의 가치는 융에 의해 *The Undiscovered Self*, p. 9에서 강조되고 있다.

59) 개성화 과정을 상징하는 종교적 상에 대해서는 융 전집 vol.XI, p. 273 and passim과 *ibid*., Part 2와 p. 164sq.를 참조.

60) 융은 현대인의 꿈에서의 종교적 상징성에 관해 전집 vol. XII, p. 92에서 논의하고 있다. 또 *ibid*., pp. 28, 169sq., 207 등등 참조.

61) 삼위일체에 제4의 요소의 추가는 융의 *Mysterium Coniunctionis*, vol. 2, pp. 112sq., 117sq., 123sq.(영역미간)와 전집 VIII, p. 136sq.와 160-162에 고찰되어 있다.

62) 블랙 엘크Black Elk의 환영은 *Black Elk Speaks*, ed. John G. Neihardt, New York, 1932, German edition; *Schwarzer Hirsch : Ich rufe mein Volk*, Olten, 1955에서 인용.

63) 에스키모의 독수리 축제에 관한 이야기는 Kund Rasmussen의 *Die Gabe des Adlers*, pp. 23sq., 29sq.에서 인용.

64) 융은 최초의 신화적 소재가 개조되는 것에 대해서 전집 vol. XI, p. 20sq.와 vol. XII, Introduction에서 논의하고 있다.

65) 물리학자 W. Pauli는 Heisenberg의 발견과 같이 현대의 과학적 발견들의 효과에 관해서 *Die philosophische Bedeutung der Idee der Komplementarität*, "Experientia", vol. VI/2, p. 72sq.와 *Wahrscheinlichkeit und Physik* "Dialectica", vol. VIII/2, 1954, p. 117에 기술하고 있다.

4. 시각 예술에 나타난 상징성 —A. 야페—

1) Max Ernst의 말은 C. Giedion Welcker의 *Contemporary Sculpture*, New York, 1955에서 인용.

2) Herbert Kühn의 선사 예술에 대한 조사는 그의 저서 *Die Felsbilder Europas*, Stuttgart, 1952에 있음.

3) 노악能樂에 관하여 D. Seckel의 *Einführung in die Kunst Ostasiens*, Munich, 1960의 그림 le와 16을 대조할 것. 능악에 사용된 여우 가면에 대하여 G. Buschan의 *Tiere in Kult und Aberglauben*, Ciba Journal, Basle, Nov. 1942, no. 86을 참조.

4) 여러 신들의 동물적 속성에 대하여 앞에서 인용한 G. Buschan의 책을 참조.

5) Jung은 전집 vol. XII, p. 415ff.에서 일각수一角獸(그리스도의 상징 중 하나)의 상징성에 대하여 논함.

6) 브라마Brahama 신화에 관하여 H. Zimmer의 *Maya, der indische Mythos*, Stuttgart-Berlin, 1936을 참조.

7) 부처의 탄생은 Sanskrit 문헌 *Lalita Vistera*, c. A. D. 600-1000; trans Paris, 1884에 나타남.

8) Jung은 전집 vol. VI에서 의식의 4기증을 논함.

9) Tibet의 만다라mandala는 Jung의 전집 vol. IX에서 논하고 해석됨.

10) 원형의 나무 가운데 있는 성모마리아의 그림은 *Triptyque du Buisson Ardent*, 1476, Cathedrale Saint-Saveur, Aix-en-Provence의 중앙 패널서임.

11) 만다라의 평면도를 가진 신성한 건물의 예 : Java의 Borobuder; Taj Mahal; Jerusalem의 Omar Mosque. 세속적 건물 : 신성로마제국 황제 Frederick 2세(1194-1250)가 Apulia에 건립한 Castel del Monte.

12) 원시인 마을과 성지의 기초에서 보는 만다라에 대하여 M. Eliade의 *Das Heilige und das Profane*, Hanburg, 1957 참조.

13) 4각四角, quadrata이 "넷으로 구분된 것"guadripartite을 의미한다는 이론은 Berlin의 고전학자 Franz Altheim이 제안하였다. K. Kerenyi의 Inbtroduction to Kerényi-Jung, *Einführung in das Wesen der Mythologie*,

Zurich, p. 20 참조.

14) 정사각형의 도시urbs quadrata가 원적법을 가리킨다는 이론은 Kerényi의 앞의 책에서 유래됨.

15) 천상天上의 도시Heavenly City에 대하여 계시록 XXI 참조.

16) Jung의 인용은 그의 저서 *Commentary on the Secret of Golden Flower*, London-New York, 1956, 10th edition에서 유래됨.

17) 등변형等辺形 십자가의 예 : *Evangelienharmonie*, Vienna, Nat. Bib. Cod. 2687(Otfried von Weissenberg, 9세기)에 있는 십자가에 못 박힌 예수; 10세기 Gosforth십자가; 10세기 Monasterboice 십자가; 또는 Ruthwell 십자가.

18) 교회 건물의 변화에 대한 논의는 Karl Litz의 평론 *Die Mandala, ein Beispiel der Architektursymbolik*, Winterthur, November 1960의 자료에 근거를 둠.

19) Matisse의 "……정물"은 Thompson Collection, Pittsburgh에 있음.

20) 엉성하게 채색된 구와 원을 담은 Kandindsky의 그림은 1927년 *Blurred White*라고 명명되었고 Thompson Collection 중에 있음.

21) Paul Nash의 "언덕에서의 사건"은 C. Neilson 여사의 수집품 중에 있음. George W. Digny의 *Meaning and Symbol*, Faber & Faber, London을 참조.

22) Jung은 *Flying Saucers; A Modern Myth of Things Seen in the Skies*, London-New York, 1959에서 UFO(미확인 비행물체)에 대하여 논함.

23) Bazaine의 *Notes sur la peinture d'aujourd'hui*(Paris, 1953)으로부터의 인용은 Walter Hess의 *Dokumente zum Verständnis der modernen Malerei*, Hamburg, 1958(Rowohlt), p. 122에서 인용됨. 이 장에서의 많은 인용은 앞으로 *Dokumente*라고 언급될 극히 유용한 이 자료들로부터 취하였음.

24) Franz Marc의 말은 *Briefe, Aufzeichnungen und Aphorismen*, Berlin, 1920으로부터 유래됨.

25) Kandinsky의 저서에 관하여 sixth edition, Berne, 1959(First edition Munich 1912) *Dokumente*, p. 80을 참조.

26) 현대 예술에 있어서의 매너리즘과 유행은 *Glanz und Gefährdung der Abstrakten Malerei*와 *Skizzenbuch zur Kultur der Gegenwart*, Munich, 1960, p. 111에서 Werner Haftmann이 논함. 또한 Haftmann의 *Die Malerei im.20.* Jahrhundert. second ed., Munich, 1957과 Herbert Read의 *A Concise History of Modern Painting*, London 1959와 수많은 개인 연구를 참조.

27) Kandinsky의 평론 "Über die Formfrage"는 Der blaue Reiter, Munich, 1912에 있음. *Dokumente*, p. 87을 참조.

28) Duchamp의 병을 세워 놓는 선반에 대한 Bazaine의 평론은 *Dokumente*, p. 122로부터 유래됨.

29) Joan Miró의 말은 *Joan Miró*, Horizont Collection, Arche Press로부터 유래됨.

30) Schwitters의 "강박증"obsession에 대한 언급은 앞에서 인용한 Werner Haftmann의 저서로부터 유래됨.

31) Kandinsky의 말은 *Selbstbetrachtungen*, Berlin, 1913. *Dokumente*, p. 89로부터 유래됨.

32) Carol Carrà로부터의 인용은 W. Haftmann의 *Paul Klee, Wege bildenrischen Denkens*, Munich, 1955, third edn., p. 71로부터 유래됨

33) Klee의 말은 *Wege des naturstudiums*, Weimar, Munich, 1923, *Dokumente*, p. 125로부터 유래됨.

34) Bazaine의 의견은 *Notes sur la peinture d'aujourd'hui*, Paris, 1953, *Dokumente*, p. 125로부터 유래됨.

35) de Chirico의 *Memorie della mia Vita*로부터의 인용은 *Dokumente*, p. 112에 있음.

36) 신의 죽음에 관한 Kandinsky의 말은 앞에서 인용한 그의 저서 *Ueber das Geistige in der Kunst*에 있음.

37) 언급된 19세기 유럽시인 중에 특히 Heinrich Heine, Jean Paul, Rimbaud와 Mallarmé를 참조.

38) Jung의 인용은 전집, vol. XI, p. 88로부터 유래됨.

39) 작품 속에 *manichini*가 나타나는 예술가에는 Carlo Carrà, A. Archipenko(b.1887)와 Giorgio Morandi (b.1880)가 있음.

40) Chagall에 대한 Herbert Read의 평론은 그의 저서 *A Concise History of Modern Painting*, London, 1959, p. 124, 128, 126으로부터 유래됨.

41) André Breton의 말은 *Manifestes du Surrealisme*, 1924-42, Paris, 1946, *Dokumente*, p. 117, 118로부터 유래됨.

42) Ernst의 *Beyond Painting*(New York, 1948)으로부터의 인용은 *Dokumente*, p.119에 있음.

43) Hans Arp에 관한 언급은 Carola Giedion-Welcker의 *Hans Arp*, 1957, p. xvi에 근거를 둠.

44) Ernst의 "*Histoire Naturelle*"에 관한 언급은 *Dokumente*, p. 121에 있음.

45) 19세기의 낭만주의와 "자연의 필적"에 관하여 Novalis의 *Die Lehrlinge zu Sais*, E. T. A. Hoffmann의 *Das Märchen vom Goldnen Topf*, G. H. vor Schubert의 *Symbolik des Traumes*를 참조.

46) George Trakl에 대한 Kassner의 논평은 *Almanach de la Librairie Flinker*, Paris, 1961로부터 유래됨.

47) Kandinsky의 말은 각각 *Rückblicke*(앞에서 인용한 Kandinsky의 저서 *Ueber das Geistige* ……에 대한 Max Bill의 소개로부터 인용됨), *Selbstdarstellung*, Berlin, 1913(*Dokumente*, p. 86)과 Haftmann의 *Malerei im. 20. Jahrhundert*로부터 유래됨.

48) Franz Marc의 말은 각각 앞에서 인용한 *Briefe, Aufzeichnungen und Aphorismen*과 *Dokumente*, p. 79f. 그리고 Haftmann, l. c., p. 478로부터 유래됨.

49) Klee의 말은 *Ueber die moderne Kunst*, Lecture, 1924, *Dokumente*, p. 84로부터 유래됨.

50) Mondrian의 말은 *Neue Gestaltung*, Munich, 1925, *Dokumente*, p. 100으로부터 유래됨.

51) Kandinsky의 말은 앞에서 인용한 *Ueber das Geistige* …… p. 83과 *Ueber die Formfrage*, Munich, 1912 (*Dokumente*, p. 88), *Ueber das Geistige*(*Dokumente*, p. 88) 그리고 *Aufsätze*, 1923-43(*Dokumente*, p. 91)로부터 유래됨.

52) Franz Marc의 말은 Georg Schmidt의 *Kunst und Naturform*, Basle, 1960 안에 *Vom Sinn der Parallele*로부터 인용됨.

53) Klee의 말은 각각 앞에서 인용한 *Ueber die Moderne Kunst*(*Dokumente*, p. 84)와 *Tagebücher*, Berlin, 1953 (*Dokumente*, p. 86)으로부터 유래되었고 Haftmann, Paul Klee, l. c., p. 93 and p. 50과 *Tagebücher*(*Dokumente*, p. 86), 그리고 Haftmann, p. 89로부터 인용됨.

54) Pollock의 그림에 대한 언급은 Haftmann의 *Malerei in 20. Jahrhundert*, p. 464에 있음.

55) Pollock의 말은 *My Painting, Possibilities*, New York, 1947로부터 유래됨. 앞에서 인용한 Herbert Read의 저서 p. 267로부터 인용됨.

56) Jung의 인용은 전집 vol. IX, p. 173으로부터 유래됨.

57) Klee에 대한 Read의 인용은 앞에서 인용한 *Concise History* ……, p. 180으로부터 유래됨.

58) Marc의 말은 *Briefe, Aufzeichnungen und Aphorismen; Dokumente*, p. 79로부터 유래됨.

59) Marini의 토론은 Edouard Roditi의 *Dialogue über Kunst*, Insel Verlag, 1960으로부터 유래됨(여기에 실린 대화는 아주 생략된 형태이다).

60) Manessier의 말은 앞에서 인용한 W. Haftmann의 저서 p. 474로부터 인용됨.

61) Bazaine의 언급은 앞에서 인용한 그의 저서 *Notes sur la peinture d'aujourd'hui; Dokumente*, p. 126으로부터 유래됨.

62) Klee의 말은 W. Haftmann의 *Paul Klee*, p. 71로부터 유래됨.

63) 교회 내의 현대 예술에 대한 언급에 관하여 W. Schmalenbach의 *Zur Ausstellung von Alfred Manessier Zurich Art Gallery*, 1959를 참조.

5. 개인분석에 나타나는 상징 -J. 야코비-

1) 꿈의 궁전 : Homer의 *Odyssey* 제19서에 대한 16세기의 도면. 중앙의 감실에 수연의 여신이 양귀비 종류의 꽃다발을 들고 있다. 그녀의 오른편에는 〈뿔의 문〉

(뿔소의 머리가 그 위에 걸려 있다)이 있고 이 문으로부터 참다운 꿈이 나타난다. 그녀의 왼편에는 〈상아의 문〉이 있는데 코끼리의 머리가 그 위에 걸려 있다. 이 문으로부터는 그릇된 꿈이 나타난다. 상좌단에 달의 여신Diana, 상우단에 밤의 여신이 수면과 죽음의 유아들과 더불어 있다.

2) 분석에서의 첫 번째 꿈의 중요성은 Jung이 *Modern Man in Search of a Soul*, p. 77에서 지적하였다.

3) 신탁의 꿈의 절에 관련하여 Richard Wilhelm역(C. G. Jung 서문) *I Ching or Book of Changes*,(역경, 변환의 서) Routl edge and Kegan Paul, London 1951, 권 I 과 II 참조.

4) 몽蒙괘의 상부 소성小成 괘의 상징-문門-은 앞에 든 책에 언급됨. 같은 책 vol. II, p. 299 같은 곳에서 이 괘는 "…… 우회로, 즉, 자갈, 문, 입구, …… 환관, 문지기, 손가락 ……"이라고 언급되고 있다. 몽에 대해서는 vol. I, p. 20ff. 참조.

5) 역경의 인용은 vol. I, p. 23.

6) 역경의 두 번째 자문에 관하여 Jung은 역경 영어판의 그의 서문(p. X)에서 다음과 같이 쓰고 있다. "실험의 반복이 불가능한 것은 본래의 상황이 재구성될 수 없다는 단순한 이유 때문이다. 그러므로 경우마다 오직 첫 번째의 유일한 해답이 있을 뿐이다."

7) 이의 주역은 앞에 든 책 vol. I, p. 178과 vol. II, p. 299의 언급을 참조.

8) '산상山上의 도시'라는 주제는 K. Kerenyi가 *Das Geheimnis der hohen Städte*(고지도시의 비밀), *Europäische Revue*, 1942, Juli-August-Heft.와 *Essays on a Science of Mythology*, Bollingen Series XXIII, p. 16에서 논의함.

9) 4의 주제에 관한 Jung의 고찰은 예컨대 그의 전집 vols. IX, XI, XII와 XIV에 나타나 있다. 그러나 4의 문제는 그것에 함축된 온갖 의미와 더불어 마치 붉은 실처럼 그의 전 저술을 꿰뚫고 있다.

10) 카드놀이에 대한 각종 상징적 의미의 일부는 *Handwörterbuch des Deutschen Aberglaubens*, vol. IV. p. 1015와 vol. V, p. 1110 참조.

11) 9라는 수의 상징은(그 밖의 저술 가운데서) F. V. Hoppers, *Medieval Number Symbolism* 1938, p. 138에서 토의됨.

12) 이 꿈의 "암야 항해"형에 관하여, J. Jacobi, "The Process of Individuation", *Journal of Analytical Psychology*, vol. III, no. 2, 1958, p. 95 참조.

13) 신체분비물의 힘에 대한 원시적 믿음은 E. Neumann의 *Origins of Consciousness*(독어판), p. 39에서 토의됨.

[역주 1] 독어판에서는 이 부분이 좀 더 명확하게 언급되어 있다. "폰 프란츠"의 개성화의 첫 부분 구절은 생략되어 있고 융심리학이 인생의 후반기에 있는 사람에게만 적용될 수 있다는 생각이 잘못된 생각임을 지적하고 "그 까닭은 인간의 정신적 발전인 개성화 과정Individuation Process은 출생에서 죽음에 이르기까지 계속되며 인생의 전반기도 이에 포함된다. 이 시기에 속하는 작업은 이른바 "그림자Schatten, Shadow의 의식화와 이에 수반되는 자아Ich, ego의 강화이다"라고 하였다.

[역주 2] 꿈의 숨겨진 의미를 너무 명확하게 밝혀서 설명할 때 일어날 수 있는 피분석자의 반응을 말한 것이다. 일리는 있으나 일반화시킬 수는 없는 의견이다. 왜냐하면 '밝은 빛'을 잘 견디는 사람도 있고 그것이 필요한 경우도 많다. 모든 경우에 이른바 '방어기제'를 쓰거나 정신적 혼란에 빠지는 것이 아님은 물론이다.

[역주 3] 연극을 보는 것이 반드시 현실도피나 극중 인물이나 사건과의 동일시를 통한 카타르시스라고만 설명될 수는 없다. 이것은 외향형의 인간의 입장에서 하는 설명이다. 관극이란 내적인 또 하나의 현재를 만날 수 있는 기회이며 관객으로 하여금 그의 심부의 원형상을 유도하는 적극적 명상의 매개가 되는 것이다. 동일시라는 말로만 설명할 수 없는 체험이 있다. 고대 그리스의 연극은 원형층을 자극하여 의식의 신선한 변화와 확장을 초래하는 데 그 기능이 있었다. (역주 : 이부영)

결 론 -폰 프란츠-

1) 정신의 "핵"으로서의 원형은 다음 책에서 논의되고 있다. W. Pauli, *Aufsätze und Vorträge über Physik und Erkenntnis-theorie, Verlag Vieweg, Braunsch-weig*, 1961.
2) 원형의 영감을 불어넣거나 억제하는 힘에 관해서는 다음 저서를 참조. C. G. Jung and W. Pauli의 *Naturerklärung und Psyche*, Zurich, 1952, p. 163과 여러 군데.
3) 생물학에 관련된 파울리의 시사는 *Aufsätze und Vorträge* 앞의 책 p. 123에 나와 있다.
4) 돌연변이에 필요한 시간에 관한 주장의 그 밖의 설명은 Pauli의 앞의 책 p. 123-125 참조.
5) Darwin과 Wallace의 이야기는 Henshaw Ward의 *Charles, Darwin*, 1972에서 발견된다.
6) 데카르트Descartes에 관한 인용문은 M. L. von Franz의 "Der Traum des Descartes" in *Studien C. G. Jung Instituts* : "Zeitlose Dokuments der Seele" 속에서 확대되고 있다.
7) Kepler의 주장은 *Naturerklärung und Psyche*. 전게서 p. 117에서 Jung과 Pauli에 의하여 토론되었다.
8) Heisenberg의 명구는 Hannah Arendt에 의해서 다음 저서에 인용되었다. Hannah Arendt : *The Human Condition*, Chicago Univ. Press, 1958, p. 26.
9) 병행적인 심리학적 · 물리학적 연구에 대한 Pauli의 시사는 *Naturerklärung*, p. 163에 나타나 있다.
10) Niels Bohr의 보완성관념은 그의 *Atomphysik und menschliche Erkenntnis*, *Braunschweig*, p. 26ff. 참조.
11) "Momentum"(세勢)(아원자입자)은 독일어로 *Bewegungsgrösse*(운동의 크기)라 불린다.
12) Pauli에서 인용된 주장이 Jung에 의해서 다음 논문에 인용되었다. "The Spirit of Psychology" in Jos. Campbell's *Coll. Papers of the Eranos Year Book*, Bollingen Series XXX, 1, N. Y. Pantheon Books, 1954, p. 439.
13) Pauli는 "일차적 가능성"을 Vortäge(강연집), 앞의 책 p. 125에서 토론하고 있다.
14) 미세물리학과 심리학적 개념 사이의 병행관계 역시 그의 *Vorträge*에 나와 있다. 역설에 의한 무의식의 기술은 p. 115-116에, "일차적 가능성"으로서의 원형은 p. 115, "장"으로서의 무의식은 p. 125에 나온다.
15) Gauss의 인용은 그의 전집 10권, p. 25, letter to Olbers에서 번역된 것이고 그것은 B. L. van der Waerden의 다음 책에 인용되고 있다. *Einfall und Überlegung : Drei kleine Beiträge zur Psychologie des mathematischen Denkens*, Basel, 1954.
16) Poincaré의 주장은 앞의 책 p. 2에 인용되어 있음.
17) 무의식의 개념이 모든 자연과학에 영향을 줄 것이라는 Pauli의 확신은 그의 *Vorträge*, p. 125에 있다.
18) 생명현상의 전일성의 가능성을 지닌다는 관념은 Pauli의 앞의 책 p. 118에서 받아들여졌다.
19) 물질과 정신을 내포하는 '동시적 배열'에 관한 Jung의 관념은 그의 "Synchronicity : An Acausal Connecting Principle", Coll. Works vol. Ⅷ. 참조.
20) Jung의 '하나의 세계'(*unus mundus*)에 관한 관념은 중세 스콜라 철학(John Duns Scotus 등)의 관념에 따르고 있다. unus mundus는 신이 그것을 실제 현실로 옮기기 전에 그의 마음속에 있는 세계에 관한 전체적 또는 원형적 개념이었다.
21) Hannah Arendt로부터의 인용은 *The Human Condition*, p. 266에 나타나 있다.
22) '일차적 수학적 직관'에 관한 그 밖의 토론은 Pauli, *Vorträge*, p. 122와 Ferd. Conseth, "Les mathematiques et la réalité", 1948 참조.
23) Pauli는 Jung을 따라 우리의 의식적 표상은 의식되기 이전에 '배열'되어 있다고 지적하였다(*Vorträge*, p. 122). 또한 Conseth, 앞의 책 참조.
24) B. L. van der Waerden의 주장은 그의 *Einfall und Überlegung* 앞의 책 p. 9에서 나온 말이다.

번역 감수 후기

이 책이 번역되어 집문당에서 나온 지도 어언 30년이 된다. 그동안 언어관습도 달라졌고 무엇보다 한자에 익숙하지 못한 독자들에게 좀 더 다가가기 위해서 전체적으로 번역을 다시 살펴달라는 부탁을 받고 작업을 시작한 지가 벌써 3년은 된 것 같다. 초역 시에는 한국 분석심리학회 회원 중심으로 몇 사람이 협동하여 작업했으나 이번에는 분석심리학의 전문 수련기관인 한국융연구원의 상임연구원들이 나를 도왔다. 그중에는 그동안에 연구원을 수료하고 융 학파의 국제공인 분석가가 된 분들도 있다. 그러니까 개역작업은 이번에도 분석심리학을 전문적으로 공부한 사람들에 의해서 실시되었다는 말이다.

개역의 원칙은 첫째, 구식 문장 표현을 현대식 문체로 짧고 명확하게 고칠 것. 둘째, 한자를 한글로 표현하며 될 수 있는 대로 쉬운 단어로 옮길 것. 셋째, 한글만으로는 뜻을 확실히 알기 어려운 경우 한자 또는 원어를 병기할 것. 물론 번역문을 전부 다시 읽고 행여 오역, 오자가 발견된다거나 알아듣기 어려운 설명이 있으면 표시하고 시안을 적어 놓도록 하였다. 마지막 개역 작업은 필자의 몫이었다. 1차로 살핀 교정지를 포함해서 원문을 전부 다시 읽으면서 이상한 곳은 원문과 대조하여 일일이 수정하였다. 그러노라니 시간이 많이 걸렸고 인내력과 집중력이 필요했다. 부끄럽게도 고쳐야 했던 것이 제법 있었다.

그럼에도 구구절절이 공감을 주는, 깊고 흥미로운 글을 다시 읽는 재미가 있었다. 이 책의 모든 집필자가 자신이 맡은 주제에 관해 정말 열심히 썼다는 느낌을 받았다. 일반 대중을 위해 알기 쉽게 쓴 책이라고는 하지만 미주에서 본문에 언급된 것의 인용문헌을 일일이 밝힌 점은 이 책이 단순한 대중계몽 이상의 학술서임을 증명한다. 제1장은 융이 서거하기 두 달 전에 탈고한 융 자신의 마지막 글로서 깊은 의미가 있고, 그의 수제자 마리 루이제 폰 프란츠의 개성화 과정과 결론은 언제 읽어도 새롭고 깨우쳐주는 바가 크다.

나와 함께 이 책의 개역작업에 헌신적으로 참여한 여러분들: 현재 융 학파 분석가인 김정택 교수(서강대 심리학과), 박상학 교수(조선대의대)를 비롯해서 한국융연구원의 상임연구원인 한상익 교수(가톨릭대), 박영선 박사, 황명숙 박사, 신용욱 조교수(울산대의대), 이주현 선생에게 깊은 감사를 드린다. 그리고 이 책이 새롭게 탄생하도록 누구보다도 수고가 많았던 집문당 편집부 여러분에게 감사드린다. 특히 꼼꼼하고 정확한 교정, 편안한 문체를 위해 애써주신 편집부 유주이 님에게 우리 모두의 감사의 뜻을 전한다. 이 책을 개역하고 새판을 짜는, 어찌 보면 힘들고 번거로운 일을 실천에 옮기기로 한 임동규 사장의 결단은 나뿐 아니라 분석심리학을 사랑하는 독자들에게 실로 고마운 일이 아닐 수 없다. 이로써 근 30년 전의 대표번역자로서 미흡했던 부분을 수정 보완할 수 있어서 조금은 그때 진 빚의 일부를 갚은 기분이다.

융의 분석심리학 책은 읽을 때마다 새롭다. 이 책도 그런 책이다. 많은 이들이 이 책에서 자기통찰의 지혜를 얻을 수 있기를 진실로 바란다.

2012년 11월 4일
한국융연구원 연구실에서
이 부 영

역자 후기

융C. G. Jung의 심리학설을 일반에게 소개할 만한 것으로 가장 적합한 책이라고 할 수 있는 *Man and His Symbles*(여기서는 『인간과 상징』으로 번역)을 한국분석심리학회의 1차 번역사업으로 정하고 회원들이 분담하여 번역작업을 시작한 것이 벌써 3년이 넘는다. 번역사업이 한참 진행되던 중, 이 책의 번역서가 다른 곳에서 나왔으나 완역이 아닌 데다 이 책의 생명이라 할 수 있는 도판, 주 등이 전혀 실려 있지 않아 그대로 일을 진행하기로 하고 일을 추진하여 이제 겨우 교정이 끝 마무리 단계에 이르렀다.

이 책이 처음에 나오게 된 경유에 대해서는 서문을 쓴 존 프리먼John Freeman이 자세히 설명하였으므로 다시 언급하지 않거니와 이 책은 전문가가 아닌 일반 대중을 위해서 쉽게 쓴 책이라는 점이 특이하다. 그러나 역자가 보기에는 그 내용이나 서술이 결코 항상 쉽게 쓰여진 것은 아니며 전문가가 읽어도 크게 도움이 될 책이라고 믿는다. 더욱이 내용에 대한 참고문헌이 후미에 달려 있고 많은 도판의 설명은 융의 상징의 개념을 생생하게 전달해 주고 있다.

다른 경우에도 그랬지만 이 책의 번역을 진행하면서도 새삼스럽게 번역의 어려움과 그 책임을 통감하였다. 될 수 있는 대로 원문이 지닌 독특한 문제를 살리면서 독자가 지나치게 어렵다고 느끼지 않도록 풀어 쓰도록 하였으나 이 책에서 가장 중심이 되는 융 자신의 글과 폰 프란츠von Franz의 글은, 이들이 워낙 사고형의 사람들이기 때문에 더러 난삽한 인상을 주는 부분이 있는 것은 피할 수 없는 일이었다. 그러나 그런 부분도 독자들이 서구식 사고와 그 표현방법을 인내성 있게 서너 번 음미하면 이해할 수 있을 것이다.

각 장을 제1역자가 번역한 것을 제2역자가 보고, 어떤 것은 제3역자가 다시 보면서 뜯어 고치는 방법을 썼고 공역자의 이름을 장의 말미에 명시하였다. 공역자는 모두 융의 분석심리학의 수련을 받아 이 학설을 이해할 수 있는 인사들로 구성하였고 번역상 미비한 것은 필자가 전부 원문과 대조하여 수정, 보충한다고 했으나 다시 보면 볼수록 흠이 눈이 띄어 표현을 좀 더 단순하고 간결하게 했더라면 좋았겠다는 것이 필자의 솔직한 심정이다. 그러나 정신세계가 지닌 미묘함을 저자들의 개성에 따라 묘사한 것이어서 되도록 그것을 살리는 방법을 취했다.

이 책의 독일어본도 일부 조명해 보았는데 내용에 다소의 차이가 있었지만 이 책이 본래 영어로 쓰인 것이므로 영어본에 맞추어 번역해 나갔다.

역자 주를 아니엘라 야코비Jolande Jacobi의 장에 주로 달게 된 것은 융심리학을 바르게 전달하고자 한 필자의 외람된 노파심 때문이었다. 융, 헨더슨Henderson을 제외한 세 사람의 필진은 모두 개인적으로 역자가 아는 사람들이어서 번역에도 도움이 되었다. 특히 융의 충실한 대변자이자 개척자이며 융 사후 이 책의 편집권자인 마리 루이제 폰 프란츠Marie Louise von Franz 박사는 필자 등이 번역의 의사를 밝혔을 때 출판사가 동의한다면 자기는 좋다고 응낙해 주어 고마웠다.

연구자들의 편의를 생각하여 고유명사, 학술용어, 문헌명 등은 원어로 병기하였다. 분석심리학의 용어 번역은 필자의 생각을 반영시켰으나 인류학용어인 이니시에이션initiation 같은 것은 성인화, 성인식, 혹은 이니시에이션 등 문맥에 따라 바꾸어 썼고 그런 단어들이 몇 개 있는 줄 안다. 용어해설을 부가할 것을 구상했으나 오히려 토막 지식의 단어 해득만 자극할 것 같아서 그만두었다. 교정을 몇 차례 보아도 오자가 눈에 띄니 너그러운 양해를 바랄 뿐이다.

이 계획을 적극 찬동하고 정신적인 후원을 아끼지 않은 한국 분석심리학계의 역자의 동학인 이죽내 교수와 참고자료 지원을 맡은 황련화 회원의 따뜻한 뒷받침에 감사하며, 바쁜 가운데서 번역과 문장 수정의 일역을 맡아주신 윤경남 회원, 교정을 도와준 서울대의대 정신과의 이택준 선생을 비롯한 여러 선생들, 그리고 사무실의 임원예 양에게 감사드린다. 그러나 무엇보다도 어려운 여건 속에서도 이 엄청난 작업을 맡아 출간해 주신 집문당의 임경환 사장께 깊은 사의를 표하며 인내심 있게 편집, 교열 등에 아낌없는 땀을 흘려주신 집문당 편집부 여러분들의 노고에도 감사드리며 여러 공동 번역자와 함께 두려운 마음으로 이 후기를 맺는다.

1983년 7월

이 부 영

찾아보기

ㄱ

ㅈ

ㅌ

ㅍ

역자 및 감역자 대표

이부영(李符永)

서울대학교 의과대학 졸업, 동 대학원 수료, 의학박사, 신경정신과 전문의
스위스 취리히 체.게.융(C. G. Jung)연구소 수료(Jung 학파의 분석가)
국제분석심리학회 정회원, 스위스 취리히 융C. G. Jung 연구소 강사
미국 하와이 동서센터(East West Center) 초빙연구원으로 문화와 정신건강 연구계획 참여
서울대학교 의과대학 정신과학교실 주임교수, 서울대학교병원 신경정신과장 역임
대한신경정신의학회 회장 및 이사장, 동아시아 문화정신의학회 창립회장
한국분석심리학회장, 국제 표현정신병리학회 부회장 역임
미국 뉴욕 유니언신학대학원(정신의학과 종교강좌) 석좌교수 역임
현재 서울대학교 의과대학 명예교수, 한국융연구원장

학술지

『심성연구』 발행인

저서

『분석심리학의 탐구 1 그림자 』, 한길사, 1999
『분석심리학의 탐구 2 아니마와 아니무스 』, 한길사, 2001
『분석심리학의 탐구 3 자기와 자기 실현 』, 한길사, 2002
『분석심리학 – C. G. Jung의 인간심성론』, 제3판, 일조각, 2011
『이부영 박사의 정신건강 이야기』, 정우사, 1998
『의학개론』(편저) I · II · III, 서울대출판부, 1994/1995
『한국민담의 심층분석』, 집문당, 1995/2011
『지중해의 회상』, 정우사, 1993
『한국의 샤머니즘과 분석심리학』, 한길사, 2012
『노자와 융 – 노자도덕경의 분석심리학적 해석』, 한길사, 2012

역서

『C. G. 융 : 현대의 신화』, 삼성출판사, 1986
『인간과 무의식의 상징』(이부영 외 공역), 집문당, 1983/2000
『C. G. 융 기본저작집』(공역 및 감수), 제1권~제9권, 솔, 2001/2008
『C. G. 융의 회상 꿈, 그리고 사상』, 집문당, 2012

수상

분쉬의학상(대한의학회)
Ernst Kris 금상(미국표현정신병리학회)
Alexander Volmat 상(국제표현정신병리 및 예술요법학회) 외

번역위원

이철(李哲)

서울대의대, 동 대학원 졸업, 스위스 C. G. 융연구소 수학, 의학박사, 신경정신과전문의, 한국분석심리학회 회원
현 울산대학교 총장, 서울아산병원 정신건강의학과 교수, 한국융연구원 감사
단어연상검사연구를 비롯한 정신의학분야 연구논문 다수

조수철(曺洙哲)

서울대의대, 동 대학원 졸업, 의학박사, 신경정신과 전문의, 한국분석심리학회 회원
미국 예일대의대 소아정신과 연수, 서울대학교병원 소아정신과 과장, 신경정신과 과장 역임
현 서울대의대 교수
저서 『소아정신 약물학』(서울대 출판부) , 『인간의 발달과 생존』(학지사), 『열린 마음으로 세상을 보라』(열음사) 외
역서 『모차르트 이펙트』(황금가지), 『베토벤의 삶과 음악세계』(서울대출판부) 등 다수

연병길(延炳吉)

서울대의대, 동 대학원 졸업, 의학박사, 신경정신과 전문의, 한국분석심리학회 회원
미국 켈리포니아대(샌디에이고)에서 노인정신의학 연수, 한림대의대(강동성심병원) 정신과 주임교수 역임
현 한림대의대 교수(정신건강의학)

조규형(曺圭瑩)

서울대의대, 동 대학원 졸업, 의학박사, 신경정신과 전문의, 한국분석심리학회 회원
현 조규형 신경정신과의원장

김용식(金容植)

서울대의대, 동 대학원 졸업, 의학박사, 신경정신과 전문의, 한국분석심리학회 회원
서울대의대 교수, 미국 국립정신위생연구소(NIMH) 수학, 서울대학교병원 신경정신과 과장 역임
현 서울대의대 명예교수, 일산 동국대학병원 정신건강의학과 교수
공저 『정신분열병의 약물치료』(일조각) 외
역서 (공역) G.E. Berrios 『정신증상의 역사』, A. Sims 『마음의 증상과 징후』(중앙문화사) 외

윤경남(尹慶男)

이대 영문과 졸업, 한국분석심리학회 회원, 현 국제펜클럽 캐나다 지회 회원
역서 엘런 워커 『생명의 전화』, 폴 트루니에 『고독은 다시없다』 등 다수

감역위원

김정택(金正澤)

서강대 심리학과 교수, 융학파 분석가, 한국 MBTI연구소 상임고문, 상담심리 전문
한국융연구원 수료, 국제분석심리학회 정회원, 한국융분석가협회 정회원, 한국융연구원 상임교수
저서 『상담이론』, 『MBTI와 나의 가족이해』
역서 『인간행동의 심리학』, 『가족치료 : 개념과 방법』

박상학(朴相學)

조선대의대, 동 대학원 졸업, 의학박사, 신경정신과 전문의, 융학파 분석가
한국융연구원 수료, 국제분석심리학회 정회원, 한국융분석가 협회 정회원, 조선대의대 학장 역임
현 조선대의대 및 병원 정신건강의학과 교수

한상익(韓相益)

가톨릭대의대, 동 대학원 졸업, 의학박사, 신경전신과 전문의
현 가톨릭대의대 교수(정신건강의학), 한국융연구원 전문과정 연구원

박영선(朴英善)

한양대의대 졸업 후 서울 아산병원에서 수련, 가정의학과 전문의
미국 아일리프신학교와 덴버대학에서 종교와 심리학 석사 학위
현재 한국외환은행 의무실장, 한국융연구원 전문과정 상임연구원

신용욱(辛容昱)

서울대의대, 동 대학원 졸업, 의학박사, 정신건강의학과 전문의
서울대학교병원 신경정신과에서 수련, 동 병원 강사, 서울아산병원 임상강사 역임
현 서울아산병원 정신건강의학과 조교수, 한국융연구원 전문과정 상임연구원
공저 *Clinical Obsessive-Compulsive Disorders in Adults and Children*, Cambridge University Press 2011
기타 신경정신의학 분야 연구논문 다수

이상익(李相益)

서울대의대, 동 대학원 졸업, 의학박사, 정신과전문의, 서울대학교병원 신경정신과에서 수련, 한국분석심리학회 회원
현 충북대의대 정신과 주임교수, 한국융연구원 전문과정 상임연구원
신경정신과분야 연구논문 다수

이주현(李周泫)

한림대의대 졸업, 동 대학병원 정신과 수련, 서울대학교병원 소아정신과 전임의 과정 수료, 정신건강의학과
소아청소년 정신과 전문의, 한국융연구원 상임연구원, 아이나래 정신과의원장
역서 잭슨 루크, 『별종, 괴짜, 그리고 아스퍼거 증후군』(학지사)
공역 N 사토리우스, 『정신건강을 위한 투쟁』(학지사)

황명숙(黃明淑)

원광대학교, 동 대학원졸업, 교육학박사, 원불교대학원 대학교 교무처장 역임
한국분석심리학회 회원, 한국융연구원 전문과정 상임연구원
현 원불교 중구교당 주임

인간과 상징 가격 40,000원

1983년 11월 15일 1판 1쇄
2013년 3월 25일 2판 1쇄
2016년 9월 1일 2판 2쇄

지 은 이 칼 구스타브 융 외
옮 긴 이 이부영 외
발 행 인 임 동 규
발 행 처 **집 문 당**
등 록 1971. 3. 23. 제300-2012-69호
영 업 부 10881 경기도 파주시 광인사길 85
(02)743-3192~3 팩스(02)742-4657
전자우편 sale@jipmoon.co.kr
편 집 부 03134 서울시 종로구 돈화문로 82 집문당빌딩 5층
(02)743-3096~7 팩스(02)743-0227
전자우편 edit@jipmoon.co.kr
홈페이지 www.jipmoon.co.kr

ISBN 978-89-303-1582-1

이 도서의 국립중앙도서관 출판시도서목록(CIP)은 e-CIP홈페이지(http://www.nl.go.kr/ecip)와 국가자료공동목록시스템(http://www.nl.go.kr/kolisnet)에서 이용하실 수 있습니다.(CIP제어번호: CIP2013000408)